憨山大师文集

［明］憨山德清 著
于德隆 徐尚定 点校

九州出版社
JIUZHOUPRESS
全国百佳图书出版单位

图书在版编目（CIP）数据

憨山大师文集 /（明）憨山德清著；于德隆，徐尚定点校．—北京：九州出版社，2013.7（2022.10 重印）
ISBN 978-7-5108-2216-2

Ⅰ．①憨… Ⅱ．①憨… ②于… ③徐… Ⅲ．①禅宗－中国－明代－文集 Ⅳ．①B946.5-53

中国版本图书馆 CIP 数据核字（2013）第 155377 号

憨山大师文集

作　　者　（明）憨山德清 著　于德隆　徐尚定 点校
责任编辑　张万兴　周红斌
装帧设计　李永刚
出版发行　九州出版社
地　　址　北京市西城区阜外大街甲 35 号（100037）
发行电话　（010）68992190/3/5/6
网　　址　www.jiuzhoupress.com
印　　刷　三河市兴博印务有限公司
开　　本　720 毫米 ×1020 毫米　16 开
印　　张　48
字　　数　495 千字
版　　次　2013 年 7 月第 1 版
印　　次　2022 年 10 月第 2 次印刷
书　　号　ISBN 978-7-5108-2216-2
定　　价　298.00 元

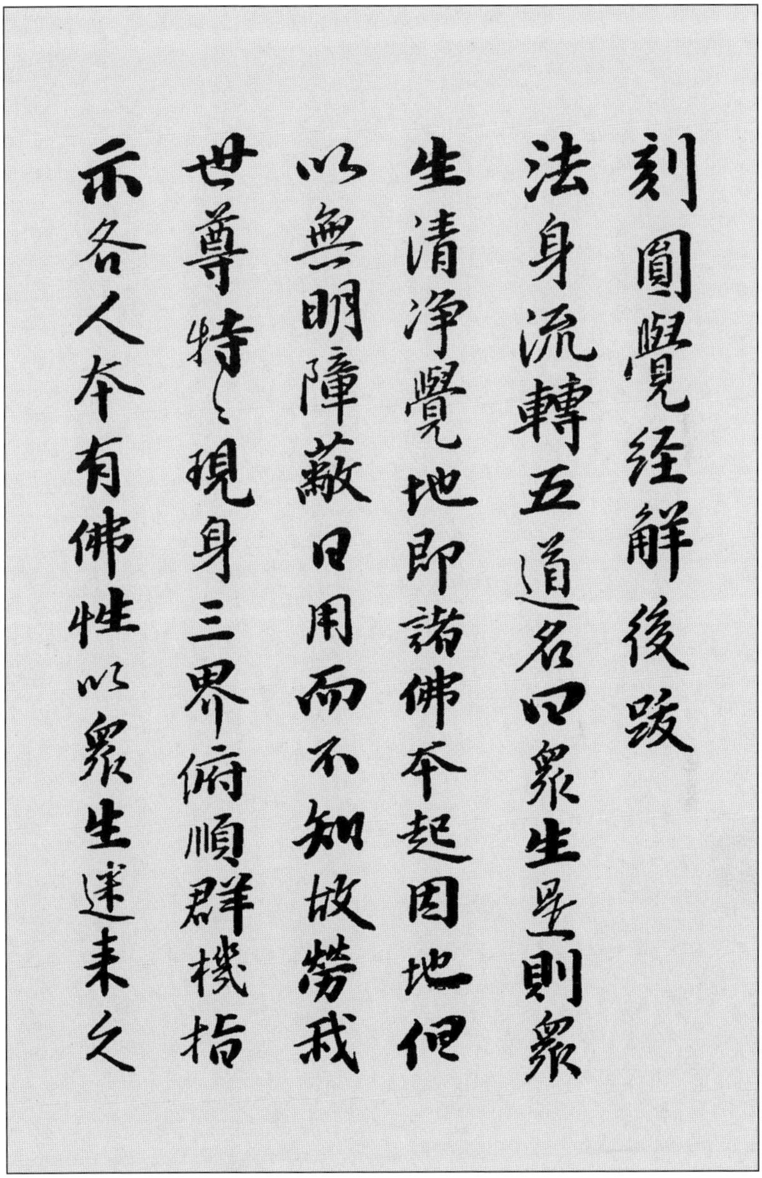

刻圓覺经解後跋

法身流轉五道名曰衆生是則衆生清淨覺地即諸佛本起因地但以無明障蔽日用而不知故勞我世尊特特現身三界俯順群機指示各人本有佛性以衆生迷来久

憨山手迹（刻圆觉经解后跋之一）

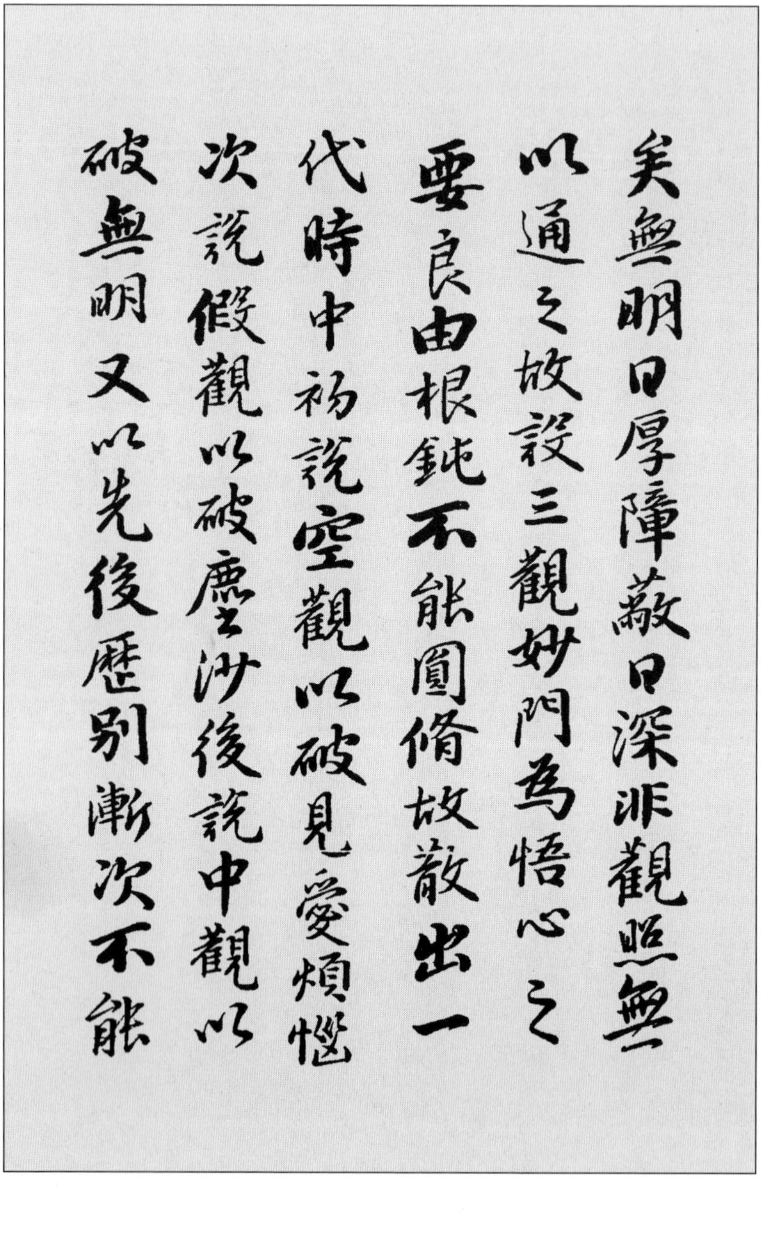

矣無明日厚障蔽日深非觀照無
以通之故設三觀妙門為悟心之
要良由根鈍不能圓脩故散出一
代時中初說空觀以破見愛煩惱
次說假觀以破塵沙後說中觀以
破無明又以先後歷別漸次不能

憨山手迹（刻圆觉经解后跋之二）

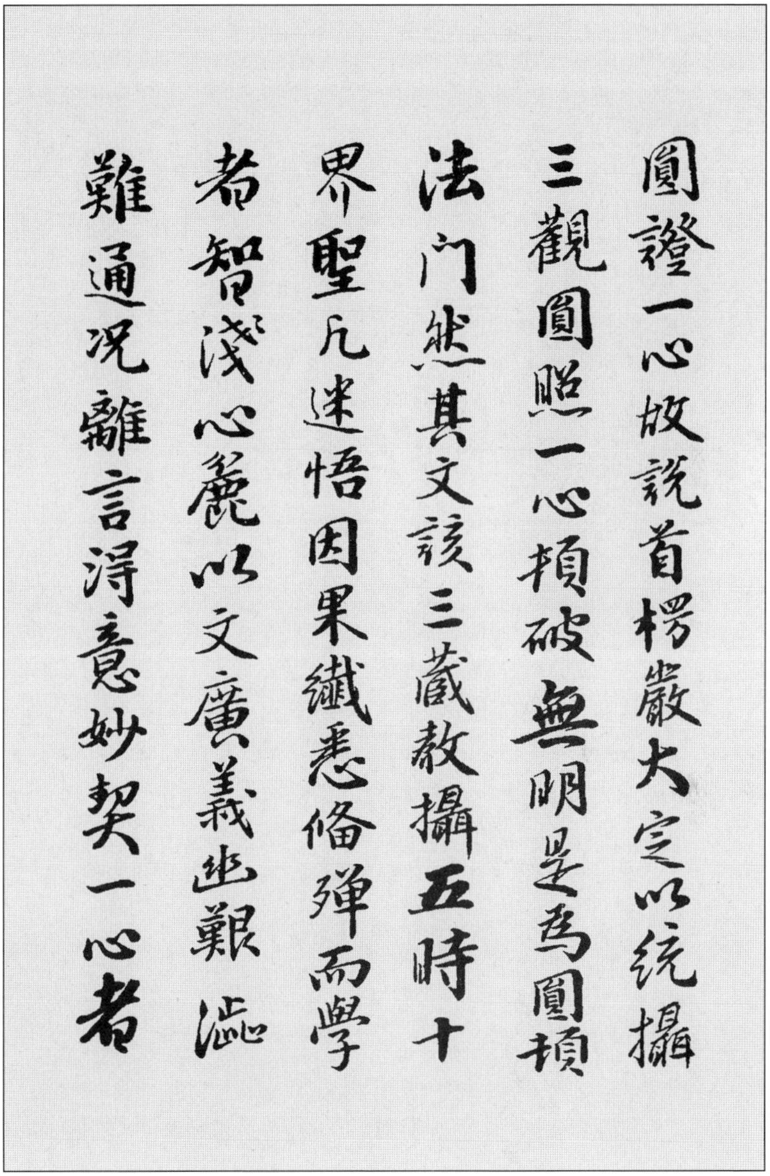

圓證一心故說首楞嚴大定以統攝
三觀圓照一心頓破無明是為圓頓
法门然其文該三藏教攝五時十
界聖凡迷悟因果纖悉備殫而學
者智淺心麄以文廣義幽艱澀
難通況離言得意妙契一心者

憨山手迹（刻圆觉经解后跋之三）

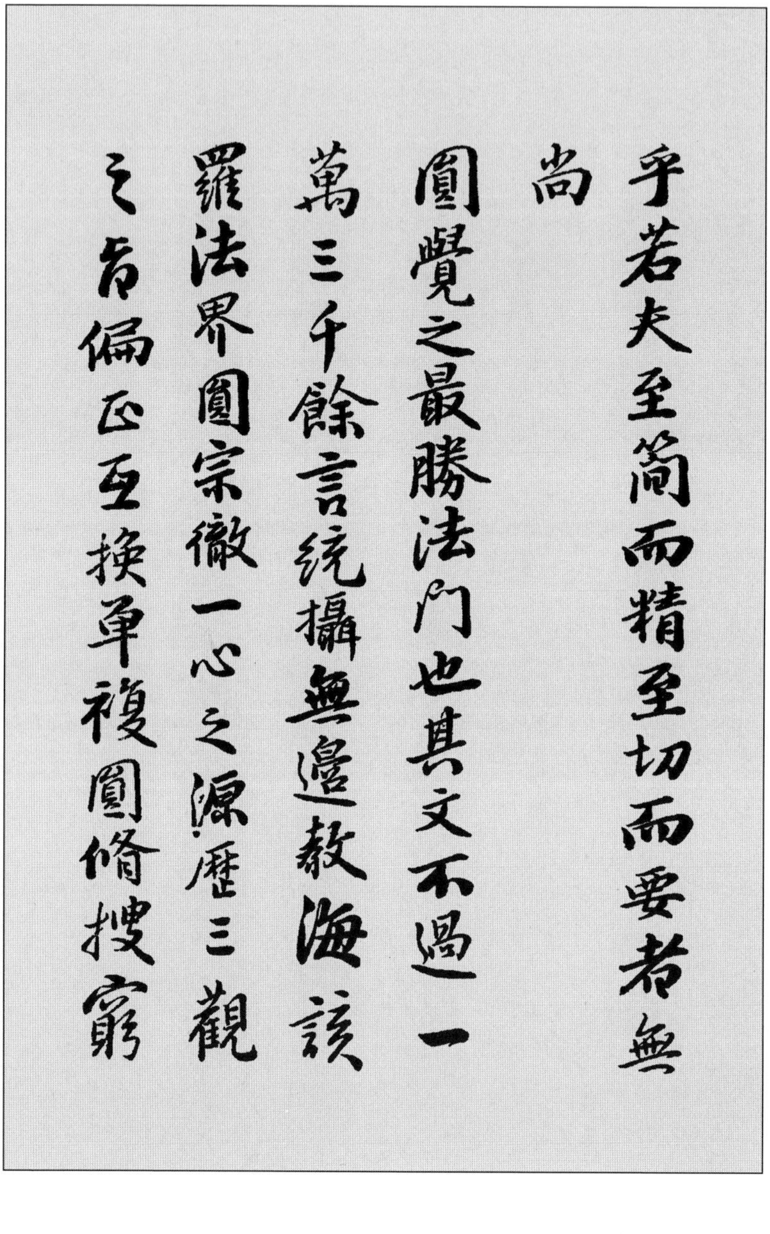
乎若夫至簡而精至切而要者無
尚
圓覺之最勝法門也其文不過一
萬三千餘言統攝無邊教海該
羅法界圓宗徹一心之源歷三觀
之旨偏正互換單複圓修搜窮

憨山手迹（刻圆觉经解后跋之四）

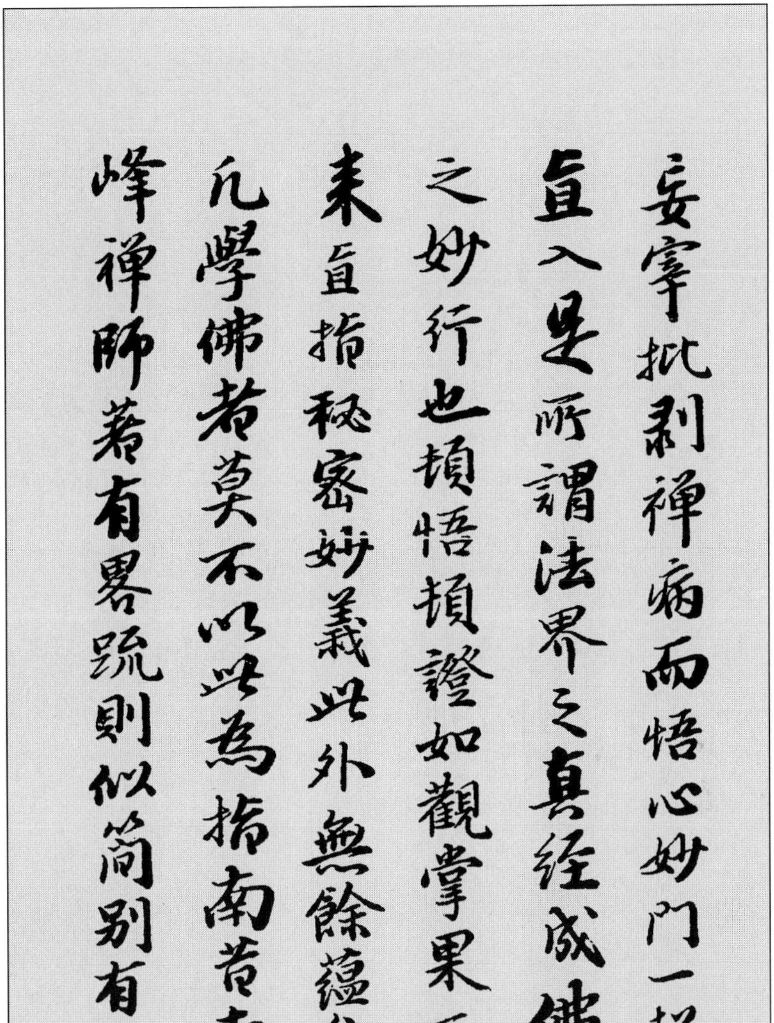
妄寧批剝禪病而悟心妙门一超
直入是所謂法界之真经成佛
之妙行也頓悟頓證如觀掌果西
来直指秘密妙義此外無餘蘊矣
凡學佛者莫不以此為指南昔圭
峰禪師著有畧疏則似簡別有小

憨山手迹（刻圆觉经解后跋之五）

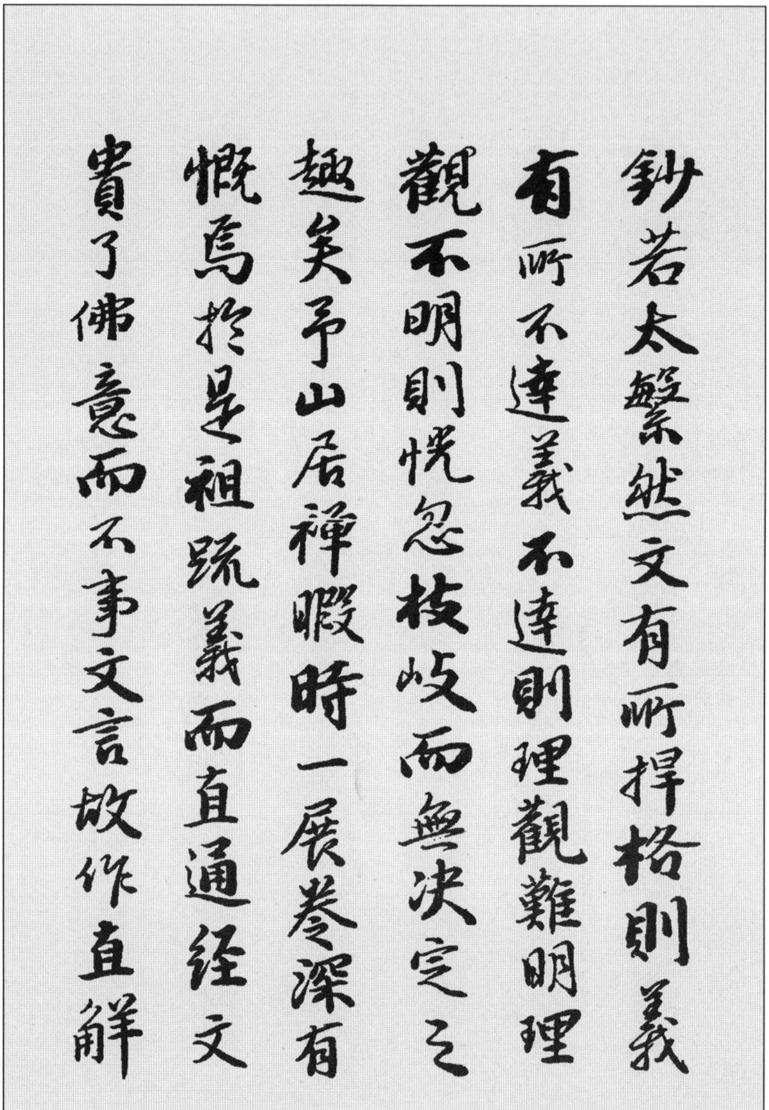
鈔若太繁然文有所捍格則義有所不達義不達則理觀難明理觀不明則恍惚枝岐而無決定之趣矣予山居禪暇時一展卷深有慨焉於是祖疏義而直通经文貴了佛意而不事文言故作直解

憨山手迹（刻圆觉经解后跋之六）

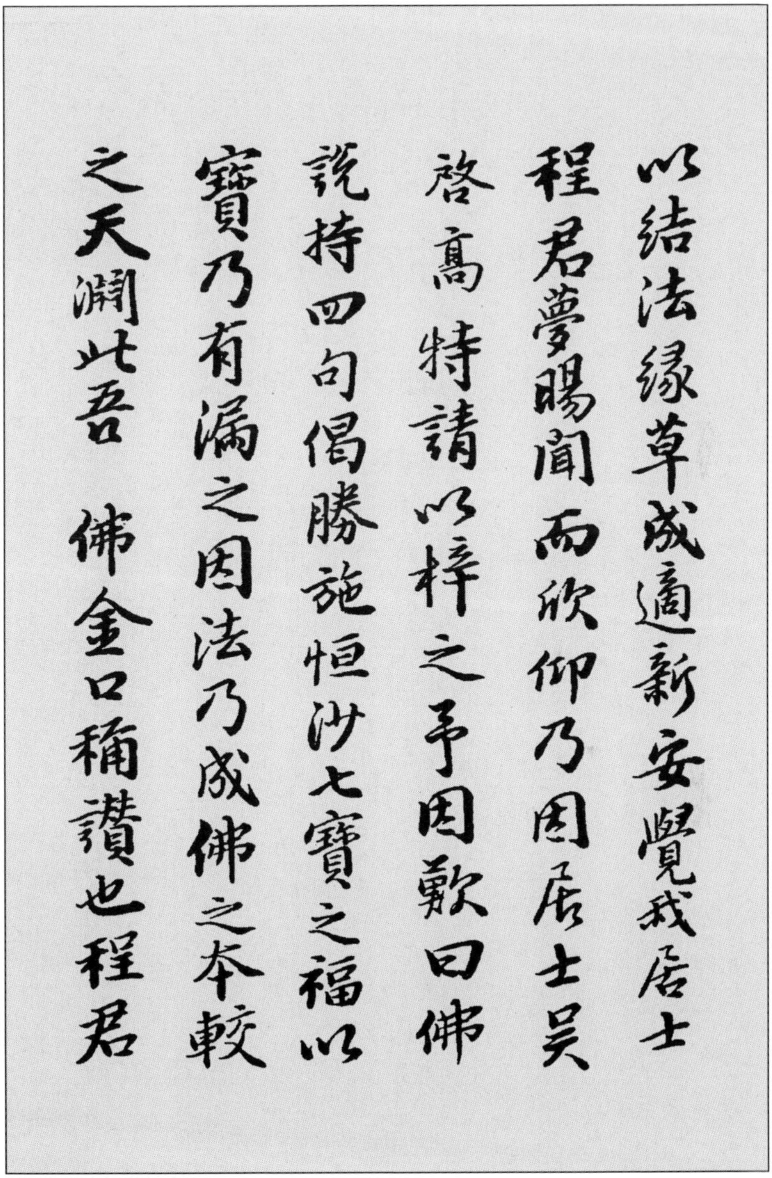
以結法緣草成適新安覺我居士
程君夢暘聞而欣仰乃因居士吳
啓高 特請以梓之予因歎曰佛
說持四句偈勝施恒沙七寶之福以
寶乃有漏之因法乃成佛之本較
之天淵此吾 佛金口稱讚也程君

憨山手迹（刻圆觉经解后跋之七）

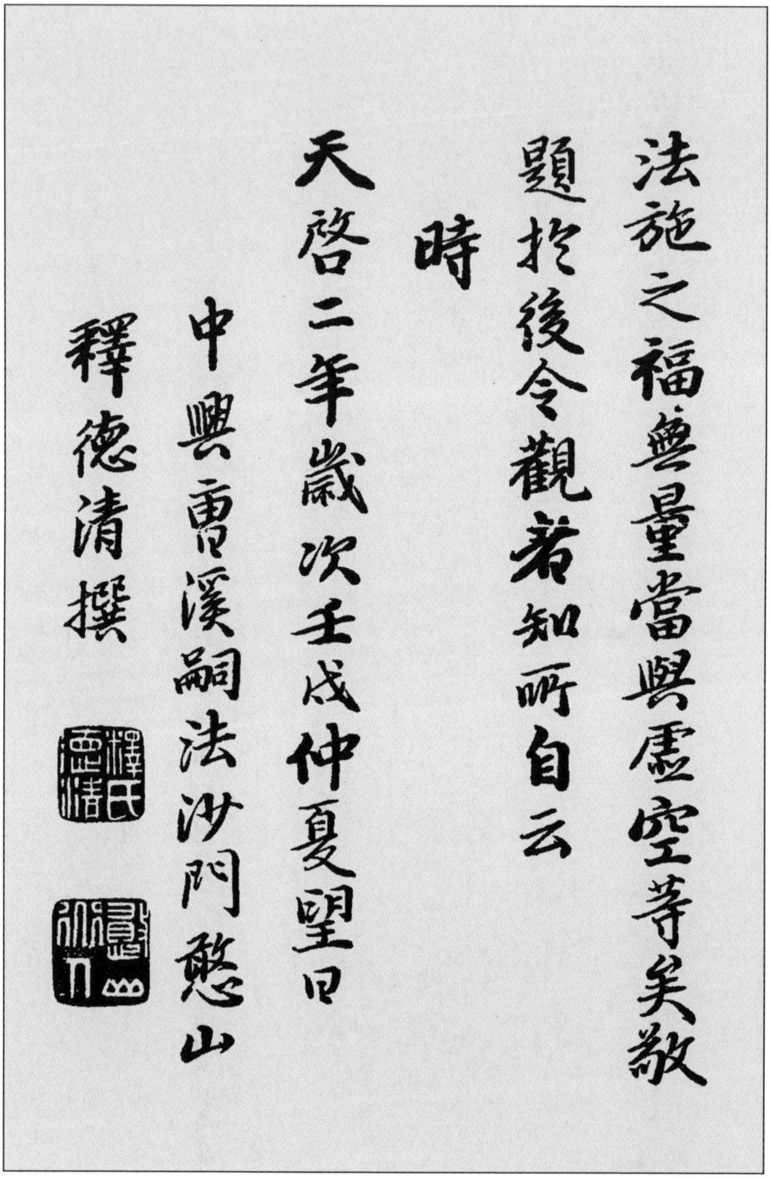
法施之福無量當與虛空等矣敬
題於後令觀者知所自云
時
天啓二年歲次壬戌仲夏望日
中興曹溪嗣法沙門憨山
釋德清撰

憨山手迹（刻圆觉经解后跋之八）

前言

憨山禅师（1546—1623），俗姓蔡，明金陵全椒人。法名德清，字澄印，别号憨山。与莲池袾宏、紫柏真可、蕅益智旭并称明末四大高僧。幼随母念佛，九岁能诵《普门品》。年十二，辞亲入金陵大报恩寺，西林和尚为延师儒以教。年十九，祝发为僧，依无极守愚法师受具足戒，听讲《华严玄谈》，至十玄门海印森罗常住处，悟法界圆融无尽之旨。年二十，从云谷法会禅师习禅于天界寺。初不知用心之诀，云谷开示审实念佛公案，从此参究，一念不移，三月之内，如在梦中，了不见有大众，亦不知有日用事。年二十六，以江南习气软暖，期入冰雪苦寒之地痛自磨砺，遂飘然北迈，参遍融、笑岩等禅门耆宿，与妙峰禅师结冬蒲坂。年三十，以专志向上一路，入五台山，习枯禅于北台之龙门。一日粥罢经行，忽立定，不见身心，唯一大光明藏，圆满湛寂，如大圆镜，山河大地影现其中。自此内外湛然，始有自信之地。年三十六，于五台建无遮法会，为国祈储，深得皇太后归敬。年三十八，以台山虚声，大名之下，难以久居，遂蹈东海之上，结庐于东海牢山那罗延窟。皇太后赐金，为造海印寺。年五十，因弘法罹难，被逮圜中，以“私创寺院”罪遣戍雷州。当地官民仰慕其学德，憨山即以罪服登座为众说法，创开岭南佛教新风。年五十五，南韶道台祝公延请入曹溪。曹溪原为六祖惠能道场，为禅宗祖庭，然经朝历代，渐至荒废。憨山抵寺后，选僧受戒，设立僧学，订立清规。数年之间，百废俱兴，粲然复见旧时之盛。天启三年(1623)，坐化于曹溪，其肉身至今供奉于广东韶关南华禅寺。

憨山之为禅师，始则隐于深山海角，穷历冰雪，极意参究，终则除弊布新，力振颓纲，中兴曹溪祖庭，诚无愧为禅门龙象。自唐末以来，禅宗渐呈衰颓之势，佛学大家们起而纠偏挽颓，始则永明延寿，至晚明四大师而大成，对中国佛教影响既深且巨。憨山虽立根于禅门，然而非常注重经教，尤其致意于华严慧海，力倡禅、教一致，性、相同源，禅、净兼修，跻禅、教均致于新境界。憨山学通内外，对儒道两家典籍均有独到的理解，会通儒释道思想，推动三教融合。尝言："为学有三要，所谓不知《春秋》，不能涉世；不精老庄，不能忘世；不参禅，不能出世。"所作《观老庄影响论》《道德经解》《庄子内篇注》，及《中庸直指》《大学纲目决疑》《春秋左氏心法》等书，以禅理阐发儒道，别开生面，深为世人推重。吴应宾《憨山大师塔铭》中评价道："纵其乐说无碍之辩，曲示单传，而镕入一尘法界，似圭峰（宗密）；解脱于文字般若，而多得世间障难，似觉范（慧洪）；森罗万行，以宗一心，而严无生往生之土，又似永明（延寿）。"可谓盖棺之论。

憨山一生著述甚丰，作品主要有：《楞严经悬镜》一卷、《楞严经通议》十卷、《法华经击节》一卷、《法华经通义》七卷、《观楞伽经记》八卷、《楞伽补遗》一卷、《华严经纲要》八十卷、《圆觉经直解》二卷、《金刚经决疑》一卷、《般若心经直说》一卷、《大乘起信论直解》二卷、《百法论义》一卷、《八识规矩通说》一卷、《肇论略注》六卷和《八十八祖道影传赞》四卷，以及前述阐释儒道两家思想之作品。憨山寂后，其诗文由门人辑为《憨山老人梦游集》四十卷（明《嘉兴藏》本）。这些著作是了解晚明佛教界及当时社会思想、文化、习俗的重要文献。

憨山所留文字浩瀚，仅《梦游集》就有六十余万字，全部著作达数百万字。历史上曾经出现过多个选本，然而限于条件，多不理想，尚无较为完备之选本。《憨山大师文集》选编憨山最具代表性的著作，分编为经释、论释、禅解儒道和《梦游集》（节录）四个部分，其中《梦游集》的选编，参考民国僧忏《憨山大师集》等加以补充完善。冀望此文集的出版，能够为广大读者提供一个了解憨山大师思想与行持、研学儒释道经典、传承中华优秀传统文化的优良读本。

目　录

论 释

禅解儒道

《憨山老人梦游集》（节录）

經釋

《圆觉经》直解[1]

大方广圆觉修多罗了义经直解卷上

唐 罽宾国沙门佛陀多罗 译

明 匡山逸叟憨山释德清 解

明 新安程梦旸觉我 校阅

大方广圆觉修多罗了义经

此经以单法为名，一真法界如来藏心为体，以圆照觉相为宗，以离妄证真为用，以一乘圆顿为教相。

以单法为名者，论云："所言法者，谓众生心。""圆觉"二字，直指一心以为法体。此有多称，亦名大圆满觉，亦名妙觉明心，亦名一真法界，亦云如来藏清净真心。《楞伽》云"寂灭一心"，即《起信》所言"一法界大总相法门体"。称谓虽多，总是圆觉妙心。唯此一心，乃十法界凡圣迷悟依正因果之本。为诸佛之本源，号为法身。为众生之心地，故名佛性。一切诸法皆依此心建立，故单以法为名。其"大方广"，乃此心法所具体、相、用三大之义。然"大"即体大，谓此一心，包法界而有余，扩太虚而无外，横该竖遍，大而无外，故名"大"也。"方"即相大。又"方"训法也，谓此一心为众生之佛性，以有此性轨则，一闻佛性，便能生解，长劫轮回，持而不失，故曰轨物生解，任持自性。以无相真心而为有相之法则，故"方"

---

[1] 据《嘉兴藏·续藏》第三十二函明天启壬戌（1622 年）程梦旸校刻本，参校《卍续藏》本（新文丰版第 18 册，经号 28），及金陵刻经处刻本。

为相大也。“广”即用大，以称此心体，周遍无遗，无刹不现，无物不周，故为用大也。以此法义圆备一心，以此经中直指此心，为生佛迷悟修证之本，故云单法为名也。“修多罗”，是梵语，此云契经。以凡是佛所说之经，通名契经，谓是契理契机之教，但应机有大小。为小乘人说者，名不了义经。为大乘人说者，名了义经，谓显了究竟之极谈。以题中通指此经乃经藏中了义之经，非不了义经也。上十字，乃一经所诠之法义。下一“经”字，乃别指当经能诠之文字也。

一真法界如来藏心为体者。经云：“入于神通大光明藏”，即如来藏清净心体。平等不二，故曰一真。又云：“如法界性，究竟圆满，是则名为因地法行。”首称“大陀罗尼门”，即一法界大总相法门体，为诸佛之因地、菩萨之行本，故以此为一经之体也。

以圆照觉相为宗者。经云：“一切如来本起因地，皆依圆照清净觉相，永断无明，方成佛道。”故以为一经之宗也。

离妄证真为用者。经云：“知是空花，即无轮转。”又云：“知幻即离，离幻即觉。”故以此为用也。

一乘圆顿为教相者。以此经纯谈觉性，圆修三观，顿证一心，虽列二十五轮，但是一心转换，并无阶级次第，故以圆顿为教相也。

然此五重，乃天台释经之轨则，摄尽全经之旨趣。故学者开卷了此，则思过半矣。

唐罽宾国沙门佛陀多罗译

此翻译名氏也。罽宾，乃西域之国号，此云贱种，以此国开土乃贱人自立为君长故，相传为名。佛陀，此云觉；多罗，此云救，乃译师之名也。传译年代，具载别传。

初、序分。

如是我闻。一时，

此下至“平等法会”，总名证信序，以诸经之首皆有此序，名为通序，以阿难请问，佛遗命立言，证法有所授也。“如是我闻”者，谓阿难结集法藏时，口宣佛言，谓如是之法我阿难从佛所闻，非臆说也。“一时”之言，本无定指，但是佛与弟子机感会集之时，故凡说经，皆曰“一时”。

婆伽婆

亦云薄伽梵，乃梵音楚夏耳，是佛之果号。此号从来不翻，以含多义故不翻。谓此一语具有六义：一自在，二炽盛，三端严，四名称，五吉祥，六尊贵，皆称佛德。若翻一名，则摄义不尽，故但存梵语耳。此五不翻之一例也。此为说法主。

入于神通大光明藏，三昧正受，一切如来光严住持。

此说经处也。佛有三身，谓法、报、化。所依土亦有三，谓寂光、实报庄严及方便有余。法身佛依寂光土；报身佛依实报土，即卢舍那佛，住华藏土，与地上菩萨说《华严经》；化身乃释迦佛，依人间灵山、舍卫精舍等处，为人天等说三乘法。今说经处，言“大神通光明藏”者，乃常寂光土，是法身所依。言“三昧”，此云正定。“正受”者，乃正定中受用。意显此经乃法报同体之佛所说，正定正受乃自受法乐之处也。“一切如来光严住持”者，言法性土，乃诸佛所证常寂光土，以光为严，非余宝物庄严也。以此寂光乃法身之安宅，故云“住持”。即此说处依真，便非他佛余处可比，显法最殊胜也。

是诸众生清净觉地，

此言寂光乃生佛平等之实际，谓诸佛之安宅，即是众生本有不迷之觉地。此显真妄不二之真境也。

身心寂灭，平等本际，圆满十方，不二随顺。

此言寂光真境乃诸佛众生若身若心皆同寂灭平等之实际，此体深也。“圆满十方”，谓用广，言其用圆满，含裹十方，广大无外也。“不二随顺”，文倒，应云“随顺不二”，谓一切圣凡皆归此中平等一际，故云随顺不二。

于不二境，现诸净土。

上不二境，乃诸佛自受法乐之地也，以无身心之相，何有主伴之分。若无主伴，无说无示，则无说法之事矣。今言从不二境现诸净土者，正显从自受用现他受用土，乃为地上菩萨说自性法之报土，此中乃有说听。然此土中虽有说听，而如来尚在三昧，未曾出定，何以有说？意显此经乃法身如来所说之法，显示离心意意识境界相。此正如来最胜清净禅，殊非他经可比也。《楞伽经》中法身说法，乃以法证佛，此经以处证佛，二经合观，良有深旨。此从来所未达者，请深观之。

与大菩萨摩诃萨十万人俱，其名曰：文殊师利菩萨、普贤菩萨、普眼菩萨、金刚藏菩萨、弥勒菩萨、清净慧菩萨、威德自在菩萨、辩音菩萨、净诸业障菩萨、普觉菩萨、圆觉菩萨、贤善首菩萨等而为上首，与诸眷属皆入三昧，同住如来平等法会。

此标伴众，列上首之名也。十二大士，旧解皆以三观释其名。然各具其德，似不必拘。言皆入三昧者，以佛乃即法身之报相，土乃即寂光之报土，况佛自入三昧说自性法，岂有听众散心而可入耶？故必入三昧，然后可同住此平等法会也。

问曰：主伴皆在三昧，则无听矣，将何以显法耶？

答曰：此不思议之妙法也。昔空生岩中宴坐，天帝散花，赞为善说般若。空生曰：“我实无说。”天帝曰：“尊者以不说说，我以绝听听。”如此说听，是真般若。了此，可信三昧中善说善听也。旧说菩萨既有启请威仪，必有出入之文，或译人略之。此说太拘，岂不闻“那伽常在定，无有不定时”，岂独佛常在定而菩萨便不定耶？八地菩萨现三昧乐意生身而度生，岂出定耶？若执必出定而有听受、启请，则不起灭定而现诸威仪，岂非菩萨之事耶？因便及此，学者识之。

于是文殊师利菩萨在大众中即从座起，顶礼佛足，右绕三匝，长跪叉手而白佛言：

此经家叙置问法之威仪也。

大悲世尊！愿为此会诸来法众，说于如来本起清净因地法行，及诸菩萨于大乘中发清净心，远离诸病，能使未来末世众生求大乘者不堕邪见。

此正陈请辞也。问有二意：一问如来因地发心，依何等法、修何等行而得成佛？二问现在菩萨于大乘中已发清净愿成佛度生之心，但不知如何用心修行，得正知见，不堕偏邪之病？若蒙开示，则使未来末世众生有发大乘心者，即依今日所说而修，则不堕于邪见矣。此虽为现在而问，其实多为未来之机，此悲愿之心也。

作是语已，五体投地。如是三请，终而复始。

此叙置求法之恳诚也。

尔时世尊告文殊师利菩萨言：善哉善哉！善男子！汝等乃能为诸菩萨咨询如来因地法行，及为末世一切众生求大乘者得正住持，不堕邪见。汝今谛听，当为汝说。

此赞善问，诫听许说也。下仿此。

时文殊师利菩萨奉教欢喜，及诸大众，默然而听。

此欣承法音，冥心伫听也。下仿此。以叙十二大士请法之仪，一一皆同，其文最整，故不重释。

善男子！无上法王有大陀罗尼门，名为圆觉，流出一切清净真如菩提涅槃及波罗蜜，教授菩萨。一切如来本起因地，皆依圆照清净觉相，永断无明，方成佛道。

此直示本起因地也。如来因地，独标圆觉一法而为行本。然称此圆觉为“陀罗尼门”者，梵语陀罗尼，此云总持，谓总一切法，持无量义。以此圆觉为十法界大总相法门体，一切圣凡依正迷悟因果，皆依此圆觉一心而为建立。以无一法而不具，故曰“总”。因果纤毫不失不坏，故曰“持”。一切圣凡无不由之，故称为“门”。“流出”者，即由此建立之义。然此觉体，为诸佛之法身，为众生本觉之心地。虽染而不染，故曰清净。从来不妄不变，故称真如。但以无明障蔽而不现。诸佛如来于因地，依此本觉真心，发始觉之智，断尽无明，始本合一，名究竟觉，为得菩提之果，还归寂灭一心，名为圆寂，是称涅槃。是知诸佛果德，皆依此圆觉一心建立，故云“流出”。然不独佛果，即菩萨因地诸波罗蜜，亦从此出，故云“及”也。以诸佛之因地，为菩萨之行本，故云“教授”。是故一切如来成佛本起之因地，更无别法，皆依此圆觉自性之光明，还照寂灭清净之觉体，“相”即性体也。以此圆满照彻无遗，则无明永断，圆证法身，唯此一法而已，故曰“皆依圆照清净觉相，永断无明，方成佛道”也。然“圆照”即一心三观之智，“清净觉相”即一心三谛之体，全经但发明此一句而已。

问曰：此云：“有大陀罗尼门名为圆觉，流出一切”云云等，与《首楞严》云：“有三摩提名大佛顶首楞严王”等，语势似同，义有何别？

答曰：语虽似同，义有小别，以此经直指觉体为因地心，彼经以首楞严大定为成佛初心之方便，此体彼用，为不同耳。然所同者，彼经先以不生灭心为本修因，依之建立首楞严大定。然不生灭心即此觉体，彼首严定即此圆照清净觉相。以此圆照即彼大定，此中觉相即彼不生灭心。摄用归体，究竟无二，故皆为成佛之本。

问曰：佛言：“圆觉陀罗尼门，为如来本起之因地”。又曰：“清净真如，则为众生不迷之佛性”。又曰：“皆依圆照清净觉相”，则本无无明可断也。忽曰：“永断无明，方成佛道”，则义不相蒙，敢问其旨？

答曰：此义幽深，非粗心可拟，请试言之。然圆觉妙心，乃诸佛众生平等无二之法身也，以法身流转五道名曰众生。然清净真如，乃诸佛之法身，众生之佛性。良由最初一念无明不觉，迷此法身，而成五蕴幻妄之身心。则本有圆觉，而为不迷之佛性。以烦恼不能染，故曰“清净”；本来不妄不变，故曰“真如”。故“清净真如”一语，直指众生迷中之佛性也。以诸佛因地同是众生，但能依本觉之佛性，发起始觉之智，断尽无明，始本合一，名得菩提，还证寂灭一心，故曰涅槃。是则诸佛菩提涅槃之果德，皆从迷返悟修而后得，故曰“永断无明，方成佛道”。然修断之方，皆依圆觉自性之智光，还照寂灭清净之心体，故曰“圆照清净觉相”。以自性光明一照，则无明顿破，故曰“永断”。此实成佛之秘诀，顿悟顿证之妙门，为如来因地之法行。此经直指一心圆顿之旨，故首揭于此，为一经之宗趣。语义幽深，非浅识可了，故特发之。

云何无明？

此征释无明之体，将显圆照之功也。此征，下释。

善男子！一切众生从无始来种种颠倒，犹如迷人四方易处，妄认四大为自身相，六尘缘影为自心相。譬彼病目，见空中花及第二月。

此释无明之元也。谓众生本有法身，元无生死。今因最初一念不觉之无明，迷本来之佛性，起贪嗔痴，造种种业，妄取六趣之生死，故云种种颠倒。虽在往来生死之中，而法身湛然不动故，如人迷方而方实不转也。所以迷者，以背法身，但认四大假合之幻身为己身，妄认攀缘六尘影子妄想缘虑之心为真心。譬如病目见空中花及第二月。病目喻无明，空花喻妄身，二月喻妄心。认妄失真，故云颠倒。

善男子！空实无花，病者妄执。由妄执故，非唯惑此虚空自性，亦复迷彼实花生处。由此妄有轮转生死，故名无明。

此喻示无明之体也。谓法身本无身心之相，如空本无花。今妄认四大为身，如执空花为实有。由妄执故，不唯迷本法身，故云“惑此虚空自性”，亦复不知妄身从无明有，故云“迷彼实花生处”。由此颠倒，故有轮转生死，此乃无明之体也。

善男子！此无明者非实有体。如梦中人，梦时非无，及至于醒，了无所得。如众空花灭于虚空，不可说言有定灭处。何以故？无生处故。一切众生于无生中妄见生灭，是故说名轮转生死。

此释无明体空，以明生死本来不有也。以生死乃迷中之颠倒，如梦中事，觉后即空，以生本无生故，灭亦无灭故，如空花无定灭处。

善男子！如来因地修圆觉者，知是空花，即无轮转，亦无身心受彼生死，非作故无，本性无故。

此的示顿悟妙门，以显圆照之功，唯一"知"字也。谓诸佛因地修行，唯以圆觉自性光明，圆照自心寂灭之体，一念了知身心世界如空中花，本来不有，则生死当下顿断。以身心本空故，无可受生死者。此非造作而后无，特以本来自性元无故也。

彼知觉者犹如虚空，知虚空者即空花相，亦不可说无知觉性，有无俱遣，是则名为净觉随顺。

此拂能所对待之迹，以显圆照平等寂灭究竟一心净觉之智也。云"彼知觉者"，乃指上知是空花之"知"，即所谓圆照，乃自性本有之智光，为能照之智；"者"字指所照之境，即清净之觉相。"如虚空"乃喻所照之觉体，所谓清净法身犹若虚空。谓此觉体虽是本有，向被无明障蔽，从来不觉，今仗智光一照，则无明顿破，本体当下现前，则历劫生死一时顿断，是所谓"知是空花，即无轮转"。此特显智照有功也。"知虚空者"，此"者"字，乃指上能照之智。意谓初以智照惑，惑灭则智亦不存。然所照既寂，若存能照之知，犹是无明，故须遣之，故云"知虚空者即空花相"。此则能所双忘，寂照不二。到此唯有如智，照体独立，故云"亦不可说无知觉性"。直至心境两忘，能所俱泯，故云"有无俱遣"，如此乃合寂灭一心，故云"是则名为净觉随顺"。此文倒，应云"随顺净觉"，即前云"随顺不二"也。

何以故？虚空性故，常不动故，如来藏中无起灭故，无知见故，如法

界性，究竟圆满遍十方故。是则名为因地法行。

此征释所照寂灭心体，重显绝待真心，以示清净觉相也。何故要重重遣拂能所耶？以寂灭心体本来如虚空性，常住不动，此显空也。谓今虽有身心生死，本来如空中花，以如来藏中无起灭故，不容有知见故，此显假也。如者，称也，谓称法界性，究竟圆满，周遍十方故，此显中也。此实妙觉明心之实际，如来因地唯此而已。

菩萨因此于大乘中发清净心。末世众生依此修行，不堕邪见。

菩萨发心当因此而发，则为真因。众生依此而修，则为正行，故不堕邪见。此结问答意也。

尔时世尊欲重宣此义，而说偈言：

文殊汝当知：　一切诸如来，
从于本因地，　皆以智慧觉，
了达于无明，　知彼如空花，
即能免流转。　又如梦中人，
醒时不可得。　觉者如虚空，
平等不动转，　觉遍十方界，
即得成佛道。　众幻灭无处，
成道亦无得，　本性圆满故。
菩萨于此中，　能发菩提心。
末世诸众生，　修此免邪见。

偈颂对之，则有无、广略可知。

于是，普贤菩萨在大众中即从座起，顶礼佛足，右绕三匝，长跪叉手而白佛言：

请法威仪。

大悲世尊！愿为此会诸菩萨众及为末世一切众生修大乘者，闻此圆觉清净境界，云何修行？世尊！若彼众生知如幻者，身心亦幻，云何以幻还修于幻？若诸幻性一切尽灭，则无有心，谁为修行？云何复说修行如幻？若诸众生本不修行，于生死中常居幻化，曾不了知如幻境界，令妄想心云何解脱？愿为末世一切众生，作何方便，渐次修习，令诸众生永离诸幻？

此普贤大士闻前开示，蹑迹起疑，故特启请修行方便也。由前佛说：知是空花即无轮转，亦无身心受彼生死。此乃一念顿悟，当下顿了生死，则不假修行，更无方便。此则大有径庭，非上上根人不能领悟。奈何末世众生上上根者少，若不假修行，必难悟入。若不假方便，不能造修，故此首问修行，以求方便渐次之法也。若谓知是空花即无轮转，然空花即幻妄也。若纵有众生能知身心如幻者，若所知是幻，则此能知之身心亦是幻矣，云何以幻还修于幻耶？此一疑也。若所知之幻既灭，则能知之幻亦灭矣。如此能所皆灭，则无有心矣，又谁为修行之人耶？云何复说修行如幻？此二疑也。若诸众生本不假修行，如此则于生死中常居幻化，曾不了知如幻境界，是则令妄想心云何解脱耶？此三疑也。因此请问如来，愿说修行之方便，当令众生永离诸幻也。故向下世尊答：以众生幻心还依幻灭，不妨以幻修幻，为一答。诸幻灭尽，觉心不动，不入断灭，为二答。知幻即离，亦无方便，离幻即觉，亦无渐次，为三答。然通释成前章顿悟顿修之意。

作是语已，五体投地。如是三请，终而复始。

此叙求法之恳诚也。

尔时世尊告普贤菩萨言：善哉善哉！善男子！汝等乃能为诸菩萨及末世众生修习菩萨如幻三昧，方便渐次，令诸众生得离诸幻。汝今谛听，当为汝说。

此赞善问，诚听许说也。

时普贤菩萨奉教欢喜，及诸大众，默然而听。

此欣承法音，冥心伫听也。

善男子！一切众生种种幻化，皆生如来圆觉妙心，犹如空花从空而有，幻花虽灭，空性不坏。众生幻心还依幻灭，诸幻尽灭，觉心不动。

此答诸幻灭尽，不入断灭。

依幻说觉，亦名为幻。若说有觉，犹未离幻，说无觉者亦复如是。是故幻灭名为不动。

此答以幻修幻，以释成不入断灭之意也。谓以觉觉幻，觉亦是幻，故云“依幻说觉，亦名为幻”。若说幻灭而觉存者，此亦是幻，故云“若说有觉，犹未离幻”。若更起一见，说幻灭而觉亦无者，亦复是幻。何也？以未达究竟实际故也。直须有无俱遣，照体独立，故云“幻灭名为不动”。以种种幻化皆生圆觉妙心故，诸幻灭尽，觉心不动也。

善男子！一切菩萨及末世众生，应当远离一切幻化虚妄境界。由坚执持远离心故，心如幻者亦复远离。

此示离幻方便，以答永离诸幻之请，以遣离幻之心也。谓知是幻，方起能离之心。诸幻既灭，若坚执有能离之心，此心亦如幻者，故应亦复远离。此遣第一重能离之心也。

远离为幻，亦复远离。

此遣第二重离心之离也。谓初以知离幻幻灭，则遣能知之心。若能知已泯，则此离亦如幻，故云“远离为幻亦复远离”。

离远离幻，亦复远离。

此遣第三重离上远离之离，所谓遣遣也。

得无所离，即除诸幻。譬如钻火，两木相因，火出木尽，灰飞烟灭。以幻修幻亦复如是，诸幻灭尽，不入断灭。

此言遣之又遣，以至无遣，故云“得无所离，即除诸幻”也。钻火喻诸幻智，灰飞烟灭以喻遣遣。唯有地存故，喻不入断灭。此总结答问意也。

善男子！知幻即离，不作方便。离幻即觉，亦无渐次。

此结示顿悟顿证，以显究竟一心之旨也。

问曰：上答以幻修幻，遣之又遣，皆是方便渐次之意。今结示云“不作方便”，“亦无渐次”，岂佛自语相违耶？

答曰：此义幽玄，诚难体会。上云“种种幻化皆生如来圆觉妙心”，虽云重重遣拂，所遣拂者总是一幻。谓此妙觉心中凡有起心动念，丝毫见处未忘，通皆是幻。若知到底是幻，则一切诸幻自离，但知而已，又何别作方便？若但存执着之心，即是知见未忘，便名微细法执。了达一切皆幻，则当下消亡，全体自现，故云“知幻即离”，“离幻即觉”。正如香象渡河，一踏到底，所谓“不作方便”，“亦无渐次”也。

一切菩萨及末世众生，依此修行，如是乃能永离诸幻。

此结酬问意也，谓必要如是重重遣拂，乃能永离诸幻也。

尔时世尊欲重宣此义，而说偈言：

普贤汝当知：　一切诸众生，
无始幻无明，　皆从诸如来，
圆觉心建立。　犹如虚空花，
依空而有相。　空花若复灭，
虚空本不动。　幻从诸觉生，
幻灭觉圆满，　觉心不动故。
若彼诸菩萨，　及末世众生，
常应远离幻，　诸幻悉皆离。
如木中生火，　木尽火还灭。
觉则无渐次，　方便亦如是。

长行但云“种种幻化生于觉心”，不知何者是幻化，故颂中补“无明”二字，谓种种幻化皆无明也。

于是，普眼菩萨在大众中即从座起，顶礼佛足，右绕三匝，长跪叉手而白佛言：

请法威仪。

大悲世尊！愿为此会诸菩萨众，及为末世一切众生，演说菩萨修行渐次，云何思惟？云何住持？众生未悟，作何方便，普令开悟？

此普眼请开渐次之行，以释圆照清净觉相之义也。由前文殊章直云：“知是空花即无轮转，亦无身心受彼生死”。普贤章云：“知幻即离，不作方便，离幻即觉，亦无渐次”。此乃顿悟一心，当下顿证，不涉途程，不假修行，但一“知”字而已。此是上上根人方能了悟。奈末世众生，上上根少，中下者多，若不修行，则长在生死；若修行无正方便，则无门可入；若无渐次，亦难顿悟。故问“思惟”，乃初心止观下手工夫；“住持”，乃安心之法则，总是开悟之方便也。

世尊！若彼众生无正方便及正思惟，闻佛如来说此三昧，心生迷闷，即于圆觉不能悟入。愿兴慈悲，为我等辈及末世众生，假说方便。

此重请必要方便。“思惟”者，以初心必假正方便入门，然后乃可得正思惟。且以方便为急，故结请方便也。“假说”者，于无方便中设方便故，为假说耳。按后答文，初依奢摩他，持戒、宴坐，乃正方便；恒作是念，止观双运，乃正思惟；非幻不灭，乃安住；垢相永灭，十方清净，乃开悟也。

作是语已，五体投地。如是三请，终而复始。

三展虔诚。

尔时世尊告普眼菩萨言：善哉善哉！善男子！汝等乃能为诸菩萨及末世众生，问于如来修行渐次、思惟、住持乃至假说种种方便。汝今谛听，

当为汝说。

赞许诫听。

时普眼菩萨奉教欢喜，及诸大众，默然而听。

当机默伫。

善男子！彼新学菩萨及末世众生，欲求如来净圆觉心，应当正念，远离诸幻。

此总答问意也。普眼虽问修行渐次、思惟、住持等，然主意单问离幻初心方便。故佛答以修行捷要，只是以正念为最初下手工夫，故云“应当正念”。然正念者，无念也，故凡起心动念，在圆觉体中皆为幻化。意在一念不生，则诸妄自灭，故云“远离诸幻”。以前云“种种幻化皆生如来圆觉妙心”，故须离念乃得相应。《论》云：“离念境界，唯证相应故。”此以为最初方便也。

先依如来奢摩他行，坚持禁戒，安处徒众，宴坐静室。

此示离念之方便也。梵语奢摩他，此云止也。然修行必以止为首者，以众生向认妄想攀缘之心，念念生灭，无暂停时，今欲一但离念，岂可得耶？故先修止行，以为最初工夫，为入禅之方便也。所言止者，按天台，止有三止，谓体真止，方便随缘止，息二边分别止。以此三止为前导，然后可入空、假、中之三观。今经之止，但是体真止也。若修此止，先将身心内外一齐放下，放下又放下，放到无可放处，则诸想歇灭，内外一空。即此空处，便能体合真心，妄想不生，则念自离也，故以止为正念。若正念现前，则诸妄顿灭，故云“远离诸幻”。此为入禅之切要，学者应知。“坚持禁戒”者，此正《楞严》三渐次，先持四重，皎如冰霜，故曰“坚持”。“宴坐静室”者，以行人向在动乱境中，非宴坐不能摄心。以此证之，既不动作，则单修体真止耳。然必安处徒众者，非要多人，但取同见同行为依止决择，使行易成耳。

恒作是念：我今此身四大和合，所谓发毛爪齿、皮肉筋骨、髓脑垢色皆归于地，唾涕脓血、津液涎沫、痰泪精气、大小便利皆归于水，暖气归火，动转归风，四大各离，今者妄身当在何处？即知此身毕竟无体，和合为相，实同幻化，四缘假合，妄有六根。

此示入观之方，以答渐次思惟之问，先示假观也。今普眼“渐次、方便、思惟”之问，盖因文殊章云：“妄认四大为自身相，六尘缘影为自心相”，且云：“知是空花即无轮转”，又云：“知幻即离，不作方便”，是乃顿悟顿证，第恐中下根人不能顿入，故有此请。世尊先示修止为前方便，今示入观，正答思惟之问。先示假观之方。初教观身，次第分析，然后观心，此示渐次之方也。然观亦有三，谓空、假、中。今依《楞严》如幻三摩提，乃示先从假入空，次从空、假入中，正显修心之渐次。此先观身如幻，故为假观。三观圆具一心，总释前知幻即离一“知”字。

六根四大中外合成，妄有缘气于中积聚，似有缘相，假名为心。

此示观心之方便也。六根为内，四大为外，即所造六尘，以根尘和合，识生其中，故云“合成”。“妄有”下，示心假也。谓现前之心乃妄想耳，非真心也。何以知之？以是六识攀缘前五尘落谢影子，以缘气聚积，似有假相，乃是妄想影子，假名为心，以众生日用但认此假影为心耳。今观此心，离尘无体，苟不认假为真，则妄想自消。即妄想消处，不求真而真自复，故为假观之方便也。

善男子！此虚妄心，若无六尘则不能有。四大分解，无尘可得，于中缘尘各归散灭，毕竟无有缘心可见。

此示假观之成功也。前云：“妄认六尘缘影为自心相”，若但知幻即离，不能顿离，故教先观此身四大是假，各归散灭，内根既无，则外亦无尘可对，根尘既消，则缘心亦灭，此心亦假也。

善男子！彼之众生幻身灭故幻心亦灭，幻心灭故幻尘亦灭，幻尘灭故

幻灭亦灭，幻灭灭故非幻不灭，譬如磨镜，垢尽明现。

此示从假入空观也。谓以观照根、尘、识三，俱已消灭，然所观既空，则能观亦泯，故云“幻灭亦灭”。以前云“知虚空者即空花相”，故观照亦不立。此则能所两忘，对待斯绝，唯一圆明清净真心，故云“非幻不灭，觉心不动”。清净乃空之异名，故云空观。镜喻可知。

善男子！当知身心皆为幻垢，垢相永灭，十方清净。

此从空、假以入中道也。初云“皆依圆照清净觉相”，但是一心，故名中道。

善男子！譬如清净摩尼宝珠映于五色，随方各现，诸愚痴者见彼摩尼实有五色。善男子！圆觉净性现于身心，随类各应，彼愚痴者说净圆觉实有如是身心自相亦复如是，由此不能远于幻化。是故我说身心幻垢。对离幻垢，说名菩萨。垢尽对除，即无对垢及说名者。

此显绝待真心，以示圆照清净觉相之体也。摩尼珠喻圆照净心，随现五色喻五蕴身心。旧注云“喻五道”，此指太宽，以经云“身心自相”，乃的指五蕴，而“随类”之言，意该五道，然正义的指五道众生总一五蕴身心耳。谓妙圆觉心本无五蕴，良由无明业幻所作，全从妙心所现，故如摩尼随现五色。众生不了真心，但认五蕴幻相，故如痴人，执珠体实有五色也。以错认五蕴为我，以覆蔽真体，故为幻垢。今以观智，照破五蕴皆空，故名菩萨。以对待未忘，犹是无明故，真体未显。若对待一忘，能所双绝，乃显绝待真心耳。

善男子！此菩萨及末世众生证得诸幻灭影像故，尔时便得无方清净，无边虚空觉所显发，觉圆明故，显心清净。

此正显圆照之相也。谓此妙圆心体本自灵明廓彻，广大虚寂，名为真空。初因一念无明，障蔽妙明，遂变真空之体而为十方顽空。今无明既破，则十方虚空悉皆消殒，故观十方虚空从觉心显发。然虚空既消，则妙明体露，故云显心清净。此心一净，则十法界无不清净矣。故下文历明圣凡身心境界一一皆清净，即前云“清净觉相”。然清净乃空之异名，从此已下至“平等不动”，总示空观义也。

心清净故见尘清净，见清净故眼根清净，根清净故眼识清净；识清净故闻尘清净，闻清净故耳根清净，根清净故耳识清净；识清净故觉尘清净，如是乃至鼻、舌、身、意亦复如是。

此显妙觉心体圆照之相，以示空体也。此“见尘”特指无明妄见，乃八识之见分，圆映六门。此见即是尘，非色尘也。谓十法界迷悟心境皆依妄见而有，今无明一破，妙觉圆明，心境双亡，能所斯绝，此见亦泯，故十法界荡然清净。由清净故，则一一周遍，唯一妙明圆照法界，故下文一一历言六凡四圣心境一一清净周遍也。据理即一心圆照，圣凡影绝。但开示未悟，故下文次第一一历言以显圆明周遍之妙耳。且先示六凡清净。

善男子！根清净故色尘清净，色清净故声尘清净，香、味、触、法亦复如是。

此正言六尘清净也。以此言六尘，故知前“见尘”非是六尘，盖指妄见即是尘耳。

善男子！六尘清净故地大清净，地清净故水大清净，火大、风大亦复如是。

此言四大清净也。

善男子！四大清净故，十二处、十八界、二十五有清净。

此言通示六凡心境一切清净也。根尘识界乃凡夫根境，二十五有乃三界，为众生依报之地，总而言之，则身心世界一切悉皆清净。此正与《法华》所言六根清净义同。彼经但言持经法师，乃观行位人，即得六根清净。此言顿悟唯心，则凡圣俱泯，故历出世四圣一切清净耳。上言六凡，下言四圣。

彼清净故，十力、四无所畏、四无碍智、佛十八不共法、三十七助道品清净，如是乃至八万四千陀罗尼门一切清净。

此历言出世四圣境界悉皆清净也。

善男子！一切实相性清净故一身清净，一身清净故多身清净，多身清净故，如是乃至十方众生圆觉清净。

将显根身世界圆满清净，此先举正报一身以及多身，凡是众生无不清净。然十方众生圆觉清净，则众生如也。

善男子！一世界清净故多世界清净，多世界清净故，如是乃至尽于虚空、圆裹三世，一切平等清净不动。

此例观依报世界清净。如是则众生界空，圣凡齐泯，唯一清净圆明宝觉矣。《楞严》云：我以不生不灭合如来藏，而如来藏非世间法，非出世间法，而一切法皆如来藏矣，故下一一皆云“不动”。

善男子！虚空如是平等不动，当知觉性平等不动。四大不动故，当知觉性平等不动。如是乃至八万四千陀罗尼门平等不动，当知觉性平等不动。

以虚空、世界、众生因迷觉性而有，今一切法合乎圆觉，则平等平等，寂灭无二，故云“不动”。此但显泯一切法，当空观义也。由摄事归理，理遍则事亦遍，故下文云“一一周遍”。

善男子！觉性遍满清净不动圆无际故，当知六根遍满法界。根遍满故，当知六尘遍满法界。尘遍满故，当知四大遍满法界。如是乃至陀罗尼门遍满法界。

此历十法界以显事随理遍，当法界理事无碍门，示假观义也。

善男子！由彼妙觉性遍满故，根性、尘性无坏无杂。根尘无坏故，如是乃至陀罗尼门无坏无杂。如百千灯光照一室，其光遍满无坏无杂。

此历十法界以显事事无碍法界周遍含容观，当一心中道义也。此明法界一心相在无杂，各不坏相故，成圆觉普照义也。

善男子！觉成就故，当知菩萨不与法缚，不求法脱，不厌生死，不爱涅槃，不敬持戒，不憎毁戒，不重久习，不轻初学。何以故？一切觉故。譬如眼光晓了前境，其光圆满，得无憎爱。何以故？光体无二无憎爱故。

此示寂灭一心平等不二，正显清净觉相也。以缚脱、憎爱等皆二相也，由无明妄见故有二相。今以圆照，则一切皆觉，故无二也。眼光乃八识现量，圆照诸根，在眼最显故，取喻圆觉普照无二之体。

善男子！此菩萨及末世众生修习此心得成就者，于此无修，亦无成就，圆觉普照，寂灭无二。于中百千万亿阿僧祇不可说恒河沙诸佛世界犹如空花乱起乱灭，不即不离，无缚无脱。始知众生本来成佛，生死、涅槃犹如昨梦。

此重释上圆觉普照寂灭无二之相，以显究竟一心之极证也。以如来藏中本无迷悟生死去来之相，然生死、涅槃皆无明梦中之事，今无明梦破，回视往事，如昨梦耳。

善男子！如昨梦故，当知生死及与涅槃无起无灭，无来无去。其所证者无得无失，无取无舍。其能证者无作无止，无任无灭。于此证中无能无所，毕竟无证，亦无证者，一切法性平等不坏。

此重示寂灭一心究竟无二之体也。前云圆觉性中流出一切清净真如菩提涅槃诸波罗蜜，谓迷清净真如而为五蕴之众生生死法也。菩提、涅槃乃所证之果，诸波罗蜜为能证之行。以如来藏中本无去来迷悟生死，故生死、涅槃皆如昨梦。既如昨梦，则岂有修证、得失、取舍之事耶？既无修证，则无能所，一切影像毕竟寂灭，如此法法皆真，常住不坏。此圆照法界清净觉相之极，则通释首章“皆以圆照清净觉相”之义也。

善男子！彼诸菩萨如是修行，如是渐次，如是思惟，如是住持，如是方便，如是开悟，求如是法，亦不迷闷。

此结酬请辞，指归正行，故皆云“如是”。

尔时世尊欲重宣此义而说偈言：

普眼汝当知：　一切诸众生，
身心皆如幻。　身相属四大，
心性归六尘，　四大体各离，
谁为和合者？　如是渐修行，
一切悉清净，　不动遍法界，
无作止任灭，　亦无能证者。
一切佛世界，　犹如虚空花，
三世悉平等，　毕竟无来去。
初发心菩萨，　及末世众生，
欲求入佛道，　应如是修习。

颂义如文可知。

于是，金刚藏菩萨在大众中即从座起，顶礼佛足，右绕三匝，长跪叉手而白佛言：

请法威仪。

大悲世尊善为一切诸菩萨众，宣扬如来圆觉清净大陀罗尼因地法行渐次方便，与诸众生开发蒙昧。在会法众承佛慈诲，幻翳朗然，慧目清净。

赞谢也。因前佛云：“犹如翳目见空中花”，以上开示根身世界一切清净，如空花影落，故此谢云：“幻翳朗然，慧目清净”也。

世尊！若诸众生本来成佛，何故复有一切无明？若诸无明众生本有，何因缘故如来复说本来成佛？十方异生本成佛道，后起无明，一切如来何

时复生一切烦恼？惟愿不舍无遮大慈，为诸菩萨开秘密藏，及为末世一切众生，得闻如是修多罗教了义法门，永断疑悔。

此金刚藏启请，因闻佛说众生本来成佛一语，顿起三疑，故兴此问。意谓佛初说众生因无始无明，妄认身心，故有生死，且云永断无明方成佛道，此则无明乃众生本有也，云何复说众生本来成佛？若众生本来成佛，何故复有无明耶？若众生本来成佛，后起无明，则一切如来是已成之佛，何时复生一切烦恼耶？因闻众生本来成佛,与永断无明方成佛道之语相违，故展转三疑，以致此问。

作是语已，五体投地。如是三请，终而复始。

三展虔诚。

尔时世尊告金刚藏菩萨言：善哉善哉！善男子！汝等乃能为诸菩萨及末世众生，问于如来甚深秘密究竟方便，是诸菩萨最上教诲，了义大乘，能使十方修学菩萨及诸末世一切众生得决定信，永断疑悔。汝今谛听，当为汝说。

赞许诚听。

时金刚藏菩萨奉教欢喜，及诸大众，默然而听。

当机默伫。

善男子！一切世界始终生灭，前后有无，聚散起止，念念相续，循环往复，种种取舍，皆是轮回。未出轮回而辨圆觉，彼圆觉性即同流转，若免轮回，无有是处。

此意责问者不应以生灭心妄辨圆觉之体也。以十法界迷悟因果，皆生死边事，从妄见有，圆觉性中本无此事。若以妄见而辨圆觉，则此觉性亦同生死法矣。世界有三种，谓众生正报世间，依报世间，诸佛为智正觉世间，此总该十法界依正因果也。始谓迷本之因，终谓涅槃之果。生灭乃众生之身心，该住异之四相。前后乃三际前后，乃过未以该现在。有无聚散，乃世界成住坏空。有无乃住、空，聚散乃成、坏。起谓三界生死，止谓二乘涅槃。如上之事，乃妄见妄想，念念相续，从来生灭不停，循环往复，种种取舍，如此皆是轮回生死之妄见也。若以此妄见而辨圆觉，而圆觉性亦同生死之法矣，故云即同流转。若以妄见而免生死，无有是处。此总责颠倒，下以喻详示。

譬如动目能摇湛水，又如定眼由回转火。云驶月运，舟行岸移，亦复如是。

此以四法喻妄见也。湛水无波，因动目而有波。定眼无轮，由旋火而有轮。月、岸不移，因云、舟而运动。湛水、定眼、月、岸，通喻觉性。水波、火轮、云驶、舟行，通喻妄见。

善男子！诸旋未息，彼物先住尚不可得。

此先合喻。诸旋，乃水波、火轮、云驶、舟行。彼物，指湛水、定眼、月、岸。谓旋若未息，而彼诸物必难先住也。

何况轮转生死垢心，曾未清净，观佛圆觉而不旋复！是故汝等便生三惑。

此以浅况深，通责迷倒也。意谓世间浅近之事，若旋不止，而彼物必难先住，何况以生死妄见而辨净妙常住之觉性，岂不堕彼流转耶？此三惑之兴，实由妄见分别耳。此总责三疑，下正答问义。

善男子！譬如幻翳，妄见空花。幻翳若除，不可说言此翳已灭，何时更起一切诸翳？何以故？翳、花二法非相待故。亦如空花灭于空时，不可说言虚空何时更起空花？何以故？空本无花，非起灭故。生死、涅槃同于起灭，妙觉圆照，离于花、翳。

此以空花一喻，总答所问，以决三疑也。幻翳喻无明妄见，空花喻生死涅槃，虚空喻妙觉真心。此通显生死涅槃皆即狂劳颠倒花相，妙圆心中本无此事。今刚藏之疑，因闻首章佛说无明乃众生妄认幻妄身心为本有者，此则众生的因无明而有也，如此何以又说众生本来成佛？若众生本来是佛，后作众生，则是无明从佛心中而有矣，如此则诸佛心中何时更起烦恼而作众生耶？此展转三疑，皆从妄见分别而有，特未悟妙圆真心耳。故先总责轮回颠倒之见，而以幻翳空花之喻以总答之也。若悟空本无花，何疑众生本来成佛？若了花从翳生，又何疑成佛后起烦恼？此如来善巧开示，了此一喻，则三疑顿释矣。

善男子！当知虚空非是暂有，亦非暂无，况复如来圆觉随顺，而为虚空平等本性！善男子！如销金矿，金非销有。既已成金，不重为矿，经无穷时，金性不坏，不应说言本非成就。如来圆觉亦复如是。

此特示妙圆常住真心，不属生死涅槃，以重释佛起烦恼之疑也。意谓虚空尚不随于幻花起灭，何况妙觉明心而为虚空本性，又岂随于生死涅槃起灭耶？苟悟觉性平等常住不动，诸佛证此岂复生迷？故以销金之喻以结示之。若了此喻，则众生虽本是佛，现在无明，不妨修而后成。如金虽本有，现在矿中，终以销而后见。所谓佛本是而勤修，惑元无而须断。若知金性不坏，又何疑佛更生迷？此喻约而义妙，故刚藏之疑，不俟一一而冰释矣。下的示了义。

善男子！一切如来妙圆觉心，本无菩提及与涅槃，亦无成佛及不成佛，无妄轮回及非轮回。

此的示圆觉性中本无生死涅槃之相，以决刚藏之疑也。若悟此性，自无起灭颠倒之见矣。

善男子！但诸声闻所圆境界，身心语言皆悉断灭，终不能至彼之亲证所现涅槃，何况能以有思惟心，测度如来圆觉境界！如取萤火烧须弥山，终不能着。以轮回心，生轮回见，入于如来大寂灭海，终不能至。是故我说：

一切菩萨及末世众生，先断无始轮回根本。

此示圆觉妙性，非心思可及也。且二乘身心已灭，尚不能至自证涅槃，何况众生以生灭心，欲入妙圆不生灭性，决不能矣！故喻如萤火烧须弥山，终不能也。二乘身心语言皆灭者，以断六识分别之心，七识已伏不行，故无觉观语言，但所证涅槃乃第八识全体无明，认为涅槃。以二乘人无明名字不知故，不能至亲证所现涅槃。意谓二乘心行已灭，尚不能知自证无明境界，何况以生灭心欲入如来妙圆觉心，此必不能也，故以萤火喻之。乃结示当断轮回根本，正指无明妄见也。

善男子！有作思惟从有心起，皆是六尘妄想缘气，非实心体，已如空花。用此思惟辨于佛境，犹如空花复结空果，展转妄想，无有是处。善男子！虚妄浮心多诸巧见，不能成就圆觉方便，如是分别，非为正问。

此直示妄元，结责当机也。意谓但凡夫起心动念，皆是妄想，非真心也。以此妄想思惟辨于佛境，远之远矣，故如邀空花复结空果，所以展转但增妄想耳。如是虚妄浮心，岂能成就圆觉方便耶？故非正问也。

尔时世尊欲重宣此义，而说偈言：

金刚藏当知：　如来寂灭性，
未曾有终始，　若以轮回心，
思惟即旋复，　但至轮回际，
不能入佛海。　譬如销金矿，
金非销故有。　虽复本来金，
终以销成就。　一成真金体，
不复重为矿。　生死与涅槃，
凡夫及诸佛，　同为空花相。
思惟犹幻化，　何况诘虚妄。
若能了此心，　然后求圆觉。

于是，弥勒菩萨在大众中即从座起，顶礼佛足，右绕三匝，长跪叉手而白佛言：

请法威仪。

大悲世尊广为菩萨开秘密藏，令诸大众深悟轮回，分别邪正，能施末世一切众生无畏道眼，于大涅槃生决定信，无复重随轮转境界起循环见。

赞谢。下正陈请辞。

世尊！若诸菩萨及末世众生欲游如来大寂灭海，云何当断轮回根本？于诸轮回有几种性？修佛菩提几等差别？回入尘劳，当设几种教化方便度诸众生？惟愿不舍救世大悲，令诸修行一切菩萨及末世众生慧目肃清，照曜心镜，圆悟如来无上知见。

此正陈问义有四。由上佛说菩萨修行先断轮回根本，故此首问云何当断者，意谓何等是轮回根本也，故佛下答以恩爱贪欲是轮回根本。二问轮回有几种性，佛答以因二种障，有五性差别。三问修行有几种性，佛答即以五性而显差别。四问菩萨度生有几方便，佛答唯以大悲同事愿力。然所问正为修行，乃及利生者，以菩萨修行本为度生而修行，亦不舍众生界，以度生即修行也。

作是语已，五体投地。如是三请，终而复始。

当机默伫。

尔时世尊告弥勒菩萨言：善哉善哉！善男子！汝等乃能为诸菩萨及末世众生，请问如来深奥秘密微妙之义，令诸菩萨洁清慧目，及令一切末世众生永断轮回，心悟实相，具无生忍。汝今谛听，当为汝说。

赞许。

时弥勒菩萨奉教欢喜，及诸大众，默然而听。

伫听。

善男子！一切众生从无始际，由有种种恩爱贪欲，故有轮回。若诸世界一切种性——卵生、胎生、湿生、化生，皆因淫欲而正性命。当知轮回，爱为根本。

此直答轮回根本也。无明有二：一发业无明，二润生无明。发业者，乃无始最初一念妄动，迷本圆明，故号无明。惟此但迷本有之法身，妄认五蕴幻妄身心为我者，乃前文殊章中所说无始本起无明也。此虽迷真认妄，尚未续诸生死，但能发业而已。二润生无明，正是生死相续轮回之报本也。由前迷理无明，妄认五蕴身心为我，即于此幻身复起男女、好丑、憎爱之见，而贪爱淫欲之想，因爱见而发。所谓汝爱我心，我怜汝色，以是因缘，百千万劫长在缠缚。故众生迷法身慧命之真性，但以淫欲一事而为受生禀命之正矣，故曰“皆因淫欲而正性命，当知轮回爱为根本”。故今修行欲超生死得免轮回，当以断淫为第一义也。此正与《楞严》所说，世出世间，生与无生，尽在淫心断与不断。故今经的指先断淫欲为修行之要。

由有诸欲助发爱性，是故能令生死相续。

此正示爱欲为生死根本也。以众生五蕴身心元因爱欲而有，但以爱欲为性命之正，故贪欲之境虽多，即种种诸欲皆是助发爱性之本，又不止酒肉五辛为助因也。以爱根既深，而助发爱性者日厚，心心著欲，念念润生，是故能令生死相续也。下示轮回之本。

欲因爱生，命因欲有。众生爱命，还依欲本。爱欲为因，爱命为果。

此申明爱欲为生死根本也。“欲因爱生”者，上云“由有诸欲助发爱性”，盖言诸欲亦从爱而生也，以爱为根本，欲为助因故。然欲者贪也，爱者淫根也。以众生淫心所爱者，男女之美色，因爱其色，故贪种种，饮食厚味以养之，铅华锦绣以饰之，荐褥温软以适之，乃至声色以悦之。一切诸欲皆从淫心而发也，故曰“欲因爱生”也。“命因欲有”者，以众生一生所欲染者男女之色也，及死后舍命未受后报，尚有中阴身，此身别无所见，但求欲境，故千万里遥见男女交媾之处，若曾有宿染爱缘者，即速疾至前，则以男女之想为己有，渴爱心极，则乘爱涎流入母腹，守此精血，纳想不舍，遂结为胎。此受命之元，故曰“命因欲有”也。故资其生者，乃爱欲为因，及受后报之身，乃以爱命为果，此其所以生死相续而不休也。《楞严》“众生相续”发明此义。下示轮回之状。

由于欲境起诸违顺，境背爱心而生憎嫉，造种种业，是故复生地狱、饿鬼。

此明三途恶报苦果皆因淫欲而有也。以爱心炽盛，奔趣欲境。然境有违顺，若境顺其心，则爱益滋甚；若境违心，便生憎嫉，乃至嗔怒打骂，甚至杀害，则无恶而不造，所以复招三途地狱之剧苦，皆因爱而致也。

舍恶乐善，复现人、天。

此明由爱而感人天之果也。上言“造种种业”，总之不出十恶业，谓身三——杀、盗、淫，口四——妄言、绮语、两舌、恶口，意三——贪、嗔、痴。此十恶业皆由爱欲而发。若备造则感三途之报。若平平不造，则感生人道。若增修善品，则感生天上。盖人天由爱厌业道，亦从爱而致也。

又知诸爱可厌恶故，弃爱乐舍，还滋爱本，便现有为增上善果。皆轮回故，不成圣道。

上言人天，且指六欲天报，言六天全未断欲，但不作恶故，为十善所感。此明色界已上诸天爱染不生，精修梵行，然所修者但知爱欲是染、是粗障，故深厌离，故云“弃爱乐舍”，且欣上是净、是妙、是离，故欣乐取证。然欣亦爱也，故云“还滋爱本”。由此但名有为增上善果，未超生死，故云“皆是轮回，不成圣道”。良由以爱舍爱故，生死不断。所谓饶君修到非非想，也落禅家第二筹，以生死情根未断故也。

是故众生欲脱生死，免诸轮回，先断贪欲，及除爱渴。

此总结轮回根本，皆贪欲渴爱之过患也。

善男子！菩萨变化示现世间，非爱为本，但以慈悲令彼舍爱，假诸贪欲而入生死。若诸末世一切众生，能舍诸欲，及除憎爱，永断轮回，勤求如来圆觉境界，于清净心便得开悟。

此释疑显权也。恐有疑云：菩萨入诸生死，岂非贪欲之过耶？故此释云：菩萨但示贪欲而入生死，以同事摄，令彼舍贪，乃是权现，非实事也。然修行者必断贪欲，于清净心方得开悟耳。

上答轮回根本，下答种性。

善男子！一切众生由本贪欲，发挥无明，显出五性差别不等，依二种障而现深浅。云何二障？一者理障，碍正知见；二者事障，续诸生死。

此下答轮回问有几种性也，谓理事二障为轮回性。性，体也，以理障乃发业无明，事障乃润生无明，轮回生死以二障为体，即修行差别亦因无明厚薄、二障浅深而显也。

云何五性？善男子！若此二障未得断灭，名未成佛。

此下正答修行有几种性，先征后释也。五性者：一、凡夫种性，二、二乘种性，三、菩萨种性，四、不定种性，五、外道种性。此初凡夫种性也。

若诸众生永舍贪欲，先除事障，未断理障，但能悟入声闻、缘觉，未能显住菩萨境界。

此二乘种性也。以二乘人但断六识、三毒，离分段生死，故云“永舍贪欲”。经云：“但尽生死，谓为灭度，其实未得一切灭度。”

善男子！若诸末世一切众生，欲泛如来大圆觉海，先当发愿勤断二障。二障已伏，即能悟入菩萨境界。若事理障已永断灭，即入如来微妙圆觉，

满足菩提及大涅槃。

此菩萨种性也。三贤伏二障，地上断二障。《论》云："分别二障极喜无，六七俱生地地除。"若金刚道后，异熟已空，则二障永断，即入如来大涅槃海。

善男子！一切众生皆证圆觉。逢善知识，依彼所作因地法行，尔时修习，便有顿渐。若遇如来无上菩提正修行路，根无大小，皆成佛果。

此不定种性也。若言一切众生皆证圆觉，则各各皆是如来种性矣，何有不定之差耶？但彼各人所遇善知识，依各自修因地法行而开示之，因此修习，则有顿渐不同。此不定性在师不在根，所谓闻熏成种也。若遇大善知识，以如来正修行路开导修行，则根无大小，皆成佛果。此显佛性是一，因师不定，故《楞伽》要亲最胜知识也。此则三乘皆不定摄。

若诸众生虽求善友，遇邪见者，未得正悟，是则名为外道种性，邪师过谬，非众生咎。是名众生五性差别。

此外道种性也。既云一切众生皆证圆觉，无有不成佛者，何得有邪？良由所遇邪师、邪教，故成邪耳。此但邪师之过，非众生佛性之过也。此经圆教大乘，无机不摄，以因师邪而邪，若舍邪归正，无一不成佛者。阐提作佛，义见于此。

上答修习差别，下答化生差别。

善男子！菩萨唯以大悲方便入诸世间，开发未悟，乃至示现种种形相逆顺境界，与其同事，化令成佛，皆依无始清净愿力。

此答菩萨回入尘劳有几方便之问也。谓菩萨利生方便虽多，唯以大悲为首，大愿持之，以同事摄之，是为妙行。然菩萨度生以四摄法，所谓布施、爱语、利行、同事。此经重在断欲为首，故独称同事，为断爱之妙行也。苟非愿力所持，冒然同事，无不堕者，故要依无始清净愿力也。

若诸末世一切众生，于大圆觉起增上心，当发菩萨清净大愿。应作是言：

愿我今者住佛圆觉，求善知识，莫值外道及与二乘。依愿修行，渐断诸障，障尽愿满，便登解脱清净法殿，证大圆觉妙庄严域。

此言不但菩萨利生依大愿力，即末世修行之人，亦当以大愿持心故，不堕邪见也。谓菩萨修行，“于大圆觉起增上心”者，此乃决志成佛之人也，故先发愿言：我今住佛圆觉，志愿成佛故，所求知识莫值外道邪师及二乘劣解坏我善根，愿得菩萨最胜知识，依教修行，渐断诸障。若得障尽愿满，则成就佛果矣。“妙庄严域”，乃佛之果海也。

尔时世尊欲重宣此义而说偈言：

弥勒汝当知：　一切诸众生，
不得大解脱，　皆由贪欲故，
堕落于生死。　若能断憎爱，
及与贪嗔痴，　不因差别性，
皆得成佛道。　二障永消灭，
求师得正悟，　随顺菩萨愿，
依止大涅槃。　十方诸菩萨，
皆以大悲愿，　示现入生死。
现在修行者，　及末世众生，
勤断诸爱见，　便归大圆觉。

长行言：五性因二障而有差别。偈言：但能顿断烦恼，不拘五性差别，则当一时顿成佛果也。

于是，清净慧菩萨在大众中即从座起，顶礼佛足，右绕三匝，长跪叉手而白佛言：

进问威仪。

大悲世尊为我等辈广说如是不思议事，本所不见，本所不闻。我等今

者蒙佛善诱，身心泰然，得大饶益。

赞谢。

愿为诸来一切法众，重宣法王圆满觉性。一切众生及诸菩萨、如来世尊，所证、所得云何差别？令末世众生闻此圣教，随顺开悟，渐次能入。

此问圆觉妙性圣凡平等，因何而有修证差别也。因前云："知是空花即无轮转"，此则一超顿登佛地，不涉渐次矣。又云："一切众生皆证圆觉"，此则本无差别之性矣。上问差别，佛答以因二障浅深而有。今问修证差别，意谓觉性既是平等，则二障亦不能为差别。故今问从凡至圣修证，云何而有差别也。

作是语已，五体投地。如是三请，终而复始。

当机默伫。

尔时世尊告清净慧菩萨言：善哉善哉！善男子！汝等乃能为末世众生，请问如来渐次差别。汝今谛听，当为汝说。

赞许。

时清净慧菩萨奉教欢喜，及诸大众，默然而听。

伫听。

善男子！圆觉自性，非性性有，循诸性起，无取无证。于实相中，实无菩萨及诸众生。何以故？菩萨、众生皆是幻化，幻化灭故，无取证者。譬如眼根不自见眼，性自平等，无平等者。

因问觉性是一，云何圣凡修证差别不同，故佛先示以觉性本来平等无二，菩萨、众生亦无取证次第。自性无性，故云"非性"。凡圣皆具，故云"性有"。随缘而现，故云"循诸性起"，本无修证次第，然后示以妄功用中便显差别也。眼不见眼，喻觉性本无能所对待。

众生迷倒，未能除灭一切幻化，于灭未灭妄功用中，便显差别。若得如来寂灭随顺，实无寂灭及寂灭者。

此示因众生迷倒，妄有差别，其实了无能所取证也。

下示无差别之差别。旧解约天台六即以释之，谓性自平等，凡圣不二，故云理即，上云“觉性平等”，理本一味也。今因众生迷倒，幻化未灭，妄功用中便显差别，此显六即差别因迷而有也。若究竟穷源，寂灭无二。若委明“六”字，则不生上慢；若悟“即”字，则不生退屈，此天台之圆旨也。上总示圆理，下示六即，经义相符，故以释之。

善男子！一切众生从无始来，由妄想我及我爱者，曾不自知念念生灭，故起憎爱，耽著五欲。

此示理即也。以众生全体在迷，约佛性在迷故云理，众生即佛故云理即。以迷觉性而为妄想，背法身而认五蕴，故云“由妄想我”。执妄身为我，我见坚固不舍，故云“及爱我者”。曾不自知念念生灭，造诸恶业。然造业者乃佛性也，故云理即。

若遇善友教令开悟净圆觉性，发明起灭，即知此生性自劳虑。

此名字即也。以众生迷己，不知本有佛性。若遇善知识开导，了悟自性，生即无生，知本是佛。以知名识字，即“知”之一字，即佛性也，故云名字即。

若复有人劳虑永断，得法界净，即彼净解为自障碍，故于圆觉而不自在，此名凡夫随顺觉性。

此观行即也。此天台圆教五品观行位人，圆伏五住，先断见思，故云“劳虑永断”；三毒不行，故云“得法界净”；耽着净境，故云“净解为碍”；无明全在，“故于圆觉而不自在”。天台判圆观行位与别信位同断见思，名为外凡，故结名“凡夫”。

善男子！一切菩萨见解为碍，虽断解碍，犹住见觉，觉碍为碍而不自在，

此名菩萨未入地者随顺觉性。

此相似即也。三贤位人，观智增明，已见前净解为碍，今已断之。所断虽亡，能断观智名为“见觉”。此能见之见觉为碍，能所未亡，故于圆觉而不自在，结名“未入地者”，正指三贤也。

善男子！有照有觉俱名障碍，是故菩萨常觉不住，照与照者同时寂灭。

此分真即也。照是所照之境，乃净解；觉是能观之智，乃见觉。即前二位，以对待未亡故，俱名障碍。今地上菩萨，已证平等真如，以即体之智，还照寂灭之体，故照而非照，不住照功，故云“常觉不住”，以理智一如，故“同时寂灭”。

譬如有人自断其首，首已断故，无能断者。则以碍心自灭诸碍，碍已断灭，无灭碍者。

此以喻明观智俱泯、能所两忘也。人喻能照，首喻所照。所照既亡，能照亦泯，故喻“无能断者”。然以照为碍者，《楞严》云“圆明照生所”，以圆明体中本无能所，但起一照心，则形所相，故以照为碍也。以诸无明通名诸碍，非照不灭，故“以碍灭碍”也。若诸碍已断，则照亦不立，故“无灭碍者”。

修多罗教如标月指，若复见月，了知所标毕竟非月。一切如来种种言说开示菩萨，亦复如是。

此显地上菩萨之实证也。谓菩萨修行，未悟自性故，佛假种种言教开示，为悟心之方，故如指指月。今既了悟自心，则一切言说皆剩法矣。故如见月，知指非月也。以凡有修断观智能所之说，皆标月之指耳。今既证一心，则能所双忘，观照俱泯，同时寂灭矣。

此名菩萨已入地者随顺觉性。

此结位也。此经单以圆照觉相为宗，故位次不说所断，但约观行浅深以明位之高下。若对普贤章中云："应当远离一切幻化虚妄境界，由坚执持远离心故"，即净解未忘，当观行位。"心如幻者亦复远离"，即见觉为碍，当相似位。"有觉有照，同时寂灭"，即远离为幻亦复远离，当分真位。下言："一切障碍即究竟觉"，即离远离幻亦复远离，得无所离，名究竟觉，当究竟即。经旨了然，幸深观之。

善男子！一切障碍即究竟觉，得念、失念无非解脱，成法、破法皆名涅槃，智慧、愚痴通为般若，菩萨、外道所成就法同是菩提，无明、真如无异境界，诸戒定慧及淫怒痴俱是梵行，众生、国土同一法性，地狱、天宫皆为净土，有性、无性齐成佛道，一切烦恼毕竟解脱，法界海慧照了诸相犹如虚空，此名如来随顺觉性。

此究竟即，以示平等佛慧也。其得念失念等十对等法，皆迷悟边事。良以圆觉妙性不属迷悟对待因果，故一切寂灭，平等一如。以妄见而观，则有二相。若以法界海慧照之，则犹如虚空，一切诸相了不可得矣。

善男子！但诸菩萨及末世众生，居一切时不起妄念，于诸妄心亦不息灭，住妄想境不加了知，于无了知不辨真实。

此的示平等安心之妙也。上言位有高下、证有次第者，皆为不了寂灭心体，妄有修证，不忘能所对待，故悟有浅深。今示平等一心，任运合道，乃圆悟顿证之妙旨也。以众生日用现证全是如来平等法身，若一念不生，全体自现，故云居一切时不得故起妄念，以才起一念即迷现量故也。谓众生妄想本自无性，元是真心，若息妄求真，似斩头觅活，故云"于诸妄心亦不息灭"。以妄想境界本是一真，不容拟议，若更加了知之心，即是扬声止响，故云"住妄想境界不加了知"。不加了知处即是真知，若起心更辨，别求真实，则头上安头，弥增颠倒，故云"于无了知不辨真实"。此道人日用安心的诀。苟能任运如斯，则心心合道，念念证真，不起灭定而现度生事业矣。从上诸祖未有不入此法门者。此参禅向上一路，所谓衲僧巴鼻也。

彼诸众生闻是法门，信解受持，不生惊畏，是则名为随顺觉性。

此直指顿悟安心，乃修行之要也。此法门即上居一切时等，以此法难信、难解、难持，若闻而不生惊怖者，可谓善能随顺觉性也。

善男子！汝等当知，如是众生已曾供养百千万亿恒河沙诸佛及大菩萨，植众德本。佛说是人名为成就一切种智。

此结上顿悟任运合道之机，皆夙因深厚者，方能信受不疑也。此等之人虽居因位，决定成佛无疑矣。

尔时世尊欲重宣此义而说偈言：

清净慧当知：　圆满菩提性，
无取亦无证，　无菩萨众生。

此颂觉性平等，　本无差别。

觉与未觉时，　渐次有差别。
众生为解碍，　菩萨未离觉，
入地永寂灭，　不住一切相，
大觉悉圆满，　名为遍随顺。

初二句总颂差别所以。众生一句观行即，菩萨一句相似即，入地二句颂分真即，大觉二句颂究竟即。然初句“觉与未觉”，亦该摄理即、名字即也。

末世诸众生，　心不生虚妄，
佛说如是人，　现世即菩萨。
供养恒沙佛，　功德已圆满，
虽有多方便，　皆名随顺智。

末二句总颂位行虽差，皆随顺觉性。

《圆觉经直解》卷上终

大方广圆觉修多罗了义经直解卷下

唐 罽宾国沙门佛陀多罗 译

明 匡山逸叟憨山释德清 解

明 新安程梦旸觉我 校阅

于是，威德自在菩萨，在大众中即从座起，顶礼佛足，右绕三匝，长跪叉手而白佛言：

进问威仪。

大悲世尊广为我等分别如是随顺觉性，令诸菩萨觉心光明，承佛圆音，不因修习而得善利。

此庆闻赞谢也。以闻佛圆音所流大智教光，灌大众心，神力所加，照破无明，各各自心光明顿现，此所以不因修习而得善利也。下请入门方便。

世尊！譬如大城外有四门，随方来者非止一路。一切菩萨庄严佛国及成菩提，非一方便。惟愿世尊广为我等宣说一切方便渐次，并修行人总有几种，令此会菩萨及末世众生求大乘者速得开悟，游戏如来大寂灭海。

此问行也。由上但闻所证之差别，未闻能证之行，故今特请入门之方便也。城喻圆觉，门喻所入之路，方便正是入证之行，即《楞严》之最初方便，所谓随方取便，乃下手之工夫也。渐次者，以初圆照二字，为成佛因地，故初云“知是空花，即无轮转”，“知幻即离，不作方便”，乃圆修顿悟，故不假方便，乃上上根人之行。今为中下故请渐次，意在开三观门，即下单复圆修二十五轮，皆渐次也。

作是语已，五体投地。如是三请，终而复始。

此叙求法恳诚。

尔时世尊告威德自在菩萨言：善哉善哉！汝等乃能为诸菩萨及末世众生，问于如来如是方便。汝今谛听，当为汝说。

赞许诫听。

于是，威德自在菩萨奉教欢喜，及诸大众默然而听。

此欣承法音，冥心伫听也。

正示。

善男子！无上妙觉遍诸十方，出生如来与一切法，同体平等，于诸修行实无有二。

此示法性圆满，本无迷悟，平等无二。但契一真，不假多行，故云"于诸修行实无有二"。

方便随顺，其数无量。圆摄所归，循性差别，当有三种。

此正入证之门也。然觉性遍满一切诸法，则法法皆为入证之门。但随机圆摄，不无其要，故但有三门。然此三门，即《楞严》三观，谓空、假、中也。且二经列三名同一梵语，谓奢摩他、三摩钵提、禅那。古释奢摩他，此翻云止，以寂静为相，义当空观。三摩钵提，此翻云等至，亦名等持，以幻化为相，义当假观。禅那，此翻云静虑，双离静、幻，以寂灭为相，下义当中观。然修证必须三观者，以如来藏心具三谛理，谓空、不空、空不空。此以三观各照一谛，圆摄一心，故曰圆照。以一心圆照则为顿，三观次第各照故为渐，其实本无三一次第之差也。后文自明。

初、奢摩他。

善男子！若诸菩萨悟净圆觉，

此标行本，乃悟后称性修，非迷中修也。谓菩萨修行先要了悟本有净圆真心，依此不生不灭真心，安立观行，净治历劫无明习气，以此为修，唯约称性为修耳。

以净觉心，取静为行，由澄诸念，觉识烦动，静慧发生，身心客尘从此永灭，

此示空观行相也。发觉初心以静为首，以未悟时一向妄想动乱，今既悟此心，即以所悟觉心发起观照，返观不动之心体，故云“取静为行”。由此妄想消歇，则见阿赖耶中习气生灭之相，故云：“由澄诸念，觉识烦动”。久久观察，则自心光明忽然发现，故云“静慧发生”。心光一发，则顿见身心幻妄本来不有，故如“客尘”。如此则内脱身心，故云“永灭”。此最初工夫，一念顿证无生也。

便能内发寂静轻安。由寂静故，十方世界诸如来心于中显现，如镜中像。

此示入观之效也。以圆觉妙心向以幻妄身心无明遮障，今身心既脱，则无明重担歇灭，故云“内发寂静轻安”。到此十方廓然，则本有法身挺露，故云“诸如来心显现，如镜中像”，所谓“诸佛法身入我性，我心还共如来合”，乃妙契法身。此正《楞严》“返流全一，六用不行，十方国土皎然清净，譬如琉璃内悬明月，乃至一切如来密圆净妙皆现其中”，当圆教顿破无明之相也。

此方便者，名奢摩他。

结名也。奢摩他，此翻云止，寂静义。在因名止，在果名定，义当空观。次、三摩钵提。

善男子！若诸菩萨悟净圆觉，

以所悟净圆觉心而为行本。

以净觉心，知觉心性及与根尘皆因幻化，即起诸幻以除幻者，变化诸幻而

开幻众。由起幻故，便能内发大悲轻安。

此示假观行相也。心性，识也。谓依所悟净圆觉心，发起智照，照彼识与根尘本来不有，皆因无明之所变现，虽有而性常自空，故云“皆因幻化”。然“幻化”指枝末无明也。既了自己识及根尘悉如幻化，则例观一切众生一一如幻，故云“即起诸幻，以除幻者”。“诸幻”谓幻智。此“幻者”，推根本无明，谓依如幻始觉之智，顿破根本无明。“变化”等者，谓除灭无明，自然而有不思议业用，故云“变化诸幻而开幻众”，广作度生佛事，现十界身，普应一切，此出真涉假之行相也。“由起幻”等者，谓已证真如，从真如起利生事业，而以同体大悲广化众生，不取众生之相，故云“大悲轻安”。

一切菩萨从此起行，渐次增进。彼观幻者非同幻故，非同幻观皆是幻故，幻相永灭。

此示观行增进之相也。以证性未圆，无明未净，渐渐深入，故云“渐次”。以对待未忘，先遣所观之境，犹存能观之智，故云“彼观幻者非同幻故”。“观幻者”，观即能观之智，幻者即所观之境，真智独存，故不同彼幻。然所观既妄，能观亦泯，若存能观，犹未离幻，故云“非同幻观，皆是幻故”。能所双忘，境智俱绝，唯一真心，故云“幻相永离”。

是诸菩萨所圆妙行，如土长苗。

此喻增进之相也。谓菩萨观行，境智双忘，一真独立，则法身真地智种灵苗渐渐增长。土喻法身真地，本觉真如如种子，观智增明如苗长。

此方便者，名三摩钵提。

此结观名也。梵语三摩钵提，此云等至，等持之中能至圣位故。

三、禅那。

善男子！若诸菩萨悟净圆觉，

此标行本。

以净觉心，不取幻化及诸净相，了知身心皆为挂碍，无知觉明不依诸碍，永得超过碍无碍境，受用世界及与身心，相在尘域，如器中锽，声出于外，烦恼、涅槃不相留碍。

此正示中观行相也。谓依所悟净圆觉心建立观行，直观中道一心，外忘其境，故云不取幻化；内忘其智，不取静相。境智俱忘，身心寂灭，皆无障碍，故云“了知”。“知觉明”，乃根本无明也，谓对待既忘，能所不立，则无明净尽，故云“无知觉明”。境智俱空，故云“不依诸碍”。以离境故超碍，离智故超无碍，毕竟寂灭，故云“永得超过”。锽乃钟鼓之声，言虽有体质而不碍声之远达，正取器微声大，以明即碍处能达无碍。意谓向心境未忘，则身心世界为碍；今既了悟法身，即此幻妄身心世界不碍法身，故云“受用世界及与身心，相在尘域，如器中锽，声出于外”，以喻法身出碍也。烦恼约生死法，谓身心世界也，涅槃约理智，唯一真心，故生死、涅槃不相留碍也。

便能内发寂灭轻安，妙觉随顺寂灭境界，自他身心所不能及，众生、寿命皆为浮想。

此示观行成益之相也。以生灭既灭，寂灭现前，三德圆证，涅槃常乐，故云“寂静轻安”。心心随顺妙觉寂灭，故云“自他身心所不能及，众生寿命皆为浮想。”此则二障永断，二死永忘，所谓究竟一心之极证也。

此方便者，名为禅那。

此结名也。

善男子！此三法门皆是圆觉亲近随顺，十方如来因此成佛，十方菩萨种种方便一切同异，皆依如是三种事业。若得圆证，即成圆觉。

此总结方便之渐次也。谓此三法门皆是随顺亲近圆觉之方便，即如来之因地、诸菩萨之万行，或渐次，或偏圆，皆依如是三种事业，或单复圆修。若一念圆证，即成圆觉。

善男子！假使有人修于圣道，教化成就百千万亿阿罗汉、辟支佛果，不如有人闻此圆觉无碍法门，一刹那顷随顺修习。

此结行显胜也。偏圆修习日劫相倍，故教多多二乘不若暂闻此法，以是成佛正因故。

尔时世尊欲重宣此义而说偈言：

次以偈重宣。

威德汝当知：

无上大觉心，　本际无二相。

随顺诸方便，　其数即无量。

如来总开示，　便有三种类。

总颂标立三种观行。

寂静奢摩他，　如镜照诸像；

如幻三摩地，　如苗渐增长；

禅那唯寂灭，　如彼器中锽。

此颂三种行相。

三种妙法门，　皆是觉随顺。

十方诸如来，　及诸大菩萨，

因地得成道，　三事圆证故，

名究竟涅槃。

此总颂结名。

于是，辩音菩萨在大众中即从座起，顶礼佛足，右绕三匝，长跪叉手而白佛言：

初进问威仪。

大悲世尊！如是法门甚为希有！

庆赞。

世尊！此诸方便，一切菩萨于圆觉门，有几修习？

此正陈问意也。谓前佛说三观，未审菩萨所修，为一人具三，为三人各一？为同时，为次第？故请开示，以便修习也。

愿为大众及末世众生，方便开示，令悟实相。

此问所为也。

作是语已，五体投地。如是三请，终而复始。

三展虔诚。

尔时世尊告辩音菩萨言：善哉善哉！善男子！汝等乃能为诸大众及末世众生，问于如来如是修习。汝今谛听，当为汝说。

诚听许说。

时辩音菩萨奉教欢喜，及诸大众，默然而听。

伫听。

善男子！一切如来圆觉清净，本无修习及修习者。一切菩萨及末世众生，依于未觉幻力修习，尔时便有二十五种清净定轮。

此总答问意也。圆觉净性众生本具，不假修习。但今在迷中，以幻修幻，唯以幻力故，有二十五种之不同。盖三观一心，元无别异，第各随人意，要偏重所，展转而为二十五轮，非定有二十五种也。然二十五种不出三观，单复圆修而分差别。

初、单修三观。

若诸菩萨唯取极静，由静力故永断烦恼，究竟成就，不起于座，便入

涅槃。此菩萨者，名单修奢摩他。

此单修空观也。然三谛本唯一境，故三观本乎一心，圆融该摄，举一即具三，言三体即一，所谓正偏兼带，故虽单修一观，必兼余二，虽不明说，义即全具。今言“唯取极静”，是以观空为主。“由静力故，永断烦恼”，则义该于假，以烦恼幻化以静力断之。若究竟成就，圆证一心，则摄中也，故“不起于座，便入涅槃”。此单以圆修空观而入也。能作如是观，义方满足。标名应有“悟净圆觉”四字，译人略耳。

若诸菩萨唯观如幻，以佛力故，变化世界，种种作用，备行菩萨清净妙行，于陀罗尼不失寂念及诸静慧。此菩萨者，名单修三摩钵提。

此单修假观也。“佛力”者，谓自性本具真如佛性内熏之力，故发起“种种变化作用，备修妙行”，此依幻行；“于陀罗尼不失寂念”，则全体起用，兼摄一心中道寂灭之体，而起空慧，照破无明，是以假摄中、空也。

若诸菩萨唯灭诸幻，不取作用，独断烦恼，烦恼断尽，便证实相。此菩萨者，名单修禅那。

此单修禅那中观也。“唯灭诸幻，独断烦恼”，乃摄假入中；“烦恼断尽，便登实相”，乃摄空入中，正遮照同时以显中也。以“唯灭”、“断尽”则双遮，“独断”、“便证”则双照。

此上单修三观也。下复修二十一轮，每观领七，故二十一。

初空观领七。先复二观二：初先空、后假。

若诸菩萨先取至静，以静慧心照诸幻者，便于是中起菩萨行。此菩萨者，名先修奢摩他，后修三摩钵提。

次先空、后中。

若诸菩萨以静慧故，证至静性，便断烦恼，永出生死。此菩萨者，名先修奢摩他，后修禅那。

即体之智，故云“静慧”。还照寂体，故云“证至静性，便断烦恼，永出生死”，因亡果丧，圆证一心，故为中道。

次复三观二：初先空、次假、后中。

若诸菩萨以寂静慧复现幻力，种种变现度诸众生，后断烦恼而入寂灭。此菩萨者，名先修奢摩他，次修三摩钵提，后修禅那。

次先空、次中、后假。

若诸菩萨以至静力，断烦恼已，后起菩萨清净妙行，度诸众生。此菩萨者，名先修奢摩他，中修禅那，后修三摩钵提。

次齐修三观有三：初先静、齐寂幻。

若诸菩萨以至静力，心断烦恼，复度众生，建立世界。此菩萨者，名先修奢摩他，齐修三摩钵提、禅那。

次先齐静幻、后寂。

若诸菩萨以至静力，资发变化，后断烦恼。此菩萨者，名齐修奢摩他、三摩钵提，后修禅那。

后齐静寂、后幻。

若诸菩萨以至静力，用资寂灭，后起作用，变化世界。此菩萨者，名齐修奢摩他、禅那，后修三摩钵提。

上静观七轮已竟。下幻观七轮：初先幻、后静。

若诸菩萨以变化力，种种随顺而取至静。此菩萨者，名先修三摩钵提，后修奢摩他。

次先幻、后寂。

若诸菩萨以变化力，种种境界而取寂灭。此菩萨者，名先修三摩钵提，

后修禅那。

上复二。后复三：初先幻、次静、后寂。

若诸菩萨以变化力而作佛事，安住寂静而断烦恼。此菩萨者，名先修三摩钵提，中修奢摩他，后修禅那。

次先幻、次寂、后静。

若诸菩萨以变化力，无碍作用，断烦恼故，安住至静。此菩萨者，名先修三摩钵提，中修禅那，后修奢摩他。

后齐三观三：初先幻、齐静寂。

若诸菩萨以变化力方便作用，至静、寂灭二俱随顺。此菩萨者，名先修三摩钵提，齐修奢摩他、禅那。

次齐幻静、后寂。

若诸菩萨以变化力，种种起用，资于至静，后断烦恼。此菩萨者，名齐修三摩钵提、奢摩他，后修禅那。

后齐幻寂、后静。

若诸菩萨以变化力，资于寂灭，后住清净无作静虑。此菩萨者，名齐修三摩钵提、禅那，后修奢摩他。

三寂观领七。复二有二：先寂、后静。

若诸菩萨以寂灭力而起至静，住于清净。此菩萨者，名先修禅那，后修奢摩他。

次先寂、后幻。

若诸菩萨以寂灭力而起作用，于一切境寂用随顺。此菩萨者，名先修禅那，后修三摩钵提。

次复三有二：初先寂、次静、后幻。

若诸菩萨以寂灭力，种种自性，安于静虑而起变化。此菩萨者，名先修禅那，中修奢摩他，后修三摩钵提。

次先寂、次幻、后静。

若诸菩萨以寂灭力，无作自性，起于作用，清净境界，归于静虑。此菩萨者，名先修禅那，中修三摩钵提，后修奢摩他。

后齐三有三：初先寂、齐静幻。

若诸菩萨以寂灭力，种种清净而住静虑，起于变化。此菩萨者，名先修禅那，齐修奢摩他、三摩钵提。

次齐寂静、后幻。

若诸菩萨以寂灭力，资于至静而起变化。此菩萨者，名齐修禅那、奢摩他，后修三摩钵提。

后齐寂幻、后静。

若诸菩萨以寂灭力资于变化，而起至静清明境慧。此菩萨者，名齐修禅那、三摩钵提，后修奢摩他。

后圆修三观。

若诸菩萨以圆觉慧，圆合一切，于诸性相无离觉性。此菩萨者，名为圆修三种自性清净随顺。

此圆修三观，乃三观一心，一念具足，即初云“圆照清净觉相”。“圆觉”、“圆合”，即圆照一切，则该十法界。“于诸性相无离觉性”，即清净觉相。诸佛本起因地，唯一心圆照法界以为妙行，故二十五轮究竟归极于此，意显此一观以为圆修，其二十四皆随根耳。

善男子！是名菩萨二十五轮，一切菩萨修行如是。若诸菩萨及末世众生依此轮者，当持梵行，寂静思惟，求哀忏悔，经三七日，于二十五轮各安标记，至心求哀，随手结取，依结开示，便知顿渐。一念疑悔，即不成就。

此总结劝修也。“当持梵行”者，所谓因戒生定，即《楞严》三种渐次，乃入禅之基本也。“寂静、思惟、忏悔”，即观罪性空，所谓“若欲忏悔者，端坐念实相”也。“求哀”、“结标”，以验根之顿渐，乃请诸圣神力加持，起决定信耳。

尔时世尊欲重宣此义而说偈言：

辩音汝当知：　一切诸菩萨，
无碍清净觉，　皆依禅定生。
所谓奢摩他，　三摩提禅那，
三法渐次修，　有二十五种。
十方诸如来，　三世修行者，
无不因此法，　而得成菩提。
唯除顿觉人，　并法不随顺。

二十五轮皆菩萨因行，颂言“十方如来”，意约所趣之果，此正如来因地法行也。“顿觉人”，则不须渐次法。“不随顺”者，乃阐提不信之人，则渐亦不能入矣。

一切诸菩萨，　及末世众生，
常当持此轮，　随顺勤修习，
依佛大悲力，　不久证涅槃。

此颂结劝也。

于是，净诸业障菩萨在大众中即从座起，顶礼佛足，右绕三匝，长跪叉手而白佛言：

问法威仪。

大悲世尊为我等辈广说如是不思议事，一切如来因地行相，令诸大众得未曾有，睹见调御历恒沙劫勤苦境界一切功用，犹如一念。我等菩萨深自庆慰。

此庆所闻也。谓从一心建诸定轮，乃诸如来因地行相勤苦境界。一念具见，故深自庆也。

世尊！若此觉性本性清净，因何染污，使诸众生迷闷不入？

此正问也。上章佛说“一切如来圆觉清净，本无修习”，然清净则本来无染，今因何有染污更假修耶？

唯愿如来广为我等开悟法性，令此大众及末世众生，作将来眼。

此请意也。

说是语已，五体投地。如是三请，终而复始。

求法恳诚。

尔时世尊告净诸业障菩萨言：善哉善哉！善男子！汝等乃能为诸大众及末世众生，咨问如来如是方便。汝今谛听，当为汝说。

赞许。

时净诸业障菩萨奉教欢喜，及诸大众，默然而听。

默伫。

善男子！一切众生从无始来，妄想执有我、人、众生及与寿命，认四颠倒实为我体，由此便生憎爱二境，于虚妄体重执虚妄。二妄相依，生妄业道。有妄业故，妄见流转。厌流转者，妄见涅槃。

此正答染污所以也。“一切众生从无始来妄想执有我人”等者，正初所云“妄认四大为自身相，六尘缘影为自心相”者也。由诸众生最初不觉，迷本法身，故妄认五蕴幻妄身心为实我体，故名我相。计我展转趣于余趣，故名人相。计我盛衰苦乐、变异相续，为众生相。计有一期命根不断，为寿者相。以不达无我，执妄为真，故云“颠倒”。然执虚妄为我，已是颠倒，且于此妄我起憎爱之心，故云“重执虚妄”，此起惑也。心境二妄相依造种种业，故云“生妄业道”，此造业也。故有妄业，必受苦报，流转生死，此苦果也。惑、业、苦三，皆因妄认我执，以取三界轮回，故云“流转”，此分段生死也。若二乘人，厌生死苦，断烦恼集，出三界外，复妄见涅槃，以取变易生死之苦，皆由执我之故也，故云“由此便生”等。然此四相，有迷识、迷智粗细之分。粗者迷识，乃凡夫妄认五蕴为我，妄生憎爱，乃《金刚经》前半所明者是也。细者迷智，乃一切圣贤，妄有证得，能所未忘，即此经所说，乃《金刚经》后半所明者是也。此中粗细二种我执，正属俱生。此经众生，意该九界。此中先举凡夫之四相，以显三乘之四相。以凡夫四相由憎爱而有，三乘四相由证取而有，以证取发于爱根种子，故凡圣双举。

由此不能入清净觉，非觉违拒诸能入者，有诸能入非觉入故，是故动念及与息念皆归迷闷。

此正答不能入觉之所以也。由上所说妄执我故，染污真性，由此不能入清净觉，盖非觉性违拒不容入也。以执我能入觉，故云“有诸能入”，非觉入觉耳。若以觉入觉，则如空合空，又何拒之有？以我执未忘，故凡夫动念、二乘息念，皆归迷闷。

下重征释迷闷之本。

何以故？由有无始本起无明为己主宰。

此征释迷闷之根本也。“本起无明”，谓最初一念不觉生相无明也。法身无我，由一念无明，迷本法身，成陀那识，为我相根本。自此皆是无明用事，故云“为己主宰”。我者主宰义，谓从无始至今，一向皆是无明主宰，是为我相。自等觉已还，未破生相无明，异熟未空，皆属我相。然此我相与诸教所说不同，后文自明。

一切众生生无慧目，身心等性皆是无明。譬如有人不自断命。

此重释无始无明至今难断之所以也。谓全体无明变成五蕴身心，然此根本无明非根本智照不能破，以诸众生从来未逢知识开发慧眼照破，岂有无明能断无明之理耶？故云“譬如有人不自断命”。

是故当知，有爱我者我与随顺，非随顺者便生憎怨。为憎爱心养无明故，相续求道皆不成就。

此序无明相续长劫之所以也。谓此无明相续长劫而难断者，以有憎爱二惑以滋养之也。以执我故则偏爱我，若有爱我者则更增长我之爱见，若违我者必生憎怨。然憎怨亦从爱起，以不顺其爱，故憎怨耳。以此憎爱资熏无明种子，发起现行，故劫劫生生爱憎未断，故无明日厚，所以相续长劫生死耳。今以爱憎之心而求佛道，岂有成道之理耶？故云“皆不成就”。

下示相。

善男子！云何我相？谓诸众生心所证者。

此正示我相之体也。此我等四相，旧解都分粗细。今详佛意，指无始无明为己主宰，是为我体，是则四相单约生相无明。今以观照研穷，对待未忘，展转有四，原非粗细之分也。何以明之？谓妙性圆明，本无能所。良由最初一念障此妙性，失其本明，故名无明。自尔以来，一向皆是无明为己主宰，而为我体。今以始觉观照，欲证圆觉，未能圆合，中间皆因根本无明而为障碍，故对待未忘。即此所对所证者乃是无明，非觉性也，故云心所证者乃我相也。按此始起无明为我，岂有粗细之分耶？永嘉“一念中五阴”，正此意耳，智者请深观之。

下以喻明。

善男子！譬如有人百骸调适，忽忘我身；四肢弦缓，摄养乖方，微加

针艾，则知有我。是故证取方现我体。

此以喻明我相也。谓众生向以无明用事，不知有我，任运而已，故如人调适忘身。今以观照研穷，方显无明之体，故如人针艾，知有我身也。以观心所取证者乃是无明，非觉性也，故云“取证方现我体”。前佛明言：“无始无明为己主宰”，乃的指根本无明为我，岂可以粗惑目之耶?

下结指。

善男子！其心乃至证于如来毕竟了知清净涅槃，皆是我相。

此结指我相根本也。意谓不独三贤十圣之所证者为我，乃至证于如来究竟涅槃，若一念证性未忘，乃生相无明未破，正是我相根本。云门云：“法身亦有两般病。得到法身边，若法执不忘，己见犹存，亦是病。”

问曰：三乘教中说：俱生我执七地已破，其八地后乃俱生法执，破此法执即入妙觉。今经等觉后心犹未破我相，何相悬若此耶?

答曰：然我法二执总属一我，谓我之我、我之法。然俱生法执正是我所执之法，故法亦名我，以异熟未空故，但约证取为我耳。此经不同诸说，以四相总属一我，故云“皆是我相”。

次人相。

善男子！云何人相？谓诸众生心悟证者。善男子！悟有我者不复认我，所悟非我，悟亦如是，悟已超过一切证者，悉为人相。

此示人相也。谓前所证者是我，则不复认我。若存我能悟之心，即为人相，以约对我为人，非他人也。

善男子！其心乃至圆悟涅槃俱是我者，心存少悟，备殚证理，皆名人相。

此释人相也。谓纵然悟得涅槃是我，不自证取，即此能悟之心皆名人相。殚，尽也。谓了悟涅槃极尽之理为我，若存丝毫悟心未忘，即名人相。

善男子！云何众生相？谓诸众生心自证悟所不及者。

此示众生相也。谓觉前证悟二皆是妄，即此觉了之心名众生相。以此觉了之心，非证悟之可及者，以见有证悟之可离，故名众生相。

善男子！譬如有人作如是言：我是众生。则知彼人说众生者，非我非彼。云何非我？我是众生，则非是我。云何非彼？我是众生，非彼我故。

此借明众生相也。以凡夫之众生相，乃计我所感苦乐变异相续为众生相。今圣人但以了悟证取，两忘能所，只存能了之心，为众生相，以不属能所，故借世人彼此之语以喻明之，谓言我是众生，故非我非彼。

下结指。

善男子！但诸众生了证了悟，皆为我人。而我人相所不及者，存有所了，名众生相。

此正示其相。谓了前证悟二皆不及，只此了心不忘，为众生相耳。

善男子！云何寿命相？谓诸众生心照清净觉所了者，一切业智所不自见，犹如命根。

此示寿命相也。谓前能了之心为众生相，今观智增明，照此了心亦不可得，唯一清净觉体，所谓觉心源故，名究竟觉。到此境智俱泯，一切俱离，谓以即心之智，还照寂灭之体，境智一如，如眼不见眼，故云“一切业智所不自见”。以返妄归真，至法身极则处，但守住寂灭，不能转位回机，所谓抱守竿头，静沉死水，宗门名为尊贵堕。即此堕处不能超越，故犹如命根，为寿命相。语云：“百尺竿头坐的人，虽然得入未为真。百尺竿头重进步，大千世界现全身。”故以坐守玄微，命根不断。前云：“不住生死，不住涅槃”。此正住涅槃相耳。

善男子！若心照见一切觉者皆为尘垢，觉所觉者不离尘故。如汤消冰，无别有冰知冰消者。存我觉我亦复如是。

此直示妄源也。“一切觉者”，前三相也。谓心照清净，觉前三相皆为尘垢，即此觉心亦未离尘。然以真照妄，妄即是真，故如汤消冰，冰即是汤。今存我觉我，则如冰知冰，以不能自遣，如不自断命，所以为寿者相也。

下明我为法障。

善男子！末世众生不了四相，虽经多劫勤苦修道，终不能成一切圣果，是故名为正法末世。

此明我为障道之本也。谓末世众生若不了此四相，纵多劫勤苦，终不能成圣果，以执我见而修故也。“正法末世”，谓末世众生幸遇此圆教法门，可为正法。若错乱修习，与不修等，故无行证，所以为末法也。释迦法中正法一千年，教、理、行、果四法皆全；像法一千年，有教、理、行而证果者少；末法一万年，但有教、理，而无行、证。今教、理虽存，而徒劳无益者多矣。

下有三征三释此久修无证之义。

何以故？

此征何故久修无证耶？

下释。

认一切我为涅槃故，有证有悟名成就故。譬如有人认贼为子，其家财宝终不成就。

释义，谓所以久修不证者，以认一切我为涅槃故，以证悟未忘，得少为足故。言“认一切我”者，谓凡所修行皆依我见，将此我见以为涅槃，故终不成就耳。认贼为子，喻终不成就。

何以故？

此征何故认我便妨于道耶？

有爱我者亦爱涅槃，伏我爱根为涅槃相。有憎我者亦憎生死，不知爱

根真生死故，别憎生死，名不解脱。

释义，所以认我妨道者，以我为爱憎之根本故也。谓凡执我者必爱我，今以我爱而求涅槃，则涅槃但资爱根，非真涅槃也，故云“伏我爱根为涅槃相”，故非真也。凡不顺我爱者必起憎心，以有憎我者亦憎生死。然此憎心本从爱起，不知此爱真生死本。故今修行人不知断己爱根，而别憎生死，迷之甚也，故不解脱。然说认我妨道者，以爱资爱故也。

云何当知法不解脱？

此征：云何当知爱涅槃者本解脱法，何以反不解脱耶？

善男子！末世众生习菩提者，以己微证为自清净，犹未能尽我相根本。

释义，所以于涅槃法不解脱者，以执我而求，以取微证便自以为清净，得少为足，未尽我相根本，故不解脱耳。

下以境验知不解脱处。

若复有人赞叹彼法，即生欢喜，便欲济度。若复诽谤彼所得者，便生嗔恨。则知我相坚固执持，潜伏藏识，游戏诸根，曾不间断。

此以违顺二境，以验我相未忘也。言修行人自谓已得涅槃法矣，假若有人赞叹彼法则生欢喜，诽谤彼法则生嗔恨。然涅槃乃空法也，何有喜怒于其间？今闻赞诽而生喜怒，即此喜怒本于我相，非涅槃也。以此验知，其人我相坚固执持。以此种子潜伏藏识，遇境击发现行，则游戏诸根，曾不间断，以此求道，云何而得解脱耶？

善男子！彼修道者不除我相，是故不能入清净觉。

此总结执我求道之过也。

下翻显病源。

善男子！若知我空，无毁我者。有我说法，我未断故。众生、寿命亦

复如是。

此以法验病，翻显我相未忘也。然涅槃乃空法也，若果证涅槃，则我相必空，我相若空，则何有赞毁哉！今因赞毁其法而生喜怒，正是我相未断，若我相未断，则人及众生、寿命，四相居然全在，如此正是众生病根，又岂可为得涅槃耶？

下正示病源。

善男子！末世众生说病为法，是故名为可怜愍者，虽勤精进，增益诸病，是故不能入清净觉。

此正示病源也。谓末世修行之人未断我相，以认我为法，故所说者乃说其我相之病，非说涅槃之法也，故云"说病为法"。以此之故，虽精进修行，但增益诸病，故不能入清净觉耳，是故名为可怜愍者。

下示执病之过。

善男子！末世众生不了四相，以如来解及所行处为自修行，终不成就。

此示执病为法之过也，谓修行之人不了四相，但以如来解行回为己有，非己亲证，故终不成就。

或有众生未得谓得，未证谓证，见胜进者心生嫉妒，由彼众生未断我见，是故不能入清净觉。

此示执病之过，必堕增上慢人也。其实未得未证，而自谓为证得，得少为足，故为增上慢，乃是我爱未断者。何以知之？但于见胜进者心生嫉妒，然此嫉妒之心发于我爱，故知此人乃未断我爱者，是故不能入清净觉。此甚言我爱为病根也。

下诫防过。

善男子！末世众生希望成道，无令求悟，唯益多闻，增长我见。

此深诫防过也。谓上执病为法之人所以四相未除者，只是将心待悟一事为病根耳。苟有待悟之心，则必广求经教，执相似语，回为己解，故此但只增益多闻，增长我见，非真修也。末法志道之士，可不惧哉！

但当精进降伏烦恼，起大勇猛，未得令得，未断令断，贪嗔、爱慢、谄曲、嫉妒对境不生，彼我恩爱一切寂灭。佛说是人渐次成就，求善知识，不堕邪见。

此劝真修也。真修之士不必将心待悟，亦不必广求多闻，只当降伏烦恼为第一行，亦不可得少为足，其未得涅槃必志得之，其于未断烦恼决欲断之。但历境验心，若贪嗔爱慢一切烦恼对境果然不生否？至若彼我恩爱果然一切寂灭否？如此自验其心，即如古德云："学道不必将心求悟，但于一切烦恼境界上透得过，便是悟处。"故佛说此人渐次可以成就。虽然如是，更要求善知识，决择邪正分明，亦不堕于邪见。如此修行，方有少分相应耳。学者可不勉哉！

若有所求，别生憎爱，则不能入清净觉海。

此重勉真修，诫令离过也。谓必如上所说乃是真修，若舍此外别起欣厌、取舍、憎爱之心，则毕竟不能入清净觉矣。

尔时世尊欲重宣此义而说偈言：

净业汝当知：　一切诸众生，
皆由执我爱，　无始妄流转，
未除四种相，　不得成菩提。
爱憎生于心，　谄曲存诸念，
是故多迷闷，　不能入觉城。

城喻涅槃，谓此涅槃魔外不能侵，万德之所聚，众圣之所归，万行之所入，故喻如城。

若能归悟刹，　先去贪嗔痴，
法爱不存心，　渐次可成就。

我身本不有，　　憎爱何由生？
此人求善友，　　终不堕邪见。
所求别生心，　　究竟非成就。

刹乃世界之都称，亦取喻涅槃。心爱涅槃，故云“法爱”。余颂可知。

于是，普觉菩萨在大众中即从座起，顶礼佛足，右绕三匝，长跪叉手而白佛言：

进问威仪。

大悲世尊快说禅病！令诸大众得未曾有，心意荡然，获大安隐。

赞谢。

世尊！末世众生去佛渐远，贤圣隐伏，邪法增炽。使诸众生求何等人、依何等法、行何等行、除去何病、云何发心，令彼群盲不堕邪见？

此正陈所问也。此问有五：一问求何等人，下答求善知识。二问依何等法，三问依何等行，四问除去何病，此三总答依所证法，应离四病。五问云何发心，末后“发广大”等心，下文俱明。

作是语已，五体投地。如是三请，终而复始。

三展翘勤。

尔时世尊告普觉菩萨言：善哉善哉！善男子！汝等乃能咨问如来如是修行，能施末世一切众生无畏道眼，令彼众生得成圣道。汝今谛听，当为汝说。

赞许诫听。

时普觉菩萨奉教欢喜，及诸大众，默然而听。

伫听。

下答有五：初答求人。

善男子！末世众生将发大心求善知识欲修行者，当求一切正知见人，心不住相，不著声闻、缘觉境界，虽现尘劳，心恒清净，示有诸过，赞叹梵行，不令众生入不律仪。求如是人，即得成就阿耨多罗三藐三菩提。

此答求何等人也。“善知识”，谓善知众生根器，应机说法，知病说药，令得安隐也。“正知见人”，即心不住相，不著二乘之行者。“虽现尘劳”等六句，言善知识之行也。菩萨居尘不染，故云“心恒清净”。以同事摄，故云“示有诸过”。先以欲钩牵，后令入佛智，故云“不令众生入不律仪”。求如是人，即得成就无上正道也。

末世众生见如是人，应当供养，不惜身命。彼善知识四威仪中常现清净，乃至示现种种过患，心无骄慢，况复抟财、妻子、眷属！若善男子于彼善友不起恶念，即能究竟成就正觉，心花发明，照十方刹。

此教承事知识之法范也。“不惜身命”，如雪山舍身、常啼破骨，乃至身为床座等。“四仪常现清净”者，乃善知识之顺行也，固当尽命承事。即有逆行，示现贪嗔痴等，如婆须密女、无厌足王之类，亦不敢起骄慢心，况复抟财等耶？抟乃抟食，财乃财宝。意谓内现贪嗔，尚不敢慢，何况身外抟食、财宝、妻子眷属，乃人道之常，如净名之类，又岂可慢之耶？若修行者于彼逆行知识不起恶念，所谓依法不依人，即能究竟成就也。永断疑根，直心正念，故得心花发明，照十方刹。

下答所依法。

善男子！彼善知识所证妙法应离四病。

此答所依法，意在择师，乃求正知见人也。修行依法，法必依师，故在所择正知见人乃可依也。如何得知是正知见人？但于法验之。若所说法，心住相者，则为法病。若离法病，则知见自正。故从上诸祖拈情去缚，曾无实法系人，是为不住相者，若此乃可依也。

云何四病？一者作病。若复有人作如是言：我于本心作种种行，欲求

圆觉。彼圆觉性非作得故，说名为病。

此征释四病之相，一作病也。然作为病者，以圆觉之性天然本具，不假作为，今以有作之修而求圆觉妙性，且此妙性岂作为而可求耶？故说为病。“若复有人作如是言”者，假若彼知识自作此言也。

二者任病。若复有人作如是言：我等今者不断生死、不求涅槃，涅槃、生死无起灭念，任彼一切，随诸法性，欲求圆觉。彼圆觉性非任有故，说名为病。

此示任为病也。然此任病乃狂解之人，悠悠任性，纵放身心，自谓无拘无碍，得大解脱，反借口本无生死可断、本无涅槃可证，以为放逸之资，非真知见善知识也。若依此等之人，则堕狂妄，故说任性为病也。

三者止病。若复有人作如是言：我今自心永息诸念，得一切性，寂然平等，欲求圆觉。彼圆觉性非止合故，说名为病。

此示止为病也。然圆觉普照，大用无方，岂可以永息诸念、耽著枯寂之行以求之耶？以圆觉妙性非止可合，故说为病耳。

四者灭病。若复有人作如是言：我今永断一切烦恼，身心毕竟空无所有，何况根尘虚妄境界，一切永寂，欲求圆觉。彼圆觉性非寂相故，说名为病。

此示灭为病也。觉性圆满，随缘应现，寂而常照。今以毕竟空无所有，则几沦断灭，以永寂灭而求圆觉，久则下沉无想，则堕二乘，故为病耳。

离四病者，则知清净。作是观者名为正观，若他观者名为邪观。

此结示正观也。初云：“圆照清净觉相”，以圆觉妙性本不属于作、止、任、灭。今离此四，则自性圆明，本无欠缺，故云“清净”。然作、止等四，皆属修行功用，今说为病者，以在未悟门头，此四皆药，今就圆觉自性言之，本自天然，不假功用，故说为病耳。古德云：“修行即不无，染污即不得。”所谓但形文彩即属染污，故离此四则名清净。“作是观者”，乃约法观人，非观智也，谓观离病之人乃不住相为正知见人，方取为师，可依之也。

善男子！末世众生欲修行者，应当尽命供养善友，事善知识。彼善知识欲来亲近，应断骄慢；若复远离，应断嗔恨；现逆顺境，犹如虚空。了知身心毕竟平等，与诸众生同体无异。如是修行，方入圆觉。

此答修何等行也。此中修行不说六度万行，但只事善知识断骄慢心一行为本。即如善财童子一生圆旷劫之果，唯以参善知识一事，即得圆满无量法门。所谓依善知识教，不生二念，故观合离逆顺之境犹如虚空，且了知身心与众生平等，此无人我相，乃受道之器也。以此心此行，方与圆觉法体相应，故能入耳。

善男子！末世众生不得成道，由有无始自他憎爱一切种子，故未解脱。若复有人观彼怨家如己父母，心无有二，即除诸病。于诸法中自他、憎爱，亦复如是。

此答除去何病也。众生所以流转生死者，以有无始无明爱憎种子为障道之病根，故虽修行，未得解脱。今事善知识，不起骄慢嗔恨之心，则折伏现行；了知自己身心与众生平等，则了无人我，爱憎种子自伏；至若视怨如亲，则爱憎种子自断，而障道之病自断，故云“即除诸病”。此正除病之妙药也。

善男子！末世众生欲求圆觉，应当发心作如是言：尽一切虚空一切众生，我皆令入究竟圆觉。于圆觉中无取觉者，除彼我相一切诸相。如是发心，不堕邪见。

此答发何等心也。《般若》弥勒颂云：“广大第一常，其心不颠倒。”此言“尽空一切众生”，广大心也。“皆入究竟圆觉”，第一心也。“于圆觉中无取觉者”，常心也。“除彼我人一切诸相”，即除四病，不颠倒心也。凡诸行人亲师授法修行之要，无出此者，舍此即堕邪见矣，故云如是不堕。

尔时世尊欲重宣此义而说偈言：

普觉汝当知：

末世诸众生，　欲求善知识，

应当求正见，　心远二乘者。

此颂求师。

法中除四病，　谓作止任灭。

此颂依法去病。

亲近无骄慢，　远离无嗔恨，

见种种境界，　心当生希有，

还如佛出世，　不犯非律戒，

戒根永清净。

此颂修行。"不犯非律仪"二句，长行言：在师示现有过，不令众生入不律仪。此中正言弟子事师，倘见逆行，不得随之便犯非律，必以戒根永清净而为正行。旧解为追颂求师中文，非本指也。

度一切众生，　究竟入圆觉。

无彼我人相，　当依正智慧。

便得超邪见，　证觉般涅槃。

此颂发心也。五句颂四心因行，末句显果证。

于是，圆觉菩萨在大众中即从座起，顶礼佛足，右绕三匝，长跪叉手而白佛言：

进问威仪。

大悲世尊为我等辈广说净觉种种方便，令末世众生有大增益。

庆前所闻。

世尊！我等今者已得开悟。若佛灭后，末世众生未得悟者，云何安居

修此圆觉清净境界？此圆觉中三种净观以何为首？唯愿大悲为诸大众及末世众生，施大饶益。

正陈请词。“以何为首”，即最初方便也。

作是语已，五体投地。如是三请，终而复始。

三展虔诚。

尔时世尊告圆觉菩萨言：善哉善哉！善男子！汝等乃能问于如来如是方便，以大饶益施诸众生。汝今谛听，当为汝说。

许说诫听。

时圆觉菩萨奉教欢喜，及诸大众，默然而听。

默伫。

善男子！一切众生，若佛住世，若佛灭后，若法末时，有诸众生具大乘性，信佛秘密大圆觉心，欲修行者，若在伽蓝，安居徒众；有缘事故，随分思察，如我已说。

此下正答所请也。“性”谓种性，犹根器也。以圆觉乃秘密妙心，非上根人不能修习，故许具大乘根性者可修也。意谓若无外缘，则当安居伽蓝，与众同修；若有外缘不能安居者，则当随分思察也。“已说者”，如前当观此身等。

若复无有他事因缘，即建道场，当立期限。若立长期，百二十日，中期百日，下期八十日，安置净居。

此教结制规则也。意谓苟无外缘，必以安居为上，易入道也。三期随意，长短元无一定，但取克期进道耳。

若复现在，当正思惟。若佛灭后，施设形像，心存目想，生正忆念，还同如来常住之日。悬诸幡花，经三七日，稽首十方诸佛名字，求哀忏悔。

遇善境界，得心轻安。过三七日，一向摄念。

此教安居进修之法则也。若如来在世，则当正思惟佛。若佛灭后，则当设像观佛法身，故云“还同常住”。“悬诸幡花”，广如《楞严》坛场，今此中至简，故但举幡花。言“忏悔得善境界”者，谓见光、睹瑞、感梦等，乃灭罪之相也。“一向摄念”，则修正观，应如二十五轮，各安标记结取，单复圆修，乃正行也。

若经夏首，三月安居，当为菩萨清净住止，心离声闻，不假徒众。

此言入期之法。言“菩萨住止”，意拣小乘之众也。前言三期，乃克定期限，今结安居，乃入期之法。西域佛制，三月安居通名结夏。今言“夏首”，乃入期之初也。律制：当结制时，必先集众布萨作法，然后安居，多小乘人。今言“菩萨住止”者，谓不同彼小乘多众，但随一类修观行菩萨自便，不必念彼小乘布萨法事，亦不假彼徒众也。此言不假小乘徒众，非与前文安处徒众相违也。

至安居日，即于佛前作如是言：我比丘、比丘尼、优婆塞、优婆夷（某甲）**，踞菩萨乘，修寂灭行，同入清净实相住持，以大圆觉为我伽蓝，身心安居平等性智，涅槃自性无系属故。今我敬请不依声闻，当与十方如来及大菩萨三月安居，为修菩萨无上妙觉大因缘故，不系徒众。**

此示入期安心之法也。上言心离声闻，此正示菩萨所修，乃离相寂灭之行，不比声闻著相而修也。“以大圆觉为伽蓝”者，谓不依世界住止，乃住心境双忘、平等寂灭之地，谓涅槃自性本无身心世界可系属故。殊非声闻境界，故云“不依”，唯依如来法身实际故，为菩萨所修妙觉因缘，乃自觉圣智之境，为自证处也。此乃菩萨独诣之地，故云“不系徒众”。“某甲”者，以甲乙为名之次，乃当自称己名也。今诸方后进，见善知识，不自称名，但曰“某甲”，无知之甚也。

善男子！此名菩萨示现安居。过三期日，随往无碍。

此结示休夏也。言“示现安居”者，以上言“菩萨修寂灭行，安居平等性智”，此又何假期限耶？然必以三期为限者，以示同权小，引发未悟耳。“过期随往无碍”者，以小乘解制之后，有新学者，凡所出游，侣须三人，以妨误失；今菩萨以观智安心，不必伴侣，故云“随往无碍”。

善男子！若末世修行众生求菩萨道入三期者，非彼所闻一切境界终不可取。

此示妨误失也。“所闻”者，即上三观单复圆修二十五轮，及根尘识界一一清净等，乃正观也。若非所闻一切境界皆不可取，如《楞严》五十重阴魔，及《起信论》中所说魔事，皆不可取，恐堕邪误也。

初有二问，一问安居，二问三观以何为首。上答安居竟，下答初首方便。

善男子！若诸众生修奢摩他，先取至静，不起思念，静极便觉。如是初静，从于一身至一世界，觉亦如是。善男子！若觉遍满一切界者，一世界中有一众生起一念者皆悉能知，百千世界亦复如是。非彼所闻一切境界终不可取。

此答三观初首，先空观方便也。言“修奢摩他先取至静”者，以止为前方便也。言“至静”者，即天台三止中体真止，谓体合真空，故云“至静”；一念不生，故“不起思念”；静极光生，故云“便觉”。“初从一身”等者，谓内脱身心，外遗世界，内外平等，寂然不动，以身心世界荡然一空，则与一切融为一心，一切世界合为一界，故凡众生起心动念，即从自心中现，故凡起一念，无不了知，所谓“静极光通达，寂照含虚空，却来观世间，犹如梦中事”。此空观之极则也。如此方名正观，非彼所闻皆不可取。

善男子！若诸众生修三摩钵提，先当忆想十方如来、十方世界一切菩萨，依种种门渐次修行勤苦三昧，广发大愿，自熏成种。非彼所闻一切境界终不可取。

此示三摩钵提假观方便也。三摩钵提，义当幻观。言“忆想十方如来、一切菩萨种种修行勤苦三昧”者，谓思惟诸佛菩萨因中修种种难行苦行，度诸众生，于三昧中起如幻观，以己身心自历其境，内验其心，种种境界备历如幻。以此幻观发度生愿，久熏成种，久久纯熟，便能内发大悲轻安，而起菩萨利生妙行，所谓以如幻观而开幻众，作如幻佛事也。此则三摩钵提以如幻为首也。非彼所闻，终不可取。

善男子！若诸众生修于禅那，先取数门，心中了知生住灭念分剂头数。如是周遍四威仪中，分别念数，无不了知。渐次增进，乃至得知百千世界一滴之雨，犹如目睹所受用物。非彼所闻一切境界终不可取。

此示寂观方便初首也。禅那，义当中道一心，名为寂观。言“先取数门”者，正入禅最初工夫也。以修禅人一向心多杂乱，难得寂静，故先以数门为首，谓初摄心先归一息，依息出入为度数之，从一至十，又从十至一，如此往复，息息不断，心心不昧，生灭头数一一分明，自少至多，以验定力浅深。若久久纯熟，数到一念不生，则其息自断，寂然一心，湛然安住，是为定相。如此周遍四威仪中，念念了知，久则百千世界唯心所现，乃至一滴之雨分明了知，如目睹物，此寂静观之成功也。如《起信》所说，修止观者不依气息。彼以内脱身心为要。此依之者，以初机摄心为方便，非究竟依之也。若以息为得，则堕邪道，非彼所闻也。

是名三观初首方便。

此结名也。前问三种净观以何为首，故具答已，于此结指。是知前二十五轮但说观相，此三方便乃最初下手工夫，即《楞严》二十五圣一一皆说最初下手工功夫，即此义也。

若诸众生遍修三观，勤行精进，即名如来出现于世。

此示三观之益也。以此三观乃一切如来本起因地，故有圆根众生能遍修三观者，即名如来出现于世，言毕竟成就无碍也。有此胜益，故劝应修。

若后末世钝根众生心欲求道，不得成就，由昔业根，当勤忏悔，常起希望，先断憎爱、嫉妒、谄曲、求胜上心。三种净观随学一事，此观不得，复修彼观，心不放舍，渐次求证。

此言钝根障重众生，当以忏悔断障为要也。“由昔业障”者，乃夙习种子，今修行时，熏发现行，作障道缘，所谓好正而固邪，欲洁而偏染者，乃夙习使然也。故当精勤忏悔，消宿业障，业障若消，则道缘可办也。“常起希望”者，谓希望愿断业障也。故下即云“先断憎爱”等，乃贪嗔痴也；“胜上”，心慢也，谓根本烦恼既断，现行不行，则习气可除，观行易成。“此观不得乃复修彼观”者，乃二十五轮标记之意，故云“渐次求证”。

尔时世尊欲重宣此义而说偈言：

圆觉汝当知：　一切诸众生，
欲求无上道，　先当结三期，
忏悔无始业。　经于三七日，
然后正思惟。　非彼所闻境，
毕竟不可取。　奢摩他至静，
三摩正忆持，　禅那名数门，
是名三净观。　若能勤修习，
是名佛出世。　钝根未成者，
常当勤心悔，　无始一切罪。
诸障若消灭，　佛境便现前。

上正宗分竟。　下流通分。

于是，贤善首菩萨在大众中即从座起，顶礼佛足，右绕三匝，长跪叉手而白佛言：

进问威仪。

大悲世尊广为我等及末世众生，开悟如来不思议事。

庆前所闻全经大义。下正陈请意。

世尊！此大乘教名字何等？云何奉持？众生修习得何功德？云何使我护持经人？流布此教，至于何地？

此问经名并流通此法也。此问有五：一问经名，二问奉持，三问功德，四问护持，五问流布至何地位。

作是语已，五体投地。如是三请，终而复始。

三展虔诚。

尔时世尊告贤善首菩萨言：善哉善哉！善男子！汝等乃能为诸菩萨及末世众生，问于如来如是经教功德、名字。汝今谛听，当为汝说。

许说诫听。

时贤善首菩萨奉教欢喜，及诸大众，默然而听。

默伫。

善男子！是经百千万亿恒河沙诸佛所说，三世如来之所守护，十方菩萨之所归依，十二部经清净眼目。

此总叹法胜，令生信重也。此经乃诸佛如来本起因地法行，故是诸佛所说，如来守护，教授菩萨，故为菩萨之所归依。流出一切清净真如菩提涅槃，故为十二部经之眼目。

是经名大方广圆觉陀罗尼，亦名修多罗了义，亦名秘密王三昧，亦名如来决定境界，亦名如来藏自性差别。汝当奉持。

此答名字，示经名有五种也，今结集经题但存其二。旧解五名约教、理、行。“修多罗”约教，“秘密王三昧”约行，余皆约理。中道一心，故曰“秘密”，非密语也。依如来藏建立差别，义尽于此，当如是持。

善男子！是经唯显如来境界，唯佛如来能尽宣说。若菩萨及末世众生依此修行，渐次增进，至于佛地。

此叹法胜，意令修习，答至何地也。佛佛成道皆依圆觉为本因，及成佛利生，亦唯说此法教化菩萨，此外更无别法，故劝令修习，可至佛地也。

善男子！是经名为顿教大乘，顿机众生从此开悟，亦摄渐修一切群品。譬如大海不让小流，乃至蚊蚋及阿修罗，饮其水者皆得充满。

此答何功德也。独被上根，故教称圆顿。普摄三根，故功德最大。以是一切众生清净觉地，皆证圆觉故，无不充足故，如大海不让细流，饮者大小皆足也。

善男子！假使有人纯以七宝积满三千大千世界以用布施，不如有人闻此经名及一句义。

此较量显胜也。世宝盈刹，但资有漏。至理一言，必转凡成圣，故功倍天渊。

善男子！假使有人教百千恒沙众生得阿罗汉果，不如有人宣说此经分别半偈。

此以人较法，更显益也。小果虽多，终无实证。此经半偈为成佛正因，故难比也。

善男子！若复有人闻此经名信心不惑，当知是人非于一佛、二佛种诸福慧，如是乃至尽恒河沙一切佛所种诸善根，闻此经教。

此叹胜机能受也。谓能信受此法者，盖从多佛广修福慧，殊非小福薄德之人可堪也。

汝善男子！当护末世是修行者，无令恶魔及诸外道恼其身心，令生退屈。

此正嘱流通，以护修行者为第一也。以修习此法者乃慧命所系，若恶魔恼乱生退，则慧命断绝，故当护持也。

尔时会中。有火首金刚、摧碎金刚、尼蓝婆金刚等八万金刚，并其眷属，即从座起，顶礼佛足，右绕三匝而白佛言：世尊！若后末世一切众生有能持此决定大乘，我当守护，如护眼目。乃至道场所修行处，我等金刚自领徒众，晨夕守护，令不退转。其家乃至永无灾障，疫病消灭，财宝丰足，常不乏少。

此叙金刚受嘱发愿守护持经人也。“金刚”者，以护法神执此宝杵，故此得名，以金刚宝能碎一切故。言火首金刚，谓头有火焰，即《楞严》所云“化多淫心成智慧火”者，乃菩萨示现者也。“尼蓝婆”，未详所译。言此诸神皆夙习发愿护法者也，故常在佛会。

尔时大梵天王、二十八天王，并须弥山王、护国天王等，即从座起，顶礼佛足，右绕三匝而白佛言：世尊！我亦守护是持经者，常令安隐，心不退转。

此叙诸天受嘱护持经者也。“大梵天王”，乃初禅王，为娑婆世界主，佛佛出世，此王为请主。“二十八天”，总举三界诸天，谓六欲天、十八禅天、四空天也。“须弥山王”，特举帝释，乃欲界主。“护国天王”，乃四王天，为守护国界之主。意列三界诸天，皆为护法也。

尔时有大力鬼王名吉槃茶，与十万鬼王，即从座起，顶礼佛足，右绕三匝而白佛言：世尊！我等亦守护是持经人，朝夕侍卫，令不退屈。其人所居一由旬内，若有鬼神侵其境界，我当使其碎如微尘。

此叙鬼神受嘱护持经者也。“吉槃茶”，亦名鸠槃茶，此云可畏鬼，食人精气，其疾如风，变化无端，住于林野，管诸鬼众，故号为王，不属人天，单居鬼趣。此鬼既发愿守护，则一切恶鬼无能为害者矣。一由旬四十里，言守护方隅可四十里内无灾害也。

问：此经乃佛住大光明藏中，入于三昧，为地上一类大菩萨说，二乘绝分，故前法会不列，又何有诸天鬼神发愿守护耶？

答曰：此非常情可测也。然佛住大光明藏，义当常寂光土，则自他平等，说听皆无。既曰“于不二境现诸净土”，则不特实报，而同居必该。若华藏实报，必摄同居，故华严法会，诸天神王各各赞佛，各得一种法门，岂绝无耶？是以约法则二乘绝分，约境则凡圣该通。况圆音落落，十刹顿周，岂此界诸天神王而不仰其嘉会耶？况影响示现，住佛境界，无足疑也。

佛说此经已，一切菩萨、天龙鬼神、八部眷属，及诸天王、梵王等，一切大众，闻佛所说，皆大欢喜，信受奉行。

此结会也。旧解：此天龙八部必内证法性，示现此形者。然会初不列，义显法胜。结会该众，义必同闻，故皆大欢喜，信受奉行。

《圆觉经直解》卷下终

刻圆觉经解后跋

法身流转五道，名曰众生。是则众生清净觉地，即诸佛本起因地，但以无明障蔽，日用而不知，故劳我世尊特特现身三界，俯顺群机，指示各人本有佛性。以众生迷来久矣，无明日厚，障蔽日深，非观照无以通之，故设三观妙门，为悟心之要。良由根钝不能圆修，故散出一代时中，初说空观以破见爱烦恼，次说假观以破尘沙，后说中观以破无明。又以先后历别渐次，不能圆证一心，故说首楞严大定，以统摄三观，圆照一心，顿破无明，是为圆顿法门。然其文该三藏，教摄五时，十界圣凡迷悟因果，纤悉备殚。而学者智浅心粗，以文广义幽，艰涩难通，况离言得意，妙契一心者乎！

若夫至简而精，至切而要者，无尚《圆觉》之最胜法门也。其文不过一万三千余言，统摄无边教海，该罗法界圆宗，彻一心之源，历三观之旨，偏正互换，单复圆修，搜穷妄宰，批剥禅病，而悟心妙门，一超直入。是所谓法界之真经，成佛之妙行也。顿悟顿证，如观掌果。西来直指，秘密妙义，此外无余蕴矣！凡学佛者，莫不以此为指南。昔圭峰禅师著有《略疏》，则似简；别有《小钞》，若太繁。然文有所捍格则义有所不达，义不达则理观难明，理观不明则恍忽枝岐，而无决定之趣矣。予山居禅暇，时一展卷，深有慨焉。于是祖疏义而直通经文，贵了佛意而不事文言，故作直解以结法缘。草成，适新安觉我居士程君梦旸，闻而欣仰，乃因居士吴启高特请以梓之。予因叹曰：佛说持四句偈胜施恒沙七宝之福，以宝乃有漏之因，法乃成佛之本，较之天渊。此吾佛金口称赞也。程君法施之福无量，当与虚空等矣。敬题于后，令观者知所自云。

时天启二年岁次壬戌仲夏望日，中兴曹溪嗣法沙门憨山释德清撰。

大方广圆觉经直解后序

原夫羲画、文系，圣人缘此标言；什译、安研，梵氏因而衍教。非生智识，莫问钻求。夏虫不可语冰，火齐方能照夜。自汉征宵梦，华徙胡像，八声九部，篇籍竞埒于五车；四辩三空，授受不搴于一贯。望门而入者每挂于眉，寻岸而登者厥踬其步。虽慈云普荫，法雨频倾，而能借洒润以濬心，仰覆被而超神者，抑亦鲜矣。

若乃《圆觉》真经，尤是佛祖妙谛，圆何所圆，觉何所觉，至矣哉，孰得而思议焉！维唐圭峰禅师了其旨归，精为疏注，可谓独竖幡幢，直提今古。然镜花水月，何常有定影定形？美玉钝金，不妨于再雕再铸。属有匡庐大师憨山者，禀姿擢干，秀含耆阇崛之山；涤虑澡情，净引阿耨达之水。猛力精进于披铠，戒行莹彻于怀珠。一泛慧舟，长游觉海。牙签缃帙，现于坟开壁坏者靡不赅融；玉检金函，载夫地涌粒藏者悉从淹洽。稔持《圆觉》，透其包括。西来务殚参穷，阐是圆灵上品。句详节解，理串脉联。拔新濯故之余，笔花逐宝花齐坠；相印合符之际，字叶等贝叶呈芬。显隐毕彰，光明迥放，龙宫遽失其深，鹫岳讵云其峻。盖真源实相，久伴于跏趺；故辟户开牖，卓立夫见解。比常踞座挥麈，吐论展义，洋洋匹长河之泻流，隐隐拟洪钟之待叩。兹者藉银不律，代铁如意，劙鸿蒙之未分，收象罔之所得。遂令四八慈容更生欢喜，二六大士共作威仪。洵乎先悟后悟俱具法眼，此说彼说总启禅关。且天孙、鲛人不必同机而织，摩尼、缨络允堪并箧而珍。圭峰无二，憨山惟一矣！

旸也根凡不颖，器钝欲镕。睇法桥，企足知趋；对经藏，墙面难睹。捧斯注集，得未曾闻。窃意憨师婆心最热，佛愿克弘。特付枣梨，为广流布。又溯憨师劫来灾难，凭向磨砻，业非设厄于推山，自应消危于醉象。因缘阐发，盛护慈悲。大众奉传，宜加默体。沾甘露以解惑霜，傍慧炬而躧觉路。

则人不负师旨，师可报佛恩矣。凡若干卷，勒成一部，题曰“圆觉直解”。其它所注儒书、释典，已行于世，未易缕数。幸宝轮之常转，法并金铎，不难辨声。倘云此为文字之禅，则世谁称缄默之慧？敬图赞叹，致妄敷扬。

明天启壬戌中秋日，新安内史程梦旸拜述。

《金刚经》决疑[1]

刻金刚决疑题辞

般若为诸佛母，菩萨之真因，众生之佛性，生灵之大本也。由向背之分，故有圣凡之别。是知众生日用现前见闻知觉，皆般若之光，端在信不信耳。故曰：诸佛智海，以信得入。灵山一会，得度弟子虽出生死，而不信此法，无成佛之分。劳我世尊多方淘汰，种种弹呵，而劣解之徒展转生疑，以为非己智分。以疑根未拔，故本智不现。及至般若会上，如来以金刚智而决断之，直使圣凡情尽，生灭见亡，而本有智光豁然披露，始信自心清净，了无一法为己障碍。此《金刚般若》，直拔疑根，为发最上乘者说，殊非浅识薄德所能解。故黄梅以此印心，以其一法不立，是为宗门正眼也。昔天亲列二十七疑，解此一经。以疑潜言外，而此方义学执筌失指，从前得意忘言者希。予自幼能诵而长不解。每思六祖大师一言之下顿了此心，何世无悟入之人？由正眼不开，返为性障。因住曹溪，偶为大众发挥一过，恍然有悟，而言外之疑，顿彰心目。信乎！此法离文字相，非思量分别所能解也。因拈示一斑，以当法施。初刻之岭南，再刻于五云，又刻于南岳。门人方玉，见而信受，兹复刻于吴门，将广愿四众同开金刚正眼，的信自心，则成佛正因，将以是为嚆矢也。

丙辰长至月，憨山清道人撰。

[1] 据清末陈宝晋、郑学烺校刻本，参校《新纂卍续藏》本（第 25 册，经号 0474）。

金刚决疑解序[1]

般若真智，为众生佛性种子，各各具足而不知。故我世尊特为此事，出现世间而开示之，欲令悟入，以脱众苦之缚。良由众生垢重，初闻惊而不信，以其出情之法，不涉名言思议，而常情所执，我法封蔀，向以名言习气深厚，动则随语生解，潜起意言分别，是以随说随疑，不能顿悟离言之旨。劳我世尊多方淘汰，决断群疑，直使了达般若本智，以为成佛之真因。故此经为入大圣之初门，以拔二乘偏空之疑滞。以实相真空为宗，以断疑生信为用。空则空其所执之情，信则信其本有之智。以空故行无所住，信则心无所疑。不疑则的信自心，与佛无二；无二则生佛平等，我法双忘。斯般若之玄门，成佛之要诀也。是知从上佛祖，教人了悟自心，直到不疑之地，自然默与本智相应。故六祖初闻“无住生心”一语，当下顿断历劫之疑。所以黄梅单以此经为心印。然信为入道之根，疑乃害信之毒，故此专以断疑为第一义也。

昔西域无著菩萨，入日光三昧，上升兜率，请问弥勒，为说八十颂，以解其义。无著以一十八住，判一经之旨，以授其弟天亲。天亲依偈造论，约断二十七疑以释，最为显著。既而长水作《刊定记》，文颇浩瀚，初学之士似难领略，卒莫定其旨趣。予蚤年诵习，向未彻其源。顷于曹溪偶为众演说，窃观“于意云何”一语，乃即就空生随闻其说随起疑情处，当下剿绝，不容拟议挎量，以破意言分别，如宗门所谓截断众流，直使纤疑净尽，方与本智相应耳。于是恍然，了无剩法，始知其疑不必拘其二十七则，即于随闻所起言外之计，预揭于前，则本经文以为破敌之具。如此始终一贯，直至情忘执谢，般若玄旨灿然若视白黑矣！

门人如绎，法性弟子超逸、通炯，各捐资重刻，以广其施。余因序其始末，将冀见闻随喜，同悟般若之正因，以为历劫金刚种子。若夫得意忘言，又在具正眼者，决不作区区文字见也。

---

[1] 此篇序文据《憨山老人梦游集》卷十（明《嘉兴藏》版）补入。

金刚决疑

姚秦三藏法师鸠摩罗什译

明曹溪沙门憨山释德清撰

金刚般若波罗蜜经

“金刚”二字，解者都以坚利能断为义，此泛说也。然西域实有金刚宝，此宝最坚不可坏，且能坏一切物，谓取此宝以喻般若，能断烦恼。此虽近理，总非佛意，特寻常宿习知见耳。

盖“般若”，此云智慧，乃是佛的心，所谓佛智慧也。“波罗蜜”，义云到彼岸，乃指此心极尽处也。今题云“金刚般若波罗蜜”，标此经所说，特显佛一片金刚心耳。且金刚心乃佛修因证果之本心，今出世教化众生，全用此心。今教菩萨以金刚心为本修因，为入大乘之初门，故特示之以断疑也。以此心不是世间众生常情，故举世不能知佛。且佛原不是世间人，而今平空走到人间来，则人人见而生疑矣！及其日用行事，件件不与人同。说话不同，规矩不同，事事法法与世间相反，故动而见疑。宜其诸天、魔王皆欲害，调达、阿阇皆要杀，而一切人皆生谤也。故曰“我出世间，一切天人阿修罗外道魔王皆当惊疑”，是也。不但天人生疑，即弟子中上首如迦叶等举皆疑佛，以所说法乍空乍有，乍是乍非，或赞或斥，或奖或呵，全无一定之言。而诸弟子闻者皆疑而不信，故曰：“将非魔作佛，恼乱我心耶？”上首尚乃如此，则新学可知。以佛所说法，难信难解故。然佛出世，一番说法，则今已三十年矣，弟子犹且怀疑而不信，是则佛之含冤盖已久矣！今日幸喜空生有些见处，窥见世尊一斑，忽生赞叹。故世尊因其疑而决破之，乃披露自己一片金刚真心，表白与他，使其了悟不疑，令诸闻者群疑顿断。故此经乃佛的示自心，以断弟子学佛者之疑，不是说般若能断众生烦恼也。如其不然，但看经中一一皆是空生之疑，疑佛之心。佛表此心以破彼疑，何尝说以智慧断众生烦恼耶？故此经题单是法，非以喻也。但断得弟子疑，就断得众生烦恼。此经一味只是断疑生信为主。以学道之人以信为本，以疑作障故。疑有三种，谓疑人、疑法、疑己。疑人，谓认人不真。即如弟子闻佛说色身、法身，大身、小身，不知那个是真佛，此疑人也。且其说法，方才说有却又说空，方才说空却又说不空。以其言不一，故最可疑，此疑法也。或有闻而能信，不疑于法，又见其法大，则疑自己根小，不堪领荷，不能修行，此疑己也。今此经中三疑都有。佛随空生所疑处即便逐破，顿断彼疑。所谓疑悔永已尽，安住实智中，此经之旨也。

此经此方解者极多，都不合佛意。独西域天亲菩萨，以二十七疑分经，极是。但意出于圣人，而论传此方，已经翻译，且译人有巧拙不同，言不达意，反生滞碍，使学人难省。此微妙幽旨，非口所宣，一落言诠，便成渣滓。况著粗浮文字，何以达妙？此注述之难于描写佛心，不无救颦之丑。即如世人作行状，但可述事，不能传神，此其难也。故今决疑解，妙在先得空生之疑为主。若疑情全露，则佛破疑之说不待解而自明矣！故此解先出疑，在本文之前，节节按迹而破之，忘言领悟，自得其宗。

如是我闻。一时，佛在舍卫国祇树给孤独园，与大比丘众千二百五十人俱。

此是佛住世说法仪式，诸说备释，此不繁衍。

尔时世尊食时着衣持钵，入舍卫大城乞食。于其城中次第乞已，还至本处。饭食讫，收衣钵，洗足已，敷座而坐。

此是佛住世家常过活，日用处动容与众一般，更无别奇特。只是就里一点，与人不同，知之者希。

时长老须菩提，在大众中，即从座起，偏袒右肩，右膝着地，合掌恭敬而白佛言：“希有世尊！

如来住世，日用寻常，与人一般，就里一点不同处，人人对面不知。

今日忽被空生勘破，故叹曰希有。嗟乎！如来与诸弟子周旋三十年矣，一向不知佛行履处。不知故作等闲放过，只道与众人一般。所以凡佛所言，多疑而不信。若不是空生觑透，则终无知佛者耶？

“如来善护念诸菩萨，善付嘱诸菩萨。

此空生叹佛希有处，正是亲见如来此一片苦心也。“菩萨”乃学佛之弟子，即昔在小乘中初发大乘心者，乃空乱意菩萨也。一向佛为护念此辈，更无别意，只是要付嘱此心耳。“护念”者，以佛出世本愿，只欲令一切众生与佛无异，人人成佛，方尽此心。但众生德薄垢重，心志怯弱，不能担荷，如婴儿一般。佛如慈母之护念婴儿，则无一息放下，种种周悉，调护爱念，故如保赤子，所谓护念。只欲一切众生直至成佛而后已，故曰“付嘱”。然不敢明言，但密密方便而将就之，故曰“善”。经云：“我以无量无数方便引导众生，欲令一切众生皆悉到于一切智地。”是谓护念、付嘱。

“世尊，善男子、善女人，发阿耨多罗三藐三菩提心，云何应住？云何降伏其心？”

此空生特问安心之方法也。以初在小乘时，单肯自度，不肯度生，故心小。今蒙如来二十余年多方淘汰，激起度生之心，故名大心众生为菩萨，要令下化众生，将以上求佛果。此辈自肯利生，故曰发菩提心。此空生已信佛心矣，但见初发大心菩萨，未悟实相真空，与前所取偏空，二者难辨。以前小乘涅槃，可以取着，安住其心。今既舍前空，而未得真空，所谓进无新证，退失故居，名空乱意。以一向执著名言，习气未忘，要有住着。又执着一定有佛果可求，将谓求至佛果，便是住处耳。且要上求佛果，必欲下化众生，众生度尽，方得成佛。而今满眼看见三千大千世界众生无量无边，几时能度得尽？众生不尽，如何得成佛果？以求住之心急，故此心不安，不能降伏。故空生特为请安住其心、降伏其心之方法耳。然空生已见佛心而叹希有矣，且开口单问此二语者，何也？以众心各谓世尊今日是已成之果矣，故我见世尊如此日用安心自在，即今初发心求佛果之人其心不定，当如何安住、如何降伏耶？此问意也。安心者，如二祖侍达磨，乞安心法。磨云："将心来，与汝安。"祖云："觅心了不可得。"磨云："与汝安心竟。"然在祖师门下，一言便了，所以为宗。今世尊便说了许多安心之法，婆心漏逗，所以为教。到底只是个觅心了不可得。故四祖以前，皆以《楞伽》印心。至黄梅、六祖，皆以《金刚》印心。故此经非文字相，不可作言语文字看，全在离言之妙。其经中凡言"于汝意云何"，皆反征其疑也。以众心随语起疑，虽未吐露，而心已动念，谓之意言分别，正是名言习气耳。

佛言："善哉！善哉！须菩提，如汝所说，如来善护念诸菩萨，善付嘱诸菩萨。汝今谛听，当为汝说。善男子、善女人，发阿耨多罗三藐三菩提心，应如是住，如是降伏其心。"

空生所问，意谓发心菩萨不得似佛这等安心自在。将谓若求作佛，必须象佛日用行履一般，方才是佛。我观佛心如此安闲，而菩萨心不得安住，如何降伏使心安耶？佛答意云：菩萨要求心安作佛，不必别求，只如汝会得我护念付嘱之心，其心自安。亦不必别样降伏，故云"如汝所说"。但得心安足矣，更何降伏耶？只当如此而已，故云"如是"。

"唯然世尊，愿乐欲闻。"

"唯然"者，空生直信佛心无疑矣！已见佛心，似不必说，但诸菩萨未领其旨，更欲乐闻也。

佛告须菩提："诸菩萨摩诃萨，应如是降伏其心。

此佛指示安心之方法也，义在下文。前问安住、降伏二事，今只许说降伏，不言安住者，以凡夫二乘一向执着住处，此名言习气也。今趣进大乘者，先要遣此习气。以众生、涅槃俱非实法，皆不可得，但以名言为体耳。名言既舍，习气顿空，其心不待降伏而自安恬寂灭矣！故但教降心，不言其住者，恐引习气。所谓狂心不歇，歇即菩提。但尽凡情，别无圣解。佛不以实法系著于人，故不言住。

所有一切众生之类，若卵生、若胎生、若湿生、若化生，若有色、若无色，若有想、若无想、若非有想、若非无想，我皆令入无余涅槃而灭度之。如是灭度无量无数无边众生，实无众生得灭度者。何以故？须菩提，若菩萨有我相、人相、众生相、寿者相，即非菩萨。

此世尊直示安心观法也。然菩萨发心，所求者佛果，所化者众生，二者而已。所以于心不安者，以未见众生如故，满目都是众生，何时方得度尽？众生不尽，则佛果难求，转见长远，因此其心不安而汲汲不休，故求降伏此心。今佛教以度生之方，以观察无我为主。且菩萨所见众生之多，难尽度者，以有我相，则见人相。人人相对，则三千界内众生何限，且生生不已，宜怖其难尽也，殊未见众生本自如如耳。然众生虽多，总十二类，纵有无量，亦只十二。就十二类一一观之，收于胎、卵、湿、化四生而已。四生之内，不过色、心二法而已。在色则不过有色无色，论心亦不过有想无想，纵到极顶，则止于非有非无。如此十二，则尽众生界矣，又何多耶？况十二类名为众生，众生色心本是假合，既为假合则众生本无。众生本无，但妄见有。苟以本无而观众生，则众生本自如如。众生既如，俱成寂灭，即此尽皆令入无余涅槃矣，又何难哉！《净名》云："一切众生毕竟寂灭，不复更灭。"如此灭度无量无数无边众生，其实无一众生得灭度者。何以故？本无我故。以有我则有人，有人则有众生、寿者。但有此四相则不名为菩萨矣，何言度生？是故菩萨度生当观无我。无我则无人。既无我无人，则众生界自然寂灭。众生寂灭，则佛果非遥，又何怖其长远耶？是故菩萨当观无我。下文云："知一切法无我，得成于忍。"此真菩萨也。

△疑曰：佛教菩萨度生，以布施为本，其所施者皆众生也。今众生皆空，则所作布施谁为受者？故下文答云：菩萨布施，不必着众生相。

"复次，须菩提，菩萨于法应无所住，行于布施。所谓不住色布施，

不住声、香、味、触、法布施。须菩提，菩萨应如是布施，不住于相。

此破著相之疑也。空生因闻众生皆空则疑，谓众生既空则菩萨布施无有受者。以六尘非有，众生本空，故云应无所住，此教不可着众生尘相也。又伏疑云：若不住相，何以有福？故下答以离相之福更大。

“何以故？若菩萨不住相布施，其福德不可思量。须菩提，于意云何，东方虚空可思量不？”“不也，世尊。”“须菩提，南西北方、四维上下虚空可思量不？”“不也，世尊。”“须菩提，菩萨无住相布施，福德亦复如是不可思量。

此破著相之疑，示以离相妙行也。然菩萨布施，专为求福。若求福之心著相，则福不大。故世尊权指离相之福更大，使其安心。然著相布施，局于有相，而众生之相一微尘耳，纵能获福，其福几何？今若正施众生时，不见有施者、受者，亦不见有所施之物，如此三轮皆空，无相可住，不住相之福，其福不可思议矣，故以虚空喻之。

“须菩提，菩萨但应如所教住。

此结示安心之法也。前问心不能安住，故须降伏。世尊教以降伏之方，只是以观无我为主，无我则无人，人我两忘则自心寂灭。自心寂灭，则一切众生皆寂灭矣！众生既寂，则佛不必求。此则驰求心息，取舍情忘，内外皆空，一心不动，是则名为安心之法，故结云“如”。

△疑。前以布施作福，下化众生，只为上求佛果。今既众生相空，三轮体寂，是则因为虚设矣！无相之因，何以上求有相之果乎？况现见如来身相宛然，不是无相之因可得。此以相见如来也。故佛破云：

“须菩提，于意云何，可以身相见如来不？”“不也，世尊，不可以身相得见如来。何以故？如来所说身相，即非身相。”佛告须菩提：“凡所有相，皆是虚妄。若见诸相非相，即见如来。”

此直指无相妙行也。空生由闻无相之因，遂疑此因不能求有相之佛果，是以相见如来也。此乃着佛应化之相，未见法身真体。世尊征破见相，空生领旨，故佛直告不可以相见如来，以如来所说之身即法身也，故云非身。然法身亦非有相，即于诸法相上见其非相即见如来矣，不是如来法身舍诸法之外别有一相状也。此则无相之因，契无相之果，明矣！

△疑云：若以无相之因契无相之果，此义甚深，难信难解，遂疑。

须菩提白佛言："世尊，颇有众生得闻如是言说章句，生实信不？"佛告须菩提："莫作是说。如来灭后，后五百岁，有持戒修福者，于此章句能生信心，以此为实。当知是人不于一佛二佛三四五佛而种善根，已于无量千万佛所种诸善根，闻是章句乃至一念生净信者。须菩提，如来悉知悉见，是诸众生得如是无量福德。何以故？是诸众生无复我相、人相、众生相、寿者相，无法相亦无非法相。何以故？是诸众生若心取相，则为着我、人、众生、寿者。若取法相，即着我、人、众生、寿者。何以故？若取非法相，即着我、人、众生、寿者。是故不应取法，不应取非法。以是义故，如来常说汝等比丘，知我说法，如筏喻者。法尚应舍，何况非法？

此直示佛之知见也。由前空生初执有相之因，佛以不住相布施破之。复疑无相之因不能契有相之果，盖执佛有相状也，佛以法身非相破之。是以无相之因契无相之果，明矣！如此则因果俱空，人法双泯。此义甚深，难信难解，故疑问佛，不知可有人能信此法不？"颇"，犹可也。"言说章句"，即指前无相因果之说。佛答谓岂无其人，但信此法者不是寻常之人，乃是持戒修福者方能信耳。此人亦非于一佛二佛三四五佛而种善根，盖从无量千万佛所而种善根者，所谓久种深根，乃能信耳。此等大根众生即一念信心，我悉知见其所得福已无量矣！此无相之福胜过有相所求之福，明矣！何故契无相者能得多福耶？盖此众生无复我、人、众生、寿者之相矣！不但无此四相，即一切有无诸相悉皆空矣！故云"无法相，亦无非法相"。以此众生心不取相故，一切皆离。苟一念取着法非法相，即着四相。以不取相故，心境皆空，得福殊胜之若此耳。此是如来真知见力，故我教菩萨不应取法非法相。何以故？以一入此法，则人法皆空，顿离诸取，便超诸有矣，岂细事哉！故我常教弟子当舍法也。然舍法即舍情，情忘则智圆矣！故曰：“法尚应舍，何况非法。”

△疑。空生因闻佛说佛非色相，法不可取，遂起疑云：若佛与法二皆无相，是无佛无法矣！争奈现见佛成菩提，现今说法，何以言无？此疑佛自语相违也，故下按破。

“须菩提，于意云何，如来得阿耨多罗三藐三菩提耶？如来有所说法耶？”须菩提言：“如我解佛所说义，无有定法名阿耨多罗三藐三菩提，亦无有定法如来可说。何以故？如来所说法，皆不可取、不可说，非法、非非法。所以者何。一切贤圣皆以无为法而有差别。”

此双遣佛、法知见也。空生心中才萌有佛有法之念，所谓意言分别也，含而未吐。佛逆破之，故召而诘之曰“于意云何”，谓汝意下作何分别耶？且佛菩提果有所得耶？如来果有所说法耶？此审而诘之以勘其意。空生领旨，故陈其悟，谓已解佛说原无定法即是菩提，亦无有定法如来可说。此空生深领如来不取之旨，不但如来，即一切贤圣，皆以无为法有差别故，故非可取。此开权显实之意，已露一斑矣！

△疑。空生已领无佛无法之旨，但不知契无为者如何得福殊胜，故下如来以离相破之。

“须菩提，于意云何，若人满三千大千世界七宝以用布施，是人所得福德宁为多不？”须菩提言：“甚多，世尊。何以故？是福德即非福德性，是故如来说福德多。”“若复有人于此经中受持乃至四句偈等，为他人说，其福胜彼。何以故？须菩提，一切诸佛及诸佛阿耨多罗三藐三菩提法，皆从此经出。须菩提，所谓佛、法者，即非佛、法。

此以无相之福以显无相之法为最胜也。空生已悟无相之理，但不知契无相之理得无相之福。此福如何胜彼有相耶？故佛先以有相布施较量其福，不如持四句偈之福殊胜者，以一切诸佛皆从此般若而出生故，故云般若是诸佛母，所以福大，如俗所云母因子贵故也。是则般若乃是能出生佛、法者，而般若本非佛、法也。故云："所谓佛、法者，即非佛、法"。

△疑云：既法无可说，佛无可成，俱不可得矣！且世尊昔日为我等声闻说四谛法，乃是法也。我等依之而修，是得果也。我等依涅槃而住，此有所住也。如何世尊一切皆非？此大众意言分别也，故世尊逆举小果，逆问空生，而代破之。

"须菩提，于意云何，须陀洹能作是念'我得须陀洹果'不？"须菩提言："不也，世尊。何以故？须陀洹名为入流，而无所入，不入色、声、香、味、触、法，是名须陀洹。""须菩提，于意云何，斯陀含能作是念'我得斯陀含果'不？"须菩提言："不也，世尊。何以故？斯陀含名一往来，而实无往来，是名斯陀含。""须菩提，于意云何，阿那含能作是念'我得阿那含果'不？"须菩提言："不也，世尊。何以故？阿那含名为不来，而实无不来，是故名阿那含。""须菩提，于意云何，阿罗汉能作是念'我得阿罗汉道'不？"须菩提言："不也，世尊。何以故？实无有法名阿罗汉。世尊，若阿罗汉作是念'我得阿罗汉道'，即为着我、人、众生、寿者。世尊，佛说我得无诤三昧，人中最为第一，是第一离欲阿罗汉。世尊，我不作是念：'我是离欲阿罗汉'。世尊，我若作是念'我得阿罗汉道'，世尊则不说须菩提是乐阿兰那行者。以须菩提实无所行，而名须菩提是乐阿兰那行。"

此的示无住真宗也。大众因闻佛不可求，法非可取，斯则进取无可住矣！争奈世尊昔日教我声闻，令离生死，安住涅槃，非无法无果可住也，而今世尊何以言佛法皆非？此小乘未忘名言习气，执有实法，难入般若，故多起疑。世尊假空生之悟，为众旁通，故举昔果逆征之曰"于意云何"，谓于汝意下如何也。梵语须陀洹，此云入流。"入"，逆也，谓逆生死流也。然言逆流，但约不入六尘名为逆，非是实有此可逆、有彼可入而住之也。斯陀含，此云一往来，谓有欲界一品残思，但只消一来欲界断之，则从此长往矣！此亦非有来往实住处也。阿那含，此云不来，谓永不来欲界受生，如此而已，亦非有不来之处可住也。阿罗汉，此云不生，以见彼诸法一切皆无，实无诸法，一心不生，如此而已，亦未尝作念“我是阿罗汉”，亦非有可住之罗汉地也。若阿罗汉自己作念，认着我是罗汉，此则与众生知见一般，即着四相矣！空生以己验之，即如世尊每每称我得了无诤三昧，又赞我是人中最上之人，又说我是第一离欲阿罗汉。蒙世尊如此极口称赞，然我自忖己心，并不曾一念生心，执着我是离欲罗汉也。若我有此念，世尊则不说我是乐寂静行者。以我而观，昔日涅槃元无住处，足知如来菩提必无可住之理矣，复何疑哉！此决佛果有住之疑，下决佛定有成之疑。

△疑云：闻上开示，佛果无住，明矣！既果无所成，争奈现见如来从燃灯受记，是则佛定有成。既有可成之佛，岂无可住之果？下答以无所得。

佛告须菩提：“于意云何，如来昔在燃灯佛所，于法有所得不？”“不也，世尊。如来在燃灯佛所，于法实无所得。”

此示究竟无得之旨也。以闻无住之谈，已悟菩提无住，遂疑菩提虽无住而佛果必定是有成，若佛无成，如何传授？故世尊逆问空生而决之。以燃灯佛虽云授记，但印契此心而已，实无所得。若有所得，则燃灯必不与我授记。

△疑云：菩提无住，佛果无得，如此则不必庄严佛土矣！而世尊何以教我行菩萨行，庄严佛土耶？

“须菩提，于意云何，菩萨庄严佛土不？”“不也，世尊。何以故？庄严佛土者，即非庄严，是名庄严。”“是故须菩提，诸菩萨摩诃萨应如是生清净心，不应住色生心，不应住声、香、味、触、法生心，应无所住而生其心。

此直示安心之法也。空生疑谓佛既无成，涅槃无住，若如此又何须庄严佛土耶？执此疑者谓度生之行实要庄严佛土，如修寺一般，此执相之愚也。故世尊逆问空生：菩萨果有庄严佛土不？空生领旨，答言即非庄严，是名庄严。何以明之？然而佛土者，净土也。且此净土岂可以七宝累砌而为庄严也。以众生所见者秽土，乃恶业庄严，种种苦具。在诸佛所居净土，但以清净觉心，净彼诸染，染业既空则土自净，是以清净心而为庄严。然此庄严非同彼也，故曰即非庄严，是名庄严。如此看来，菩萨庄严佛土，不假外来，只是自净其心，心净则土自净。故曰但应如是生清净心而已，不必别求庄严也。

又疑：既云清净，如何生心？佛言：清净如何生心，但不当生六尘染心而已，非有清净可住而生心也，所谓执谢情忘，净心自现。故曰："应无所住而生其心。"三祖云："莫逐有缘，无住空忍。"此为无住生心安心之法，妙不过此，故六祖一闻，言下顿悟。

△疑云：既不庄严佛土，是无佛土也。且千丈大身之佛，又何所居耶？此疑报身必居实土。

"须菩提，譬如有人身如须弥山王，于意云何，是身为大不？"须菩提言："甚大，世尊。何以故？佛说非身，是名大身。"

此示法身真土也。因闻佛土非可庄严，遂疑报身必居实土，若不庄严，向何居住？佛以法身非身破之。意谓非土之土，常寂光也；非身之身，乃法身也。法身非相，真土无形。然身既不可以相见，而土又何可以庄严耶？此从离六尘相、离心缘相以来，所破群疑，直至身土皆空，心境双绝，始是般若极则，以显法身无住之理。故开导至此，理极忘言。但有信此法者，其福无量，故下较量福德。

"须菩提，如恒河中所有沙数，如是沙等恒河，于意云何，是诸恒河沙，宁为多不？"须菩提言："甚多，世尊。但诸恒河尚多无数，何况其沙。""须菩提，我今实言告汝，若有善男子、善女人，以七宝满尔所恒河沙数三千大千世界以用布施，得福多不？"须菩提言："甚多，世尊。"佛告须菩提："若善男子、善女人，于此经中乃至受持四句偈等，为他人说，而此福德胜前福德。复次，须菩提。随说是经乃至四句偈等，当知此处一切世间天

人阿修罗皆应供养如佛塔庙，何况有人尽能受持读诵。须菩提，当知是人成就最上第一希有之法。若是经典所在之处，则为有佛，若尊重弟子。”

此以喻显法殊胜也。说四句之福胜河沙七宝者，以此法乃最上第一希有之法也，以此四偈即法身全体故，如佛住世与弟子宣说无二故也。前显法身已圆，群疑顿破，言忘理极，故空生领旨，遂请结经名。

尔时须菩提白佛言：“世尊，当何名此经？我等云何奉持？”佛告须菩提：“是经名为金刚般若波罗蜜。以是名字，汝当奉持。所以者何？须菩提，佛说般若波罗蜜，即非般若波罗蜜，是名般若波罗蜜。

此指归般若实际也。空生领悟，般若全体已露，更无余法，故问结经名。世尊但告之曰：“是经名为金刚般若波罗蜜”，意谓此法无名，但此心耳。又问如何奉持，告以即以此心奉持此法。以心本非心而法亦非法，故曰般若即非般若波罗蜜。前未闻此法时其心未安，故初请降伏。以所知所见，满目尘境，生佛迢然，净秽殊途，取舍异趣，故其心不安，难以降伏，特起种种疑情。初疑众生难度，则告以众生本空。又疑佛果难求，则告以佛不必求。次疑布施难周，则告以三轮空寂。次疑佛土难严，则告以心净则严。次疑报身无寄，则告以法身无依。到此空生伎俩已穷，群疑冰释，佛心已尽披露无复遗余，所以闻者心安而自降伏矣！故问结经名。世尊不以实法赘人，但名此心而已，故以此结之。下文乃单示法身极则，所谓百尺竿头更进一步。只须具金刚眼，始得极尽相应。故空生感悟流涕，赞叹难量，似久客还家，宜其见慈母而生悲泣也，直至不可思议而后已。

“须菩提，于意云何，如来有所说法不？”须菩提白佛言：“世尊，如来无所说。”

空生已悟法身之理，遂疑法身非相，谁当说法？此计法有所说也。故佛征诘，乃悟身既非身，法亦无说。

△疑云：法身非相，然非相即堕断灭，断灭无相当于何处见法身耶？众有此疑，故佛征破。

“须菩提，于意云何，三千大千世界所有微尘，是为多不？”须菩提言：“甚多，世尊。”“须菩提，诸微尘如来说非微尘，是名微尘。如来说世界非世界，是名世界。

此示诸法虽空，不入断灭也。闻说法身非相，遂疑堕断灭，断灭则无处觅法身矣！世尊示以尘尘刹刹皆法身也，故诘之曰：“三千大千世界所有微尘是为多不？”答言：“甚多。”若以微尘世界而观，则满目尘境，万象纵然。若以非微尘世界而观，则一道虚闲，真空冥寂。所谓寂灭灵虚，寄森罗而显象；纵横幻境，在一性而融真。所以青青翠竹，总是真如；郁郁黄花，无非般若。山河及大地，全露法王身。要见法身，须具金刚正眼始得，故曰：“世界非世界，是名世界。”

△疑。所闻法身非相方名为佛，若非相是佛，即今现前三十二相之佛岂非佛耶？此认化身为真佛也，下以法化一体破之。

“须菩提，于意云何，可以三十二相见如来不？”“不也，世尊。不可以三十二相得见如来。何以故？如来说三十二相，即是非相，是名三十二相。”

此示法、化冥一也。莫谓有相非佛，即今三十二相本非有相，相即非相则应身即法身矣！到此三身一体，身土皆空，理极情忘，言词相寂，故但赞叹能契此理，转教之者其福无量。

“须菩提，若有善男子、善女人，以恒河沙等身命布施。若复有人于此经中乃至受持四句偈等，为他人说，其福甚多。”

此显法空胜益也。世尊显理已极，群疑已破，四相顿空，我执既亡，法身独露，故世尊较量布施恒沙身命之多，不若深心受持四句偈为他人说，其无相之福真不可量矣！空生全领此旨，感激未闻，故涕泪悲泣，赞叹希有。此正前云善护念善嘱付者，以此故也。

△已前领悟。△已下陈情。

尔时须菩提闻说是经，深解义趣，涕泪悲泣而白佛言：“希有世尊！佛说如是甚深经典，我从昔来所得慧眼，未曾得闻如是之经。世尊，若复有人得闻是经，信心清净，即生实相。当知是人成就第一希有功德。世尊，是实相者即是非相，是故如来说名实相。世尊，我今得闻如是经典，信解受持不足为难。若当来世后五百岁，其有众生得闻是经，信解受持，是人即为第一希有。何以故？此人无我相、人相、众生相、寿者相。所以者何？我相即是非相，人相、众生相、寿者相即是非相。何以故？离一切诸相，即名诸佛。”

佛告须菩提：“如是如是。若复有人得闻是经，不惊、不怖、不畏，当知是人甚为希有。何以故？须菩提，如来说第一波罗蜜，即非第一波罗蜜，是名第一波罗蜜。

此印契佛心，入佛知见也。若空生辈诸小乘人与诸众生皆执相之徒也，即佛出世以来二十余年，所说诸法未曾离相，恐生惊疑，故窾而教之，多方淘汰，至今方始露出本心。何以故？以佛本愿，欲令一切皆趣大乘究竟之地故。今将引昔小乘发大乘心，特以此金刚心地为本修因，故先用此心断彼群疑，令生正信。故此般若乃入大乘之初门，为菩萨发觉之初心，所谓护念付嘱者此心也。以小乘弟子一向未闻而今始闻之，从昔未解而今始悟之，如失乳儿忽遇慈母，所以空生一闻感激涕零，宜其然也，故赞叹希有。前叹希有，乃忽尔觑见世尊此一片心，尚未备闻其说。今蒙世尊吐露，重重逐破，消尽群疑，此真希有之心也，盖从昔已来所未闻者，诚希有之法也。空生自陈已悟，又激发同辈，意谓我闻而悟自谓希有矣！若再有一人闻而能信自心清净如此者，则实相现前，诸妄消灭，此人亦自希有之人矣！何以故？以离相之法最难信解故也。且我辈亲见如来，虽是难信，然闻佛妙音，即信解亦不难。若佛灭后，去圣时遥，后五百岁，五浊恶重，魔强法弱之时，能信此法者甚为难也。苟有能信者，则为第一希有之人也。何以故？以此人能离四相故。然四相本是如如，了此即见法身矣！故曰能离一切相，即名为佛，此真希有也。世尊闻说，乃印许之曰如是，如是，诚如所说。

以此法大机小，闻者皆生惊疑怖畏故也。苟闻而不惊疑怖畏者，甚希有也。以我所说不在言故，故曰即非第一，是名第一。

△疑。前言布施，乃六尘受用之物，外施也，一向难舍已舍，即舍亦要求福，世尊已教不许住相，已说无相之福更大。既而又说不但七宝布施不比无相之福，即将恒沙身命布施之福亦难比之。以身命内施也，故空生遂疑谓外施可忘，身命难舍，如何能舍耶？世尊逆知其意，故特说忍辱行以破之。割截身体而不嗔恨，则我空矣！此是当机疑意如此。其经中密意，乃世尊密破菩萨我法二执。然我执即五蕴身心，且此五蕴身有假名、有实法，前破假名，今以割截身体验破五蕴实法也。

“须菩提，忍辱波罗蜜，如来说非忍辱波罗蜜，是名忍辱波罗蜜。何以故？须菩提，如我昔为歌利王割截身体，我于尔时无我相、无人相、无众生相、无寿者相。何以故？我于往昔节节支解时，若有我相、人相、众生相、寿者相，应生嗔恨。须菩提，又念过去于五百世，作忍辱仙人，于尔所世，无我相、无人相、无众生相、无寿者相。是故须菩提，菩萨应离一切相，发阿耨多罗三藐三菩提心。不应住色生心，不应住声、香、味、触、法生心，应生无所住心。若心有住，即为非住，是故佛说菩萨心，不应住色布施。须菩提，菩萨为利益一切众生故，应如是布施。如来说一切诸相即是非相，又说一切众生即非众生。

此破五蕴实法，结答云何应住之问也。空生一闻身命布施，不达五蕴本空，遂疑而不信，甚以为难，谓外施七宝，不住于相，犹可能也，若舍身命，则不能矣！不舍身命则我相未空，既然著相，难契真空。故世尊特说忍辱之行，当歌利王割截身体之时，若我四相未忘，则生嗔恨矣！所以不嗔者，以达五蕴本性空故，所谓割水吹光，湛然不动者，以离一切相也。是故我教菩萨当离一切相发菩提心者，不应住于六尘生心，应当生无所住之心也。此结前文，总会离相之旨，以答云何应住之问也。又示之曰：若心有住则心境俱妄，则为非住，是故佛说菩萨不应住于色相而行布施者，此也。然菩萨既为利益一切众生，应当如是布施，方为妙行，不可执着别生臆见也，以如来说一切相皆是真如，说一切众生即是真如。所以前云：若见诸相非相即见如来。故结示云：诸相即是非相，众生即非众生。

△疑。既云不住于相，则一切皆空，空即能证之智亦空无体矣！无体之法，安可作因而取果耶？答意诫令但当谛信佛言，是如来自证境界，决不虚妄。

“须菩提，如来是真语者、实语者、如语者、不诳语者、不异语者。须菩提，如来所得法，此法无实无虚。

此结令谛信也。空生闻佛所说因果皆空，疑谓果空则不必用因，因空则不能得果。今因中行施，况不住生心，则无实果可证矣！世尊诫以但当谛信佛言，不必多起疑念。以如来所得之法非实非虚，不可以执着之情而求之也，以此破之。

△疑。不住相布施生心，即此不住生心，何以得合般若？下答破。

“须菩提，若菩萨心住于法而行布施，如人入暗，则无所见。若菩萨心不住法而行布施，如人有目，日光明照，见种种色。

此示无住之益也。有住之心属于无明，为心境障故，如人入暗，一无所见。无住之心诸障尽撤，人我两忘，如日升天，朗照万象。故此无住之心，即真实般若。佛所证者，此心而已。

△疑。且此无住之心纵是般若，如何能契佛心？下答破。

“须菩提，当来之世，若有善男子、善女人，能于此经受持读诵，即为如来以佛智慧悉知是人、悉见是人，皆得成就无量无边功德。须菩提，若有善男子、善女人，初日分以恒河沙等身布施，中日分复以恒河沙等身布施，后日分亦以恒河沙等身布施，如是无量百千万亿劫以身布施。若复有人闻此经典，信心不逆，其福胜彼，何况书写、受持、读诵、为人解说。

此示心佛平等也。空生之疑将谓已智不能契合佛智。佛意般若无文字，文字即般若。然我说此经，即全体般若，但有人能信受者，则为妙契佛智，而佛以本智了知其人无量功德矣！此一念顿契佛心之功德，纵使一日三时以恒沙身命布施功德其福固多，但不若有一念信心，随顺般若而不逆者，可谓善入佛慧矣，其福更大，何况书写、受持、读诵、为人解说耶？

〇下赞般若殊胜。

“须菩提，以要言之，是经有不可思议、不可称量无边功德。如来为发大乘者说，为发最上乘者说。若有人能受持读诵，广为人说，如来悉知是人，悉见是人，皆得成就不可量、不可称、无有边、不可思议功德。如是人等即为荷担如来阿耨多罗三藐三菩提。何以故？须菩提，若乐小法者，着我见、人见、众生见、寿者见，即于此经不能听受读诵，为人解说。

此赞般若独被上上根人。前屡言着四相，故粗；今言着四见，故细。

“须菩提，在在处处若有此经，一切世间天人阿修罗所应供养。当知此处即为是塔，皆应恭敬，作礼围绕，以诸花香而散其处。

此赞般若法身常住。

“复次，须菩提，善男子、善女人受持读诵此经，若为人轻贱，是人先世罪业应堕恶道，以今世人轻贱故，先世罪业则为消灭，当得阿耨多罗三藐三菩提。

此赞般若有离障出缠之益，不但灭罪，且得胜果。

“须菩提，我念过去无量阿僧祇劫，于燃灯佛前，得值八百四千万亿那由他诸佛，悉皆供养承事，无空过者。若复有人于后末世能受持读诵此经，所得功德，于我所供养诸佛功德，百分不及一，千万亿分乃至算数譬喻所不能及。须菩提，若善男子、善女人，于后末世有受持读诵此经，所得功德我若具说者，或有人闻，心则狂乱，狐疑不信。须菩提，当知是经义不可思议，果报亦不可思议。”

此赞悟般若者一念顿生佛家，生生世世永不离佛，故此功德最为殊胜也。后世末法之中有能信者其功更大，以此般若之德不可思议，故果报亦不可思议。

从初问“云何应住、云何降伏其心”以来，通破凡夫中大心众生修菩萨行者所执之疑。然所执我法二执有粗有细，已前破粗二执，以所执五蕴身心为我执，我所作为缘尘六度之行欲求菩提者为法执。然此二执皆著相故，是破初发心菩萨未悟般若者之疑，但意显下不见有众生可度也。此后乃破微细我法二执，是已悟般若之菩萨，但执有能证之智为我，有所证真如为人，能证能悟为众生，证悟未忘潜续如命为寿者，而此四相最极微细，故为微细二执，所谓存我觉我，故向下发挥但标我字。若破此我执，则上不见有佛果可求也。经文与前问同意别，观者应知。

尔时须菩提白佛言：“世尊，善男子、善女人，发阿耨多罗三藐三菩提心，云何应住？云何降伏其心？”

佛告须菩提：“若善男子、善女人发阿耨多罗三藐三菩提心者，当生如是心：我应灭度一切众生。灭度一切众生已，而无有一众生实灭度者。何以故？须菩提，若菩萨有我相、人相、众生相、寿者相，即非菩萨。所以者何？须菩提，实无有法发阿耨多罗三藐三菩提心者。

从此以下，征破微细我法二执也。经初问“云何应住、云何降伏其心”者，以初发心菩萨乃凡夫中大心众生，始发度生之心，故种种著相。以依着自己五蕴色身修行，其所行布施乃执着六尘粗物而求福果，其所求菩提乃执着化佛色相之身，其土乃宝物庄严之土，种种所行皆不离相，故去般若远甚。空生起疑，被佛重重破斥，直至一切色相皆离，方契真如般若实智。而空生已悟，大众疑消。此经文“不可思议”以前半卷皆此意也。其所破我依凡夫见起，即五蕴色相之我，其四相皆粗。今此经文以下乃是破已悟般若之菩萨，但能证之智未忘，以此执着为我。此是存我觉我之我，乃微细我法二执，四相皆细。故此经中标出一我字为首，但云我应灭度众生，更不言布施。是知功行已圆，唯有生佛之见未泯耳，故前粗后细。

问：然此细智为我，而又问“云何应住，云何降伏其心”，与前问意同者，何也？

答：此问“住”，盖此菩萨已离五蕴，但习气未忘，故于真如智中亦求安住。且急急欲求菩提，执谓菩提有所住处。求而不得，其心不安，故问“降伏”。此求佛之心未安，以生佛之见未泯，不达平等一如耳，问同意别。故世尊破云：“发菩提者当作此观：我灭度一切众生已，实无有一众生得灭度者。”以众生本自如如，不待更灭。若执有灭度则着四相，非菩萨矣！此不见有众生可度也。然生佛本来平等，若众生既无可灭，而此中实无有法可容菩萨发心求菩提者。何以故？以众生本自寂灭，即是菩提，又何容其更求耶？此不见有佛果可求也。

△疑。既实无法可得菩提，且我所悟之般若岂非法耶？即世尊于燃灯佛所，因得此法乃得成佛，岂非得菩提耶？何言无法可得？故下破之。

“须菩提，于意云何，如来于燃灯佛所，有法得阿耨多罗三藐三菩提不？”“不也，世尊。如我解佛所说义，佛于燃灯佛所，无有法得阿耨多罗三藐三菩提。”佛言：“如是如是。须菩提，实无有法如来得阿耨多罗三藐三菩提。须菩提，若有法如来得阿耨多罗三藐三菩提者，燃灯佛即不与我授记：‘汝于来世当得作佛，号释迦牟尼’。以实无有法得阿耨多罗三藐三菩提，是故燃灯佛与我授记，作是言：‘汝于来世当得作佛，号释迦牟尼’。

此示菩提无得，以破执佛之疑也。空生疑佛于燃灯佛所实有法可得，世尊展转逐破妄计，正显实无一法可得。

△疑谓：般若之法乃成佛真因，今云无法则无因矣！无因如何得菩提果？下以法身不属因果破之。

“何以故？如来者，即诸法如义。若有人言如来得阿耨多罗三藐三菩提，须菩提，实无有法，佛得阿耨多罗三藐三菩提。须菩提，如来所得阿

耨多罗三藐三菩提，于是中无实无虚。是故如来说一切法皆是佛法。须菩提，所言一切法者，即非一切法，是故名一切法。须菩提，譬如人身长大。”须菩提言：“世尊，如来说人身长大，则为非大身，是名大身。”

此显法身不属因果也。空生不达法身真体不属因果，乃执定如来是有修有得，故佛以无所得破之矣！犹恐不悟，乃直示之曰：何故言菩提无所得耶？以如来者非色相之称，乃是诸法当体如如之义耳。且诸法本自如如，岂假修为证得耶？故我说菩提实无有法容佛可得。宗门谓向上一路，三世诸佛不许觑着，觑着则眼瞎，以此中无你取觅处故也。如来菩提并无甚奇特，但于诸法不起断常颠倒见耳，故言无实无虚，以一切法皆非法故。若知大身非身，则知诸法非法。

△疑。因闻实无有法容其发心，遂疑云以我有此度生之法方名菩萨。既无有法，何以得菩萨之名耶？下以无法无我破之。

“须菩提，菩萨亦如是。若作是言：‘我当灭度无量众生’，即不名菩萨。何以故？须菩提，实无有法名为菩萨，是故佛说一切法无我、无人、无众生、无寿者。须菩提，若菩萨作是言：‘我当庄严佛土’，是不名菩萨。何以故？如来说庄严佛土者即非庄严，是名庄严。须菩提，若菩萨通达无我、法者，如来说名真是菩萨。

此示法身无我，例破菩萨微细二执也。空生执有法度生方名菩萨。世尊告以实无有法以遣法执；恐疑无法度生如何庄严佛土，故世尊示以常寂光土不假庄严，以遣住心破我执。此二无我也。苟不达此理，则非真菩萨矣！故云“通达无我、法者，如来说名真是菩萨”。

△疑。若菩萨不见众生可度，无土可净，如此如来要五眼作么？下约知众生心为眼，非实有五眼破之。

“须菩提，于意云何，如来有肉眼不？”“如是，世尊，如来有肉眼。”“须菩提，于意云何，如来有天眼不？”“如是，世尊，如来有天眼。”“须菩提，

于意云何，如来有慧眼不？”“如是，世尊，如来有慧眼。”“须菩提，于意云何，如来有法眼不？”“如是，世尊，如来有法眼。”“须菩提，于意云何，如来有佛眼不？”“如是，世尊，如来有佛眼。”“须菩提，于意云何，如恒河中所有沙，佛说是沙不？”“如是，世尊，如来说是沙。”“须菩提，于意云何，如一恒河中所有沙，有如是沙等恒河，是诸恒河所有沙数佛世界，如是宁为多不？”“甚多，世尊。”佛告须菩提：“尔所国土中所有众生若干种心，如来悉知。何以故？如来说诸心皆为非心，是名为心。所以者何？须菩提，过去心不可得，现在心不可得，未来心不可得。

此示心、佛、众生三无差别也。空生疑佛具五眼，将谓有法可见，有世界、众生当情。世尊告以所具五眼非眼也，但约见众生心为眼耳。且如恒沙世界无量众生若干种心如来悉知悉见者，以众生乃如来自心之众生，故众生凡动一念即如来自心动也，如何不知不见耶？又疑众生心有生灭，如来心亦生灭耶？故世尊言此中众生心本自如如，了无生灭，与如来心寂灭平等。故如来、众生湛然不动，绝无生死去来之相，所谓心佛与众生，是三无差别，故三际求心了不可得。

△疑。世尊一往破执，谓无土可严，无生可度，恐空生闻而转计，将谓生、土皆空，则布施无福，亦不必修矣！故世尊以无福之福，其福甚大破之。

“须菩提，于意云何，若有人满三千大千世界七宝以用布施，是人以是因缘得福多不？”“如是，世尊，此人以是因缘得福甚多。”“须菩提，若福德有实，如来不说得福德多。以福德无故，如来说得福德多。

此示无相之福也。空生执著有相布施，将谓实有福德，殊不知能施六尘本空，则所得福德非有，故世尊以福德无故福德多破之。所言无者，非绝无也，以心量如空，故得福益大。

△疑。空生因闻不许住相度生严土，遂起疑云：且度生严土乃成佛之因，所感万德具足庄严之果。今云无生可度，无土可严，是绝无因也。又云无菩提可证，是无果也。因果皆绝，是无佛矣！即今现见如来具足色相，

又从何而有耶？故佛以不应具足色相见如来破之。

“须菩提，于意云何，佛可以具足色身见不？”“不也，世尊，如来不应以具足色身见。何以故？如来说具足色身，即非具足色身，是名具足色身。”“须菩提，于意云何，如来可以具足诸相见不？”“不也，世尊，如来不应以具足诸相见。何以故？如来说诸相具足，即非具足，是名诸相具足。”

此破执报身色相之见，以显法报冥一也。具足色身者，万德庄严报身佛也。以多劫度生庄严佛土，感此果报以酬因故，如来说具足色身。且此报身本法身也，故云即非具足色身。法报冥一，故云是名具足色身。此破所见之相。下破能见之见。以报身即法身，故无相可见。智体如如，故见病消亡。境智冥一，故法身自显。凡言“是”、言“非”者，皆遮救之辞也。恐落是非窠臼，故左右遮之遣之。故如来说法本无可说，但遮护众生之心病，不容起见，遣其执情，令不住着，如此而已，学者应知。

△疑。空生闻说佛本无相可见，遂疑既无身相，谁当说法？故佛以无可说破之。

“须菩提，汝勿谓如来作是念‘我当有所说法’。莫作是念。何以故？若人言如来有所说法，则为谤佛，不能解我所说故。须菩提，说法者，无法可说，是名说法。”

此破报身如来有所说法之疑也。如来出世本无法可说，但就众生所执之情，随宜而击破之，唯一字而已，凡曰“非”、曰“不”，乃遮止之辞，以遮止众生之妄想耳，正是护念之意也，故曰是名说法。

△疑。空生已悟法身之理无说无示，以此法甚深，但未来众生不知可能信受不？故起此疑。向下以无众生破之。

尔时慧命须菩提白佛言：“世尊，颇有众生于未来世闻说是法，生信心不？”佛言：“须菩提，彼非众生，非不众生。何以故？须菩提，众生

众生者，如来说非众生，是名众生。”

此示生、法一如，以破众生见也。空生妙悟法身，已能信能受矣！第此法甚深，不知可有众生于未来世能信此法不？此空生生灭之见未亡，故起未来众生之见。世尊答以众生本如，与法平等，何有未来之相耶？以众生如如，三际平等，此实般若究竟之极则也。“彼非众生”等六句，谓众生本自如如，故曰“彼非众生”。以真如随缘而成众事，故曰“非不众生”。乃复释之曰：所言众生，乃是真如随缘，众法和合而相生，故云众生者，以假名众生，故如来说非实是众生。以非实有生，是故名为众生耳。

△疑。法身无相，无法可得，如何言修一切善法证得菩提耶？下以无得平等破之。

须菩提白佛言：“世尊，佛得阿耨多罗三藐三菩提，为无所得耶？”佛言：“如是如是。须菩提，我于阿耨多罗三藐三菩提，乃至无有少法可得，是名阿耨多罗三藐三菩提。复次，须菩提，是法平等，无有高下，是名阿耨多罗三藐三菩提。以无我、无人、无众生、无寿者修一切善法，即得阿耨多罗三藐三菩提。须菩提，所言善法者，如来说即非善法，是名善法。

此破佛、法见也。空生已悟法身清净，无法可得，翻疑佛说修一切善法而得菩提是有得也。岂如来菩提果无所得耶？佛言实无所得，以生佛平等，无二无别，即是菩提。如此而已，岂实有所证得耶？所言修善法而得菩提者，但以离四相而修，以修即无修，故得亦无得。以无所得故，是名真善法也。

△疑。善法既非，何法为胜？下以达般若者最为殊胜。

“须菩提，若三千大千世界中所有诸须弥山王，如是等七宝聚，有人持用布施。若人以此般若波罗蜜经，乃至四句偈等，受持读诵，为他人说，于前福德，百分不及一，百千万亿分乃至算数譬喻所不能及。

此赞般若离相之功最胜也。且修善法不得菩提，是则善法非殊胜矣！又以何法为殊胜耶？佛言达般若者最为殊胜。三千世界中有百亿须弥山，以七宝等此，可谓多矣！以此布施之福，不如达般若四句之福。以彼执相，贪求利益故。般若离相，故超胜无量，非喻可及。

△疑。空生闻前说生佛平等，然既平等则无众生矣！何言如来当度众生？是有我人之相也。下以人我两忘破之。

“须菩提，于意云何，汝等勿谓如来作是念：‘我当度众生’。须菩提，莫作是念。何以故？实无有众生如来度者。若有众生如来度者，如来即有我、人、众生、寿者。须菩提，如来说有我者，则非有我，而凡夫之人以为有我。须菩提，凡夫者，如来说即非凡夫，是名凡夫。

此破佛有人我之疑以显法身真我也。所云生佛平等，平等则无佛无众生，何言我当度众生耶？众生人也，我度众生则有我矣！人我宛然，则四相不泯。此正宗门所谓得到法身边，未透法身向上句也。故世尊以言遣之，故云勿谓如来我有度生之念，我有此念即是凡夫。然如来说凡夫尚非凡夫，岂可如来尚存我见耶？此则圣凡俱泯，一道齐平。般若玄旨，于斯极矣！

△疑。法身既非有我，报身不可以相见，即今三十二相，岂非佛耶？

“须菩提，于意云何，可以三十二相观如来不？”须菩提言：“如是如是，以三十二相观如来。”佛言：“须菩提，若以三十二相观如来者，转轮圣王则是如来。”须菩提白佛言：“世尊，如我解佛所说义，不应以三十二相观如来。”尔时世尊而说偈言：

“若以色见我，以音声求我，是人行邪道，不能见如来。

此示应化非真，以显法身离相也。空生已悟法身无我，报身非相，是为真佛，遂疑现见三十二相是何佛耶？是有佛见也。世尊诘之曰：果可以三十二相见如来乎？空生执以三十二相必定是佛，世尊以转轮圣王破之，遂悟不可以三十二相观如来。世尊示之以离相偈云：若以色见我，以音声求我，是人行邪道，不能见如来。

△疑。空生闻说法报无相，应化非真，故起法身断灭之见，以不达法身真我故。佛以不断灭破之。

“须菩提，汝若作是念‘如来不以具足相故得阿耨多罗三藐三菩提’，须菩提，莫作是念‘如来不以具足相故得阿耨多罗三藐三菩提’。须菩提，汝若作是念‘发阿耨多罗三藐三菩提心者说诸法断灭’，莫作是念。何以故？发阿耨多罗三藐三菩提心者，于法不说断灭相。须菩提，若菩萨以满恒河沙等世界七宝持用布施。若复有人知一切法无我，得成于忍，此菩萨胜前菩萨所得功德。何以故？须菩提，以诸菩萨不受福德故。”须菩提白佛言：“世尊，云何菩萨不受福德？”“须菩提，菩萨所作福德，不应贪着，是故说不受福德。

此破断灭见也。空生闻说当以离相见佛，遂起断灭见，谓如来不以具足相故得菩提。佛教之曰：莫作是念。若作是念，则说诸法断灭矣！然发菩提心者于法不说断灭相，但说知一切法无我而已。若复有人知一切法无我，得成于忍，此菩萨胜过满恒沙界七宝布施之功德，以不受福德故也。所言不受者，非绝无也，但不贪着福德耳，所谓无作无造无受者，善恶之业亦不忘。世尊出世，说法四十九年，止说一无字而已。以九界众生通执一切法有我，如来但以无字破之。此金刚正眼，直观向上一路，故宗门单传直指唯从此入。

△疑。既言无我无受福者，则现见如来行住坐卧，岂非如来之我耶？此乃三身一异之见未泯，未悟平等法身故也。

“须菩提，若有人言如来若来、若去、若坐、若卧，是人不解我所说义。何以故？如来者，无所从来，亦无所去，故名如来。

此会归法身真际也。空生向以威仪动静者为如来，此特去来之见耳，如来岂有去来耶？至此执谢情忘，动静不二，如如实际，妙极于斯。但一异之见未忘，三身一体之义未契，故下以微尘世界破之。

“须菩提，若善男子、善女人以三千大千世界碎为微尘，于意云何，是微尘众宁为多不？”须菩提言：“甚多，世尊。何以故？若是微尘众实有者，佛即不说是微尘众。所以者何？佛说微尘众，即非微尘众，是名微尘众。

世尊，如来所说三千大千世界，即非世界，是名世界。何以故？若世界实有者，即是一合相。如来说一合相，即非一合相，是名一合相。”“须菩提，一合相者，即是不可说，但凡夫之人贪着其事。

此破一异见也。空生未契三身一体，故世尊以微尘、世界非一非异示之。言微尘则非一，世界即非异。微尘聚而为世界，即异而不异。世界散而为微尘，即一而不一。由是观之，一异之相了不可得。以不可得，故非实有也。若实有一异之相，即为一合相矣！一合者边见也，以合一即不能异，合异即不能一故。若微尘实有即不能聚而为世界，若世界实有则不能散而为微尘。愚夫以此为一合相。如来说一合相则不然，以离二边，故名一合。二边既离，即是不可说矣！但凡夫之人不能远离有无一异二边，贪着其事，故不能达三身一体、平等法身之理也。

△疑。既平等法身一切皆非，即不可见，又何以佛说有四相见耶？故下伏破。

“须菩提，若人言佛说我见、人见、众生见、寿者见，须菩提，于意云何，是人解我所说义不？”“不也，世尊，是人不解如来所说义。何以故？世尊说我见、人见、众生见、寿者见，即非（为遣众生之）**我见、人见、众生见、寿者见**（耳），（以此）**是名**（众生之）**我见、人见、众生见、寿者见**（原非佛说有此四见也）**。”“须菩提，发阿耨多罗三藐三菩提心者，于一切法应如是知，如是见，如是信解，不生法相。须菩提，所言法相者，如来说即非法相，是名法相。**

此破执有离相之见也。空生已悟平等如如法身之理，遂疑法身之体既不可以相见，如何世尊说离四相之见耶？佛恐空生伏怀此疑，故诘之曰：假若有人言世尊说有四相之见者，汝谓此人解我所说之意不？空生遂悟佛意，答言：此人不解如来所说义。何以故？以世尊说有四相之见者，非是实有相见可指说也。将为遣有相见者之执情耳，故曰“非”。此“非”字与诸“非”字不同。前屡言“非”，皆“不是”之义。今此“非”字乃遣绝之辞，谓遣众生心中所执之相见耳。非佛说有此相见，乃众生之相见耳，故曰“是名”。此“是名”二字亦与屡说者不同，宜深观之。盖一切众生迷倒于相见之中，所执坚固难破。故佛以金刚心智以逐破之，令见本智法身真体。初执见有五蕴身心及六尘相，故著相行施以求佛福德，世尊以无住破之。次执有菩提相，佛以无所得破之。次执布施有庄严佛土相，佛以无土可严破之。次执福德以感报相，佛以非具足色身破之。次执如来定有三身相，佛以应化非真、报身离相破之。次执定有法身相，佛以法身非相破之。次执法身定有实我相，佛以一切法无我破之。次执如来定有三身相，佛以非一非异破之。重重逐破，一切皆非，诸相销亡，一心无寄。理极情忘，直指法身实际，以所见之妄相既空，则能见之妄见亦泯。此真实般若究竟极则，直透法身向上一路。故佛诫之曰：“发菩提心者于一切法应如是知，如是见，如是信解，不生法相。”到此始是真知真见，真信真解，则永不起一切法相知见矣！斯则人法双忘，圣凡俱泯，言语道断，心行处灭，举心即错，动念即乖。故复遣之曰：所云法相，亦非法相，始是真实法相，非妄见者可比也。般若玄旨，妙极于斯。

△疑。空生已悟法身全体，遂疑法身不会说法，其说法者乃化身耳。且化身所说之法不达法身境界，如何持此法者得福德耶？下以化身所说即真实法，以三身一体故。

“须菩提，若有人以满无量阿僧祇世界七宝持用布施。若有善男子、善女人，发菩提心者，持于此经乃至四句偈等，受持读诵，为人演说，其福胜彼。云何为人演说？不取于相，如如不动。

此示化身佛说如如法也。空生疑化身佛所说之法不到法身境界，如何得福？佛言：化身说即法身说，以三身不异故。即于此法能持四句，为人演说，其福最胜，以不取于相，如如不动故。到此，尘说、刹说、炽然说也。

△疑。法身寂灭，如何寂而能说？下示正观，以般若空寂从假观入，从假入空，故名真空，以假即真故。

“何以故？一切有为法，如梦幻泡影，如露亦如电，应作如是观。”

此入般若真空妙观也。以真空冥寂，藉假而观。若六喻观成，则真空自现。一往俱显理体，此则正示观法，诸修行人当从此入。法身真境，极尽于斯。

佛说是经已，长老须菩提，及诸比丘、比丘尼、优婆塞、优婆夷，一切世间天、人、阿修罗，闻佛所说，皆大欢喜，信受奉行。

此结经者常规也。凡所闻欢喜，必妙契于心。契则信之真、受之切，而奉行不虚矣！

金刚决疑（终）

《心经》直说[1]

重刻心经直说小引[2]

枣柏谓无明十二缘生即普光明智。以是而观则般若、无明觌体无二，如乳之为酥酪醍醐，不从外得，盖得酵为转变之力耳。今观自在修深般若，其功惟在“照”之一字而已。以迷般若而为五蕴，由照五蕴皆空即成般若，则观照之用得非五蕴之酵欤？以用之者希，故迷之者众。假而大地人人皆用，则大地通成般若普光明藏矣！噫！圣凡之分，一念转变之力，岂细事哉！永为楚南鄙，其俗能敦诗书者则为上，至佛法则从来未闻。予隐南岳，会参知冯公守兹土，邀予过游九疑，一时诸子翕然信向归依。予为开示般若之旨，闻者跃然，如大梦觉，岂非般若种子纯熟，遇缘而发，若时雨化。门生陈某等刻而传之四众，将为诸人佛种之酵欤？佛言驴乳不成醍醐，特为不信者言之耳。

[1] 据清末陈宝晋、郑学烺校刻本，参校《新纂卍续藏》本（新文丰第26册，经号0542）。
[2] 此篇《小引》据《憨山老人梦游集》卷十（明《嘉兴藏》版）补入。

般若波罗蜜多心经直说

明 那罗延山海印沙门释德清述

此经题称“般若”者何？乃梵语也，此云智慧。称“波罗蜜多”者何？亦梵语也，此云到彼岸。谓生死苦趣犹如大海，而众生情想无涯，无明不觉，识浪奔腾，起惑造业，流转生死，苦果无穷，不能得度，故云此岸。惟吾佛以大智慧光明，照破情尘，烦恼永断，诸苦皆尽，二死永亡，直超苦海，高证涅槃，故云彼岸。所言“心”者，正是大智慧到彼岸之心，殆非世人肉团妄想之心也。良由世人不知本有智慧光明之心，但认妄想攀缘影子，而以依附血肉之团者为真心。所以执此血肉之躯以为我有，故依之造作种种恶业，念念流浪，曾无一念回光返照而自觉者，日积月累，从生至死，从死至生，无非是业，无非是苦，何由得度？惟吾佛圣人，能自觉本真智慧，照破五蕴身心，本来不有，当体全空，故顿超彼岸，直渡苦海。因愍迷者而复以此自证法门而开导之，欲使人人皆自觉悟，智慧本有，妄想元虚，身心皆空，世界如化，不造众恶，远离生死，咸出苦海，至涅槃乐，故说此经。“经”即圣人之言教，所谓终古之常法也。

观自在菩萨，行深般若波罗蜜多时，照见五蕴皆空，度一切苦厄。

菩萨，即能修之人。甚深般若，即所修之法。照见五蕴皆空，则修之之方。度一切苦厄，则修之实效也。以此菩萨从佛闻此甚深般若，即思而修之，以智慧观，返照五蕴内外一空，身心世界洞然无物，忽然超越世出世间，永离诸苦，得大自在。由是观之，菩萨既能以此得度，足知人人皆可依之而修矣！是故世尊特告尊者，以示观音之妙行，欲晓诸人人也。吾人苟能作如是观，若一念顿悟自心本有智慧光明如此广大灵通，彻照五蕴元空，四大非有，有何苦而不度，又何业累之牵缠、人我是非之强辩、穷通得失之较计、富贵贫贱之可婴心者哉！此上乃菩萨学般若之实效也。言“五蕴”者，即色、受、想、行、识耳。然“照”乃能观之智，“五蕴”即所观之境，“皆空”则实效也。

舍利子，

此佛弟子之名也。然舍利亦梵语，此云鹙也。此鸟目最明利，其母目如之，故以为名。此尊者乃鹙之子也，故云“舍利子”，在佛弟子中，居智慧第一。而此般若法门最为甚深，非大智慧者不能领悟，故特告之，所谓可与智者道也。

色不异空，空不异色。色即是空，空即是色。受、想、行、识，亦复如是。

此正对鹙子释前五蕴皆空之意。而五蕴中先举色蕴而言者，色乃人之身相也，以其此身人人执之以为己有，乃坚固妄想之所凝结，所谓我执之根本，最为难破者。今入观之初，先观此身四大假合，本来不有，当体全空，内外洞然，不为此身之所笼罩，则生死去来了无挂碍，名色蕴破。色蕴若破，则彼四蕴可渐次深观，例此而推矣！而言“色不异空”者，此句破凡夫之常见也。良由凡夫但认色身，执为真实，将谓是常，而作千秋百岁之计。殊不知此身虚假不实，为生老病死四相所迁，念念不停，以至老死，毕竟无常，终归于空。此犹属生灭之空，尚未尽理，良以四大幻色元不异于真空耳。凡夫不知，故晓之曰“色不异空”，谓色身本不异于真空也。“空不异色”者，此句破外道、二乘断灭之见也。因外道修行不知身从业生，业从心生，三世循环，轮转不息，由不达三世因果报应之理，乃谓人死之后清气归天，浊气归地，一灵真性还乎太虚。苟如此说，则绝无报应之理，而作善者为徒劳，作恶者为得计矣！以性归太虚，则善恶无征，几于沦灭，岂不幸哉！孔子言曰：“游魂为变，故知鬼神之情状。”此正谓死而不亡者，乃轮回报应之理昭然也。而世人不察，横为断灭，谬之甚耳。然二乘虽依佛教而修，由不达三界唯心，万法唯识，不了生死如幻如化，将谓三界之相以为实有，故观三界如牢狱，厌四生如桎梏，不起一念度生之心，沉空滞寂，沦于寂灭。故晓之曰“空不异色”，谓真空本不异于幻色，非是离色断灭之空，正显般若乃实相真空耳。何也？以般若真空如大圆镜，一切幻色如镜中像。苟知像不离镜，则知空不异色矣！此正破二乘离色断灭之空，及外道豁达之空也。又恐世人将色空二字话为两橛，不能平等一如而观，故又和会之曰“色即是空，空即是色”耳。苟如此观，知色不异空，则无声色货利可贪，亦无五欲尘劳可恋，此则顿度凡夫之苦也。苟知空不异色，则不起灭定而现诸威仪，不动本际而作度生事业，居空而万行沸腾，涉有而一道清净，此则顿超外道、二乘之执也。苟知色空平等一如，则念念度生不见生之可度，心心求佛不见佛果可求，所谓圆成一心，无智无得，此则超越菩萨而顿登佛地彼岸者也。即此色蕴一法能作如是观，则其四蕴应念圆明。正如一根既返源，六根成解脱，故云“受、想、行、识亦复如是”也。诚能如是，则诸苦顿断，佛果可至，彼岸非遥，只在当人一念观心成就耳。如此之法，岂非甚深者哉！

舍利子，是诸法空相，不生不灭，不垢不净，不增不减。

此又恐世人以生灭心错认真空实相般若之法，而作生灭、垢净、增减之解，故召尊者以晓之曰：所言真空之实相者，不是生灭、垢净、增减之法也。且生灭、垢净、增减者，乃众生情见之法耳。而我般若真空实相之体，湛然清净，犹若虚空，乃出情之法也，岂然之哉！故以“不”字不之，谓五蕴诸法即是真空实相，一一皆离此诸过也。

是故空中无色，无受、想、行、识，无眼、耳、鼻、舌、身、意，无色、声、香、味、触、法，无眼界乃至无意识界，无无明亦无无明尽，乃至无老死亦无老死尽，无苦、集、灭、道，无智亦无得。

此乃通释般若所以离过之意。谓般若真空所以永离诸过者，以此中清净无物，故无五蕴之迹。不但无五蕴，亦无六根。不但无六根，亦无六尘。不但无六尘，亦无六识。斯则根尘识界皆凡夫法，般若真空总皆离之，故都云“无”，此则离凡夫法也。然般若中不但无凡夫法，亦无圣人法，以四谛、十二因缘、六度等皆出世三乘圣人之法也。苦、集、灭、道四谛，以厌苦、断集、慕灭、修道，乃声闻法也。无明缘行，行缘识，识缘名色，名色缘六入，六入缘触，触缘受，受缘爱，爱缘取，取缘有，有缘生，生缘老死，乃十二因缘流转门，即苦、集二谛；无明尽至老死尽，乃还灭门，即灭、道二谛；此缘觉所观法也。般若体中本皆无之。极而推之，不但无二乘法，亦无菩萨法。何也？“智”即观智，乃六度之智慧，能求之心。“得”即佛果，乃所求之境。然菩萨修行，以智为首，下化众生，只为上求佛果。良以佛境如空无所依，若以有所得心而求之，皆非真也。以般若真空体中本无此事，故曰“无智亦无得”。无得乃真得，方得为究竟耳。

以无所得故，菩提萨埵依般若波罗蜜多故心无挂碍，无挂碍故无有恐怖，远离颠倒梦想，究竟涅槃。

良由佛果以无得而得，故菩萨修行依般若而观。然一切诸法本皆空寂，若依情想分别而观，则心境缠绵，不能解脱，处处贪着，皆是挂碍；若依般若真智而观，则心境皆空，触处洞然，无非解脱，故云依此般若故“心无挂碍”。由心无挂碍则无生死可怖，故云“无有恐怖”。既无生死可怖，则亦无佛果可求，以怖生死、求涅槃皆梦想颠倒之事耳。《圆觉》云：“生死、涅槃犹如昨梦。”然非般若圆观，决不能离此颠倒梦想之相。既不能离颠倒梦想，决不能究竟涅槃。然涅槃亦梵语，此云寂灭，又云圆寂，谓圆除五住，寂灭永安，乃佛所归之极果也。意谓能离圣凡之情者，方能证入涅槃耳。菩萨修行，舍此决非真修也。

三世诸佛依般若波罗蜜多故，得阿耨多罗三藐三菩提。故知般若波罗蜜多是大神咒，是大明咒，是无上咒，是无等等咒，能除一切苦，真实不虚。

谓不但菩萨依此般若而修，即三世诸佛莫不皆依此般若得成无上正等正觉之果，故云“三世诸佛依般若波罗蜜多故得阿耨多罗三藐三菩提”。

此梵语也，“阿”云无，“耨多罗”云上，“三”云正，“藐”云等，“菩提”云觉，乃佛果之极称也。由此而观，故知般若波罗蜜多能驱生死烦恼之魔，故云是大神咒；能破生死长夜痴暗，故云是大明咒；世出世间无有一法过般若者，故云是无上咒；般若为诸佛母，出生一切无量功德，故世出世间无物与等，惟此能等一切，故云是无等等咒。所言咒者，非别有咒，即此般若便是。然既曰般若，而又名咒者，何也？极言神效之速耳。如军中之密令，能默然奉行者无不决胜。般若能破生死魔军决胜如此。又如甘露，饮之者能不死，而般若有味之者则顿除生死大患，故云“能除一切苦”。而言“真实不虚”者，以示佛语不妄，欲人谛信不疑，决定修行为要也。

故说般若波罗蜜多咒。即说咒曰：

由其般若实有除苦得乐之功，所以即说密咒，使人默持，以取速效耳。

揭谛　揭谛　波罗揭谛　波罗僧揭谛　菩提萨婆诃

此梵语也。前文为显说般若，此咒为密说般若，不容意解，但直默诵，其收功之速，正在忘情绝解不思议之力耳。然此般若所以收功之速者，乃人人本有之心光，诸佛证之以为神通妙用，众生迷之以作妄想尘劳，所以日用而不知，自昧本真，枉受辛苦，可不哀哉！苟能顿悟本有，当下回光返照，一念熏修，则生死情关忽然隳裂。正如千年暗室一灯能破，更不别求方便耳。吾人有志出生死者，舍此决无舟筏矣！所谓滔滔苦海中般若为舟航，冥冥长夜中般若为灯烛。今夫人者驱驰险道，泛滥苦海，甘心而不求此者，吾不知其所归矣！虽然，般若如宵练，遇物即断，物断而不自知，非神圣者不能用，况小丈夫哉！

心经直说（终）

心经直说跋

《圆觉》云："智慧、愚痴，通为般若。"又云："诸戒定慧及淫怒痴，俱是梵行。"修多罗奥要微义，指人于一切凡圣法中得决定正位。此可与证者道，不足为粗识言也。讵意狂禅拨无者，反藉为口实。宗门流弊，今日为甚，究其始，皆由浮慕之士不从生死发心，以大道为名闻之资，以名闻为利养之实，持此心行，未有不错会古人向上之语，谬谓无凡无圣，无古无今，明撤藩篱，暗滋情习。不知凡圣既遣，今古混同，此一着绝大总持，谁为承当？谁为转变？决了慧用，甚深难辨，正谓以少方便疾证菩提，从声闻、缘觉以迄菩萨、佛地，皆不能忘般若之功也。大慧云："击石火，闪电光，引得无限人悟将去，传将去，有什么了日？"圆悟为之吐舌曰："衹要契证，若不契证，终不放过。"以此观之，则圆悟所谓契证者，证何等事耶？永嘉曰："无明实性即佛性，幻化空身即法身。"会者曰："众生根本无明即是诸佛不动智。"且诘之曰："何为不动智？"曰："淫怒痴。""何为根本无明？"曰："不知淫怒痴。"审尔则能知淫怒痴者，不可谓非般若也。乃有境缘相逼，若或与不知者同一流转，即不然，安之与勉，顺之与逆，亦人各自知。始知理不能该事，悟不可当证。合断德以成其智，举一般若而三德具备，岂干慧之足言哉！

是归自栖贤，趋侍吾师，得捧读《心经直说》，可谓深救禅病。因乞流通，以示来学。复承命跋，谨述见闻所欲言，愿与吾人同具择法，固不自知其浅昧也。

丹霞沙门释天然函是志撰。

《妙法莲华经》击节[1]

明 海印沙门释德清述

原夫世尊唯以此一大事因缘故出现于世，所谓开示一切众生各各本有佛之知见，令其悟入，即得现前实证。唯此一事，更无余事。悟此知见即登佛地，故名一乘。既如来出世唯为此一大事，故所说之法唯有一乘，更无余乘，而一代时教其所显者唯一乘理行因果而已。由前四十年中根机未熟，故所开示者特三乘理行。由显理未圆，故行匪真行而果非真果，皆非究竟佛慧，但为资发前导，皆为方便权设，以为入佛智慧之门耳。然言虽方便，而意实指归一乘寂灭场地，如标月指，故云："我今知诸众生有种种欲深心所著，随其本性，以种种因缘譬喻言词方便力而为说法，如此皆为得一佛乘一切种智故。"是则凡所言说皆为一乘。奈彼劣解之机如言取执，不得离言之旨。故佛于般若会上多方淘汰，根机渐熟，故前此于楞伽会上说离心意识自觉圣智境界，以破外道妄想之见，以袪小乘名言之执，直示究竟一乘实相离言之道，直欲众生现前顿证诸佛自觉圣智之地。今则已蒙直指人人本有佛之知见，即是诸佛自觉圣智，则诸闻者易信易入，根机已熟，故于此法华会上，依前智境，直示妙行以为真因，将欲依此真因顿契真果，故最初建言即云说《无量义经》，入无量义处三昧。然无量义者，殊非多多之谓也，盖显示此一乘自觉圣智境界，离心意识限量故。此则顿以离言之智直示众生，令其默识而悟入之，可谓先以定动者矣！然此智境，非中道妙智不能入，故放眉间白毫相光，要显示众生日用根尘识界即诸佛自觉圣智境界，故光照万八千土。然生死、涅槃本来平等，故光中圆现法界事

[1] 据《憨山老人梦游集》卷二十六（《嘉兴藏》版）本，参校《新纂卍续藏》本（第31册，经号0610）。

相，生佛始终，昭然在目，意在显此实相心境乃诸佛所证，众生所迷，即今欲令众生现证，故直指现前，纤毫不昧。至若天雨四花，地摇六震，可谓通身吐露，彻底掀翻。意要人人不言而悟，当下荐取。由吾人未离心识，依然眼钝头迷，难免分别，不能谛信。以依识分别，故弥勒腾疑。所以必问文殊者，意显此实相妙境，非智莫证故也。及启问文殊，乃引灯明之本始，证今日之瑞相。此则曲唱傍通，已为指点分明说破，可谓后以智拔者矣！奈何吾人知见未忘，故于不言之道终难领会，仍须复以言说而开导之。是则凡涉语言，皆方便也。故世尊出定，不得已而又假言说以窾启之，尔乃明告之曰："诸佛智慧甚深无量，其智慧门难解难入。"不独一往四十年中所说皆为智慧之门，即今日入定放光现瑞之事皆入智慧之门也。惟此离言之道，唯佛与佛乃能究尽，殊非心识思量分别可到。既曰无量，岂心量可知耶？昔时曲说，容可不悟。今特直示，尚尔瞢然，信乎此智慧门真难解入也。何者？以前无量无边方便、譬喻因缘、种种言词，皆为显示一乘，欲令究竟皆得佛智慧故。奈何闻者随语生解，毕竟不能悟入。今日之事以化缘将毕，涅槃时至，势不容已，故如来极尽神力而大发扬之，直欲众生明见自心，了悟实相，见本法身，各各现证，尽舍如言之执，究竟自觉圣智离言之处。故始于一光东照，显法界之真机，终于四法成就，证普贤之常德。由是观之，则全经二十八品通为发挥开示悟入佛之知见四字，而所敷演者，皆光中境界而已，此外何有剩法耶？所以然者，由众生本是佛之知见，奈何本有而不知，触目而不见，今欲返妄归真，必须先悟本妙明心，故先示理境，然后依理起行，净治尘沙无明之惑，方能证入。然此真理，非智莫照，故先依文殊大智以创始；非行莫证，故后以普贤妙行以成终。故前二十二品皆显示一乘圆理，意将依此圆理而为真因；后六品皆显示一乘妙行，意将依圆理而起妙行，依妙行而成妙德。智行冥合，理智一如，方证妙果，故以普贤四行以收功。所谓无不从此法界流，无不还归此法界。故《华严》以信解行证为成佛之基，此经以开示悟入为成佛之本。由方便言说开示而发信，从信而发解，依解而起行，行成解绝，方能证入。二经始终一贯，意实相符。由是观之，其显理之文，皆信解之旨也。

然显理有二十二品。其《序品》者，乃总示法界之真机，令其开悟而证入者也。其从《方便》至《法师》九品经文，虽曰三周说法，授三根记，其实别为大开一切众生平等佛慧也。以此佛慧各各具足，无欠无余，但能知此，无不顿证，故曰“凡有闻法者，无一不成佛”。若有以此法而教人者，即为大法师。意显此事虽则人人具足，故如高原，凡有凿者无不得水，此但正因佛性耳，是须必藉缘因方能显了，而法师者即缘因也。但能心契佛心，行契佛行，所谓入如来室，着如来衣，坐如来座，意显能信解受持此等法者即是法师也。故曰：“随顺是师学，得见恒沙佛。”是则缘缘之中慧命不断，则可终期实证。至若譬喻、因缘种种之说者，皆欲显此常住佛性第一义谛一心之妙，皆光中之境，吾人日用之事耳。故但有能信此法者即入法位，所以乃至持一偈一句、一念随喜者，我亦与授菩提之记，故皆一一授记成佛。唯是但因方便开晓令生信耳，非由解行而证入也，故唯授记而已。然虽授记，而又经多劫者，盖显理则顿悟，乘悟并消，事非顿除，因次第尽，所谓顿悟渐修者也。以一念顿悟自心与佛无二，即名见性成佛，尚有无始以来历劫尘沙烦恼无明未能顿净，故须经历多劫，方能究竟。苟能当下一念顿断无始无明，即名历多劫矣！所谓“观彼久远犹若今日”。以此法中一念不生，三际顿断，古今一际，凡圣齐平。故《法师》已前十品经文，总为大开众生佛之知见也。

然但以言开晓，闻者唯信其言而已，未能明见自心之妙，即有所悟，乃应化之迹耳，非见法身境界也，所谓犹处门外，止宿草庵，终滞权迹。故须宣示法身实报真境，使令顿见自心之妙，方为实证。是则《现宝塔品》乃顿示自心，以显法身之象也，所谓开方便门，示真实相，欲令众生知此见此实相真境耳。吾人苟破无明，顿开心地，即此五蕴身心便见法身真佛，故见七宝妙塔涌现其前，高五百由旬。此真实相妙法乃法身所演，以说无所说，故于塔中出大音声；以妙契法身，故多宝印证；宗本无住，故塔处虚空；闻无所闻，故怪未曾有；以此佛性常住不灭，故塔中有如来全身；

以体即无生，故凡有说此经处即皆现证；以净智妙圆，故白毫光照十方；以此智性人人本具，各各不无，故分身诸佛一一蒙光照烛；以心心寂灭，故彻照十方世界，尽是寂灭道场；以法法皆真，故三变八百万亿多国，通为一佛净土。到此则根境双亡，善恶齐泯，故三途顿空，天人不见，恒沙性德本自圆成，依正互融，自他无碍，故十方分身诸佛齐集其中。然虽如是，犹在半途，以生灭之见未忘，取舍之心未泯，此所以愿见多宝而未及见也。此正古德所谓直饶做到如寒潭皎月，静夜钟声，随扣击以无亏，逐波澜而不散，犹是生死岸头事。何以故？由生死幽关未能迸裂。是须以无依智，随顺觉性而开发之。此所以释迦住虚空中，以右手指开七宝塔户也。直使无始无明一念顿破，囫地一声，虚空粉粹，故如却关钥，开大城门。如此，则本有法身一念顿现。故多宝如来全身不散，如入禅定，以感应道交故，为听是经而来至此。以生灭情亡，真应不二，故释迦、多宝共同一座。惟此因缘人人本具，各各不无，故大众愿见多宝。第以生本无生，非情识可到，故佛座高远。以住本无住，故接大众皆在虚空。此乃众生之性德，故直示如此，令其共知共见，现证不疑。斯则诸佛之本怀已露，利生之能事已毕。然虽如是，乃空花佛事，水月道场，岂实法耶？故即便唱言如来不久当入涅槃。欲令此法常住，终古同遵，意在得人，期慧命无穷，永永无尽，故曰佛欲以此妙法付嘱有在。由是观之，则《现宝塔》一品，正乃直示一切众生日用现前佛之知见也。

然此甚深妙法，乃诸佛自证境界，无上第一秘密之藏，所谓“诸佛智慧甚深无量，其智慧门难解难入”者，此也。故偈文广赞此经最为第一，若有持者即得佛道，方是真佛弟子。且曰能解其义者则为人天眼目，况实证乎？斯则由信发解，因开示而了悟此心，故此已下从《提婆达多》至《如来寿量》五品经文，皆发悟自心之象也。然其此法已蒙开示，人人本具，各各不无，奈何迷之已久，烦恼根深，我法缠眠，顿难悟入，是必借因缘而悟，苦求而得，是则《提婆达多品》乃显悟无易难，亦无愚智。至若如来大智，尚从多劫勤苦中来，此悟之难也。若龙女八岁，当下顿证，又何易易。意显有求者徒劳多劫，亡心者悟在刹那，只于生死海中一念转变之力耳。唯在法爱情忘，分别念息，自然了悟，便登不退。故龙女献珠之顷，即往南方无垢世界，坐宝莲花，成等正觉也。若夫憎爱之念未忘，取舍之心未泯，斯皆法执未尽，我见未消，是故不能悟净圆觉。此其鹙子智慧难免怀疑。故说《持品》，以显小乘不堪受持此法，难于涉俗利生。意须上根利智，广大悲心，难行能行，难忍能忍，妙契无生，不言而喻者，方堪涉俗。故如来默视八十万亿那由他菩萨，此正激发小机，昭廓大见耳。而此菩萨顿契佛心，便狮子吼，而愿往返十方世界，如法修行，种种苦行，皆当能忍。且曰："佛自知我心"，所谓师资雅合，水乳相投，是则已得其人矣！虽有堪荷之人，若求而不得其方，亦不能悟。以烦恼根深，最难调伏，故说四安乐行，以示悟之之方，意令悟此法者先以三业清净性戒为尊。必须心契佛心，以大悲为首，故要入如来室。行合佛行，以忍辱为先，故要着如来衣。然佛智如空无所依，是必住依佛住，安住法空，故欲坐如来座，方能顿悟此法。故涉俗无难，烦恼方能易破，故如战胜有功而得髻珠之赏也。是须自信自心，自参自悟，方堪绍佛家风，故《从地涌出品》乃显自心开发之象也。所谓从门入者，不是家珍。向自己胸中流出，方始盖天盖地。所以他方来者虽是菩萨，犹尚不堪，故云：不须汝等护持此经，我自有六万恒河沙众。是时大千国土应声震裂，而无数菩萨同时涌出。惟此恒沙性德本自圆成，只在人人六根门头，放光动地，应用不缺，故有六万恒河沙众，身有无量光明。以根尘同源，缚脱无二，故先尽在此世界之下。以中间无实，故若交芦，故云虚空中住。以现前烦恼皆从法性所流，故云先所教化。以事事皆真，头头尽妙，故云大众皆是唱导之首。以一行遍融一切行，一法遍含一切法，故一一皆有多多眷属。凡有所作，皆回向法身，故各诣虚空，奉觐多宝、释迦二佛，头面礼足。以此妙契佛心，故问讯世尊，种种安慰，而世尊印许，如此方能得闻是经，入于佛慧也。斯乃法身边事，非心识可到，故弥勒与八千恒沙大士皆起疑心。而如来至此，方大开秘密，直示本元常住心地，故云："如来今欲显发宣说诸佛智慧，诸佛自在神通之力，诸佛狮子奋迅之力。”故说《寿量》一品，以示法身寿量，竭尽本怀，以显妙明常住真心，不动周圆，遍十方界，随缘普应，妙化无方，修短随缘，隐显无碍，以明如来智慧甚深无量，以种种方便示现利生，以明其智慧门难解难入之意也。且云“我处灵山，常在不灭。大火所烧，此土安隐”，以显实相真境。此非佛之知见，又何能知此见此哉！此佛之真知见力自觉圣智境界，所以大地三乘以思量心不能测度也，宜矣！是则《提婆达多》《持品》《安乐行》《从地涌出》《如来寿量》五品经文，皆令众生悟佛知见也，明矣！

若夫《分别功德》，以极显妙悟自心无为功德之胜益也。然持经功德胜刹宝施福者，此激励小乘起慕大之心也。多劫修行五波罗蜜，不如闻如来寿量之功德者，此策进权教菩萨，令其舍权证实也。其有一念随喜功德福报难思者，正显此法以信得入也。其有一念毁谤之罪穷劫不尽者，所谓不信之罪众罪之上，此劝发阐提、外道令发大乘正信也。若有修行之功其福又不可量者，意在专令凡夫一生取办，不生佛道长远之怖也。若能精持流通此经之法师，则得六根清净之功德者，此乃揭示现证之一班，以明精持利益，又过于一念随喜者也。若常不轻，可谓了悟平等真如深造而自得者，故以佛性种子普观四众而授记也。到此拣择情忘，是非执谢，可谓妙悟之极。如此方能堪荷大事，故说《神力品》，以显悟心功德难思之象也。故地涌之众至此方誓持经，如来极尽神力而大发扬之，以显悟心功德广大不可思议也。吾人苟能到此彻悟唯心境界，则无一事而非佛法，故如来于大众前现大神力，出广长舌上至梵天也。无一色而非佛身，故遍身毛孔放无数色光，遍照十方诸佛之身也。至此境界，则依正互融，自他不二矣！所谓无边刹海自他不隔于毫端，故十方诸佛亦复如是放无量光也；十世古今始终不离于当念，故诸佛亦现神力满百千岁也。如我按指，海印发光，咳唾掉臂皆冥真际，故謦欬弹指之声遍至十方世界也。到此则一切众生皆证圆觉，有情无情齐成佛道，故彼十方八部天人皆遥见佛说此《妙法华经》也。苟能了悟自心，则转烦恼之具皆作成佛之真因，故所脱严身之具皆成宝帐，遍覆此间诸佛之上也。心境廓彻，限量消忘，故十方国土通达无碍如一佛土也。然吾佛极广大之神力，尽众生之界门，若欲以此显示妙悟之功德，经无量劫犹不能尽者，以显自觉圣智殊非心识之境界也。以如来一切所有之法，一切自在神力，一切秘要之藏，一切甚深之事，皆于此经宣示显说，此所以极言一切有为庄严功德总不若受持此经之胜也。然所以广赞持经功德之胜如此者，言虽显法胜妙，其实发起二乘乐大之心也。直欲人人极证心源，方堪荷负大法耳，故云："是人于佛道，决定无有疑。"故此以后即说《嘱累品》，以终如来出世说法之本意焉。然世尊从法座起，即以右手摩从地涌出无量诸菩萨顶，安慰而嘱之曰："我于无量百千万亿阿僧祇劫修习是难得阿耨多罗三藐三菩提法，今以付嘱汝等。汝等应当一心流布此法，广令增益。"如是三摩诸菩萨顶，嘱当受持广宣此法，令一切众生普得闻知者，以一切众生各各本具佛之智慧、如来智慧、自然智慧，一向迷而不知，今如来于此经中尽与开示无所秘吝，所谓如来是一切众生之大施主也。且云"未来世中若有一人能信如来智慧者，即当演说此经使得闻知"者，为令其人即得佛慧故也。苟能如此方便度生，可谓报佛深恩矣！由如来叮咛之意也殷，菩萨奉持之心也切，故菩萨各各欢喜，益加恭敬，乃至三反俱发声言："如世尊敕，当具奉行，愿不有虑也。"是则如来出世本为开示众生佛之知见令其悟入而已，今重重开示已至忘言，而闻者解悟之心亦已洞彻。此则众生悟解之心已极，在如来之能事已周。若夫起行造修，是在各人自肯耳，故令十方诸佛各还本土，各随所安也。尚有行证未圆，故留多宝佛塔还可如故也。此其二十二品通拟开示悟门，以成信解之资故。后六品通是以行成德。是所谓先依圆理以发圆行，后依圆行以证圆理，解行相资，方克究竟之果，以显入佛知见之极致也。

《药王菩萨本事》已下，至《普贤劝发》六品经文，皆明以行成德，以显入佛知见之象也。然发行之初必以药王发挥者，以观智之药治烦恼之病，智起惑亡，应念化成无上知觉，得大自在，故称药王。众生所以不自在者，以有我法二执为碍故也。二执有二，一分别，二俱生。今既悟妙心，以即心止观之力，净破分别我法二障，即登初地。故药王燃身，破我执之象也。喜见燃臂，破法执之象也。欲破二障，非净智不能，故所师之佛名日月净明德。了悟本有法身，证平等真如，故得现一切色身三昧，此从初地以至七地之象也。以此真如内熏，故服诸香油；以顿舍藏识，故光照八十万亿恒河沙世界，其中诸佛同时赞叹，如此方名“是真精进，是名真法供养”也。然前七转识既消，则根尘俱泯，故其身火燃千百二岁。此则入正法位，不离佛家，故复生于日月净明德佛国中，以常光照明，故云彼佛今故现在，此入八地之象也。然而至此虽破俱生我执，尚有俱生法执未忘，而法身之见未泯，故白言“世尊犹故在世”，以法身不许彼此迭相见故。云门云：“直饶透过得到法身边，若法执未忘，已见犹存，亦是光不透脱。”此亦须泯，故本佛于夜后分入于涅槃，而喜见菩萨即舍两臂，此分破俱生法执之象也。所谓分别二障极喜无，法执俱生地地除。以但破其执，不破其法，故两臂还复如故。此皆资法华实相三昧之力，故广赞此经功德真实妙利，凡有修者无不获益，故如寒得火，如裸得衣，如病得医也。

若此法华三昧止观之力深进不已，从八地出，当九地、十地居法师位，说法利生，妙应无方，所谓清净妙法身，湛然应一切，故说《妙音菩萨品》，以示现一切色身三昧之实证。此示妙行出真入俗之象也。

问曰：说此品时，释迦牟尼佛放大人相肉髻光明，及放眉间白毫相光，遍照东方百八万亿那由他恒河沙等诸佛世界。过是数已有世界名净光庄严，其国有佛号净花宿王智者，何耶？

答曰：此举果以验一乘真因之象也。按《楞伽》说如来最上一乘禅已，乃云：若声闻缘觉能除一切过习，觉法无我，是时乃离三昧所醉，于无漏界而得觉悟。既觉悟已，复入出世间上上无漏界，满足众具，当得如来不思议自在法身。此法身即意生身也。又云有三种意生身，一、三昧乐正受意生身，谓初地乃至八地尽真如际，已舍藏识，断俱生我执，安住心海，起识浪不生，自心寂静，住三昧乐，知自心现境界无性。是则前喜见者，乃住三昧乐意生身之象也。而彼现一切色身三昧者，乃了唯心境界之象。

证三昧乐之意生身也，此但能受三昧中乐故，不能现一切身。二、觉法自性性意生身，谓从八地观察觉了如幻等法悉无所有，身心得如幻三昧，及余三昧门无量相力自在明，如妙花庄严，迅疾如意，犹如幻梦水月镜像，非造所造、如造所造一切色，种种支分具足庄严，随入一切佛刹大众，通达自性法故，是名觉法自性性意生身。三、谓种类俱生无行作意生身，所谓觉一切佛法，缘自得乐相，是名种类俱生无行作意生身。由是观之，而《妙音菩萨品》乃示第二觉法自性性意生身之象也。然眉间白毫者，表中道妙智，乃因心之象也。顶上肉髻，乃无见顶相，无上果觉之象也。以八地菩萨证一心真如，进至九地，发真如用，得如幻三昧，现身说法，居法师位，故名妙音。以真因心契会果觉，故肉髻、白毫二光齐放。以入出世间上上无漏界，故光遍照东方百八万亿那由他恒河沙等诸佛世界。以法报齐证，故名净光庄严。以清净真因妙契果体，故其国有佛号净花宿王智。因果冥会，则能以一音演无量法，得十无尽句，故此国菩萨名妙音也。此位得如幻三昧及余三昧门，故得妙幢相三昧等百千万亿恒河沙等诸大三昧也。以果地觉，为本因心，故释迦牟尼佛光照其身也。以此位菩萨能忆念本愿，随入一切佛刹大众，化通自性德，故愿往娑婆见释迦佛及诸菩萨也。以此地菩萨能现无量自在神通，如妙花庄严，迅疾如意，故不起于座，身不动摇，以三昧力，先于座前化作八万四千众宝莲花也。此菩萨非身现身，犹如幻梦水月镜像，非造所造、如造所造一切色种种支分足具足庄严，故目如广大青莲花叶。正使和合百千万月，其面貌端正复过于此。身真金色，无量功德庄严，威德炽盛，光明照耀，诸相具足，如那罗延坚固之身也。以此地菩萨十方诸佛所有法云法雨悉能含受，故所师之佛名云雷音王。以根根尘尘周遍法界，具足法乐，普于尘劳随根示现，故万二千岁以十万伎乐并奉八万四千七宝钵而能承事十方诸佛，净佛国土，故亲近供养多佛也。不动本际而作度生事业，故现种种身，处处为诸众生说此经典。此正当九地、十地以极等觉之象也。以此示众生日用现证之象，故与俱来者八万四千人皆得现一切色身三昧，而此娑婆世界无量菩萨亦得是三昧及陀罗尼也。以用不离体，故还归本土，围绕白佛也。然此神通妙用，只在四大根尘之间、身心转变之力，故四万二千天子皆得无生法忍。此正觉法自性性意生身之象也。以出入三昧，故有往来之相。若夫观音普门示现，齐观并照，则无彼此去来之迹。是则观音妙应，乃示种类俱生无作行意生身之象也。然此意生身乃从等觉入于妙觉果海，已得诸佛自觉圣智善乐，深入妙庄严海，逆流而出，现十界身，无思而应，所谓妙相庄严圣种类身一时俱现，犹如意生，身土自他无障无碍，故云种类俱生无作行意生身。此乃入妙觉后，大圆镜智平等显现，故名普门示现神通之力也。由观音大士以如幻闻熏闻修金刚三昧力故，生灭既灭，寂灭现前，忽然超越世出世间，即得上与十方诸佛同一慈力，下与六道众生共一悲仰，故能以一身普应一切，故能三十二应、四不思议、十四无畏、十九说法，八难、二求无不感应。此妙行圆满，法华三昧之成功，妙极于此矣！冥心圣旨，可谓理极忘情，谓如何有喻齐，到头霜夜月，任运落前溪。信乎是法甚深奥少有能信者，惟深造自得者谛信不疑耳。

由是观之，至此妙行既圆，因契佛心，故感三种加持，防非离过，使行人外魔无扰，内习无余，方能得二转依，克全妙果，故说后三品以终其会也。三种加持者，谓神力加持，法力加持，现身面言说加持。如次三品当三种加持，则《陀罗尼品》乃神力加持之象也。《楞伽》唯二种加持，谓现身面言说及手灌顶神力。以此经由开示悟入，故须法力耳。梵语陀罗尼，此云总持，谓总一切法，持无量义，乃一心之异称。而云神咒者，乃一切诸佛秘密实相心印，即如世之大将兵符耳。然大将而能风行八表，坐静妖氛，扫除荡净而能致太平气象者，兵符之力也。且如淮阴之智勇，非握高帝之符，又何以破秦楚而成定汉大业之功哉！是故上根利智修行之士，能一超直入。奈何无始习气微细幽潜，虽以止观之力而消磨之，盖有深固幽远殊非智力可到者，苟非仰仗诸佛如来秘密心印咒轮而攻击之，倘内习一发，则外魔易侵，如此又何能出生死、证真常而入寂光净土哉！是故修行者无有一人不仗秘密神咒收功故也。盖行有显密，前正观之力所谓显行，此陀罗尼乃密行耳。《首楞严》云：若修行人习气未除，应当一心诵我悉怛哆钵怛啰秘密神咒。此所以法华三昧妙行功圆，世尊忧愍末法，复说此《陀罗尼品》以深防邪误，是所谓以神力加持也。《首楞严》云："十方如来因此咒心，得成无上正遍知觉。十方如来执此咒心，降伏诸魔，制诸外道。十方如来乘此咒心，坐宝莲花，应微尘国。十方如来含此咒心，于微尘国转大法轮。十方如来持此咒心，能于十方摩顶授记。十方如来依此咒心，能于十方拔济群苦。十方如来随此咒心，能于十方事善知识，四威仪中供养如意，恒沙如来会中为法王子。十方如来行此咒心，能于十方摄受亲因，令诸小乘于秘密藏不生惊怖。十方如来诵此咒心，成无上觉，坐菩提树，入大涅槃。十方如来传此咒心，于佛灭后付佛法事，究竟住持，严净戒律，悉得清净。"又云："汝等众生未尽轮回，发心至诚取阿罗汉，不持此咒而坐道场令其身心远诸魔事，无有是处。"噫！诸佛尚然，况此未法业垢众生乎？以此神咒乃佛佛心印，故皆云六十二亿恒河沙等诸佛所说。而说咒药王为初者，以此密印为妙行之首故。次即毗沙门说者，以天王为护世四王，乃生死界之主。毗沙门乃北方之天王也。北方之卦为坎，坎者陷也，以一阳陷于二阴之中，以示生死险难之象。故行人于生死险难之中而欲顿证菩提，非神力加持，又何以济众难、出险道乎？次即持国天王者，持国乃东方之天王。东方之卦曰震，震者动也，东为群动之首。《易》曰："吉凶悔吝生乎动也。"《论》云："动必有苦"。是则行人于生死动乱之中而作至静之行，苟非神力加持，又何以臻寂灭之境哉！至若南方之卦为离，离者丽也，虚明之象。西方之卦为兑，兑者悦也。若夫虚明悦豫之境则无庸加持，故彼二天王不须说耳。而此继之以罗刹女者，罗刹乃幽昧之鬼，且飞行而食人肉者，女则阴邪之至，此示无明罗刹业习戕害法身。今以止观研穷，化无明而作妙明心光，故罗刹女亦以身自拥护受持读诵修行是经者，顿令无明三毒净尽无余，所谓令得消众毒药也。以妙契法身，潜通法界，故香供为尊。一切烦恼应念化成无上知觉，故种种诸灯供养而为第一。此则六根清净，八识圆明，故六万八千人皆得无生法忍，此皆神力加持之益也。

神力加持，外魔既消，苟非法力内熏，又何能净除内障，证二转依哉！故说《妙庄严王本事品》，以示法力加持之象也。《楞伽经》云：若不以神力建立者，则堕外道恶见妄想，及诸声闻、众魔希望，不得无上菩提。是故初地至七地，有相观多，若不加者则堕外道恶见。其八地已上无相观多，若不加者则堕声闻二乘之地。九地、十地、等觉不加，不能入妙。由是观之，则前神咒加持，乃从初地至七地之象也，故但言远诸魔事。今此品者乃九地已上入妙之象，故言二子转父邪心而同出家，乃本觉出缠之象也。何以明之？妙庄严王者，乃如来藏在缠之象也。今显发本真，故曰本事。以如来藏本是妙严果体故，今迷之而为阿赖耶识，名八识心王，由此而有前六七转识，造种种业，受种种苦。若转六识而为妙观察智，则藏识无染污可受，故名净藏。若转七识而为平等性智，则分别之见即消，见分亦泯，即得法眼清明，故名净眼，此转染令净之象也。转此二识，全仗止观之力，故净德夫人者，止观之象也。以夫人坤德也，柔顺之至，多内助之力。又始觉之象也，以止观内资，随顺觉性，净治无明，名曰净德，故所生二子能转父王之邪心耳。盖以此止观之力，乃法身菩萨得无分别心，与诸佛智用相应，唯依法力自然修行熏习真如，灭无明故，故所师之佛名云雷音宿王花智，其国名净光庄严也。以无依智净自心体，故二子涌身虚空，现诸神变，转父邪心也。以六七因中转，故二子先请出家。而藏识中种子习气，蒙止观熏习之力，皆转染令净，故王后宫八万四千眷属皆堪任持《妙法华经》也。然如来藏所以不出生死苦趣者，皆由六识所造业力牵缠故也。今六识既转则八识之生死因绝，以本来无染，故净藏菩萨已于无量百千万亿劫通达离诸恶三昧也，所谓无作无造无受者，以本无性故。以始觉有功，本觉乃显，故其王得诸佛集三昧，能知诸佛秘密之藏。以六七既转，而五八一时俱转，则四大根尘无不转者，故与王及群臣并四万二千人一时共诣佛所也。由转染令净，解脱缠缚，故解颈璎珞以散佛上也。以妙契法身常乐我净涅槃妙德，故于虚空中化成四种宝台，台中有大宝床，敷百千万天衣，其上有佛结跏趺坐也。盖虚空恒一，真常德也；天衣适体，真乐德也；有佛趺坐，真我德也；放大光明，真净德也。四德之象，居然可见。至此止观功圆，同时出缠，故王与夫人、二子、眷属一齐出家。此盖借法力熏习真如，乃缘因佛性耳，故云：“二子以神通变化转我邪心，令得安住于佛法中，得见如来。此二子是我善知识，为欲发起宿世善根，饶益我故来生我家。”此其善知识是大因缘，所以化导令得见佛。此皆显示资缘因熏习之力也。《圆觉经》云：“譬如销金矿，金非销故有。虽复本来金，终以销成就。一成真金体，不复重为矿。”故云“我从今日不复自随心行，不生邪见憍慢瞋恚诸恶之心”也。一切尘劳应念清净，故尔时八万四千人远尘离垢，于诸法中得法眼净。然非法力内熏，又何以臻此哉！故此品为法力加持之象也，明矣！今行人既仗神力加持，令外魔无挠，资法力加持，令内障不生。内外清净，身心解脱，妙行功圆，则所证真如与法界等，是皆借果德以为因心之力也。因心既圆，果德亦满，故说《普贤劝发品》以终其会焉。

《普贤劝发品》乃现身面言说加持，以显入佛知见之象也。以称法界心，修普贤行，初发心时即仗此为真因，故终得妙契常果。然普贤有二，一谓道前普贤，乃等觉位，谓行弥法界曰普，邻极亚圣曰贤，此因位也。二道后普贤，谓称真法界曰普，弥纶万化曰贤。此入妙觉果海，不住涅槃，逆流而出，虽居果位，不舍因门，乃今之普贤也。以初发心时即悟此体，依此起行，行起解绝，故曰“劝发”。然此普贤以法界为身，遍在一切众生动乱妄想尘劳之中，与一切人天神鬼诸魔眷属而为劳侣，故从东方而来，与无量大众各现神通之力，到此娑婆世界释迦牟尼佛所也。以法身真际乃离心识处，故云在宝威德上王佛国。此离言之道，今以法力熏习而由言说通达，故曰遥闻此娑婆世界说《法华经》，与诸大众而来听受。所谓虽复不依言语道，亦复不着无言说，故云“唯愿世尊当为说之”也。然而普贤如此请问，世尊更无一言加答者，正显离言之道，不容声矣！此正忘言绝证之象也。故普贤即问于如来灭后云何能得是经？向来一往诸大菩萨但问读诵受持而已，然未闻有言得之者。今普贤即云得是经者，足知由前解行，于此证入，所谓此品显入佛之知见明矣！然世尊所答得处不多，亦不在多劫修行，唯在成就四法，于如来灭后当得是经，如此而已。四法者，一诸佛护念，二植众德本，三入正定聚，四发救一切众生之心。如是成就四法，于如来灭后必得是经。且既曰当得，而又曰必得，是真实决定不易之辞也。然此四法者果何意哉，而成就之速如此耶？《起信论》云：“分别发趣道相者，谓一切诸佛所证之道，一切菩萨发心趣向义故。略云发心有三种：一者信心成就发心，二者解行发心，三者证发心。”由前云：“汝等若能信受是语，一切皆当得成佛道。”又云：“汝舍利弗尚于此经以信得入。”然而此经诸佛知见甚深秘藏，非心所测，唯许以信得入。由是观之，此四法者乃信心成就发心者也。《华严》云：“知一切法即心自性，成就慧身不由他悟”，即得菩提，此信心成就之谓也。《论》曰：“信成就发心者，发何等心？略说有三种：一者直心，正念真如法故。”此所谓为诸佛护念也。“二者深心，乐集一切诸善行故。”此所谓植众德本也。“三者大悲心，欲拔一切众生苦故。”此所谓发救一切众生之心也。又云：“如是信心成就得发心者，入正定聚，毕竟不退，名住如来种中，正因相应。”此所谓入正定聚也。既许以信得入，是则以文殊大智止观之力，照自心源，谛信唯心，无外境界，以此研穷，是谓妙行。以此妙行契乎妙智，智行妙圆，所谓正因相应，其必得是经也宜矣！是则前开解行，不出信心，信极道圆，入乎妙觉。正所谓启明东庙，智满不异于初心。此妙符《华严》，始终无二。故此普贤所劝发者，唯此信心。故言得经之道，而如来示之以此四法而已。又云：“是菩萨功德成满，于色究竟处示现一切世间最高大身，谓以一念相应慧，无明顿尽，名一切种智，自然而有不思议业，能现十方利益众生。”故如来灭后有能持是经者，我当守护，与大菩萨众而自现身供养，安慰其心。其人若有忘失一句一偈，我当教之还令通利也。《论》云：“如菩萨地尽，满足方便，一念相应，觉心初起，心无初相，以远离微细念故，得见心性”，故云得见我身。又云：“菩萨从初发意，乃至菩萨究竟地心所见者，名为报身。”此所谓以一切众生所喜见身现其人前而为说法，斯正现身面言说加持也。又云：“若有众生能观无念者，则为向佛智矣！”故云以见我故，即得三昧及陀罗尼，名为旋陀罗尼，百千万亿旋陀罗尼，法音方便陀罗尼，此究竟之实证也。梵语陀罗尼，此云总持，谓总一切法，持无量义，乃一心真如之异称也。《论》云：“心真如者，即是一法界大总相法门体，所谓心性不生不灭，一切诸法唯依妄念而有差别。若离心念，则无一切境界之相。是故一切法从本已来，离言说相，离名字相，离心缘相，毕竟平等，无有变异，不可破坏，唯是一心，故名真如。”此所谓旋陀罗尼也。又云：“一切言说假名无实，但随妄念不可得故。”此所谓百千万亿旋陀罗尼也。又云：“言真如者亦无有相，谓言说之极，因言遣言。此真如体无有可遣，以一切法皆同真故，以一切法皆同如故。当知一切法不可说不可念，故名真如。”此所谓法音方便陀罗尼也。旋者，《楞严》观音耳根圆通云：“旋倒闻机，返闻自性。”旋，漩也，水之急流最深而有洄旋，谓之漩澓，以当急流而力能回流。漩澓，渊源也，谓念念生灭急流中，而能念念随顺真如，不随妄念流转，故如水之漩澓也。《论》云：“若知一切法虽说无有能说可说，虽念亦无能念可念，是名随顺。若离于念，名为得入。”然无念者，正念也，故终诫以应当一心受持读诵正忆念，如说修行。正忆念者万行之本，信心之至也。故若有受持读诵正忆念，解其义趣，如说修行，当知是人行普贤行也。以一乘实相佛之知见备殚乎此，法身慧命不外乎是，故普贤愿以神通力守护是经，于如来灭后阎浮提内广令流布使不断绝。而如来即许之曰：“若有持受读诵正忆念修习书写是《法华经》者，当知是人则见释迦牟尼佛，如从佛口闻此经典。”以极种种赞叹，乃至不久当得菩提。其效之速既如此，若有不信轻毁之者，其所得恶报之重又如彼，是终许其以信得入也。所谓信为道元功德母，长养一切诸善法。惟此甚深秘藏无上法门，唯许以信得入，正谓发心毕竟二无别，如是二心先心难。故此经以文殊为唱导之首，普贤为劝发之终，此如来说法始终一贯之极致也。

法华经击节（终）

万历乙未春，予以弘法罹难被逮圜中。达观禅师在匡庐，闻报惊叹，乃愿诵《妙法莲华经》百部，以求诸佛神力摄受之也。顷予蒙恩宥遣之雷阳，是岁冬，道经白下。达师迟予于江上，相晤于旅泊庵中，夜谈及此，且曰："愿以我之心，用公之舌，可乎？"予笑而唯唯。及丙申春，抵戍所，正值馑劫，居不遑处，且即从事《楞伽》，而又奔走行间，未暇了此公案。然在白毫光中，不离无量义处三昧也。戊戌夏日，菩提树下弟子来从游者十余辈，相与结夏于穹庐，同诵此经几二百部。予时为举扬此事，以开示之。休夏自恣日，弟子性澄请益其纲宗，予因提契吾佛言外之旨以示之，且将以报达师知予所转《妙法华经》如是而已。老卢云："心迷《法华》转，心悟转《法华》。"然不涉唇吻一句，正不在纸墨文字间也。时会听者各各欢喜，信受奉行，梓之以广法施。普愿见闻随喜者，同得现一切色身三昧云。

万历戊戌除日，憨山道人德清书于楞伽室。

《首楞严经》悬镜[1]

首楞严经悬镜序

首楞严者，大定之总名也。而世之受此经者有不定之疑二焉。其一曰传经不定。唐神龙初，般剌密谛三藏潜将梵筴私入广州，译而授房相国融。时本国责其违制，持筴遁去，融亦奏上不行。外则梵本无征，内则目录失载，已不能无疑，而智升又谓沙门怀迪遇梵僧于广州共译十卷，校之融本，并不差异，岂迪与融同时笔受耶？智升所记不详如此，何以传信？及考法显诵之于晋，法聪持之于梁，智者不得见之于隋，而融等乃始受之于唐，或彼或此，或隐或显，其传经不定，起后世之疑，一也。二曰判经不定。五时四教之目，摄一切经，无不各从其判者，而独此经最为难判。环师判入般若，璇师判入方等，智圆诸师判入法华、涅槃之间。夫不夭慧命，未获法身，非般若矣！楞伽山上，破外自然，非方等矣！匿王父子生不逢受记之年，非法华、涅槃间矣！非渐，非顿，非秘密，非不定，非藏、通、别、圆。如真觉《百问》所列，始终前后恍惚难凭，其判经不定起后世之疑，二也。宣洒常举秀师内道场之所书，悫师故相家之所得，相质以释传经之疑。窃意世人皆信二师，亦皆信此经，无惑也。乃今四众之信憨师如二师，则判以为非一时顿说也者，顾不足信哉！室罗筏城之说一时也，迦毗罗城之说又一时也。结集者直欲显一心三观之旨，即十世古今不离当念，而例何足以拘之？虽然，师已显真心，明大定，几无余蕴矣！又必名之曰“悬镜”

---

[1] 据明《嘉兴藏》版《憨山老人梦游集》卷二十五，参校《新纂卍续藏》本（第 12 册，经号 0277）。

者，岂无其意欤？空中之镜悬而照坛中之镜，盖持心咒之轨仪也。昔者阿难与摩登伽乘此咒心，一念薰修，超有漏而证无学。世尊将欲敷演大陀罗尼，先顺其多闻之习，种种开示，复铲落其所闻于佛，如语四众、文殊、大慧比丘等种种多法，使之泰然荡然，皎然了然，而终则快然于此金刚三昧闻薰闻修之秘。此惟能说神咒，若观世音始为当机，故历选圆通，取其梵音潮音一形一咒可从中修证者为法耳。如是修，如是证，获金刚心中初干慧地，地地皆以金刚观察，而此金刚心、金刚观察乃金刚三昧，自旦至暮音声相联从耳根入者也。因门而入，得陀罗尼，入佛知见。不然，心有未通，佛为妄语矣！魔有未降，咒为唐捐矣！独不观世尊自立之五名乎？曰宝印，曰救护，曰密因，而终之曰陀罗尼咒灌顶章句。所云灌顶者，经中凡三四见焉。岳师判为天竺灌顶部，诚有见于三藏所传必为密宗。此之圆圆果海，讵有时量而可以一时一教收之耶？或谓五密部中无此显说。殊不知彼云夜啰，即如是我闻。我已闻佛金口诚言曰灌顶章句矣，而难信受奉行，岂不谬哉！是故憨师信受而标悬镜也。得此咒心，无论登刀入火，虽安公破句读经，珪公诋佛妄说，无不可者。舍咒心而谈真心，是增益多闻，非世尊意，亦非憨师之意矣！

万历辛卯元旦，狮子林居士虞淳熙书。

首楞严经悬镜序

原夫《首楞严经》者，乃诸佛之秘藏，修行之妙门，迷悟之根源，真妄之大本，而其所谈，直指一味清净如来藏真心为体。盖此心体本自灵明廓彻，广大虚寂，平等如如，绝诸名相，圣凡一际，生佛等同，然迷之则生死无端，悟之则轮回顿息。是以吾佛证此，愍物迷之，故假大权发启斯教，大开修证之门，曲示归家之路。是以一部所诠，从始洎终，不出迷悟、真妄二法。然迷途万状，悟有多门，若克体穷源，不无其要。至若从迷至悟之方，返妄归真之指，端在楞严大定三观妙门。若欲洞观法界，彻见自心，觌体还源，莫斯为要。慨夫文词简奥，义理幽深，虽诸家注疏精畅发明，而学者贪程，罔知捷径，致使理观昧于陈言，修习失于正受。清不揆固陋，志尝刻意斯文，杜绝见闻，穷历冰雪，顾智识暗昧，非敢妄拟圣心，每于一线通途，粗述鄙意。庶潜修之士，若揽镜以照形，愿即事安心，顿融藏性者矣！

万历丙戌冬，憨山头陀德清书于东海那罗延窟。

首楞严经悬镜

明 东海那罗延窟海印沙门释德清 述

将通大义，总启二章（三分大义别具《通议》，兹不繁列）：初大开修证之门（从初启请至结经名），次曲示迷悟差别（从精研七趣至五十重阴魔）。

初中略有四意：一示三观之体，二示三观之相，三示三观之用，四结三观之名。初开修证门中有四意者，良以真源湛寂，绝生灭之端；法界幽玄，泯圣凡之迹。本无修证，岂属悟迷？今依不迷之迷，故立无修之修，斯有无证之证矣！盖迷真逐妄，遂沉生死之流。今欲返妄归真，须建依真之行。而此经者盖以一味清净法界如来藏真心为体，依此一心建立三观，依此三观还证一心，故曰无不从此法界流，无不还归此法界。是以阿难示同未悟，不达此心，故一向多闻，未得无漏，不能顿拔生死之根，遂溺摩登淫舍之难，由是殷勤启请三观妙门。故我世尊先示一心，照明万法，而首告之曰："一切众生生死相续，皆由不知常住真心性净明体。"又曰："有三摩提，名大佛顶首楞严王，具足万行，十方如来一门超出妙庄严路。"观此二语，足见全经之旨，岂非欲令先悟一心，依之建立三观，修此三观，还证一心者乎？洎乎一往所答，虽多方决择，委曲搜扬，无非显示一心之源，密陈三观之体（从初卷至四卷中）。因之起行造修，勾引二十五圣旁通悟入之方，敕选耳根，正是最初方便（从四卷半至六卷初）。是使初心创志则知观相分明，然后任运一心，法尔浅深，具有断惑证真高下之用（从七卷初至八卷中）。修断已极，故结指观门，使始终一源，不出楞严大定，故以经名而系之终焉。此实通途之大旨也。

初示三观之体。而此体者所谓常住真心性净明体，即一真法界如来藏心也。先示此体为所观之境，要依此体启大智用故。然此藏心具有三意：一、空如来藏，二、不空如来藏，三、空不空如来藏。

一、空如来藏者，谓此藏性其体本空，一法叵得。如摩尼珠，其体空净，了无色相，虽有随方之色，色不离珠，以即珠故。真心本净，了绝妄缘，虽有随缘之妄，妄不离真，以即真故，名曰真空，故为观者先示真心以为观体。能观此体，名真空观（经名奢摩他，亦名体真止）。此从经首阿难启请，世尊许说，曰“有三摩提名大佛顶首楞严王，具足万行，十方如来一门超出妙庄严路”起，一往七征八辨，始则决择真妄，且云“妄不是真”，以明五蕴身心不有，世界本空，破我法二执，以显本觉真如，以至三科、七大，会归藏性，然后真妄和融，方显妄即是真，从浅洎深，大段总显空如来藏理（从初卷启请至第三卷终）。

二、不空如来藏者，谓此藏体虽空，具有恒沙称性功德，包含融摄，纤悉不遗。如摩尼珠，其体虽净，具有圆照之用，而能随方现一切色，色即是珠，以珠现故。藏性虽空，而能随缘显现十界依正之相，相即是性，以性起故，名不真空。故为观者示此藏性以为观体，能观此体名不空观（经名三摩，亦名方便随缘止）。此从富那执相难性，三种相续深穷生起之由，委明循业发现之义，总显不空之体（始从四卷初至本卷“故发真如妙觉明性”，有半卷经文，计一千五百余言）。

三、空不空如来藏，谓此藏性其体清净，能应能现。如摩尼珠，其体净圆，净故非色，以即珠故；圆故能应，非不色，以即色故，非色非珠。而此藏性其体净圆，净故非相，以即性故；圆故能现，非不相，以即相故。非相非性，名空不空。非相故空，非性故不空。非即非离，平等如如，名曰中道。故为观者示此藏性以为观体。能观此体名中道观（经名禅那，亦名离二边分别止，亦名等持。此从四卷中“而如来藏非心”等起，至“即常乐我净”等，文有二章，几三百言）。

然上三谛，体虽不二，举一即三，终带名言，犹存历别，未及一心之源，难契圆融之旨。必若离即离非，是即非即，则藏心妙性彻底穷源，绝诸对待。

良以双离则双泯，双是则双存。存则三谛灵然，泯则一心无寄。寂照同时，存泯无碍，唯在忘言者可以神会，绝虑者可以心通，可谓妙契寰中，泯同法界矣！圆融圆融，深思深思，历然不昧。故佛开示已毕，乃总告之曰：上来所说藏性之理如此深妙，如何汝等以所知心而能测度、世间语言而能入哉！且此妙理人人本具，然虽本具，隐而未现。譬如琴瑟虽有妙音，非妙指不能发。众生虽具妙心，非妙观不能显。且如我今证此真心，安住大定，圆照法界，凡有动作皆是大用现前。汝等迷之，举措云为皆是尘劳业用。故曰："如我按指，海印发光。汝暂举心，尘劳先起。"此无他故，盖由不肯勤求，得少为足耳。当机遂请何因有妄？要显妄元无因，使悟妄不离真，亦似头非外得。然此天然妙性，不假修成，但能一念回光，方悟神珠本有。故随结责戏论，切劝修持，乃曰："汝虽忆持十二部经，不如一日修无漏业，如何自欺，尚留观听而不修之！"是以阿难闻说，疑惑消除，心悟实相，遂乃请入华屋，摄伏攀缘，冀得陀罗，入佛知见等。由是观之，大概一往开示藏性，岂非欲令先悟一心，依之建立三观妙行，然后行成解绝，顿证一心者乎？

初示三观之体属见道分竟。

二、示三观之相者。由前开示一真法界如来藏心，而此心体具有广大智慧光明义故，说名为智。今以即体之智，还照寂灭之体，理智一如，离念离相，名一心源，了无说示。今约真妄生灭之门，会取返妄归真之路，方便施设，亦有三重。以智照理，故单以观名。约妄相以明，故曰观相。

且先略示观门：一、奢摩他空观，二、三摩钵提不空观，三、禅那中道观。

一、奢摩陀名空观者，谓了一真法界如来藏心，本无生灭，亦无诸相，盖因一念不觉而有无明，因此无明生起三细、六粗、四大、六根种种诸法，而此诸法唯心所现，本无所有，但是一心。心体圆明，离一切相。如珠中色，本来不有，以即空故，故曰色即是空。以色非色故，色不异空，故名真空。作是观者，名真空观。

二、三摩钵提名不空观者，谓了根身器界一切诸法既是一心。心体圆明，清净本然，周遍法界，随缘显现。此则诸法当体虚假，如幻不实。如珠中色，分明显现，全珠即色。以即色故，故曰空即是色。以空非空故，空不异色，故名不空。作是观者，名不空观。

三、禅那名中道观者，谓依此寂灭一心照明诸法，诸法法尔当体寂灭。寂故名空，照故不空，如珠与色，非色非珠，名空不空。非寂非照，如如平等，唯一心源，湛然不动。离即离非，是即非即。言语道断，心行处灭。心心无间，任运流入萨婆若海。作是观者，名中道观。

次正示观相文中大科为四：初、总示迷悟之根，二、正示一心三观之相，三、略示解结之方，四、广示最初方便。

初总示迷悟之根者，由前阿难闻佛开示，已悟如来藏性妙觉明心圆满周遍，备在于己，不假外求，良以一向徒事攀缘，不能摄伏，今将思而修之，不知造进之方，故有请入华屋之问，冀得直捷之门，即可乘便而入，因相而修，故此科名三观之相。然世尊所示别无其方，先令决择真妄分明，然后随宜调治，故欲返妄归真，造端不出二决定义。意者，盖原迷此圆明湛寂之真心，结为四大，妄分六根，根尘和合，虚妄生灭，引起五浊业用烦恼，使妙圆之体隔越而不通，若群器参乎太虚；湛渊之心浑浊而失照，似尘沙投于清水。此则本不分而分，元不浊而浊矣！今欲即生灭以证真常，旋虚妄而复妙觉，要先以此不生灭心为本修因，照破生灭之原；次审所结之根，谁是烦恼之本？若生灭入照，则当下真常。若烦恼知根，则迎刃而解。斯则能照之一心，心心寂灭，所照之万法，法法圆通。是以顿超五浊，旋复一元。若依此为因心，可圆成于果证。然则所迷之一心虽是本圆周遍，能迷之六根现前力用不齐，今若即迷返悟，就路还家，固尔门门皆可穷源，处处尽堪合辙，良以初心昧劣，不解圆观，必须直指当阳，要在一门深入。由是备显六根优劣，令审谁浅谁深。浅则逆离而难通，深则顺合而易入。果能入一无妄，则六湛圆明，诸妄消忘而一心清净。如是则吾家之故物可归，诸佛之涅槃可证矣！

此后重征一六，意显粘湛而妄发，深穷生灭之根元，再起断见之疑，验出真常之妙性。斯已密拣耳根以为初心方便。若一心守真常而弃生灭，则无上知觉应念圆成。得一旦常光显现而生灭圆离，则根尘识心应时消落。此实圆观之秘诀，破妄之神符，还元之旨，始在兹乎！是所谓返妄归真无出二决定义也。

二正示一心三观之相。阿难闻前第二义门生灭即常之说，遂起何名结解之疑。意谓生灭不常，可说为结，今既常矣，将何物而名结？结既尚无，从何物而名解耶？盖前以常为断，此则执妄为真，皆由不了迷悟同根，真妄一体，故致斯问。此实初心所混，故须甄明，令其观相分明，不堕空有之见，要显中道之旨，方契一心之源。故尔诸佛因而同告之曰：使汝生死、涅槃者，皆汝六根所致也，岂又更容他物哉！直由迷悟之分，故有结解之异耳。如此明言，当机犹自未悟。世尊因而解之曰：根尘识性同一真源，缚脱两途元无二致。盖因迷一真而妄见六根，知见立知即名生死。了六根而本同一体，知见无见斯即涅槃。此实结解之元，岂可更容他物？然此虽明空有，未极一心。何则？盖一真之性不属生死涅槃，如来藏中本无去来迷悟。至若有为起而无为灭，俱是缘生，如目前之幻化。无为起而有为灭，尽为不实，若眼底之空花。况非真与非真，何有能见所见（能见六根，所见六尘）？然而根尘之间元无实体，虚有其相，故若交芦。是以结解同根，圣凡无二。汝试但观交中识性（即第八阿黎耶识），空有何名？盖由明昧因依，真妄互立，迷之而六妄同生，悟之而一真何寄。良由此体甚深微细，熏变难思，执之则真已非真，取之则非幻成幻。苟不取而非幻尚无，不执而幻法何立？如是则六根圆湛，空有双祛，三谛圆观，是非齐泯。妙圆之旨，尽在兹乎！此则是名金刚三昧，如幻摩提。修之而一念顿超，拟之而诸佛同证。此所谓十方婆伽梵，一路涅槃门。若欲径登彼岸，直造妙严，唯此大定法门，故应修而证入也。

三略示解结之方。上来已示一心三观之相，乃佛佛成道之门。今将思而修之，争奈初心不知直捷之方，故有六解一亡之问，远启选择之谈。故我世尊精宣妙旨，巧示玄机，聊绾华巾，将成六结，以明依一巾而有六结，结若解而巾亦不存，要显依一真而分六妄，妄若消而真亦不立。何则？良以真净界中本无此事，生死、涅槃皆即狂劳颠倒花相，故须真妄两忘，方可会归中道，直造一心之源耳。故随请解结之方，审明下手之处。除结当心，以显二边无力。当阳直入，必须中道收功。斯实入圆之要术，破惑之利具。唯其法门甚深，恐难谛信，世尊因而矢之曰：我此说者，乃出世微妙之因缘，非世俗和合之粗相。况我世出世法一一皆了元因，矧此修行岂不知其节要？如兹功用，不劳弹指而顿证无生，不涉途程而径登佛地。是故阿难随汝心中选择凭在何根，用此妙术解之，诸妄何愁不灭。恐汝不能圆观顿脱，是须次第销镕，先且选择一根以为最初方便，若得此根初解，五粘随脱而先得人空，从此观智增明，然后成法解脱。若所观人法双空，则能空观智亦泯。斯实药病俱遣，真俗两融，三谛灵然，一心无寄。如斯圆照，任运冥枢，是名从三昧以契无生，即六根而证常乐。直捷之指，无尚此矣！初心方便，妙在兹乎！

四广示最初方便（二十五圣一一皆是最初方便，但观音耳根一门堪合此方之机，故曰广示）。阿难闻前开示，观相分明，已悟随根皆可证入，然犹不知随处下手做作之方，抑又未达的指何根堪作此界当机最初方便，且将刻志进修，冀成道果，庶不失此嘉会，辜负密言，亦为远益未来，成就最后开示，故有请惠秘严之问。然此秘严之旨，乃吾佛自证根本法门，甚深微妙，难解难思，果海离言，了无说示。今兹曲垂指示，须藉旁通。故假二十五圣，各说最初方便，意显三科七大随处皆可还源，大小三乘远近一齐趋入。且令谛信不疑，托此将为证据。是以诸圣奉敕，用解先登，或析色体色以取单真，或即俗离俗要归中道，偏圆互焕，星月交罗，深浅齐驱，牛羊共渡。斯则门门总是圆通，法法尽成解脱。苟能入此三昧，证是妙门，随处而常光普照，应念而诸佛现前。水流风动，共演圆音，世界山河，普现三昧。至此始知自他不二，依正互融。消习漏于刹那，廓众尘于一念。无作之行芬披，真常之乐自现。然此秘严利器，付之勇猛丈夫，有何坚而不破，又何结而不解哉！然虽正偏兼到，顺逆皆通，不知此界当根，谁为要妙？若是尘中作主，非大智无以潜眸；闹里夺尊，非大悲不能下手。故敕文殊拣选，谁合此方之机。唯独观音耳根，可作最初方便。何则？

原夫觉海澄圆，圆澄元妙，本无世界及与众生。直以一念才兴，空沤顿起，诸缘不息，三有齐生，是以六处妄分，诸尘妄隔，使圆通妙体不得而圆通，常住真心莫得而常住矣！若约妄法全真，斯则归元之性不二。奈何根机不一，是以方便之路多门。在乎圣性，顺逆皆通。属之初心，不无迟速。今者若就六尘而入，六尘之体本非常住；若依五根而入，五根之性匪涉圆融；若凭六识，而六识生灭宛然；若假五大，而五大无知昏钝；若据见性，虽则都摄六根，然尚在能所，未能忘照；若观识性，虽则包含万法，犹存分别，难以契真。今若克合此方教体，的示机宜，速取三摩，实从闻入。何者？良以闻根圆妙，十处周闻；闻处虚融，墙垣莫隔；音声生灭，闻性恒常，寤寐一如，身心不及。此则可由闻性以证真常，从耳根而入妙觉矣！况复此界众生此根最利，投机之指，莫尚于兹。良由迷本循声，故此流转生死。果能旋流无妄，岂不顿契无生。此是金刚三昧如幻妙门，如斯秘密绝要真修，何不将闻以自闻闻，岂肯畜闻而成过误。况闻非有体，因声以名，若旋妄遗尘，则性何名状？此所以一根既返源，六根成解脱也。其如六根幻翳，三界空花，今闻复而翳除，则尘消而觉净，净极光达，寂照含虚，根境皆空，犹如梦事，安有梦中之境而能留汝形骸耶？大概世间男女皆如幻以幻成，虽见摇动，全一机抽。由机息而幻消，则情忘而执谢，圆明妙体当下现前，诸佛众生应时平等矣！如斯妙利真实圆通，何不旋倒妄之闻机，返自闻于真性，以成无上之道哉！此是微尘诸佛一路妙门，三世圣贤修行捷径，非但观音独擅，我亦从中证入。是若将救末劫求出生死之人，欲速成就菩提，无过耳根为最。斯乃大小共由之门，浅深同说之法。但依此修，超乘余根，真实心要，莫斯为妙者矣！于是当机闻说，自心了然，明见还家归真道路。斯则观相分明，现前无惑。奈何未来末法，邪道乱真，其有依教信行之辈，如何摄心轨则，得正熏修，安立道场，远诸魔事？故发度人之请，远益未来之机。通会长途，犹属行门之事。然世尊所答，别无其方，直以毗奈耶中三决定义，所谓摄心以戒，定慧是生，三者圆明，可超诸漏。然前见道明心，已开慧性；修道方便，定相圆明。至其戒为基本，尚未明言。

今若得正熏修，须凭定慧。若欲违制行业，必禀戒轮。且夫生死之海滔天，始于滥觞之念；烦恼之林翳日，生于萌蘖之根。今若绝末停流，端在塞源拔本。戒虽多品，四重为根。根本不生，枝流自绝。然而真修以离欲为本，故先淫欲首惩。生死以冤负相牵，故次杀盗随举。妄言矜俗，贪爱潜滋，委论酬偿，杀盗相若，为其永殒善根，不成三昧，故例属重尤，是须并断。若欲圆成修学，必先持此冰清。果能四事不遗，自然远诸魔事，正行可成，正定可入。然而现行易制，宿习难除，是须诵我无上佛顶心咒，此则显密双修，三慧并运，庶几三障可破，三惑可除，而三界可超，三身可证矣！况此神咒功力速疾冥资，但能依教加持，破惑如霜遇日。是以略陈轨则，令依清净之师。若要详悉坛场，必使众缘具足，身心俱净，事理齐修，庶指日以取菩提，刻期而成圣果。妙圆之行，诚在斯矣！归真之要，妙在兹乎！是故宣扬神咒，使众咸闻，广显功能，策令谛信，方尽修道之门，统收妙圆之行耳。

二示三观之相属修行分竟。

三、示三观之用者。上来所说观相分明，得倚圆根即可乘便直捷而入，依之造修，任运一心，法尔不无断惑浅深、证真高下之用。是故阿难闻前显密开示，得正熏修，身心快然，获大饶益，然犹不知如是修证未到涅槃，始从凡夫，终至佛地，中间渐次名目，以何而至？是故请问五十五位真菩提路，要显圆妙观行有此能断能证之力用，转凡成圣之功能，故名三观之用也。然世尊所示，先明二种颠倒妄类之因，后示五十五位真家之路，所以然者，何也？良以妙性圆明，真源湛寂，本无迷悟，安有圣凡。盖由一念才兴，则三有之空花乱起；寸心方歇，则一真之幻影全消。是所谓生灭名妄，迷之则生死无端；灭妄名真，悟之则轮回顿息。然且生死界宽，总之不出一十二类；涅槃道远，要之不过五十五程。实由迷一真而为六想，则二种颠倒相因；悟六想而本一真，则二种转依是号。是故汝今欲修三昧，直诣涅槃，先当识此颠倒之因，斯可圆成真三摩地。何则？良由迷真觉而成不觉，故号无明；迁无生而作众生，是称颠倒。此则本不生而生，斯有无生之众生；本无住而住，故有无住之世界。是以迷轮不息，则生死之业何穷；妄念不休，则迁流之世何已。且既能以一念之迷妄动而六想横发，轮回于十二类生，则可以一念之悟无生而三观齐修，证取于五十五位。由是观之，则众生实约四蕴之心，世界端指色蕴之质。此则全凭正报以显悟迷，总属众生以明真妄。是所谓“使汝流转生死，速证妙常，皆汝六根，更非他物”。意此岂非“知见立知即无明本，知见无见斯即涅槃”者乎？细寻大旨，讵不信哉！然全妄即真，颠倒具于妙圆真心；全真即妄，修证本于元所乱想。故三种渐次因之而建立，五十五位由是而进趣。何也？盖六根相续，端由淫杀为因；诸苦长沦，直以盗妄为本。今将长揖三界，永越四生，必痛绝助因，使正性刳而不发；制止现行，令根境偶而不行。如是则根尘泯合，心境俱空，身土皎然，自他圆证。此则始从观行以至分真，永断无明而跻妙觉。然重重观察，位位研穷，莫不皆以首楞大定三观妙门单复圆修渐次证入者矣！三观之用无尚此耳，一生取办其在兹乎？修断已极，故结归观心以终其请，故曰“是种种地皆以金刚观察如幻十种深喻，奢摩他中用诸如来毗婆舍那清净修证渐次深入”者也。

三示三观之用属证果分竟。

四、结三观之名者。由前一往开示，令其先悟妙圆心体，依之建立圆妙行门，藉此妙行圆修，还证妙圆之体。此则背尘合觉之行既终，返妄归真之路明矣！故文殊请问经目，意在结指观名。何者？盖约世谛而谈，则名无得物之功，是即有名无实。若就胜义而论，则理有当名之实，斯即有实有名。良以上来所诠之义，若理行因果，俱属圆融。然则能诠之文，若教相名言，皆归究竟，由其理趣深玄，故一言难尽，偏圆互焕，五目方周。意者前来开示要妙法门，若克体而名，乃是如来藏心一实相印海眼真经，故名“大佛顶萨怛多钵怛啰无上宝印，十方如来清净海眼”。若就用而言，则凡在有缘皆堪受度，惑无不断，真无不穷，故名“救护亲因，度脱阿难性比丘尼，得菩提心，入佛知见”。若的指因果皆真，则佛佛资成之始，无非究竟指归，故名“如来密因，修证了义”。若合论体用广大，因果同时，则含染净而不易，自在难思，具性德而无遗，出生无量，故名“大方广妙莲花王，十方佛母陀罗尼咒”。若据法身所演中道名言，契之而顿绍佛家，修之而不出大定，故名“灌顶章句，诸菩萨万行首楞严”。斯皆称实以彰名，随德以立号，要之不出一心，统之不离三观。此所谓言虽请问经目，意在结指观名。是则教理行果皆归大定之源，真妄悟迷总入如来藏心者矣！大事因缘莫过于此，开示悟入无尚兹乎！

四结三观之名竟。

上来七轴半文，通科判为大开修证之门。开此四章，良有所以。顾初心草创，诚昧细详。若论宏纲，略题大要，冀潜修之士，同志高人，先请熟读经文，然后安心观法，览斯文而通会，忘言象以冥符。愿一旦常光显现，使根尘识消，则佛法身心皆为余事，矧此妄识依通，岂非剩语者哉！

已上大开修证之门竟。

次曲示迷悟差别。

上来开示，一心真源已彻，三观妙旨大通，迷悟之状悉陈，凡圣之情尽矣！然迷唯一念，因情想乱发而取七趣之升沉；悟止一心，因妄见横生而取五阴之魔扰，所谓自心取自心，非幻成幻法。故我世尊真慈痛发，摘胆剜心，精研七趣，因情想而分内外多少之不同；详辨阴魔，约妄见而显心观浅深之不一。所以然者，直欲吾人思地狱苦，发菩提心，知有涅槃，不恋三界。嗟乎！人者苟能执此金刚宝剑如幻定门，斩爱根于当下，则三有之空花影灭，世界平沉；拔见刺于刹那，则一心之幻翳全消，虚空纷碎。直使纤尘不立，一念不存，成佛果于今生，消习漏于旷劫。此所谓圆满菩提，归无所得矣！如是信受，如是奉持，是真精进，是名真法供养，可谓雄猛丈夫，大自在安乐人也，有何恩而不报，有何德而不酬耶？不然，则堕复堕矣！岂不痛哉！

首楞严经悬镜

論釋

《起信论》直解[1]

刻起信论直解题辞

《起信论》者，乃马鸣大师为破小乘、外道邪见，宗百部大乘经典所作，以为发起正信也。故立论宗法界一心，开真妄二门，彻生灭之本，穷迷悟之源，指修行之正路，示止观之妙门。总括一万一千余言，理无不尽，事无不该，可谓大教之关钥，禅宗司南也。以文约义博，幽深窈渺，难以致诘。贤首旧疏科释最为精详，加之记文浩瀚，学者望洋，杳莫可究。予尝就本疏少删其繁，目为疏略，业已刻双径，率多尊崇。顷念法门寥落，讲席荒凉，初学之士既无师匠可凭，己眼不明，非仗此论，无以入大乘，生正信。将恐久而无闻焉，山居禅悦之暇，因祖旧章，率意直注本文。贵在一贯，不假旁引枝蔓，而一心真妄迷悟之义，了然毕见，如视白黑。足有便于初学，非敢闻于大方也。门人超逸久依在座，深讨论义，似得其旨。今携草归粤，志欲刻之以为法施。予谓无佛法地，后学有志参究大法者，又当以此为瓦注也。若夫得意遗言，直入唯心现量，是在当人智眼。

时泰昌改元岁在庚申仲冬朔，匡山逸叟憨山释德清述。

---

[1] 据光绪十六年（1890）金陵刻经处刻本，参校《新纂卍续藏》本（第 45 册，经号 0766）。

华严宗法界缘起纲要

华严七祖，以马鸣为初祖。然此论中未及圆融之旨，何以称耶？向未有知其说者，后学竟茫然莫辨，故了不加意，使古人建立宗旨，卒无以畅明于世也。故今略示其要，令知所宗。

华严圆宗，以一真法界统四法界，依四法界立十玄门。惟四界、十玄，皆由六相而立，是则六相以成圆融无碍之宗也。此论总明六相，则包括四界十玄理趣无遗，以六相为圆融之统，是则此论摄法界而无尽矣！故首标一心真如，为一法界大总相法门体也。且此论宗百部大乘所造，然百部大乘乃化佛建立，即实之权，今此论总摄权乘归于一实，要显即权之实，引归果海圆融之极致也。然论中虽未明显圆融之旨，且三乘五性，顿渐修证，都归一心果海之源，而圆融具德，皆一心之妙，已具华严宗中，故此不说，单为引摄归于性海。故论中最初所归者乃报身佛，及断惑所见者亦报身佛。而论义具明染净同真，为一心之相用，以一念为染净之缘起，是则全同《华严》，以法界缘起为宗，而十二缘生即如来普光明智也。是知要入华严法界，必由此论为入法界之门也。

言六相者，乃总、别、同、异、成、坏也。

一者总相，即一心真如，为法界大总相法门体。

二者别相，即一心二门、三细六粗、五意六染，修断差别也。

三者同相，即圣凡染净、因果性相，同一真如，即瓦器微尘之喻也。

四者异相，即染净诸法各各差别，不一不杂，如尘器之不一也。

五者成相，即染净诸法皆由一念缘起而成也。

六者坏相，即染净诸法各住自位，各各无性，无以自立也。

言四法界，乃理法界、事法界、理事无碍法界、事事无碍法界也。

一者理法界，即一心真如，更无别法，全一真理。

二者事法界，即一切圣凡染净、依正因果，诸差别事法也。

三者理事无碍法界者，由上理事相成，共有十门。以事揽理成，故全理成事。以理成事，故全事即理。以理能成事，故事不碍理而能显理。以事揽理成，故理不碍事而能融事。理能成事，故全事即理。事能显理，故全理即事。以理事相即，故得理事融镕无碍也。《法界观》十门分别，最为昭著。此略举其要。

四者事事无碍法界。以上理事无碍。今全理成事，故不必更言其理。以全事全理，故事事融摄，无障无碍，但以六相该收一切事法，则法法圆融，故成十重玄门，以彰法界之大用。故此论义会六相，则已摄事事无碍圆融具德宗也。

十玄门义，具在《华严玄谈》中说，今但列名。十门玄者，

一、同时具足相应门

二、广狭自在无碍门

三、一多相容不同门

四、诸法相即自在门

五、秘密隐显俱成门

六、微细相容安立门

七、因陀罗网境界门

八、托事显法生解门

九、十世隔法异成门

十、主伴圆融具德门

此十玄门义，如《法界观》及《玄谈》中说。

大乘起信论直解卷上

大乘起信论

此论之题目，乃一论之纲宗也。言“大乘起信”者，为欲发起大乘正信故。言“大乘”者，即所信之法体。所言法者，谓众生心，是心即摄一切世间出世间法，具有体、相、用三大义，故云大也。“乘”者，谓此一心有运载义，以诸佛乘此而证菩提涅槃；菩萨乘此广修万行，下化众生，上求佛果；众生乘此而轮转生死。以此一心是一切圣凡迷悟因果之总相故，故下文云：“即是一法界大总相法门体”。今者欲令众生谛信此心即是大乘，正解不谬，意要发起大乘正信，故云“大乘起信”。然能信者是人，大乘即所信之法，义兼人法，以法为机设故。此论之作，以佛入灭六百年中，小乘之人不信唯心，心外取法，多起诤论；外道邪执，破坏正法，故论主兴悲，特造此论，故下因缘云：“为欲除疑舍邪执故”。以疑与信反，今信此心则疑自除矣！此论盖宗《楞伽》《思益》等百部大乘经所造，发明唯心唯识之旨，统归一心，为性相二宗之纲要。深穷迷悟之根源，指示修行之犍要，所谓总摄如来所说深广之义，实大教之纲宗，禅门之的旨也。“论”者，决择是非，发明正理，拣非经律，故以“论”明。贤首《本疏》精详，但科段少隔，前已删繁从略，谓之《疏略》。然其中文义少有不驯，故今仍遵《本疏》正义，顺为直解，以便初学，非敢妄有臆说。观者幸无以人废言，取信于心，是所望也。

马鸣菩萨造

此造论人也。马鸣者，以此菩萨初生之时感群马悲鸣，故以为名，及说法时诸马闻之亦皆悲鸣。《疏》引《摩诃摩耶经》云：如来灭后六百岁已，诸外道等邪见竞兴，毁灭佛法。有一比丘名曰马鸣，善说法要，降伏一切诸外道辈。

真谛三藏译

此译人名也。论有二译，一西印土优禅尼国沙门波罗末陀，此云真谛，梁元帝承圣三年，于衡州建兴寺译成一卷，二十四纸。一于阗国沙门实叉难陀，此云喜学，大周则天时，于东都佛授记寺译成两卷，亦二十四纸。今行前译。

唐西京太原寺沙门法藏造疏
明匡山法云寺沙门德清直解

将著论文，先归敬请加，后正述论文。且初。

归命尽十方

将造斯论，先须归命三宝，请求加被。所以然者，以造论释经，经乃佛说，佛智甚深，非情可测，故请三宝威力加被摄受，故使论义印契佛心。且示法有所宗，以三宝是所依故。今云“归命”，表能归之心也。欲入法性，先忘我相，然命以统摄六根，今以命归，则身心俱亡，能归之至也。“十方”乃所归之分际，意谓所著论义乃十法界之宗，故须归命尽十方之三宝。以心无分限，故境亦无量，意在归十方法界帝网刹中无尽三宝也。

最胜业遍知　色无碍自在　救世大悲者

此归佛宝也。佛以三轮应物，今所归三轮皆最殊胜，意显非应化身，乃从法垂报之身也。“遍知”，意业最胜也。凡夫不知，外道邪知，二乘偏知，菩萨分知，唯佛遍知，以实智证理，理无不彻，权智鉴机，机无不宜，乃至法界众生心念乐欲无不尽知，故云“遍”也。“色无碍自在”，身业最胜也。《华严》佛有无量相，相有无量好，根根圆融，周遍自在，十身历然，无坏无杂，故云“无碍”。“救世大悲”，语业最胜也。佛以音声轮应机说法，一音各解，故语最胜也。“世”乃众生世间，所救之处。“大悲”乃能救之心，如来唯用大悲为力故。“者”，指人也。

及彼身体相　法性真如海　无量功德藏

此归法宝也。“及”者，谓不但归佛，亦归法也。“彼身”，指上佛身，佛以法为身故，谓从真如所流教法，即是法身常住，以此中已有如来全身故。意显此法即佛之体相，本无二故。“法性真如”，正指法体，谓真如法性即法身真体，以此法身在有情为佛性，在无情为法性，以与一切染净诸法为体性故。以有随缘不变、不变随缘，故喻如“海”，遇风起诸波浪，湿性无二，故云“相”也。如来藏中含摄众德，故云“功德藏”。

如实修行等

此归僧宝也。僧通凡圣大小，今言“如实修行”，乃地上菩萨也。据后译云:“无边德藏僧，勤求正觉者”，则上句叹德，人能摄德，故名为“藏”。

下述造论意。

为欲令众生　除疑舍邪执　起大乘正信　佛种不断故

此述造论意也。法不虚设，必有所为。今有四意：一以二乘不信唯心，故显示一心正义，令除疑惑。二以外道邪执，故对治邪执，令舍邪见。三以修行者未起正行，故分别发趣道相，令起正信，以为行本。四为使信成满，入住不退，堪受佛果，故云“佛种不断”。为此多意，所以造论。

论曰：有法能起摩诃衍信根，是故应说。

此总标论宗本也。“法”者，即论所依宗本，谓一心法具二门三大义故，正示所宗。“摩诃衍”，此云大乘，谓所宗心法，即是大乘。能信此心，即是大乘根本。有此胜益，是故须说。

说有五分。云何为五？一者因缘分，二者立义分，三者解释分，四者

修行信心分，五者劝修利益分。

此标作论规制，初开章门也。然分章者，使知义有所属，故此一论大文，立有五分而为次第。法不孤起，必有因由，故首列因缘。由致既彰，必有宗本，故次立义。宗本幽深，非释莫解，故次解释。既解法义，非行莫阶，故次修行信心。解行虽陈，纯根懈退，故次劝修。此一论之大节也。凡经有三分，此因缘即序，中三分为正宗，劝修为流通。

下释因缘分。

初说因缘分。问曰：有何因缘而造此论？答曰：是因缘有八。云何为八？一者，因缘总相，所谓为令众生离一切苦，得究竟乐，非求世间名利恭敬故。

此八因缘中，第一总相，与一论为发起之由也。以凡夫外道迷此一心，以招苦苦、坏苦、行苦、分段生死之苦，二乘、菩萨尚有变易生死之微苦。今开示此心，令依之而修，则证得菩提觉法乐、涅槃寂灭乐。但为众生离苦得乐，非求世间名利恭敬故。

二者，为欲解释如来根本之义，令诸众生正解不谬故。

此与立义分及解释分中显示正义、对治邪执作发起因缘也。以众生无有正解，多起邪见，以不达如来根本义故。今立义分中一心、二门、三大之义，乃如来之根本，今广解释，令诸众生正解不谬故也。

三者，为令善根成熟众生于摩诃衍法堪任不退信故。

此即下分别发趣道相因缘也。以彼文云："令利根者发决定信，进趣大道，堪任住于不退信故。"此当十信满心，故云"成熟"。入十住正定聚，故云"不退"。

四者，为令善根微少众生修习信心故。

此即下修行信心分，谓为令善根微少众生发四种心，修五种行，渐得善根成熟。以信未满，故云"微少"。令进向满，故云"修行信心"也。

五者，为示方便，消恶业障，善护其心，远离痴慢，出邪网故。

此下为根劣易退者，赖多方便，故有四也。四中前三为下中上，后一劝修。今当下品，谓为令业重惑多者善根难发，故说礼忏方便，消恶业障，远离痴慢，出邪魔网故。

六者，为示修习止观，对治凡夫、二乘心过故。

此当中品也。下文修习止观门中双明止观，遣凡小二执，故云“对治”。

七者，为示专念方便，生于佛前，必定不退信心故。

此当上品也，即下文修行信心分末，劝生净土，为劣根怯弱众生，恐后报缘差成退，故令往生净土，成不退也。

八者，为示利益，劝修行故。

此即下劝修利益分，谓为懈慢众生，举彼损益，劝令修习，总策成前诸行也。

有如是等因缘，所以造论。

此总结造论因缘也。盖菩萨本意为度众生，故以众生发起造论之因缘也。此八因缘，初一是总，余七别缘，总括一论，具载下文。

问曰：修多罗中具有此法，何须重说？答曰：修多罗中虽有此法，以众生根行不等，受解缘别，所谓如来在世，众生利根，能说之人色心业胜，圆音一演，异类等解，则不须论。

此问明所以造论之意也。问曰：如上所示一一法门，佛说契经中具有，何暇重论？答曰：以众生根有利钝，受教之缘不等，故有经论之殊。“所谓”下，释成根机不同，受解各别，故有经论广略之不一也。盖如来在世，众生根利，机因胜也；亲见佛身三业殊胜，亲闻圆音，缘胜也。如此则一音演说，异类齐解。此则尚不假结集之经，又何须论。

若如来灭后，或有众生能以自力广闻而取解者，

此言如来灭后根机不一，因缘各别，受解不同，于经于论则有广略不等也。且如来灭后，当正法之时，去佛不远，众生根利，有自智力，故能广闻多经而取解者。

或有众生亦以自力少闻而多解者，

此亦利根众生，有自智力，不假多闻，或一言之下心地开通，一轴之中义天朗耀。如上二类之机，则不须论。

或有众生无自心力，因于广论而得解者，

此乃劣机钝根，无自智力，不能于经解甚深义，要假广论多闻而得解者。

自有众生复以广论文多为烦，心乐总持，少文而摄多义，能取解者，

此自有厌烦要略之机，故略论不可不作，正为此论之因缘也。

如是此论，为欲总摄如来广大深法无边义故，应说此论。

此结今造论之意也。此论始终万一千余言，则已总摄如来广大深法无边妙义，尽在其中，可谓文至略而义至广，所谓总百部大乘奥义，包括无遗，廓法界一心，如观掌果，诚入理之玄门，修行之妙指也。学者可不尽心焉。

已说因缘分，次说立义分。

摩诃衍者，总说有二种。云何为二？一者法，二者义。所言法者，谓众生心，是心则摄一切世间出世间法，依于此心显示摩诃衍义。何以故？是心真如相，即示摩诃衍体故。是心生灭因缘相，能示摩诃衍自体相用故。

此立义分，首标一心宗体，以显大乘名义也。所言法者，谓一真法界大总相法门体，即如来藏清净真心也。然而此心，体绝圣凡，本无迷悟，自性清净，了无妄染，离名离相，绝诸对待，唯一真源，更无二法，又何有大乘之名耶？《楞伽》云："大乘非乘。"今言大乘者，盖依众生心而立此名也。所言总摄世出世法者，经云“如来藏转三十二相入一切众生身中”，是则迷如来藏而为识藏，乃众生心也。以此心乃不生不灭与生灭和合而成，名阿赖耶识。而此识体原是真如，亦名本觉，本无生灭，今因无明动彼净心而有生灭，故为业识。以此心本是真如，故摄出世四圣之法；以依业识则有生死，故摄六凡之法，故云“是心摄一切世间出世间法故”。今依此心显示大乘义者，以法界一心，具有体、相、用三大义故。今依此一心，开真如、生灭二门。若约真如门，则离一切相，名言双绝，但显其体，不显相用，故云“即示摩诃衍体”。若约生灭门，则妄依真起，即显相用，故于生灭门中具显体、相、用三大之义，是故名“大”。依此真妄二法有二转依，是故名“乘”，故云依众生心显示大乘义也。此总出大乘得名之所以。先示真妄心法，通为大乘法体也。

下示三大义。

所言义者，则有三种。云何为三？一者体大，谓一切法真如平等不增减故。二者相大，谓如来藏具足无量性功德故。三者用大，能生一切世间出世间善因果故。一切诸佛本所乘故，一切菩萨皆乘此法到如来地故。

此标列义门，以显大乘得名，为下正义之张本也。所言义者，谓名依义立，有何义故而立大乘之名耶？以有三大义，故得大名。以有二运转义，故得乘名。此之名义，盖因真妄二法和合而有，故云“依众生心显示摩诃衍义”也。若言其体，则唯一真如，平等不二，不增不减，故但言体。今依如来藏随染净缘，以随净缘，则具无量自性功德，则成出世间因果；以随染缘，则变自性功德而为恒沙烦恼，则成世间因果，故相用方显。以此三大，染净之所不亏，生灭之所不变，是故名大。诸佛菩萨皆乘此心，是故名乘。一论大旨，唯释此义，故为宗本。

已说立义分，次说解释分。

此结前生后。

解释有三种。云何为三？一者显示正义，二者对治邪执，三者分别发趣道相。

此标列释名也。显示者，正释大乘所依法义。对治者，既明正体，须遣异计。上释“大”义。发趣者，趣进次第，正明“乘”义。此正宗一分有此三段，依义解释。

显示正义者，依一心法有二种门。云何为二？一者心真如门，二者心生灭门。是二种门皆各总摄一切法。此义云何？以是二门不相离故。

此标宗本正义，以释立义“依众生心显示摩诃衍义”，为一论之纲要也。此论宗《楞伽》等经所造，今一心二门，盖依经而立也。经云：“寂灭者名为一心，一心者名如来藏。”此心一法不立，有无俱遣，生佛皆空，故云“远离觉所觉，是二悉皆离”。是则真妄不立，寂灭湛然，故经中百八句，大慧约十法界名相妄想而问，故佛答云一切皆非。今云是心真如为一法界大总相法门体，即经所示寂灭一心也。以一心寂灭不可说示，故大慧便问诸识有几种生住灭？是约生灭门中容有言说，故五法、三自性皆依生灭门而有也。以经云：“诸识略有三种相，谓真识，现识，分别事识”，故今论依一心立二门者，盖依真识立真如门，依现识、分别事识立生灭门。故今真如乃一心之真如，故名相妄想一切皆非，一法不立，四句俱遣。以依二识故，三细、六粗、五意、六染总属名相，皆生灭门收。此论立义之宗本也。前立义中云众生心摄世间出世间法者，盖总约真妄和合之一心，以通含染净诸法，为显大乘依之而得名也。今云是二种门皆各总摄一切法者，以显如来藏识藏，真妄和合，各有力用，互相含摄，以显不思议熏变之妙也。以如来藏具有恒沙诸净功德，今迷而为识藏，而变恒沙净功德而为染缘。今言“各总摄”者，以如来藏随净法熏，则真有力而妄无力，故染缘即变为净法，则总摄染缘于如来藏中，通为不思议之净用。若随无明染缘熏，则妄有力而真无力，故净德即变为染缘，则摄净德于藏识中，通为不思议之业用。是则总是一如来藏，但随染净熏变，以致真妄各别，互相含摄，故云“以是二门不相离故”也。此明如来藏不思议熏变之妙，故以此“各总摄”标显。向下论文中生灭因缘、染净熏习，皆发挥此三字而已。

心真如者，即是一法界大总相法门体，所谓心性不生不灭，一切诸法唯依妄念而有差别，若离妄念则无一切境界之相。是故一切法从本以来离言说相，离名字相，离心缘相，毕竟平等，无有变异，不可破坏，唯是一心，故名真如。

此标释立义分中“是心真如”也。何以名真如耶？谓即是一法界大总相法门体。“一法界”者，即无二真心，为万法之所因依。界者，因也。“总相法门体”者，即一切圣凡依正因果之总相，皆依此心而为其体。然此心体本不生灭，所谓常住真心也。既云一真，元无差别之相，而今有差别者，唯依妄念而有返显。若无妄念，则湛寂一心，了无差别境界之相矣！虽则万法差别，法法皆真，是故一切法从本已来言思路绝，心行处灭，故一切言说、名字、分别皆不可得，故皆云“离”也。由是染净不能异，故云毕竟平等。四相所不迁，故无变异。不属有为，故不可破坏。唯是一心，更无别法，以不妄不变，故名真如。

以一切言说假名无实，但随妄念不可得故。言真如者，亦无有相，谓言说之极，因言遣言。此真如体无有可遣，以一切法悉皆真故；亦无可立，以一切法皆同如故。当知一切法不可说不可念故，名为真如。

此释上离缘，以显真如绝待也。问：何以真如离名言相耶？答：以一切言说假名无实故。问：何以离心缘相耶？答：以随妄念不可得故。问：若名言心缘一切皆离，如何是真如相耶？答：真如者亦无有相，以真如体离相寂灭，不可以相取故。问：既离名绝相，何以有真如之名耶？答：以真如之名，乃言说之极，此名之外更无有可加者，故以真如之名，以遣名言之执耳，非是真如有相可名也。问：若名言既遣，而此真如之体亦可遣耶？答：此真如之体真实无妄，则无可遣。以可遣者妄耳，不可遣者真也。以一切法悉皆真故，无可遣也。问：若诸妄俱遣，唯立真如一法耶？答：亦无可立，谓若真外别有一法，则言可立。以一切法皆与真如同体，无二无别，又何可立？以有如是义故，当知一切法不可说不可念，故名真如。此究竟离相之地也。

问曰：若如是义者，诸众生等云何随顺而能得入？答曰：若知一切法虽说无有能说可说，虽念亦无能念可念，是名随顺。若离于念，名为得入。

此问明随顺得入，以明观智境也。问曰：言真如之体，既言思路绝，举心即错，动念即乖，则诸众生等云何随顺而得悟入？答曰：若知一切法虽说无有可说，虽念无有可念，此是方便随顺。若离于念，名为得入。以离念境界唯证相应，故云得入。

上明离言以明观智境，下依言辨德以明生信境。

复次真如者，依言说分别有二种义：一者如实空，以能究竟显实故。二者如实不空，以有自体，具足无漏性功德故。

此依言辨德，以释立义分中“是心真如相”也。前显离言，但示其体，故云即一法界体，平等无二。今则依言辨相，故云有二种义。义即相也，以即体之相故，但标真如，谓显体有空、不空二义也。如实空者，谓真如实体之中空无妄染，以妄空故，实体自显，故云究竟显实。如实不空，言“有自体”者，以异妄无体，谓自体不空，非断灭也。言“具足无漏性功德”者，以异恒沙有漏烦恼，故云具足等。言如实体中虽空无妄染，而能具足无漏性功德故。《佛性论》云：“由客尘空故，与法界相离。无上法不空，与法界相随。”是则妄染虽空，而德相不空也。

所言空者，从本已来一切染法不相应故，谓离一切法差别之相，以无虚妄心念故。

此略释空义也。谓真如实体但依妄染本无，故说体空，若离妄染，则无空可说，谓此真体从来与一切染法不相应故。“谓离一切妄法差别之相”

则绝境。“以无虚妄心念”则绝心。心境皆绝，故言如实空耳。

当知真如自性，非有相，非无相，非非有相，非非无相，非有无俱相；非一相，非异相，非非一相，非非异相，非一异俱相。

此广释空义，以显真如实体，本离四句绝百非也。然有无四句乃内教学佛法不得意者所计也，一异等四句乃外道谬计也。谓真如之体，即般若真空。若不得般若义，则妄起四计，是为四谤。今显四句既离，百非自遣，般若实体平等现前，故总云“非”。《楞伽》百八俱非，总不出此二四句计。

乃至总说，依一切众生以有妄心，念念分别，皆不相应，故说为空。若离妄心，实无可空故。

此结显空义也。谓真如实体非思量分别之境，故众生种种妄想分别，皆与此体总不相应。以为遣彼妄念，故说体空，若离妄心，则空亦不立矣！又何有空之一字可说也。此则妄念既离，真亦不立，所谓究竟显实也。

所言不空者，已显法体空无妄故，即是真心常恒不变，净法满足，则名不空，亦无有相可取，以离念境界，唯证相应故。

此明不空义也。谓此不空更非别法，即前已显法体空无妄染，即是真心常恒不变之实体。而此体中本有恒沙净德，向被妄染遮障不显。今妄染既离，则本有净法满足，以此义故，名为不空，不是别有实法可取也。惟此不空之体非妄念分别可到，乃是离念境界，唯证相应，故永嘉云唯证乃知难可测也。

上释心真如门竟。下释心生灭门，有二大科：初释生灭心法，二辨所示之义。初中又二：初染净生灭，二染净相资。且初。

心生灭者，依如来藏故有生灭心，所谓不生不灭与生灭和合，非一非异，名为阿黎耶识。

此释立义分中“是心生灭因缘相”。先明生灭心，以显一心之源也。

言依如来藏者，即所立一心真如，乃一法界大总相法门体也。以此心体本来无染，故云自性清净；寂灭湛然，故云不生；常住不动，故云不灭；不妄不变，故名真如；一切如来恒沙净德性自具足，故名如来藏。以此藏性本无迷悟，了无圣凡，而为十法界一切圣凡因果所依，故云一法界大总相法门体，故论立此为一心真源。《楞伽》云："如来藏为生死因，若生若灭。"故今在生灭门中，要显此心为迷悟依，故云"依如来藏有生灭心"，譬如波涛依海水而有也。若据此一心真如，则了绝圣凡，故云三界唯心，则心外无一法可得。今显圣凡迷悟因果，皆生灭门收，所谓不了一法界义故，不觉动念而有无明。迷此真心，变为藏识，故经云识藏如来藏，故云"不生不灭与生灭和合，非一非异，名为阿黎耶识"。经喻如波涛依水，正显万法唯识也。故论立此识为生法之本，故下三细、六粗、五意、六染，皆依识变，即返妄归真，亦依此识断证。故《楞伽》约真如门，则一切皆非，不容有说，而可说者，盖约生灭门耳。此一论之宗依，学者须先识其源头，故概示于此。

此识有二种义，能摄一切法，生一切法。云何为二？一者觉义，二者不觉义。

此依真妄和合，释此识有二种义，以显迷悟因依也。二义者，即觉、不觉二义也，经云"如来藏转三十二相入一切众生身中"，以此识称心意意识，故名众生。谓此识本如来藏所成，而为众生本有之佛性，故云觉义。今被无明障蔽而不知，故云不觉义。能摄、能生者，谓圣凡依正因果，依此一心建立，含摄无遗，故云摄一切法。今以随无明流而生三细六粗一切世间之染法，依始觉返流则生出世四圣之净法。是则染净因果，皆从真妄熏变，皆此识之力用，故云能摄、能生。

所言觉义者，谓心体离念。离念相者，等虚空界无所不遍，法界一相，即是如来平等法身，依此法身说名本觉。

此显众生本有不迷之佛性也。所言众生佛性者，乃如来藏，实诸佛之法身。今虽流转五道而为众生，而本体湛然常住，不动周圆，未曾欠缺。但因众生一念无明妄心遮障而不显现，故日用而不自知，以众生从来不曾离念故。若能离念，则本体廓然，如太虚空，无所不遍，则一切妄念差别境界，融成一味真心，唯法界一相，更无对待。惟此即是如来平等法身，乃众生之本有，故依此法身说名本觉。《大经》云："我于一切众生身中成等正觉"，盖依此平等法身，故说众生旧来成佛，依此义也。

何以故？本觉义者，对始觉说，以始觉者即同本觉。始觉义者，依本觉故而有不觉，依不觉故说有始觉。又以觉心源故名究竟觉，不觉心源故非究竟觉。

此核本觉得名，以显始觉为返流还净之智也。由前明妄依真起，故说依黎耶有觉不觉，此迷妄之通相也。今就一觉而分本始二义，盖别显从迷返悟，要依始觉之智为张本也。然此觉性，若约不迷，但直名觉，今因在迷中，一向不觉，特因始觉而显，然非新生，乃是众生之本有，故云本觉。今日方觉，故云对始觉而说也。且此始觉亦不从外来，特由本觉内熏之力而发，更无二体，故云即同本觉。是则始、本不二，元一觉也。又今言始觉义者，亦非创起，盖依迷本觉之无明心中而发，一向不觉，今始觉之者，要显实由本觉内熏之功，故云依本觉等。譬如醒人而有睡梦，从梦觉者即本醒人，非他人也。原此觉性元无二义，今就三细六粗迷源既远，若返流还净，要始觉有功，本觉乃显。然依四相，始觉灭相，渐渐觉至生相，生相既破，归一心源，法身全显，名究竟觉。其在中路，未至心源，皆非究竟也，故下约四相以明始觉之渐。

此义云何？如凡夫人，觉知前念起恶故，能止后念，令其不起，虽复名觉，即是不觉故。

此征释上究竟不究竟义，以明始觉渐次也。若约返流寄位，当依三细六粗。此中正说一心生灭，尚未发明粗细之相，今因说始觉故，姑就始终生、住、异、灭四相，以明从凡至圣，以显返流渐渐至究竟觉，假此以显始觉之相也。“如凡夫人”下，谓从观行位，先觉灭相也。言觉灭相者，谓众生造业之心，念念生灭，未曾暂止，今觉此一念灭处，正是引起后念造业之心令生也，故觉了前念起恶之心灭时，即就灭处止其后念之恶更不容起，故念念灭时，念念止之，止之既久，则令恶念不生，此所谓止恶防非。故虽觉恶念不容其起，但在生灭心中遏捺，未见不生灭性，故云虽觉即是不觉。若约后六粗，当觉起业相。

如二乘观智、初发意菩萨等，觉于念异，念无异相，以舍粗分别执著相故，名相似觉。

此明觉异相，当三贤位也。言“如二乘观智”者，谓二乘人作生空观，破分别我执。初发意菩萨即依彼生空作法空观，破分别法执，从信入住，至十向满心，渐断分别二障，名相似觉，为觉异相。言“异相”者，谓我法差别对待不忘。渐渐觉破执取之念，了不可得，故云“念无异相”。约六粗，当破执取、计名字，故云“舍粗分别执着故”。以未见真如，但比观而知，故云“相似”。

如法身菩萨等，觉于念住，念无住相，以离分别粗念相故，名随分觉。

此明觉住相，当地上菩萨也。言法身者，谓地上菩萨依真如法为自体，故名法身。言住相者，谓分别境界，能所对待，念念未忘，心有所著，故云住相。今地上菩萨入真如观，观察自心念念分别，住无住相，则能离分别粗念。此约六粗三细，当觉智相、相续及能见、能现四种住相。此四名为俱生我法二执，分破分证，故名随分觉。此上三相，皆非究竟，以未至心源故。

如菩萨地尽，满足方便，一念相应，觉心初起，心无初相，以远离微

细念故，得见心性，心即常住，名究竟觉。

此明觉生相也。谓十地菩萨真穷惑尽，悉皆究竟，故云满足方便。言“方便”者，乃观行修断之法也。以此菩萨研真断惑至此，以一念观心，与无念相应，从此更无可断矣！此总显究竟觉心，下明究竟之所以。言“相应”者，但觉一念无明动心初起之时，自心体中了无初起之相，本自寂灭无生，故云“心无初相”。是则无念真心远离最初微细动念，故得见心性，既无生相变异，唯一心源，故云“心即常住”。至此始本合一，名究竟觉也。

是故修多罗说，若有众生能观无念者，则为向佛智故。

此证明无念为成佛之捷要也。意谓不但菩萨修断以至无念名为究竟，即凡诸众生二六时中苟能观察无念者，则念念向佛智矣！成佛之要，无逾此者，故特揭示于此。

又心起者，无有初相可知，而言知初相者，即谓无念。是故一切众生不名为觉，以从本来念念相续，未曾离念，故说无始无明。

此重显无念，以释心有初相之疑也。恐惑者闻觉心初起之说，将谓有初相可知，故此释云：又心起者，无有初相可知，今言知初相者，盖知最初本无念也。以此无念为究竟觉，则知一切众生皆不名觉，以从来未曾离念。以有此念，故说无始无明。由是观之，一切众生无边生死，但依一念而系之也。

若得无念者，则知心相生、住、异、灭。以无念等故，而实无有始觉之异，以四相俱时而有，皆无自立，本来平等，同一觉故。

此明究竟一心真源也。良以真源湛寂，本无生灭。然此生灭但因妄念而有，今若得无念，则知四相同时，寂灭平等，唯一真心，更无先后。是则真觉圆明，本来不迷，又何有觉？以寂灭心中四相同时，其体本空，故皆无自立。以当体无生，故云平等，同一真觉。此言既无四相可觉，又何有始觉之异耶？此实究竟一心之旨也。

上明始觉。下明本觉义有二：初明随缘本觉，二明性净本觉。且初。

复次本觉随染分别，生二种相，与彼本觉不相舍离。云何为二？一者智净相，二者不思议业相。

此承上始觉有功本觉乃显，故此明本觉出缠还净有二种相也。言“生二种”者，以前云黎耶生一切法，以本觉内熏，起始觉之智，转染令净，显此二种，故云“生”。用不离体，故云“不相舍离”。言“智净相”者，由始觉智，除染还净，此出缠本觉也。“不思议业相”者，谓本觉转染还净，自然而有不思议用也。

此标名，下释相。

智净相者，谓依法力熏习，如实修行，满足方便故，破和合识相，灭相续心相，显现法身，智淳净故。

此明本觉出缠智净相也。“依法力”者，谓由真如内熏之力，及所流教法外熏之力，发起信解，依教熏修，故云“法力熏习”，此地前三贤比观相似行也。以修习力，得见真如，称真实而修，故云“如实修行”，此登地修真如三昧也。“满足方便”者，以至八地深证真如，破和合识内根本无明，灭三细相续微细生相，显现法身，染缘脱尽，觉体淳净，此全仗始觉之功也。

此义云何？以一切心识之相皆是无明，无明之相不离觉性，非可坏，非不可坏。如大海水，因风波动，水相风相不相舍离，而水非动性。若风止灭，动相则灭，湿性不坏故。如是众生自性清净心因无明风动，心与无明俱无形相，不相舍离，而心非动性。若无明灭，相续则灭，智性不坏故。

此明相灭性不坏，以释上灭相续心之疑也。恐疑者前云不生不灭与生灭和合成阿黎耶识，此识生灭即相续心也，今灭相续心则连体俱灭，岂不沦于断灭耶？故此释云：生灭者心之相也，不生灭者心之体也。以一切生灭心相皆是无明，以此无明依真而起，故云“不离觉性”。非一非异，故云“非可坏非不可坏”。以非一故可坏，以无明生灭而觉性不生灭。然可坏者无明生灭心也，如波因水有，波可灭而水不可灭，湿性不坏故。以非异故不可坏，以无明不离觉性，其体本空，故云“俱无形相”。无明实性即是觉性，是则但了无明体空，则相续心相自灭，非觉性灭，智性不坏故也。《楞伽》云：“非自真相识灭，但业相灭。若自真相识灭者，藏识则灭。藏识若灭者，不异外道断见论议。”故可灭者乃转识生灭心相，非不生灭之心体也。

不思议业相者，以依智净相，能作一切胜妙境界，所谓无量功德之相，常无断绝，随众生根，自然相应，种种而现，得利益故。

此明本觉还净而有不思议业用也。意谓本觉在迷而众生依之造业，故云业力不可思议。今出缠还净而本有不思议神通妙用，能作胜妙境界无量功德之相，随众生根自然相应而现，令得利益。此正观音大士生灭既灭，寂灭现前，即得上与十方诸佛同一慈力，下与六道众生共一悲仰，故能现三十二应、十四无畏等一一功德，利益众生。此不思议力，性自具足，故云依智净相也。故《唯识》若破七识，则云“如来现起他受用，十地菩萨所被机”。诸佛既尔，则众生有能修得本智，则妙用亦然。此显始觉之成功也。

上明随染本觉竟，下明性净本觉。

复次觉体相者，有四种大义，与虚空等，犹如净镜。

此标性净觉体，意显不迷之本觉也，谓即指前觉体，故云复次。上由始觉所显智净相，意显属修生。此下四种显属本有，故云觉体相。以虚空喻其广博包含，以净镜喻其圆明能现，二喻相成，故双举之。若依法界一心，约海印三昧，则虚空即镜，以森罗万象皆现于空镜之中。若海湛空澄，则空镜之影像印于海底，谓之海印。佛心普印法界，故名海印三昧，此理更著。

云何为四？一者如实空镜，远离一切心境界相，无法可现，非觉照义故。

此明性净本觉如实体空义也。谓本有真心乃真如实体，本自清净，不属迷悟，不假修为，广博包含，寂灭离相，故云“远离一切心境界相”。

绝诸对待，唯一真心，故云“无法可现”。寂灭湛然，故云“非觉照义”。此乃众生本具法身，不假始觉而有者。

二者因熏习镜，谓如实不空，一切世间境界悉于中现，不出不入，不失不坏，常住一心，以一切法即真实性故。又一切染法所不能染，智体不动，具足无漏熏众生故。

此明性净如实不空义也。此有二义，先明不空，次明熏习。言不空者，谓此真觉之体如大圆镜，一切世间境界悉于中现，以十法界染净依正因果皆在此一心中分明显现。此心本无内外，故云不出不入。缘至即现，故云不失。所现即真，故云不坏。以离生灭，故云常住一心。此心亦名常住法身，即是一切诸法真实之性，故在无情谓之法性，在有情谓之佛性。以众生本具，故作内熏之因也。“又一切”下，明熏习义。谓此觉性虽在众生无明染污之中，其体清净，故一切染法所不能染，以智体不动故；以性具恒沙无漏净德故，能与众生作内熏之因，故令众生觉悟无常，厌生死苦，发心修行，求出离道，实仗此自体为内熏之因，故云“因熏习”也。

三者法出离镜，谓不空法出烦恼碍、智碍，离和合相，淳净明故。

此明本有觉性依法出离也。谓众生觉性本自具有智慧德相，但为妄想颠倒而不证得。今由始觉之功，治障离垢，断二种碍，破和合识，显现本有，淳净明故。譬如磨镜，垢净明现，虽云除垢，而光明本有，不是新生，但一向障蔽，今始出离耳。

四者缘熏习镜，谓依法出离故，遍照众生之心，令修善根，随念示现故。

此明出缠本觉，即能与众生作外缘熏习也。言法出离者，即上离障出缠之本觉也。谓此觉体，生佛等同，向为众生本有佛性，作内熏之因，今修行者离障出缠，证得法身，即能遍照众生之心而起同体大悲，现种种身相，调伏众生，作外熏之缘。以大圆镜平等显现，与众生心光明互照。以众生迷而不觉，觉智圆明，故能遍照也。

上释觉义，下释不觉义。

所言不觉义者，谓不如实知真如法一故，不觉心起而有其念，念无自相，不离本觉。犹如迷人，依方故迷，若离于方，则无有迷。众生亦尔，依觉故迷，若离觉性，则无不觉。以有不觉妄想心故，能知名义，为说真觉。若离不觉之心，则无真觉自相可说。

此明不觉依觉而有，要显不觉即觉也。问曰：觉性湛然，圆明寂照，何以而成不觉耶？答曰：由不称真实而知真如法一故，忽然心起而有其念，即此一念名为生相无明。由此无明即失本明，故云不觉。即此一念本无自相，不离本觉之体，是则全真觉之体而成不觉故。如迷人依方故迷，故众生依觉故迷，若离觉性则无不觉之相矣！问曰：何以知其不觉即真觉耶？答曰：然不觉者，乃众生妄想之心也。众生虽是妄想一向不觉，若今指示即心是佛，即能知名义，以能知名识义，便是本有真觉之性，轨持生解。以此故为说众生佛性即是真觉。以此不觉乃是真觉全体而成故，若离不觉之心则无真觉自相可说。以此不觉即觉故，众生但一念回光，即同本有，能知无念，便证法身。

上明根本不觉。下明枝末不觉二：初无明不觉生三细，二境界为缘长六粗。且初。

复次依不觉故生三种相，与彼不觉相应不离。

此标无明为因生三细也。末不离本，故云相应不离。

云何为三？一者无明业相，以依不觉故心动，说名为业。觉即不动，动即有苦，果不离因故。

此标无明业相也。以拣本觉不思议业，故云无明业相。以依最初一念不觉心动，即此动心名为业相，返显觉即不动，谓觉真如则无动念，足知不觉故心动也。动即有苦者，以无边生死苦果，皆因此动念而生，故云果不离因故。若离动念，则二死永亡，故云若观无念则为向佛智。

二者能见相，以依动故能见，不动则无见。三者境界相，以依能见故境界妄现，离见则无境界。

此标释转、现二相也。以能见名转相者，谓真如智照，本无能所，今既迷智体而转为妄见，以妄有境界可见，故名为转。此见盖依动念而有，以一念动心失彼精了，便成妄见，返显不动则无见也。境界相者，即现相也。以无相真心因一念妄动则形所相，而为妄见所见之境界，故云以依能见故境界妄现。然此境界即虚空、四大之妄相。《楞严》三细云："因明立所，所既妄立，生汝妄能"，则先现后转。此则先转后现。然彼约山河大地生起之相，重在境。此单约心法生起之相，重在心。其实三细同时，本无先后也。此三细皆依无明而立。前云若无明灭则相续心灭，盖相续心依此三细而立也，以不相离，故灭则同灭。

上明无明不觉生三细，下明境界为缘生六粗。

以有境界缘故，复生六种相。云何为六？一者智相，依于境界，心起分别，爱与不爱故。

此标六粗，先明智相也，智即分别心也。谓先所现境界，不了唯心虚妄，创起慧数，分别逆顺好丑，爱与不爱故。

二者相续相，依于智故，生其苦乐，觉心起念，相应不断故。

此释相续相也。谓依所分别逆顺二境，可爱则生乐受，不爱则生苦受，数数起念，相续不断，起惑润业，引持生死，相续不断，故名相续相。

三者执取相，依于相续，缘念境界，住持苦乐，心起著故。

此释执取相也。谓先缘念境界，于苦乐等不了虚妄，深生取著，故下文云："即此相续识，依诸凡夫取著转深，计我我所"也。

四者计名字相，依于妄执，分别假名言相故。

此释计名字相也。谓依先执取虚妄心境，分别假名言相，云计名字相。

上来四相，若配我法二执，前二法执，后二我执。又惑、业、苦三，上四皆惑，下二业、苦。

五者起业相，依于名字，寻名取著，造种种业故。

此释起业相也，谓依前所分别假名言相，寻名取著，发动身口，造种种业，名起业相。

六者业系苦相，以依业受报，不自在故。

此释业系苦相也，谓先所造善恶等业，受苦乐等报，轮回三界，长缚生死，不自在故，名业系苦。

当知无明能生一切染法，以一切染法皆是不觉相故。

此结末归本，以显无明为生死染法之因也。然一切染法皆依根本无明而生，根本无明乃最初动念也。以众生从来未曾离念，故云一切染法皆是不觉之相，意显若了无念，则一切烦恼顿断，故此结指最初一念为生死苦本，欲令行人见苦知因，要知离念为修行之要也。

上总释无明为染法因，下双辨真妄同异。

复次觉与不觉有二种相，云何为二？一者同相，二者异相。

此辨真妄同异相也。初云依如来藏有生灭心，不生不灭与生灭和合，非一非异，名阿黎耶识。今既明生灭心，要明生灭即不生灭，故此辨同异也。

同相者，譬如种种瓦器皆同微尘性相，如是无漏、无明种种业幻，皆同真如性相。

此喻显生灭即不生灭也。依微尘而有瓦器，喻显染净生灭皆依真如也。“无漏”，本觉净法。“无明”，染因。此二乃是真如随缘相用，故同一真如之性也。“种种业幻”，谓本觉有不思议业，能作一切胜妙境界；无明业力能生三细六粗，作一切生死苦乐等事。此真妄二法皆是幻有，所谓生死涅槃皆如幻梦，故云“皆同真如性相”，故染净二法皆真如相用也。

是故修多罗中依于此义，说一切众生本来常住，入于涅槃。菩提之法非可修相，非可作相，毕竟无得，亦无色相可见。而有见色相者，唯是随染业幻所作，非是智色不空之性，以智相无可见故。

此引经证成同相义也。谓觉与不觉皆即真如，故众生本来常住入于涅槃，故《净名》云：“一切众生即涅槃相，不复更灭。”谓本始二觉皆即真如，故诸佛菩提非可修相，毕竟无得。前约不觉即如，故众生旧来入涅槃。次约觉智即真，故诸佛菩提无新得也。

问曰：众生既本是佛，何故不见报化之色相耶？

答曰：但约真如性德而言，以真如法体本无色相可见故也。

又问言：真如法性非色相者，何故诸佛证之而有报化种种色相耶？

答曰：彼诸佛色相，但随众生染幻心中变现，亦非本觉不空性中而有也，以本觉智非可见相故。

异相者，如种种瓦器各各不同，如是无漏、无明，随染幻差别，性染幻差别故。

此喻明即同而异也。言种种瓦器虽同微尘，但以随造作缘，各各不同。如是本觉、无明真妄二法，虽同一真如法性，本无差别，但今随染幻缘故种种差别。真妄皆言随染差别者，以诸净功德皆就染翻成，故单约染幻。所谓心性有动，则有过恒沙等妄染之义。心性无动，则有过恒沙等诸净功德相义示现。此但就众生心中转变，故云随染幻也。意谓差别者乃是染幻差别，非真如法性有差别也。此结归本无差别义也。

上释生灭心竟，下释生灭因缘。

复次生灭因缘者，所谓众生依心、意、意识转故。此义云何？以依阿黎耶识说有无明不觉而起，能见、能现、能取境界，起念相续，故说为意。

此明一心生灭，乃真妄互为因缘，以显阿黎耶识生一切法也。而众生长劫相续生死不断者，独意之一法为过最重，以众生依心意意识转故也。依心者，经云“如来藏若生若灭”，今识藏即如来藏，故说依心。然此藏心本无生灭，而生灭相续者乃意，而起惑造业者意之识也。此句标定。下征释云“此义云何”，谓如何生灭相续者是意耶？答曰：以依阿梨耶识说有无明不觉而起，此生灭之源也。依心等者，谓真如一心本无生灭，但以一念妄动，熏彼心体，迷本圆明，故说无明。此无明依真而起，熏彼藏心变为藏识。此真如为因，无明为缘，生起赖耶，当业相也，是则心通真妄。然此无明业相尚未分能所，了无对待，故虽生不生，但以无明返熏赖耶，则本有智光变为能见之妄见，令无相真体变为所现之妄境。由此见相既分，能所对待，故妄见能取境界，心境和合，复起念著，相续不断，故说此相续者乃意，非心也。此以无明为因，境界为缘，故又生起六粗之相。所以生死相续长劫而不断者，意之过也。论显意为生灭之主，以七八二识通名为意，故下释有五种。

此意复有五种名。云何为五？一者名为业识，谓无明力，不觉心动故（此显最初生相即名为意）。**二者名为转识，依于动心，能见相故**（此显能转真智而为妄见者亦意也）。**三者名为现识，所谓能现一切境界，犹如明镜现于色像，现识亦尔，随其五尘对至即现，无有前后，以一切时任运而起常在前故**（此显精明识体圆现五尘境界，所以任运恒起，持而不失常在前者，亦意之力，取以为境。此三细也）。**四者名为智识，谓分别染净法故**（此显八识虽能圆现五尘，但现而无分别，至分别染净取舍者，乃意为主也。此六粗之智相也）。**五者名为相续识，以念相应不断故**（此正显念念相续不断者，指归于意也。以一念最初无明虽生三细，心境尚未和合，故不相应。因智识分别，取以为境，而念念攀缘，生生不断者，名相续相，皆是意转。故此三细二粗，皆名意也）。**住持过去无量世等善恶之业令不失故**（上言念念相续，乃自体相续，今云住持过去等业不失，乃令他生死相续。以此意乃执取善恶染净等法，以赖耶所藏之处以为种子，名我爱执藏，故不失坏，以作未来长劫生死之因，亦意之力也）。**复能成熟现在未来苦乐等报无差违故**（此明以前所藏善恶种子为因，能感未来生死苦乐之果而不差者，亦意之力也）。**能令现在已经之事忽然而念，未来之事不觉妄虑**（此明众生日用念念攀缘者，盖由种子习气内熏，发起现行，念念不断，现前起业者，亦意之力也。下结妄源）。**是故三界虚伪，唯心所作，离心则无六尘境界**（此结过归意也。谓如来藏中本无三界生死虚假之相，故曰唯心。于今现有三界之相者，乃意依心所作耳。若此妄意一念不生，则无六尘之相。尘相既空，则妄见亦泯，一心圆明，如此则六尘境界又何从而有耶？盖显生死乃意依心所作耳）。

此明生灭因缘最初以真如为因，以一念妄动之无明为缘，故转彼真心而为藏识之业相也。既而妄念返熏业识，而转成能见能现，此无明不觉生三细也。见相一立，心境对待，而妄念取为我有，分别净秽，执之不舍，种种分别，念念相续，以取长劫生死者，此以无明为因，境界为缘，生起六粗之相，总之皆以念念相续而为根本，故此三细二粗通名为意，故八识论通名思量，是知意乃生灭之本，故此论云“众生依心意意识转”，此特生灭相续者乃意转。至若起惑造业者乃意识，谓是此意所发之识耳。故下意识别说，显此意为根也。向云此论不立七识，今此智相、相续为意，即是七识，故云：“一种是思量，七识偏名意。”今三细二粗通名意者，正《瑜伽》之作意。以念念生灭者乃作意耳，故以此意为生灭之源。

此义云何（征问生灭既云是意，如何说依心生灭耶）？**以一切法皆从心起，妄念而生**（谓心是法界总相之体，本来不生，了无一法。今现一切法者，皆从妄念作意而生，非心生也）。**一切分别即分别自心**（诸法唯心所现，以无明不了，妄生分别，其实所分别者皆自心耳，以心外无法故）。**心不见心，无相可得**（以所分别者皆妄相耳，真心无相，岂可得分别耶）。**当知世间一切境界，皆依众生无明妄心而得住持**（若了真心无相，则三界顿空。当知现有三界之相者，特依妄心而得住持耳）。**是故一切法如镜中像，**

无体可得，唯心虚妄（三界妄相乃业幻所作，本来不实，如镜现像，但唯众生妄心分别而有），**以心生则种种法生，心灭则种种法灭故。**

从“此义云何”下，征明诸法由心生灭，盖归重一念为生法之本也。良以真心本无生灭，只因最初一念无明妄动，遂转广大无相真心而为三界之妄法。是则诸法皆从心起，由妄念而生也。推一念元无自体，依真而立，则妄本即真，故诸法唯心，而妄分别者皆自心也，所谓自心取自心，非幻成幻法。但众生不了心本无相，故妄境不空。故知众生妄法皆依妄心住持，于真心中了不可得。以一念之迷，则万法齐彰，故云“心生则种种法生”。若了一念无生，则三界顿空，故云“心灭则种种法灭”。此论直指一心，但了一念无生，则顿发佛地，所谓若能观无念者则为向佛智矣！悲夫！众生从本已来，念念相续，未曾离念，故生死不断耳。

上明相续意，下明意识。

复次言意识者，即此相续识，依诸凡夫取著转深，计我我所，种种妄执，随事攀缘，分别六尘，名为意识，亦名分离识，又复说名分别事识。此识依见爱烦恼增长义故。

此明意识即前相续识，但依凡夫取著外境，执为我我所，攀缘六尘，为我受用，故名意之识。盖以相续为根，故深执着我爱起惑造业者乃意识耳。此六粗之执取、计名字二粗相也。以此识外依五根分别取境，故名分离识，又通缘内外根境种种事相，故又名分别事识。“此识依见爱”等者，盖五住地无明，显前五意总依无明住地，此意识见爱等四住地烦恼，将以起惑造业也。

上明一心生灭因缘，乃顺无明流，生起生死染法。下明依一心生灭因缘即染还净，以明顿渐不同。

依无明熏习所起识者，非凡夫能知，亦非二乘智慧所觉。谓依菩萨从初正信发心观察，若证法身，得少分知，乃至菩萨究竟地，不能尽知，唯

佛穷了。

此略明还净，以显缘起甚深也。谓此根本无明业识甚深，最极微细，今欲返妄归真，直须破此无明根本业识，方证一心之源，乃为究竟。良由此识甚深，施功不易，以非凡夫所知境界，亦非二乘智慧所觉，以二乘不知有此识故。即菩萨修行，从初正信发心观察，历过三贤，但以比观，故少分知。乃至登地法身大士，但觉住相，以极十地究竟，亦不能尽知，皆属分知，唯佛能了。故知此识甚深，岂易破哉！此言顿悟之难也。悲夫！今之参禅之士，此识行相尚且不知，即以悟道自负，岂非增上慢者哉！

下释难知所以。

何以故？是心从本已来自性清净而有无明，为无明所染，有其染心（此明本不染而染，故难可了知），**虽有染心而常恒不变**（此染而不染，难可了知），**是故此义唯佛能知。所谓心性常无念故，名为不变，以不达一法界故，心不相应，忽然念起，名为无明。**

此征明甚深难知之所以也。问：何故此识唯佛能知耶？答曰：以清净心中本来无染，因无明故有其染心，此不染而染，难可了知也。虽有染心而心体清净，常恒不变，此染而不变，故难可了知也。以此甚深微细，故非三贤十圣可及，唯佛能了耳。

问曰：既云有染，何以说常恒不变耶？答曰：以众生妄想念念攀缘，而此心体恒常，本自无念，即念处无念，故说不变，此所以难可了知也。

问曰：既云是心从本已来自性清净，因何而有无明耶？答曰：以不达一法界故，心体自不相应，忽然起念，名为无明。即此忽然起处，最极微细，不可思议，所谓不思议熏故，难可了知。以从中起故，唯佛能知，所以非菩萨所知也。

上略明还净因缘。下详示约位断惑，广明还净因缘。

染心者有六种。云何为六？一者执相应染（此六粗执取、计名字二相），

依二乘解脱及信相应地远离故（此当第六意识见思二惑，故二乘及十信能离）。**二者不断相应染**（此相续相），**依信相应地修学方便**（从十信至十向）**渐渐能舍，得净心地，究竟离故**（从三贤至初地）。**三者分别智相应染**（此智相），**依具戒地**（二地）**渐离，乃至无相方便地究竟离故**（从二地至七地能离）。**四者现色不相应染**（三细现相），**依色自在地**（八地）**能离故。五者能见心不相应染**（见相），**依心自在地**（九地）**能离故。六者根本业不相应染**（无明业相），**依菩萨尽地，得入如来地能离故。不了一法界义者，从信相应地观察学断，入净心地随分得离，乃至如来地能究竟离故。**

此详约位以辨离惑渐次浅深，广明还净因缘也。由前略示还净，顿破最初根本无明，非三贤十圣所能，唯佛能了，故此详示依位渐离之次第也。言信相应地者，乃从信入住，入生空观，单破见思，即见爱烦恼。此地虽发心志断无明，其力未充，粗垢先落，止能断见思耳。执相应染，乃六粗执取、计名字相，为见爱烦恼，属第六识，正二乘所断。不断相应染，乃相续相，天台以此名界内外尘沙惑，三贤断此乃登初地，故从初住至初地能离，以舍分别二障故。分别智相应染，乃六粗之细分，即智相，属俱生我执。然地上虽志破无明，以从初至七有相观多，但能破俱生我执耳。现色不相应染，乃现识，此在八地已证平等真如，得色自在，故能离之。能见不相应染，乃转识，为见相，九地得心自在故能离之。根本业不相应染，乃业识，即业相，此依十地满心，至等觉金刚道后，断此即入如来果海。此上离染还净之渐次也。上云为无明所染，有其染心，是则六染皆依无明为根，六染乃无明差别之相耳。今染心既灭，则无明亦随灭。今云“不达一法界义”等者，正指忽然起念之无明，亦从信相应地观察云云乃至如来地究竟离也。实教断无明约四十二分，初发信心志断无明，义见于此。然生灭因缘义该染净生灭，此还净因缘也。

言相应义者，谓心念法异，依染净差别而知相缘相同故。不相应义者，即心不觉，常无别异，不同知相缘相故。

释上六染相应不相应所缘同异也。前三染言相应者，谓心王心所各别，故云心念法异，缘所缘之境染净不同。若心王缘染净而心所亦随同之，故云知相缘相同故，名相应也。不相应者，乃即心不觉，未分王所，不与外境相应，故常无别异，故云不相应也。此中约无明熏真心成业识，生起三细，为即心不觉，未分王所，故云不相应耳。

又染心义者，名为烦恼碍，能障真如根本智故。无明义者，名为智碍，能障世间自然业智故。

此明染心依无明而有，其体虽同而为碍不同也。以染心喧动，为烦恼碍，故障根本智，染相差别故障真如平等。无明昏迷，故障世间自然业智，此如量智也。此出体，下征其相。

此义云何？

问意云：无明细，应障理智；染心粗，应障量智，何以不然？下释所以。

以依染心，能见能现，妄取境界，违平等性故。

此释烦恼障理之所以也。能见能现，三不相应染也。妄取境界，三相应染也。谓真如平等本智无能所相，今染心妄取境界，能所对待，觌体相违，故障理智也。

以一切法常静，无有起相。无明不觉，妄与法违，故不能得随顺世间一切境界种种知故。

此释无明碍障量智也。以世间诸法常寂灭相，无有起动，此唯量智能知。今无明昏迷，妄有生灭，不了诸法寂静，妄与法乖，故正障量智，使之不能随顺世间种种知也。

上释生灭因缘，下释生灭相。

复次生灭相者有二种。云何为二？一者粗，与心相应故。二者细，与

心不相应故。又粗中之粗，凡夫境界。粗中之细及细中之粗，菩萨境界。细中之细，是佛境界。此二种生灭依于无明熏习而有，所谓依因依缘，依因者不觉义故，依缘者妄作境界义故。若因灭则缘灭。因灭故不相应心灭，缘灭故相应心灭。

此释立义分中“是心生灭相”也。谓心本无相，因生灭粗细无明惑染以显其相。言相应者，乃分别执计三粗，则有外境与心相应，又王所相应。不相应者，心境未分故，无可相应。此辨粗细之相也。下约人以明。谓执计二染乃粗中之粗，是三贤所觉。分别相续乃粗中之细，及转现二染乃细中之粗，是地上菩萨所觉。若无明业相乃细中之细，唯佛能了。此离染之大段也。言二种生灭依无明而有者，显此染心依因缘而生，亦依因缘而灭也。初因无明不觉生三细，境界为缘长六粗。今因灭则缘亦灭矣！故因灭则三细灭，缘灭则六粗灭，此相依自然之势也。

问曰：若心灭者，云何相续？若相续者，云何说究竟灭？答曰：所言灭者，唯心相灭，非心体灭。

此问答以明妄相灭而心体不灭也。盖问者以妄心为体，故疑相灭而心亦灭耳。言“若心灭者云何相续”，此疑相应心若灭，则不相应染云何相续？若不相应心体不灭，则无明细染亦相续不灭，云何说究竟灭耶？意谓无明依心而有，故疑心不灭而无明相续亦不灭也。答意但灭妄染心相，不灭心体。若心体俱灭，则堕断灭，谁证佛果耶？

下以喻明相灭性不灭。

如风依水而有动相，若水灭者则风相断绝，无所依止。以水不灭，风相相续。唯风灭故，动相随灭，非是水灭。无明亦尔，依心体而动。若心体灭者则众生断绝，无所依止。以体不灭，心得相续。唯痴灭故，心相随灭，非心智灭。

此喻明妄灭而心不灭也。水喻真心，风喻无明，动相喻波浪生灭相。

法喻中，“水灭则风相断绝无所依止”者，显波有粗细，因风有大小，谓大风灭则巨浪灭，不无小风微波，正喻粗染虽灭而细染尚续，如止巨浪而微波尚存，其义自含两重耳。法合中，“若心体灭者则众生断绝，无所依止”。前云众生依心意意识转，故言心体若灭则众生断绝，无所依止也，义显二种生住灭中相生住灭虽灭，而流注生住尚在故，十地菩萨依止异熟而入佛果故，以此流注为依止故，宗门名真常流注者，此耳。

上生灭因缘相中有二大科，初染净生灭，次染净相资。前染净生灭已竟，下明染净相资。

大乘起信论直解卷上

大乘起信论直解卷下

释染净相资。

复次有四种法熏习义故，染法净法起不断绝。云何为四？一者净法，名为真如。二者一切染因，名为无明。三者妄心，名为业识。四者妄境界，所谓六尘。

上标四种名，下显熏习义。

熏习义者，如世间衣服实无于香，若人以香而熏习故则有香气。此亦如是，真如净法实无于染，但以无明而熏习故则有染相。无明染法实无净业，但以真如而熏习故则有净用。

上显染净生灭生一切法。此明染净相熏，以显一切净法起不断绝也。前云阿黎耶识能摄一切法、生一切法，上文但显染净生灭之相，乃一往所示未明圣凡因果相续不断之义，故此特云真妄互相熏习，以致因果相续长劫不断也。先列真妄心境四名，次喻明熏义，法合真妄互为因缘。经云“如来藏为恶习所熏故”，真如为因，被无明缘所熏故，变成阿赖耶识中见相心境；又黎耶为因，境界为缘，返熏心体，成六尘染相，由此故有生死流转不断。若以真如熏无明，灭诸染因，则有净用，成四十二位进修，以取菩提涅槃常住之果。此不思议熏变之力大矣哉！故此特示之。

下先明染熏，以在生灭门中，故先明无明熏真如。

云何熏习起染法不断？

此征明。熏习约有二义，一习熏，二资熏。谓根本无明熏真如，为习熏。业识返熏无明，增其不了，为资熏。又现行心境及诸惑相资，亦名资熏。

所谓以依真如法故有于无明（此言无明依真而起），**以有无明染法因故即熏习真如**（是以真如为因，无明为缘，故即返熏真如），**以熏习故则有妄心，以有妄心即熏习无明**（此无明熏真如变为阿赖耶识，有于无明，故今显无明有力，熏真如成业识，故此无明即依业识。故此业识即熏习无明，增其不了，故云），**不了真如法故，不觉念起**（真如本自无念，以无明又熏习真如，增其不了，故不觉起念，此当转相），**现妄境界**（此当现相）。**以有妄境界染法缘故，即熏习妄心**（初以熏真如成业识，即以业识返熏无明，令其增长。是则无明、业识和合为一，故此为因，起转、现二相，故有境界。即此境界返熏业识，生起六粗，故云境界为缘长六粗也），**令其念著**（此智等四粗），**造种种业，受于一切身心等苦**（此后二粗也）。

此通显无明为缘，熏习真如，变起三细六粗生死染法不断也。言无明者，即不了真如法一故，忽然念起，故名无明。经云此无明者非实有体，依真而起。即此一念熏习之力，障蔽本明故，失彼真明，故变真如而为业识，故云妄心。此起处难知，最极微细，故唯佛能了，大概以一念而为生因也。真如被熏，既变为业识，则此无明一念即为依止。而业识返熏无明，增其不了，故成转、现，而三细炳然，心境因斯而立矣！故云“不觉念起，现妄境界”也。即以境界资熏心海，起前七波浪而成六粗，以至造业受苦，故生死不断，实由于此耳。六粗，初二为念，次二为著。上总明由无明熏真如，变起三细六粗；下别明由一境界资熏妄心，成六粗相，故生死不断。

此妄境界熏习义则有二种。云何为二？一者增长念熏习，二者增长取熏习。

上明无明熏业识故现境界。此即以境界资熏业识，令其增长六粗中前四相也。一增长念者，即业识无明。今以境界资熏之力，增长意识中智相、相续，法执分别念也。二增长取者，即增长事识中执取、计名字相，人我见爱烦恼也。

妄心熏习义有二种，云何为二？一者业识根本熏习，能受阿罗汉、辟支佛、一切菩萨生死苦故（此变易生死之苦）**。二者增长分别事识熏习，能受凡夫业系苦故**（此分段生死之苦）**。**

此明妄心资熏无明，致二种生死之苦也。一者业识资熏根本无明，不能离念，所执法相不忘，故令三乘人受变易生死之苦。二者由增长分别事识资熏见爱无明，不了境界不实，则分别、执取，起惑造业，故令凡夫受分段粗生死苦。

无明熏习义有二种，云何为二？一者根本熏习，以能成就业识义故。二者所起见爱熏习，以能成就分别事识义故。

前无明熏真如故有妄心等，乃约无明依真而起，以成三细六粗总相而言。此无明熏习真如成业识，盖约所成差别也，以此业识该五意故，谓根本无明熏真如成五意。所起见爱乃枝末无明熏妄心，成分别事识。以前云境界熏妄心成六粗中念著，此说无明熏真如，故不同耳。

前染熏，下净熏。

云何熏习起净法不断？所谓以有真如法故能熏习无明，以熏习因缘力故则令妄心厌生死苦，乐求涅槃。以此妄心有厌求因缘故，即熏习真如，

此明真如内熏无明，发心修行，令成净业，此本熏也。即此净因反熏真如，增其势力，此新熏也。

自信己性（当十信）**，知心妄动，无前境界**（当十解）**，修远离法**（当行、向）**。以如实知无前境界故**（当初地）**，种种方便**（二地至九地）**起随顺行，不取不念，乃至久远**（当十地）**熏习力故**（上明返流因行次第）**，无明则灭**（下明果断次第）**，以无明灭故心无有起**（灭前三染）**，以无起故境界随灭**（灭后三染）**。以因缘具灭故，心相皆尽，名得涅槃，成自然业。**

此明净熏因果断灭次第也。因行中知心妄动，解也。修远离，行也。依解成行，修唯识寻伺等比观。如实知，则登地，见如实理。种种者，十地位中广修万行。不取者，所取无相。不念者，能念不生。久远者，谓经三祇熏修也。果中，根本无明即业、转二识，故云心无有起。以无此二染为能熏故，境界随灭。因即无明，缘即妄界，心相即六染。以无明灭则前三不相应染尽，境界灭则后三相应染尽。一切心相不出六染，故云皆尽。翻前妄心妄境，故得涅槃，以六染皆烦恼碍故。翻前无明，成自然业，以无明为智碍故。

上通明还净因果，下别明观行之人。

妄心熏习义有二种。云何为二？一者分别事识熏习，依诸凡夫二乘人等厌生死苦，随力所能，以渐趋向无上道故。二者意熏习，谓诸菩萨发心勇猛，速趣涅槃故。

此别释真如所熏妄心粗细还净，约人以彰顿渐也。

问曰：妄心熏习应成染法，何以云成返流净行？且论标妄心熏习，而释云真熏者何耶？答曰：此意最微，古今解者但约观行，至于妄心熏习之意，竟未发明，故未见作者之妙耳。以此章明标真如熏习，而此云妄心者，以前云以有真如法故能熏习无明，则令妄心厌生死苦，乐求涅槃，但明内以真如为因，乃本熏也。次云妄心有厌求因缘故，即熏习真如，乃新熏也，即是观行。以前云真如所熏妄心通该五意，自有浅深，上但通说始终因果，然尚未及分别顿渐。今以受熏之妄心返熏真如，则此能熏妄心自有粗细二义，以明顿渐差别。若因受熏之事识发心者，故成二乘之机。若因受熏五意发心者，则成三贤十圣之机。然标妄心，乃已受真如所熏之妄心，今起观行，返熏真如，殆非无明所熏之妄心也。微哉！

上明妄心熏真如粗细不同，下明真如熏无明体用不同。

真如熏习义有二种。云何为二？一者自体相熏习，二者用熏习。自体相熏习者，从无始世来，具无漏法，备有不思议业，作境界之性。依此二义恒常熏习，以有力故，能令众生厌生死苦，乐求涅槃，自信己身有真如法，发心修行。

此明真如内外熏习有体用二义也。言体者，即众生无始以来所具无漏法性，乃本有之正因佛性，此本体也。而言相者，此即体之相，乃所具无漏功德之相，即所谓恒沙称性功德也。言“备有”等者，谓此体相备有不思议之业用，在外能与一切无情作境界之性，名为法性，故法法皆真，乃外境也；内为即体之智作所观之境，即地上作有相无相观，乃内境也。以具有体相不思议作用恒常熏习之力，故能令众生发心，厌生死，乐涅槃，知真本有，不假外求，故发心修行耳。意谓若不仗此本有真如之力，则众生永无发心之时也。

问曰：若如是义者，一切众生悉有真如，等皆熏习，云何有信无信无量前后差别？皆应一时自知有真如法，勤修方便，等入涅槃。

此设问众生等具真如，发心修证不等也。然问意含有两种差别之不等，一疑谓众生既同禀真如一性平等，如何有利钝、邪正、信不信等无量差别之不等耶？二疑谓众生同仗真如内熏发心，则当一时同信、同修、同证涅槃，如何有先后迟速无量差别之不等耶？以差别居中，义该上下，译之巧耳。

答曰：真如本一，而有无量无边无明从本已来自性差别厚薄不同故，过恒河沙等上烦恼依无明起差别，我见爱染烦恼依无明起差别，如是一切烦恼依于无明所起前后无量差别，唯如来能知故。

此答意亦有两种差别不等。一谓众生固是同禀真如一性，但以根本无明内熏厚薄不等，故机有利钝、邪正、信不信等之差别也。二谓虽是一等无明内熏，其所熏成之烦恼粗细不等，故修证有迟速之差别耳。恒沙上烦恼，所知障也，细而难断，故取证迟。我见爱染，烦恼障也，粗而易断，故取证速。是则信与不信利钝迟速差别，乃无明惑染之过，非真如之有差别也。

上约无明熏习不一，下约外缘不一。

又诸佛法有因有缘，因缘具足乃得成办。如木中火性，是火正因，若无人知，不假方便，能自烧木，无有是处。

此约缘具阙明不一也。佛性有三，谓正因、缘因、了因。然真如乃本具，正因佛性也；善知识助发，缘因也；因缘具足，方得开悟，了因也。如钻木取火因缘，木中火，喻正因；人力钻取，喻缘因；火出烧木，喻断证了因。

众生亦尔，虽有正因熏习之力，若不遇诸佛菩萨善知识等以之为缘，能自断烦恼入涅槃者则无是处。若虽有外缘之力，而内净法未有熏习力者，亦不能究竟厌生死苦，乐求涅槃。

众生本具佛性，为正因。佛菩萨善知识所说，真如所流教法，为外缘。得此内外交熏，故断惑证真则易。若一有所缺，则不能厌生死苦，乐求涅槃。

若因缘具足者，所谓自有熏习之力，又为诸佛菩萨等慈悲愿护，故能起厌苦之心，信有涅槃，修习善根。以修善根成熟故，则值诸佛菩萨示教利喜，乃能进趣向涅槃道。

此明因缘具足故成就道果之易也。谓修行者内仗真如胜因熏习之力，外有诸佛菩萨胜缘助发之力，故令速趣涅槃耳。“示教利喜”者，谓得开示教诲，利益欢喜，此助缘之胜也。

上明自性之用，下明真如之用。

用熏习者，即是众生外缘之力。如是外缘有无量义，略说二种，云何为二：一者差别缘，二者平等缘。

此二种缘乃诸佛菩萨已证法身，自然而有不思议业用，随众生心感而应现，以悲愿力，作种种身形事业，成就物机，以为发心求道众生作外助缘。此法身之用，故为真如用也。以众生所具本觉心体即是诸佛平等法身，体同而用亦同，故众生有发心之用，故感诸佛成就之用也。言差别、平等者，在能感之机发心不等，故应有差别、平等之不一。谓从事识发心者，则现随类种种化身，为差别缘；若从业识发心者，则现报身而为平等缘，随其所感而应现也。

差别缘者，此人依于诸佛菩萨等，从初发意始求道时乃至得佛，于中若见若念，或为眷属父母诸亲，或为给使，或为知友，或为冤家，或起四摄，

此略示差别缘相也。差别虽多，不出慈爱以摄之，居卑以事之，同类以益之，冤家以折之，四摄以摄之，五者而已。故若见其身，若念其德，以此五类而已。

乃至一切所作无量行缘，以起大悲熏习之力，能令众生增长善根，若见若闻得利益故。

此显诸佛菩萨成就众生作外缘者，无非出于无作大悲熏习之力，殆非有心而作也。此言化用之差别。

此缘有二种，一者近缘，速得度故。二者远缘，久远得度故。是近远二缘分别复有二种，云何为二？一者增长行缘，二者受道缘。

此明能化久近差别也。此二种缘通始终因果，故云久近。如佛于大通智胜佛时为弟子下一乘缘种，今乃成熟，各得授记，此久缘也。如佛住世，灵山所化之机，见佛新发心者，为近缘，又为将来得度因缘。此通约时说。又经云佛言我今出世，开示一切众生，令未信者信，已信者增长。此增长缘。又云各得生长，此受道缘也。若约位远近，若二乘、三贤增长者近，若十地、佛果成就者远。总约机说，可以意会。

平等缘者，一切诸佛菩萨皆愿度脱一切众生，自然熏习，常恒不舍，以同体智力故，随应见闻而现作业。所谓众生依于三昧，乃得平等见诸佛故。

此明平等缘也。谓诸佛菩萨皆本愿度脱一切众生，故以同体悲智恒熏不舍。以众生乃诸佛心内之众生，故念念熏习，未曾一念暂舍。故众生但有能入三昧者，随其夙习见闻，即于三昧中现身说法，令其成就。如普贤之现身，观音之随应，皆平等缘也。

此体用熏习分别复有二种，云何为二？一者未相应，谓凡夫、二乘、

初发意菩萨等，以意、意识熏习，依信力故而能修行，未得无分别心与体相应故，未得自在业修行与用相应故。

此合明能熏真如体用平等而所熏之机有差别也。以凡夫、二乘、初发心菩萨但依意识熏习，发心者浅，唯依信力修行，未能深入真如三昧，未得无分别心与体相应，未得自在智业与用相应，此差别在机。

二者已相应，谓法身菩萨，得无分别心，与诸佛智用相应，唯依法力自然修行，熏习真如灭无明故。

此合明体用平等也。谓地上菩萨已证真如，得无分别心，故得与真如体用相应者，以唯依法力任运进修，是故得与真如体用相应也。以真智照理，故云“法力”。任运无功，故云“自然”。以此智行熏习真如，故得灭无明惑而与诸佛体用相应也。以初地至七地与体相应，八地已后与用相应。以二乘、三贤依六识比观，故未得相应也。

上明染净相资中染净熏习已竟，下明染净熏习尽不尽义。

复次染法从无始已来熏习不断，乃至得佛后则有断。净法熏习则无有断，尽于未来。此义云何？以真如法常熏习故妄心则灭，法身显现，起用熏习，故无有断。

此总结染净熏习断不断义也。谓染法无始有终，真如净法则无始终。以无明染因依真而起，此则真如乃无始之无始也；及以真如熏习无明断尽成佛，此则无明灭尽时法身显现而有不思议大用，无穷无尽，故染法有尽而净法无尽也。

前释生灭门中是心生灭因缘相已竟。下释体、相、用三大，以初标云“是心生灭因缘相，能示摩诃衍自体相用故”，至此乃释也。

复次真如自体相者，一切凡夫、声闻缘觉、菩萨诸佛，无有增减，非前际生，非后际灭，毕竟常恒，从本已来自性满足一切功德。

此言十法界通以真如为自体相，即所谓一法界大总相法门体也。由圣凡均禀，不属迷悟，故无增减。以本自真常，无生无灭，广博包含，染净融通，故云“满足一切功德”。

所谓有大智慧光明义故，

此下言性具功德也。常光朗照，无明惑染暗不能昏，故云自体有大智慧光明，即是毗卢遮那法身真体。

遍照法界义故，

实智照理，理无不彻。权智鉴物，物无不穷。

真实识知义故，

以圆照忘缘，离诸根量，故云真实识知。

自性清净心义故，

谓如来藏性永离惑染，故云自性清净。

常、乐、我、净义故，

穷三际而无改，曰常。在众苦而不干，曰乐。处生死而莫拘，曰我。历九相而不染，曰净。

清凉不变自在义故，

永离热恼，故曰清凉。四相莫迁，故曰不变。业不能系，故曰自在。

具足如是过于恒沙不离不断不异不思议佛法，乃至满足无有所少义故，名为如来藏，亦名如来法身。

恒沙德相不异真体，故云不离。无始相续，故云不断。等同一味，故云不异。以性相融通，一多无碍，理事交彻，染净无二，故云不思议。法身本具，唯佛证穷，故云佛法。以无法不包，无所少欠，故云满足。以能含摄无量性德，故云如来藏，亦名如来法身。初云总相大法门体，故结归如来藏心也。

问曰：上说真如其体平等，离一切相，云何复说体有如是种种功德？

此执体疑相难也。

答曰：虽实有此诸功德义而无差别之相，等同一味，唯一真如。此义云何？以无分别，离分别相，是故无二。

此答以即体之相，相不异体，故无分别，如大海水同一味故，以唯一真故。以差别者乃分别心也，真如永离能所分别，故无二耳。

复以何义得说差别？以依业识生灭相示。

既其真如体相不二，以何义故说有如是差别耶？以依生灭业识，具有恒沙染法，故知转染反净，即有恒沙净德差别之相也。

此云何示？以一切法本来唯心，实无于念，而有妄心，不觉念起，见诸境界，故说无明。心性不起，即是大智慧光明义故。若心起见，则有不见之相。心性离见，即是遍照法界义故（以依无明妄心染法反净，故知真如有大智慧光明义也）。**若心有动，非真识知，无有自性**（以动即妄想，妄即非真，妄无自性，动随染缘，故知不动则是真实识知，离染真净），**非常、非乐、非我、非净，热恼衰变，则不自在**（反此染法即知真如有真常、真乐、真我、真净义也），**乃至具有过恒沙等妄染之义。对此义故，心性无动则有过恒沙等诸净功德相义示现。**

“此云何”下，广显示义也。谓真如本自不动，无差别相，何从而知？但对心动即有如是恒沙妄染之相，反此不动，则知具有恒沙诸净功德也。

若心有起，更见前法可念者，则有所少。如是净法无量功德即是一心，更无所念，是故满足，名为法身如来之藏。

此明净法满足义也。若心有起，则无明染法未尽，净心未圆，则于心外尚有可念者，即是所少。今以一心圆满，诸妄尽净，则无量净德即是一心，外无可念，性自具足，是名法身如来之藏，含摄无量净德。以迷为识藏则含摄无量染法，今返妄还源故成无量净德耳。

上释体、相二大竟，下释用大。

复次真如用者，所谓诸佛如来本在因地发大慈悲，修诸波罗蜜，摄化众生，立大誓愿，尽欲度脱等众生界，亦不限劫数，尽于未来，以取一切众生如己身故，而亦不取众生相（此举本大愿也，即广大心、长时心。举悲智大方便也，如己身，悲深也；不取相，智深也，兼上亦不颠倒心也）。**此以何义？谓如实知一切众生及与己身真如平等无别异故。**

此对果举因，以明用大之本也。谓诸佛因中以见一切众生与己同一真如法身，愍其沉迷，故起同体大悲，愿度一切，誓尽众生界，不限劫数，因此修行六度以为正行，教化众生无有疲厌。此广大心、长时心也。所以不退者，以取一切众生如己身故，而亦不见有众生相故也。众生如己身，悲深；不取相，智深，此二不颠倒心也。何以不取众生相耶？以如实知众生与己真如平等，此第一心也。故《论》云："广大第一长，其心不颠倒。"此诸佛因心也。

以有如是大方便智，除灭无明，见本法身，自然而有不思议业种种之用，即与真如等遍一切处，又亦无有用相可得。

此明因智灭惑，显现法身，自然而有不思议用也。谓此大用法身本具，但向被无明障蔽不显，今因智破惑故乃得显，而与真如等遍一切处。以真如离相故，用亦无相可得。

何以故？谓诸佛如来唯是法身智相之身，第一义谛，无有世谛境界，离于施作，但随众生见闻得益，故说为用。

此问何故用无用相？既无用相何能利益众生耶？答以诸佛如来唯是法身智相之身，离于施作，故无用相，但随众生机感，随其见闻得益，故说为用。

此所谓清净法身犹若虚空，应物现形如水中月，众生心水净，菩提影现中，故云用无用相。返显若无机感，则唯是妙理本智，更无世谛生灭等相。

此用有二种，云何为二？一者依分别事识，凡夫、二乘心所见者，名为应身，以不知转识现故，见从外来，取色分齐，不能尽知故。

此下就因明果，以显用相不同也。凡夫、二乘不知唯识，向计外尘，乃六识分别，故见佛身亦从外来，以不知七识所现细相，故但见应身粗相，即三十二相应身佛也，所谓变相观空所见三类分身之佛也。所以不能见细相者，以不知转识现故，下报身即转识所现也。所言依识见佛者，以佛真法身即众生本觉真如佛性，今以内熏之因力故，众生发心厌苦求佛，以六识受熏，识粗熏浅，故佛相亦粗耳，故此见佛，约本熏说，非无因而现也。言细相依转识现者，意显无明虽迷真如而成业识，但一念不觉，尚未离真，以未和合，故未分能所。及至转相，则生灭与不生灭和合，即变法身真智而为妄见，变真理而为妄相，为众生之始，妄见境界。今返妄归真，从粗至细，断至转识，则本智现前，法身显露，以智照理，则如来藏中自性功德一时显现，所见佛身微细妙相，乃知唯心所现，故不从外来。此盖从本熏业识所现，故云转识现耳。

二者依于业识，谓诸菩萨从初发意乃至菩萨究竟地心所见者，名为报身。

此明依转识现报身也。此菩萨从十解初心，以本熏业识作唯识观，历三贤十地，究竟三昧心中所见佛身，乃报身细相，实唯心现，不从外来。而言用者，乃本觉真如自体之用，非外佛现身之用也。有作佛随机现者非此义也，以此中意正约熏变之用故（通核上下文意仍以佛随机现为是）。

身有无量色，色有无量相，相有无量好，所住依果亦有无量种种庄严，随所示现即无有边，不可穷尽，离分齐相，随其所应，常能住持，不毁不失。

此举依正二报，总显所见细相也。此即华严卢舍那佛，身土自他无障无碍，等周法界，故离分际。一真报境，所谓大火所烧，此土安稳，故云不毁不失。

如是功德，皆因诸波罗蜜等无漏行熏及不思议熏之所成就，具足无量乐相，故说为报。

此结果由因，释报身得名也。如是依正二报皆由十度行熏及本觉不思议内熏之功，以结显因熏习义也。

又为凡夫所见者是其粗色，随于六道各见不同，种种异类，非受乐相，故说为应。

此别释应身非一，盖随类所见不同也。以六道见佛各随业感，其相不同，以见同类，故云非受乐相。

复次初发意菩萨等所见者，以深信真如法故少分而见，知彼色相庄严等事无来无去，离于分齐，唯依心现，不离真如。然此菩萨犹自分别，以未入法身位故。

此别释三贤所见不同地上也。前云依业识，从初发意至究竟地，乃总说所见皆报身相，然其中亦有浅深，不无分满，故此重明也。此明三贤发心，志断无明，深信真如，但依六识分别比观，但相似觉，故云少分见。以分别未忘，未证真如，不同地上，故云未入法身。

若得净心，所见微妙，其用转胜，乃至菩萨地尽，见之究竟。

此明地上所见报身，亦渐渐圆满，至金刚后心，真穷惑尽，故云见之究竟。

若离业识则无见相，以诸佛法身无有彼此色相迭相见故。

上言依业识见者乃是报身，犹有所见，以未见法身故。今明若离业识，则见法身。以法身真体唯一真心，绝诸对待，了无色相能所，故云无有彼此迭相见故。盖言可见者虽是细妙，但属修显，从迷中返悟，故未离能所色相。此法身真体乃一心真源，不属迷悟，不借缘生，自此天真为正因佛性，故结指为究竟极则。

问曰：若诸佛法身离于色相者，云何能现色相？

此问明法身离相不碍现相也。

答曰：即此法身是色体故，能现于色。所谓从本已来色心不二，以色性即智故，色体无形，说名智身；以智性即色故，说名法身遍一切处，所现之色无有分齐，随心能示十方世界无量菩萨无量报身、无量庄严，各各差别，皆无分齐，而不相妨。此非心识分别能知，以真如自在用义故。

答意以明法报冥一，色心不二，总显一真无障碍法界，以归究竟一心真源也。法身者，一心之异称也。以心为万化之源，故云法身，是色之体，故能现色，譬如虚空非色而能出生色相，故云从本已来色心不二也。以事揽理成，全空成色，故云色性即智性故，以色体本空故，说为智身，所谓色即是空也。以全理成事，故事即理，譬如虚空遍至一切色非色处，所谓空即是色也。由理事不二，故色随空遍，无有分齐。由无二无分，故身土自他无障无碍。故十方世界无量菩萨之报身、依报庄严之国土，各各差别，皆无分齐而不相妨。所以华藏海中帝网诸刹重重交罗，由理事无碍，故得事事无碍。此非心识所知，皆是真如大自在用也。良由体周而用遍，皆一心真如之用故。论宗一心为一法界大总相法门体，故解释正义而结归于此，所谓无不从此法界流，无不还归此法界，故于生灭门中究竟显一心之极则耳。

前显示正义中大科分二，初显动静不一，从“一心真如者”起，至此二门分别已竟。下第二会相入实，显动静不二。

复次显示从生灭门即入真如门。

此令观生本无生，即生灭以入真如门也。

所谓推求五阴色之与心、六尘境界，毕竟无念，以心无形相，十方求

之终不可得。如人迷故谓东为西，方实不转。众生亦尔，无明迷故谓心为念，心实不动。若能观察知心无念，即得随顺入真如门故。

此示正观，为顿悟一心之妙也。谓一真法界本无色心，何有五阴之众生耶？良由最初一念不觉，是谓无明。以无明力，即变一心而为业识。依业识见相二分，以为色心和合，故有五阴之众生。是则众生五阴皆因一念而有也。故今不必计众生之真伪，但观一念起处本自无念，无念即无生，无生则众生本无，又何有色心诸法耶？所以教令直观无念，即当下顿入真如门矣！此观无念一着，乃佛祖指示修行之的诀。故达磨西来，教二祖"将心来与汝安"，二祖云"觅心了不可得"，六祖云"本来无物"，以下诸祖无不指示离念境界。故今参禅，不了无念之旨，更起种种玄妙思量，岂祖师西来意耶？不唯此论，即一大藏、千七百则，总归无念一语，无剩法矣！学者识之。

上显示正义竟，下对治邪执。

对治邪执者，一切邪执皆依我见，若离于我则无邪执。是我见有二种，云何为二？一者人我见，二者法我见。

人我见者，计五蕴实有主宰，是佛法内初学大乘人迷教妄执、随言执义者，非是外道等所起也。法我见者，计五蕴等一切法各有体性，即二乘所起也。

人我见者，依诸凡夫说有五种。云何为五？

此先明人我见，有二种：一者凡夫执五蕴以为实我，依之妄起邪执。二者如来藏中有本觉义，执为能证，故云存我觉我，此是菩萨所执。今云人我见，乃是凡夫初学佛法，闻前二门分别，不解离言，随语起执者，故皆以所闻佛法而言也。

一者闻修多罗说如来法身毕竟寂寞犹如虚空，以不知为破着故，即谓虚空是如来性。云何对治？明虚空相是其妄法，体无不实，以对色故有，

是可见相，令心生灭。以一切色法本来是心，实无外色，若无色者则无虚空之相。所谓一切境界唯心妄起故有，若心离于妄动则一切境界灭，唯一真心，无所不遍。此谓如来广大性智究竟之义，非如虚空相故。

此破妄执事空以为法身体也。以众生不达法身无相之理，执佛色身为有碍之色质，故说法身犹如虚空，以破彼执。闻者不达，遂妄以顽空是如来性，此邪执也。云何对治？乃破之曰：虚空是其妄法，乃妄情遍计，其体不实，理本无也。何者？以此虚空乃对色所显，遍计妄执为有，令心生灭，非法身也。何以虚空是妄法耶？以一切色法唯心所现，色本无也，若无色法而虚空亦无。何以空色俱无耶？所谓一切境界唯心妄起故有，若离妄念则一切境界顿灭，则唯一真心，无所不遍。此之谓如来法身广大性智，非如虚空相也。

二者闻修多罗说世间诸法毕竟体空，乃至涅槃真如之法亦毕竟空，本来自空，离一切相，以不知为破着故，即谓真如涅槃之性唯是其空。云何对治？明真如法身自体不空，具足无量性功德故。

此破真如涅槃为断灭空也。以有不了世出世法假名非真，计为实有者，说毕竟体空，以破彼计。闻者不知破著之言，遂执言妄计真如涅槃为断灭空。云何对治？明真如法身自体不空，具足无漏性功德故。上执虚空为法身，此执法身为断灭空，皆堕空见者。

三者闻修多罗说如来之藏无有增减，体备一切功德之法，以不解故，即谓如来之藏有色心法自相差别。云何对治？以唯依真如义说故，因生灭染义示现说差别故。

此破执如来藏性同色心也。如有闻说如来藏性体具众德，以不解本无差别，遂执如来藏同色心差别之法。此不善义，执真同妄也。云何对治？谓一切法本无差别，唯依真如随缘而有，法法皆真，唯一真如，色心不二，元无差别，但因生灭染义示现诸差别耳，乃对妄翻染说有差别，真如自性岂同色心差别耶？此破妄执如来藏同色心者也。

四者闻修多罗说一切世间生死染法皆依如来藏而有，一切诸法不离真如，以不解故，谓如来藏自体具有一切世间生死等法。云何对治？以如来藏从本已来唯有过恒沙等诸净功德，不离不断不异真如义故。以过恒沙等烦恼染法唯是妄有，性自本无，从无始世来未曾与如来藏相应故。若如来藏体有妄法而使证会永息妄者，无有是处。

此破执如来藏性有生死染法也。以闻说妄依真起，以不解随缘之义，遂执藏性具有生死染法，此执真有妄染也。云何对治？谓如来藏从本以来唯具恒沙性德，不异真如，以诸染法唯是妄有，本无自性，从来不与藏性相应。若使藏体果有妄法，则使证真息妄者无有是处也。此二执藏性同色心有生死染法，以不解随缘，妄执为实有者。

五者闻修多罗说依如来藏故有生死，依如来藏故得涅槃，以不解故，谓众生有始，以见始故，复谓如来所得涅槃有其终尽，还作众生。云何对治？以如来藏无前际故，无明之相亦无有始。若说三界外更有众生始起者，即是外道经说。又如来藏无有后际，诸佛所得涅槃与之相应，则无后际故。

此破执生死涅槃有始终见也。以闻说依如来藏有生死涅槃，以不解故，遂执众生有始，涅槃终尽，还作众生。此由闻妄依真起，便谓真先妄后，故执众生有始，复执涅槃有终，还作众生，故起始终之见。云何对治？谓众生因无明而有，迷如来藏，且藏性无有前际，况无明无始，岂有众生始起耶？若说三界外有众生始起者，即外道《大有经》中说，非七佛说也。又如来藏无有后际，而诸佛所得涅槃但与之相应而已，岂有终尽耶？

此上五见，乃凡夫有我见者，闻说佛法，以六识分别，不能离言得义，妄执言说，谬起此计耳。

法我见者，依二乘钝根故，如来但为说人无我，以说不究竟，见有五阴生灭之法，怖畏生死，妄取涅槃。云何对治？以五阴法自性不生，则无有灭，本来涅槃故。

此破二乘妄见有生死可厌，有涅槃可证，为法我见也。以闻如来但说五阴无常，未说生死即真常，以说不究竟，故妄起此计耳。以生死涅槃为我所计之法，故云法我见也。

上明对治离，下明究竟离。

复次究竟离妄执者，当知染法净法皆悉相待，无有自相可说。是故一切法从本已来非色非心，非智非识，非有非无，毕竟不可说相，而有言说者，当知如来善巧方便，假以言说引导众生，其旨趣者皆为离念归于真如，以念一切法令心生灭不入实智故。

此明究竟忘言，总归无念，妙契真如，以遣一往言说相也。以前染净相待对破空有等说，乃随病设药，皆是对待之说，未能究竟离言。今则药病俱遣，能所两忘，言语道断，心行处灭，心智路绝，世出世法一切皆非，以离念境界唯证相应故，毕竟不可说相，方为究竟离言以显真如也。于不可说而有如上所说者，盖是如来善巧方便，假以言说引导众生，其旨趣者皆为离念归于真如故也。所以必欲离念者，以念一切法令心生灭，不入实智故。由前真如门云："一切言说假名无实。当知一切法不可说、不可念，故名真如"，又云："若离于念，名为得入"，故此解释二门已毕，总明染净相待，指归离念真如，通遣一往言说相也。其旨微哉！

前对治邪执已竟，下分别发趣道相。

分别发趣道相者，谓一切诸佛所证之道，一切菩萨发心修行趣向义故。

此标章释名，以释立义分中"乘"义也。谓前一往所明真如、生灭二门，统归一心，诸佛证此以为菩提涅槃之道果，所谓"大"也。一切菩萨发心修行所趣向者，亦以此心为究竟地，所谓"乘"也。谓前已开解，非行不阶，故今以行进趣解境，以取实证，非空解也。然所趣之行，发心虽一而浅深不等，故须分别各有其相，故云"分别发趣道相"。由依解发行，行起解绝，故云"道相"。

略说发心有三种。云何为三？一者信成就发心，二者解行发心，三者证发心。

此标发心有三种相也。然此三种通该五十一位，自有深浅不同，而皆云发心者，以发有不同。然信成就发心，十信满心，初发心住，乃发起之发，亦是开发之发，以十住初心三智五眼一时开发故；解行发心，乃发行趣进之发，义该行、向，顺行十度，入十回向位也；证发心者，乃登地菩萨，已破无明，发真如用，乃发用之发，故不同耳。

信成就发心者，依何等人，修何等行，得信成就，堪能发心？所谓依不定聚众生，

此标问明发心之人也。“不定聚”者，有三聚，谓正定、邪定、不定也。今不定聚乃信前初发大心而志未决定，或进或退，谓之毛道凡夫，谓心如空中之毛，故云不定聚也，谓此即天台五品观行位人也。

有熏习善根力故，信业果报，能起十善，厌生死苦，欲求无上菩提，

此辨最初发心因行也。熏习者，以有本觉内熏及外闻真如所流教法资熏，并前世所修诸善根力因缘合集，故发心厌生死苦，欲求涅槃。然此但能信业果，未入观行，故当信前。

得值诸佛，亲承供养，修行信心，经一万劫，信心成就故，诸佛菩萨教令发心，或以大悲故能自发心，或因正法欲灭以护法因缘故能自发心。如是信心成就得发心者，入正定聚，毕竟不退，名住如来种中，正因相应。

此明由行缘资成信心住修习位也。得值诸佛，发心之因也。经一万劫，修之时也。教令等，发心之缘也。由此内因外缘，故得发决定信心，入正定聚。以发正信是成佛之正因，从此永不退失故。下明不定。

若有众生善根微少，久远已来烦恼深厚，虽值于佛，亦得供养，然起人天种子，或起二乘种子。设有求大乘者，根则不定，若进若退。或有供

养诸佛未经一万劫，于中遇缘亦有发心，所谓见佛色相而发其心，或因供养众僧而发其心，或因二乘之人教令发心，或学他发心。如是等发心悉皆不定，遇恶因缘，或便退失，堕二乘地。

此明不定性人，内外因缘微劣，故有退失也。善根微少，乃内熏力微也。惑重德薄，或倒求人天，或冀二乘，故于大乘进退未决。供佛未万劫，则时犹未满，及遇缘不胜，以见佛供僧皆住色相，或遇师下劣，或非本心，如此因缘，皆有退堕，以未入信心，不得决定故也。

复次信成就发心者，发何等心？略说三种。云何为三？一者直心，正念真如法故。二者深心，乐集一切诸善行故。三者大悲心，欲拔一切众生苦故。

上明发心因缘，此正明所发之心也。一直心者，所谓心如弦直，可以入道，谓无委曲偏邪之相，由是正念真如，此即真如三昧也。以真如为二行之本，以具无漏功德故，为自利之本；观众生性同故，为利他之本。以知体具众德，故乐修一切善行，修无修相，一一称性，故为深心，为自利行本。以同体大悲，广拔物苦，令得菩提，为利他行本。妙行虽广，三心统收，故云略说三也。

问曰：上说法界一相，佛体无二，何故不唯念真如，复假求学诸善之行？答曰：譬如大摩尼宝体性明净而有矿秽之垢，若人虽念宝性，不以方便种种磨治，终无得净。如是众生真如之法体性空净而有无量烦恼垢染，若人虽念真如，不以方便种种熏修，亦无得净。以垢无量遍一切法故，修一切善行以为对治。若人修行一切善法，自然归顺真如法故。

问明理一惑异，故须众善也。问谓上说体相无异，是则唯念真如足矣！又何假众善耶？答以惑有众多，故须众善也。以称理而修，故外净妄染，内顺真如，“方便”即观行也。

下明依上三心说四种方便。

略说方便有四种。云何为四？

一者行根本方便，谓观一切法自性无生，离于妄见，不住生死；观一切法因缘和合业果不失，起于大悲，修诸福德，摄化众生，不住涅槃，以随顺法性无住故。

此依上三心立四方便。先明直心正念真如修无住行也。依真如起行，故为行根本。谓法本无生，离于妄见，依于大智，能断烦恼，故不住生死。观法缘合，业果不失，依大悲故修诸福德，摄化众生而不住涅槃。谓空有不住，二利齐修，故名无住行。以性本无住故，随顺法性而修也。

二者能止方便，谓惭愧悔过，能止一切恶法不令增长，以随顺法性离诸过故。

三者发起善根增长方便，谓勤供养礼拜三宝，赞叹随喜，劝请诸佛，以爱敬三宝淳厚心故，信得增长，乃能志求无上之道。又因佛法僧力所护故，能销业障，善根不退，以随顺法性离痴障故。

此二依深心修止作方便二利行也。言止方便者，谓未作之恶惭愧能止，已作之恶悔过不增，故云惭愧悔过，能止一切恶法不令增长，以随顺法性修离过行，此止持也。三者发起善根增长方便者，谓未作之善令其发起，已作之善令其增长。勤供养等，即善根也，谓爱敬三宝等以增其信，乃能志求无上之道。又因三宝力护，得销业障，以坚其信。谓性本离障故，随顺法性而修，远离痴障也。礼拜离我慢障，赞叹离毁谤障，随喜离嫉妒障等。此作持也。

四者大愿平等方便，所谓发愿尽于未来化度一切众生使无有余，皆令究竟无余涅槃，以随顺法性无断绝故，法性广大遍一切众生，平等无二，不念彼此，究竟寂灭故。

此依悲心修大愿方便利他行也。发愿尽未来度一切众生，长时心也。使无有余，广大心也。皆令究竟涅槃，随顺法性无断绝也。法性广大，平等无二，究竟寂灭，第一心也。

菩萨发是心故，则得少分见于法身。以见法身故，随其愿力，能现八种利益众生，所谓从兜率天退，入胎，住胎，出胎，出家，成道，转法轮，入于涅槃。

此言发心利益也。以十住菩萨依比观门故得少分见法身，故八种利益。初住菩萨则能现八相成道，故能此事。

然是菩萨未名法身，以其过去无量世来有漏之业未能决断，随其所生与微苦相应，亦非业系，以有大愿自在力故。

此明拣异地上，以有微过故也。谓初住菩萨留惑润生，以过去之业未曾决断，故有变易及随业分段微苦，故非法身。以大愿力所持，修短自在，故不同凡夫业系。

如修多罗中或说有退堕恶趣者，非其实退，但为初学菩萨未入正位而懈怠者恐怖令彼勇猛故。

此通权教也。问曰：此菩萨已离业系，何以教中说有退堕恶趣者耶？答：非其实退，但为警初学懈怠者耳，非实退也。《本业经》中说七住菩萨已前名为退分，若不遇善知识者，若一劫乃至十劫退菩提心，遇恶知识因缘，退入凡夫，堕不善趣中，盖权为恐怖初学耳。

又是菩萨一发心后远离怯弱，毕竟不畏堕二乘地，若闻无量无边阿僧祇劫勤苦难行乃得涅槃，亦不怯弱，以信知一切法从本已来自涅槃故。

此叹实行也。以此菩萨既见法身，则知一切法即心自性，究竟平等，知久远劫不离一念，知一切法本来涅槃，故不怯弱，即显彼经是权非实。

解行发心者，当知转胜。

此明解行发心也。以前信成就乃信满入住，此由行满入向，故云转胜。以前虽修二行，犹在观行入理，此则出真入俗，故转胜也。下释转胜所以。

以是菩萨从初正信已来于第一阿僧祇劫将欲满故，于真如法中深解现前，所修离相。

此释转胜所以也。谓此菩萨始从正信至十向满心，经第一无数劫，则胜前一万劫也。以修真如离相之行，则胜十善供佛敬僧著相行也。以知一切法即心自性，成就慧身不由他悟，故云深解此胜相也。由深解法性，故顺性而修。

以知法性体无悭贪故，随顺修行檀波罗蜜。以知法性无染，离五欲过故，随顺修行尸波罗蜜。以知法性无苦，离嗔恼故，随顺修行羼提波罗蜜。以知法性无身心相，离懈怠故，随顺修行毗黎耶波罗蜜。以知法性常定，体无乱故，随顺修行禅波罗蜜。以知法性体明，离无明故，随顺修行般若波罗蜜。

此明所修离相之行也。梵语波罗蜜，此云到彼岸。言彼岸者，乃究竟真实际也。《智论》云：若修人天事六度，及二乘所修，皆未离相。以未达三轮体空者，但云檀等度，未云波罗蜜。今称般若法性，所修一一离相，故得云波罗蜜，一一皆到彼岸也。以知离悭等诸相故，称性而修，故修无修相。故回向文中真如相等，正显离相之行也。

证发心者，从净心地乃至菩萨究竟地。证何境界？所谓真如。以依转识说为境界，而此证者无有境界，唯真如智，名为法身。

此明证发心也。前三贤虽云顺性，但是比观，以无明未破，未能正证。今入初地，则分别二障已离，真如显现，开发一心，以为正证，故云证发心，以发真如大用故也。“证何境界？所谓真如”，此正证之相也。“以依转识说名境界”者，此显本智缘如，无能所相，心境一如，拣非转识后得缘如，变相观空，有能所对待，故有境界。此真如离能所相，如智独存，故无境界，唯一真如智，名为法身。

是菩萨于一念顷，能至十方无余世界，供养诸佛，请转法轮，唯为开

导利益众生，不依文字。

此下明真如胜用，具有权实之德也。以正证真如，则十方法界平等显现，如在目前，自他身相如镜交光，故一念能至帝网刹土，承事诸佛，请转法轮。以见一切众生平等无二，故唯利益一切众生。其所说法一真如心，故不依文字。此发真如不思议业用，权实并彰，故下云能示。

或示超地速成正觉，以为怯弱众生故。或说我于无量阿僧祇劫当成佛道，以为懈慢众生故。能示如是无数方便，不可思议，而实菩萨种性根等，发心则等，所证亦等，无有超过之法，以一切菩萨皆经三阿僧祇劫故，但随众生世界不同，所见所闻根欲性异，故示所行亦有差别。

此明依真如德用，以彰权实之行也。先明权行，言为怯弱众生惧佛道长远，即为示现超地速成正觉，如《法华》龙女、《涅槃》广额、《华严》善财是也。为懈慢众生中路懈废，故为示现经无数劫，如释迦三祇行满是也。又能示无数方便，随根调伏，不可思议。此皆权智也。其实菩萨据其实行，则种性无间故根等，依真发心故发心等，所证真如故证亦等，以法性平等，本无超过之法，以皆经三无数劫，延促同时，一际平等，亦无差别之相，但随众生见闻不同，根欲性异，故示有差别。此实德不殊，应机有异也。

又是菩萨发心相者，有三种心微细之相。云何为三？一者真心，无分别故。二者方便心，自然遍行利益众生故。三者业识心，微细起灭故。

此明地上虽有权实之用，以未究竟，故不同佛也。问曰：菩萨如是大用，岂非等同佛耶？答曰：以三种微细心相不同，故非佛耳。一者真心，无分别故，实智也。二者方便心，权智也。三者业识心，微细生灭相也。谓此菩萨虽有权实二智，以异熟未空，尚有微细生灭故，此不同佛耳。

又是菩萨功德成满，于色究竟处示一切世间最高大身，谓以一念相应慧，无明顿尽，名一切种智，自然而有不思议业，能现十方，利益众生。

此明究竟果德也。以因穷果满故，于色究竟天示成正觉，以彰现报利益受佛位故，后报众生利益故。此所谓业识尽者，自然而有不思议业用，成一切种智也。色究竟天，乃色界顶天，佛佛成道皆于此天坐莲花宫，现最高大身，成等正觉，乃报身佛也。

问曰：虚空无边故世界无边，世界无边故众生无边，众生无边故心行差别亦复无边，如是境界不可分齐，难知难解。若无明断，无有心想，云何能了，名一切种智？

此问答以明离念境界，以显一切种智也。种智者，谓一切智之种也，以能知尽虚空界，极众生心念头数，一一尽知，是名种智。且虚空世界无边故众生无边，心行差别亦无有边，如是境界难解难知，然无明既尽，绝无心想，云何一一能知而名一切种智耶？此以有思惟心，测度不思议境界，故设此问也。

答曰：一切境界本来一心，离于想念。以众生妄见境界，故心有分齐，以妄起想念，不称法性，故不能了。诸佛如来离于见相，无所不遍，心真实故，即是诸法之性，自体显照一切妄法，有大智用，无量方便，随诸众生所应得解皆能开示种种法义，是故得名一切种智。

此明离念境界唯证相应，非心识能知，得名种智也。言一切境界本来一心，故圆证此心则众生在一心中显现，即众生心念皆在寂灭心中分明照了。但众生以妄念自隔，不见如来之心，而诸佛如来既与众生心平等无二，则无能所，离于见相，故无所不遍。以佛心真实无妄，则众生心即是佛心，以自体显照自心中一切众生之妄法，故微细心念起灭头数乃至种种欲、种种忆想分别，无不分明，如镜照像，故有大智用，所以而能有无量方便随根调伏，皆能开示种种法义，是故得名一切种智，殆非有心测度而知也。

又问曰：若诸佛有自然业，能现一切处利益众生者，一切众生若见其身，若睹神变，若闻其说，无不得利，云何世间多不能见？答曰：诸佛如来法身平等，遍一切处，无有作意，故说自然，但依众生心现。众生心者犹如

于镜，镜若有垢，色像不现。如是众生心若有垢，法身不现故。

此问明法身大用常然，但以机有明昧也。问：若诸佛法身充遍，大用普周，云何世间多不见耶？答：如来法身大用常然，遍照众生，但众生心垢，无明暗蔽，故不见耳，非佛咎也。以镜喻见不见义。《华严经》云：如来出世，譬如日光普照大地，有目共睹，独生盲者不见，然虽不见，亦蒙利益。此中意贵在机，故如镜耳。

前文分别发趣道相，乃明入正定聚者依法修行之相，以结正宗，以行成解之意，已明大乘义。下文复说修行信心分者，是特为未入正定聚众生开示信心，令发正行，乃明起信之义。

已说解释分，次说修行信心分。

来意，上解释正义以明大乘，此修行信心乃明起信，为发起未入正定众生令生大乘正信，故有此来也。

是中依未入正定聚众生故，说修行信心。

此依前劣机发心不定，恐堕二乘，故特说修行信心之方便，令起大信，进趣正定也。此结前生后。

何等信心？云何修行？略说信心有四种。

此征起信行方便也。意谓前说四种方便，具明进趣修证矣！今者又说何等信心、如何修行耶？谓前已发正信者但说三心、四行，以信真如无别岐路故，即便进修。今机劣障重，必假多种方便，故说四信、五门，以为调治之方，故须此门以引摄之，非重说也。

云何为四？一者信根本，所谓乐念真如法故。

此标信本，以真如为信心之根，万行之本，故先须乐念。前胜机已信真如，但云“直心正念”。今此劣机未发正信，故云“乐念”。

二者信佛有无量功德，常念亲近供养恭敬，发起善根，愿求一切智故。三者信法有大利益，常念修行诸波罗蜜故。四者信僧能正修行，自利利他，常乐亲近诸菩萨众，求学如实行故。

上信乐念真如，则内因殊胜。此信三宝，则信外缘增胜。以因缘俱胜故，常乐常念，心心不忘，则内外交熏，故令信心速得成就，以显前退堕者因缘俱劣故也。故末法修行，舍此因缘无能发起正信矣！

修行有五门，能成此信。云何为五？一者施门，二者戒门，三者忍门，四者进门，五者止观门。

上四信心，总是发起之因。修此五门，乃助成之缘。前治宝喻有多方便，故此四信五门总该万行，故特明之。前称性修，此是专修。

云何修行施门？若见一切来求索者，所有财物随力施与，以自舍悭贪，令彼欢喜。若见厄难恐怖危逼，随己堪任，施与无畏。若有众生来求法者，随己能解，方便为说。不应贪求名利恭敬，唯念自利利他，回向菩提故。

菩萨利生，三檀等施，所谓财施、无畏施、法施也。

云何修行戒门？所谓不杀、不盗、不淫、不两舌、不恶口、不妄言、不绮语，远离贪嫉、欺诈、谄曲、瞋恚、邪见。若出家者为折伏烦恼故，亦应远离愦闹，常处寂静，修习少欲知足头陀等行，乃至小罪心生怖畏，惭愧改悔，不得轻于如来所制禁戒，当护讥嫌，不令众生妄起过罪故。

此明戒相也。然戒有多品，以三聚净戒摄之，谓摄律仪戒、摄善法戒、摄众生戒。此不杀等断三业恶，摄律仪也。少欲知足，折伏烦恼，摄善法戒也。小罪生怖，当护讥嫌，不令众生起过，摄众生戒也，以自护戒相，不令众生起罪，即摄众生也。

云何修行忍门？所谓应忍他人之恼，心不怀报，亦当忍于利衰、毁誉、称讥、苦乐等法故。

此忍相也，以境有逆顺，皆当忍之。忍他人恼，逆境也。利衰等八，通于逆顺。得财名利，失财名衰；攻他之恶为毁，谈己之善为誉；面扬其善曰称，言刺其恶曰讥；逼身为苦，适意为乐；合其逆顺，谓之八风，以此八境能击众生心海，起贪瞋烦恼波浪。今能忍之，则八风不动矣！然忍有三种，谓生忍、无生忍、寂灭忍，此生忍也。

云何修行进门？所谓于诸善事心不懈退，立志坚强，远离怯弱。当念过去久远已来虚受一切身心大苦，无有利益，是故应勤修诸功德，自利利他，速离众苦。

复次若人虽修行信心，以从先世来多有重罪恶业障故，为邪魔诸鬼之所恼乱，或为世间事务种种牵缠，或为病苦所恼，有如是等众多障碍，是故应当勇猛精勤，昼夜六时礼拜诸佛，诚心忏悔，劝请、随喜，回向菩提，常不休废，得免诸障，善根增长故。

此明进相也。先令善心不懈，立志坚强，以为精进之本。“当念”下，令思惟策进，修善无疲。“复次”下，对障重之机，示以除障方便。礼佛者，归依最胜，请求加护，此除障总相。“诚心”下，别除四障：一忏悔，除恶业障。二劝请，除谤法障。三随喜，除嫉妒他障。四回向菩提，除乐三有障。“不休废”者，总结能治。“免诸障”者，总结所治。由此四障能令行人不发善行，不趣菩提，故四障治尽，善根增长也。

云何修行止观门？所言止者，谓止一切境界相，随顺奢摩他观义故。所言观者，谓分别因缘生灭相，随顺毗钵舍那观义故。云何随顺？以此二义渐渐修习，不相舍离，双现前故。

此释止观相也。六度应云定慧二门，今云止观者，以在因曰止观，在果曰定慧。今欲双修并运，正在因行，故合为一门。言奢摩他者，义当空观。今修止门而云随顺空观义者，意显即止之观，而正意在观，谓由止以入观也。天台立有三止三观，一谓体真止，当空观，谓体合真空，诸缘自寂，一心朗照，万法如如，故为即止之观，故顺奢摩他空观义。此观真如门，成根本智。“所言观者，谓分别等，随顺毗钵舍那观义故”者，二方便随缘止，当假观，谓虽心境如如，不妨观察生灭诸法因缘幻有，虽有而性常自空，故虽观诸法因缘不舍万行，即一道常闲，故为即观之止，故云顺毗钵舍那假观义。此观生灭门，成后得智也。三息二边分别止，当中道观，谓居空而不舍万行，涉有而一道清净，二边不住，理事齐彰，中道一心，朗然齐鉴。此融会空有，妙契一心也。故由三止而成三观，是则三观一心，本无差别。今此中止观合明双修，虽未明言三观而理实具足，以但了空假二门，则一心中道自显。此为趣大乘之要门。故此五门，前四但是助成方便，而论意正在止观一门，故下备显修相。在天台大小《止观》，义有多门。其修行之要，独此论所明最为简要直捷，学者可不尽心焉。

下明修止观之方。

若修止者，住于静处，端坐正意，不依气息，不依形色，不依于空，不依地水火风，乃至不依见闻觉知，一切诸想随念皆除，亦遣除想，以一切法本来无想，念念不生，念念不灭，亦不得随心外念境界后以心除心，心若驰散，即当摄来住于正念。是正念者当知唯心，无外境界，即复此心亦无自相，念念不可得。

此广明修习止观行相也，而修心入定之方，备示于此。住于静处，舍外缘愦闹处也。天台《小止观》明入定之初，先学调身心息。此中端坐，调身也，不俯不仰，故云端坐。正意，调心也，不沉不浮，惺寂双流，故云正意。以此不依气息，故不调息耳。不依气息形色，离身也。不依虚空四大，离世界也。不依见闻觉知，离心也。故古德教人参禅，内脱身心，外遗世界，只须离心意识参，出凡圣路学，离妄想境界求，故此皆云不依，即脱也。“一切诸想”至“念念不灭”五句，的是用心方法也。一切众生迷本真心，一向但依妄想用事，故今修习以除想为最。故《楞伽》云“从上诸圣，转相传授，妄想无性”一语，为的要也。

问曰：妄想无性，云何除耶？答曰："一切诸想随念皆除"，谓此一念者乃直心正念真如之念也，方今用心，单提此一念为主，更无二念。以此一念观照之力，但见妄想起处，随即一念照破，当下消灭，更不容其相续，永嘉所谓断相续心也。参禅之要，无越此一念者，此的示其要也。"亦遣除想"者，谓遣除想之念也。初以一念除想，妄想既灭，即此一念亦无容立，故亦须遣之。

问曰：既云正念，又何遣耶？答曰：以此一念特为遣想而立，以真心自体本来离想，又何容念？以妄想无性故非本来有，妄想既非本有，若立一念以待妄想，是又为资妄之本也，故此念亦无可立。以立处即真故，真妄俱泯，能所两忘，乃名正念。以一念不立则念念无生，若念念无生则常光现前，寂照朗然，念念不灭矣！此参禅之的旨也。

言"不得随心外念境界后以心除心"者，此示不善用心之病也。谓当一念观照之力，更不随妄想转。若随妄想外念境界，然后却才以心除心者，此是以妄除妄，乃逐生灭流转。如此用心，毕竟不离生灭妄想，实不善用心者也。故下云："若心驰散即当摄来归于正念"，谓才妄想生处，即便照破，不随他转，即归正念，不待随心外缘而后摄也。故结示云："当知唯心，无外境界"，不但外心外境，即复此心亦无自相，以念念不可得故。以内外心境一切寂灭，如此念念熏修，自然体合真如，所谓即止之观也。

若从坐起，去来进止，有所施作，于一切时，常念方便，随顺观察，久习淳熟，其心得住。以心住故，渐渐猛利，随顺得入真如三昧，深伏烦恼，信心增长，速成不退。唯除疑惑、不信诽谤、重罪业障、我慢懈怠，如是等人所不能入。

此示方便随缘止也，谓止非常坐，故示随缘修习，勿得暂替。以观察既久，渐渐淳熟，其心自然安住真如三昧，烦恼渐伏，信心增长，即可速成不退也。如是三昧，但有能信肯行者无不皆得，唯除不信障重我慢者不能得入，此则非机，返显唯以信得入也。故云佛法大海，信为能入，

正此谓也，

复次依是三昧故，则知法界一相，谓一切诸佛法身与众生身平等无二，即名一行三昧。当知真如是三昧根本，若人修行，渐渐能生无量三昧。

此结示止观胜益也。言依三昧知法界一相者，法界即十法界，圣凡染净差别之相也，安得平等？唯依真如三昧，总观诸佛法身与众生身平等无二，此名一行三昧，以唯一真如，恒沙诸佛法界了无差别之相，故平等耳。以真如是三昧根本，具有不思议大用故，若人修行，渐渐能得无量三昧也。

上修止观竟，下辨魔事。

或有众生无善根力，则为诸魔外道鬼神之所惑乱，或于坐中现形恐怖，或现端正男女等相。当念唯心，境界则灭，终不为恼。

此明魔事破坏定心，略示其相，使知对治也。《楞严》具明魔事，依禅定中五阴未破而现，有五十种，深浅不一，且云或为天魔、诸恶鬼神、精魅魍魉，佥来恼汝，或汝阴魔心魔自作其孽，一一详示，此但略说其概耳。此言“诸魔外道鬼神”，盖谓因中亦修禅定，以恶习邪见堕落此中者，故禅定气分熏发，故现形作恼耳。言“当观唯心，境界则灭”者，谓虽外魔能挠，抑由自有恶习，因定熏发，故于自识，托彼外质，变影为害，故云唯心，无外境界。若观唯心，则自灭矣！

或现天像、菩萨像，亦作如来像，相好具足，若说陀罗尼，若说布施、持戒、忍辱、精进、禅定、智慧，或说平等、空、无相、无愿，无怨无亲，无因无果，毕竟空寂，是真涅槃，或令人知宿命过去之事，亦知未来之事，得他心智，辩才无碍，能令众生贪着世间名利之事。

此习气魔也，此魔盖因行人多生亲习佛法，执相未忘，或习空见以为究竟，贪求宿命知见，故今因定熏发，于三昧中，故现此事，以本因不正，故令贪着世间名利之事，此正唯心变现也，

又令使人数嗔数喜，性无常准，或多慈爱，多睡多病，其心懈怠，或卒起精进，后便休废，生于不信，多疑多虑，或舍本胜行，更修杂业，若著世间种种牵缠，亦能使人得诸三昧少分相似，皆是外道所得，非真三昧。

此烦恼魔也。此魔盖由曾习外道三昧，未断烦恼，今虽依佛法修行，以未入正定故，熏发宿习，现此事耳。

或复令人若一日、若二日、若三日乃至七日，住于定中，得自然香美饮食，身心适悦，不饥不渴，使人爱著，或令人食无分齐，乍多乍少，颜色变异。以是义故，行者常应智慧观察，勿令此心堕于邪网，当勤正念，不取不著，则能远离是诸业障。

此欲魔也。以众生在五欲中，以食为命，故摄受欲食，多生贪著，夙习浓厚，从来未曾一念舍欲食也，故今虽在定中，熏发欲习，以适悦身心故深生爱著。故教令常应智慧观察，当勤正念，不取不著，则远离也。

应知外道所有三昧，皆不离见爱我慢之心，贪着世间名利恭敬故。真如三昧者，不住见相，不住得相，乃至出定亦无懈慢，所有烦恼渐渐微薄。若诸凡夫不习此三昧法，得入如来种性，无有是处。以修世间诸禅三昧，多起味著，依于我见，系属三界，与外道共，若离善知识所护，则起外道见故。

此辨邪正以示真修也。以外道依我爱见慢习气而修，都成魔业，故内着邪见，外着邪欲，所谓错乱修习故也。以真如三昧湛寂一心，忘能所，灭影像，离懈慢，灭烦恼，故修行者未有不由此三昧得入如来种性者。其余世间诸禅三昧皆着我见，与外道共，若非善知识调护，则堕外道恶见矣！故《楞伽》切诫远离外道，当亲近最胜知识也。

复次精勤专心修学此三昧者，现世当得十种利益。云何为十？一者常为十方诸佛菩萨之所护念。

以真如三昧妙契佛心，故为护念。

二者不为诸魔恶鬼所能恐怖。三者不为九十五种外道鬼神之所惑乱。

以离恶习邪见，故离天魔外道之邪惑。

四者远离诽谤甚深之法，重罪业障渐渐微薄。五者灭一切疑诸恶觉观。

以深信自心，故离诽谤。习气渐除，故业障微薄。直心正念，故灭疑正观。

六者于诸如来境界信得增长。七者远离忧悔，于生死中勇猛不怯。八者其心柔和，舍于骄慢，不为他人所恼。九者虽未得定，于一切时一切境界处，则能减损烦恼，不乐世间。十者若得三昧，不为外缘一切音声之所惊动。

六、七以得决定信，故信佛境界，离忧不怯。八离我忘人，故不为他恼。九烦恼减损，故不乐世间。十寂尔忘缘，故不为外动。六尘独言音声者，以入定时五根俱闭，唯耳根虚通，故音声易动。今言不动，所谓入流亡所也。

上修止竟，下修观。

复次若人唯修于止，则心沉没，或起懈怠，不乐众善，远离大悲，是故修观。

心沉没者，以向真如，专于趣寂故，心易沉没，故有二失：一者懈怠不修，则失自利，故下法相观以治之，精进观以成之。远离大悲，则失利他，下大悲观以治之，大愿观以成之。

修习观者，当观一切世间有为之法无得久停，须臾变坏。

观行有四，初法相，二大悲，三大愿，四精进。初法相中四，此初无常观也。

一切心行，念念生灭，以是故苦。

此苦观也，

应观过去所念诸法恍忽如梦，应观现在所念诸法犹如电光，应观未来所念诸法犹如于云，欻尔而起。

此无我观也。过去无体难追，现在刹那不住，未来本无积聚，但缘集欻有，不从十方来。

应观世间一切有身悉皆不净，种种秽污，无一可乐。

此不净观也。上四观除四颠倒可知，上法相观竟。

如是当念一切众生从无始时来，皆因无明所熏习故令心生灭，已受一切身心大苦，现在即有无量逼迫，未来所苦亦无分齐，难舍难离而不觉知。众生如是，甚为可愍。

此大悲观也。以不知苦，故无厌苦之心，故苦亦无限。此可愍也，非深悲莫救。

作是思惟，即应勇猛立大誓愿，愿令我心离分别故，遍于十方修行一切诸善功德，尽其未来，以无量方便，救拔一切苦恼众生，令得涅槃第一义乐。

此大愿观也。思惟同体，故誓救拔。“离分别”，同体也。“尽未来”，长时心也。“救拔一切”，广大心也。“得涅槃”，第一心也。

以起如是愿故，于一切时一切处，所有众善，随己堪能，不舍修学，心无懈怠。

此精进观也。

唯除坐时，专念于止。若余一切，悉当观察应作不应作，若行、若住、若卧、若起，皆应止观俱行。所谓虽念诸法自性不生，而复即念因缘和合，善恶之业、苦乐等报不失不坏。虽念因缘善恶业报，而亦即念性不可得。

此《教四仪》止观双行也。虽念诸法自性不生，止也；即观善恶因缘业果不坏，故广修诸善，摄化众生，即止之观也。虽念因缘业报，观也；即念性不可得，即观之止也。以此故居空而不舍万行，涉有而一性湛然，是谓止观双修。

若修止者，对治凡夫住着世间，能舍二乘怯弱之见。若修观者，对治二乘不起大悲狭劣心过，远离凡夫不修善根。以是义故，是止观门共相助成，不相舍离。若止观不具，则无能入菩提之道。

此约对治以明止观也。由凡夫贪着世间，二乘怖畏生死，故示即观之止，令凡夫知世无常则不着世间，二乘知本真常故不怖生死，故云“对治凡夫住着世间，能舍二乘怯弱之见”，此即观之止治二过也。若修即止之观，则治二乘狭劣之心，令起大悲，亦治凡夫，离贪着心，知世无常，勤修众善，故云“对治二乘不起大悲，远离凡夫不修善根”二过也。“以是”下，结止观俱行，共相助成。以凡夫能厌世间，故勤修众善；二乘不怖生死，故能起大悲。此止观相助，故能不住生死涅槃，方能直趣菩提，此双运之益也。

复次众生初学是法，欲求正信，其心怯弱，以住于此娑婆世界，自畏不能常值诸佛，亲承供养，惧谓信心难可成就，意欲退者，当知如来有胜方便，摄护信心，谓以专意念佛因缘，随愿得生他方佛土，常见于佛，永离恶道。如修多罗说，若人专念西方极乐世界阿弥陀佛，所修善根回向愿求生彼世界，即得往生，常见佛故，终无有退。若观彼佛真如法身，常勤修习，毕竟得生，住正定故。

此为劣机，示防退方便也。谓初学众生未得正信，内心既劣，外缺胜缘，故惧退失。故如来设胜方便，摄护其心，谓专意念佛，求生净土，以依佛保护也。即如念阿弥陀佛，得生西方，居不退地，是其行也。然净土不退，约有三位：一者如莲花未开，信行未满，此但约处无退缘，故名不退。二者花开见佛，当信位满足，分见法身，住正定聚，乃真不退也。三者三贤位满，得入初地，证遍满法身，生无边佛土，此当后位也。

上修行信心分竟，下劝修利益分。

已说修行信心分，次说劝修利益分。

如是摩诃衍诸佛秘藏，我已总说。

此结前生后也。以此论总摄如来广大深法，上已具明，故云总说。

若有众生欲于如来甚深境界得生正信，远离诽谤，入大乘道，当持此论，思量修习，究竟得至无上之道。

此下明信谤损益以劝修也。“若有”下，总显三慧之益，持即闻慧，思即思慧，修即修慧，三为能入故。如上所说一心二门，乃诸佛所证甚深境界，为所入故，须修习也。

若人闻是法已，不生怯弱，当知此人定绍佛种，必为诸佛之所授记。

此别显闻慧利益也，以此论所明一心真如乃成佛之本，若信受不怯，故必绍佛种。

假使有人能化三千大千世界满中众生令行十善，不如有人于一食顷正思此法，过前功德不可为喻。

此别显思慧益也，以十善有漏，此法一念信心即成佛种，故不可喻。

复次若人受持此论，观察修行，若一日一夜，所有功德无量无边不可得说，假令十方一切诸佛，各于无量无边阿僧祇劫，叹其功德，亦不能尽。何以故？谓法性功德无有尽故，此人功德亦复如是无有边际。

此别显修慧之益也。谓依此论修，以称性故，虽一日夜则功德无边，以法性无尽故，叹不能尽也，故结叹功德亦不能尽。

其有众生于此论中毁谤不信，所获罪报，经无量劫受大苦恼。是故众生但应仰信，不应毁谤，以深自害，亦害他人，断绝一切三宝之种。以一切如来皆依此法得涅槃故，一切菩萨因之修行得入佛智故。

此举毁谤之罪，切诫劝修也。“其有”下，举不信之罪，以诫劝修。谓此论所诠，乃诸佛慧命、三宝种性、众生法身，故若谤而不信，则断佛种，绝三宝，害众生法身，故害自害他，罪报无量也。谓一切如来依此而证涅槃，菩萨因之而成佛，固当信而勿谤也。

当知过去菩萨已依此法得成净信，现在菩萨今依此法得成净信，未来

菩萨当依此法得成净信。是故众生应勤修学。

“当知”下，结信劝修也。谓诸佛既因此法而成佛，三世菩萨皆依此而修因，是故当必信而修之也。

诸佛甚深广大义　我今随顺总持说
回此功德如法性　普利一切众生界

此总结回向也。初句结义，次句结文，后二句回向。言甚深、甚广、甚大，即体、相、用三大之义，乃法界总相法门，今以万一千余言摄尽无余，故云“总说”，所谓少文而摄多义也。然造论本欲为令众生除疑舍执，故今回向众生普皆利益，欲令一切众生发起真如正信，依之修习，得成三昧，以趣无上菩提道果故也。所谓回向三处，言“法性”，乃真如、菩提；“普利一切”，乃众生耳。

大乘起信论直解卷下（终）

刻起信论直解后序[1]

直指之道，不待达摩西来。吾佛世尊特为此一大事出现世间，所谓惟以佛之知见开悟众生，故曰惟此一事实，余二则非真。由是观之，四十九年所说一大藏教，何莫而非直指一心之法耶？但众生根钝，惟佛大慈悲故，婆心太切，曲垂方便，种种开示，无非指归第一义谛。嗟乎！众生之迷也固矣！当佛入灭未久而邪见横兴，破坏正法。无论外道，即佛弟子亲习权乘，执为己见，自灭正法，况其他乎？故西域性相二宗，各立门庭，甚至分河饮水，其来已久。当六百年，有马鸣大师出，蹶起而大振之，乃宗《楞伽》等百部大乘奥义，著《起信论》，以破邪执，大开一心法界之门，摄性相而会一源，引三乘而执至极，约及万言，即曼室复起，亦不能增一语，可谓修行之圆鉴也。嗟夫！马鸣为传心印之宗师，乃宗《楞伽》以著论。达摩乃禅宗之鼻祖，亦指《楞伽》以印心。所以然者，正恐末世修行正眼不明，堕落邪见，以破坏正法耳。夫何近世亲教者不务明心，但执文言为究竟；参禅者概以盲修为向上，痛斥教乘，甘堕愚迷，固守偏执为必当。即此一论，乃教禅之指南，一心之朗鉴，视为文字而仇之，讵非大迷也哉！呜呼！西域性相之执，马鸣既力破之。即此方教禅之偏执，圭山著《禅源诠》以一之，永明又集《宗镜》百卷，发明性相一源之旨，如白日丽天，而后学竟不一觑，此岂真究大事者哉！

予蚤年即弃讲义，初听诸经，不知为何物。切志参究，既性地一开，回视文字，真似推门落臼，于《楞伽》则有《笔记》，于《楞严》则有《悬镜》，是皆即教乘而指归向上一路。奈何世之习教者概以予为不师古，参

[1] 此篇《后序》据《憨山老人梦游集》卷十（明《嘉兴藏》版）补入。

禅者概以予为文字师，予虽舌长拖地，莫可谁何，无怪乎视马鸣、龙树、圭峰、永明为门外汉，谓一大藏经为揩脓涕纸也。且斥发明一心之说为文字，而执诸祖机缘为向上，机缘岂非文字耶？予谓固守妄想增长我慢为参禅，又不若亲持经论为般若之正因种子也。且参禅动以离心意识，既能离心意识求向上，岂不能离文字悟言外之旨乎？法门此弊，非学者之过，良由师承正眼不明，妄执己见之过耳。此论旧遵贤首《疏》，而长水《记》更繁衍，学者望洋，杳莫可究。予向纂旧疏，去繁就简为一贯，既而语似欠顺，故祖疏义为直解，就本文而疏通之，直欲学者从此一门而入，则教可离言得义，而禅亦不堕邪途，是救末法之大关键也。此解，见者多喜其直捷，既刻之于岭南安成，今复刻之新安。其倡导助缘者，皆一时四众法侣也。

《肇论》略注[1]

肇论序

慧达率愚，序长安释僧肇法师所作《宗本》、《不迁》等四论曰：有美若人，超语兼默。标本则句句深达佛心，明末则言言备通众教。达猥生天幸，逢此正音，每至披寻，不胜手舞，誓愿生生尽命弘述。夫神道不形，心敏难绘，聊寄一序，请俟来哲。

盖大分深义，厥号本无，故建言宗旨，标乎实相。开空法道，莫逾真俗，所以次释二谛，显佛教门。但圆正之因，无尚般若；至极之果，唯有涅槃，故末启重玄，明众圣之所宅。虽以性空拟本，无本可称，语本绝言，非心行处。然则不迁当俗，俗则不生。不真为真，真但名说。若能崇兹一道，无言二谛，斯则静照之功著，故般若无知；无名之德兴，而涅槃不称。余谓此说周圆，罄佛渊海，浩博无涯，穷法体相。洪论第一，肇公其人矣！

---

[1] 据清光绪十四年 (1888) 金陵刻经处刻本，参校《新纂续藏经》本（第 54 册，经号 0873）及其校记。

肇论略注卷一

明 匡山沙门憨山释德清 述

肇论

“肇”，乃作者之名，曰僧肇，时称肇公。“论”，乃所立之论，盖以人名论也。公为什门高弟，从译场翻译诸经，久参什师，深达实相。比因佛法西来甚少，大义未畅，时人多尚老庄虚无之谈，而沙门释子亦相尚之，多宗虚无以谈佛义，各立为宗。如晋道恒述《无心论》，东晋道林作《即色游玄论》，晋竺法汰作《本无论》，皆堕相言无，都堕断灭。公愍大道未明，故造此四论，以破邪执，斯立言之本意也。

“论”者，谓假立宾主，征析论量，以显正理，摧破邪执。人法双彰，故曰肇论。

后秦长安释僧肇作

苻坚有国，据关中，号为大秦。暨姚苌篡立，亦号为秦，故史以前后别之。苌崩，其子兴嗣国。什师译经，当兴之时，故公称后秦。按公传略云：法师僧肇，京兆人。幼家贫，为人佣书，遂博观子史，志好虚玄，每以老庄为心要。既而叹曰：“美则美矣，然期栖神冥累之方，犹未尽善。”后见旧《维摩经》，欢喜顶受，乃曰：“始知所归矣。”因此出家，年二十为沙门，名震三辅。什公在姑臧，肇走依之。什与语，惊曰：“法中龙象也。”及归关中，详定经论。四方学者辐辏而至，设难交攻，肇迎刃而解，皆出意表。著《般若无知论》，什览之曰：“吾解不谢子，文当相揖耳。”传其论至匡山，刘遗民以似远公。公拊髀叹曰：“未曾有也！”复作《物不迁》等论，皆妙尽精微。秦主尤重其笔札，传布中外。年三十二而卒，当时惜其早世云。

宗本义

“宗本”者，示其立论所宗有本也。以四论非一时作，论既成，乃以宗本义统之。盖所宗本乎一心，以穷万法迷悟凡圣之源也，如《起信》以一心为宗，有法有义，故曰宗本义。

本无、实相、法性、性空、缘会，一义耳。

此标宗拣法，以为四论之本也。“本无”者，直指寂灭一心，了无一法，离一切相，迥绝圣凡，故曰“本无”，非推之使无也。以一切诸法皆一心随缘之所变现，心本无生，但缘会而生，故曰“缘会”。以缘生诸法本无实体，缘生故空，故曰“性空”。以全体真如所变，故曰“法性”。真如法性所成诸法，真如无相，故诸法本体寂灭，故曰“实相”。

是以本无为一心之体，缘会为一心之用，实相、法性、性空皆一心所成万法之义，故曰一义耳。依一心法，立此四论。“不迁”当俗，“不真”当真；二谛为所观之境，般若为能观之心；三论为因，涅槃为果，故首为宗体。

何则？（此征起四论，各有所宗。）**一切诸法，缘会而生。**

此下标显“不迁”宗体也。寂灭一心，本无诸法。本无今有，故曰缘会而生。

缘会而生，则未生无有，缘离则灭。

此显心本不生，但是缘生，非心生也。以生本无生，故灭亦缘灭，非心灭也。不生不灭，一心之义，于是乎显矣。

如其真有，有则无灭。

此返显缘生诸法非实有也。“真”，实也。若诸法果是实有，则不应随缘散灭。今既随缘灭，则法非实有矣。

以此而推，故知虽今现有，有而性常自空。性常自空，故谓之性空。

以此缘生缘灭而观诸法，则知虽今现有而非实有，以体常自空。体常自空，故义说性空。

性空故，故曰法性。

诸法实性即是真如，真如性空，以真如性现成诸法，法法全真。良由真如性空，故诸法性空，称为法性。

法性如是，故曰实相。

诸法之性全体真如，真如之相本自无相，法性如如，寂灭离相，故曰实相。

实相自无，非推之使无，故名本无。

实相乃真如实体，今既随缘成一切法，则法法皆真。若观法法全真，则了无一法可当情者，斯则不待推测使无，则法本无也。万法本无，又何有一毫可转动哉！以此而观诸法，则不迁之旨，昭昭心目矣。

上明“不迁”宗本。

言不有不无者（此标“不真空”宗本也）**，不如有见、常见之有，邪见、断见之无耳。**

此标立论所破之执也。“不如”，犹不比也。凡夫外道定执诸法是实有，确执诸法为断灭之无，正在所破。但以“不”字破之，故曰“不有不无”。

若以有为有，则以无为无。

此出计也。若以诸法为实有，则堕常见。若以诸法为实无，则堕断见。

夫不存无以观法者，可谓识法实相矣。

此示正观也。“存无”下应添一“有”字，言不存有无二见以观法，可谓识法之实相矣。以有无二见，颠倒见也。

虽观有而无所取相。然则法相为无相之相，圣人之心为住无所住矣。

此出观益也。谓离有无二见以观诸法，则法法寂然，故法虽有而不取相。不取法相，则当体如如，故相即为无相之相矣。诸相无相，寂灭性空，斯则所观之境空。境空则心自寂，故圣人之心，为无住之住，此心空也。心境俱空，于何不寂？

三乘等观性空而得道也。性空者，谓诸法实相也。见法实相，故云正观。若其异者，便为邪观。设二乘不见此理，则颠倒也。

此约法以显能观之人也。三乘之人同观性空而得道果。然此诸法性空即是实相，能见诸法实相，方为正观。设使二乘不见此理，则同凡夫颠倒矣。此单约诸法尽皆实相，二乘所见偏空亦是实相性空。若不是实相性空，何以得证道果？意谓法一人异，故下难明。

是以三乘观法无异，但心有大小为差耳。

此明法一人异也。伏难，难曰：既三乘同见一法，何以证果有差？答曰：其实三乘观法无异，但为心有大小，故证果有差耳。足知法本是一，但人心大小有异，故所证果不同，以取不取相故耳，非法异也。正若三兽渡河，河本是一，但三兽大小不同，故所履浅深不一。斯乃兽三而河非三也。

详夫立论之意，盖以不迁当俗，不真当真。二谛为所观之境，般若为能观之智。境智为因，涅槃为果。其三乘乃能修之人，故介宗本之中，良有以也。

沤和般若者，大慧之称也。

此标“般若无知”宗本也。梵云沤和，此云方便；般若，此云智慧。以有方便之智，乃称大慧；若无方便，但名孤慧，故所取偏空，非大慧也。前二论真俗二谛，当所观之境。今沤和般若，为能观之心，双照二谛，不取有无，不堕二边，故云大慧。

诸法实相，谓之般若；能不形证，沤和功也。适化众生，谓之沤和；不染尘累，般若力也。

此释大慧之义也。能见诸法实相，是谓般若。虽观空而不取证，仍起方便度生之事，是仗沤和之功也。适化众生，乃方便之事。虽涉生死，不被尘劳所累，全仗般若之力也。是以菩萨观空而万行沸腾，涉有而一道清净。《净名》云："无方便慧缚，有方便慧解。无慧方便缚，有慧方便解。"双照二谛，不取有无之相，故能出空入假而无碍，故云大慧。

然则般若之门观空，沤和之门涉有。涉有未始迷虚，故常处有而不染。不厌有而观空，故观空而不证。是谓一念之力，权慧具矣！一念之力，权慧具矣！好思，历然可解。

此重明不证不染之义也。以般若唯照空，沤和唯涉有。以涉有而不迷虚，是仗般若之力，故处有而不染。以不厌有而观空，故观空而不取证，是仗沤和之功也。斯则空有不异之二谛，权实不二之一心，同时双照，存泯无碍，故曰"一念之力权慧具矣"。

"好思，历然可解"者，勉其用心观照分明，则心境历然，权实并显，当不劳而妙契矣。

泥洹尽谛者，直结尽而已，则生死永灭，故谓尽耳，无复别有一尽处耳。

此标"涅槃无名"宗本也。言泥洹，亦名涅槃，称为尽谛者，直是烦恼结尽而已，所谓五住究尽，故二死永亡，是生死永灭，名为尽耳，非复别有一尽处可归，亦非实有一名可称也，故曰"涅槃无名"。

四论所宗，一心为本，谓不有不无之二谛，以非知不知之观照，证不生不灭之一心，因果冥会，妙契环中，宗本之义，尽乎是矣。

物不迁论第一

此论俗谛即真，为所观之境也。“物”者，指所观之万法。“不迁”，指诸法当体之实相。以常情妄见，诸法似有迁流。若以般若而观，则顿见诸法实相，当体寂灭真常，了无迁动之相，所谓无有一法可动转者，以缘生性空。斯则法法当体本自不迁，非相迁而性不迁也。能见物物不迁，故即物即真，真则了无一法可当情者。以此观俗，则俗即真也。良由全理成事，事事皆真，诸法实相于是乎显矣。论主宗《维摩》《法华》，深悟实相，以不迁当俗，即俗而真，不迁之旨，昭然心目。

夫生死交谢，寒暑迭迁，有物流动，人之常情，余则谓之不然。

将明不迁，先立迁流之相，为所观之境。要在即迁以见不迁，非相迁而性不迁也。是由人迷谓之迁，人悟即不迁，故曰“人之常情，余则谓之不然”。论主妙悟实相，故总斥之。《法华》云：“不如三界，见于三界”，“大火所烧，此土安隐”。譬如恒河之水，人见为水，鬼见为火。迷悟之分，亦犹是也。

何者？（征释迷悟之由）**《放光》云：“法无去来，无动转者。”**

引经立定宗体。此义引彼经第七卷中云：诸法不动摇故，诸法亦不去亦不来等。即《法华》云：“是法住法位，世间相常住。”盖言诸法实相，当体如如，本无去来动转之相。佛眼观之，真空冥寂。凡夫妄见，故有迁流。不迁论旨，以此为宗。

寻夫不动之作，岂释动以求静，必求静于诸动。

此依宗出体也。寻究不动之旨，盖即动物以见真常，非舍动以求静也。良由全理所成之事，法法皆真，当体常住，非于事外求理，故但言事不迁，不说理不迁也。以即事物以见不迁，故云必求静于诸动。

立论文义有四段：初约动静以明境不迁，次约境以明物不迁，三约古今以明时不迁，四约时以明因果不迁。此初也。

必求静于诸动，故虽动而常静。不释动以求静，故虽静而不离动。

此依体释义也。“必求静于动”，虽万动陈前，心境湛然，故曰虽动常静。苟不舍动求静，故一道虚闲。虽应缘交错，不失其会。如《华严》云：“不离菩提场，而遍一切处。”所谓“佛身充满于法界，普现一切群生前，随缘赴感靡不周，而恒处此菩提座”。不悟此理，难明动静不二之旨。

然则动静未始异，而惑者不同，缘使真言滞于竞辩，宗途屈于好异。所以静躁之极，未易言也。

此依义辩惑也。其实动静一源，本来不二，故未始异。但迷者妄见不同，各执一端。“真言”，如所引不去来动转等了义之谈。以异见不同，故使真实之言滞于竞辩而不通，使一乘真宗不能伸畅，返屈于好异之论。如所破心无、本无、廓然等，皆不了实相而妄生异论。论者以此之故，所以静躁之极致，难与俗人言也。

何者？（征释难言之所以。）**夫谈真则逆俗，顺俗则违真。违真故迷性而莫返，逆俗故言淡而无味。**

所以难言者，以法不应机，所谓高言不入于俚耳也。若谈真则逆俗人之耳，若顺俗则违真常之道。若真常不明，则迷者不能使之归真。若逆俗人之耳，则言之出口，淡而无味。此其所以难言也。

缘使中人未分于存亡，下士抚掌而弗顾。

所以难言者，正为根机之不同也。其顺真逆俗之言，若上根利智，闻而便信，故不失人，亦不失言。若使中根之人，则犹疑不决，故未分存亡。若下根闻之，则抚掌大笑而不顾矣。存亡、抚掌二语，出《老子》“中士闻道，若存若亡。下士闻道大笑之，不笑不足以为道”。是知实相妙谈，闻而信者实不易得。所以静躁之极，未易言也。

近而不可知者，其唯物性乎！

此叹不唯信根之难，而真常之法，其实难信难解也。以其触目皆真，目对之而不觉，可不哀欤？

然不能自已，聊复寄心于动静之际，岂曰必然。试论之曰：

此言作论之意，为愍迷者，悲兴于怀，不能自已，聊尔寄心于动静之间，以明动静不二之旨，以晓迷者。然非敢谓必然，但试论之耳。

《道行》云："诸法本无所从来，去亦无所至。"《中观》云："观方知彼去，去者不至方。"

此引经论以定不迁宗极也。诸法当体寂灭，本自无生。从缘而生，故无所从来。缘散而灭，故去亦无所至。如空中花，无起灭故。《中论》但义引彼第二论《破去来品》云：去法、去者、去处皆相因待，不得言定有定无，是故决定知三法虚妄，空无所有，但有假名，如幻如化。大方无隅，本无定向。去者妄指，其实无方可至。如人往东，究竟不知以何为东也。

斯皆即动而求静，以知物不迁，明矣！

此下论物不迁也。经言法无来去，则触目真常。论云去不至方，则去而不去。斯皆即动求静之微意，证知物不迁，明矣！

夫人之所谓动者，以昔物不至今，故曰动而非静。（如朱颜在昔，今已老耄，以谓流光迁谢，故曰动而非静。）**我之所谓静者，亦以昔物不至今，故曰静而非动。**（以我而观，朱颜自住在昔，未尝迁至于今，故曰静而非动。）**动而非静，以其不来。**（人之以为迁流者，以少壮不来，故以为动。）**静而非动，以其不去。**（我之所谓不迁者，以少壮在昔不来今，亦如老耄在今不至昔，故以为静。）**然则所造未尝异，所见未尝同。**（同以昔物不来，而见有动静之不同。）**逆之所谓塞，顺之所谓通。**（迷者以情逆理，故塞。悟者以理达事，故通。）**苟得其道，复何滞哉！**（若悟真常，有何相可滞哉！）

伤夫人情之惑也久矣，目对真而莫觉。

上逆顺二言，总申实相之境不异，因人迷悟之不同，故所见有乖。此“伤夫”下，正出迷情。以触目皆真，但人迷不觉，良可哀哉！

既知往物而不来，而谓今物而可往。往物既不来，今物何所往？

此总责迷倒也。既知往物不来，则知昔住在昔而不来今，则可例知今物亦不至昔矣。此乃不迁之义也，却谓今物可迁而往，岂不迷哉！

何则？求向物于向，于向未尝无。责向物于今，于今未尝有。于今未尝有，以明物不来。于向未尝无，故知物不去。覆而求今，今亦不往。是谓昔物自在昔，不从今以至昔。今物自在今，不从昔以至今。

此约今昔不相往来，正明不迁之义也。以向物自住在向而不来，即今求向而不可得，返覆而观，则知今自住今而不至向，则不迁之义明矣。以其昔自住昔，今自住今，绝无往来之相。以此观之，不迁之旨，昭然可见。论初引经论以无去来立定宗体，故返覆论之。

故仲尼曰：“回也见新，交臂非故。”如此，则物不相往来，明矣。

此引孔子之言，以证不迁之义也。义引《庄子》，仲尼谓颜回曰：“吾与汝交一臂而失之，可不哀欤？”意谓交臂之顷，已新新非故，盖言迅速难留之如此也。论主引意，要在迅速极处，乃见不迁之实。《楞伽》云：“一切法不生，我说刹那义。初生即有灭，不为愚者说。”贤首解云：“以刹那流转必无自性，无自性故即是无生。若非无生，则无流转，是故契无生者方见刹那。”《净名》云：“不生不灭，是无常义。”论主深悟实相，即在生灭迁流法中，顿见不迁之实，故所引乃迁流之文，以明不迁之旨。非达无生意者，最难转身吐气也。

既无往返之微朕，有何物而可动乎？

此结显妙悟，不落常情也。后结文云："得意毫微，虽速而不转。"言诸法湛然，无纤微朕兆来去之相，有何物而可动转乎？详其论意，虽云今昔之物本无去来，要见时无古今，平等一际。若达古今一际，则物自无往来，所谓处梦谓经年，觉乃须臾顷。故时虽无量，摄在一刹那，所谓枕上片时春梦间，行尽江南数千里。若以梦事而观诸法，则时无古今，法无去来，昭然心目。才入意地，便堕流转。此非常情可到也。

然则旋岚偃岳而常静，江河竞注而不流，野马飘鼓而不动，日月历天而不周，复何怪哉！

此引迅速四事，以证即物不迁，以成上无往返之微朕意也。旋岚，亦云毗岚，乃坏劫之风，须弥为之摧，故云偃岳。野马，出《庄子》，乃泽中阳炎，飘扬不停。且此四事，常情见之，以为迁流之极，若言不迁，则以为怪。以明眼观之，本无迁流，复何怪哉！如初引经云"法无去来，无动转者"，正要即动以见不迁，非指静为不迁也。静已不迁，又何论之有？故论命题乃以物物当体不迁，非言相迁而性不迁也。此不迁之旨，正显诸法实相。非妙悟之士，诚不易见。

上已备论不迁之旨，下引教会通，以释前"真言滞于竞辩，宗途屈于好异，静躁之极，未易言"等文。要人离言会意，不可执言失旨也。

噫！圣人有言曰："人命逝速，速于川流。"（此言人命无常，意在密显真常。）**是以声闻悟非常以成道，缘觉觉缘离以即真。**（二圣皆以闻无常而证果。）**苟万动**（法也）**而非化**（化言生死无常也），**岂寻化以阶道？**（道，涅槃果也。意谓若万法不是无常，二乘圣人何以由闻无常而证圣果？）**覆寻圣言，微隐难测。**（返覆推寻圣人之言，虽说无常，而意在密显真常，所以隐微难测。）**若动而静，似去而留。**（圣人言虽动而意在显静，言似去而意实常住。所以静躁之极未易言，但可以神会，难以事相求之耳。若不达圣人立言之旨，不能离言得意，将谓实有生死去来之相，执言竞辩，此则终不能悟不迁之妙。直须离言得体，方能契会本真耳。）**可以神会，难以事求。**（谓滞相则迷真，当契神于物表耳。）

是以言去不必去，闲人之常想；称住不必住，释人之所谓往耳。岂曰去而可遣、住而可留也。

此释圣言难测，教人离言体妙也。言去言往，乃生死法也；住，乃涅槃常住之果也。凡圣人言生死迁流，不是实有可去之相，但防闲凡夫执常之想耳。所称涅槃常住，非是实有可住之相，但破二乘厌患生死之情耳。其实生死与涅槃，二俱不可得，岂曰定有生死可遣、实有涅槃可留也。

下引证。

故《成具》云："菩萨处计常之中，而演非常之教。"《摩诃衍论》云："诸法不动，无去来处。"斯皆导达群方，两言一会，岂曰文殊而乖其致哉！

此明圣人言异而旨一，释上生死、涅槃二法皆空之义也。《成具》言菩萨以处凡夫计常之中，故说无常以破其执，非是实有生死之相，意在令人即无常以悟真常。如《大论》云："诸法湛然，常住不动，本无去来。"意欲令人即群动以悟不迁。而常与无常之言，皆导达群方，随类应机之谈，言异而旨一，岂以殊文而乖其致哉！执言竞辩，岂非惑耶？

下释两言一会。

是以言常而不住，称去而不迁。（证无为而不舍万行，故常而不住。处生死而不起涅槃，故去而不迁。）**不迁故虽往而常静**（虽顺万化，而一道湛然），**不住故虽静而常往。**（不起灭定，而现诸威仪。）**虽静而常往，故往而弗迁；**（以无心意而现行，故常往而弗迁。）**虽往而常静，故静而弗留矣。**（不住无为，不舍有为，故静而不留。此释两言一会之义也。）

然则庄生之所以藏山，仲尼之所以临川，斯皆感往者之难留，岂曰排今而可往。是以观圣人心者，不同人之所见得也。

此引二氏之言，证明两言一会之义也。《庄子》曰："藏舟于壑，藏山于泽，谓之固矣。有力者负之而趋，昧者不觉。藏天下于天下，则无所遁矣。"

此言舟山藏于壑泽，将谓之固，然被有力者负之而趋，则不能留。如今人熟睡舟中，顺流而去，虽迁实不见其迁。意谓人未忘形合道，纵隐遁山林，寄形天地，然形骸亦被造化密移，而昧者不觉，以有所藏，则有所遁。若形与道合，则无所藏，无藏则无遁。如藏天下于天下，则无所遁。此《庄子》意也。《论语》：“子在川上曰：逝者如斯夫，不舍昼夜。”此叹道体无间，如川流之不息。此孔子意也。

论主引文以证不迁，意取“昧者不觉”，则虽迁而不迁；“不舍昼夜”，则虽往而不往。故论释之曰：斯二语者，但是感叹往者之难留，不是排今而可往。斯则言虽似迁而意实不迁。故诫之曰：观圣人之心，不以常情执言害义，可谓之得矣。论主引迁流之文，而释以不迁之义，结以不是排今可往，则重在“今物自在今，不从昔以至今”一语，为不迁之准。要人目前当下直达不迁之旨，了无去来之相。求之言外，则妙旨昭然。

何者？人则谓少壮同体，百龄一质。徒知年往，不觉形随。（人虽同体一质，而有老少之不同。形容似有迁变，其实朱颜自随住在昔少时而不来，老耄自住在今而不去。此不迁意也。）**是以梵志出家，白首而归。邻人见之曰：“昔人尚存乎？”梵志曰：“吾犹昔人，非昔人也。”邻人皆愕然，非其言也。所谓有力者负之而趋，昧者不觉，其斯之谓欤？**

此引梵志之事，以释虽迁而不迁，以明昧者不觉之义也。且梵志自少出家，白首而归。邻人见之，谓昔人犹在，是以昔之朱颜为今之老耄。梵志答曰：吾似昔人，非昔人也。意谓少壮自住在昔而不来，岂可以今之老耄排去而至昔耶？此不迁之义明甚，但邻人不知，故愕然非其言，是昧者不觉之意也。

予少读此论，窃以前四不迁义怀疑有年。因同妙师结冬蒲阪，重刻此论，校读至此，恍然有悟，欣跃无极。因起坐礼佛，则身无起倒。揭帘出视，忽风吹庭树，落叶飞空，则见叶叶不动，信乎旋岚偃岳而常静也。及登厕去溺，则不见流相，叹曰：“诚哉江河竞注而不流也！”于是回观昔日《法华》“世间相常住”之疑，泮然冰释矣。是知论旨幽微，非真参实见，而欲以知见拟之，皆不免怀疑漠漠。吾友尝有驳之者，意当必有自信之日也。

是以如来因群情之所滞，则方言以辨惑。乘莫二之真心，吐不一之殊教。乖而不可异者，其唯圣言乎！

此总结圣人言异而心不异也。诸佛出世，本来无法可说，但因群生所执之情，故随类设言以辨惑，破其执耳。所乘乃不二之真心，其言乃不一之殊教。其说虽乖，而心实不可异者，其唯圣言乎？隐微难测，正在于此。

故谈真有不迁之称，导俗有流动之说。虽复千途异唱，会归同致矣。

此释乖而不异之义也。谓谈真有不迁之称，而意在摄俗；导俗有流动之说，而意在返真。是以千途异唱，会归同致，此所以乖而不可异也。

而征文者闻不迁则谓昔物不至今，聆流动者而谓今物可至昔。既曰古今，而欲迁之者，何也？

此出迷者执言失旨也。“征文”，谓但取信于文言者，随语生解，闻不迁则谓昔物不至今，似为得旨；及聆流动，又谓今物可至昔。既曰古今，则古自住古，今自住今，而欲迁今至古者，何耶？此责执言之失也。以古不来则易见，言今不至昔最难明，论主直以现今当下不迁至昔，立定主意，要人目前顿见不迁之实，了悟诸法实相，为论之宗极。

是以言往不必往，古今常存，以其不动；称去不必去，谓不从今至古，以其不来。

此下正破迷执也。上论物不迁，此论时不迁。凡言往，不必作往解，古今常存者，以其不动也。凡称去，不必作去解，谓不从今至古者，以古不来今也。

不来故不驰骋于古今，不动故各性住于一世。

此结归宗体也。以其不来不去，了无三际之相，故不驰骋于古今；不动不静，平等一如，故各性住于一世。

然则群籍殊文，百家异说，苟得其会，岂殊文之能惑哉！

此显忘言会旨也。虽则千经万论殊文异说，苟得法界宗通，则会归一真之境，岂被文言之所惑哉！

是以人之所谓住，我则言其去；人之所谓去，我则言其住。然则去住虽殊，其致一也。故经云："正言似反，谁当信者？"斯言有由矣。

此显迷语一源也。人之所谓住者，乃妄执为常。且执常则堕无常矣，故我言去，以破其执者，意在无住，非谓往也。人之所谓去者，乃执生死无常也。我则言其住，以破其执，意在本无生死，非谓住而可留也。是则去住二言，无非破执之谈，以显一真常住，故言殊而致一。正若老氏所云"正言似反，谁当信者"，斯言有由矣。此言迷悟不出一真，是非本无二致。正见现前，则不随言取义也。

何者？（此征显古今不迁，要即迷返悟也。）**人则求古于今，谓其不住。**（人于今中求古而不可得，则计以为迁，此迷也。）**吾则求今于古，知其不去。**（我求今于古中而不可得，则知今不去，此悟也。）**今若至古，古应有今。古若至今，今应有古。**（若今古果有往来，则当互有其迹。）**今而无古，以知不来。古而无今，以知不去。**（此正示不迁义也。以今中无古，则知古不来。古中无今，则知今不去。既无来去，则前后际断，又何迁之有？）**若古不至今，今亦不至古**（古今不相到），**事各性住于一世，有何物而可去来？**（若悟古今一际，则了法法真常。经云："是法住法位，世间相常住。"此则事各性住于一世，有何物而可去来哉！）

然则四象风驰，璇玑电卷，得意毫微，虽速而不转。

此结归妙悟也。"四象"，乃日、月、星、辰，《新疏》指四时。"璇玑"，旧为北斗二星名，今意为斗枢，皆旋转不停，如电卷之速也。苟悟不迁之理于毫微，则虽速而不转。若法界圆明，则十方湛然寂灭矣。

前一往皆论迷见迁流故，故为凡。此下论悟则不迁，是为圣。

是以如来功流万世而常存，道通百劫而弥固。

此下言悟之为圣，故常住不朽，以明因果不迁也。“功流万世”，则利他之行常存。“道通百劫”，自利之行益固。虽万世百劫，时似有迁，而二行不朽，不迁之实也。

成山假就于始篑，修途托至于初步，果以功业不可朽故也。

此引二氏之言，以证因果不迁之义也。《论语》云：“譬如为山，虽覆一篑，进，吾进也。”《老子》云：“千里之行，始于足下。”二语皆譬资始成终之意。为山万仞，假一篑以成功，山成而初篑不废。如行千里，始于发足一步，行至而初步不移。故功成至圣，行满不异于初心，所谓发心毕竟二无别，从因至果，而行行不迁。《净名》云：“所作之业亦不亡。”不亡则不朽，善恶皆然。此论圣功也。

功业不可朽，故虽在昔而不化，不化故不迁，不迁故则湛然，明矣！故经云：“三灾弥纶而行业湛然。”信其言也。

此以不朽释不迁意。所言功业不朽者，以昔因不化，由不化故不迁，不迁故知因果湛然，平等一际，明矣。

引经证成，“弥纶”，充满之义。言三灾坏劫，乃迁之极也，而行业湛然，不动不坏，所谓“大火所烧时，我此土安隐”，则极迁极不迁，言可征矣。

何者？果不俱因，因因而果。因因而果，因不昔灭。果不俱因，因不来今。不灭不来，则不迁之致明矣。复何惑于去留，踟蹰于动静之间哉！

此总结归因果不迁，以终一论之义也。“何者”，征明因果不迁之意。“果不俱因”，言因果终始不同，迁也。“因因而果”，果成而因不灭，不迁也。果不俱因，而昔因不来，不来则昔自住昔，虽迁而不迁也。以不灭不来，则不迁之理明矣。又何惑于去留之相，踟蹰于动静之间哉！踟蹰，乃却顾不进之意，犹豫不决之谓也。既明不迁之理，又何惑于去来之时，怀疑于动静之境哉！一论大义，结归于此。

然则乾坤倒覆，无谓不静；洪流滔天，无谓其动。苟能契神于即物，斯不远而可知矣。

此结责劝修也。谓既明不迁之理，则旋乾倒岳，勿谓不静；洪流滔天，勿谓其动。此责也。下劝修。若能契悟于即物，见真之境，则触目无非实相常住，一切万法无有一毫可动转者，斯则不必远求而当下可知矣。

物不迁论（终）

予少读《肇论》，于不迁之旨茫无归宿，每以旋岚等四句致疑。及后有省处，则信知肇公深悟实相者。及阅《华严大疏》，至〈问明品〉，“譬如河中水，湍流竞奔逝”，清凉大师引肇公不迁偈证之，盖推其所见妙契佛义也。予尝与友人言之，其友殊不许可，反以肇公为一见外道，广引教义以驳之。即法门老宿如云栖、紫柏诸大老皆力争之，竟未回其说。

予阅《正法眼藏》，“佛鉴和尚示众，举僧问赵州：如何是不迁义？州以两手作流水势，其僧有省。又僧问法眼：不取于相，如如不动。如何不取于相，见于不动去？法眼云：日出东方夜落西。其僧亦有省。若也于此见得，方知道旋岚偃岳本来常静，江河竞注元自不流。其或未然，不免更为饶舌。天左旋，地右转，古往今来经几遍。金乌飞，玉兔走，才方出海门，又落青山后。江河波渺渺，淮济浪悠悠，直入沧溟昼夜流。遂高声云：诸禅德，还见如如不动么？”然赵州、法眼，皆禅门老宿将，传佛心印之大老，佛鉴推之示众，发扬不迁之旨，如白日丽天，殊非守教义文字之师可望崖者，是可以肇公为外道见乎？书此以示学者，则于物不迁义，当自信于言外矣。

肇论略注卷二

明 匡山沙门憨山释德清 述

不真空论第二

此论真空不空，以为所观真谛之境也。不真有二义：一有为之法，缘生故假，假而不实，其体本空。此俗谛不真故空，名不真空。真性缘起成一切法，体非断灭，不是实实的空，名不真空。有是假有为妙有，空非断空为妙空。此则非有非空，为中道第一义谛。以妙空破“心无论”、“本无论”二宗，以妙有破“即色游玄论”一宗。即命题一语，曲尽真谛之妙，妙契中道之旨。非玄鉴幽灵，何以至此。

夫至虚无生者（指中道第一义谛，非思量分别境界），**盖是般若玄鉴之妙趣，有物之宗极者也。**（般若实智照理，故曰玄鉴；中道为实智所归，故曰妙趣，此则空而不空。有物以中道为宗极，故有而不有。非空非有，妙尽中道。此标宗立体，下依宗辨相。）**自非圣明特达，何能契神于有无之间哉！**（上言所观之境，此言能观之人。中道妙理，唯圣乃证，故曰自非圣明有独达之智，何能契悟于二而不二之间哉！）

是以至人通神心于无穷，穷所不能滞；极耳目于视听，声色所不能制者，岂不以其即万物之自虚，故物不能累其神明者也。

此释上不滞二边之所以也。“神心”，谓实智内照，即玄鉴。“无穷”，谓中道，即妙趣。“穷不能滞”，谓不堕断空，此释上半句，谓不滞空。下释次半句不滞有。“极耳”下，谓权智外应。耳目声色乃有物。极，谓宗极。由权智外应而不动本际，故处有而不为所制。圣能如此者，岂不以即万物之自虚，故物不能累其神明哉！由万物自体本虚，故即有以观空，故物物皆真，与智冥一，故不能累其神明也。

是以圣人乘真心而理顺，则无滞而不通。（此承上不滞二边，以明妙契中道之所以也。“理”，调也。圣人乘一真之心，而调顺万物，则物物皆真，无一法可当情，故无滞不通。）**审一气以观化，故所遇而顺适。**（“审”，犹处也。“一气”，犹一真。“化”，谓万法。以审处一真之心以观万法，则法法皆真，万物皆己，故所遇顺适。）**无滞而不通，故能混杂致淳。**（“混”，谓混融。“杂”，谓异类。“淳”，谓一真。由法法皆真，故众生如也。众生本如，故能混融异类，则终日度生，不见生之可度，平等寂灭，故一一淳真。）**所遇而顺适，故则触物而一。**（以所遇皆真，故触事而真，故物物归一。）**如此，则万象虽殊，而不能自异。**（此结显一源。良由心境一如，故万法皆如，故不能自异。）**不能自异，故知象非真象。象非真象，故则虽象而非象。**（由心境不异，则万法皆空，故象非真象。诸相寂灭，则无法当情，故虽象而非象矣。）**然则物我同根**（“物”，谓境。“我”，谓心。“同根”，谓心境一如。释上观智俱泯，心境两忘），**是非一气**（“是”，谓真谛。“非”，谓俗谛。“一气”，谓真俗不二，妙契中道），**潜微幽隐**（如此境智俱忘，真俗绝待，最为深潜微密幽隐之境界，唯圣能证能知），**殆**（殊也）**非群情之所尽。**（如上所云，殊非浅智劣解者所能尽也。）

故顷尔谈论，至于虚宗，每有不同。夫以不同而适同，有何物而可同哉！故众论竞作，而性莫同焉。

此下叙异见，皆在所破，以申作论之怀也。“虚宗”，即下所引三宗，各立异见，故每有不同。大凡立论，盖为显理。今以不同之见，以适大同之理，有何法而可同哉！由各骋己见，竞论虚宗，所见不一，故论旨不同，要归至理，则毕竟难同。故得不已，造此论以破之。

何则？（征起众论）**“心无”者**（先叙破晋道恒心无宗），**无心于万物，万物未尝无。**（此叙异计也。言心无者，谓但无心趋附于万物，未达物虚，故万物未尝无。）**此得在于神静，失在于物虚。**

此出得失也。以心不附物，则不被外境摇动，故得在于神静。以不了万物缘生性空，故失在于物虚。以心空境有，非中道也。

“即色”者（次破晋道林造《即色游玄论》，为即色宗），**明色不自色，故虽色而非色也。**（此叙计也。谓青黄等色，不自为色，但因人名之为色。心若不计，则虽色而非色矣。）**夫言色者，但当色即色，岂待色色而后为色哉！此直语色不自色，未领色之非色也。**

此叙破也。夫凡言色者，但当在色本就是色，岂待人名彼青黄然后为色哉！“此直”下，言得失。此但言色不自色而已，未了色体本空也。以唯知依他起名假，不知圆成体真，故非正论。

“本无”者（此破晋竺法汰本无宗），**情尚于无，多触言以宾无，故非有，有即无；非无，无亦无。**（此叙计也。此以情好尚于无，故触事发言皆宾伏于无。故言非有，则计有亦无也；及言非无，则计无亦无也。有无俱无，将谓虚玄，不知堕于断见，未明正理，故非正论。）**寻夫立文之本旨者，直以非有非真有，非无非真无耳。**（此出正理也。详夫圣人立言之本意，但以非有者显物非实有，言非无者显无非绝无也。）**何必非有无此有，非无无彼无。此直好无之谈，岂谓顺通事实，即物之情哉！**

“何必”下，斥异见也。然非有非无，但是有非实有，无非实无，又何必执计非有为绝无此有，非无谓绝无彼无哉！然虽有无俱无，似为玄妙，此直好无之谈，未达正理，岂是顺通事物之实性，以达即物明真之旨哉！

上叙破计，下叙立论正义。

夫以物物（二物字，谓以名名物）**于物**（此物字，所名之物），**则所物**（此物字，谓所名）**而可物**（此物字，乃所名之物）。**以物物**（二物字，亦是以名名物）**非物**（此物字，亦指所名之物。言非物，如龟毛兔角等），**故虽物而非物。**（言虽有其名，无实物可得。）**是以物不即名而就实，名不即物而履真。**

将以名言论真谛，惟真谛非名言可及，故发论之初，先以名物以启端。谓以名名于有相之物，则有物可指。若以名名于非物，然非物乃无相之物，如呼龟毛兔角等，此则但有虚名，其实无物以当其名，故曰“虽物而非物”。由是观之，如说火谈冰，岂有寒热于齿颊？此物不即名以就实也。如呼龟毛兔角，岂有毛角以应求？此名不即物而履真，谓不就所呼而得实物也。是知名不就实，则有相之物皆假名。物不履真，则无状之体但虚称。《密严》云：“世间众色法，但相无有余。唯依相立名，是名无实事。”物尚如此，况真谛无相，岂名言之可及乎？故下云：

然则真谛独静于名教之外，岂曰文言之能辩哉！然不能杜默，聊复厝言以拟之。试论之曰：

真谛寂寥空廓，思议之所不及，离相离名，象数所不能诠，迥出常情，故曰独静于名教之外。如此，岂语言文字所能辩哉！今为破迷执以显正理，故不能杜口缄默，聊复厝置其言以拟议之，略试论之耳。

上叙意，下正论。

《摩诃衍论》云“诸法亦非有相，亦非无相”，《中论》云“诸法不有不无”者，第一真谛也。

此引教定宗也。言诸法非有非无者，先立中道谛体也。言不有者，即俗谛不有也。不无者，真谛不无也。以俗谛假有不真故空，真谛缘生故不是实实断空，故题称不真空，含有二义，此遮二边以显中也。故立论之初，引此二论以定纲宗，发明中道第一义谛，不属有无二边也。

下依宗斥邪。

寻夫不有不无者，岂谓涤除万物，杜塞视听，寂寥虚豁，然后为真谛者乎？

此斥邪谬，先破本无一宗也。以本无宗义，谓非有，有亦无；非无，无亦无。有无俱绝，不达缘生千化之有，故堕断空。以此断空绝无一法，故云涤除万物；闻见俱泯，故云杜塞视听。古人呼此为豁达空，故云寂寥虚豁。意谓不有不无者，盖是双非二边，以显中道第一义谛，岂以豁达断空为真谛乎？古德云：“宁起有见如须弥山，不起无见如芥子许。”永嘉云：“豁达空，拨因果，莽莽荡荡招殃祸。”以此一宗为害甚巨，众圣所呵，正在所破，故论开端即痛斥之，急欲令人发起大乘正信也。

下显正义。

诚以即物顺通，故物莫之逆。（此显正义。言非有者，在即物以顺通其理，故物物顺理而不逆，是为非有。）**即伪即真，故性莫之易。**（言诸法缘生虚假，故即假即真，不必改易然后为真。若改易求真，是为析色，非真空也，故为非无。）**性莫之易，故虽无而有。**（不是实无。）**物莫之逆，故虽有而无。**（不是实有。）**虽有而无，所谓非有。**（结以不真故空。）**虽无而有，所谓非无。**（结不是实空。）**如此，则非无物也**（言非是绝无，正破所执），**物非真物**（但物非真物耳，正出论义）。**物非真物**（非真，即题称不真），**故于何而可物**（不可物，即题称空义）？

反覆论议非有非无，以释成不真空义，以破本无之妄计也。盖即有以明空，是谓妙空；即空以明有，是谓妙有。“不真”一语，尽大乘空义。真谛之理，妙极于斯。

故经云：“色之性空，非色败空。”以明夫圣人之于物也，即万物之自虚，岂待宰割以求通哉！

此下依宗广辨，以明二谛无双，以显中道第一义谛也。文有三段：初色空不二，次真俗不二，三有无不二。

今初。色性自空，在色即是空，非色败为空。此正显色空不二也。是故圣人即万法以见性空，以万法本性自空，故不待宰割分析然后为空也。彼计本无者，岂不沦于断灭耶？

是以寝疾有不真之谈，《超日》有即虚之称。然则三藏殊文，统之者一也。

此引二经以证色空不二之义也。《净名》云："菩萨病者，非真非有。"《超日明三昧经》云："不有受，不保命，四大虚也。"非但二经明色性空义，即三藏殊文，皆显色空不二之旨，故曰统之者一也。

故《放光》云："第一真谛，无成无得。世俗谛故，便有成有得。"

次明真俗不二也。先引经约成得以定二谛。以真谛离缘，故无成得。俗谛缘生，故有成得。

夫有得即是无得之伪号，无得即是有得之真名。

此约真伪以分真俗。以真[1]俗谛缘生故假，故曰伪号。从无住本，立一切法，故无得是有得真名。

真名故虽真而非有，伪号故虽伪而非无。

此下约双非以明不二。先出所以。良由有依真立，故有而非有。真自随缘，故无而不无。

是以言真未尝有（以物即真，故未尝有），**言伪未尝无**（随缘建立故不无）。**二言未始一，二理未始殊。**（言异而旨一。）**故经云："真谛、俗谛谓有异耶？答曰：无异也。"**（正显不二。）**此经直辨真谛以明非有，俗谛以明非无。岂以谛二而二于物哉！**

"放光"已下，通明真俗不二之旨也。物，指中道理。古德云："二谛并非双，言单未曾各。"宗门谓一双孤雁，搏地高飞；一对鸳鸯，池边独立。曹洞宾主五位，正偏兼带，照用同时，虽发明向上，实显理事混融、真俗不二之旨。苟悟即真，自然得大机用矣。

然则万物果有其所以不有，有其所以不无。

---

[1] 真：疑衍文。

此下三辨有无不二也。此以二语征起。果，实也。谓万物果有其不有，果有其不无耶？且征定，下四句释也。

有其所以不有，故虽有而非有。有其所以不无，故虽无而非无。

释不有不无义也。谓果有真空，则幻有是假，故虽有而不有。果有妙有，则无非断灭，故虽无不无。故下成正义。

虽无而非无，无者不绝虚。（非豁达断空。）**虽有而非有，有者非真有。**（谓是缘生假有，故非实有。）**若有不即真**（谓不实有），**无不夷迹，然则有无称异，其致一也。**

此结成有无，总显不二之义也。谓若有不是实有，当即有以观无，则无非实无，不必芟夷其迹，然后为无也。若芟夷其迹，则为析色。若绝无，则堕断灭。以真谛之理，本非有无，故称异而致一也。

上显真俗不二，下引经斥迷，以摄归真。

故童子叹曰："说法不有亦不无，以因缘故诸法生。"

引经证成，摄归真谛非有非无也。《楞严》云："真性有为空，缘生故如幻。无为无起灭，不实如空花。"以从因缘，故非有无。

《璎珞经》云："转法轮者，亦非有转，亦非无转，是谓转无所转。"此乃众经之微言也。

良以说法非有非无，故法轮转无所转。诸大乘经唯明此理，而人不达，妄执定有定无，故下斥破。

何者？谓物无耶？则邪见非惑。谓物有耶？则常见为得。

将斥迷谬，先纵显俱非也。谓法果实无，则执断之邪见非惑矣。若法果实有，则执常者为得矣。

以物非无，故邪见为惑。（此正破本无、心无二宗。）**以物非有，故**

常见不得。（此破即色一宗。）**然则非有非无者，信真谛之谈也。**

斥破迷谬，以摄归真谛也。上约三种不二，反覆核论非有非无，以祛迷执。苟契双非，不堕二边，则真谛自显矣。

故《道行》云："心亦不有亦不无。"《中观》云："物从因缘故不有，缘起故不无。"寻理，即其然矣。

此下至"显于兹矣"一段，正显不真空义。初引《道行》立义。次引《中观》，约缘生无性以明不真。论云："因缘所生法，我说即是空，亦名为假名，亦名中道义。"以从缘生是假，故不有。既从缘起，则本不有而今有之，故云不无。由假故不真，为空。以缘起故不实无，故不是真空。

所以然者（此下辨非有无），**夫有若真**（实也）**有，有自**（一向）**常有，岂待缘**（会聚）**而后有哉！譬彼真无，无自常无，岂待缘而后无也。若有不能自有，待缘而后有者，故知有非真**（实也）**有。有非真**（实也）**有，虽有不可谓之有矣。**（上释非有。）**不无者，夫无则湛**（凝也）**然不动**（变也），**可**（许也）**谓之无。万物若无，则不应起，起则非无，以明缘起故不无也。**

此约因缘以明非有非无也。谓若有是实有，则一向自有，不待缘会而后有矣。譬彼真无，亦不待缘。今既待缘生，则非实有矣。若无则湛然不动，可谓之无。湛然者，以始教相宗，不许真如随缘，谓凝然不变。故论主出此文以破执无之见，意谓真如既已随缘成一切法，则非凝然不变矣，以真如有不变随缘、随缘不变二义。

下引论证成。

故《摩诃衍论》云："一切诸法，一切因缘故应有。一切诸法，一切因缘故不应有。一切无法，一切因缘故应有。一切有法，一切因缘故不应有。"（下斥异见。）**寻此有无之言，岂直反论而已哉！**

此引《大论》，重释因缘义也。谓诸法既属因缘，则本非有无。是知无属因缘，则非断无；有属因缘，则非实有。寻思此言，岂但相反之论而已哉！其意特显诸法非有非无义也。良以佛说因缘二字，破尽外道断常之疑，故论宗此以斥异见。

若应有，即是有，不应言无。若应无，即是无，不应言有。

此言申相反意，谓法应是实有，则不当言无；若应是实无，则不当言有。今言非有非无者，正以假而非真，故言非有非无耳。

下释异同。

言有，是为假有以明非无，借无以辨非有。此事一称二，其文有似不同，苟领其所同，则无异而不同。

此释异同以明不二也。今言有无者，但是假借有无，以明非无非有耳。非实有有无作实法也。其实一体，但称说似有不同。苟能领会一真之理，则万法唯真，无异而不同也。

下显不真空义。

然则万法果有其所以不有，不可得而有；有其所以不无，不可得而无。

此辨双非以显不真空义也。谓万法实不有，岂可强执为有耶？诸法果不无，岂可强执为无耶？故不可定执为有为无也。

何则？（征释双非。）**欲言其有，有非真**（实也）**生；欲言其无，事象既形。象形不即无，非真非实有。然则不真空义，显于兹矣。**

此显双非，结归不真空义，以呈观体也。若言实有，则缘会而生，本自无生，故非真实生也。若言实无，则缘起即形，随缘成事，则非实无也。二者皆非真实，故题称曰不真空，义显于兹。良以不真故空，故非实有绝无也。

前约缘性无生以明不真竟，下约名实无当以明不真。

故《放光》云："诸法假号不真，譬如幻化人，非无幻化人，幻化人非真人也。"

此引经证成不真义也。彼经二十七云："须菩提，名字者不真，假号为名。"以假故不真，谓但非实有、非绝无也。故如幻化人，非无幻化人，但非真人耳。

夫以名求物，物无当名之实。以物求名，名无得物之功。

此以假名释非有非无也。以名求物，如呼木贼、地龙等物，岂有真贼、真龙以当其名耶？以物求名，如召火呼冰，岂实有寒热以及齿颊耶？足知名实无当。

物无当名之实，非物也。名无得物之功，非名也。是以名不当实，实不当名，名实无当，万物安在？

名实无当，则名相元虚。求物而不可得，则妄想不有。此心境两空，真俗不立，中道之旨，于是乎显矣。

下斥迷返悟。

故《中观》云："物无彼此。"而人以此为此，以彼为彼。彼亦以此为彼，以彼为此。

《中论》第四云："诸法实相，无有彼此。"意显法本一真，元无彼此。由人妄执，故起是非。三祖云：良由取舍，所以不如。

此彼莫定乎一名，而惑者怀必然之志。然则彼此初非有，惑者初非无。

此出迷者双执也。如两人东西对立，同观一标，东者谓在西，而西者谓在东。然标实无东西，迷人妄执为必然，此惑之甚也。故彼此未始有，惑者未始无。由是观之，诸法本无，而迷者妄执为定有定无，正此意也。

既悟彼此之非有，有何物（彼此）**而可有**（执也）**哉！故知万物非真，假号久矣。**

此言悟则是非两忘，自离有无之执也。既悟物无彼此，则知法非有无，但有假名，元无实义。

是以《成具》立强名之文，园林托指马之况。如此，则深远之言，于何而不在？

此引内外微言，以结属忘言之妙也。《成具》云："诸法无所有，强为其名。"园林，即漆园，庄周尝为此吏，故以地指人也。指马之喻，《齐物论》云："以指喻指之非指，不若以非指喻指之非指。以马喻马之非马，不若以非马喻马之非马。天地一指也，万物一马也。"意谓物论之不齐者，盖由人之各执是非之见也。以指喻指等者，谓人以己之初指，喻彼之次指，为非同己之指，以为必然。若易而观之，则彼之执次指者，又以己之初指为非矣。马即双陆之马，戏筹也。意亦如指。意谓指、马本无是非，而人妄执彼此为必然，岂非惑耶？以譬诸法实相，岂有自他，而人迷执为有无，亦犹是也。苟能忘言契理，则彼此情忘，是非齐泯，有何法可当情乎？《成具》则妄想元空，园林则是非无主，故曰"深远之言，于何而不在"。

是以圣人乘千化而不变，履万惑而常通者，以其即万物之自虚，不假虚而虚物也。故经云："甚奇世尊！不动真际，为诸法立处。"非离真而立处，立处即真也。

此结归中道第一义谛也。以圣人证穷真谛，故异类分身而不动真际，故千化不变，入众生界而不被烦恼所碍，故万惑常通。以其万法即真，故不假分析而后为虚也。故引经证成，由不动真际而建立诸法，故立处即真。

然则道远乎哉？触事而真。圣远乎哉？体之即神。

此结归一心，以明圣人之实证也。初云"目对真而不觉"，以道在目前，故不远；以不觉，则迷之为凡，悟则为圣。是知了悟实相常住，则顿超生死，永证无为，故曰体之即神，不假外也。

不真空论（终）

肇论略注卷三

明 匡山沙门憨山释德清 述

般若无知论第三

“般若”者，此云智慧，乃诸佛妙契法身之实智也。经云“诸佛智慧，甚深无量”，即此名为根本智。法界幽玄，非此莫鉴，故称本智。然三乘同乘此智为因，但心有大小不同，故唯佛为极。以前《不迁》、《不真》二论，以显真俗不二之真谛，为所观之境。今此般若为能观之智，谓以无知之般若，照不二之中道，以此为因，将证不生不灭之涅槃为果，故次来也。

然般若唯一，其用有三：一、实相般若，以般若乃诸法之实相故。二、观照般若，即中道妙心之实智，照中道之妙理，理智冥一，平等如一，故理事双彰，权实并显。是为因心果德，故名二智。三、文字般若。以诸佛言教，乃般若所流，故一一文字能显总持，要即文字以明般若。此般若义也。

“无知”者，有二义：一离妄，谓本无惑取之知。二显真，有三义：一、本觉离念，灵知独照，知即无知。二、始觉无知，谓穷幽亡鉴，抚会无虑，故无对待之知。三、文字性空，非知不知。然虽三义，盖以真谛无相，亡知绝鉴，照体独立，正无知义也。

什师初译《大品》，论主宗之以造此论，以呈什师。师曰：“吾解不谢子，文当相揖耳。”后传至匡山，刘遗民以呈远公，公叹曰：“未曾有也！”当时见者，靡不服膺。

夫般若虚玄者，盖是三乘之宗极也，诚真一之无差。

此标宗极也。虚玄，正显无知，以幽灵绝待，故谓之虚；亡知绝照，故谓之玄。三乘同禀此智，但以取不取、知无知之差，所谓心有大小耳，其实所宗，以此为极。所谓不二真心，故曰真一无差。

然异端之论，纷然久矣。

此述造论之本意也。语曰："予岂好辩哉！不得已也。"故造论之意，本为摧伏邪见，以正智未明，不得不为之论耳。

有天竺沙门鸠摩罗什者，少践大方，研机斯趣，独拔于言象之表，妙契于希夷之境。

此出师承有本也。梵语鸠摩罗什，此云童寿，以童年而有耆德，故有此名。师本龟兹国王之甥，以其父鸠摩罗炎本天竺人，今从本称。天竺，亦云身毒，亦名印土，有五，乃婆罗门所居，佛出其中。"大方"，指般若。什师学本生知，年方二十，即为国王讲般若经论，故云少践大方。妙悟玄猷，故曰"研机斯趣"。以般若离言，故拔言象之表；离相离名，非见闻所及，故曰妙契希夷之境。"希夷"二字，出《老子》，言妙悟超卓。今翻译《大品》，论主亲承禀受，妙契玄旨，故造斯论。

齐异学于迦夷，

"齐"，集也，犹《齐物》之齐。迦夷，亦名迦维，乃佛生之国。佛灭度后，异学纷然。什师名播五天，彼多宗仰，故云集也。

扬淳风于东扇。将爰烛殊方而匿耀凉土者，所以道不虚应，应必有由矣。

此叙什师入中国之由也。此时道安法师名震当代，秦主符坚以师尊之，称为圣人。安曰："贫道非圣。闻龟兹国有罗什者，真圣人也。"坚闻之，欣慕不已，乃遣大将军吕光，率铁甲兵十万伐龟兹以迎师。光将兵至国，围其都城。王致辞曰："下国与大秦辽远，俗不相及，何以见伐？"光曰："大秦天王所以命师伐王之国者，非为土地之利也。因闻王国有圣人鸠摩什，将迎归供奉耳，非别有所图也。"王曰："什乃予国之宝也，安肯弃之？余则唯命是听。"遂坚壁。光围久之，王城益急，什请曰："岂以贫道一人之故，而举国受困，非利也。愿请以行。”王不听，什曰：“会当归耳。”王无已，遂遣师同光行，是谓“扬淳风于东扇”也。光至凉，闻姚苌弑坚自立，国号后秦，光亦据凉自王，国号西凉。时什师未及入秦，遂居于凉。光无良，多困辱师，无以自见，故曰“将爰烛殊方”，而未显，留滞于凉，故曰“匿耀凉土”。以既来而致困，其道不行，故曰“道不虚应，应必有由矣”。

弘始三年，岁次星纪，秦乘入国之谋，举师以来之，意也北天之运，数其然也。

此叙什师得时行道之由也。姚苌弑坚，在位八年，而什师亦被困于凉。偶坚领鬼兵入宫，刺苌中阴，出血石余而崩。子兴嗣立，降帝号而称天王，意盖宗尊周制也，改元弘始。丑月为星纪，以月纪年也。什师在凉十一年矣，时因殿庭生连理树，逍遥园葱变成茝，咸谓智人入国之瑞。知师在凉，秦主乃遣姚硕德伐凉。光已薨，其子吕隆嗣立。兵至，大败之，隆即降。遂表奉师至，秦主深礼重焉，故曰“秦乘入国之谋，举师以来之”。《大品》云：“般若于佛灭后，先至南方，次至西方，次至北方，大盛于震旦。”震旦在天竺东北，故曰“北天之运，数其然也”。谓法运时数，当其然耳。

大秦天王者，道契百王之端，德洽千载之下，游刃万机，弘道终日。信季俗苍生之所天，释迦遗法之所仗也。

此叙明时什师行道之会也。“天王”乃兴自称，故时并尊之。“百王”，指尧舜以下。“端”，谓百王首，以无为为治也。“洽”，沾润也，意称弘法之德，流润千载之下也。“游刃”，语出《庄子》，庖丁解牛，游刃其间，恢恢乎有余地。此称秦主才智有余，虽万机丛错，迎刃而解，恢有余地，故不妨弘道终日也。谓此圣主，信为末法苍生之所天。“苍生”，犹言赤子。“天”，称父母为天，谓养育群生如一子也。佛临灭时，将佛法付嘱国王大臣。非仗大力外护，法难久住，故为遗法之所仗也。

上叙弘法之主，下叙弘法之事。

时乃集义学沙门五百余人于逍遥观，躬执秦文，与什公参定方等。其所开拓者，岂谓当时之益，乃累劫之津梁矣。

此叙秦主弘法之事也。逍遥观，乃秦主游宴之所。什师至国，遂延于此中以译诸经。后因秦主赐什宫人，乃别构草堂以居之，即今之草堂寺。什师宣梵，秦主亲执文对译。方等诸经，乃所译也。开拓，如开疆拓土，以佛法初开荒邈，不唯以益当时，实为累劫之津梁也。

余以短乏，曾厕嘉会，以为上闻异要，始于时也。

此论主自叙闻法之时也。短乏，谦辞，谓才短德乏。滥厕嘉会，上闻般若玄旨异常心要，始于此时也。

上叙来义，下显正宗。

然则圣智幽微，深隐难测，无相无名，乃非言象之所得。为试罔象其怀，寄之狂言耳，岂曰圣心而可辩哉！试论之曰：

正宗之初，据理出意。将欲制论，先示般若玄旨，非言论可及也。经云："诸佛智慧甚深无量，其智慧门难解难入，一切声闻、辟支佛所不能知，不退菩萨亦不能测。"故曰"圣智幽微，深隐难测"。般若之体，离相离名，岂言象之所得哉！今欲论之，试罔象其怀，寄之狂言耳。罔象，语出《庄子》，黄帝遗其玄珠，使智索之而不得，使罔象索而得之。谓虚无其怀，乃可与智相应也。狂言，亦出《庄子》，谓大而无当之言。盖谦辞也，意谓试以狂言拟之，非敢谓圣心可辩也。

《放光》云："般若无所有相，无生灭相。"《道行》云："般若无所知，无所见。"

此引二经以定宗也。《放光》，即《大品》也，两译文异。二十卷云："般若无所有相。"第十五云："般若波罗蜜，不生不灭相。"《道行》第一云："般若当从何说？菩萨都不可得见，亦不可知。"此约义引也。以般若体绝诸相，故云无所有相。寂灭湛然，故云无生灭相。真知独照，故无所知。绝诸对待，故无所见。般若如此，岂名言之可到哉！

下依宗辨用。

此辨智照之用，而曰无相无知者，何耶？果有无相之知，不知之照，明矣。

此征显般若实相之体，以为发论之端也。“此”者，指上引二经，乃辨智照之用。既有智有用，则应有相有知可也，而云无相无知者，何耶？由是观之，实有离相之知，亡知之照，明矣，但非心识思量可及也。

何者？（征显上义。）**夫有所知，则有所不知。**（此凡情也。）**以圣心无知，故无所不知。不知之知，乃曰一切知。故经云“圣心无所知，无所不知”，信矣！**

此征明无知之义也。约理而推，夫有所知之境，则滞于一缘，则有不知之地。此心境未泯，对待未忘，乃凡情也。拟之圣心则不然。以圣心虚灵绝待，境智双忘，能所俱绝，是为无知。以无知之知，光明遍照，故无所不知。以不知之知，故曰一切知。故《思益经》云“圣心无所知，无所不知”，信矣。由无所知，故无所不知耳，岂有心之知而可及哉！

是以圣人虚其心而实其照，终日知而未尝知也。故能默耀韬光，虚心玄鉴，闭智塞聪，而独觉冥冥者矣。

此释圣心无知之所以也。以圣人惑无不尽，故虚其心；真无不穷，故实其照。此实智内证也。由内证之实，故权智外应，则终日知而未尝有其知也。由其体用双彰，权实并运，故能默耀韬光，不用其知；虚心玄鉴，故无幽不烛。所以外应群动，则忘知泯照，闭智塞聪，不有其知；而内与理冥，真知独照，故曰独觉冥冥。此所谓无知无所不知也。

然则智有穷幽之鉴而无知焉（实智内证），**神有应会之用而无虑焉**（权智外应）。**神无虑，故能独王于世表；智无知，故能玄照于事外。**

此分别观照以显权实二智也。实智照理，故有穷幽之鉴；照体独立，心境两忘，故无知焉。“神”，权智也，俯顺群机，故有应会之用；无思而应，故无虑焉。无思而应，则物不能累，故独王于世表。智无知，则境与心会，触事而真，故能照于事外。是以不住无为，不舍有为，权实双彰，齐观并照，此圣人之心也。

智虽事外，未始无事。神虽世表，终日域中。所以俯仰顺化，应接无穷，无幽不察而无照功。斯则无知之所知，圣神之所会也。

此释成二智并运之所以也。以触事而真，故智虽事外，而未始无事。以神虽世表，不舍度生，故终日域中。由夫二智齐观，所以圣人俯仰顺化，故权智应接无穷而不累，实智无幽不察而无照功。此其所以为圣智无知之所知，乃圣智神心之所冥会也。以此而观圣心，则般若之旨昭然矣。

然其为物(体也)**也，实而不有，虚而不无。存而不可论者，其唯圣智乎？**

此申明般若体绝有无也。般若本有真实之体，但无相而不可见，故云“实而不有”。虚灵湛寂而照用常然，故云“虚而不无”。“存而不可论者”，义引《庄子》，六合之外，圣人存而不论，以明般若非常情知见之境，故但当存之而不可论，以非言可及也。

何者？（征也。）**欲言其有，无状无名。欲言其无，圣以之灵。**

此明般若不属有无也。欲言是有，则无相状，而不可以名貌；欲言其无，而圣人玄鉴万机，应用不缺，故不可以有无名也。

圣以之灵，故虚不失照。无状无名，故照不失虚。

此下明般若寂照一源，体用双彰，权实并显也。虚不失照，则寂而常照，故体不离用。照不失虚，则照而常寂，用不离体。

照不失虚，故混而不渝。虚不失照，故动以接粗。

此正明权实并著也。由照不失虚，故权智外应，混融万物，而其体湛然而不变。“渝”，变也。由虚不失照，故实智内证，而不舍度生。“粗”，谓现身三界，随类而应。是以照弥深，用弥广。

是以圣智之用，未始暂废，求之形相，未暂可得。

此结成寂照同时之义也。由其权实不二，故圣人弥纶万有，潜历四生，未曾一念舍众生界，其实求其智用之迹而不可得。

故宝积曰：“以无心意而现行。”《放光》云：“不动等觉而建立诸法。”所以圣迹万端，其致一而已矣。

此引二经结成寂照一源之义也。若圣人有心作为，则有形相而可得。由无心意而现行，故现身如水月，说法如谷响，虽可见可闻，其实求之而不可得。由不动等觉而建立诸法，故不离当处而法界弥纶。所以圣迹万端，皆法身弥布，故云其致一而已矣。

是以般若可虚而照，真谛可亡而知，万动可即而静，圣应可无而为。斯则不知而自知，不为而自为矣。复何知哉！复何为哉！

此总结般若寂照不二，存泯互融也。由上论圣心如此，体用双彰，故般若体虽至虚，可以即虚而照。“亡”，绝也。真谛之境虽绝相，可以即绝相而知。万动虽纷，可以即动而静。圣应虽无为，可以即无为而为。如此，则圣智不知而自知，不为而自为矣。由其存泯互融，故体用不二也。上显双存，下显双泯。“复何知哉！复何为哉！”其实无知无为也。

上本论竟。下问答决疑，有十八段。

难曰：（一、有知不矜难。由前云“智有穷幽之鉴而无知焉，神有应会之用而无虑焉”，故蹑此二句以兴难。意谓既有知有会，岂可言无知无会也，但圣人有知而不矜耳。）**夫圣人真心独朗，物物斯照，应接无方，动与事会。物物斯照，故知无所遗；**（万境齐观。）**动与事会，故会不失机。**

（有感即赴。上领旨也，下叙计。）**会不失机，故必有会于可会；**（谓必定有机可会。）**知无所遗，故必有知于可知。**（谓必有能知之心，知于可知之境。）**必有知于可知，故圣不虚知；必有会于可会，故圣不虚会。**（谓既有知有会，必有可知可会之境。此则知不虚知，会非虚会矣。下正难。）**既知既会，而曰无知无会者，何耶？**（此正申难也。既有知有会，而曰无者，岂不谬耶？下叙救。）**若夫忘知遗会者，则是圣人无私于知会，以成其私耳。**（此叙救也。谓若以忘知遗会为救者，则是圣人虽有知会，而不自矜恃为己能，返以成其知会之名耳。无私成私，语出《老子》"后其身而身先，外其身而身存"，不自贵爱其身而身返存。谓圣人但以不矜其知会为己私，故人以知会归之，其实非无知会也。）**斯可谓不自有其知，安得无知哉！**（此转破也，谓如所救云圣人不矜恃知会为己长，斯可谓不自有其知，岂得谓无知哉！〇下约知无知相答。）

答曰：（约真谛可亡而知以答。先立理。）**夫圣人功高二仪**（仁也）**而不仁**（大仁不仁），**明逾日月而弥昏。**（功高，谓权智应物。明逾等，谓实智证真。无为而应故不仁，不虑而知故弥昏。）**岂曰木石瞽其怀，其于无知而已哉！**（此拣异无情也。若谓无知，不同于木石。）**诚以异于人者神明，故不可以事相求之耳。**（此拣异有情也。若谓有知，不同凡夫。）**子意欲令圣人不自**（矜恃）**有其知，而圣人未尝不有知**（此牒审难意，若以此为得者），**无乃乖于圣心，失于文旨者乎？**（总责不但不知圣心，抑且失于文旨。）

何者？（征释通难。）**经云："真般若者，清净如虚空，无知无见，无作无缘。"斯则知自无知矣，岂待返照**（绝无）**然后无知哉！**（此引经证成般若但无惑取之知，非绝无真知也。义引《大品》等文。言真般若者，意在离妄，以体绝纤尘，故清净如空；以无惑取，故无知无见；以非有为，故无作无缘。以此而观，则般若真知独照，知自无知耳，岂待泯绝灵明，然后为无知哉！）**若有知性空而称净者**（此牒转救也，谓若以般若实实有知，但以性空而称净者），**则不辨于惑智。**（此返责也，谓若以般若性空为净者，则不辨于惑智，以烦恼亦性空，岂称般若哉！）**三毒四倒亦皆清净，有何独尊于般若？**（若谓般若以性空为清净者，则三毒四倒亦皆性空，如此则真妄不分，有何独尊于般若哉！）**若以所知**（真谛）**美般若**（此叙转救也，谓若以所知之真谛清净，以此美般若为清净者），**所知**（真谛）**非般若。**（真谛为所观之境，般若为能观之心，心境不一，故非般若。）**所知自常净，故般若未尝净**（谓若以真谛清净美般若者，然在真谛体固常净，今为所观，则对待未忘，是般若未尝净，则是真谛返累于般若），**亦无缘**（因也）**致净叹于般若。**（若真谛有累于般若，则亦无因以净致叹于般若。下正释。）**然经云般若清净者，将无**（岂非）**以般若体性真净，本无惑取之知。本无惑取之知，不可以知名哉！**（此正释经义也。经云般若清净者，岂非以般若性净，本无惑取之知。既无惑取之知，是不可以真知名哉！但无妄知，非无真知也。如此）**岂唯无知名无知，知自无知矣。**（何独以绝然无知为无知，良以真知自无妄知耳。）

是以圣人以无知之般若，照彼无相之真谛。真谛无兔马之遗，般若无不穷之鉴。所以会而不差，当而无是，寂泊无知而无不知者矣。

此结答问意也。谓能观之智无知，所观之理无相。以无知之智，照无相之理，故心境如如，一道齐平，所以理绝三乘之迹。“兔马”，三乘浅深之喻也。而般若照彻无余，故无不穷之鉴。如此，所以权智应会群机而不差，触事当理而无是；实智则寂然不动，泊然无为，故无知而无不知矣。圣智如此，岂以不矜其知为无知，又岂绝然无知为无知哉！

难曰：（此二名互违难。问家约俗谛以名求实，以难名实相违。下约二名顺成以答。）**夫物无以自通，故立名以通物。**（物本非名，因名以达物。）**物虽非名，果有可名之物当于此名矣。**（名不虚召，必有物以当之。如呼甲乙，则有人以应之。）**是以即名求物，物不能隐。**（此立理也。以俗谛有名必有物，设难般若，既有其实，而今云无知者，是空有其名而无实也。次申难。）

而论云圣心无知，又云无所不知（此出互违），**意谓无知未尝知，知未尝无知，斯则名教之所通，立言之本意也。**（难者意：若言无知，则未尝有知；若言有知，则未尝无知。此是名教立言之旨也。）**然论者欲一于圣心，异于文旨。寻文求实，未见其当。**（此正相违也。若圣心是一，则不应名异。）**何者？若知得于圣心，无知无所辨。若无知得于圣心，知亦无所辨。若二都无得，无所复论哉！**（此征难圣心定应居一也。谓知契于圣心，则不必言无。若无知契于圣心，则不必言有。若有无俱不契，则无复置论矣。今言知而无知，二语相违，岂正论哉！）

答曰：（二名顺成答，约真谛无相，故知不可以名求，以破。）**经云："般若义者，无名无说，非有非无，非实非虚。虚不失照，照不失虚。"斯则无名之法，故非言所能言也。**（此引经立理以遮难也。然难者以名求实，故责有无互违。今引经义，谓般若无名，故不可以实求；无说，故不可以言得。以有无虚实一切皆非，但以体虚而不失照用，虽照应万有而不离真际。此无名之法，固不可以言传也。）**言虽不能言，然非言无以传，是以圣人终日言而未尝言也。今试为子狂言辨之。**（道本无言，非言不显。圣人处绝言之道，故终日言而未尝言。今试狂言以辨之，盖言其无言也。）

夫圣心者（下正答，初显圣心有无双绝以遣名），**微妙无相，不可为有**（圣心实智离相，不比俗谛，可以名求）；**用之弥勤，不可为无**（权智应用，会不失宜，不比外道断灭）。**不可为无，故圣智存焉**（灵知独照）；**不可为有，故名教绝焉**（但以虚而照物，虽大用昭昭，而言诠不及，名言路绝）。**是以言知不为知，欲以通其鉴**（以虚而照，所以言知不是真个有知，但假知字以通晓其鉴照之用耳）；**不知非不知，欲以辨其相**（言不知不是绝然无知，但以"无"字以辨无惑取之知相耳）。**辨相不为无**（但无妄知之相，不是绝无真知），**通鉴不为有**（但以虚而照物，故非有知之可取）。**非有，故知而无知**（以真照体虚，故虽知而无知）；**非无，故无知而知**（言非无者，以无妄知，故真知弥照）。**是以知即无知，无知即知，无以言异而异于圣心也。**（良以圣心真穷惑尽，真知独照，不堕有无，岂可以遮遣之寄言而异于圣心哉！）

难曰：（以缘会求知难，谓真谛为所缘之境，既有所缘，定有能缘之智，非无知也。）**夫真谛深玄，非智不测。圣智之能，在兹而显。**（言非智不能照真谛。）**故经云："不得般若，不见真谛。"真谛则般若之缘也**（境智历然）**。以缘求智，智则知矣。**（谓真谛为所缘之境，般若乃能缘之智。以缘求智，智即知矣，岂无知哉！此以心境对待立难。）

答曰：（此以非缘无知答，意谓真谛离缘，故智亦非知。）**以缘求智，智非知也。**（此牒难斥非也。谓若就缘以求智，然真谛离缘，故智亦非知。）**何者？**（征释。）**《放光》云："不缘色生识，是名不见色。"**（文云："不以五阴因缘起识者，是名不见五阴。"谓不因五阴起分别者，以离身心，故不见身心相。此则离缘之知，不可以缘求也。）**又云："五阴清净故般若清净。"**（清净者，空之异称。以五阴本空，故般若亦空，空则离缘，非有知也。）**般若即能知也，五阴即所知也，所知即缘也。**（此楷定知缘，以明离缘无知也。谓若以缘求知，今般若乃能缘之知，五阴乃所缘之境。今云五阴本空，则非所缘也。所缘既空，则能缘亦空，以空则非有所知。由照见皆空，故知即无知，但不从缘耳。）**夫知**（能知之心）**与所知**（所知之境），**相与**（待也）**而有，相与而无。相与而无，故物**（物字通该心境）**莫之有；**（心境皆真故不有。）**相与而有，故物莫之无。**（心境角立，故对待不无。）**物莫之无，故为缘之所起。**（心境未忘，则妄缘斯起。）**物莫之有，故则缘所不能生。**（心境两忘，则照体独立，不因境有，不借缘生。）**缘所不能生，故照缘而非知。**（以离缘之智，照寂灭之境，故非有所知。）**为缘之所起，故知缘相因而生。**（以对缘所起之妄心，故心境未忘，知缘相因待而生。此妄而非真。下双结释成。）**是以知**（妄知）**与无知**（真知），**生**（因也）**于所知**（境通真妄）**矣。**（释上心境相待而有，故妄心取相故有知，以真知离缘故无知。此所以知与无知皆因心境，但有取不取耳。）**何者？**（通征真妄。）**夫智**（真智）**以**（因也）**知所知**（之境），

取相故名知。（以有对待，故名妄知。）**真谛自**（本来）**无相**（无相可取），**真智何由知？**（以真谛离相，故真智无知，以无缘故无知也。〇次真妄各辨，初辨妄）**所以然者**（释真妄各有所以），**夫所知**（之妄境）**非所知**（以妄境本空，故本非所知），**所知**（之妄境）**生**（因也）**于知**（能知之妄心）。**所知**（妄境）**既生知**（妄心），**知**（妄心）**亦生所知**（妄境）。**所**（妄境）、**知**（妄心）**既相生**（妄心、妄境相因而生），**相生即缘法**（心境相待，因缘而生，故对待未忘，是为缘法），**缘法故非真**（缘生之法假而非真），**非真故非真谛也。**（难家以真谛为所缘之境，今答以缘生乃妄法，非真谛也，何为所缘？）**故《中观》云**（通证真妄）：**"物从因缘有故不真**（此证缘乃妄法），**不从因缘有故即真。"**（此证离缘乃真。〇下显真）**今真谛曰真，真则非缘。**（真则不借缘生。）**真非缘**（真谛既非缘）**故，无物从缘而生也。**（前难家以缘真谛，故以般若为有知。今论主答以真谛离缘，离缘之真谛，岂能生般若之知哉！"从缘"，应云"从非缘"，谓无有一法从非缘而生者，意责难者不达真谛离缘而妄拟也。）**故经云："不见有法无**（非也）**缘而生。"**（证成上义，非缘不能生物，则真谛离缘，必不生知矣。）**是以真智观真谛，未尝取所知。**（谓真智照真谛，未尝取为所知之境。）**智不取所知，此智何由知？**（谓真智既不取所知之境，则此智何由而知哉！）**然智非无知**（此遮过也，谓真智但不取所知之境耳，非是绝无知体也。良以独照为知，非有待也），**但真谛非所知**（但真谛无相，非所知之境耳），**故真智亦非知。**（由真谛非所知，故真智亦非知。此二句结尽般若无知之妙。〇下返责）**而子欲以缘求智，故以智为知。**（然智无分别，知有分别。以知为智，则真妄不分，何以兴难？）**缘自非缘，于何而求知？**（由难意以缘求知，今答以真谛离缘。然缘本非缘，向何而求知哉！此则境智双忘，能所齐泯，般若玄旨，妙极于斯。）

难曰：（前云不取之知，今以有知无知不取皆非，二义双关难。）**论云不取者**（牒论申难），**为无知故不取，为知然后不取耶？**（立定下难。）

若无知故不取，圣人则冥若夜游，不辨缁素之异耶？（此则瞢然无知。）**若知然后不取，知则异于不取矣。**（谓若有知，则有所取之物。此则既已有知，难言不取矣〇上以心境两异难，下以心境冥一答。）

答曰：（有无双非不取以答。）**非无知故不取，又非知然后不取。**（有无皆非不取。）**知即不取，故能不取而知。**（此明两是，谓由知处当下不取，故能不取而知。）

难曰：（因闻上心境皆非，故约不取心境俱成断灭以难。）**论云不取者，诚以圣心不物**（不取著也）**于物，故无惑取也。**（上立理，下申难。）**无取则无是**（是者印可于物不缪之称，能知之心也），**无是则无当**（当者应物不谬，主质不差，言所知之境也），**谁当圣心**（谓无境可知，谁当圣心？无境可当，岂非断灭）**而云圣心无所不知耶？**（谓无境可当圣心，则绝然无所知矣。而云无所不知，岂不谬耶？）

答曰：（以是当混成答。）**然。**（纵可之辞。）**无是无当者**（牒难意），**夫无当则物无不当**（言当者，当心之境也。若一境当心，则滞而不通。若无当心，则境寂心空，真心任遍知，故无物不当），**无是则物无不是**（谓无能取之心，则心空境寂，法法皆真，故物无不是）。**物无不是，故是而无是。**（了境唯心，则心境两忘，是非齐泯，故是亦无是。）**物无不当，故当而无当。**（以唯心之境，则更无心外境，能与心为缘，故虽照境而万法皆空，故当而无当。）**故经云："尽见诸法而无所见。"**（以万法唯心，则无一法可当情者，故尽见诸法而无所见。）

难曰：（闻心境俱泯，遂疑舍有入无，故以立难。）**圣心非不能是，诚以无是可是。**（叙圣心舍有以领旨也。）**虽无是可是**（纵成），**故当是于无是矣**（以为入无）。**是以经云"真谛无相故般若无知"者**（引证无知，此述领意），**诚以般若无有有相之知。**（此释经正义，下以谬解申难。）**若以无相为无相，有何累于真谛耶？**（意谓若以有相累于般若，今若以无相为无相，又何累于般若耶？此不达般若真知独照，故以绝无为般若。）

答曰：（难以舍有入无，答以兼亡无相。）**圣人无无相也。**（难家认取无相，答以无相亦无，总答问意也。）**何者？**（征释无相亦非。）**若以无相为无相**（若认著于无相，则心有所住。圣心则不然），**无相即为相。**（若取著无相，则无相亦成相。永嘉云："弃有著空病亦然"。）**舍有而之无，譬犹逃峰而赴壑，俱不免于患矣。**（犹如避溺而投火，此外道断灭也。圣心岂然哉！下申圣心无住。）**是以至人处有而不有，居无而不无。**（虽涉有无而不住有无，所谓二边不住。）**虽不取于有无，然亦不舍于有无。**（有无不住，中道亦不安。）**所以和光尘劳**（《老子》曰：和其光，同其尘），**周旋五趣**（此能有为），**寂然而往**（不动本际，应现一切），**泊尔而来**（万化不迁，冥心绝域），**恬淡无为而无不为。**（圣人以无住为心，岂可以有无而拟之哉！）

难曰：（难以权智生灭。以不达动静一如，故立此难。）**圣心虽无知，然其应会之道不差**（此领旨也），**是以可应者应之，不可应者存之。**（此疑圣心有拣择可否，故以为有生有灭。）**然则圣心有时而生，有时而灭，可得然乎？**（不了生本无生，故立此难。）

答曰：（答以圣心本无生灭。）**生灭者，生灭心也。**（此凡夫心也，圣岂然哉！）**圣人无心，生灭焉起。**（真显无生。）**然非无心**（不同木石无情），**但是无心心耳**（但无生灭之心为心耳）。**又非不应**（不同孤吊），**但是不应应耳。**（但是随感而应，本无将迎之心也。）**是以圣人应会之道，则信若四时之质。**（质，实也。由圣人之心，无缘应物，感而遂通，如谷响水月，故信如四时之实，应不失时。）**直以虚无**（寂灭）**为体。斯不可得而生，不可得而灭也。**（以寂灭真知随缘应现，故本无生灭。）

难曰：（闻无生灭，不达惑智俱空，故以申难。）**圣智之无，惑智之无**（前云圣智无惑取之知，故疑惑智之无），**俱无生灭，何以异之？**（谓根本实智，灵鉴独照，本自无知，故云圣智之无。后得权智，照破无明，妄惑本空，故无惑取之知。二者皆无，不识无义何辨，故此兴难。）

答曰：（先智惑双辨，示空义之浅深。）**圣智之无者，无知。**（真知独照，心境两忘，故云无知。）**惑智之无者，知无。**（权智照破惑取之妄知本无，故曰知无。）**其无虽同，所以无者异也。**（圣智天然无知，不假功勋，惑智因修而得，故无意虽同，所以则异。）**何者？**（征释不同。）**夫圣心虚静，无知可无，可曰无知，非谓知无。**（圣人真心独朗，寂然不动，绝无妄法，故无知可无，但可曰无知，不可言知无。）**惑智有知，故有知可无，可谓知无，非曰无知也。**（后得照惑，了妄本空，但可言知妄元无，不可言无知。）**无知，即般若之无也。**（般若本绝诸妄，故不可说知无。）**知无，即真谛之无也。**（知无者，谓知真谛无妄知也。）**是以般若之与真谛**（此下心境合明，会寂用之同异。先同异双明），**言用即同而异**（即寂而照），**言寂即异而同**（即照而寂）。**同故无心于彼此**（心境也，同则心境双泯），**异故不失于照功**（境智历然）。**是以辨同者同于异**（同其所不同），**辨异者异于同。**（异其所不异。此则心境俱存，照用同时。）**斯则不可得而异，不可得而同也。**（以俱非双泯，故不可以同异定名。）**何者？**（征辨寂用。）**内有独鉴之明**（照体独立，寂也），**外有万法之实**（万法皆真，用也）。**万法虽实，然非照不得**（万法虽真，非智照不得其实），**内**（心也）**外**（境也）**相与以成其照功。**（智得境而照用全彰，境得智而真常独露，故云内外相与以成其功。）**此则圣所不能同，用也。**（非境无以显智，故不能同。）**内虽照而无知**（非有对待之知），**外虽实而无相**（诸法实相不可以相求，故云无相），**内外寂然**（内智无知，外境无相，心境双泯，故曰寂然），**相与俱无。**（由心空故境寂，以境寂故心空，故心境相与一道齐平。）**此则圣所不能异，寂也。**（寂则心境双亡，故不能异。）**是以经云诸法不异者，岂曰续凫截鹤，夷岳盈壑，然后无异哉！**（引证本来不异也。《大品》云："诸法无相，非一相，非异相。""岂曰"下，引释不异。《庄子》曰："凫胫虽短，续之则忧。鹤胫虽长，断之则悲。"谓天生长短，不必裁齐。岳高壑下，本来自定，不必夷岳之高，以填壑之下。意引诸法当体真常，本无差别，所谓是法住法位，世间相常住。不待造作，然后齐平。谓若以不二之智，照一真之境，故法法真常，本来不异。斯则自然不异，非安排而后不异也。）**诚以不异于异，故虽异而不异也。**（不以境异而异其心，故境随心一，即异而同，故云虽异而不异。）**故经云："甚奇世尊！于无异法中而说诸法异。"**（谓依一真法界，演说无量差别法门，故云无异法而说异法。）**又云："般若与诸法，亦不一相，亦不异相。"信矣！**（引证不一不异。《大品》云："世尊，云何于无异法中而说诸法异？"又云："诸法无相，非一相，非异相。"是知诸法一异，乃外道邪见。以般若而观，则非一非异。实相般若，理极于斯。）

难曰：（因闻寂用，遂疑有二，故此立难。）**论云：言用则异，言寂则同。未详般若之内，则有用寂之异乎？**（不达动静一源，故疑寂用两殊。）

答曰：（答以寂用一致。）**用即寂，寂即用。用寂体一，同出而异名**（同出异名，语出《老子》。彼意有无同出一玄，此言寂用本乎一心，但约动静言之耳），**更无无用之寂而主于用也。**（言寂体必有照用，如明镜之光，未有光明之镜而无照者。）**是以智弥昧，照逾明。**（此言实智照理，泯绝所知，故弥昧。真明逾发，故照逾明。此言即寂之用也。）**神弥静，应逾动。**（由实智弥寂，故权用无方。此言用不离体，故云应逾动。）**岂曰明昧动静之异哉！**（总结寂用不二。）**故《成具》云："不为而过为。"**（此证权智即实之权。）**《宝积》曰："无心无识，无不觉知。"**（此证离妄之智，显即寂之用。）**斯则穷神**（权智应物）**尽智**（实智照理），**极象外之谈也。**（释引二经，双明寂用，乃极象外之谈。）**即之明文，圣心可知矣！**（以此而观，群疑冰释矣。）

般若无知论（终）

肇论略注卷四

明 匡山沙门憨山释德清 述

刘遗民书问附

遗民和南。

按《新疏》，公名程之，字仲思，别号遗民，谓遗逸之民。彭城人，汉楚元王之裔。外善百家，内研佛理。尝为柴桑令，值桓玄僭逆初萌，乃叹曰："晋室无磐石之固，苍生有累卵之危。"因与儒者次宗、宗炳、周续之等，皆当代名流，事远公于庐山，称十八贤，精结莲社，辟命弗顾。太尉刘裕见其野志冲邈，乃以高尚相礼。时生法师入关，就学于什师，与论主莫逆。生公南返，乃以前论出示庐山社众。遗民览之叹服，因呈远公，公叹曰"未曾有也！"虽遗民致问，亦远之深意也。

顷餐（味也）**徽**（美也）**闻**（去声，名也）**，有怀遥伫**（企望也）**。岁未寒严，体中如何？音寄壅隔，增用抱蕴。弟子沉痾草泽**（山野也）**，常有弊瘵耳。因慧明道人北游，裁**（才也）**通其情。**

将致问深旨，先叙寒温仰慕之怀也。谓顷闻美名，如饥渴之得饮食，故曰餐。有愿见之怀而不得，但有遥想企伫。时当岁末，不审道体如何。以乏便鸿，故音寄壅隔不通，日增积蕴之思。顾以病卧草泽，不能远访，情向未达。近因慧明北游，才得一通其情。此叙未见怀想之心如此。

古人不以形疏致（思也）**淡，悟涉则亲。是以虽复江山悠邈，不面当年，至于企怀风味，镜心象迹，伫悦之勤，良以深矣。缅然无因，瞻霞永叹。顺时爱敬，冀因行李，数有承问。**

此叙慨慕之情也。古人不以形迹疏远而遂淡其致思。苟心相契悟，虽远亦亲。是以山川虽邈远，昔年未面，至若企仰怀慕道风法味，心镜照其像迹，不越方寸，故伫望之勤，日益深矣。此想慕之切也。私心缅然不忘，但无因一见，瞻望秦岭之烟霞，益增长叹。随时爱敬之心不忘，冀望乘往来行李之便，愿数有音问。

伏愿彼大众康和，外国法师休纳。

此祝愿也。外国法师常时休纳福庆也。以论主在译场，故问及大众，致讯本师也。

上人以悟发之器，而遘兹渊对，想开究之功，足以尽过半之思。故以每惟乖阔，愤愧何深。

此叹论主遭逢之幸，顾自愧也。“悟发之器”，谓论主先遇梵师持《禅波罗蜜经》梵本至秦，论主从梵师得受禅诀，有所开悟，故称悟发之器。“渊对”，指什师渊妙之思。论主既已自悟，又遇此良师，想于般若开究之功，以尽过半之思，谓全了悟也。故刘公慕此，不能参预法会，以自乖违阔远，愤愧何深耳。

此山僧清常，道戒弥厉。禅隐之余，则惟研惟讲，恂恂（敬貌）**穆穆**（和也）**，故可乐矣。弟子既以遂宿心，而睹兹上轨，感寄之诚，日月铭至**（瑶本作“志”）**。**

此刘公自述庆幸法侣嘉会之辞也。言道戒，戒也；禅隐，定也；研讲，慧也。此三学精严，六和修敬，自遂生平，而睹兹嘉范，感托之诚，指日月以铭心志。

远法师顷恒履宜，思业（禅思道业）**精诣**（到也）**，乾乾宵夕。自非道用潜流，理为神御，孰以过顺之年，湛气若兹之勤？所以凭**（托身）**慰**（慰心）**既深，仰谢逾绝。**

此赞述远公之高，且述依托之志也。“履宜”，谓行履如宜。禅思道业，精严深到，而又乾乾不息，尽夜不懈。如此操行，若非道用潜流于心地，至理神御于日用，谁能以过耳顺之年，澄湛之气若此之精勤？有师如此，故身有所托而心有所慰，以毕所愿，故仰道谢世，日远逾绝。此又刘公之所大庆幸也。

去年夏末，始见生上人示《无知论》，才运（此疑作“韵”）**清俊，旨中沈**（深渊）**允**（恰当），**推涉圣文，婉而有归。披味殷勤，不能释手。直可谓浴心方等之渊，而悟怀绝冥之肆者矣。若令此辨遂通，则般若众流，殆不言而会。可不欣乎！可不欣乎！**

此叙得论之由也。谓从生公得《无知论》，其才清俊，其理深沉允当，推释经文，辞婉而旨有归趣。披阅玩味，殷勤再至，不能释手。般若玄宗，如众流归海。如人浴海，已沾百川之水。浴心般若，已得万法之宗。般若非见闻之境，故称“绝冥之肆”。若使此论一通，则般若引众流，将不言而会矣。再言“可不欣乎”，庆跃之至也。

夫理微者辞险（由般若理微，故设论辞险），**唱独者应希**（如阳春雪曲，和者应稀）。**苟非绝言象之表者**（者，指其人也。若非心超象外之人，定不能领会），**将以存象而致乖乎？**（谓未能忘言得旨之人，必执言以乖其理。）**意谓答以缘求智之章，婉转穷尽，极为精巧，无所间然矣。**（此许前论与理浑然，无有间隙矣。）**但暗者**（昧于理者）**难以顿晓，犹有余疑一两**（一二），**今辄题之如别**（初别列问意，今合归篇中）。**想从容**（无事）**之暇**（闲暇之时），**复能粗为释之。**（上叙起疑之由，下正叙疑文。）

论序云：“般若之体，非有非无（真俗双泯），**虚不失照，照不失虚**（寂照同时），**故曰不动等觉而建立诸法。”下章云：“异乎人者神明，故不可以事相求之耳。”**（上总叙实智之文。）**又云：“用即寂，寂即用。神弥静，应逾动。”**（此叙权智之文。下就叙论意，先权实双标。）**夫圣**

心冥寂，理极同无。（此叙实智意。）**不疾而疾，不徐而徐。**（此叙权智意。）**是以**（下释成权实一致）**知不废寂**（权即实），**寂不废知**（实即权）。**未始不寂，未始不知。**（权实双彰，二智并运。）**故其运物成功化世之道，虽处有名之中，而远**（亦作“宛”）**与无名同。**（谓由寂照同时，故权智应机化世，而远与实智理冥，是以二智无殊。上叙申论意微妙，下叙迷昧者不了玄旨。）**斯理之玄，固常所弥**（《新疏》作“迷”）**昧者矣。**（上叙论文立意权实不异，下出疑设难二智体殊。）

但今谈者所疑于高论之旨，欲求圣心之异（以论说圣心冥一，故今疑者按权实二智以求圣心之异，故下正难二智体殊），**为谓穷灵**（瑶本作“虚”）**极数，妙尽冥符耶？**（此正难意。云所言二智不异者，为是般若证穷真谛之虚，断尽俗谛有为之数，妙尽冥符合而为一耶？此难实智冥真绝俗也。）**为将心体自然，灵泊独感耶？**（难意谓般若之用，不在穷虚极数，当体虚泊，无相独存耶？此难疑无权智也〇上申疑立难，下出过。）**若穷灵**（作“虚”）**极数，妙尽冥符**（谓心境既合为一，则不应存寂照二名），**则寂照之名，故是定慧之体耳。**（然寂照二名体用不一，则所成之定慧既二，则寂照亦二。用既二，则体亦二，安可言心境冥一也。此则二名不应一体也。）**若心体自然，灵泊独感**（是所谓神弥静，乃返一绝迹，有体无用，如何又有权智耶），**则群数之应，固以几乎息矣。**（若有体无用，则权智已绝，又何言应逾动耶〇上双难权实，下潜难无知。）**夫心数既玄**（则寂然无知矣）**而**（又云）**孤运其照**（然照则知矣，何言无知），**神淳化表而慧明独存**（言神既淳恬于万物之表，此则绝于应。而慧明独存，则不合有应，有应则二知矣。既有二知，则一知照真，一知明俗，何谓无知），**当有深证，可试为辨之。**（辨上权实不二，真智无知。下难不取，意谓实智可不取，权智则非不取也。）

疑者当以抚会应机睹变之知，不可谓之不有矣。（谓权智应机，必定有知。）**而论旨云本无惑取之知**（本论谓权智无惑取之知），**而未释**（解也）**所以不取之理。**（意谓权智应机必有知，有知必有取。而言不取，故未解也。下兼难心异。）**谓宜先定圣心所以应会之道**（谓以二语楷定圣心，即下云），**为当唯照无相耶？**（由上立难权智有取，故今单就权智以难圣心有二。为是权智观物唯了物体惟空本无相耶？此审定无相。）**为当咸睹其变耶？**（为是权智应物睹其万化皆有相耶？此审定有相〇下难。）**若睹其变，则异乎无相；**（谓若唯睹其万变有相可抚，则异乎无相。）**若唯照无相，则无会可抚。**（谓若唯照性空，则万境斯寂，故无会可抚。）**既无会可抚，而有抚会之功，意有未悟，幸复诲之。**（言既无会可抚，则机缘已绝，可言不取，而又言有抚会之功，有抚，则何言不取耶？意谓圣心若一，定应得一失一。若二谛俱得，则权实两殊。故此难之。下难是当，先举疑文。）**论云："无当则物无不当，无是则物无不是。物无不是，故是而无是；物无不当，故当而无当。"**（上引论文，下就许是当。）**夫无当而物无不当，乃所以为至当；无是而物无不是，乃所以为真是。**（上就许是当，下难相违。）**岂有真是而非是，至当而非当，而云当而无当，是而无是耶？**（上难相违，下叙救转非。）**若谓至当非常**（泛常）**当，真是非常**（泛常）**是，此盖悟惑之言本异耳**（至当真是，乃悟者所见。常当常是，乃惑者所执。故言不同，而义未决），**固论旨所以不明也。愿复重喻，以祛其惑矣。**（请决所疑。下难以结意。）

论至日，即与远法师详省之。法师亦好相领得意（言远公亦相得意许可），**但标位似各有本**（远宗法性，什宗实相，故各有本），**或当不必理尽同矣。**（此一语，足见远、民见理未真。）**顷兼以班诸有怀**（谓以论班示同志），**屡有击其节者**（谓赏音识趣者），**而恨不得与斯人同时也。**（凡见斯论者，无不愿见而不可得也。）

答刘遗民书（书有二幅，前短札，后长幅）

不面在昔，伫想用劳。（言与遗民自昔未面，故但劳伫想耳。）**慧明道人至，得去年十二月疏并问。**（刘公前书，托慧明寄至。）**披寻返覆**（详省来问），**欣若暂对。凉风届节，顷常如何？**（此叙寒温。）**贫道劳疾，多不佳耳。信**（信乃使者）**南返，不悉。**（此叙意，下正答。）**八月十五日，释僧肇疏答。**

服像虽殊，妙期不二。（服像，言儒释虽不同，若妙悟心期，则本来不二。）**江山虽缅**（远也），**理契则邻。**（江山虽远，若忘形契理，则万里非遥。）**所以望途致想，虚襟有寄。**（言与刘公心神契会，所以属望长途，虚怀有托。）**君既遂嘉遁之志**（嘉遁，《周易》遁卦爻辞，又云肥遁，言高尚隐逸也），**标越俗之美，独恬事外，欢足方寸。**（此叹刘公匡山莲社，已遂隐逸之志，标越尘俗之美名，独享世外之乐，其欢足内心。）**每一言集**（每与南来之人，一言集会之间），**何尝不远喻林下之雅咏**（来人一言话间，未尝不远领林下之雅咏，谓时领社中名公著作也），**高致悠然**（此赞所闻诸作，则知高尚之思，悠然可想）。**清散未期**（言慕社中清胜君子，萧散之怀，未期佳会），**厚自保爱**（此嘱刘公加餐之意）。**每因行李，数有承问。**（因往来人，数得刘公音问。）**愿彼山僧无恙，道俗通佳。**（酬前大众康和，但社有宰官居士，故并问道俗。）**承远法师之胜常**（此酬前外国法师常休纳），**以为欣慰。**（喜法师胜常，足以慰心。）**虽未清承，然服膺高轨，企伫之勤，为日久矣。**（叙仰慕远公之情，虽然未承清范，而服膺怀德，仰其高躅，瞻慕之心，非一日矣。）**公以过顺之年，湛气弥厉**（下酬叙远公近履佳况。前云远公湛气若兹之勤，故因叹云：过顺之年，澄湛之气弥厉，益严劲倍常，所谓老当益壮），**养徒**（作养徒众）**幽岩，抱一**（凝神）**冲**（空虚）**谷，遐迩仰咏**（远近仰高诵德），**何美如之**（叹远公美德，无以过之）。**每亦翘想一隅，悬庇霄岸。**（言翘想远公，天各一方。“霄岸”，犹言天际，言悬远托庇，荫于天际。）**无由写敬**（怀慕之心，布敬无因），**致慨良深。**（言悬想而不及见，慊慨之念实深。）**君清对终日，快有悟心之欢也。**（酬前凭慰既深，谓慕远公之高，恨不及见，君幸终日清对，且喜有悟心之快。）**即此大众寻常**（如常），**什法师如宜**（正答休纳）。**秦**

王道性自然（此下叙国王外护，三宝正隆），**天机迈俗**（言秦王向道之性，不勉而能，天机超俗，不以有国为荣），**城堑**（外护）**三宝，弘道是务**（言不以国事为累，但终日弘道）。**由使异典**（法宝，即下叙新经）**胜僧**（僧宝，即下叙诸师），**方远而至**（自西竺远来）。**灵鹫之风，萃于兹土。**（佛居灵鹫之风，什师入关，三宝聚于此土。）**领公**（支法领也，远公弟子）**远举，乃千载之津梁也。**（领公往西域取经，故云远举。）**于西域还，得方等新经二百余部**（远公使领公往西域取经，所取方等诸经，按《新疏》云：《华严》梵本亦领公寻至，恨无正传），**请大乘禅师一人**（禅师名佛陀婆陀罗，此云觉贤。贤学禅业于罽宾佛大仙，弘始中入秦，于瓦官寺教习禅道。江南慧严、慧观，关中玄高等，皆从师受业。论主亦在其中，故刘公称云“悟发之器”），**三藏法师一人**（名弗若多罗，姚兴待以上宾之礼，令译《十诵》，未竟而终），**毗婆沙法师二人**（一名昙摩耶舍，一名昙摩掘多，以善通此论，故以为名）。**什法师于大石寺出新至诸经**（诸经，或诸师赍来，或领公所取，皆一时至，故云新至），**法藏渊旷**（渊深广大），**日有异闻**（时听诵译）。**禅师于瓦官寺教习禅道，门徒数百，夙夜匪懈**（日夜参求），**邕邕**（和也）**肃肃**（敬也），**致可欣乐。**（由是而知达磨未来已前，禅道已行，学者不少。论主蚤以从修禅业，有所悟入。观论旨幽玄，非悟何以至此。）**三藏法师于中寺出律藏，本**（谓四重等）**末**（谓余篇）**精**（精详）**悉**（尽悉），**若睹初制**（若睹如来初制之日）。**毗婆沙法师于石羊寺出《舍利弗阿毗昙》**（小乘论名）**胡本**（梵本），**虽未及译，时问中事，发言新奇。**（此上叙译场近来诸经及西来诸师，足见一时法运之盛，故特以相闻。）**贫道一生猥参嘉运，遇兹盛化，自恨不睹释迦祇桓之集，余复何恨！**（论主自庆时清道泰，明主弘法，真师主盟，圣典远臻，胜友云集，可谓一时之盛，何幸参预嘉运，遇兹盛化。所恨不睹祇园，亲承佛会，余复何憾。）**而慨不得与清胜君子同斯法集耳。**（此以不得刘公同此法集，良以为慨耳。）

生上人顷在此，同止数年。（什公门下弟子，有生、肇、融、睿，称为四哲，时美其盛，谓通情则生、融上首，精难则睿、肇第一。或云观公。）

至于言话之际，常相称咏。（咏，诵也，谓常称诵匡山之盛。）**中途还南**（因译《涅槃经》，至阐提无佛性义，生公曰："蠢动含灵皆有佛性。阐提虽不信，有时善根发现，何以言无佛性？想经来未尽耳。"众皆不然。生公遂去译场，故云中途南还），**君得与相见。**（来书云"始见生上人示《无知论》"，故云相见。）**未更近问，惘悒何言。**（言生公去后，更无近问，中心惘悒，言思慕不忘也。）**威道人至**（自莲社来），**得君《念佛三昧咏》，并得远法师《三昧咏及序》。**（言刘公作《念佛三昧诗》，远公亦作，且更有序。威道人持来，故得一见。）**此作兴寄既高，辞致清婉。**（此美《念佛三昧》之作，托兴寄心已高，而文辞清爽，致思微婉。）**能文之士，率称其美。**（言关中能文之士，相率皆称其美。）**可谓游涉圣门，扣玄关之唱也。**（称其能以文辞发挥佛理，故云游涉孔圣之门，而扣法界玄关之唱，非空谈也。）**君与法师当数有文集，因来何少？**（因见念佛咏、序，则知公与远公文集当多，而见寄何少耶？）**什法师以午年**（弘始八年，岁次丙午）**出《维摩经》，贫道时预听次。**（什师译《维摩》，且译且讲，故云时预听次。）**参承之暇，辄复条记成言**（谓参承讲说之暇，复条记什师现成之言），**以为注解。**（此言注虽出肇手，而义则本乎什师。）**辞虽不文，然义承有本。**（论主自谦，《维摩注解》辞虽不文而义则承本什师。）**今因信**（使者）**持一本往南，君闲详**（言刘公闲于文字，详于义理），**试可取看。**（已上叙彼此一往之事，以通其情。此下方叙来问发起。）

来问婉切（谓刘公五难，辞婉而义切），**难为郢人。**（论主自谦，谓难与刘公敌手。郢人，事出《庄子》，谓郢人垩漫其鼻端若蝇翼，使匠石斫之。匠石运斤成风，尽垩而鼻不伤。郢人立不失容。此匠石挥斤之妙，固难其人，而郢人立不失容，更自难得。言承当之难也。）**贫道思不关微**（言入理），**兼拙于笔语。**（谓不但思不入理，兼且拙于文字。）**且至趣无言，言必乖趣。**（至理无言，言生理丧。）**云云**（犹哓哓）**不已，竟何所辨？**（言不及理，辨之何益。）**聊以狂**（妄言）**言，示酬来旨耳。**（《庄子》云：吾与汝妄言之，汝亦妄听之。）

疏云：“称圣心冥寂，理极同无。虽处有名之中，而远与无名同。斯理之玄，固常弥昧者。”（上牒来疏所引论辞）**以此为怀，自可忘言内得，取定方寸。**（此许其所得，自可忘言内证，取定一心。）**复何足以人情之所异，而求圣心之异乎？**（此责其不能忘言，复以常人之情，而求圣心之异。）**疏曰**（下举难出意）**：“谈者谓穷灵极数，妙尽冥符，则寂照之名，故是定慧之体耳。**（“寂照”下，出难。）**若心体自然，灵泊独感，**（下出难）**则群数之应，固以几乎息矣。”**（上牒难，下出意）**意谓**（通下句）**妙尽冥符**（心境合一，则寂照双绝）**，不可以定慧**（二法）**为名。**（意谓）**灵泊独感**（则灵心绝待）**，不可称群数以息。**（却不知）**两言虽殊，妙用常一。迹我而乖，在圣不殊也。**（上以正意责迷。）**何者？**（征释无异，先示定慧同源）**夫圣人玄心**（寂体）**默照**（照用）**，理极同无**（照极则两忘，同一真源）**。既曰为同，同无不极。**（既同一源，则无有不极〇下责迷）**何有同无之极，而有定慧之名？**（此出正义。下释伏疑云：定慧既一，何故前云寂即用、用即寂？）**定慧之名，非同外之称也。**（谓寂照既同一源，则知定慧本同一体，岂同外别称定慧之名耶？）**若称生同内，有称非同。**（谓若定慧之名生于同内，则凡涉名言，则非真体。）**若称生同外，称非我也。**（谓于同外强称定慧之名，则是迷者妄执，在我般若体中本无定慧二名〇上答定慧不二，下答权应不息）**又圣心虚微，妙绝常境。**（妙尽冥符，此言实智无为。次言权应不息）**感无不应，会无不通，冥机**（妙智）**潜运，其用不勤。**（权智妙应，而无不为。如此）**群数之应，亦何为而息耶？**（上明实智无为，权应不息。下答二智体殊，正答心异，兼通有知。先标妄）**且夫心之有也**（凡夫妄心之有）**，以**（因也）**其有有**（有待缘而后有）**。有不自有**（以待缘而有，故不能自有）**，故圣心不有有。**（此显真也，以圣心离缘，故不有有。）**不有有，故有无有。**（以不借缘生，故虽有而非有。）**有无有故**（牒上）**，则无无。**（既已非有，则亦非无。）**无无故**（牒上）**，圣人不有不无。**（双绝有无，冥心一际。）**不有不无，其神乃虚。**（以有无双绝，则虚灵独照，妙契中道。）**何者？**（征起。下即难就通，正答心异，以明双非。"夫有"下，至"废用耶"，通为一唱，二百零一字。）**夫有也无也，心之影响也。**（影譬象，响譬言。）**言也象也，影响之所攀缘也。**（分别影响，本无实法。下正示双非）**有无既废**（绝也），**则心无影响。影响既沦**（丧也），**则言象莫测。**（心绝缘影，则言象不及。）**言象莫测，则道绝群方。**（则心体离量。）**道绝群方，故能穷灵极数。**（穷虚则理极，极数则妄尽。）**穷灵极数，乃曰妙尽。**（真妄双亡，是非齐泯。）**妙尽之道，本乎无寄。**（灵灵绝待，故曰无寄。）**夫无寄在**（因也）**乎冥寂**（权实一心，寂照一体），**冥寂故虚以通之。**（"通"者，导达之意，谓冥寂之体，至绝离相，若不假一虚字通之，则人何以了悟。）**妙尽存**（亦因也）**乎极数**（真不穷则妄不尽，妄不尽则真不极），**极数故数以应之。**（会万物而为己，故曰极数。分身万象，法身普应，故数以应之。）**数以应之，故动与事会。**（权智应物，感而遂通，故云动与事会。）**虚以通之，故道超名外。**（实智证理，离名绝相，故云道超名外。下兼通有知）**道超名外，因谓之无。**（但离名相，不是断灭。）**动与事会，因谓之有。**（感应在机，随缘而现，故有非实有。）**因谓之有者，应夫**（作"非"字）**真**（实也）**有，强谓之然耳，彼**（指中道一心）**何然哉！**（待机缘而有者，应非实有，但强谓之耳。彼寂灭一心，何尝动而为有哉！）**故经云**（引证无知）**："圣智无知而无所不知，无为而无所不为。"**（此义引《般若》诸文，以证圣心权实不异，有知无知本一致也。）**此无言无相寂灭之道，岂曰有而为有、无而为无，动而乖静、静而废用耶？**（此据理责迷，以结上义也。）**而今谈者**（此下正答有知，潜答心异）**多即言以定旨**（责迷不能忘言会理），**寻大方而征**（求也）**隅。**（《老子》云："大方无隅。"谓寂漠冲虚之般若，而以有知无知求之，正犹寻大方而求隅也。）**怀前识以标玄**（前识者，《老子》云"前识者，道之华而愚之始也"，谓分别惑取之知），**存**（执也）**所存之必当**（以妄执为必当）。**是以闻圣有知，谓之有心；闻圣无知，谓等**（同也）**大虚**（即谓冥然无知）。**有无之境，边见**（有无、断常二边）**所存，岂是处中莫二之道乎？**（上责偏见以明不异，下示中道）**何者？**（征明空假以显中道，先空，次假）**万物虽殊，然性本常一。**（以性空故常一。）**不可而物**（以缘生无性，不可名物，此示空义），**然非不物**（以无性缘生，此示假义）。**可物于物**（上物能取之心，下物所取之境），**则名相异陈。**（迷则能所未忘。）**不物于物**（能所两忘），**则物而即真。**（不取无非幻，故即物即真〇下正示中道）**是以圣人不物于物**（不取），**不非物于物**（不舍）。**不物于物，物非有也。**（一心不生，万法自寂。）**不非物于物，物非无也。**（森罗顿现，万境全彰。以空有两忘，二边自泯，此约一心以显中道。下约境以显中道）**非有所以不取**（以万法本空，无可取者），**非无所以不舍**（以法法即真，故不舍一法）。**不舍故妙存即真**（由不舍一法，故法法即真），**不取故名相靡因**（心不附物，则名相自空）。**名相靡因，非有知也**（无境可知）；**妙存即真，非无知也**（万法唯心，真照独立，故非无知）。**故经云**（引证）：**"般若于诸法，无取无舍，无知无不知。"**（证明般若能所两忘，以显中道。）**此攀缘之外**（超妄想境），**绝心之域**（离心意识），**而欲以有无诘者，不亦远乎？**（总责执迷）

请诘夫（双结有无）**陈有无者：夫智之生也，极于相内。**（智乃六粗智相之智，谓分别见也。言分别知见因名相起。）**法本无相，圣智何知？**（以万法性空无相，圣人无境当心，又何所知？）**世称无知者，谓等木石、太虚、无情之流。**（世人谓无知将同无情。）**灵鉴幽烛，形于未兆，道无隐机**（般若真智，灵明鉴照，无幽不烛，一念未生已前，十方三世圆明了了，彻见万法，故道无隐机），**宁曰无知？**（如此灵明为正遍知，岂曰无知？下为解偏滞）**且无知生**（起也）**于无知。**（下"无"字误，应云"无知生于有知"，谓无知之见起于有知，二者相待，其实有无俱无。）**无无知也，无有知也。**（双拂二见，有无不立。下显双非）**无有知也，谓之非有**（是为寂体）；**无无知也，谓之非无**（是为照用）。**所以虚不失照**（寂而常照），**照不失虚**（照而常寂），**泊然永寂**（湛然常住），**靡执靡拘。**（不堕有无。如此中道，妙绝常情）**孰能动之令有，静之使无耶？**（动不著有，静不著无。）**故经云："真般若者，非有非无，无起无灭，不可说示于人。"**（一切皆非，故不可说示。）**何则？**（征释经义。）**言其非有者，言其非是有**（凡佛言非者，乃遮遣破执之辞，非实法也。且言非有者，乃是遮执有者，遮其不是实有耳），**非谓是非有**（不是说绝无也）。**言其非无者，言其非是无**（言其不是绝无），**非谓是非无**（不是说实有也）。**非有**（说非有）**非非有**（也不是非有），**非无**（说非无）**非非无**（也不是绝无。四句既离，百非自遣）。**是以须菩提终日说般若，而云无所说。此绝言之道，知何以传？**（绝言之道，非知见之境，又何以传？）**庶参玄君子，有以会之耳。**（惟忘言者可以心会耳。上双通权实竟，寂照、有无二疑皆通。下别答不取，先广答心异。）

又云："宜先定圣心所以应会之道，为当唯照无相耶？为当咸睹其变耶？"（此叙来难。前难意云：权智有取，为是唯照万法性空无相耶？为是权智应物睹其万化皆有相耶？来难二意：一难有取，二难心异。今先答心异，后答不取〇下出难意）**谈者似谓无相与变，其旨不一。睹变则异乎无相，照无相则失于抚会。**（下责滞）**然则即真之义，或有滞也。**（出其难意，谓二智不一。然睹变则是有相，异于无相矣；照无相则不能应机，异于有相矣。是则空有不能双照，故责以不能即真，故云滞也。）**经云："色不异空，空不异色。色即是空，空即是色。"**（此下正答，先引经定理，以色空相即立意。下反质之。）**若如**（似也）**来旨，观色空时，应一心见色，一心见空。**（此出迷滞，下出违）**若一心见色，则唯色非空。若一心见空，则唯空非色。然则空色两陈，莫定其本**（莫定经中立言本意）**也。**（下释经意）**是以经云非色者，诚以非**（此"非"，乃破斥之义）**色于色**（谓凡夫执色是实有，故以非破斥其执），**不非色于非色。**（上"非色"谓破斥，下"非色"谓虚空。言但破其色执，不非破虚空。）**若非色于非色**（返释，谓若非破虚空），**太虚则非色**（虚空非色相），**非色何所明？**（虚空既非色，纵破何所发明乎？下顺释）**若以非色于色**（上"非色"，空也，谓以空破于色相），**即非色**（空也）**不异色。**（此空不异色。）**非色不异色**（牒上空不异色），**色即为非色。**（即了空不异色，则色即是空矣。下依经会理）**故知变即无相**（正睹变时，即达无相），**无相即变**（正无相时，不妨睹变）。

群情不同（以机不一），**故教迹有异耳。**（执无相者，故说睹变。执睹变者，故说无相。）**考之玄籍**（谓圣经），**本之圣意**（本其圣人说法之意），**岂复真**（实智）**伪**（权智）**殊心、空有**（二境）**异照耶？**（谓岂一心照无、一心照有耶？）**是以**（下依心照境，以显不异）**照无相**（实智），**不失抚会**（权智）**之功**（即实之权）；**睹变动**（权智），**不乖无相**（实智）**之旨**（即权之实）。**造有不异无**（虽适生死而不动本际），**造无不异有**（虽证涅槃而不舍度生）。**未尝不有，未尝不无。**（有无双照，二谛恒存。）**故曰不动等觉而建立诸法。以此而推，寂用何妨？**（寂用二法，有何相妨？）**如之何谓睹变之知，异无相之照乎？**（据理责迷。上广答心异竟。下略答不取。）

恐谈者脱（或也）**谓空有两心，静躁殊用，故言睹变之知，不可谓之不有耳。**（上出迷执，下正通前疑。）**若能舍己心**（谓己见）**于封**（执取也）**内，寻玄机**（至理）**于事外**（名相之外），**齐万有于一虚**（等观万法，一味纯真），**晓至虚**（法身无相）**之非无**（遍一切处）**者，当言至人终日应会，与物推移**（谓随顺周旋也），**乘运**（时也）**抚化，未始为有也。**（终日度生，不见生之可度。此正有无齐观，权实并运〇下结答返责）**圣心若此，何有可取，而曰未释不取之理？**（前别答不取竟。下决释是当。）

又云："无是乃所以为真是，无当乃所以为至当。"亦可如来言耳。（上印许来意。下示以忘情）**若能无心于为是而是于无是**（是者印物之心，是于无是，则照而常寂），**无心于为当而当于无当者**（当者当心之境，当于无当，则寂而常照），**则终日是，不乖于无是**（不乖于是则心空）；**终日当，不乖于无当**（不乖于当则境寂）。**但恐有是于无是**（执心未忘），**有当于无当**（执境未化），**所以为患耳。**（但恐执着之情未忘，所以为患耳。）**何者？**（征明执着。）**若真是可是，至当可当**（此则心境未忘），**则名相以形**（生心取着，故名相斯起），**美恶是生**（取舍情生，则爱憎横发），**生生奔竞**（攀缘取境，逐逐不休），**孰与止之。**（自心妄动，谁与止之。此执着之患也。）**是以圣人空洞其怀，无识无知。**（圣人心包太虚，万境斯寂。）**然居动用之域而止无为之境，处有名之内而宅绝言之乡。**（虽为而不为。）**寂寥虚旷，莫可以形名得，**（超情离见，非思量可知。）**若斯而已矣。**（圣心如此）**乃曰真是可是，至当可当，未喻雅旨也。**（圣人心境两忘，而以是当求之，所以未喻来旨也。）**恐是当之生，物谓之然**（乃凡夫取着之妄见）**。彼自不然**（彼圣心非常情可测）**，何足以然耳。**（以凡情而谓圣心之必然，何足以知之。上通答隐显五难竟〇下结示离言。）

夫言迹之兴，异途之所由生也。（寻名执相者依言取义，分别情生，正智昧矣。）**而言有所不言**（以言而显绝言之道）**，迹有所不迹**（兔不在蹄，鱼本非筌）**。是以善言言者，求言所不能言；善迹迹者，寻迹所不能迹。**（得义忘言，得鱼舍筌。）**至理虚玄，拟心已差。**（拟心即错，动念即乖。）**况乃有言，恐所示转远。**（名相不忘，于理转远。）**庶通心君子，有以相期于文外耳。**（唯忘言者可以意得，息虑者可以心通。若执言竞辩，哓哓何益哉！）

肇论略注卷五

明 匡山沙门憨山释德清 述

涅槃无名论第四（上）

“涅槃无名论”者，以所论者涅槃，故以为题。言涅槃者，梵语也，此云圆寂，谓五住究尽为圆，二死永亡为寂。乃寂灭一心之异称，清净法身之真体，非死之谓也。以三世诸佛旷劫修因，证此一心之体，名为法身；以酬广大之因，名为报身；随机益物，名为化身。一切诸佛皆具三身。法身为体，化身为用。有感即现，无感即隐。隐而不现，圆归一心，摄用归体，名为入灭，是称涅槃，非生死之谓也。以此一心，五住烦恼不能覆，故曰圆；二种生死不能羁，故云寂。故教约出处，说有四种：一自性涅槃，谓即此一心，名为法身，遍一切处，为诸法体，名为自性，本来寂灭，所谓“有佛无佛性相常住”，“一切众生本来灭度，不复更灭”，故云自性涅槃。二有余涅槃，谓三乘所证，无明未尽，变易未亡，证理未圆，三皆有余，故亦称涅槃。三无余涅槃，即修成之佛，妄尽真穷，体用不二，亦名所证无上大涅槃果，故名无余。四无住涅槃，谓一切圣人，不处有为，不住无为，二边不住，中道不安，动静不二，总名涅槃，故云无住。此四种名，但约体用之称，其实一心，名相俱寂，故云无名。所谓“生死及涅槃，二俱不可得”，故云无名。是为不生不灭常住一心之都称耳。前“不迁”、“不真”为所观之境，“般若”为能观之智，三皆是因。以此涅槃乃所证之果，故以为论。

奏秦王表

什师入灭，论主追慕无已，因作《涅槃无名论》，以称述所证之德不异于佛，以赞扬之。言虽以前般若乃能证之智为因，涅槃为所证之果，其意实为什师而发。论成，表献秦主，故首列其表文。

僧肇言。（对人主而不称臣者，以方外自处也，所谓不事王侯，高尚其事。天子虽尊，不以臣礼待之也。）**肇闻天得一以清，地得一以宁，君王得一以治天下。**（“天得一”等语，用《老子》，一谓大道之元也。老宗自然，名为大道。论宗一心，同文义异。）**伏惟陛下睿**（圣也）**哲**（智也）**钦**（敬也）**明**（谓明德），**道与神会。**（道谓涅槃大道，秦王妙契，故曰神会。）**妙契环中**（《庄子》：“枢得其环中，以应无穷。”谓秦王妙悟中道故），**理无不统。**（以悟一心，则理无不摄。）**游刃**（语出《庄子》，庖丁解牛，迎刃而解，以喻妙智应物，则事无不理）**万机**（人君日有万机），**弘道终日**（谓不以万机以妨弘道）。**威被苍生，垂文作则**（法也）。**所以域中有四大，而王居一焉。**

此美秦王能妙悟一心，而具尧舜之德也。《尚书》，“睿哲”舜德，“钦明”尧德。谓秦王不唯具尧舜之德，且能契涅槃中道妙理，统会一心，故虽日应万机，不妨弘道终日，用武兴文，为世明主。“所以域中四大而王居一焉”，语出《老子》“天大、地大、王亦大”，此叹德也。

涅槃之道，盖是三乘之所归（三乘同证，故曰所归），**方等之渊府。**（方等深经之究竟理趣，故曰渊府。）**渺漭**（汪洋无涯）**希夷**（离声离色故），**绝视听之域**（迥超见闻）。**幽致虚玄**（幽妙之理致，虚灵绝待），**殆**（甚也，殊也）**非群情**（浅识）**之所测。**

此叹涅槃之道，为众圣归趣。体绝名相，非见闻可及。绝待幽玄，故非浅识之可测也。

肇以人微，猥蒙国恩，得闲居学肆（幸列译场），**在什公门下十有余载。**（公十九见什，三十二岁而亡。）**虽众经殊致，胜趣非一，然涅槃一义，常以听习为先。但肇才识闇短，虽屡蒙诲喻，犹怀疑漠漠**（无知貌）。**为竭愚不已，亦如似有解。**（未为必得其趣。）**然未经高胜先唱，不敢自决。**

此论主自叙得法之由也。谓虽刻意涅槃一义，似有所悟，然未经高明胜智之人印证，故不敢自决。

不幸什公去世，咨参无所，以为永慨。

此言什公业已入灭，咨决无由，再不复见斯人，故为永慨。此所以有感，故作此论。

而陛下圣德不孤，独与什公神契，目击道存，快尽其中方寸，故能振彼玄风，以启末俗。

此言秦主天挺圣智，独与什公心相印契，妙悟不言之表，能力振什风，以开导末俗。意谓什公虽亡，幸有秦王可以印心也。

一日遇蒙答安城候姚嵩书问无为宗极：

姚嵩，亦秦之宗属。以秦王先有诏云："夫道以无为宗。"姚嵩难云："不审明道之无为，为当以何为体？"盖以涅槃乃无为之道，秦主答有多说，以论所引正言涅槃，故下引其答义，以发论端。

"何者？夫众生所以久流转生死者，皆由著欲故也。若欲止于心，即无复于生死。既无生死，潜神玄默（亦作漠），**与虚空合其德，是名涅槃矣。既曰涅槃，复何容有名于其间哉！"**

此引秦王答姚嵩问无为宗极之辞，而指涅槃乃无为宗极，而结以无名归之。此论主所以为兹论之发启也。意谓生死乃有为之法，而以著欲为因，故感三界之苦果。若欲止于心，即生死永断。既无生死，则劳虑永息，潜神寂漠之乡，绝然无为，与虚空合其德，是名涅槃。然涅槃之道，如此而已，岂容有名于其间哉！故以无名称之。

斯乃穷微言（指圣经）**之美，极象外之谈者也。**（此赞秦王无名之说，妙契佛心。）**自非道参文殊**（谓契文殊之智），**德侔慈氏**（同慈氏之悲），**孰能宣扬玄道，为法城堑，**（言若非契二圣之智悲，何以弘扬妙道，外护三宝。）**使夫大教卷而复舒，幽旨沦而更显。**（意谓涅槃大教，得什公阐明。今什公已亡，则妙旨已沦。今幸有秦王发明，故曰卷而复舒，沦而更显。）**寻玩殷勤，不能暂舍。欣悟交怀，手舞弗暇。岂直当时之胜轨，方乃累劫之津梁矣。**（论主述其庆法之欢，谓其言不但为一时雅范，且为长劫津梁。）

然圣旨渊（深也）**玄**（妙也），**理微**（幽微）**言约**（简也）。**可以匠**（法也）**彼先进**（宿学之人），**拯**（援引也）**拔**（提也）**高士**（高尚之士）。**惧言题之流**（执言语名字之流），**或未尽上**（尊人主为上）**意。庶**（近也）**拟**（拟议）**孔《易》十翼之作**（伏羲画卦，文王爻辞，周公系辞，孔子作十翼以赞之，即上彖、下彖等），**岂贪丰文**（非贪丰富其文，以夸其美），**图以弘显幽旨**（图以弘扬显发涅槃之幽旨），**辄作《涅槃无名论》。论有九折十演**（以法十翼），**博**（广也）**采**（取也）**众经，托**（取托）**证**（印证）**成喻，以仰述陛下无名之致，岂曰关诣神心**（非敢关涉圣神之心），**穷究远当**（亦不敢言穷究高远必当之理），**聊以拟**（仿效也）**议**（轨则）**玄门**（涅槃玄门），**班喻学徒耳**（布晓后学耳）。

论末章云：（秦王答姚嵩书末章）**"诸家通第一义谛，皆云廓然空寂，无有圣人。**（比时诸家计胜义空寂，不容有圣。）**吾常以为太甚径庭**（《庄子》语，意谓太甚邈远），**不近人情。若无圣人，知无者谁？"**（"吾常"下，秦王答姚嵩之辞，谓无圣之说，与理乖差，其言邈远，不近人情。若无圣人，知无者谁？意必有圣为证理之人。）**实如明诏！实如明诏！**（此论主印可秦王有圣之谈当理，故再称之。）**夫道，恍惚窈冥，其中有精。**（二语用《老子》"恍兮忽，其中有物。窈兮冥，其中有精。"意指精者即为圣人，似未稳当。）**若无圣人，谁与道游？**（意谓能证圣谛第一义，是为圣人，非圣义谛中有圣人也。下云“出处异号”，故云“与道游”。）**顷诸学徒，莫不踌躇**（不进之貌）**道门，怏怏**（不决之意）**此旨，怀疑终日，莫之能正。**（谓一时学人，闻无圣之说，皆犹豫不进于入道之门。不决此理，故怀疑终日，无与正者。）**幸遭**（逢也）**高判，宗徒𢤱**（裂帛声）**然。**（谓幸逢秦王有圣之论，乃高远判决，故宗徒之疑，𢤱然尽裂。）**扣关**（入道之人）**之俦，蔚**（盛貌）**登玄室。**（言一时学人，闻秦主之论，其疑尽决。扣关入道之人，蔚然登堂入室。）**真可谓法轮再转于阎浮，道光重映于千载者矣。**（谓当时之疑无能决之，即有谈者，未必见信。幸遇王言，其出如纶，故无不宗仰。一言之重，可谓法轮再转，道光重映矣。）**今演论之作旨，曲辨涅槃无名之体，寂**（止息也）**彼廓然，排方外之谈。**（方外，谓游方之外，谓学佛者。当时流辈有宗廓然无圣者，遂起断见，谓绝无圣人，因排斥圣为权现非真，拨无因果，耻修行者以为著相，是以喧然以为得，莫能正者。今幸秦主答嵩书云：“若无圣人，谁与道游？”即此一言，使偏见之流邪说顿息，使哓哓者寂然无声。故重演之，以助明教。）**条牒如左，谨以仰呈。若少参**（合也）**圣旨，愿敕存记。如其有差，伏承指授。僧肇言。**（论呈秦王览之，答旨殷勤，备加赞述，敕令缮写，班诸子侄。其为人主推重如此。）

泥曰、泥洹、涅槃，此三名前后异出，盖是楚夏不同耳。云涅槃，音正也。（五竺梵音不同，如此方之楚夏，盖以涅槃为正音也。）

九折十演者：

“折”谓折辨，有名立难。“演”为敷演，无名通理。谓其难有九，而演有十也。意盖以涅槃有名而难，以无名而答，以显无名之理。

开宗第一

开示涅槃无名之正义，为下答难之纲宗，亦犹四论之宗本也。一论大旨，不出此章。将显无名之致，先标有名以彰宗依也。教说涅槃有四，今但称二名，以自性约理，无住约行，二者有名无实，故不必论。今二涅槃约人以名，无余乃如来所证，有余乃三乘所证。今论指佛应缘未尽，有名有实，将为宗依，故但称二也。今详论主立意，前尊秦王“若无圣人，谁与道游”之诏，以破邪宗廓然无圣之流，以为发论之端。今标二种涅槃以为论宗，盖谓能证之人有实，所证之理无名，故依之以立论也。

无名曰：（假设通答之人，如子虚、无是公也。）**经称有余涅槃、无余涅槃者，秦言无为，亦名灭度。**（梵语一名，翻有二义。）**无为者，取乎虚无寂寞**（离名绝相），**妙绝于有为。灭度者，言其大患永灭**（《老子》云：“吾所以有大患者，为吾有身。”今指分段、变易二种生死。二死永亡，故云大患永灭），**超度四流**（四流，谓欲流、有流、见流、无明流，为二死之本）。**斯盖是镜像之所归**（镜像，《楞伽经》云：“譬如明镜，现众色象。现识处现，亦复如是。”谓一切众生身心世界，皆唯识所现，乃八识相分。摄相归性，元是真如，故云镜像之所归），**绝称之幽宅也**（以离名故绝称，离相故言幽宅）。**而曰有余、无余者**（既离名相，又有有余、无余二名者），**良是出处之异号，应物之假名耳。**（言涅槃者，盖一真法界法身之真体也。证此法身，是称为佛。机感必应，即现身说法，故为出。缘毕而隐，摄相归体，故为处。故一切诸佛，以现身为有生，以缘灭为涅槃。殊不知灭元不灭，如云“余国作佛，更有异名”，所谓应物之假名也。）

余尝试言之。（下正广论无名之旨。）**夫涅槃之为道也，寂寥虚旷**（其体寂灭），**不可以形名得**（离名字相）；**微妙无相，不可以有心知**（离心缘相）。**超群有以幽升**（高超三界，惑无不断），**量太虚而永久**（永证无为，真无不极）。**随之弗得其踪**（未来无终），**迎之罔眺其首**（过去无始）。**六趣不能摄其生**（五住究尽），**力负无以化其体**（二死永亡）。**潢漭**（水无涯貌，谓汪洋无涯）**惚恍**（言非有非无，不可以定名），**若存**（生而不生）**若往**（灭而不灭）。**五目**（谓肉眼、天眼、法眼、慧眼、佛眼）**不睹其容**（无状无相，以离色故，视之而不见），**二听**（谓肉耳、天耳）**不闻其响**（以离声故不可闻）。**冥冥窅窅，谁见谁晓。**（冥冥，不可见。窅，深貌。窅窅，不可窥。）**弥纶**（充满包罗之义）**靡**（无也）**所不在，而独曳**（超脱也）**于有无之表。**

然则言之者失其真（言生理丧），**知之者反其愚**（非智可知）。**有之者乖其性**（若执是有，则违寂灭之体），**无之者伤其躯。**（法身流转五道，名曰众生。若执是无，则堕断灭。）**所以释迦掩室于摩竭**（佛初成道，三七思惟而不说法），**净名杜口于毗耶**（文殊问维摩不二法门，维摩默然）。**须菩提唱无说以显道，释梵绝听而雨花。**（须菩提岩中晏坐，帝释散花供养，谓其善说般若。尊者以无说而说，天帝以无闻而闻。）**斯皆理为神御**（不言之道，唯证乃知），**故口以之而默。岂曰无辩，辩所不能言也。**（四辩不能谈其状。）**经云："真解脱者，离于言数**（象也），**寂灭永安**（生灭已灭），**无始无终**（非生非灭，故无始终），**不晦不明**（寂光常照，不属晦明），**不寒不暑**（非迁流之法，不属时分，故不寒不暑），**湛若虚空**（法身清净，湛然常寂，犹若虚空），**无名无说。**（离相故无名，离言故无说。此义引《涅槃》《净名》等经。）**"论曰**（《中论》）**："涅槃非有，亦复非无。言语道断，心行处灭。**（口不能言，故言语道断。心不能思，故心行处灭。）**"寻夫经论之作**（上引经论立言本意），**岂虚构哉！**（言非虚称架空之谈。）**果**（实也）**有其所以不有，故不可得而有**（本亦非有）；**有其所以不无，故不可得而无耳**（亦复非无）。

何者？（征释非有非无之所以。）**本**（言寻究也）**之有境，则五阴永灭。**（不属生死，故五阴永灭，不可得而有。灭则离苦，乃乐德也。）**推**（言推测也）**之无乡，而幽灵不竭。**（虽绝见闻，而幽深窅眇，灵知独照，至真常存。此真我德也。）**幽灵不竭，则抱一湛然。**（一真之地，湛然常寂。此真常德也。）**五阴永灭，则万累都捐。**（永离生死，则众惑俱消。此真净德也。）**万累都捐，故与道通洞。**（由其惑净，故内冥至理。）**抱一湛然，故神而无功。**（由其体常寂，而妙用无方，故神而无功。）**神而无功，故至功常存。**（无心而应，故功垂不朽。）**与道通洞，故冲而不改。**（由惑尽真穷，故冲深而不变。）**冲而不改，故不可为有。**（由体虚不变，故不可为有。）**至功常存，故不可为无。**（以随缘应现，利乐无穷，故不可为无。）**然则**（下总结离名离相）**有无绝于内**（以其体至真，寂用一源，故内绝有无），

称谓沦（泯绝也）**于外**（不可以名字加之，故称谓泯绝）。**视听之所不暨**（及也，非色非声，故视听不及），**四空之所昏昧**（四空天人迷而不知，故所昏昧）。**恬焉而夷**（平等一如），**泊焉而泰**（寂而常照，无幽不鉴）。**九流于是乎交归**（九流，非世之九流，乃指九界众生，以涅槃乃一切众生之本源，故曰交归），**众圣于是乎冥会**（十方诸佛究竟之乡，故云冥会）。**斯乃希夷之境**（非见闻之境），**太玄之乡**（玄之又玄，故云太玄）。**而欲以有**（出有）**无**（入无）**题榜，标**（指也）**其方域**（谓以涅槃为诸圣出生入死之名，特以有无之名题榜标，指其方所）**而语其神道者**（以此为得者），**不亦邈**（远也）**哉！**

核体第二

此有名兴难，乃折之一也。因前云涅槃之体非有非无，故今折之，体竟何在，故云核体。谓即有余无余之名，以责有实体，非无名也。

有名曰：（名家按名以责实，故兴折难。）**夫名号不虚生**（谓有名必有实，岂有无实而彰名者），**称谓不自起**（凡名不自名，必因人见有可称，乃称其名）。**经称有余涅槃、无余涅槃者，盖是返本之真名**（非是虚称），**神道之妙称**（神道之妙，无可称之，故以涅槃名之，是为妙称）**者也。请试陈之。**（谓按涅槃有余无余之称，是则涅槃有名也，何言无名。先论有余兴难）**有余者，谓如来大觉始兴，法身初建。**

此因有余以定名。先举果德，以彰因行有余也。他处有余，皆依三乘之人证理未圆、断惑未尽而说。今此论中，单约佛果利生，有余缘未尽而说。详论文义，盖是权教三十四心断结成佛之果号，乃小乘所见之佛，非法报冥一之极果。盖依小乘，见有出生入死以立难也。

今言“如来”，乃十号之一，谓乘如实道而来三界。“大觉”，乃就德立称，谓如来自觉、觉他，觉行圆满，三觉已圆，故称大觉。然此大觉，乃报身之称。今论通称权教之佛亦是大觉，约总德也。“法身”，非清净法身，乃权教之佛，五分所成之法身，谓戒、定、慧、解脱、解脱知见，此五法熏成之身也。“始兴”、“初建”，盖指应身初现，六年苦行，于鹿野苑初成正觉，非菩提场为初成也。

澡八解之清流，憩七觉之茂林。

此下正举佛果已成，返彰因行也。“八解”者，一、内有相外观色，二、内无色相外观色，三、净解脱，四、空处定，五、识处定，六、无所有处定，七、非非想处定，八、灭受想定。此八有断惑之能，故如清流有浣濯之用。“憩”者，休息也。七觉支，谓择法、进、念、定、喜、舍、倚。此七觉法，如来修习已圆，安逸其中，故如休息于茂林之下也。

此上言果满，下显因圆。

积万善于旷劫，荡无始之遗尘。

此赞佛因行，旷大劫来，广修万善。荡，洗涤也。无始无明烦恼，洗涤无遗。

三明镜于内，神光照于外。

内证三明，谓过去宿命明，未来天眼明，现在漏尽明。由具三明，故了知三世，鉴机说法，曲尽随宜。

结僧那于始心，终大悲以赴难。

梵语僧那，此云弘誓，谓菩萨最初发心，先发四弘誓愿，故云始心。及至成佛，专以利生为事，故云赴难，谓救八难也。

仰攀玄根，俯提弱丧。

因中上求佛果，以实智证理，故云仰攀玄根。权智化物，故曰俯提弱丧。言众生沉迷，犹自幼亡家，故云弱丧。

超迈三域，独蹈大方。

三域，谓三界。谓佛能远超三界，高证无为。大方，喻所证之理。小乘独许悉达成佛，故云独蹈。

启八正之平路，坦众庶之夷途。

八正，即八正道，谓正见、正思惟等，由佛开启。众庶，庶，孽也，即指诸异见外道。“夷途”应作“邪途”，唯佛能坦之。

骋六通之神骥，乘五衍之安车。

言佛以六通御物，如骋神骏。五衍，梵语衍那，此云乘，谓界内人天，出世三乘，共有五乘。应机说法，运载众生至无畏处，故云安车。

至能出生入死，与物推移。

言如来应机利物，有感即现，缘尽即灭，故云出生入死。随顺机宜，故云推移。《楚辞》：“圣人与世推移，而不凝滞于物。”

道无不洽，德无不施。

一雨普润，无不充洽。三檀等施，物无不利。

穷化母之始物，极玄枢之妙用。

“化母”，谓造化生物，以喻因缘生法。谓一切诸法从因缘生，故云“始物”。“玄枢”，实智。“妙用”，权智。即实之权，故云“极”。

廓虚宇于无疆，耀萨云于幽烛。

昭廓心境，彻法界之量，故云“无疆”。梵语萨云若，此云一切智。谓以一切智，照尽微尘刹土，尽见众生心数，故云“幽烛”。

将绝朕于九止，永沦太虚。

上言应缘益物，此言缘尽入灭。朕谓朕兆，物始萌之微也。“九止”，即九地。谓地乃佛之行履，今化缘已毕，将绝迹于化境。“永沦太虚”，指无余涅槃。

而有余缘不尽，余迹不泯。

度生之缘未尽，教道之迹未圆，故云不泯。

业报犹魂，圣智尚存。此有余涅槃也。

按此二语，论中立难有余涅槃，正指三藏果头佛也。所谓同除四住，此处为齐；若伏无明，三藏则劣。以无明未尽，异熟未空，故云“业报犹魂”。尚须智断，故云“圣智尚存”。以二皆有余，立难以此。

经云：“陶冶尘滓，如炼真金，万累都尽，而灵觉独存。”

此结证有余涅槃也。约“尘滓”之言，“陶”应是“淘”，谓洗也。“冶”，镕冶销融也。尘滓喻烦恼，如销真金，先去矿垢。

无余者，谓至人教缘都讫，灵照永灭，廓尔无朕，故曰无余。

此下言无余涅槃也。谓圣人由机教相扣，故现身三界。机教俱尽，故潜耀敛辉，灵照永灭。“永灭”，应迹俱绝。故廓尔无朕，如薪尽火灭，故云无余。

何则？夫大患莫若于有身，故灭身以归无。劳勤莫先于有智，故绝智以沦虚。

“何则”下，征释无余之所以也。盖以身智为累，故俱灭为无，是为无余。此正小乘所见也。“大患莫若于有身”，《老子》云：“吾所以有大患者，为吾有身。若吾无身，吾有何患？”以厌患其身，故灭身以归无。又云“绝圣弃智”，谓因智以劳形，故绝智沦虚，故心逸而无累。

然则智以（因也）**形倦，形以智劳。轮转修途，疲而弗已。**

智则分别执取，形则根尘和合，起惑造业。故轮转生死，长劫不返者，身心之过也。

经曰：“智为杂毒，形为桎梏。渊默以之而辽，患难以之而起。”

此引证智形为累之所以也。智即《起信》六粗之智相，乃分别执取，为无明三毒烦恼之本，故为杂毒。桎梏，刑器，乃形累之譬。桎拘足，梏缚手。形骸拘挛，亦犹是也。谓分别情生，故与渊默之理相远，生死苦患因之而起。此智之过也。故圣人释智遗形，所以免累。

所以至人灰身灭智，捐形绝虑。内无机照之勤，外息大患之本。

圣人因知形智之累，故灰身归无，以损其形；灭智沦虚，故忘缘绝虑。由绝虑故，内无机照之勤。勤，劳也。由损形故，外息大患之本。身心两忘，所以大患永息，生死顿超。

超然与群有永分，浑尔与太虚同体。

形智俱亡，则生死永绝，高超三界，故与群有永分。心与理冥，返一绝迹，故浑与太虚同体。

寂焉无闻，泊尔无兆。冥冥长往，莫知所之。其犹灯尽火灭，膏明俱竭。此无余涅槃也。经云："五阴永尽，譬如灯灭。"

此结属无余涅槃之相也。谓涅槃之体无声，故寂焉无闻；无色，故泊尔无兆。泯绝见闻，故冥冥长往，莫知所之。之，犹往也。形智俱泯，故如灯尽火灭，膏明俱竭。以竭尽无余，故云无余涅槃。下引经证此，乃小乘偏空涅槃也。

盖论意折辞，皆约小乘起见故难。其答以大乘正义，故以破偏执也。

然则有余可以有称，无余可以无名。无名立，则宗（崇也）虚者欣尚于冲默。有称生，则怀德者弥仰于圣功。斯乃诰典之所垂文，先圣之所轨辙。

此举益将以结难意也。如上有余、无余之说，则若有若无，皆可指陈。若无名立，则使小乘崇虚者欣然趣尚于冲默虚无之理。若有名可称，则令大乘怀圣德者益观其功。此赞述有无皆不失理。此乃圣经诰典之垂文，先圣隐显化物之轨辙。

故下责之曰：

而曰："有无绝于内，称谓沦于外。视听之所不暨，四空之所昏昧。"使夫怀德者自绝，宗虚者靡托。无异杜耳目于胎壳，掩玄象于霄外，而责宫商之异、辨玄素之殊者也。

此指本论，责其乖理也。难者意谓若有名可称，使怀德者有所归；无名既立，则令崇虚者有所托。今如所论有无双绝，称谓俱丧，如此，则怀德绝分，崇虚者无凭。虽云玄妙，但非见闻之境，何异杜塞耳目于胎壳，为生盲生聋之人。玄象，指日月。且又掩日月之光如长夜，而责之以辨宫商之音、别玄素之色者，不亦远乎？

子徒知远推至人于有无之表，高韵绝唱于形名之外，而论旨竟莫知所归，幽途故自蕴而未显。静思幽寻，寄怀无所。岂所谓朗大明于冥室，奏玄响于无闻者哉！

此结责违理，以明无益也。谓子言涅槃之道，超出有无称谓之外。徒知高推圣境，迥绝形名，而论之旨趣，毕竟莫知所归宿。涅槃幽眇之途，自是蕴覆而未显发。名家谓我静而思之，幽而寻讨之，茫然寄怀，无所依托。非所谓朗涅槃大明之道于重冥之室，使其共见；奏玄响于绝听之地，令其共闻者哉！谓是欲明而返暗，欲通而返塞也。

位体第三

"位"，犹安也，亦立也。因有名核体，寄怀无所，故无名答以位之，发明圣人非出生入死而称有余无余，盖法身随缘隐显以答之。

无名曰：（据难以答）**有余无余者，盖是涅槃之外称，应物之假名耳。**

由前难云："涅槃乃神道之妙称，返本之真名。"故今答意，直以应物之假名以破之。即此一言，尽袪其迷。

而存称谓者封名，志器象者耽形。名也极于题目，形也尽于方圆。方圆有所不写，题目有所不传。焉可以名于无名，而形于无形者哉！

此破难者妄执之情也。称谓，名也。形，乃相也。然名相乃依他缘起，为遍计所执。若封名志相，盖遍计之执未忘。故名不能超题目之虚称，形不能出方圆之假象。若了依他性假，则遍计体空，而圆成实性，离名离相，则形有所不能显，名有所不能传。是为超情离见，非常情之境，无形无名之道，安可以形名求之哉！涅槃无名之义，于是乎显矣。

难序云：“有余无余者，信是权寂致（立也）**教之本意，亦是如来隐显之诚迹也。”**（上纵，下夺）**但未是玄寂绝言之幽致，又非至人环中之妙术**（道也）**耳。**（言但是圣人应化隐显之迹，非返一绝迹之道也。）**子独不闻正观之说欤？维摩诘言：“我观如来无始无终，六入已过，三界已出，不在方、不离方，非有为、非无为，不可以识识、不可以智知，无言无说，心行处灭。以此观者，乃名正观。以他观者，非见佛也。”**

此正示如来法身真如实际，超三世，离根量，出三界，遍一切处而无方所，不属有无分别，非思议之境，岂可以有余无余假名称谓可尽其量哉！

《放光》云：“佛如虚空，无去无来，应缘而现，无有方所。”

引证上义，以显自性涅槃也。经云：“佛真法身，犹若虚空。应物现形，如水中月。”故云应缘而现，无有方所。

然则圣人之在天下也，寂寞虚无，无执无竞，导而弗先，感而后应。

此承上经义以明无住涅槃也。以法身遍在一切处，一切众生及国土，故云“之在天下”。三世悉在无有余，亦无形相而可得，故云“寂寞虚无”。“竞”，诤也。有诤说生死，无诤说涅槃，生死及涅槃，二俱不可得，故云“无执无竞”。此言真身也。“导而弗先”等，言应身随缘也。寂然不动，故导不能先。感而遂通天下之故，故云感而后应。

譬犹幽谷之响，明镜之像，对之弗知其所以来，随之罔识其所以往。恍焉而有，惚焉而亡。（此释镜像喻。）**动而逾寂，隐而弥彰。出幽入冥，**

变化无常。

此正喻显无住义也。谷、镜，喻法身虚明湛寂之体。临照、呼声，喻感应之机。像喻现身，响喻说法。不知所以来，不住有余也。不识所以往，不住无余也。其犹月映于江，随方各应，而本体湛然，故云动而逾寂；风吹万窍，群响并作，而谷体愈虚，故云隐而弥彰。此所以出有入无，幽冥莫测，变化无常，以此名为无住涅槃也。

其为称也（有余无余之名）**，因应而作。显迹为生，息迹为灭。生名有余，灭名无余。**

此释有无之称，乃应物之假名耳，故云因应而作。但显化为生，生名有余；缘息为灭，灭名无余。

然则有无之称，本乎无名。无名之道，于何不名。

有无乃应物之迹，无名为本，是则名出于无名。从本垂迹，何所不名哉！但不可执迹以昧其本耳。

是以至人居方而方，止圆而圆，在天而天，处人而人。原夫能天能人者，岂天人之所能哉！果以非天非人，故能天能人耳。

言圣人安住无名法身之体，而应用无方，无刹不现，岂天人所能哉！由其超出人天，故能天能人耳。

其为治（化也）**也，故应而不为，因而不施**（作也）**。因而不施，故施莫之广。应而不为，故为莫之大。**

此言即实之权，故其用广大也。“治”为教化众生，以待感而应，故不强为。因机说法，待扣而说，故但因之而无施作，以作则有心也。以无心而施，故大地齐扣，一时普应，故莫之大。以不为而应，故十方遍感，一身普应，故莫之广。此所为其用广大也。

为莫之大，故乃返于小成。施莫之广，故乃归乎无名。

此言即权之实，以显体微也。“小成”，语出《庄子》“道隐于小成”。彼言大道在人，而所成者自小耳。此言小成，谓返一绝迹也。谓以无为而为，故大而绝迹；无心而作，故广而无名。由即权以显实，故不可以有无之名求之耳。

经曰：“菩提之道，不可图度；高而无上，广不可极；渊而无下，深不可测；大包天地，细入无间，故谓之道。”然则涅槃之道，不可以有无得之，明矣！

此引证用广体微之义也。经乃《太子本起瑞应经》，谓菩提之道，其体微妙，非言思境，故不可图度；其用广大，故极上极下而不可测。然虽包天地，而细人无间，故极广大而尽精微。以此而推，则涅槃之道，不可以有无之迹而得之者，明矣。

而惑者睹神变因谓之有，见灭度便谓之无。有无之境，妄想之域，岂足以标榜玄道而语圣心者乎？

此解惑责迷也。由上言涅槃之道，体用微妙，不可以有无得之，故此责其惑者不达，睹其神变即谓之有，见灭度即谓之无，故说有余可以有称，无余可以无名。殊不知有无之境，乃妄想之域，岂足标示涅槃之妙道而语圣心者乎？其实法身体中，有无双绝。

意谓至人寂泊无兆，隐显同源，存不为有，亡不为无。

此示法身极证，将解惑者之迷也。谓法身寂灭无为，不堕诸数，故寂泊无兆，隐显同源。真应不二，故虽生而不生，故存不为有；虽灭而不灭，故亡不为无。

何则？（征释上二义。）**佛言：“吾无生不生，虽生不生。无形不形，虽形不形。”以知存不为有。**

此引证存不为有也。“佛言”者，乃义引《般若》《涅槃经》语。言“无生不生”者，谓无一众生之类而不示生也。“无形不形”者，谓无一类之形而不受也。不唯人天六道，乃至异类鬼神，总之四生一十二类，无处不入也。此乃法身普应，其体湛然不动，故虽生而不生，虽形而不形，所以存不为有也。

经云：“菩萨入无尽三昧，尽见过去灭度诸佛。”又云：“入于涅槃而不般涅槃。”以知亡不为无。

此引证亡不为无也。经乃晋《华严经》，即安住长者，成就法门名不灭度，所得三昧名无尽佛性，唐译名佛种无尽。三昧，此云正思，亦云正受。“无尽”者，以佛性无尽，故入此三昧，见三世佛亦无尽。以此圆宗，三世互现，故义引尽见过去灭度诸佛。《楞伽》云：“无有佛涅槃，亦无涅槃佛。”故云入于涅槃而不般涅槃。以此故知，亡不为无。

亡不为无，虽无而有。存不为有，虽有而无。虽有而无，故所谓非有。虽无而有，故所谓非无。然则涅槃之道，果出有无之域，绝言象之径，断矣！

此蹑前以明双非，以显无住。由是而知涅槃之道，实超有无之境，绝言象之路，断然明矣，又何以生死去来有无称谓而拟议哉！

上通答有无以破其惑，下别破劳患以祛生灭之见。

子乃云：“圣人患于有身，故灭身以归无。劳勤莫先于有智，故绝智以沦虚。”无乃乖乎神极，伤于玄旨者也。

此叙计责迷也。由上发挥涅槃超情离见，迥出言象有无之外，而名家妄以厌患生死，而以灭身绝智为无余。故责之曰：若子之所云圣人云云者，岂不乖违于法身神极之理，伤于涅槃之玄妙旨趣者乎？

下引经极成。

经曰：“法身无象，应物而形。般若无知，对缘而照。”

此引经证圣人身心本无，劳患何有也。晋《华严》三十二略云：“清净法身，非有非无，随众生所应，悉能示现。”此证无身而现身，无身可厌也。

“般若无知”下，义引《般若》，无心而照，证无智可劳也。

下明不但身心两忘，抑且身心双寂。

万机顿赴而不挠其神，千难殊对而不干其虑。动若行云，止犹谷神。岂有心于彼此、情系于动静者乎？

此明无心应物，以释无智可劳也。万机顿赴，如月照万川，有何挠其神。千难殊对，如一雨普润，又何干其虑。《华严》云：“假使无量阿僧祇众生，一一各具阿僧祇口，一一口具阿僧祇舌，一一舌出阿僧祇问难，而菩萨以一言演说，尽答无余。”今言千难，犹小小耳。以无心而动，故若行云。虚而常寂，故止若谷神。谷神，语出《老子》，谓虚而能应也。圣人如此，岂有心于彼此、情系于动静者乎？此无心而应，有何智可劳乎？

既无心于动静，亦无象于去来。去来不以象，故无器而不形。动静不以心，故无感而不应。

此明非形现形，故无身可患也。言既无心动静，则无身生灭，有何去来。由其身心两亡，故能随缘普应，故无器不形，无感不应。如此，又何有身可厌患乎？

然则心生于有心，象出于有象。

此言圣人无心生心，无相现相也。谓圣人本自无心，以众生心为心。圣本无相，因众生愿见，故应之以相。是以身心如幻，患累何生？

下释无患。

象非我出，故金石流而不燋。心非我生，故日用而不动。纭纭自彼，于我何为。

言圣人无我故无患，虽流金烁石而不燋。无心故，日应众缘而不动。以纭纭自彼，于我何为？又何患乎？

所以智周万物而不劳，形充八极而无患。益不可盈，损不可亏。宁复

痌疠中逵，寿极双树，灵竭天棺，体尽焚燎者哉！

此示无患之所以，将斥小乘之见也。以无心而应，故智周而不劳。以无身而现，故形充而无患。经云："法身遍在一切处，一切众生及国土。"故益不可盈，三世悉在无有余。亦无形相而可得，故损不可亏。圣人之身心如此。

下斥小见。"岂有痌疠中逵"，此痛背之事。《阿含经》说，如来向拘尸罗城，中路背痛，令弟子四叠僧伽黎，树下休息等。如来双树入灭，故云"寿极天棺"。乃佛之葬仪，焚燎乃火化等。此乃小乘见应化佛有生死去来之迹，而不知法身常住，岂可以此为无余涅槃哉！

而惑者居见闻之境，寻殊应之迹，秉执规矩而拟大方，欲以智劳至人，形患大圣，谓舍有入无，因以名之，岂谓采微言于听表，拔玄根于虚壤者哉！

此结责迷情也。如上所谈至人身心如此之妙，而惑者不知，以生灭见闻之境，求随应之迹，而拟议法身。其犹执规矩方圆而拟度太虚，将欲以智与形可以劳患圣人，即以生死舍有入无名为涅槃。如此之小见，岂是超视听之表，得法身之理哉！"玄根"，意指法身。"虚壤"，意指寂光。此非寻常见闻可及也。

征出第四

征，责也。以前云涅槃之道，果出有无之境。征意云：有无二法，摄尽一切，如何有无之外，别有涅槃之体？今详征辞，包举儒老有无之说，复引小乘有无为例，以诘难之。

有名曰：夫浑元剖判，万有参分。有既有矣，不得不无。无不自无，必因于有。所以高下相倾，有无相生。此乃自然之数（谓理数），**数极于是。**

此言有无相生，以为定有、定无也。"浑元"，乃混沌一气未分之前，名太极无极，谓本无也。及阴阳初判，两仪既分，而人居中，是为三才，谓一生二，二生三，三生万物，故曰"万有参分"，是谓有也。有既有矣，变化迁讹，四时代谢，不得不无。且无不自无，必因有以成无。只如寒中无暑，暑中无寒。日中无暗，暗中无日。昼夜相代，所以高下相倾，譬如四时，成功者退，有无相生。此乃自然必定之理。天地之理数，极尽于是而已矣。

以此而观，化母所育，理无幽显，恢（大也）**恑**（奇也）**憰**（诈也）**怪**（夭也）**，无非有也。有化而无，无非无也。然则有无之境，理无不统。**

谓历观化母所育。化母，指一气，生成万物，故云所育。凡在阴阳所生之物，无论恢恑憰怪，皆是有也。有形之物必归变灭，故云有化为无。此则实实是无，故云无非无也。以此而知，有无之境，理无不统。此则世间之法，不出有无。

经曰："有无二法，摄一切法。"又称三无为者，虚空、数缘尽、非数缘尽。数缘尽者，即涅槃也。

此引出世三乘之法，亦以有无统之也。三无为者，乃唯识六种无为之三也。按《百法解》，虚空无为，乃喻真如之理，犹如虚空，其体常住。择灭无为，乃二乘涅槃析色所证，谓因慧数拣择而证灭故。非择灭者，谓圆成之理，本来寂灭，不复更灭，故非择灭，即非数缘灭。《新疏》以非数缘灭，谓诸法缘离自灭，同前儒老自有入无，似非论义。难家通以无为为涅槃，今闻有无之外别有妙道，所以立难。

而论云：有无之表，别有妙道，妙于有无，谓之涅槃。请核妙道之本（体也）**。果若有也，虽妙非无。虽妙非无，即入有境。果若无也，无即无差。无而无差，即入无境。总而括之，即而究之，无有异有而非无，无有异无而非有者，明矣。**

此申难意。谓三教之理，世出世间，有无之法，该括殊尽。而今论云：有无之外别有妙道，名为涅槃。是所难信也。"请核"下，正出难意。谓妙道之体，果实是有，虽妙亦定有，定有即入有境。若妙道果实是无，则必定无，即入无境。以此总万法而括之以理，即教以究其元，不出有无之外。

岂有异有而又言不无、异无而又言不有者耶?

而曰有无之外别有妙道，非有非无，谓之涅槃。吾闻其语，未即于心也。

此难家责违也。谓非有非无之说，其论虽妙，吾闻其语而已，未惬于心，实所未悟也。

超境第五

境，即上难家有无之境，谓根尘为有，小乘灰灭取为涅槃，是称为无。今演大涅槃，超卓有无，以破其执。

无名曰：有无之数（名也），**诚以法无不该、理无不统。**（纵也。）**然其所统，俗谛而已。**

《大品》云："菩萨以世谛故，示众生若有若无。"非第一义，故云俗谛。《唯识》百法该世出世，然皆有我，故称为俗。

经曰："真谛何耶？涅槃道是。俗谛何耶？有无法是。"

此引证世出世法，通名俗谛。

何则？（征明有无皆俗谛义。）**有者有于无，无者无于有。有无所以称有，无有所以称无。**

此则有无相形也。本无生死而今有之，本无身心而今有之，此有者有于无耳。二乘之人灰灭身心，超脱生死而证无为，是以无者无其有耳。是以有其所无故称有，无其所有故称无。此相待相形，故为俗也。

然则有生于无，无生于有。离有无无，离无无有。有无相生，其犹高下相倾，有高必有下，有下必有高矣。然则有无虽殊，俱未免于有也。

释成有无相生，如高下相倾，是则有无之名虽殊，俱未免于有，故所以为俗耳。

此乃言象之所以形，是非之所以生，岂足以统夫幽极、拟夫神道者乎？

此结责有无既形于言象，必生其是非，未为一定之理，岂足以统摄幽妙之极致，而拟议涅槃之神道乎？

是以论称出有无者，良以有无之数（名也）**，止乎六境之内。六境之内，非涅槃之宅，故借出以祛**（遣）**之。**

此正明出意也。谓涅槃之道超出有无者，良以有无之名，止乎六境根尘之内。以根尘生灭之法，非涅槃不生不灭之致，故假借一"出"字，以遣执迷之情耳。殆非出此之外，别有一有可居也。

庶悕道之流，仿佛（比拟也）**幽途，托情绝域，得意忘言，体其非有非无。岂曰有无之外，别有一有而可称哉！**

此勉玄悟忘情也。所以言超出者，冀望学道之流，因言比量涅槃之妙，寄心于忘情绝证之域，得意忘言，悟其非有非无耳。岂是有无之外，别有一有可称谓哉！执言昧旨，失之甚矣。

经曰三无为者，盖是群生纷绕，生乎笃患。笃患之尤，莫先于有。绝有之称，莫先于无，故借无以明其非有。明其非有，非谓无也。

此斥迷也。经言三无为者，盖因众生生死往来，纷纷绕绕而不停者，生乎根尘，为笃患之本也。而笃患之甚者，莫先贪著执有之情也。若欲绝其贪著之心，莫先于涅槃之无，以为安逸之宅。因此故借一无字，以明其生死之法中非有耳。此意但只明其根尘虚妄，本不是有，非是绝无为无也。此言拣有二义：一、拣涅槃非有无摄。二、拣为无之无，非二家所计之无。

肇论略注卷六

明 匡山沙门憨山释德清 述

涅槃无名论第四（下）

搜玄第六

此承无名言涅槃之道妙出有无，故名家搜之。搜，寻求也。

有名曰：论自云涅槃既不出有无，又不在有无。（引论意。）**不在有无，则不可于有无得之矣。不出有无，则不可离有无求之矣。求之无所，便应都无。**

此名家按迹兴疑也。上云“良以有无之数”等，是不出有无也。前云“果出有无”等，是不在有无也。以不在故，不可即而得之矣。不出，则不可离而求之矣。于即离之间求之而所求不可得，便应都无，岂以断灭为妙道乎？

然复不无其道。其道不无，则幽途可寻，所以千圣同辙，未尝虚返者也。其道既存，而曰不出不在，必有异旨，可得闻乎？

既云不出不在，然又不无其道，是则妙道可寻，足知千圣一轨，同归一极，未尝虚返者也。然其道既存，则有所可指，而曰不出不在，使人趣向无所。必有异旨，可得闻乎？

妙存第七

不出不在曰妙，体非断绝曰存。乃无住之深趣，存乎不即不离之间，故曰妙存。虽云妙存，正显无住。

无名曰：夫言由名起，名以相生，相因可相。无相无名，无名无说，无说无闻。

此意责名家执名相以求无言之妙道，故就有无以求之，非得无言之旨也。谓凡言说从名相而起，名相从妄想而生，故曰相因可相。若名相两忘，则言说俱无。言说既无，则从何所闻？然此涅槃妙道，本无言说，子于何而得闻乎？

经曰：“涅槃非法（故不在）**，非非法**（故不出）**，无闻无说，非心所知。”吾何敢言之，而子欲闻之耶？**

此正申责意也。由名象家云：“不出不在，必有异旨，可得闻乎？”故此引经证涅槃本不可说，亦非可闻也。经即本经[1]二十一略云：涅槃非相非不相，非物非不物等。亦《净名》义，谓有无二者皆名为法，所云非法，则不在也；非非法，则不出也。不出不在，则无言说。离言之道，非心所知，吾何敢妄言，而子欲闻之耶？

虽然，善吉有言：“众人若能以无心而受、无听而听者，吾当以无言言之。”庶述其言，亦可以言。

此陈道本无言，亦可以因言显道也。善吉，须菩提之名也。义引《般若》：“须菩提云：我观般若，本无言说。若众人能以无心而受、无听而听者，我当述佛之言，亦可以言之。”意欲通难解迷，不得不言之耳。

《净名》曰：“不离烦恼而得涅槃。”天女曰：“不出魔界而入佛界。”

此引二经，证不出不在义也。《净名》，即〈弟子品〉文。天女，即《宝女所问经》第四偈曰：“如魔之境界，佛境界平等，相应为一类，以是印见印。”据此经义，妙道本来不出不在，只在当人妙悟，岂可执言求实也。故下明妙悟。

然则玄道在于妙悟，妙悟在于即真。即真即有无齐观，齐观即彼己莫二。所以天地与我同根，万物与我一体。同我则非复有无，异我则乖于会通。

---

[1] 本经：应为“《大经》”，即昙无谶所译《大般涅槃经》。

所以不出不在，而道存乎其间矣。

此言涅槃妙道，在乎妙悟等观，非言说可到也。所言涅槃者，乃法身寂灭之称也。《大经》云：“法身遍在一切处，一切众生及国土。三世悉在无有余，亦无形相而可得。”此非妙悟不足以了达。然妙悟要在即物以见真，即真要在有无齐观。若能齐观，则物我不二。如此，则天地与我同根，万物与我一体。若物我等观，则不落有无。若物与我异，心境角立，则不能会通。故所以言不出不在而妙存乎其间矣。若不如此，则取舍情生，是非缪乱，又何以见忘言之道乎？

何则？（征释妙悟。）**夫至人虚心冥照，理无不统。怀六合于胸中，而灵鉴有余。镜万有于方寸，而其神常虚。**

此言圣人照理达事，故即事而真也。由照真理极，故事无不摄，故怀六合而有余，镜万有而常虚。此圣人之心也。

至能拔（言证穷也）**玄根**（指涅槃实际也）**于未始**（言无始，指未迷已前），**即群动以静心。恬淡渊默，妙契自然。**

言由妙悟，故能真穷惑尽，破无始之迷，彻法界之理，故权应群机，即动而常静，无为湛寂，妙契自然。

所以处有不有，居无不无。居无不无，故不无于无。处有不有，故不有于有。故能不出有无而不在有无者也。

此言圣人理极情亡，故出在两超，不堕有无之见也。由实智理穷，故处有不有；权应无方，故居无不无。以不无故不滞于无，不有故不著于有。如此，所以不出有无而不在有无者也，岂可以一定于有无而求之哉！

然则法无有无之相（境空），**圣无有无之知**（心空）。**圣无有无之知，则无心于内**（亡知绝照）。**法无有无之相，则无数**（名相也）**于外**（离名绝相）。**于外无数**（则境绝），**于内无心**（则智绝），**彼**（境也）**此**（心也）**寂灭**（心境双绝），**物我冥一**（物我如如），**泊尔无朕，乃曰涅槃。**

此叹圣人心境双绝，物我如如，纤尘不立，乃曰涅槃。此为圣人之极证，究竟涅槃之果也。

涅槃若此，图度绝矣，岂容可责之于有无之内，又可征之有无之外耶？

此责迷也。谓涅槃如此，超出思议图度之境，岂容可以有无内外而求之耶？

难差第八

此承上言涅槃之道，心境不二，物我一如之妙，是为平等无二之理。如此，何以三乘修证有差？既曰冥一，则不应有三。

有名曰：涅槃既绝图度之域，则超六境之外，不出不在，而玄道独存。斯则穷理尽性，究竟之道，妙一无差，理其然矣。

名家叙领涅槃超出有无之妙，为穷理尽性之谈，理其然矣。但理既一，而三乘所证何以不同？故此下立难。

而《放光》云："三乘之道，皆因无为而有差别。"佛言："我昔为菩萨时，名曰儒童，于燃灯佛所，已入涅槃。"儒童菩萨时于七住初获无生忍，进修三位。

难意谓涅槃妙道既是一，则三乘所证不应有差。引《放光》义，《金刚》亦同，谓一切圣贤皆以无为法而有差别，所谓证异也。儒童于燃灯佛所已入涅槃，而又云时于七住获无生法忍。圆教七住，即权教七地，故言既入涅槃，则已证极果，如何后又进修三位耶？此疑涅槃未为极证也。此引证意，下正难。

若涅槃一也，则不应有三。如其有三，则非究竟。究竟之道，而有升降之殊，众经异说，何以取中耶？

此正难差也。若一，则不应有三。有三，则非究竟矣。既曰究竟之道，而有升降之不同。教有明言，又何以折中耶？

辨差第九

无名曰：然究竟之道，理无差也。《法华经》云："第一大道，无有两正。吾以方便，为怠慢者，于一乘道，分别说三。"三车出火宅，即其事也。

此领难意，理本一也。然有三乘者，乃即一之三，权实之义耳。《正法华》云："是一乘道，寂然之地，无有二上。"论"正"与经"上"，皆极果也。《妙法华》云："佛为求道者中路懈废，为止息故，以方便力，于一乘道，分别说三。"火宅喻，先许三车，及诸子出宅，皆等赐一大车。是则本无有三，三非实法也。

以俱出生死，故同称无为。所乘不一，故有三名。统其会归，一而已矣。

此言三乘会归一极，以申答意也。

而难云：三乘之道，皆因无为而有差别。此以人三，三于无为，非无为有三也。故《放光》云："涅槃有差别耶？答曰：无差别。但如来结习都尽，声闻结习不尽耳。"

此正答难意。但人有三，而涅槃之道本无三也。所以有差者，但如来烦恼无明结习已尽，三乘未尽，故有差耳。以结习尽处，心契无为，名为涅槃。故下以喻明。

请以近喻，以况远旨。如人斩木，去尺无尺，去寸无寸。修短在于尺寸，不在无也。

此喻最显，言无无长短，意旨更妙。此法本不异。

夫以群生万端，识根不一。智鉴有浅深，德行有厚薄。所以俱之彼岸，而升降不同。彼岸岂异，异自我耳。然则众经殊辨，其致不乖。

此明法本不异，异在于机。智有浅深，德有厚薄，正不一之所以也。“彼岸岂异”，正示法一。众经随机之说，故不乖耳。

责异第十

谓无为之理既一，如何能证之人有三？盖蹑前致难也，故云责异。

有名曰：俱出火宅，则无患一也。同出生死，则无为一也。（此领旨也。）**而云“彼岸无异，异自我耳”。**（此兴疑也。）**彼岸则无为岸也，我则体**（证也）**无为者也。**（立难意，下申难）**请问我与无为，为一为异？若我即无为，无为亦即我，不得言无为无异，异自我也。**（言我与无为既一，则无彼此之分，故不可言异自于我。）**若我异无为，我则非无为。**（我是众生，自属有为，故非无为。）**无为自无为**（自一向无为），**我自常有为**（我在生死，则一向有为），**冥会之致，又滞而不通。**（无为、有为条然各别，故难通会。）**然则我与无为，一亦无三**（若生死、涅槃本来平等一际，如此既一，则毕竟无三），**异亦无三**（若生死与涅槃本来不同，则生死自生死，涅槃自涅槃，何有三乘之设），**三乘之名，何由而生也。**（进退推之，一亦无三，异亦无三，如此，则三乘之名，何由而生耶？）

会异第十一

名家执异以难非一，故无名会通无二。

无名曰：夫止此而此（意谓迷时涅槃即生死），**适彼而彼**（悟时生死即涅槃）。**所以同于得者得亦得之**（证则三乘同证），**同于失者失亦失之**（迷则六道同迷）。**我适无为，我即无为。无为虽一，何乖不一耶？**

此言生死涅槃本无二致，迷悟同源。以人证法，法则在人，故曰“我适无为，我即无为”。人大则法亦随大，机小则法亦随小。是则无为虽一，何妨因人而有三耶？

譬犹三鸟出网，同适无患之域。无患虽同，而鸟鸟各异。不可以鸟鸟各异，谓无患亦异。又不可以无患既一，而一于众鸟也。然则鸟即无患，无患即鸟。无患岂异，异自鸟耳。

此喻显法一而人异也。鸟喻众生，网喻生死，无患喻涅槃。谓众鸟出网，无患一而鸟鸟异，异谓飞有远近也。此以无患喻涅槃，最妙。

如是三乘众生俱越妄想之樊，同适无为之境。无为虽同，而乘乘各异。不可以乘乘各异，谓无为亦异。又不可以无为既一，而一于三乘也。然则我即无为，无为即我。无为岂异，异自我耳。

法合甚明，谓众生同出生死，所证涅槃是一。但根有大小，智有浅深，故证有高下。此是异在人，不在法也。

所以无患虽同而升虚有远近，无为虽一而幽鉴有浅深。无为即乘也，乘即无为也。此非我异无为，以未尽无为，故有三耳。

此喻法双结，生死、涅槃本来不二。但出生死之人，未尽无为之理，故有三乘之分，非有三法以待人也。此论正义，特显生死涅槃不二之旨，学人不可以迷悟、三一求之。

诘渐第十二

诘，难也。由前云未尽有三，是为渐义，故此诘之。

有名曰：万累滋彰，本于妄想。妄想既祛，则万累都息。（此言三乘断惑同。）**二乘得尽智，菩萨得无生智。**（此言三乘智同。）**是时妄想都尽，结缚永除。结缚既除，则心无为。**（此言三乘证理同。）**心既无为，理无余翳。**

此诘三乘断惑、证智、证理皆同，同则不应取果有异也。“万累”指枝末烦恼，“妄想”指根本烦恼。根本既断，则枝末不生，故云“都息”。“二乘尽智”等，《新疏》引《大品》，说三乘之人共十一智，第九名尽智，谓苦已尽见等；第十名无生智，谓苦已见而不更见等。则前之十智声闻皆有，尽智在已办地得之。今云“菩萨得无生智”者，二地已上，第九菩萨地，阿鞞跋致，如实知诸法本自不生，今亦无灭，名无生智，不共二乘也。上引声闻亦证无生，今言菩萨不共者，以二乘但尽生死，名为无生；菩萨乃达诸法寂灭无生，故不共耳。通言三乘断惑证理皆同，而取果不应有异。此乃名家约义以难。其实三乘断惑不同，以二乘断见思，菩萨断尘沙、伏无明，霄壤有异，岂可同哉！学者不可不知也。

经曰：“是诸圣智不相违背，不出不在（应作‘生’字）**，其实俱空。”又曰：“无为大道，平等不二。”**

此引证三乘证理不异也。《疏》引《放光》云：“声闻、辟支佛、菩萨、佛世尊，是诸圣智不相违背。”乃至云：“不出不在，其实空者，无有差殊。”今“在”字，宜是“生”字。《智论》解云：“因边不起，名为不出。缘边不起，名为不生。”

“又曰”下，亦义引《大品·三慧品》：“须菩提白佛言：世尊，无为法中可得差别不？佛言：不也。”故义言大道平等无二。

既曰无二，则不容心异。不体（证也）**则已，体应穷微。而曰体而未尽，是所未悟也。**

言既所证之理不二，则能证之心又何容异。以不异之心，证不二之理，不证则已，证则穷微彻底。而曰体而未尽，是所未悟也。

明渐第十三

言结习不可顿尽，无为不可顿证。譬如磨镜，垢尽明现。

无名曰：无为无二，则已然矣。（领难理无差。）**结是重惑，可谓顿尽，亦所未喻。**（经云：理须顿悟，乘悟并消。事因渐除，因次第尽。）**经曰：“三箭中的，三兽渡河，中、渡无异，而有浅深之殊者，为力不同故也。”**

二喻，《疏》引《毗婆沙论》之义云，犹如一的，若木若铁，众箭所中。

一无为体，为三想所行。又云：于甚深十二因缘河，能尽其底，是名为佛。二乘不尔。如三兽渡河，谓象、马、兔，兔则腾掷而渡；马或尽底，或不尽底；香象于一切时无不尽底。

三乘众生俱济缘起之津，同鉴四谛之的，绝伪即真，同升无为。然则所乘不一者，亦以智力不同故也。

此法合也。"缘起"，十二因缘，乃广四谛而说。故四谛有生灭、无生、无作、无量四种不同，故是三乘同观，故云"俱济"、"同鉴"；而断惑证真，同升无为，亦各证自乘，故所乘不一，亦以智力不同故也。

下举例难尽。

夫群有虽众，然其量有涯，正使智犹身子，辩若满愿，穷才极虑，莫窥其畔。

此举有为之法难尽，以例无为不可顿穷也。言万物虽多，各有涯量。直使智慧如身子，辩才如满慈，穷其才，极其虑，亦莫能窥其边。有为如此，况无为乎？《涅槃》云："佛言：我与弥勒等共论世谛，舍利弗等都不识知。何况出世第一义谛？"

况乎虚无之数（妙也）**，重玄之域，其道无涯，欲之顿尽耶？**

此法合也。虚无、重玄，用《老子》文"玄之又玄"，故曰重玄，皆况涅槃无为之义。言有为之数，二乘之智尚不能穷，况涅槃无为之道乎？譬如大海无涯而操舟有里数，太虚寥廓而翔翮有远近。三乘之人，于涅槃之道，亦犹是也。

书不云乎，"为学者日益，为道者日损。"为道者，为于无为者也。为于无为而曰日损，此岂顿得之谓？要损之又损之，以至于无损耳。经喻萤日，智用可知矣。

引《老子》"为学日益，为道日损，损之又损，至于无损"，以明渐断渐证之义。“至于无损”者，至无可损为极证耳。萤日，《放光》义云：二乘之智如萤火虫，不敢作念遍照阎浮。菩萨之智譬如日出，遍照阎浮，生盲之人皆得利益等。

讥动第十四

如前所云，既以取舍为心，损益为行，是则尚求之心，扰动未息。何以动扰之心，证不动无为之理乎？故讥以诘之。

有名曰：经称法身已上，入无为境，心不可以智知，形不可以象测，体绝阴入，心智寂灭。（上明无为之理。）**而复云进修三位，积德弥广。**（此明好尚之心。）**夫进修本**（因也）**于好尚，积德生**（起也）**于涉求。好尚则取舍情现，涉求则损益交陈。既以取舍为心、损益为体**（言体究，行也），**而曰体绝阴入，心智寂灭，此文乖致殊，而会之一人，无异指南为北，以晓迷夫。**

此蹑前进修损益以兴难也。“经称法身已上”，谓初登地，已契法身，证真如理，故云“入无为境”。以无分别智，现身益物，故云“心不可以智知，形不可以象测”。至七地，顿舍藏识，故云“体绝阴入”；证平等真如，故云“心智寂灭”。自此复进修三位，方成佛果。此引经按定。下申难意，谓进修积德，本于好尚涉求。凡好尚则取舍未忘，涉求则损益交陈。既有取舍、损益之心，则动扰未息。而又曰体绝阴入，心智寂灭，此则文乖于理，如何会之一人？以动心而取静理，无异指南为北也。

动寂第十五

前名家讥动，今答以动寂。而不言“寂动”者，以问家但讥其动，谓动则违寂，不知动时全寂，故云“动寂”。

无名曰：经称圣人无为而无所不为。

此引证圣人动静一如，总答难意也。经即《放光》云：“佛言：适无所为，故行般若波罗蜜。”无所为，寂也。无所不为，动也。即寂而动，故虽动而常寂，故下广明进修无取舍。

无为故虽动而常寂，无所不为故虽寂而常动。虽寂而常动，故物（心也）**莫能一。**（以体用双彰，故莫能一。）**虽动而常寂，故物**（境也）**莫能二。**（以心境一如，故莫能二。）**物**（境也）**莫能二，故逾动逾寂。物**（心也）**莫能一，故逾寂逾动。**

此言圣心寂照双流，体用双彰，故心境一如，动静不二，岂可动静而二其圣心哉！

所以为即无为，无为即为，动寂虽殊，而莫之可异也。

此证经义，以明动静不二之所以也。

下明圣心绝待，答前积德。

《道行》曰："心亦不有亦不无。"

此引经证圣心不涉有无，以明积德非有心也。虽好尚、涉求，似分身心，而总摄于心，故言积德虽涉求，亦非有心，亦非无心，任运而已。

不有者，不若有心之有；不无者，不若无心之无。

此释经义，拣非断常也。言不有者，不是绝无，但不似众生之有心耳。言不无者，不是实有，但不比无情之无耳。

何者？有心则众庶是也，无心则太虚是也。众庶止于妄想，太虚绝于灵照。岂可止于妄想、绝于灵照，标其神道（指涅槃）**而语圣心者乎？**

此重明圣心不有不无之所以也。若有心则是凡夫，无心则是太虚。凡夫则所止于妄想，太虚则绝然无知。岂可以妄想无知，以拟涅槃妙道，以语圣心为有无哉！

是以圣心不有，不可谓之无（绝无）**。圣心不无，不可谓之有**（实有）**。**

此双遮圣心不属有无，以遣妄见。

不有故心想都灭（不比凡夫）**，不无故理无不契**（不比太虚）**。理无不契，故万德斯弘。心想都灭，故功成非我。**

以明离过显德，以彰圣心本无涉求也。以灭妄想，又非无知，乃离二边之过，故能证一真之理，故云理无不契。以证一真法界，则恒沙性德总在心源，故万德斯弘。以妄想尽灭，则永绝贪求，故虽功成而非我证。如此，又何好尚、涉求之有哉！

所以应化无方，未尝有为；寂然不动，未尝不为。经曰："心无所行，无所不行。"信矣！

此总结答难意，谓圣心无为而为，寂然而应，如此，岂有为好尚涉求之心，而以动扰讥之哉！引经证一致，可知。

儒僮曰："昔我于无数劫，国财身命施人无数，以妄想心施，非为施也。今以无生心，五花施佛，始名施耳。"

儒僮，义引《智论》事，谓以身命等施，出妄想心，求五波罗蜜，未有所得。今见燃灯，以五花供佛，布发掩泥，即得无生法忍，满足波罗蜜等。谓七地以前，有相观多，未达三轮体空，名住相布施，非真施也。至第八无相地，证平等真如，三轮空寂，故即得受记，故云始是施耳。意谓圣心果有好尚涉求，岂能证无为之理乎？

又空行菩萨入空解脱门，方言今是行时，非为证时。

此引《放光》义，言菩萨已入空解脱门，方言乃是行时，非为证时。意谓单空尚不能证，况动心乎？显寂用同时，为真行耳。

然则心弥虚，行弥广，终日行，不乖于无行者也。

谓菩萨已入空解脱门，依空起行，则寂而常照，故心心寂灭，行行契真，所以动而常寂也。

是以《贤劫》称无舍之檀，《成具》美不为之为，《禅典》唱无缘之慈，《思益》演不知之知。圣旨虚玄，殊文同辨。

连引四经，以证不为而为之义。梵语檀那，此云布施。《贤劫经》说：一切诸法无有与者，是名布施。《成具》云：不为而过为。《禅经》说慈心三昧，有无缘之慈。《思益》云：无取舍之知方为知。此上四义，皆言不为而为之旨，故云殊文同辨。

岂可以有为便有为，无为便无为哉！菩萨住尽不尽平等法门，不尽有为，不住无为，即其事也。而以南北为喻，殊非领会之唱。

此责其动静异见，而引经证义也。“菩萨”下，即义引《净名经》，略云:“上方香积世界菩萨欲还本国，向佛求法。佛言:有尽无尽法门，汝等当学，云云。如菩萨者，不尽有为，不住无为。”彼疏云：“有为虽伪，舍之而大业不成。无为虽实，住之而慧心不朗。”

“即其事”者，正同前动寂无碍之旨也。若有无异见，动寂殊观，而以南北为喻，岂能领会圣心哉！

穷源第十六

穷谓穷讨，源谓根源。由闻前说，已知动静不二，今则行成必证，未审能证之人与所证之法，谁先谁后？

有名曰：非众生无以御（控进也）**三乘，非三乘无以成涅槃。然必先有众生，后有涅槃。是则涅槃有始，有始必有终。**（约人则人先法后，约法则法先人后。）**而经云：“涅槃无始无终，湛若虚空。”则涅槃先有，非复学而后成者也。**

此难涅槃与人两异。设难：若先有众生，是众生证得，则涅槃有始终。若先有涅槃，则不属修得，何言众生得涅槃耶？此难似不易通。下答以涅槃无始无终，无古无今，浩然大均，物我无二。唯会物为己，即是圣人，亦无始得。

通古第十七

意谓涅槃之体，性自常然，无古无今，何有始终。万法本寂，当体涅槃。三乘悟此，即为证得，亦无先后，但以智契理，理智冥一，唯心契会，故无始终。

无名曰：夫至人空洞无象，而万物无非我造。会万物以成己者，其唯圣人乎！

言圣人一心寂灭，空洞无象，以随缘成事，故三界万法唯心所现，故云“无非我造”。以诸法寂灭之体即是涅槃。若能了达万法唯心，法法皆归自己，是名圣人证得涅槃。但是以如如智，照如如理，理智冥一，是为涅槃，岂有先后始终于其间哉！即此一语，尽破其疑。

何则？（征释理智一如。）**非理不圣，非圣不理。理而为圣者，圣不异理也。**

理即万法一真之理，圣谓照理之智。谓非契理不足以彰圣智，故云“非理不圣”。非智不足以证理，故云“非圣不理”。以证理而为智，故智不异理，平等一心，是为证得涅槃。

故天帝曰：“般若当于何求？”善吉曰：“般若不可于色中求，亦不离色中求。”又曰：“见缘起为见法，见法为见佛。”斯则物我不异之效也。

由上云一心成万法，照万法唯一心，名为涅槃。万法境宽，今就五蕴中举一色法以明，则法法皆然。故引天帝之问，乃《大品经·散花品》文，谓般若乃能照之智，万法乃所照之境，今但举色法以例余。言心境非一，故不可于色中求；以心境非异，故不离色中求。以色即是空，空即如如。无如外智能证于如，故云不离不即。不即不离，是为一心中道。“又曰”下，义引《涅槃经》文。缘起，十二因缘也。见缘起性空，是为见法，见法即见佛。斯则物我不异之效也，又何有先后始终哉！

所以至人戢（止也）**玄机**（智也）**于未兆，藏冥**（寂也）**运**（动也）**于即化。总六合以镜心，一去来以成体。古今通，始终同。穷本极末，莫之与二，浩然大均，乃曰涅槃。**

此正出涅槃之体也。“未兆”，寂然不动之境也。谓圣人以真智照理，止于寂然不动之先。运即寂之动，潜于万化之域。六合不离一心，故云“总”。古今不离一念，故云“一去来”。故十世古今，始终不离当处，故云“通”、云“同”。穷本极末，究竟一际，浩然大均，乃曰涅槃。涅槃之道，如此广大虚寂，岂可以先后始终而拟之哉！

经曰：“不离诸法而得涅槃。”又曰：“诸法无边故，菩提无边。”

此引证诸法即真，故心境不二也。《放光》云：“诸法无边际，故般若波罗蜜亦无际。”此证理智皆依诸法，以显心境不二也。

以知涅槃之道，存（在也）**乎妙契。妙契之致，本**（因也）**乎冥一。**

依圣言量，因知涅槃之道，单在妙合心境。心境如如，因乎理智冥一，此外无可证者。

然则物（境也）**不异我**（心也）**，我不异物。物我玄**（冥也）**会，归乎无极。**

理智一如，物我无二，忘心绝照，冥会一心，故曰“归乎无极”。盖寄无极之言，以显一心广大寂灭之体耳。

进之弗先，退之弗后，岂容终始于其间哉！

谓三乘证之而弗先，六道迷之而非后。无古无今，前后际断，岂容终始于其间哉！

天女曰："耆年解脱，亦如何久？"

此引证久近也。《净名》，身子问天女：止此室其已久如？曰：如耆年解脱。身子曰：止此久耶？"天女"云云，谓身子所得解脱，岂属久近之时耶？

考得第十八

承上不离诸法而得涅槃，因之稽考尽阴、存阴，违教违理，当何得乎？所以末后辨者，谓从前决择修悟已周，意显极证故也。

有名曰：经云："众生之性，极于五阴之内。"又云："得涅槃者，五阴都尽，譬犹灯灭。"（上引经定理，下申难。）**然则众生之性顿尽于五阴之内，涅槃之道独建于三有之外，邈然殊域，非复众生得涅槃也。**（阴尽无得违。）**果若有得，则众生之性不止于五阴。必若止于五阴，则五阴不都尽。五阴若都尽，谁复得涅槃耶？**（存阴有得违。）

难意谓众生得涅槃，然众生之性止于五阴之内，且涅槃独建于三有之外，此则内外本自相悬。今云五阴都尽乃得涅槃，然五阴已尽于内，又谁得界外之涅槃耶？此则阴尽无能得者也。若众生果得涅槃者，则性不止于五阴矣。若止于五阴，则五阴不尽。若五阴都尽，谁复得涅槃耶？此则阴存而无得者也，未达五阴空寂即是涅槃故耳。

玄得第十九

得无所得，无得而得，故云玄得。

无名曰：夫真由离起（显也）**，伪因著生。著故有得，离故无名。**

谓涅槃真理，由超情离见而显。分别妄伪，由执著名相而生。故执名相者为有得，离情见者故无名。

是以则（法也）**真者同真，法伪者同伪。子以有得为得，故求于有得耳。**

吾以无得为得，故得在于无得也。

言凡取法于真者则契真，执著于伪者则同伪。故不以有得为真，以无得为得耳。此正申玄得之旨也。

且谈论之作，必先定其本。既论涅槃，不可离涅槃而语涅槃也。若即涅槃以兴言，谁独非涅槃，而欲得之耶？

若克体而言涅槃，则一切众生本来涅槃，故云“谁独非涅槃而欲得之耶”？以一切法本来如故〇此标宗，下辨义。

何者？（征释正义。）**夫涅槃之道，妙尽常数**（泯绝诸相）**，融**（和也）**冶**（销也）**二仪，荡涤万有。均天人，同一异。内视不己见，返听不我闻。未尝有得，未尝无得。**

此辨涅槃妙体也。以涅槃妙体离一切相，故云“妙尽常数”。“二仪”，天地也。“万有”，万物也。经云：“一人发真归元，十方虚空悉皆销殒，何况空中所有国土而不振裂？”故云“融冶二仪，荡涤万有”。由此所以均天人、同一异也。以非色故，内视不己见。以非声故，返听不我闻。以寂漠冲虚，故未尝有得。以诸法寂灭，平等无二，故未尝无得。

经曰：“涅槃非众生，亦不异众生。”维摩诘言：“若弥勒得灭度者，一切众生亦当灭度。所以者何？一切众生本性常灭，不复更灭。”此名灭度，在于无灭者也。

引《涅槃经》义，言涅槃之体永离生灭，故非众生；以众生之性本来寂灭，故不异涅槃。引《净名经》义，弥勒若得灭度者，则一切众生亦当灭度。以一切众生本性毕竟寂灭，即涅槃相，不复更灭。此名灭度，在于无灭，岂有尽五阴而求涅槃，又岂可存五阴而别求得涅槃耶？

然则众生非众生（以性空故）**，谁为得之者**（无能得之人）**？涅槃非涅槃**（以离相故）**，谁为可得者**（无所得之法）**？《放光》云：“菩提从**

有得耶？答曰：不也。从无得耶？答曰：不也。从有无得耶？答曰：不也。离有无得耶？答曰：不也。然则都无得耶？答曰：不也。是义云何？答曰：无所得故为得也，是故得无所得也。”无所得谓之得者，谁独不然耶？

言得涅槃者，以众生性空，故无能得之人。涅槃寂灭离相，故无可得之法。能所双忘，故无所得为得。以无所得为得者，则一切诸法本来寂灭，不复更灭。斯则法法真常，生佛平等，且谁独不然耶？

然则玄道在于绝域，故不得以得之。妙智存乎物外，故不知以知之。大象隐于无形，故不见以见之。大音匿于希声，故不闻以闻之。

此言涅槃之体，超心境，绝见闻，结示玄得之方也。“玄道”，指涅槃实际，为所观之境。以体绝诸相，故称“绝域”。以此非所得之境，故不得以得之。“妙智”，谓能证之智。实智照理，离诸对待，故云“物外”。以寂而照，故不知以知之。以一真法界，谓之“大象”。无状无形，非可见之境，故不见以见之。寂灭圆音，谓之“大音”。群动永息，非妄闻可及，故不闻以闻之。

故能囊括终古，导达群方，亭毒（养育也）**苍生，疏而不漏，汪哉洋哉！何莫由之哉！**

上示涅槃玄得之体，此显无方大用也。故能尔者，由自体甚深，所以能德用广大。“囊括”，义取《易》云“括囊无咎”，谓结其囊口。今取包括无遗之义。谓涅槃真常，不但无始，亦且无终，今古常然，故云“囊括终古”。“导”，开引也。“达”，示悟也。“群方”，九界众生也。由其用广，故开悟九类，养育群生。以众生迷之而不返，似为疏远。如不修则已，修而即得，故云“不漏”。汪洋无涯，故圣凡以之而出入，依正以之而建立，法界以之而恢张，因果以之而不昧，故曰“何莫由之哉！”

故梵志曰：“吾闻佛道，厥（其也）**义弘**（广也）**深，汪洋无涯，靡**（无也）**不成就，靡不度生。”**

此引梵志叹佛之言，以证涅槃化生之用。

然则三乘之路开，真伪之途辨，贤圣之道存，无名之致显矣。

此总结宗极也。一论所述，九折皆三乘权教之迹，十演乃一乘之实。今论开权显实，故云“三乘之路开”。“无名”显理为真，“有名”执迹为伪。如上所论，真伪自辩。以时宗廓然无圣，秦主斥曰：“若无圣人，知无者谁？”故论主奉诏作论，以破无圣断见之执。今言儒童进修空行，起行是有能修能证之人，故曰“贤圣之道存”。名家按名责实，今论主发挥无名之致，故云“显矣”。

涅槃无名论（终）

肇论略注后跋

此论言未及二万，题方称五篇，义则席卷声教，囊括众经，而罄佛渊海者矣。论主因见教中谈真指不迁、导物开流动，恐未忘标指者依文解二而二其心，故且翻其辞，改其名，曰物不迁，曰不真空等，文似相角，而义实相符，所造未尝异而所见未尝同也。然推论主心，荡无纤异，实为畅我佛摄未归本之怀。是以即物而论，虚玄标高，揭物我同根，此不异《杂华》云“法性本无生，示现而有生，是中无能现，亦无所现物”。能现所现既即无，昔来今往又何朕？故曰：昔人非昔人，野马或不动。良有此深因，非骤而语不迁。后尚有约义而驳其文者，有临文而骇其义者，然又有驳其驳者。

迄我明憨山大师主盟此道，执牛耳于宗途，已探此论之奥而识其微。因见言路纵横，学人首鼠两端，莫之趋向，即搦管作疏，弄丸其间。析诸家之难而阐其幽旨，名曰略注。古今开辟，本末贯通，借曰千途异唱，会归同致矣。愚意在昔毗耶大士，为世尊教海汪洋，代下一转语，即令五百弟子饱餐香积而消之。继踵肇公论主复白一椎，至今憨山大师笔底，方能转身吐气，抑亦为论主作此一转语耶，而始令人悟入宗本，开无知般若，鉴不真空，了物不迁，而无名涅槃即可证。此又一餐香积矣。虽各相去千有余年，要知般若光中，以灯续灯，若旦暮遇之也。

注成，大师尚固扃鐍以藏之。恰有居士云山，合掌请曰：“摩尼妙在普雨，而法宝幸流通。弟子虽处瓶之罄，因惜自他慧命如丝，愿贷粟监河，但得金二十五，便可资枣黎氏流行而皆沾其法味，幸何如哉！”大师颔而授之。来命跋于不肖。因赞之曰：向之于此论也，但登其枝而忘其本，咀其华而不食其实者众矣。今得大师信笔注成，又尔居士信心刻之，今而后之于此论也，可括目矣，必能达其本根矣。此其论之中兴也欤？

万历岁次丁巳孟秋，华山法侄慧浸识。

禪解儒道

观老庄影响论[1]

叙 意

西域诸祖造论以破外道之执，须善自他宗。此方从古经论诸师，未有不善自他宗者。吾宗末学安于孤陋，昧于同体，视为异物，不能融通教观，难于利俗。其有初信之士不能深穷教典，苦于名相支离，难于理会，至于酷嗜老庄为文章渊薮，及其言论指归，莫不望洋而叹也。迨观诸家注释，各狥所见，难以折衷。及见《口义》《副墨》，深引佛经，每一言有当，且谓一大藏经皆从此出，而惑者以为必当，深有慨焉。余居海上，枯坐之余，因阅《楞严》《法华》次，有请益老庄之旨者，遂蔓衍及此以自决，非敢求知于真人，以为必当之论也。且慨从古原教破敌者，发药居多，而启膏肓之疾者少，非不妙投，第未诊其病源耳。是故余以唯心识观而印决之，如摩尼圆照，五色相鲜；空谷传声，众响斯应。苟唯心识而观诸法，则彼自不出影响间也，故以名论。

论教源

尝观世之百工技艺之精而造乎妙者，不可以言传，效之者亦不可以言得。况大道之妙，可以口耳授受、语言文字而致哉！盖在心悟之妙耳。是则不独参禅贵在妙悟，即世智辩聪、治世语言、资生之业，无有一法不悟

[1] 收于《憨山老人梦游集》卷三十（明《嘉兴藏》版）。

而得其妙者。妙则非言可及也。故吾佛圣人说《法华》，则纯谈实相，乃至妙法则未措一词，但云“如是”而已。至若悟妙法者，但云“善说法者，治世语言、资生业等皆顺正法”。而《华严》五地圣人善能通达世间之学，至于阴阳术数、图书印玺、医方辞赋靡不该练，然后可以涉俗利生。故等觉大士现十界形，应以何身何法得度即现何身何法而度脱之。由是观之，佛法岂绝无世谛而世谛岂尽非佛法哉！由人不悟大道之妙而自画于内外之差耳，道岂然乎？窃观古今卫道藩篱者，在此则曰彼外道耳，在彼则曰此异端也。大而观之，其犹贵贱偶人、经界太虚、是非日月之光也。是皆不悟自心之妙而增益其戏论耳。盖古之圣人无他，特悟心之妙者，一切言教皆从妙悟心中流出，应机而示浅深者也，故曰无不从此法界流，无不还归此法界。是故吾人不悟自心，不知圣人之心。不知圣人之心而拟圣人之言者，譬夫场人之欣戚，虽乐不乐，虽哀不哀，哀乐原不出于己有也。哀乐不出于己，而以己为有者，吾于释圣人之言者见之。

论心法

余幼师孔不知孔，师老不知老。既壮，师佛不知佛。退而入于深山大泽，习静以观心焉，由是而知三界唯心，万法唯识。既唯心识观，则一切形，心之影也；一切声，心之响也。是则一切圣人乃影之端者，一切言教乃响之顺者。由万法唯心所现，故治世语言、资生业等皆顺正法。以心外无法，故法法皆真，迷者执之而不妙。若悟自心，则法无不妙。心法俱妙，唯圣者能之。

论去取

吾佛经尽出自西域，皆从翻译。然经之来，始于汉，至西晋方大盛。晋之译师，独称罗什为最。而什之徒，生、肇、融、睿四公，僧之麟凤也，而什得执役。然什于肇，亦曰：“余解不谢子，文当相揖耳。”盖肇尤善老庄焉。然佛经皆出金口所宣，而至此方则语多不类，一经而数译者有之，以致浅识之疑。殊不知理实不差，文在译人之巧拙耳。故藏经凡出什之手者，文皆雅致，以有四哲左右焉。故《法华》理深辞密，曲尽其妙，不在言，而《维摩》文势宛庄，语其理自昭著。至于肇《四论》，则浑然无隙，非具正法眼者断断难明，故惑者非之，以空宗、庄老孟浪之谈宜矣。清凉观国师，华严菩萨也，至疏《华严》，每引《肇论》，必曰肇公，尊之也。尝窃论之。藉使肇见不正，则什何容在座？什眼不明，则译何以称尊？若《肇论》不经，则观又何容口？古今质疑颇多，而概不及此，何哉！至观《华严疏》，每引老庄语甚多，则曰：取其文不取其意。圭峰则谓二氏不能原人，《宗镜》辟之尤著。然上诸师皆应身大士，建大法幢者，何去取相左如此？尝试论之，抑各有所主也。盖西域之语质直无文，且多重复，而译师之学不善两方者，则文多鄙野，大为理累。盖中国圣人之言，除五经束于世教，此外载道之言者唯《老》一书而已。然老言古简，深隐难明。发挥老氏之道者，唯庄一人而已。焦氏有言：“老之有庄，犹孔之有孟。”斯言信之。然孔称老氏犹龙。假孟而见庄，岂不北面耶？间尝私谓，中国去圣人，即上下千古负超世之见者，去老，唯庄一人而已。载道之言广大自在，除佛经，即诸子百氏究天人之学者，唯《庄》一书而已。藉令中国无此人，万世之下不知有真人。中国无此书，万世之下不知有妙论。盖吾佛法广大微妙，译者险辞以济之，理必沉隐，如《楞伽》是已。是故什之所译称最者，以有四哲为之辅佐故耳。观师有言，“取其文不取其意”，斯言有由矣。设或此方有过老庄之言者，肇必舍此而不顾矣。由是观之，肇之经论用其文者，盖肇宗《法华》，所谓善说法者，世谛语言、资生业等皆顺正法，乃深造实相者之所为也。圭峰少而《宗镜》远之者，孔子作《春秋》，假天王之令而行赏罚，二师其操法王之权而行褒贬欤？清凉则浑融法界，无可无不可者，故取而不取。是各有所主也。故余以《法华》见观音三十二应，则曰应以婆罗门身得度即现其身而为说法。至于妙庄严二子，则曰汝父信受外道，深著婆罗门法，且二子亦悔生此邪见之家。盖此方老庄，即西域婆罗门类也。然此刚为现身说法，旋即斥为外道邪见，何也？盖在著与不著耳。由观音圆通无碍，则不妨现身说法。由妙庄深生执著，故为外道邪见。是以圣人教人，但破其执，不破其法。是凡执著音声色相者，非正见也。

论学问

余每见学者披阅经疏，忽撞引及子史之言者，如拦路虎，必惊怖不前。及教之亲习，则曰彼外家言耳，掉头弗顾。抑尝见士君子为庄子语者，必引佛语为鉴，或一言有当，且曰佛一大藏尽出于此。嗟乎！是岂通达之谓耶？质斯二者，学佛而不通百氏，不但不知是法，而亦不知佛法；解《庄》而谓尽佛经，不但不知佛意，而亦不知庄意。此其所以难明也，故曰：自大视细者不尽，自细视大者不明。余尝以三事自勖曰：不知《春秋》，不能涉世；不知老庄，不能忘世；不参禅，不能出世。知此，可与言学矣。

论教乘

或问：三教圣人本来一理，是果然乎？曰：若以三界唯心、万法唯识而观，不独三教本来一理，无有一事一法不从此心之所建立。若以平等法界而观，不独三圣本来一体，无有一人一物，不是毗卢遮那海印三昧威神所现。故曰：不坏相而缘起，染净恒殊；不舍缘而即真，圣凡平等。但所施设有圆融行布、人法权实之异耳。圆融者，一切诸法但是一心，染净融通，无障无碍。行布者，十界五乘五教理事因果浅深不同。所言十界，谓四圣六凡也。所言五教，谓小、始、终、顿、圆也。所言五乘，谓人、天、声闻、缘觉、菩萨也。佛则最上一乘矣。然此五乘各有修进，因果阶差条然不紊。所言人者，即盖载两间，四海之内，君长所统者是已，原其所修，以五戒为本。所言天者，即欲界诸天，帝释所统，原其所修，以上品十善为本；色界诸天，梵王所统，无色界诸天，空定所持，原其所修，上品十善，以有漏禅九次第定为本。此二乃界内之因果也。所言声闻所修以四谛为本，缘觉所修以十二因缘为本，菩萨所修以六度为本，此三乃界外之因果也。佛则圆悟一心，妙契三德。摄而为一，故曰圆融。散而为五，故曰行布。然此理趣，诸经备载。由是观之，则五乘之法皆是佛法，五乘之行皆是佛行。良由众生根器大小不同，故圣人设教浅深不一，无非应机施设，所谓教不躐等之意也。由是证知，孔子人乘之圣也，故奉天以治人。老子天乘之圣也，故清净无欲，离人而入天。声闻、缘觉，超人天之圣也，故高超三界，远越四生，弃人天而不入。菩萨，超二乘之圣也，出人天而入人天，故往来三界，救度四生，出真而入俗。佛则超圣凡之圣也，故能圣能凡，在天而天，在人而人，乃至异类分形，无往而不入。且夫能圣能凡者，岂圣凡所能哉！

据实而观，则一切无非佛法，三教无非圣人。若人若法统属一心，若事若理无障无碍，是名为佛。故圆融不碍行布，十界森然；行布不碍圆融，一际平等。又何彼此之分、是非之辨哉！故曰“或边地语说四谛，或随俗语说四谛”，盖人天随俗而说四谛者也。原彼二圣，岂非吾佛密遣二人而为佛法前导者耶？斯则人法皆权耳。良由建化门头不坏因果之相，三教之学皆防学者之心，缘浅以及深，由近以至远。是以孔子欲人不为虎狼禽兽之行也，故以仁义礼智援之，姑使舍恶以从善，由物而入人，修先王之教，明赏罚之权，作《春秋》以明治乱之迹，正人心，定上下，以立君臣父子之分，以定人伦之节。其法严，其教切，近人情而易行。但当人欲横流之际，故在彼汲汲犹难之。吾意中国非孔氏，而人不为夷狄禽兽者几希矣！虽然，孔氏之迹固然耳，其心岂尽然耶？况彼明言之曰：“毋意、毋必、毋固、毋我。”观其济世之心，岂非据菩萨乘而说治世之法者耶？经称“儒童”，良有以也。而学者不见圣人之心，将谓其道如此而已矣。故执先王之迹以挂功名，坚固我执，肆贪欲而为生累，至操仁义而为盗贼之资、启攻斗之祸者有之矣。故老氏愍之曰，斯尊圣用智之过也，若绝圣弃智则民利百倍，剖斗折衡则民不争矣。甚矣！贪欲之害也。故曰：“不见可欲，使心不乱。”

故其为教也，离欲清净，以静定持心，不事于物，澹泊无为。此天之行也，使人学此离人而入于天。由其言深沉，学者难明。故得庄子起而大发扬之，因人之固执也深，故其言之也切，至于诽尧舜，薄汤武，非大言也，绝圣弃智之谓也。治推上古，道越羲皇，非漫谈也，甚言有为之害也。诋訾孔子，非诋孔子，诋学孔子之迹者也。且非实言，乃破执之言也，故曰“寓言十九，重言十七”。诃教劝离，隳形泯智，意使离人入天，去贪欲之累故耳。至若精研世故，曲尽人情，破我执之牢关，去生人之大界，寓言曼衍，比事类辞，精切著明，微妙玄通，深不可识，此其说人天法而具无碍之辩者也。非夫现婆罗门身而说法者耶？何其游戏广大之若此也。秕糠尘世，幻化死生，解脱物累，逍遥自在，其超世之量何如哉！尝谓五伯僭窃之余，处士横议，充塞仁义之途。若非孟氏起而大辟之，吾意天下后世左衽矣！当群雄吞噬之剧，举世颠瞑，亡生于物欲，火驰而不返者众矣。若非此老崛起，攘臂其间，后世纵有高洁之士，将亦不知轩冕为桎梏矣！均之济世之功，又何如耶？然其工夫由静定而入，其文字从三昧而出。后人以一曲之见而窥其人，以浊乱之心而读其书，茫然不知所归趣。苟不见其心而观其言，宜乎惊怖而不入也。且彼亦曰：万世之后而一遇大圣，知其解者，是旦暮遇之也。然彼所求之大圣，非佛而又其谁耶？若意彼为吾佛破执之前矛，斯言信之矣。世人于彼尚不入，安能入于佛法乎？

论工夫

吾教五乘进修工夫，虽各事行不同，然其修心，皆以止观为本。故吾教止观，有大乘，有小乘，有人天乘，四禅八定，九通明禅。孔氏亦曰“知止而后有定”，又曰“自诚明”，此人乘止观也。老子曰：“常无，欲以观其妙。常有，欲以观其徼。”又曰：“万物并作，吾以观其复。”庄子亦曰：“莫若以明。”又曰：“圣人不由而照之于天。”又曰：“人莫鉴于流水，而鉴于止水。惟止，能止众止也。”又曰“大定持之”。至若“百骸九窍，赅而存焉，吾谁与为亲？”又曰：“咸其自取，怒者其谁耶？”至若黄帝之退居，颜子之心斋，丈人承蜩之喻，仲尼梦觉之论。此其静定工夫，举皆释形去智，离欲清净，所谓厌下苦粗障，欣上净妙离，冀去人而入天。按教所明，乃舍欲界生而生初禅者。故曰：“宇泰定者，发乎天光。”此天乘止观也。《首楞严》曰：“一切世间所修心人，爱染不生，无留欲界，是人应念身为梵侣。”又曰：“欲习既除，离欲心现，是人应时能行梵德，名为梵辅。”又曰：“清净禁戒，加以明悟，是人应时能统梵众，为大梵王。”又曰：“此三胜流，一切烦恼所不能逼，虽非正修真三摩地，清净心中诸漏不动，名为初禅。”至于澄心不动，湛寂生光，倍倍增胜，以历二、三、四禅，精见现前，陶铸无碍，以至究竟群几，穷色性性，入无边际，名色究竟天。此其证也。由是观之，老氏之学，若谓大患莫若于有身，故灭身以归无；劳形莫先于有智，故释智以沦虚，此则有似二乘。且出无佛世，观化知无，有似独觉。原其所宗，虚无自然，即属外道；观其慈悲救世之心，人天交归，有无双照，又似菩萨。盖以权论，正所谓现婆罗门身而说法者。据实判之，乃人天乘精修梵行而入空定者是也。所以能济世者，以大梵天王为娑婆主，统领世界，说十善法，救度众生。据《华严》，地上菩萨为大梵王，至其梵众皆实行天人，由人乘而修天行者。此其类也，无疑矣。吾故曰：庄语纯究天人之际，非孟浪之谈也。

论行本

原夫即一心而现十界之像，是则四圣六凡皆一心之影响也，岂独人天为然哉！究论修进阶差，实自人乘而立，是知人为凡圣之本也。故裴休有言曰：“鬼神沉幽愁之苦，鸟兽怀獝狘之悲，修罗方瞋，诸天耽乐。可以整心虑，趣菩提，唯人道为能耳。”由是观之，舍人道无以立佛法，非佛法无以尽一心，是则佛法以人道为镃基，人道以佛法为究竟。故曰菩提所缘，缘苦众生，若无众生则无菩提，此之谓也。所言人道者，乃君臣、父子、夫妇之间，民生日用之常也。假而君君、臣臣、父父、子子，不识不知，无贪无竞，如幻化人，是为诸上善人俱会一处，即此世界为极乐之国矣，又何庸夫圣人哉！奈何人者因爱欲而生，爱欲而死。其生死爱欲者，财、色、名、食、睡耳。由此五者，起贪爱之心，构攻斗之祸，以致君不君，臣不臣，父不父，子不子。虽先王之赏罚，不足以禁其心。适一己无厌之欲，以结未来无量之苦。是以吾佛愍之曰："诸苦所因，贪欲为本。若灭贪欲，无所依止。"故现身三界，与民同患，乃说离欲出苦之要道耳。且不居天上而乃生于人间者，正示十界因果之相皆从人道建立也。然既处人道，不可不知人道也。故吾佛圣人不从空生，而以净梵为父，摩耶为母者，示有君亲也；以耶输为妻，示有夫妇也；以罗睺为子，示有父子也。且必舍父母而出家，非无君亲也，割君亲之爱也。弃国荣而不顾，示名利为累也。掷妻子而远之，示贪欲之害也。入深山而苦修，示离欲之行也。先习外道四遍处定，示离人而入天也。舍此而证正遍正觉之道者，示人天之行不足贵也。成佛之后，入王宫而升父棺，上忉利而为母说法，示佛道不舍孝道也。依人间而说法，示人道易趣菩提也。假王臣为外护，示处世不越世法也。此吾大师示现度生之楷模，垂诫后世之弘范也。嗟乎！吾人为佛弟子，不知吾佛之心。处人间世，不知人伦之事。与之论佛法，则儱侗真如，瞒顸佛性。与之论世法，则触事面墙，几如梼昧。与之论教乘，则曰枝叶耳，不足尚也。与之言六度，则曰菩萨之行，非吾所敢为也。与之言四谛，则曰彼小乘耳，不足为也。与之言四禅八定，则曰彼外道所习耳，何足齿也。与之言人道，则茫不知君臣父子之分，仁义礼智之行也。嗟乎！吾人不知何物也，然而好高慕远，动以口耳为借资，竟不知吾佛救人出世，以离欲之行为第一也。故曰："离欲寂静，最为第一。"以余生人道，不越人乘，故幼师孔子。以知人欲为诸苦本，志离欲行，故少师老庄。以观三界唯心，万法唯识，知十界唯心之影响也，故归命佛。

论宗趣

老氏所宗，虚无大道，即《楞严》所谓晦昧为空，八识精明之体也。然吾人迷此妙明一心而为第八阿赖耶识，依此而有七识为生死之根，六识为造业之本，变起根身器界生死之相。是则十界圣凡统皆不离此识，但有执破、染净之异耳。以欲界凡夫不知六尘五欲境界唯识所变，乃依六识分别，起贪爱心，固执不舍，造种种业，受种种苦，所谓人欲横流。故孔子设仁义礼智教化为堤防，使思无邪，姑舍恶而从善，至若定名分，正上下。然其道未离分别，即所言静定工夫，以唯识证之，斯乃断前六识分别邪妄之思，以祛斗诤之害，而要归所谓妙道者，乃以七识为指归之地，所谓生机道原，故曰“生生之谓易”是也。至若老氏以虚无为妙道，则曰“谷神不死”，又曰“死而不亡者寿”，又曰“生生者不生”，且其教以绝圣弃智、忘形去欲为行，以无为为宗极，斯比孔则又进。观生机深脉，破前六识分别之执，伏前七识生灭之机，而认八识精明之体，即《楞严》所谓罔象虚无、微细精想者，以为妙道之源耳，故曰：“惚兮恍，其中有象。恍兮惚，其中有物。”其以此识乃全体无明，观之不透，故曰：“杳杳冥冥，其中有精。”以此识体不思议熏，不思议变，故曰：“玄之又玄”，而称之曰妙道。以天地万物皆从此中变现，故曰：“天地之根，众妙之门”。不知其所以然而然，故庄称自然。且老，乃中国之人也，未见佛法而深观至此，可谓捷疾利根矣。借使一见吾佛而印决之，岂不顿证真无生耶？吾意西涉流沙，岂无谓哉！大段此识深隐难测，当佛未出世时，西域九十六种以六师为宗，其所立论百什，至于得神通者甚多，其书又不止此方之《老》《庄》也。洎乎吾佛出世，灵山一会，英杰之士皆彼六师之徒，且其见佛，不一言而悟，如良马见鞭影而行，岂非昔之工夫有在，但邪执之心未忘，故今见佛，只在点化之间，以破其执耳。故佛说法，原无赘语，但就众生所执之情，随宜而击破之，所谓以楔出楔者，本无实法与人也。至于楞严会上微细披剥，次第征辨，以破因缘、自然之执，以断凡夫、外道、二乘之疑。而看教者不审乎此，但云彼西域之人耳，此东土之人也。人有彼此，而佛性岂有二耶？且吾佛为三界之师、四生之父，岂其说法止为彼方之人，而此十万里外则绝无分耶？然而一切众生皆依八识而有生死坚固我执之情者，岂只彼方众生有执而此方众生无之耶？是则此第八识，彼外道者或执之为冥谛，或执之为自然，或执之为因缘，或执之为神我。即以定修心，生于梵天，而执之为五现涅槃。或穷空不归，而入无色界天，伏前七识生机不动，进观识性，至空无边处，无所有处，以极非非想处。此乃界内修心而未离识性者，故曰："学道之人不识真，只为从前认识神。无量劫来生死本，痴人认作本来人"者是也。至于界外声闻，已灭三界见思之惑，已断三界生死之苦，已证无为寂灭之乐，八识名字尚不知，而亦认为涅槃，将谓究竟宁归之地。且又亲从佛教得度，犹费吾佛四十年弹诃淘汰之功，至于法华会上，犹怀疑佛之意，谓以小乘而见济度。虽地上菩萨，登七地已，方舍此识，而犹异熟未空。由是观之，八识为生死根本，岂浅浅哉！故曰："一切世间诸修行人，不能得成无上菩提，乃至别成声闻缘觉，及成外道、诸天魔王及魔眷属，皆由不知二种根本。一者无始生死根本，则汝今者与诸众生用攀缘心为自性者。二者无始涅槃元清净体，则汝今者识精元明，能生诸缘，缘所遗者。"正此之谓也。噫！老氏生人间世，出无佛世，而能穷造化之原，深观至此，即其精进工夫诚不易易，但未打破生死窠窟耳。古德尝言，孔助于戒，以其严于治身；老助于定，以其精于忘我。二圣之学，与佛相须而为用，岂徒然哉！据实而论，执孔者涉因缘，执老者堕自然，要皆未离识性，不能究竟一心故也。佛则离心意识，故曰："本非因缘、非自然性"，方彻一心之原耳。此其世、出世法之分也。佛所破正不止此，即出世三乘亦皆在其中。世人但见庄子诽尧舜，薄汤武，诋訾孔子之徒，以为惊异。若闻世尊诃斥二乘以为焦芽败种，悲重菩萨以为佛法阐提，又将何如耶？然而佛诃二乘，非诃二乘，诃执二乘之迹者，欲其舍小趣大也。所谓庄诋孔子，非诋孔子，诋学孔子之迹者，欲其绝圣弃智也。要皆遣情破执之谓也。

若果情忘执谢，其将把臂而游妙道之乡矣，方且欢忻至乐之不暇，又何庸夫愦愦哉！《华严》地上菩萨，于涂灰、事火、卧棘、投针之俦，靡不现身其中，与之作师长也，苟非佛法，又何令彼入佛法哉！故彼六师之执帜，非佛不足以拔之。吾意老庄之大言，非佛法不足以证向之。信乎游戏之谈，虽老师宿学，不能自解免耳。今以唯心识观，皆不出乎影响矣。

此论创意，盖予居海上，时万历戊子冬。乞食王城，尝与洞观居士夜谈所及，居士大为抚掌。庚寅夏日，始命笔焉，藏之既久，向未拈出。甲午冬，随缘王城，拟请益于弱侯焦太史，不果。明年乙未春，以弘法罹难。其草业已遗之海上矣，仍遣侍者往残简中搜得之。秋，蒙恩遣雷阳。达观禅师由匡庐杖策候予于江上。冬十一月，予方渡江，晤师于旅泊庵，夜坐出此。师一读三叹曰："是足以祛长迷也。"即命弟子如奇刻之以广法施，予固止之。戊戌夏，予寓五羊，时与诸弟子结制垒壁间，为众演《楞严》宗旨。门人宝贵见而叹喜，愿竭力成之，以卒业焉。噫！欲识佛性义，当观时节因缘。此区区片语，诚不足为法门重轻。创意于十年之前而克成于十年之后，作之于东海之东而行之于南海之南，岂机缘偶会而然耶？道与时也，庸可强乎？然此盖因观《老》《庄》而作也，故以名论。

万历戊戌除日，憨山道人清，书于楞伽室。

病后俗冗，近始读大制《曹溪通志》及《观老庄影响论》等书，深为叹服。所谓不知《春秋》不能涉世，不知老庄不能忘世，不参禅不能出世，及孔子人乘之圣，老子天乘之圣，佛能圣能凡、能人能天之圣。如此之类，百世不易之论也。起原再稽颡。

《老子道德经》解[1]

注道德经序[2]

予少喜读老庄，苦不解义。惟所领会处，想见其精神命脉，故略得离言之旨。及搜诸家注释，则多以己意为文，若与之角，则义愈晦。及熟玩庄语，则于老恍有得焉。因谓注乃人人之老庄，非老庄之老庄也。以老文简古而旨幽玄，则庄实为之注疏。苟能悬解，则思过半矣。空山禅暇，细玩沉思，言有会心，即托之笔。必得义遗言，因言以见义。或经旬而得一语，或经年而得一章。始于东海，以至南粤，自壬辰以至丙午，周十五年乃能卒业。是知古人立言之不易也。以文太简，故不厌贯通，要非枝也。尝谓儒宗尧舜，以名为教，故宗于仁义。老宗轩黄，道重无为，如云失道德而后仁义。此立言之本也。故庄之诽薄，殊非大言，以超俗之论则骇俗，故为放而不收也。当仲尼问礼，则叹为犹龙，圣不自圣，岂无谓哉！故老以无用为大用，苟以之经世，则化理治平，如指诸掌。尤以无为为宗极，性命为真修。即远世遗荣，殆非矫矫。苟得其要，则真妄之途，云泥自别。所谓真以治身，绪余以为天下国家，信非诬矣。或曰，子之禅，贵忘言，乃哓哓于世谛，何所取大耶？予曰，不然。鸦鸣鹊噪，咸自天机。蚁聚蜂游，都归神理。是则何语非禅，何法非道。况释智忘怀之谈，讵非入禅初地乎？且禅以我蔽，故破我以达禅，老则先登矣。若夫玩世蜉蝣，尤当以此为乐土矣。注成，始刻于岭南。重刻于五云、南岳与金陵。今则再刻于吴门。以尚之者众，故施不厌普矣。

[1] 据明刻本。

[1] 此篇序文底本无，据《憨山老人梦游集》卷十（明《嘉兴藏》版）补入。

老子传

按《史记》，老子者，楚苦（音怙）县厉（音赖）乡曲仁里人也。姓李氏，名耳，字伯阳，谥曰聃。周守藏室之史也（亦云柱下史）。孔子适周，将问礼于老子。老子曰："子所言者，其人与骨皆已朽矣，独其言在耳。君子得其时则驾，不得其时则蓬累而行。（蓬累，箬笠也。首戴之而行，言无车盖也。）吾闻之，良贾深藏若虚。君子盛德，容貌若愚。去子之骄气与多欲，态色与淫志，是皆无益于子之身。吾所以告子者，若是而已。"孔子去，谓弟子曰："鸟，吾知其能飞；鱼，吾知其能游；兽，吾知其能走。走者可以为网，游者可以为纶，飞者可以为矰。至于龙，吾不能知，其乘风云而上天。吾今见老子，其犹龙耶？"老子修道德，其学以自隐无名为务。居周久之，见周之衰，乃遂去。至关，关令尹喜曰："子将隐矣，强为我著书。"于是老子遂著书上下篇，言道德之意五千余言，而去，莫知所终。老子生周定王三年。母孕八十年而生，生而皓首，故称老子。

发明宗旨

老氏所宗，以虚无自然为妙道。此即《楞严》所谓分别都无，非色非空，拘舍离等，昧为冥谛者，是已。此正所云八识空昧之体也。以其此识，最极幽深，微妙难测，非佛不足以尽之。转此则为大圆镜智矣。菩萨知此，以止观而破之，尚有分证。至若声闻不知，则取之为涅槃。西域外道梵志不知，则执之为冥谛。此则以为虚无自然妙道也。故经曰："诸修行人，不能得成无上菩提，乃至别成声闻缘觉，诸天外道魔王，及魔眷属，皆由不知二种根本，错乱修习，犹如煮沙欲成佳馔，纵经尘劫终不能得。云何二种，一者无始生死根本，则汝今者与诸众生，用攀缘心为自性者。二者无始涅槃元清净体，则汝今者识精元明，能生诸缘，缘所遗者。"此言识精元明，即老子之妙道也。故曰："杳杳冥冥，其中有精，其精甚真。"由其此体至虚至大，故非色。以能生诸缘，故非空。不知天地万物皆从此识变现，乃谓之自然。由不思议熏，不思议变，故谓之妙。至精不杂，故谓之真。天地坏而此体不坏，人身灭而此性常存，故谓之常。万物变化，皆出于此，谓之天地之根，众妙之门。凡遇书中所称真常玄妙，虚无大道等语，皆以此印证之，则自有归趣。不然，则茫若捕风捉影矣。故先示于此，临文不烦重出。

发明趣向

愚谓看老庄者，先要熟览教乘，精透《楞严》，融会吾佛破执之论，则不被他文字所惑。然后精修静定，工夫纯熟，用心微细，方知此老工夫苦切。然要真真实实看得身为苦本，智为累根，自能隳形释智，方知此老真实受用至乐处。更须将世事一一看破，人情一一觑透，虚怀处世，目前无有丝毫障碍，方见此老真实逍遥快活，广大自在，俨然一无事道人。然后不得已而应世，则不费一点气力，端然无为而治。观所以教孔子之言，可知已。《庄子》一书，乃《老子》之注疏。故愚所谓老之有庄，如孔之有孟。是知二子所言，皆真实话，非大言也。故曰，吾言甚易知，甚易行，天下莫能知，莫能行。而世之谈二子者，全不在自己工夫体会，只以语言文字之乎者也而拟之，故大不相及。要且学疏狂之态者有之，而未见有以静定工夫而入者。此其所谓知我者希矣。冀亲二子者当作如是观。

发明工夫

《老子》一书，向来解者例以虚无为宗。及至求其入道工夫，茫然不知下手处。故予于首篇，将观无观有一观字，为入道之要，使学者易入。然观照之功最大，三教圣人皆以此示人。孔子则曰，知止而后有定。又曰，明明德。然知、明，即了悟之意。佛言止观，则有三乘止观，人天止观，浅深之不同。若孔子，乃人乘止观也。老子，乃天乘止观也。然虽三教止观浅深不同，要其所治之病，俱以先破我执为第一步工夫。以其世人尽以我之一字为病根。即智愚贤不肖，汲汲功名利禄之场，图为百世子孙之计，用尽机智总之皆为一身之谋。如佛言诸苦所因，贪欲为本，皆为我故。老子亦曰，贵大患若身。以孔圣为名教宗主，故对中下学人，不敢轻言破我执。唯对颜子，则曰克己。其余但言正心诚意修身而已。然心既正，意既诚，身既修，以此施于君臣父子之间，各尽其诚，即此是道，所谓为名教设也。至若绝圣弃智，无我之旨，乃自受用地，亦不敢轻易举以于人。唯引而不发，所谓若圣与仁，则吾岂敢。又曰："吾有知乎哉，无知也，有鄙夫问于我，空空如也。"至若极力为人处，则曰克己，则曰毋意、毋必、毋固、毋我。此四言者，肝胆毕露。然己者，我私。意者，生心。必者，待心。固者，执心。我者，我心。克者，尽绝。毋者，禁绝之辞。教人尽绝此意必固我四者之病也。以圣人虚怀游世寂然不动，物来顺应，感而遂通，用心如镜，不将不迎，来无所粘，去无踪迹，身心两忘，与物无竞，此圣人之心也。世人所以不能如圣人者，但有意必固我四者之病，故不自在，动即是苦。孔子观见世人病根在此，故使痛绝之。即此之教，便是佛老以无我为宗也。且毋字便是斩截工夫，下手最毒。即如法家禁令之言毋得者，使其绝不可有犯，一犯便罪不容赦，只是学者不知耳。至若吾佛说法，虽浩瀚广大。要之不出破众生粗细我法二执而已。二执既破，便登佛地。即三藏经文，皆是破此二执之具。所破之执，即孔子之四病，尚乃粗执耳。世人不知，将谓别有玄妙也。若夫老子超出世人一步，故专以破执立言，要人释智遗形，离欲清净。然所释之智，乃私智，即意、必也。所遗之形，即固、我也。所离之欲，即己私也。清净则廓然无碍，如太虚空，即孔子之大公也。是知孔老心法未尝不符，第门庭施设，藩卫世教，不得不尔。以孔子专于经世，老子专于忘世，佛专于出世。然究竟虽不同，其实最初一步，皆以破我执为主，工夫皆由止观而入。

发明体用

或曰，三教圣人教人，俱要先破我执。是则无我之体同矣。奈何其用，有经世，忘世，出世，之不同耶？答曰，体用皆同，但有浅深小大之不同耳。假若孔子果有我，是但为一己之私，何以经世。佛老果绝世，是为自度，又何以利生。是知由无我方能经世，由利生方见无我，其实一也。若孔子曰，寂然不动，感而遂通天下之故，用也；明则诚，体也。诚则形，用也；心正意诚，体也。身修家齐国治天下平，用也。老子无名，体也；无为而为，用也。孔子曰，惟天惟大，唯尧则之，荡荡乎民无能名焉。又曰，无为而治者，其舜也欤？且经世以尧舜为祖，此岂有名有为者耶？由无我方视天下皆我，故曰，尧舜与人同耳。以人皆同体，所不同者，但有我私为障碍耳。由人心同此心，心同则无形碍，故汲汲为之教化，以经济之。此所以由无我而经世也。老子则曰，常善教人，故无弃人。无弃人，则人皆可以为尧舜。是由无我方能利生也。若夫一书所言“为而不宰，功成不居”等语，皆以无为为经世之大用，又何尝忘世哉！至若佛，则体包虚空，用周沙界，随类现身，乃曰，我于一切众生身中成等正觉。又曰，度尽众生，方成佛道。又曰，若能使一众生发菩提心，宁使我身受地狱苦，亦不疲厌。然所化众生，岂不在世间耶？既涉世度生，非经世而何。且为一人而不厌地狱之苦，岂非汲汲耶？若无一类而不现身，岂有一定之名耶？列子尝云，西方有大圣人，不言而信，无为而化，是岂有心要为耶？是知三圣无我之体，利生之用，皆同，但用处大小不同耳。以孔子匡持世道，姑从一身以及家国，后及天下，故化止于中国，且要人人皆做尧舜，以所祖者尧舜也，老子因见当时人心浇薄，故思复太古，以所祖者轩黄也，故件件说话，不同寻常，因见得道大难容，故远去流沙。若佛则教被三千世界，至广至大，无所拣择矣。若子思所赞圣人，乃曰，凡有血气者，莫不尊亲。是知孔子体用，未尝不大，但局时势耳，正是随机之法，故切近人情，此体用之辨也。惜乎后世学者，各束于教。习儒者拘，习老者狂，学佛者隘。此学者之弊，皆执我之害也。果能力破我执，则剖破藩篱，即大家矣。

发明归趣

愚尝窃谓孔圣若不知老子，决不快活；若不知佛，决不奈烦。老子若不知孔，决不口口说无为而治；若不知佛，决不能以慈悲为宝。佛若不经世，决不在世间教化众生。愚意孔老，即佛之化身也。后世学佛之徒，若不知老，则直管往虚空里看将去，目前法法都是障碍，事事不得解脱。若不知孔子，单单将佛法去涉世，决不知世道人情，逢人便说玄妙，如卖死猫头，一毫没用处。故祖师亦云，说法不投机，终是闲言语。所以《华严经》云或边地语说四谛，此佛说法未尝单夸玄妙也。然随俗以度生，岂非孔子经世之心乎？又经云，五地圣人，涉世度生，世间一切经书技艺，医方杂论，图书印玺，种种诸法靡不该练，方能随机。故曰，世谛语言、资生之业，皆顺正法。故儒以仁为本，释以戒为本。若曰孝悌为仁之本，与佛孝名为戒，其实一也。以此观之，佛岂绝无经世之法乎？由孔子攘夷狄，故教独行于中国。佛随边地语说四谛，故夷狄皆从其化。此所以用有大小不同耳。是知三教圣人所同者心，所异者迹也。以迹求心，则如蠡测海。以心融迹，则似芥含空。心迹相忘，则万派朝宗，百川一味。

老子道德经解上篇

明建邺憨山道者德清著

道，可道，非常道；名，可名，非常名。无名，天地之始；有名，万物之母。故常无，欲以观其妙；常有，欲以观其徼。此两者同，出而异名，同谓之玄。玄之又玄，众妙之门。

此章总言道之体用，及入道工夫也。老氏之学，尽在于此。其五千余言，所敷演者，唯演此一章而已。所言“道”，乃真常之道。“可道”之“道”，犹“言”也。意谓真常之道，本无相无名，不可言说。凡可言者则非真常之道矣，故非常道。且道本无名，今既强名曰道，是则凡可名者皆假名耳，故非常名。此二句，言道之体也。

然无相无名之道，其体至虚，天地皆从此中变化而出，故为天地之始。斯则无相无名之道体，全成有相有名之天地，而万物尽从天地阴阳造化而生成。此所谓一生二，二生三，三生万物，故为万物之母。此二句，言道之用也。

此下二句，乃入道之工夫。“常”，犹寻常也。“欲”，犹要也。老子谓，我寻常日用安心于无，要以观其道之妙处。我寻常日用安心于有，要以观其道之徼处。“徼”，犹边际也。意谓全虚无之道体，既全成了有名之万物，是则物物皆道之全体所在，正谓一物一太极。是则只在日用目前事事物物上，就要见道之实际，所遇无往而非道之所在。故《庄子》曰，“道在稊稗，道在屎尿”。如此深观，才见道之妙处。此二“观”字最要紧。“此两者同”已下，乃释疑显妙。老子因上说观无、观有，恐学人把有无二字看做两边，故释之曰，此两者同。意谓我观无，不是单单观无，以观虚无体中而含有造化生物之妙。我观有，不是单单观有，以观万物象上而全是虚无妙道之理。

是则有无并观，同是一体，故曰“此两者同”。恐人又疑两者既同，如何又立有无之名，故释之曰，出而异名。意谓虚无道体，既生出有形天地万物，而有不能生有，必因无以生有；无不自无，因有以显无。此乃有无相生，故二名不一，故曰“出而异名”。至此恐人又疑既是有无对待，则不成一体，如何谓之妙道？故释之曰，同谓之玄。斯则天地同根，万物一体。深观至此，岂不妙哉！老子又恐学人工夫到此，不能涤除玄览，故又遣之曰，玄之又玄。意谓虽是有无同观，若不忘心忘迹，虽妙不妙。殊不知大道体中，不但绝有无之名，抑且离玄妙之迹，故曰“玄之又玄”。工夫到此，忘怀泯物，无往而不妙，故曰“众妙之门”。斯乃造道之极也。

似此一段工夫，岂可以区区文字者也之乎而尽之哉！此愚所谓须是静工纯熟，方见此中之妙耳。

天下皆知美之为美，斯恶已；皆知善之为善，斯不善已。故有无相生，难易相成，长短相形，高下相倾，音声相和，前后相随。是以圣人处无为之事，行不言之教。万物作焉而不辞，生而不有，为而不恃，功成而不居。夫惟不居，是以不去。

此释前章“可名非常名”，以明世人居有为之迹，虚名不足尚；圣人处无为之道以御世，功不朽而真名常存之意也。意谓天下事物之理，若以大道而观，本无美与不美，善与不善之迹。良由人不知道，而起分别取舍好尚之心，故有美恶之名耳。然天下之人，但知适己意者为美，殊不知在我以为美，自彼观之则又为不美矣。譬如西施颦美，东施爱而效之，其丑益甚。此所谓“知美之为美，斯恶已”。“恶”，丑也。又如比干，天下皆知为贤善也，纣执而杀之。后世效之以为忠，杀身而不悔。此所谓“知善之为善，斯不善已”。此皆尚名之过也。是则善恶之名，因对待而有。故名则有无相生，事则难易相成，物则长短相形，位则高下相倾，言则音声相和，行则前后相随，此乃必然之势。譬如世人以尺为长，以寸为短。假若积寸多于尺，则又名寸为长而尺为短矣。凡物皆然，斯皆有为之迹耳。

凡可名者，皆可去。此所谓“名可名，非常名”也。是以圣人知虚名之不足尚，故处无为之道以应事；知多言之不可用，故行不言之教以化民。如天地以无心而生物，即万物皆往资焉，不以物多而故辞；虽生成万物，而不以万物为已有；虽能生物，而不自恃其能。且四时推移，虽有成物之功，功成而不居。夫惟不居其功，故至功不朽；不尚其名，故真名常存。圣人处无为之道，亦由是也。盖“万物作焉”已下，皆是说天地之德，以比圣人之德。文意双关，《庄子》释此意极多。

不尚贤，使民不争；不贵难得之货，使民不为盗；不见可欲，使心不乱。是以圣人之治，虚其心，实其腹，弱其志，强其骨。常使民无知无欲，使夫知者不敢为也。为无为，则无不治。

此言世人竞有为之迹，尚名好利嗜欲之害，教君人者治之之方，以释上章处无为之事、行不言之教之实效也。盖尚贤，好名也。名，争之端也，故曰争名于朝。若上不好名，则民自然不争。贵难得之货，好利也。利，盗之招也。若上不好利，则民自然不为盗。故曰苟子之不欲，虽赏之不窃。所以好名好利者，因见名利之可欲也，故动乱其心以争竞之。若在上者苟不见名利有可欲，则民亦各安其志而心不乱矣，故曰“不见可欲，使心不乱”。然利，假物也，人以隋珠为重宝，以之投雀，则飞而去之。色，妖态也，人以西施为美色，麋鹿则见而骤之。名，虚声也，人以崇高为贵名，许由则避而远之。食，爽味也，人以太牢为珍羞，海鸟则觞而悲之。是则财、色、名、食，本无可欲。而人欲之者，盖由人心妄想思虑之过也。是以圣人之治，教人先断妄想思虑之心，此则拔本塞源，故曰“虚其心”。然后使民安饱自足，心无外慕，故曰“实其腹”。然而人心刚强好争者，盖因外物诱之而起奔竞之志也。故小人鸡鸣而起，孳孳为利，君子鸡鸣而起，孳孳为名，此强志也。然民既安饱自足，而在上者则以清净自正，不可以声色货利外诱民心，则民自绝贪求，不起奔竞之志，其志自弱，故曰“弱其志”。民既无求，则使之以凿井而饮，耕田而食，自食其力，故曰“强其骨”。如此则常使民不识不知，而全不知声色货利之可欲，而自然无欲矣，故曰“常使民无知无欲”。纵然间有一二黠滑之徒，虽知功利之可欲，亦不敢有妄为攘夺之心矣，故曰“使夫知者不敢为也”。如上所言，乃不言之教，无为之事也。人君苟能体此而行以治天下，则天下无不治者矣！故结之曰：“为无为，则无不治。”

《老子》文法极古。然察其微意，盖多述古，或述其行事，或述其文辞。似此为无为则无不治，乃述上古圣人之行事者。至若“是谓”等语，皆引古语以证今意，或以己意而释古语者。且其文法机轴，全在结句，是一篇主意，盖结句即题目也。读者知此，则思过半矣。至其句法，有一字一句、二字一句、三字一句者极多。人不知此，都连牵读去，不但不得老子立言之妙，而亦不知文章之妙也。

道冲而用之或不盈，渊兮似万物之宗。挫其锐，解其纷，和其光，同其尘。湛兮似或存。吾不知谁之子，象帝之先。

此赞道之体用微妙，而不可测知也。“冲”，虚也。“盈”，充满也。“渊”，静深不动也。“宗”，犹依归也。谓道体至虚，其实充满天地万物。但无形而不可见，故曰“用之或不盈”。道体渊深寂漠，其实能发育万物而为万物所依归，但生而不有，为而不宰，故曰“似万物之宗”。“或”，“似”，皆不定之辞。老子恐人将言语为实，不肯离言体道，故以此等疑辞以遣其执耳。“锐”，即刚勇精锐。谓人刚锐之志，勇锐之气，精锐之智，此皆无物可挫，唯有道者能挫之，故曰“挫其锐”。如子房之博浪，其刚勇可知；大索天下而不得，其精锐可知。此其无可挫之者，唯见挫于圯上老人一草履耳。由子房得此而进之于汉，卒以无事取天下。吾意自庄周以下，而功名之士得老氏之精者，唯子房一人而已。以此较之，周善体而良善用，方朔得之，则流为诡矣，其他何足以知之。“纷”，谓是非纷扰，即百氏众口之辩也。然各是其是，各非其非，此皆无人解之者。唯有道者，以不言之辩而解之，所谓大辩若讷。以道本无言，而是非自泯，故曰“解其纷”。

“和”，混融也。“光”，智识炫耀于外，即所谓饰智惊愚、修身明污者是也。唯有道者韬光内照，光而不耀，所谓“众人昭昭，我独若昏；众人察察，我独闷闷”，故曰“和其光”。与俗混一而不分，正谓“呼我以牛，以牛应之；呼我以马，以马应之”，故曰“同其尘”。然其道妙用如此，变化无方，而其体则湛然不动，虽用而无迹，故曰“湛兮或存”。要妙如此，而不知其所从来，故曰“吾不知谁之子”。且而不是有形之物，或“象帝之先”耶？“帝”，即天帝。“象”，或似也。

愚谓此章赞道体用之妙，且兼人而释者。盖老子凡言道妙，全是述自己胸中受用境界。故愚亦兼人而解之，欲学者知此，可以体认做工夫，方见老子妙处，字字皆有指归，庶不为虚无孟浪之谈也。

天地不仁，以万物为刍狗。圣人不仁，以百姓为刍狗。天地之间，其犹橐籥乎？虚而不屈，动而愈出。多言数穷，不如守中。

此言天地之道，以无心而成物；圣人之道，以忘言而体玄也。“仁”，好生爱物之心。“刍狗”，乃缚刍为狗，以用祭祀者。且天地圣人皆有好生爱物之仁，而今言不仁者，谓天地虽是生育万物，不是有心要生，盖由一气当生，不得不生，故虽生而不有。譬如刍狗，本无用之物，而祭者当用，不得不用，虽用而本非有也。故曰“天地不仁，以万物为刍狗”。圣人虽是爱养百姓，不是有心要爱，盖由同体当爱，不得不爱，虽爱而无心。譬如刍狗，虽虚假之物，而尸之者当重，不得不重，虽重而知终无用也。故曰“圣人不仁，以百姓为刍狗”。“犹”，似也。“橐”，即皮鞲，乃鼓风铸物之器。“籥”，即管籥，乃承气出音之器。“屈”，枉己从人之意。“动”，犹感触也。谓橐籥二物，其体至虚而有用，未尝恃巧而好为，故用不为伸，不用则虚以自处，置之而亦不自以为屈，故曰“虚而不屈”。且人不用则已，若用之，则触动其机，任其造作而不休，故曰“动而愈出”。然道在天地，则生生而不已。道在圣人，则既已为人己愈有，既已与人己愈多。大道之妙如此。惜乎谈道者，不知虚无自然之妙，方且众口之辩说，说而不休，去道转远，故曰“多言数穷”。不若忘言以体玄，故曰“不若守中”。盖守中，即进道之功夫也。

谷神不死，是谓玄牝。玄牝之门，是谓天地根。绵绵若存，用之不勤。

此言道体常存，以释上章“虚而不屈，动而愈出”之意也。“谷”，虚而能应者。以譬道体至虚，灵妙而不可测，亘古今而长存，故曰“谷神不死”。且能生天生地，万物生生而不已，故曰“是谓玄牝”。“牝”，物之雌者，即所谓万物之母也。“门”，即出入之枢机，谓道为枢机。万物皆出于机，入于机，故曰“玄牝之门，是谓天地根”。“绵”，幽绵不绝之意。谓此道体至幽至微，绵绵而不绝，故曰“若存”。愈动而愈出，用之不竭，故曰“不勤”。凡有心要作，谓之勤。盖道体至虚，无心而应用，故不勤耳。

天长地久。天地所以长且久者，以其不自生，故能长生。是以圣人后其身而身先，外其身而身存。非以其无私耶？故能成其私。

此言天地以不生故长生，以比圣人忘身故身存也。意谓世人各图一己之私，以为长久计，殊不知有我之私者，皆不能长久也。何物长久？唯天地长久。然天地所以长久者，以其不自私其生，故能长生。其次则圣人长久，是以圣人体天地之德，不私其身以先人，故人乐推而不厌，故曰“后其身而身先”。圣人不爱身以丧道，故身死而道存，道存则千古如生，即身存也，故曰“外其身而身存”。老子言此，乃审问之曰：此岂不是圣人以无私而返成其私耶？且世人营营为一身之谋，欲作千秋之计者，身死而名灭，是虽私，不能成其私，何长久之有！

上善若水。水善利万物而不争，处众人之所恶，故几于道矣。居善地，心善渊，与善仁，言善信，政善治，事善能，动善时。夫惟不争，故无尤。

此言不争之德，无往而不善也。“上”，最上，谓谦虚不争之德最为上善，譬如水也，故曰“上善若水”。水之善，妙在利万物而不争。不争，谓随方就圆，无可不可，唯处于下。然世人皆好高而恶下。唯圣人处之，故曰“处众人之恶，故几于道”。几，近也。由圣人处谦下不争之德，故无往而不善。居则止于至善，故曰“善地”。心则渊静深默，无往而不定，故曰“善渊”。“与”，犹相与。谓与物相与，无往而非仁爱之心，故曰“与善仁”。言无不诚，故曰“善信”。为政不争，则行其所无事，故曰“善治”。为事不争，则事无不理，故曰“善能”。不争，则用舍随时，迫不得已而后动，故曰“善时”。不争之德如此，则无人怨，无鬼责，故曰“夫惟不争，故无尤”矣。

持而盈之，不如其已。揣而锐之，不可长保。金玉满堂，莫之能守。富贵而骄，自遗其咎。功成名遂身退，天之道。

此言知进而不知退者之害，诫人当知止可也。“持而盈之不如其已”者，谓世人自恃有持满之术，故贪位慕禄，进进而不已。老子意谓虽是能持，不若放下休歇为高，故不如其已。倘一旦祸及其身，悔之不及。即若李斯临刑，顾谓其子曰：“吾欲与若复牵黄犬，出上蔡东门逐狡兔，岂可得乎？”此盖恃善持其盈而不已者之验也。故云“知足常足，终身不辱，知止常止，终身不耻”，此之谓也。“揣而锐之，不可长保者”。“揣”，揣摩；“锐”，精其智思，如苏、张善揣摩之术者是也。谓世人以智巧自处，恃其善于揣摩，而更益其精锐之思，用智以取功名，进进而不已。老子谓虽是善能揣摩，毕竟不可长保。如苏张纵横之术，彼此相诈，不旋踵而身死名灭，此盖揣锐之验也。如此不知止足之人，贪心无厌，纵得金玉满堂，而身死财散，故曰“莫之能守”。纵然位极人臣，而骄泰以取祸，乃“自遗其咎”。此盖知进不知退者之害也。人殊不知天道恶盈而好谦，独不见四时乎？成功者退，人若功成名遂而身退，此乃得天之道也。

载营魄抱一，能无离乎？专气致柔，能如婴儿乎？涤除玄览，能无疵乎？爱民治国，能无为乎？天门开阖，能无雌乎？明白四达，能无知乎？生之，畜之，生而不有，为而不恃，长而不宰，是谓玄德。

此章教人以造道之方，必至忘知绝迹，然后方契玄妙之德也。“载”，乘也。“营”，旧注为魂。《楚辞》云“魂识路之营营”，盖营营，犹言惺惺，扰动貌。然魂动而魄静，人乘此魂魄而有思虑妄想之心者。故动则乘魂，营营而乱想；静则乘魄，昧昧而昏沉，是皆不能抱一也。故《楞严》曰“精神魂魄，递相离合”是也。今抱一者，谓魂魄两载，使合而不离也。魂与魄合，则动而常静，虽惺惺而不乱想；魄与魂合，则静而常动，虽寂寂而不昏沉。道若如此，常常抱一而不离，则动静不异，寤寐一如。老子审问学者，做工夫能如此乎者，责问之辞。

“专气致柔”。“专”，如专城之专，谓制也。然人赖气而有生。以妄有缘气，于中积聚，假名为心。气随心行，故心妄动则气益刚，气刚而心益动，所谓气壹则动志。学道工夫，先制其气不使妄动以薰心，制其心不使妄动以鼓气，心静而气自调柔。工夫到此，则怒出于不怒矣，如婴儿号而不嗄也。故老子审问其人之工夫能如此乎？

“涤除玄览”。玄览者，谓前抱一专气工夫做到纯熟，自得玄妙之境也。若将此境览在胸中，执之而不化，则返为至道之病。只须将此亦须洗涤净尽无余，以至于忘心绝迹，方为造道之极。老子审问能如此乎？此三句，乃入道工夫，得道之体也。

老子意谓道体虽是精明，不知用上何如？若在用上无迹，方为道妙，故向下审问其用。然爱民治国，乃道之绪余也。所谓道之真以治身，其绪余土苴以为天下国家。故圣人有天下而不与，爱民治国，可无为而治。老子审问能无为乎？若不能无为，还是不能忘迹，虽妙而不妙也。

“天门”，指天机而言。“开阖”，犹言出入应用之意。“雌”，物之阴者，盖阳施而阴受，乃留藏之意。盖门有虚通出入之意，而人心之虚灵，所以应事接物，莫不由此天机发动。盖常人应物，由心不虚，凡事有所留藏，故心日茆塞。《庄子》谓“室无空虚，则妇姑勃蹊；心无天游，则六凿相攘”，此言心不虚也。然圣人用心如镜，不将不迎，来无所粘，去无踪迹，所谓应而不藏，此所谓天门开阖而无雌也。老子审问做工夫者能如此乎？

“明白四达”，谓智无不烛也。然常人有智，则用智于外，炫耀见闻。

圣人智包天地，而不自有其知，谓含光内照，故曰明白四达而无知。老子问人能如此乎？

然而学道工夫做到如此，体用两全，形神俱妙，可谓造道之极，其德至妙，可以合乎天地之德矣！且天地之德，生之、畜之，虽生而不有，虽为而不恃，虽长而不宰。圣人之德如此，可谓玄妙之德矣！

三十辐共一毂，当其无，有车之用。埏埴以为器，当其无，有器之用。凿户牖以为室，当其无，有室之用。故有之以为利，无之以为用。

此言世人但知有用之用，而不知无用之用也。意谓人人皆知车毂有用，而不知用在毂中一窍。人人皆知器之有用，而不知用在器中之虚。人人皆知室之有用，而不知用在室中之空。以此为譬，譬如天地有形也，人皆知天地有用，而不知用在虚无大道。亦似人之有形，而人皆知人有用，而不知用在虚灵无相之心。是知有虽有用，而实用在无也。然无不能自用，须赖有以济之，故曰“有之以为利，无之以为用”。“利”，犹济也。老氏之学，要即有以观无。若即有以观无，则虽有而不有，是谓道妙。此其宗也。

五色令人目盲，五音令人耳聋，五味令人口爽，驰骋田猎令人心发狂，难得之货令人行妨。是以圣人为腹不为目，故去彼取此。

此言物欲之害，教人离欲之行也。意谓人心本自虚明，而外之声色饮食货利亦本无可欲，人以为可欲而贪爱之，故眼则流逸奔色而失其正见，故盲；耳则流逸奔声而失其真闻，故聋；舌则流逸奔味而失其真味，故爽；心则流逸奔境而失其正定，故发狂；行则逐于货利而失其正操，故有妨，所谓利令智昏。是皆以物欲丧心，贪得而无厌者也。圣人知物欲之为害，虽居五欲之中，而修离欲之行，知量知足，如偃鼠饮河，不过实腹而已，不多贪求以纵耳目之观也。谚语有之：罗绮千箱，不过一暖；食前方丈，不过一饱。其余皆为荣观而已。故云虽有荣观，燕处超然。是以圣人为腹不为目，去贪欲之害，而修离欲之行，故去彼取此。

宠，辱，若惊。贵，大患，若身。何谓宠辱若惊？宠为下，得之若惊，失之若惊，是谓宠辱若惊。何谓贵大患若身？吾所以有大患者，为吾有身，及吾无身，吾有何患！故贵以身为天下，则可寄于天下。爱以身为天下，乃可托于天下。

此言名利之大害，教人重道忘身以祛累也。“宠辱若惊”者，望外之荣曰宠。谓世人皆以宠为荣，却不知宠乃是辱，以其若惊。惊，心不安貌。“贵大患若身”者，崇高之位曰贵，即君相之位。谓世人皆以贵为乐，却不知贵乃大患之若身。以身喻贵，谓身为苦本，贵为祸根，言必不可免也。

此二句立定，向下征而释之曰：何谓宠是辱之若惊耶？宠为下，谓宠乃下贱之事耳。譬如僻倖之人，君爱之以为宠也，虽卮酒脔肉必赐之，非此不见其为宠。及其赐也，必叩头而啖之，将以为宠，彼无宠者则傲然而立，以此较之，虽宠实乃辱之甚也，岂非下耶？故曰“宠为下”。且而未得之也患得之，既得之也患失之，是则竞竞得失于眉睫之间，其心未尝暂自安。由此观之，何荣之有？故曰“得之若惊，失之若惊”，此其所以宠是辱也。

“贵大患若身”者，是以身之患，喻贵之患也。然身乃众患之本，既有此身，则饥寒病苦，死生大患，众苦皆归，必不可免，故曰吾所以有大患者为吾有身。无身则无患矣，故曰及吾无身，吾有何患。然位乃祸之基也。既有此位，则是非交谪，冰炭攻心，众毁齐至，内则残生伤性以灭身，外则致寇招尤以取祸，必不可逃，故曰吾所以有大患者，为吾有贵，无贵则无患矣，故曰贵大患若身。《笔乘》引王子搜“非恶为君也，恶为君之患也”，盖言贵为君人之患。《庄子》曰：“千金重利，卿相尊位也。子独不见郊祀之牺牛乎？养食之数岁，衣以文绣，以入太庙。当是之时，虽欲为狐豚，岂可得乎？”斯言贵为卿相者之患。老子言：苟知身为大患不可免，则知贵为大患亦不可免也。然且世人不知贵为大患，返以为荣，爱身取贵，以致终身之累，皆非有道之所为也。唯有道者，不得已而临莅天下，不以为己显；虽处其位，但思道济苍生，不以为己荣。此则贵为天下贵，非一己之贵。如此之人，乃可寄之以天下之任。然有道者处崇高之位，虽爱其身，不是贪位慕禄以自保，实所谓卫生存身以行道。是则爱身，乃为天下爱其身，非私爱一己之身。如此之人，乃可托以天下之权。若以此为君，则无为而治；以此为臣，则功大名显。故道为天下贵也。故曰“贵以身为天下，则可寄于天下；爱以身为天下，乃可托于天下”。

视之不见名曰夷，听之不闻名曰希，搏之不得名曰微。此三者不可致诘，故混而为一。其上不皦，其下不昧，绳绳兮不可名，复归于无物。是谓无状之状，无象之象。是谓惚恍。迎之不见其首，随之不见其后。执古之道，以御今之有，能知古始，是谓道纪。

此言大道体虚，超乎声色名相思议之表，圣人执此以御世也。“夷”，无色也，故视之不可见。“希”，无声也，故听之不可闻。“微”，无相也，故搏之不可得。搏，取之也。此三者虽有此名，其实不可致诘。致诘，犹言思议。由其道体混融而不可分，故为一。其上日月不足以增其明，故不皦。皦，明也。其下幽暗不能以昏其体，故不昧。绳绳，犹绵绵不绝之意，谓道体虽绵绵不绝，其实不可名言，毕竟至虚，虽生而不有，故复归于无物。杳冥之内而至精存焉，故曰无状之状。恍惚之中而似有物焉，故曰无象之象，是谓惚恍。此正《楞严》所谓罔象虚无，微细精想耳。由其此体前观无始，故迎之不见其首；后观无终，故随之不见其后。此乃古始之道也。上皆历言大道之妙，下言得道之人。然圣人所以为圣人者，盖执此妙道以御世，故曰“执古之道，以御今之有”。吾人有能知此古始之道者，即是道统所系也，故曰“能知古始，是谓道纪”。纪，纲纪，谓统绪也。

古之善为士者，微妙玄通，深不可识。夫惟不可识，故强为之容。豫若冬涉川，犹若畏四邻，俨若客，涣若冰将释，敦兮其若朴，旷兮其若谷，浑兮其若浊。孰能浊以静之徐清？孰能安以久之徐生？保此道者不欲盈。夫惟不盈，故能敝不新成。

此言圣人体道深玄，故形神俱妙。人能静定虚心，则故有常存也。庄子谓嗜欲深者天机浅，盖今世俗之人以利欲熏心，故形气秽浊粗鄙，固执而不化，不得微妙玄通，故天机浅露，极为易见，殆非有道气象，皆是不善为士也。老子因谓古之善为士者，不浅露易见，乃微妙玄通，深不可识。夫为不可识，最难形容，特强为之形容耳。然形容其行动也，“豫若冬涉川，犹若畏四邻”。犹豫，行不进貌。冬涉川，谓不敢遽进；畏四邻，谓不敢妄动，此乃从容不迫之意。其威仪也，“俨若客”。俨，谓肃然可观；若客，谓谦退不敢直前。其气也，“涣若冰将释”。庄子谓暖然似春，又云冰解冻释，谓其气融和，使可亲爱之意。其外貌也，“敦兮其若朴”。敦，敦厚；朴，无文饰也。其中心也，“旷兮其若谷”。旷，空也；谷，虚也。外体敦厚朴素，而中心空虚寂定也。其迹也，“浑兮其若浊”。浑，与混同，谓和光同尘也。盖有道之士，心空无著，故行动威仪，气象体段，胸次悠然，微妙玄通之若此。所谓孔德之容，惟道是从，故可观而不可识。

世俗之人，以功名利禄交错于前，故形气秽浊而不可观。老子因而愍之曰：孰能于此浊乱之中恬退自养，静定持心，久久而徐清之耶？盖心水汨昏，以静定治之则清。所谓如澄浊水，沙土自沉，清水现前，名为初伏客尘烦恼。不能顿了，故曰“徐清”。人皆竞进于功利之间。老子谓孰能安定自守，久久待时而后生耶？生，乃发动，谓应用也，即圣人迫不得已而后应之意。《笔乘》谓老子文法多叶韵，盖清、生、盈、成，一韵耳。若言徐动、徐应，则不叶矣。老子嗟叹至此，乃教之以守道之方曰“保此道者不欲盈”。盈，满也。欲盈，乃贪得无厌，不知止足之意。谓世人但知汨汨于嗜欲，贪得不足，殊不知天道忌盈，满则溢矣。所谓持而盈之，不如其已。故此教之以不欲盈也。后乃结示知足常足之意曰“夫惟不盈，是以能敝不新成”。敝，故敝，物之旧者谓之敝。凡物旧者最持久，能奈风霜磨折，而新成者虽一时鲜明，不久便见损坏。老子谓世人多贪好盈，虽一时荣观快意，一旦祸及，则连本有皆失之矣。惟有道者善知止足，虽无新成之名利，而在我故有现成之物，则可常常持之而不失矣，故曰“能敝不新成”。观子房请留辟谷之事，可谓能敝不新成者。此余所谓子房得老之用也。

致虚极，守静笃，万物并作，吾以观其复。夫物芸芸，各归其根。归根曰静，静曰复命，复命曰常，知常曰明。不知常，妄作凶。知常容，容乃公，公乃王，王乃天，天乃道，道乃久，没身不殆。

此承上章要人作静定功夫，此示功夫之方法也。“致虚极，守静笃”者，致谓推致推穷之意，虚谓外物本来不有，静谓心体本来不动。世人不知外物本来不有，而妄以为实，故逐物牵心，其心扰扰妄动，火驰而不返，见利亡形，见得亡真，故竞进而不休，所以不能保此道也。今学道工夫，先要推穷目前万物，本来不有，则一切声色货利，当体全是虚假不实之事。如此推穷，纵有亦无，一切既是虚假，则全不见有可欲之相。既不见可欲，则心自然不乱，而永绝贪求，心闲无事。如此守静，可谓笃矣。故致虚要极，守静要笃也。

老子既勉人如此做工夫，恐人不信，乃自出己意曰，我之工夫亦无他术，唯只是万物并作，吾以观其复，如此而已。并作，犹言并列于前也。然目前万物本来不有，盖从无以生有。虽千态万状，并列于前，我只观得当体全无，故曰“万物并作，吾以观其复”。复，谓心不妄动也。向下又自解之曰“夫物芸芸，各归其根”，意谓目前万物虽是暂有，毕竟归无，故云各归其根。根，谓根本元无也。物既本无，则心亦不有。是则物我两忘，寂然不动，故曰“归根曰静，静曰复命”。命，乃当人之自性，赖而有生者。然人虽有形，而形本无形。能见无形，则不独忘世，抑且忘身，身世两忘，则自复矣，故云“静曰复命”。性乃真常之道也，故云“复命曰常”。人能返观内照，知此真常妙性，才谓之明，故云“知常曰明”。由人不知此性，故逐物妄生，贪欲无厌，以取戕生伤性亡身败家之祸，故曰“不知常，妄作凶”。人若知此真常之道，则天地同根，万物一体，此心自然包含天地万物，故曰“知常容”。人心苟能广大如此，则民吾同胞，物吾与也，其心廓然大公，则全不见有我之私，故曰“容乃公”。此真常大道，人若得之于内则为圣，施之于外则为王，故曰“公乃王”。王乃法天行事，合乎天心，故曰“王乃天”。天法道，合乎自然，故曰“天乃道”。与天地参，故曰“道乃久”。人得此道，则身虽死而道常存，故曰“没身不殆”。殆，尽也。且此真常之道，备在于我，而人不知，返乃亡身殉物，嗜欲而不返，岂不谬哉！

太上下，知有之。其次亲之、誉之。其次畏之。其次侮之。故信不足焉，有不信，犹兮其贵言。功成事遂，百姓皆曰我自然。

此言上古无知无识，故不言而信。其次有知有识，故欺伪日生。老子因见世道日衰，想复太古之治也。“大上下知有之”者，谓上古洪荒之世，其民浑然无伪，与道为一，全不知有。既而混沌日凿，与道为二，故知有之。是时虽知有，犹未离道，故知而不亲。其世再下，民去道渐疏，始有亲之之意。是时虽知道之可亲，但亲于道，而人欲未流，尚无是非毁誉之事。其世再下，而人欲横流，盗贼之行日生。故有桀跖之非毁，尧舜之是誉。是时虽誉，犹且自信而不畏。其世再下，而人欲固蔽，去道益远，而人皆畏道之难亲。故孔子十五而志于学，至七十而方从心。即颜子好学，不过三月不违仁，其余则日月至焉。可见为道之难，而人多畏难而苟安也。是时虽畏，犹知道之不敢轻侮。其世再下，则人皆畔道而行，但以功名利禄为重，全然不信有此道矣。老子言及至此，乃叹之曰：此无他，盖由在上者自信此道不足，故在下者不信之耳。然民既已不信矣，而在上者就当身体力行无为之道，以启民信，清净自正，杜民盗贼之心，可也。不能如此，见民奸盗日作，犹且多彰法令，禁民为非，而责之以道德仁义为重，愈责愈不信矣，岂不谬哉！故曰“犹兮其贵言”。贵，重也。此上乃历言世道愈流愈下。此下乃想复太古无为之治，曰斯皆有为之害也，安得太古无为之治，不言而信，无为而成，使其百姓日出而作，日入而息，凿井而饮，耕田而食，人人功成事遂，而皆曰我自然耶？盖老氏之学，以内圣外王为主，故其言多责为君人者不能清静自正，启民盗贼之心。苟能体而行之，真可复太古之治。

大道废，有仁义。智慧出，有大伪。六亲不和，有孝慈。国家昏乱，有忠臣。

此承上章言世道愈流愈下，以释其次亲之誉之之意也。大道无心爱物，而物物各得其所。仁义则有心爱物，即有亲疏区别之分，故曰“大道废，有仁义”。智慧，谓圣人治天下之智巧，即礼乐权衡斗斛法令之事。然上古不识不知，而民自朴素。及乎中古，民情日凿，而治天下者，乃以智巧设法以治之。殊不知智巧一出，而民则因法作奸，故曰“智慧出，有大伪”。上古虽无孝慈之名，而父子之情自足。及乎衰世之道，为父不慈者众，故立慈以规天下之父；为子不孝者众，以立孝以教天下之子。是则孝慈之名，因六亲不和而后有也。盖忠臣以谏人主得名。上古之世，君道无为而天下自治，臣道未尝不忠，而亦未尝以忠立名。及乎衰世，人君荒淫无度，虽有为而不足以治天下，故臣有杀身谏诤，不足以尽其忠者。是则忠臣之名，因国家昏乱而有也。此老子因见世道衰微，思复太古之治，殆非愤世励俗之谈也。

绝圣弃智，民利百倍。绝仁弃义，民复孝慈。绝巧弃智，盗贼无有。此三者以为文不足，故令有所属，见素抱朴，少思寡欲。

此承前章而言智不可用，亦不足以治天下也。然中古圣人，将谓百姓不利，乃为斗斛权衡、符玺仁义之事，将利于民，此所谓圣人之智巧矣。殊不知民情日凿，因法作奸，就以斗斛权衡、符玺仁义之事，窃以为乱。方今若求复古之治，须是一切尽去，端拱无为而天下自治矣。且圣智本欲利民，今既窃以为乱，反为民害。弃而不用，使民各安其居，乐其业，则享百倍之利矣。且仁义本为不孝不慈者劝，今既窃之以为乱，苟若弃之，则民有天性自然之孝慈可复矣。此即庄子所谓虎狼仁也，意谓虎狼亦有天性之孝慈，不待教而后能，况其人为物之灵乎！且智巧本为安天下，今既窃为盗贼之资，苟若弃之，则盗贼无有矣。然圣智仁义智巧之事，皆非朴素，乃所以文饰天下也。今皆去之，似乎于文则不足，于朴素则有余。因世人不知朴素浑全之道，故逐逐于外物，故多思多欲。今既去华取实，故令世人心志有所系属于朴素之道。若人人果能见素抱朴，则自然少思寡欲矣。若知老子此中道理，只以《庄子·马蹄·胠箧》作注解，自是超足。

绝学，无忧。唯之与阿，相去几何？善之与恶，相去何若？人之所畏，不可不畏，荒兮其未央哉！众人熙熙，如享太牢，如登春台。我独泊兮其未兆，如婴儿之未孩，乘乘兮若无所归。众人皆有余，而我独若遗。我愚人之心也哉！沌沌兮，俗人昭昭，我独昏昏；俗人察察，我独闷闷。澹兮其若海，飂兮似无所止。众人皆有以，我独顽且鄙。我独异于人，而贵求食于母。

此承前二章言圣智之为害，不但不可用，且亦不可学也。然世俗无智之人，要学智巧仁义之事。既学于己，将行其志，则劳神焦思，汲汲功利，尽力于智巧之间，故曰巧者劳而智者忧，无知者又何所求。是则有学则有忧，绝学则无忧矣。然圣人虽绝学，非是无智，但智包天地而不用，顺物忘怀，澹然无欲，故无忧。世人无智而好用，逐物忘道，汩汩于欲，故多忧耳。斯则忧与无忧，端在用智不用智之间而已，相去不远。譬夫唯之与阿，皆应人之声也，相去能几何哉，以唯敬而阿慢。忧与无忧，皆应物之心也，而圣凡相隔，善恶相反，果何如哉！此所谓差之毫厘，失之千里也。老子言及至此，恐世俗将谓绝学，便是瞢然无知，故晓之曰，然虽圣人绝学，不是瞢然无知，其实未尝不学也。但世俗以增长知见，日益智巧，驰骋物欲以为学。圣人以泯绝知见，忘情去智，远物离欲以为学耳。且夫声色货利，皆伤生害道之物，世人应当可畏者，我则不可不畏惧而远之，故曰"人之所畏，不可不畏"。苟不知畏，汩没于此，荒淫无度，其害非细，故曰"荒兮其未央哉"。央，尽也。由是观之，世人以增益知见为学，圣人以损情绝欲为学。所谓为学日益，为道日损，损之又损，以至于无为耳。众人忘道逐物，故汩汩于物欲之间，酷嗜无厌，熙熙然如享太牢之味，以为至美；方且荣观不休，如登春台之望，以为至乐。老子谓我独离物向道，泊于物欲未萌之前，不识不知，超然无欲，故曰"我独泊兮其未兆，若婴儿之未孩”。兆，念之初萌也。婴儿，乃无心识爱恶之譬。孩，犹骸骨之骸。未骸，所谓骨弱筋柔，乃至柔之譬。众人见物可欲，故其心执著而不舍。老子谓我心无欲，了无系累，泛然应物，虚心游世，若不系之舟，故曰“乘乘兮若无所归”。乘乘，犹泛泛也。众人智巧多方，贪得无厌，故曰“有余”。我独忘形去智，故曰“若遗”。遗，犹忘失也。然我无知无我，岂真愚人之心也哉！但只浑浑沌沌，不与物辨，如此而已，故俗人昭昭，而我独昏昏。昭昭，谓智巧现于外也。俗人察察，而我独闷闷。察察，即俗谓分星擘两，丝毫不饶人之意。昏昏、闷闷，皆无知貌。我心如此，澹然虚明，若海之空阔不可涯量；飂然无著，若长风之御太虚。众人皆自恃聪明知见，各有所以。以，犹自恃也。我独无知无欲，顽而且鄙，亦似庸常之人而已。然我所以独异于人者，但贵求食于母耳。凡能生物者谓之母，所生者谓之子。且此“母”字，不可作“有名万物之母”的“母”字，此指虚无大道，能生天地万物，是以道为母而物为子。食，乃嗜好之意。众人背道逐物，如弃母求食于子。圣人忘物体道，故独求食于母。此正绝学之学。圣人如此，所以忧患不能入也。

前章绝圣弃智，乃无用之用。此章绝学无忧，乃无学之学。后章孔德之容一章，乃无形名之形名耳。

孔德之容，惟道是从。道之为物，惟恍惟惚。惚兮恍，其中有象；恍兮惚，其中有物。窈兮冥，其中有精，其精甚真，其中有信。自古及今，其名不去，以阅众甫。吾何以知众甫之然哉？以此。

此章言道乃无形名之形名也。孔，犹盛也。谓道本无形，而有道之士，和气集于中，英华发现于外，而为盛德之容。且此德容，皆从道体所发，即是道之形容也，故曰“孔德之容，惟道是从”。然此道体本自无形，又无一定之象可见，故曰“道之为物，惟恍惟惚”。恍惚，谓似有若无，不可定指之意。然且无象之中，似有物象存焉，故曰“惚兮恍，其中有象；恍兮惚，其中有物”。其体至深至幽，不可窥测。且此幽深窈冥之中，而有至精无妄之体存焉，故曰“窈兮冥，其中有精，其精甚真”。此正《楞严》所谓“唯一精真，精色不沉，发现幽秘，此则名为识阴区宇”也。学者应知。然此识体虽是无形，而于六根门头，应用不失其时，故曰“其中有信”。

此上皆无形之形，下言无名之名。谓世间众美之名自外来者，皆是假名无实，故其名易去。惟此道体有实有名，故“自古及今，其名不去，以阅众甫”也。阅，犹经历；甫，美也，谓众美皆具。是以圣人功流万世而名不朽者，以其皆从至道体中流出故耳。其如世间王侯将相之名，皆从人欲中来，故其功亦朽，而名亦安在哉！唯有道者，不期于功而功自大，不期于名而名不朽。是知圣人内有大道之实，外有盛德之容，众美皆具，惟自道中而发也，故曰“吾何以知众甫之然哉，以此”。

曲则全，枉则直，洼则盈，敝则新，少则得，多则惑。是以圣人抱一为天下式。不自见故明，不自是故彰，不自伐故有功，不自矜故长。夫惟不争，故天下莫能与之争。古之所谓曲则全者，岂虚言哉！诚全而归之。

此承前章言圣人所以道全德备众美皆具者，盖由虚心体道，与物无竞，故众德交归也。曲，委曲，即曲成万物而不遗之意。谓圣人委曲以御世，无一事不尽其诚，无一人不得其所。譬如阳春发育万物，虽草芥毫芒，春气无不充足。若纤毫不到，则春气不全。圣人之于人，无所不至，苟不曲尽其诚，则其德不全矣，故曰“曲则全”。枉则直者，屈己从人曰枉。直，伸也。谓圣人道高德盛，则大有径庭，不近人情，若不屈己从人，俯循万物，混世同波，则人不信，人不信则道不伸。由人屈而道伸，故曰“枉则直”。洼则盈者，众水所聚，地之最下者曰洼。譬如江海最为洼下，故万派皆归。而圣人之心至虚至下，故众德交归，德无不备，故曰“洼则盈”。敝则新者，衣之污损曰敝，不敝则不浣濯，不见其新，以其敝乃新耳。以譬圣人忘形去智，日损其知见，远其物欲，洗心退藏于密，欲不敝则道不新，故曰“敝则新”。圣人忘知绝学，专心于一，故于道有得，故曰“少则得”。世人多知多见，于道转失，故曰“多则惑”。是以圣人因愍世人以多方丧道，故抱一为天下学道之式。式，法也。智巧炫耀于外曰见。自见者不明，故不自见乃为明耳。执己为必当曰是，自是者不彰，故不自是乃彰耳。彰者，盛德显于外也。夸功，曰伐。自伐者无功，故不自伐乃有功耳。司马迁尝谓韩信，假令学道谦让，不伐己功，不矜其能，则庶几于汉家勋，可比周召太公之徒矣。意盖出此。恃己之能，曰矜。长，才能也。自矜者不长，不自矜者乃长耳。此上四不字，皆不争之德也，惟圣人有之，故曰夫惟不争，故天下莫能与之争者。由其圣人委曲如此，故万德交归，众美备具，故引古语以证之曰“古之所谓曲则全者，岂虚言哉，诚全而归之”。

希言，自然。飘风不终朝，骤雨不终日。孰为此者，天地？天地尚不能，而况于人乎？故从事于道者，道者同于道，德者同于德，失者同于失。同于道者，道亦乐得之；同于德者，德亦乐得之；同于失者，失亦乐得之。信不足，有不信。

此章言圣人忘言体道，与时俱化也。希，少也。希言，犹寡言也。以前云多言数穷，不如守中。由其勉强好辩，去道转远，不能合乎自然。惟希言者，合乎自然耳。向下以飘风不终朝，骤雨不终日，以比好辩者之不能久。然好辩者，盖出愤激不平之气。如飘风骤雨，亦乃天地不平之气，非不迅激于人，特无终朝之久。且天地不平之气尚不能久，而况于人乎？此甚言辩之不足恃也。盖好辩者只为信道不笃，不能从事于道，未得玄同故耳。惟圣人从事于道，妙契玄同，无入而不自得。故在于有道者则同于道，在于有德者则同于德。失者，指世俗无道德者。谓至于世俗庸人，亦同于俗，即所谓呼我以牛，以牛应之，呼我以马，以马应之，无可不可。且同于道德，固乐得之，即同于世俗，亦乐而自得。此无他，盖自信之真，虽不言而世人亦未有不信者。且好辩之徒，哓哓多言，强聒而不休，人转不信。此无他，以自信不足，所以人不信耳。

跂者不立，跨者不行，自见者不明，自是者不彰，自伐者无功，自矜者不长。其在道也，曰余食赘行（行作形）**。物或恶之，故有道者不处也。**

此承前章言好辩者不能持久，犹如跂跨之人不能立行，甚言用智之过也。跂，足根不著地也。跨，阔步而行也。盖跂者只知要强高出人一头，故举踵而立，殊不知举踵不能久立；跨者只知要强先出人一步，故阔步而行，殊不知跨步不能长行，以其皆非自然。以此二句，为向下自见、自是、自伐、自矜之譬喻耳。自见，谓自逞己见。自是，谓偏执己是。此一曲之士，于道必暗而不明。自伐，谓自夸其功。自矜，谓自恃其能。此皆好胜强梁之人，不但无功，而且速于取死。然此道中本无是事，故曰其在道也，如食之余，如形之赘，皆人之所共恶。而有道之士以谦虚自守，必不处此，故曰有道者不处，以其不能合乎自然也。

有物混成，先天地生。寂兮寥兮，独立而不改，周行而不殆，可以为天下母。吾不知其名，字之曰道，强为之名曰大。大曰逝，逝曰远，远曰反。故道大，天大，地大，王亦大。域中有四大，而王处一焉。人法地，地法天，天法道，道法自然。

此承前言世俗之士各以己见己是为得，曾不知大道之妙非见闻可及，故此特示大道以晓之也。有物者，此指道之全体，本来无名，故但云有一物耳。浑浑沦沦，无有丝毫缝隙，故曰混成。未有天地，先有此物，故曰先天地生。且无声不可闻，无色不可见，故曰寂寥。超然于万物之上而体常不变，故曰独立而不改。且流行四时而终古不穷，故曰周行而不殆。殆，穷尽也。天地万物皆从此中生，故曰可以为天下母。老子谓此物至妙至神，但不知是何物，故曰吾不知其名，特字之曰道，且又强名之曰大道耳。

向下释其“大”字。老子谓我说此大字，不是大小之大，乃是绝无边表之大，往而穷之，无有尽处，故云“大曰逝”。向下又释“逝”字。逝者，远而无所至极也，故云“逝曰远”。远则不可闻见，无声无色，非耳目之所到，故云“远曰反”。反，谓反一绝迹。道之极处，名亦不立，此道之所以为大也。然此大道，能生天生地，神鬼神王。是则不独道大，而天地亦大。不独天地大，而王亦大，故域中所称大者有四，而王居其一焉。世人但知王大，而不知圣人取法于天地，此则天地又大于王。世人但知天地大，而不知天地自道中生，取法于道，此则道又大于天地也。虽然，道固为大，而犹有称谓名字。至若离名绝字，方为至妙，合乎自然，故曰“道法自然”。且而大道之妙，如此广大精微，而世人岂可以一曲之见，自见自是以为得哉！此其所以自见者不明、自是者不彰耳。

重为轻根，静为躁君。是以圣人终日行，不离辎重，虽有荣观，燕处超然。奈何万乘之主，而以身轻天下？轻则失根，躁则失君。

此诫君人者，当知轻重动静，欲其保身重命之意也。然“重”字指身，“轻”字指身外之物，即功名富贵。“静”字指性命，“躁”字指嗜欲之情。意谓身为生本，固当重者。彼功名利禄，声色货利，乃身外之物，固当轻者。且彼外物必因身而后有，故重为轻之根。性为形本，固至静者。彼驰骋狂躁，甘心物欲，出于好尚之情者，彼必由性而发，故静为躁之君。世人不知轻重，故忘身徇物，戕生于名利之间；不达动静，故伤性失真，驰情于嗜欲之境。惟圣人不然，虽终日行而不离辎重。辎重，兵车所载粮食者也。兵行而粮食在后，乃大军之司命，虽千里远行，深入敌国，戒其掳掠，三军不致鼓噪以取败者，赖其所保辎重也。圣人游行生死畏途，不因贪位慕禄，驰情物欲，而取戕生伤性之害者，以其所保身心性命为重也，故曰“不离辎重”。纵使贵为天子，富有四海之荣观，但恬澹燕处，超然物欲之表，此其尧舜有天下而不与也。奈何后之人主，沉暝荒淫于声色货利之间，戕生伤性而不悟，是以物为重而身为轻也，故曰“身轻天下”。“奈何”者，怪叹之词。物重则损生，故曰“轻则失根”。欲极则伤性，故曰“躁则失君”。君，谓性也。《庄子》养生让王，盖释此篇之意。子由本云“轻则失臣”。然“臣”字盖亦指身而言。《齐物》以身为臣妾，以性为真君，源出于此。

善行无辙迹，善言无瑕谪，善计不用筹策，善闭无关键而不可开，善结无绳约而不可解。是以圣人常善救人，故无弃人；常善救物，故无弃物，是谓袭明。故善人者，不善人之师；不善人者，善人之资。不贵其师，不

爱其资，虽智大迷，是谓要妙。

此言圣人善入尘劳，过化存神之妙也。“辙迹”，犹言痕迹。世人皆以人我对待，动与物竞，彼此不忘，故有痕迹。圣人虚己游世，不与物忤，任物之自然，所谓忘于物者物亦忘之，彼此兼忘，此行之善者，故无辙迹。“瑕谪”，谓是非辨别，指瑕谪疵之意。圣人无意必固我，因人之言，然然，不然不然，可可，不可不可，未尝坚白同异。此言之善者，故无瑕谪。“筹策”，谓揣摩进退，算计得失利害之意。圣人无心御世，迫不得已而后应，曾无得失之心，然死生无变于己，而况利害之端乎？此计之善者，故不用筹策。“关键”，闭门之具，犹言机关也。世人以巧设机关，笼罗一世，将谓机密而不可破，殊不知能设之，亦有能破之者。历观古之机诈相尚之士，造为胜负者，皆可破者也。唯圣人忘机待物，在宥群生，然以道为密，不设网罗，而物无所逃。此闭之善者，所谓天下莫能破，故无关键而不可开。“绳约”，谓系属之意。世人有心施恩，要以结属人心，殊不知有可属，亦有可解。然有心之德，使人虽感而易忘，所谓贼莫大于德有心。圣人大仁不仁，利泽施乎一世，而不为己功，且无望报之心，故使人终古怀之而不忘。此结之善者，故无绳约而不可解。是以圣人处世，无不可化之人，有教无类，故无弃人；无不可为之事，物各有理，故无弃物。物，犹事也。如此应用，初无难者，不过承其本明，因之以通其蔽耳，故曰“袭明”。袭，承也，犹因也。《庄子》庖丁游刃解牛，因其固然，动刀甚微，划然已解，意出于此。观留侯蹑足附耳，因偶语而乞封，借四皓而定汉，以得老氏之用，故其因事处事如此之妙，可谓善救者也，其他孰能与之！故世之善人，不善人之师；不善人，善人之资。由其饰智矜愚，修身明污，故皆知师之可贵；择类而教，乐得而育，故皆知资之可爱。若夫圣人为举世师保，而不知其师之可贵；化育亿兆，而不知其资之可爱。所谓兼忘天下易，使天下忘己难。此虽在智者，犹大迷而不知，况浅识乎？斯所过者化，所存者神，是谓要妙。

知其雄，守其雌，为天下溪。为天下溪，常德不离，复归于婴儿。知其白，

守其黑，为天下式。为天下式，常德不忒，复归于无极。知其荣，守其辱，为天下谷。为天下谷，常德乃足，复归于朴。朴散则为器，圣人用之则为官长，故大制不割。

此承上章行道之妙，而言圣人不以知道为难，而以守道为要妙也。古德云，学道，悟之为难；既悟，守之为难。然行道之妙，实出于守道之要耳。盖此中“知”字，即悟也。“知雄守雌”者，物无与敌谓之雄，柔伏处下谓之雌。“溪”，乃窊下之地，众水所归之处也。“婴儿”者，柔和之至也。前云专气致柔，能如婴儿乎？然气虽胜物，物有以敌之。而道超万物，物无与敌者，故谓之雄。圣人气与道合，心超物表，无物与敌，而能顺物委蛇，与时俱化，不与物竞，故曰“知其雄，守其雌”。由守其雌，故众德交归，如水之就下，故为天下溪也。由乎处下如溪，故但受而不拒，应而不藏，流润而不竭，故曰“常德不离”。以入物而物不知，如婴儿终日号而嗌不嗄，和之至也。以能胜物而不伤，故曰“复归于婴儿”。

“知白守黑”者，白，谓昭然明白，智无不知之意；黑，昏闷无知之貌。式，谓法则；忒，差谬也。谓圣人智包天地，明并日月，而不自用其知，所谓明白四达，能无知乎？故曰“知其白，守其黑”。由其真知而不用其知，故无强知之过谬，故可为天下式。然强知则有谬，谬则有所不知，既有所不知，则知不极矣。今知既无谬，则知无不极，故曰“复归于无极”。

“知荣守辱”者。荣，乃光荣贵高；辱，乃污辱贱下。谷，乃虚而能应者也；朴，谓朴素，乃木之未雕斫也。谓圣人自知道光一世，德贵人臣，而不自有其德，乃以污辱贱下，蒙耻含垢以守之，所谓光而不耀，仁常而不居者，虚之至也，故为天下谷。由其虚故，常德乃足。德自足于中，则不缘饰于外，故复归于朴素也。以虚而能应物，故朴散则为器。圣人以此应运出世，则可以官天地、府万物，故能范围天地而不过，曲成万物而不遗，化行于世而无弃人弃物，故曰“大制不割”。割，截断也。不割者，不分彼此界限之意。

将欲取天下而为之，吾见其不得已。天下神器，不可为也，为者败之，执者失之。故物或行或随，或呴或吹，或强或羸，或载或隳。是以圣人去甚，去奢，去泰。

此言圣人道全德备，应运出世，为官为长，当任无为无事，而不可有为太过也。由上章云，朴散则为器，圣人用之则为官长。故老子因而诫之曰，将欲取天下者，当任自然，不可有心为之，而有心为之者，吾见其必不可得已。何也？且天下者大器，有神主之，岂可以人力私智取而夺之耶？故曰“不可为也”。而为之者，必反败之。纵为而得之，亦不可执为己有。而执之者，必反失之。故如强秦，力能并吞六国，混一天下，是为之也；且誓云一世以至万世，是执之也，故不旋踵而败，二世而亡，岂非“为者败之，执者失之”之验欤？然而所以败之失之者，以其所处过甚，而奢泰之极也。凡物极则反，此亦自然之势耳。故物或行而在前，或复随而在后；或呴而暖，或反吹而寒；或强而壮，或又尪羸而弱；或正载而成，或即隳颓而毁。此何以故？是皆用力过甚，而奢泰之极也。此皆圣人所不处，故曰“是以圣人去甚，去奢，去泰”。

以道佐人主者，不以兵强天下，其事好还。师之所处，荆棘生焉。大军之后，必有凶年。善者果而已，不敢以取强。果而勿矜，果而勿伐，果而勿骄，果而不得已，果而勿强。物壮则老，是谓不道，不道早已。

此承上言圣人不为己甚，故诫之不可以兵强天下也。凡以兵强者，过甚之事也，势极则反，故其事好还。师之所处，必蹂践民物，无不残掠，故荆棘生。大军之后，杀伤和气，故五谷疵疠而年岁凶，此必然之势也。然于济弱扶倾，除暴救民，盖有不得不用之者，惟在善用。善用者，“果而已”。已者，休也，止也；果，犹言结果，俗云了事便休，谓但可了事令其平服便休，不敢以此常取强焉。纵能了事，而亦不可自矜其能，亦不可自伐其功，亦不可骄恃其气。到底若出不得已，此所谓果而不可以取强也。取强者，速败之道。且物壮甚则易老，况兵强乎？凡物恃其强壮而过动者，必易伤。如世人恃强而用力过者，必夭死于力；恃壮而过于酒色者，必夭死于酒色，盖伤元气也。元气伤，则死之速。兵强亦然，故曰“是谓不道，不道早已”。已者，绝也。又已者，止也。言既知其为不道，则当速止而不可再为也，亦通。孟子言威天下不以兵革之利，其有闻于此乎？

夫佳兵者，不祥之器。物或恶之，故有道者不处。君子居则贵左，用兵则贵右。兵者不祥之器，非君子之器，不得已而用之，恬淡为上，胜而不美。而美之者，是乐杀人。夫乐杀人者，不可以得志于天下矣。吉事尚左，凶事尚右。偏将军居左，上将军居右。言居上势，则以丧礼处之。杀人众多，以悲哀泣之。战胜，以丧礼处之。

此承上言不以兵强天下，故此甚言兵之不可尚也。“佳兵”，乃用兵之最精巧者，谓之佳兵。凡善用兵者，必甘心于杀人。兵益佳而祸益深，故为不祥之器。历观古今善用兵者，不但不得其死，而多无后。此盖杀机自绝，而造物或恶之者。以其诈变不正，好杀不仁，故有道者不处。不但有道者不处，而苟有仁心者，亦不处也。何以知其然耶？观夫君子所居则以左为贵，用兵则以右为贵，然右乃凶地，由是而知兵者乃不祥之器，非君子之器也。万一不得已而用之者，老子诫曰，当以恬淡为上。恬淡者，言其心和平，不以功利为美而厌饱之意。既无贪功欲利之心，则虽胜而不以为美。纵不贪功利，而若以胜为美者，亦是甘心乐于杀人。夫乐于杀人者，必不可使其得志于天下，所谓造物或恶之也。若使此辈得志于天下，将为残害而无涯量矣。且世之吉事必尚左，凶事则尚右。凶事，谓丧事也。所以用兵则贵右，言其可哀也。故兵家以偏将军居左，以上将军居右者，盖上将军司杀之重者。言居上势者，则当以丧礼处之也。故杀人众多，则当以悲哀泣之。即战胜，亦当以丧礼处之。甚言其不得已而用之，即不得已而处之也。

上二章，通言人臣不能以道佐人主，而返以兵为强者，故切诫之。

道常无名，朴虽小，天下不敢臣。侯王若能守，万物将自宾，天地相

合以降甘露，民莫之令而自均。始制有名，名亦既有，夫亦将知止，知止所以不殆。譬道之在天下，犹川谷之于江海也。

此承上章不以兵强天下，因言人主当守道无为，则万物宾而四海服，天地合而人民和，自然利济无穷也。常者，终古不变之义。凡有名者，必迁变。道之所以不变者，以其无名也，故曰“道常无名”。“朴”，乃无名之譬。木之未制成器者，谓之朴。若制而成器，则有名矣。“小”，犹眇小，谓不足视也。且如合抱之材，智者所不顾。若取径寸以为冠，则愚者亦尊焉，是以名为大，而以无名为小。甚言世人贵名，概以朴为不足视，故以道曰朴曰小也。然道虽朴小，而为天地万物之本，即愚夫愚妇，而亦知所尊，故曰“天下不敢臣”。但侯王不能守耳。藉使侯王若能守，则万物自然宾服矣，奚假兵力哉！然兵者凶器，未必宾服一国，且上干和气，必有凶年。若以道服之，不但万物来宾，抑且和气致祥，天地相合以降甘露。兵力未必尽和民人，若以道宥之，则民莫之令而自然均调，各遂其生。无名之朴，利济如此，惜乎侯王不能守之善用耳。若散朴为器，始制则有名矣。始，犹方才也。谓朴本无名，方才制作，则有名生焉。且从无名而有名，既有名，而名又有名，将不知其所止矣。庄子所谓“从有适有，巧历不能得”，故曰“名亦既有”。而殉名者愈流愈下，逐末忘本，不知其返矣。故老子戒之曰，夫名者，不可驰骛而不返，亦将知止而自足。苟不知止足，则危殆而不安，知止所以不殆也。由是而知道在天下，为万物之宗，流润无穷，犹川谷之于江海也。然江海所以流润于川谷，川谷无不归宗于江海。以譬道散于万物，万物莫不宾服于大道。此自然之势也。意明侯王若能守，其效神速于此。

知人者智，自知者明。胜人者有力，自胜者强。知足者富，强行者有志，不失其所者久，死而不亡者寿。

此因上言侯王当守道无为，故此教以守之之要也。知人者，谓能察贤愚，辨是非，司黜陟，明赏罚，指瑕摘疵，皆谓之智。但明于责人者，必昧于责己。

然虽明于知人为智，不若自知者明也。老子谓孔子曰“聪明深察而近于死者，好议者也；博辩宏大而危其身者，好发人之恶也。去子之恭骄与智能，则近之矣”，谓是故也。庄子云，所谓见见者，非谓见彼也，自见而已矣；所谓闻闻者，非谓闻彼也，自闻而已矣。能自见自闻，是所谓自知者明也。

世之力足以胜人者，虽云有力，但强梁者必遇其敌，不若自胜者强。然欲之伐性，殆非敌国可比也。力能克而自胜之，可谓真强。如《传》所云，和而不流，中立而不倚者，所谓自强不息者也。

凡贪得无厌者，必心不足。苟不知足，虽尊为天子，必务厚敛以殃民；虽贵为侯王，必务强兵而富国。即纵适其欲，亦将忧而不足，故虽富不富。苟自知足，则鷦鷯偃鼠，藜藿不糁，抑将乐而有余，此知足者富也。强志好过于人者，未为有志。惟强行于道德者，为有志也。

“所”者，如北辰居其所之所，又故有之义，盖言其性也。孟子曰，性者故而已矣。世人贪欲劳形，冀立久长之业，殊不知戕生伤性，旋踵而灭亡，谁能久哉！惟抱道凝神，而复于性真者，德光终古，泽流无穷，此所谓“不失其所者久”也。

世人嗜味养生，以希寿考，殊不知厚味腐肠，气惫速死，谁见其寿哉！惟养性复真，形化而性常存，入于不死不生，此所谓“死而不亡者寿”也。

老子意谓道大无垠，人欲守之，莫知其向往。苟能知斯数者，去彼取此，可以入道矣。侯王知此，果能自知自胜，知足强行，适足以全性复真，将与天地终穷，不止宾万物，调人民而已，又岂肯以蜗角相争，以至戕生伤性者哉！

大道泛兮，其可左右。万物恃之以生而不辞，功成不名有，爱养万物而不为主。常无欲，可名于小；万物归焉而不为主，可名为大。是以圣人终不为大，故能成其大。

此言道大无方，圣人心与道合，故功大无外，以实前侯王能守之效也。“泛”者，虚而无著之意。以道大无方，体虚而无系著，故其应用无所不至，故曰“其可左右”。以体虚无物，故生物而不辞。以本无我，但任物自生，故生物功成而不名己有。以与物同体，故虽爱养万物而不为主。其体所以真常者，以其至淡无味，无可欲也。由无可欲，故不足视，似可名于小。若夫万物归焉而不为主，则可名为大矣。然小大因物以名之，道岂然耶？是以圣人忘形释智，图于至细，志与道合，终不为大，故能成其大。若夫侯王专务于大，岂能成其大哉！言外之教，亦深切矣。

执大象，天下往。往而不害，安平泰。乐与饵，过客止。道之出口，淡乎其无味，视之不足见，听之不足闻，用之不可既。

此明前章未尽之意也。无象谓之大象，大象无形而能入众形，有形者无不归。圣人执无我以御天下，故天下莫不往，以其与物同体也。万物恃之以生，故无往而不利，故云“往而不害”。然忘于物者，物亦忘之，故物各得其所而无不安。物物相忘而无竞，故无不平。暖然如春，故无不泰。此所谓万物宾而天地合、人民和，故圣人终不为大，而能成其大也。

前云道之所以常者，以其淡然无味，无可欲也。若夫乐之于耳，饵之于口，皆有味而可欲者，若张之于途，虽过客亦止之。然虽暂止，而不能久留，以其用之有尽，盖不常也。若夫道之出口，则淡乎无味，不若饵之可欲；视之不足见，听之不足闻，不若乐之可欲。此可名于小。然而其体真常，故用之不可既。既，尽也。故可名为大。

此大象之譬，以譬人君苟能执大象以御天下，恬淡无为，虽无声色以悦天下之耳目，无货利以悦天下之心志，而天下归往，乐推而不厌。此所谓万物归焉而不为主，可名为大也。如此用之，岂有尽耶？

将欲翕之，必固张之；将欲弱之，必固强之；将欲废之，必固兴之；将欲夺之，必固与之，是谓微明。柔弱胜刚强。鱼不可脱于渊，国之利器不可以示人。

此言物势之自然，而人不能察，教人当以柔弱自处也。天下之物，势极则反。譬夫日之将昃，必盛赫；月之将缺，必极盈；灯之将灭，必炽明，斯皆物势之自然也。故固张者，翕之象也；固强者，弱之萌也；固兴者，废之机也；固与者，夺之兆也。天时人事，物理自然，第人所遇而不测识，故曰微明。斯盖柔弱胜刚强之义耳。譬夫渊为鱼之利处，但可潜形而不可脱，脱则块然无能为。柔弱为国之利器，人主但可恭默自处，不可揭示于人，示人则致敌而招侮，将反见其不利也。夫是之谓微明。世之观此章，皆谓老子用机智，大非本指。盖老子所以观天之道，执天之行是已，殆非机智之端也。

道常无为而无不为，侯王若能守，万物将自化。化而欲作，吾将镇之以无名之朴。无名之朴，亦将不欲。不欲以静，天下将自正。

此教人君乘流救弊之意也。以其道常无为而无不为，故侯王但能守之者，而万物不期化而自化矣。此言守道之效，神速如此。然理极则弊生。且而物之始化也皆无欲，化久而信衰情凿，其流必至于欲心复作。当其欲作，是在人君善救其弊者，必将镇之以无名之朴，而后物欲之源可塞也。若施之以有名，则不济耳。然无名之朴，虽能窒欲，若执此而不化，又将为动源矣。譬夫以药治病，病去而药不忘，则执药成病，故云“无名之朴，亦将不欲”。此亦不欲，则可专以静而制群动，无敢作者，故云“天下将自正”。自正者，谓不待正而自正矣。“镇”，犹压也。如石压草，非不生也。盖以无名之朴，镇压之而已。若欲朴之心，亦是欲机未绝，是须以静制之，其机自息，机息则心定，而天下自正矣。故虽无名之朴，可用而不可执，况有名乎？

老子道德经解上篇终

老子道德经解下篇

明建邺憨山道者德清著

上德不德，是以有德；下德不失德，是以无德。上德无为而无以为，下德为之而有以为。上仁为之而无以为，上义为之而有以为。上礼为之而莫之应，则攘臂而仍之。故失道而后德，失德而后仁，失仁而后义，失义而后礼。夫礼者，忠信之薄而乱之首也。前识者，道之华而愚之始。是以大丈夫处其厚，不居其薄；处其实，不居其华。故去彼取此。

此言世降道衰，失真愈远，教人当返其本也。所言道，乃万物之本；德，乃成物之功。道为体而德为用，故道尊无名，德重无为；故道言有无，而德言上下，此道德之辨也。上德者，谓上古圣人，与道冥一，与物同体，虽使物各遂生，而不自有其德，以无心于德，故德被群生，终古不忘，故云“上德不德，是以有德”。下德者，谓中古以下，不知有道，但知有德，故德出于有心，自不能忘，且有责报之心，物难感而易忘，故云“下德不失德，是以无德”。失，忘也。以，恃也。然上德所以有德者，以德出无为，功成事遂而无恃为之心，故云“无以为”。下德所以无德者，以德出有心，而又矜功恃为，故云“有以为”。由是观之，道无真伪，而德则有真有伪矣。此世数淳薄之辨也。

德又下衰，上德不称，而下德为尊，于是始有仁义之名。然仁义皆出于不德，故皆不免有心为之。但上仁虽为而无恃为之心，故云“无以为”。上义则恃之矣，故云“有以为”。且仁义上者为真，三王是已；下则为假，五霸是已，故不足言。此又下衰，仁义之下，则礼为上矣。礼则但以虚名相尚，不复知有仁义，故上礼为之，有莫之应者。如孔子作《春秋》，虽正名分，而卒莫能正，此莫之应也。不唯不应，且将臂攘而仍之，此五霸之余，战国之习也。且彼既不知仁义，则必相因而报复之矣。“仍”，相因之意，又复也。此所以为忠信之薄，而乱之首也。故其德下衰，至此已极，圣人亦无可为天下之具矣。故失道而后德，失德而后仁，失仁而后义，失义而后礼。故礼乃忠信之薄，为乱之首也。

所以愈流愈下者，乃用智之过也。“前识”，犹言蚤智，谓明见利害于未然者。然蚤智在孔子，则为周身之防，所谓明哲保身之意；其次则如范蠡、乐毅之俦，以为避名全节之计；又其次则为仪、秦纵横游说之流矣。然在圣人则谓之权，在乐、范则谓之好高而务名。名者实之宾，故谓道之华。在仪、秦用之，则为愚之始也。此所谓才智，君子用之则成名，小人用之则杀身，岂非愚之始耶？故太上以道德为尊，而仁义次之。故大丈夫处厚而不处薄，务实而不务华，故去彼取此。

昔之得一者，天得一以清，地得一以宁，神得一以灵，谷得一以盈，万物得一以生，侯王得一以为天下正，其致之一也。天无以清将恐裂，地无以宁将恐发，神无以灵将恐歇，谷无以盈将恐竭，万物无以生将恐灭，侯王无以正而贵高将恐蹶。故贵以贱为本，高以下为基。是以侯王自谓孤寡不谷，此其以贱为本耶？非乎？故致数车无车。不欲琭琭如玉，落落如石。

此言道无为而无不为，以明无用之用为大用，欲君人者当以无为而治也。一者，道之体也。其体至虚而无为，精一无二。凡诸有为，莫不以之为本。以，用也。意谓天地万物，皆以道体而为本也。故天得之而清覆于上，地得之而宁载于下。“神”，指人心而言，谓人得之而为万物之灵。“谷”，即海也。海得之而容纳百川，故长盈。万物得之而各遂其生，侯王得之而为天下正。“正”，犹长，所谓君长也。如此者，虽其迹不同，而推其本则一，故曰致之一也。其下又返释之曰，天不得此，将恐分裂而不能圆覆于上矣。地不得此，将恐发动而不能宁载于下矣。人不得此，将恐生机休歇，而不能子子孙孙亹亹而无穷矣。万物若不得此，将恐绝灭而无有矣。侯王若不得此，将恐颠蹶而不能安其贵高之位矣。此老子主意，只重在“侯王无以正而贵高将恐蹶”这一句，必欲人君当体道无为而治耳。

凡人听其所用而从于人者，谓之下贱。此道之譬也。夫道本无名，故天地万物皆得而用之，如人之下贱也。且侯王不得此道而处贵高之位将恐蹶，岂不以是而为基本耶？故云“贵以贱为本，高以下为基”。且侯王自谓曰孤、寡、不谷，此三名者，皆贱者之称也，而侯王以之，其意岂不是以贱为本耶？非乎？所以称此者，正欲人君忘其贵高之名，而体道凝神，知其无用为用耳。且而侯王所以贵高者，以百官执事总之而为君，若指其所用，而各有所事，至若人君，则无所用其事矣，所谓臣道有为，而君道无为也。若夫轮辐衡轭，会之而为车。故数其车，则件件可数，其车则无可数矣，以无可数，故得车之用。是故侯王以无为之道，而后方大有为也。然道之在物，本无贵贱高下之分。故侯王当体道忘怀，不可执贵高之名，而取颠蹶之患。故诫之曰“不欲琭琭如玉，落落如石”，谓不可视己琭琭如玉之贵，视物落落如石之贱也。苟忘贵贱之分，则人人皆为我用矣，岂非无用之为大用耶？

反者道之动，弱者道之用。天下之物生于有，有生于无。

此承上章以明道为天地万物之本也。“反者”，道之体也。谓道体虚无至静，为群动之主。世人只知动之为动，不知动处即静。《易》云：“天下之动，贞夫一者也。”以其群动之动，皆自虚无至静而发，不动而动，故云“反者道之动”也。然道体至虚，柔弱无用，而为天下有用之本。世人只知有用之用，不知无用之用为大用也，故云“弱者道之用”。是故世人只知天下之物生于有，而不知有生于无也。苟知有生于无，则自然不事于物，而能体道凝神矣，岂易得哉！

上士闻道，勤而行之。中士闻道，若存若亡。下士闻道，大笑之，不笑不足以为道。故建言有之：明道若昧，进道若退，夷道若类，上德若谷，大白若辱，广德若不足，建德若偷，质贞若渝，大方无隅，大器晚成，大音希声，大象无形，道隐无名。夫惟道，善贷且成。

此言道出常情，而非下愚小智之所能知，必欲上根利智可能入也。谓上根之人，志与道合，一有所闻，便身体而力行之。如颜子，闻者未尝不知，知之未尝不行。故曰“上士闻道，勤而行之”。若夫中人之资，则且信且疑，或日月至焉，故曰“若存若亡”。至若下根之士，即有所闻，了不相蒙，而且以为怪，故大笑之矣。以道出常情，非愚所测，此辈不笑，不足以为道，以其道与常情每相反而已矣。何以知之？故古之建言者有云“明道若昧”，此下十二句，皆古之立言者之辞，老子引之以明相反之意。谓小人用智，恃知以为能。圣人光而不耀，以有智而不用，故“明道若昧”。小人矜夸竞躁。圣人以谦自守，以卑自牧，故“进道若退”。世人崖嶷自高。圣人心与道合，同尘混俗，和而不同，故“夷道若类”。世人局量扁浅，一毫不容。圣人心包天地，德无不容，如海纳百川，故“上德若谷”。小人内藏瑕疵，而外矫饰以为洁。圣人纯素贞白，一尘不染，而能纳污含垢，示同庸人，故“大白若辱”。小人一德不忘，必恃自多而责报于人。圣人德被群生而不以为功，故“广德若不足”。小人一善之长，必炫弄自售，欲求知于人。圣人潜行密用，凡有所施于人者，惟恐人之知己也，如泰伯三让，民无德而称，故“建德若偷”。小人随时上下，见利而趋，望势而变。圣人之心，贞介如玉而不可夺，而能与世浮沉，变化无穷，无可不可，故“质贞如渝”。渝，变也。世人圭角自立，一定而不化。圣人心如太虚，无适不可，故“大方无隅”。隅，犹定向也。世人小智自用，以图速效。圣人深畜厚养，藏器于身，待时而动，迫不得已而后应，乘运而出，必为天下之利具，故“大器晚成”。所以然者，譬夫大音之希声，大象之无形，殊非常情之所易见易闻，宜乎下士闻而大笑之也。以其世之所尚者名也，然道隐于无名，又岂常情所易知耶？所以圣人之广大难测者，以其有大道也。夫惟道也，万物皆往资焉而不匮，曲成万物而不遗，故曰“善贷且成”。圣人如此，所以世人皆以大似不肖而轻笑之，然不笑不足以为道也。

道生一，一生二，二生三，三生万物。万物负阴而抱阳，冲气以为和。人之所恶，唯孤寡不谷，而王公以为称。故物或损之而益，或益之而损。

人之所教，我亦教之。强梁者不得其死，吾将以为教父。

此承前言道体冲虚，而为天地万物之本，诫人当以道为怀，以谦自处也。谓道本无名，强名之一，故曰“道生一”。然天地人物，皆从此生，故曰“一生二，二生三，三生万物”。是则万物莫不负阴而抱阳也，所以得遂其生，不致夭折者，以物各含一冲虚之体也。和气积中，英华昭著，秀实生成，皆道力也，故云“冲气以为和”。是则物物皆以冲虚为本也。且冲虚柔弱，与物不类，似乎无用，人皆恶之而不取，殊不知无用之用为大用也。即如世人之所恶者，唯孤寡不谷，以为不美。而王公返以此为称者，岂不以柔弱为天下之利器耶？且孤寡不谷，皆自损之辞也。然而侯王不自损，则天下不归。故尧舜有天下而不与，至今称之，泽流无穷，此自损而人益之，故曰“或损之而益”。若夫桀纣以天下奉一己，暴戾恣睢，但知有己而不知有人，故虽有天下而天下叛之，此自益者而人损之，故曰“或益之而损”。以人人皆具此道，但日用不知，须待教而后能。且人之所教者，我亦未尝不教之也。惟人不善教人，只知增益知见，使之矫矜恃气，好为强梁，殊不知强梁者不得其死。我唯教人以日损其欲，谦虚自守，以全冲和之德。是故吾将以为教父，而风天下以谦虚之德也。教父，犹木铎意。

天下至柔，驰骋天下之至坚。无有入无间。吾是以知无为之有益。不言之教，无为之益，天下希及之。

此承上言无为之益，以明不言之教也。然天下之至坚，非至柔不足以驰骋之。如水之穿山透地，浸润金石是已。若以有入有，即相触而有间。若以空入有，则细无不入。如虚空偏入一切有形，即纤尘芒芴，无所不入，以其虚也。若知虚无之有用，足知无为之有益矣。前云人不善教人者，以其有言也。有言则有迹，有迹则恃智，恃智则自多，自多者则矜能而好为，凡好为者必易败。此盖有言之教，有为之无益也如此。则知不言之教，无为之益，天下希及之矣。

名与身孰亲？身与货孰多？得与亡孰病？甚爱必大费，多藏必厚亡。知足不辱，知止不殆，可以长久。

此言名利损生，诫人当知止足也。谓世人只知名之可贪，故忘身以殉名。殊不知名乃身外之虚声耳，与身较之，身亲而名疏，故曰“孰亲”。货，利也。谓世人只知利之可贪，故忘身以殉利。殊不知利乃身之长物耳，与身较之，身在则有余，故曰“孰多”。世人不察，每役役于名利之间，贪得而无厌，戕生而伤性。与夫贪得而身亡，不若身存而远害，故曰“得与亡孰病”。故凡爱之甚者费必大，藏之多者亡必厚。如以隋侯之珠，弹千仞之雀，雀未得而珠已失，此爱之甚而不知所费者大矣。如敛天下之财，以纵鹿台之欲，天下叛而台已空，此藏之多而不知所亡者厚矣。不唯爱者费而藏者亡，抑且身死名灭，国危而不安。斯皆不知止足之过也。故知足则不辱，知止则不殆，即斯可以长久矣。噫！老氏此言，可谓破千古之重昏，启膏肓之妙药，昭然如揭日月于中天也。而人不察乎此，惜哉！

大成若缺，其用不敝。大盈若冲，其用不穷。大直若屈，大巧若拙，大辩若讷。躁胜寒，静胜热，清净为天下正。

此言圣人法天制用，与道为一，故能胜物而物不能胜，以申明前章不言之教，无为之益也。“大成若缺，其用不敝”者。若天地生物，曲成万物而不遗，可谓成之大矣。然必春生而夏方长之，秋杀而冬方成之。以此观之，似若有所缺。苟不如此，若一径生长而无秋冬之肃杀，不但物不能成，而造物者亦将用之而敝矣。由其若缺，故所成者大，而其用不敝也。“大盈若冲，其用不穷”者。若阳和之气充塞天地，无处不至，无物不足，可谓盈矣。其体冲虚而不可见。若块然可见，亦将用之有尽矣。由其若冲，故既已与人己愈有，既已为人己愈多，故其用不穷也。“大直若屈”者。若一气浩然，至大至刚，可谓直矣。然潜伏隐微，委曲周匝，细入无间，故若屈。由若屈，故能伸其生意也。“大巧若拙”者。若天之生物，刻雕众形而不见其巧，故云若拙。若恃其巧者，巧于此而拙于彼，则巧非大矣。

“大辩若讷”者。上云若缺，则天地无全功，故人犹有所憾。然天何言哉，四时行焉，百物生焉。是则生物之功，不辩而自白矣，故曰“若讷”。是以天地不言而万物成，圣人不言而教化行。以圣人法天制用，故以不言之教，无为之化，似乎不胜，而物卒莫能胜之也。且躁能胜寒而不能胜热，静能胜热而不能胜寒，斯皆有所胜则有所不胜。是故圣人贵乎清净为天下正。此其不言之教，无为之益，天下希及之矣！

天下有道，却走马以粪。天下无道，戎马生于郊。罪莫大于可欲，祸莫大于不知足，咎莫大于欲得。故知足之足，常足。

此承上清净无为之益，甚言多欲有为之害，以诫人君当以知足自守也。谓上古之世，有道之君，清净无欲，无为而化。故民安其生，乐其业，弃却走马而粪田畴，所以家给人足而无不足者。及世衰道微，圣人不作，诸侯暴乱，各务富国强兵，嗜欲无厌，争利不已，互相杀伐，故戎马生于郊，以致民不聊生，奸欺并作。此无他，是皆贪欲务得，不知止足之过也。故天下罪之大者，莫大于可欲，以其戕生伤性，败乱彝伦，以至君臣父子皆失其分者，皆见可欲之罪也。以致败国亡家，覆宗灭族之祸者，皆不知止足所致也。由不知足，故凡见他人之所有，而必欲得之。然欲得之心，为众罪大祸之本，故咎之大者，莫大于欲得。欲得者，心不足也。古人云，若厌于心，何日而足。以贪得不止，终无足时。惟知足之足，无不足矣，故常足。

不出户，知天下。不窥牖，见天道。其出弥远，其知弥少。是以圣人不行而知，不见而名，不为而成。

此承上言圣人所以无为而成者，以其自足于己也。谓圣人性真自足，则智周万物，无幽不鉴。故天下虽大，可不出户而知；天道虽微，可不窥牖而见。以其私欲净尽，而无一毫障蔽故也。若夫人者，沉瞑利欲，向外驰求，以利令智昏，故去性日远，情尘日厚，尘厚而心益暗，故其出弥远，其知弥少。是以圣人淡然无欲，不事于物，故寂然不动，感而遂通天下之故，故曰“不行而知”。如此，则尸居而龙见，渊默而雷声，故曰“不见而名”。道备于己，德被群生，可不言而化，故曰“不为而成”。是皆自足于性也。

为学日益，为道日损。损之又损，以至于无为，无为而无不为。故取天下常以无事，及其有事，不足以取天下。

此承上言无为之德，由日损之功而至也。为学者，增长知见，故日益。为道者，克去情欲，穷形泯智，故日损。初以智去情，可谓损矣；情忘则智亦泯，故又损。如此则心境两忘，私欲净尽，可至于无为。所谓我无为而民自化，民果化，则无不可为之事矣。此由无为而后可以大有为，故无不为。是故取天下者，贵乎常以无事也。无事则无欲，我无欲而民自正，民自正而天下之心得，天下之心得则治国如视诸掌，此所以无事足以取天下也。若夫有事则有欲，有欲则民扰，民扰则人心失，人心既失则众叛亲离，此所以有事不足以取天下也。无为之益，天下希及之者，此耳。旧注“取”字训“为”，摄化之意。应如《春秋》“取国”之“取”，言得之易也。

圣人无常心，以百姓心为心。善者吾善之，不善者吾亦善之，德善矣。信者吾信之，不信者吾亦信之，德信矣。圣人之在天下，慄慄为天下浑其心。百姓皆注其耳目，圣人皆孩之。

此言圣人不言之教，无心成化，故无不可教之人也。常者，一定不移之意。谓圣人之心，至虚无我，以至诚待物，曾无一定之心，但以百姓之心为心耳。以圣人复乎性善，而见人性皆善，故善者固已善之，即不善者亦以善遇之。彼虽不善，因我以善遇之，彼将因我之德所感，亦化之而为善矣，故曰“德善”。以圣人至诚待物，而见人性皆诚，故信者固已信之，即不信者亦以信待之。彼虽不信，因我以信遇之，彼将因我之德所感，亦化之而为信矣，故曰“德信”。以天下人心不古，日趋于浇薄。圣人处其厚而不处其薄，汲汲为天下浑厚其心。“慄慄”，犹汲汲也。“百姓皆注其耳目”者，谓注目而视，倾耳而听，司其是非之昭昭。圣人示之以不识不知，无是无非，浑然不见有善恶之迹，一皆以淳厚之德而遇之，若婴孩而已，故曰“皆孩之”。若以婴孩待天下之人，则无一人可责其过者。圣人之心如此，所以不言而信，无为而化，则天下无不可教之人矣！

出生入死。生之徒十有三，死之徒十有三，人之生动之死地者亦十有三。夫何故？以其生生之厚。盖闻善摄生者，陆行不遇兕、虎，入军不避甲兵。兕无所投其角，虎无所措其爪，兵无所容其刃。夫何故？以其无死地。

此言圣人所以超乎生死之外者，以其澹然无欲，忘形之至，善得无生之理也。“出生入死”者，谓死出于生也。言世人不达生本无生之理，故但养形以贪生，尽为贪生以取死。是所以入于死者，皆出于生也，大约十分而居其九。而不属生死者，唯有一焉，而人莫之知也。“生之徒”者，养形寿考者也。“死之徒”者，汩欲忘形，火驰而不返者也。“动之死地”者，嗜欲戕生，无所避忌者也。举世之人，尽此三种，而皆不免入于死者，以其出于贪生也。何所以故？以其生生之厚耳。是皆但知养生，而不知养生之主。苟不知养生之主，皆为不善养生者也。“摄”，养也。盖闻善养生者，不养其生，而养其生之主。然有其生者，形也。主其生者，性也。性为生主。性得所养，而复其真，则形骸自忘。形忘则我自空，我空则无物与敌。故陆行不遇兕虎，入军不避甲兵。色欲伐性，甚于兕虎甲兵也。以无我故，纵遇之而亦无可伤，故“兕无所投其角，虎无所措其爪，兵亦无所容其刃”矣。夫何故？以其无死地焉。是知我者生之寄，生者死之地也。无我无生，又何死之？孔子曰：“未知生，焉知死。”是知生本无生，则知死亦不死。此所以贵朝闻道而夕死可矣。非超乎生死之外者，不易致此。

道生之，德畜之，物形之，势成之。是以万物莫不尊道而贵德。道之尊，德之贵，夫莫之命而常自然。故道生之、畜之，长之、育之，成之、熟之，养之、覆之。生而不有，为而不恃，长而不宰，是谓玄德。

此言道德为万物之本，欲人体道虚怀，而造乎至德也。然道为天地根，故万物非道不生。且道但能生之而已，然非德不畜。“畜”，长养也。如阳和之气，含有而培养之，皆其德也。故道德无形，乃因物以形。“形”，犹见也。苟不知道德之大，但即物而观，可知已，故曰“物形之”。且道之生物，唯一气流行，苟无四时寒暑之序，生杀之势，则虽生之畜之，而亦不能成熟之也。所以成万物者，又因其势也。势者，凌逼之意。若夫春气逼物，故物不得不生。秋气逼物，故物不得不成。此其皆以势成之也。观其成物之功，故知其道无位而尊，无名而贵。所以如此尊贵者，乃道体之自然，又非有以命之者，故曰“莫之命而常自然”。若侯王之尊，则受命于天；卿相之贵，则受命于君。故凡禀命而得之者，亦可夺而失之也，岂常然耶？以道德乃天然尊贵，故莫之命而常自然耳。所以常然而不失者，以其体至虚，故其用至大。所以万物赖之以生长之。既生长而又含育之，既育而又成熟之，既成熟而又爱养以覆护之。此所谓成始成终，而道德之量何如耶？且如此生之，生生不已而不自有其生；如此作为以成熟之，而不自恃其为；虽为万物之主，而不自以为宰，所以为玄德也。是故君天下者，贵乎体道虚怀而造乎德之至也。

天下有始，以为天下母。既知其母，复知其子；既知其子，复守其母，没身不殆。塞其兑，闭其门，终身不勤。开其兑，济其事，终身不救。见小曰明，守柔曰强。用其光，复归其明，无遗身殃，是谓袭常。

此言道体之方，当以背物合道为要妙也。由万物皆资始乎道，故曰“天下有始，以为天下母”，所谓道生之也。是知道为体而物为用，故道为母，物为子。人若但知道体虚无，而不知物从此生，是知母而不知子，则沦于断灭。若但知物而不知道，是殉物而忘道，则失其性真。所以既知其母，亦复要知其子，所谓有体有用也。既知物从道生，则不事于物，故曰“既知其子，复守其母”，所谓用不离体也。体用两全，动静不二，故“没身不殆”。殆，危也，又尽也。下示守母之方。“兑”为口，“门”乃眼耳，为视听之根。

谓道本无言，言生理丧。妄机鼓动，说说而不休，去道转远。唯是必缄默以自守，所谓多言数穷，不如守中，故曰“塞其兑”。然道之于物，耳得之而为声，目得之而为色。若驰声色而忘返，则逐物而背性。是必收视返听，内照独朗，故曰“闭其门”。如此，则终身用之而不勤矣。勤，劳也。若徒执言说以为得，以资耳目之欲，火驰而不返，则是开兑济事，丧心于物，则终身不可救矣。是皆不能戒谨于隐微之间，而忽于欲机之兆，非为明也。孔子曰：“知机，其神乎！”故曰“见小曰明”。以道自胜，故曰“守柔曰强”。是故学人当用其光，复其明，则无遗身殃也。然“光”，道之用也；“明”，道之体也。用不离体，故用愈光而体愈明，此所以能无遗其殃也。“袭”，承也。且真常之道，吾固有之，但凡人不能承袭而自绝耳。苟能如此做工夫，则绵绵而不绝矣，故曰“是谓袭常”。

使我介然有知，行于大道，唯施是畏。大道甚夷，而民好径。朝甚除，田甚芜，仓甚虚。服文采，带利剑，厌饮食，财货有余，是为盗夸（韩非本作“竽”）**，非道哉！**

此言世衰道微，人心不古，而极叹道之难行也。介然，犹些小，乃微少之意，盖谦辞也。老子意谓使我少有所知识，而欲行此大道于天下，奈何天下人心奸险可畏，而将施之于谁耶？故曰“唯施是畏”。且有施而无受者，非徒无益而又害之。所谓生乎今之世，反古之道，灾及其身者，故可畏。何也？以大道甚坦夷直捷，而民心邪僻，不由于大道，皆好径矣。民好径则教化衰，教化衰则奸愈甚，奸愈甚则法益严，故曰“朝甚除”。除，谓革其弊也。且法令滋彰，盗贼多有。是以朝廷之法日甚严，而民因法作奸，更弃本而不顾，好为游食，故田日甚芜。田甚芜则仓日甚虚，仓甚虚而国危矣。风俗之坏，民心之险，一至于此。君人者固当躬行节俭，清净无欲，以正人心可也。且在上之人犹然不知止足，而虚尚浮华，极口体之欲，而服文采，带利剑，厌饮食，而积货财。且上行下效，捷如影响，故上有好之，而下必有甚焉者。是则民之为盗，皆由上以唱之也，故曰“是为盗竽”。竽，乐之首，而为先唱者也。如此，岂道也哉！上下人心之如此，所以道之难行也。

善建者不拔，善抱者不脱，子孙祭祀不辍。修之于身，其德乃真；修之于家，其德乃余；修之于乡，其德乃长；修之于国，其德乃丰；修之于天下，其德乃普。故以身观身，以家观家，以乡观乡，以国观国，以天下观天下。吾何以知天下然哉？以此。

此言圣人所以功德无穷，泽及子孙者，皆以真修为本也。举世功名之士，靡不欲建不拔之功，垂不朽之业。至皆不能悠久者，以其皆以智力而建之，则有智力过之者，亦可以拔之矣。“抱”，守也。“脱”，犹夺也，谓失脱也。以机术而守之，则有机术之尤者，亦可以夺之矣。是皆不善建、不善守者也。至若圣人复性之真，建道德于天下，天下人心感服，确乎而不可拔，故功流万世，泽及无穷，杰然而不可夺。此皆善建、善抱，所以福及子孙，故祭祀绵远而不绝也。

是故学道之人，修之于身，故其德乃真。庄子曰，道之真以治身，其绪余以为国家，其土苴以为天下。故曰修之家，其德乃余；修之乡，其德乃长；修之国，其德乃丰；修之天下，其德乃普。故以性观身，则性真而身假。若以我身而观天下之身，则性同而形忘。以此观家则家和，以此观乡则乡睦，以此观国则国治，以此观天下则天下平。所谓以性融物，则天下化；会物为己，则天下归，故“其德乃普”。是以圣人一真之外无余事，故唯以此。

含德之厚，比于赤子，毒虫不螫（以尾毒伤物曰螫），**猛兽不据**（以爪按物曰据），**攫鸟不搏**（以翅击物曰搏）。**骨弱筋柔而握固；未知牝牡之合而朘作，精之至也；终日号而嗌不嗄，和之至也。知和曰常，知常曰明，益生曰祥，心使气曰强。物壮则老，谓之不道，不道早已。**

此承上言圣人善建善抱，而不为外物之所摇夺者，以其所养之厚也。然人之所以有生者，赖其神与精气耳。此三者苟得其养如赤子，则自不被外物所伤矣，故曰“含德之厚，比于赤子”。且毒虫、猛兽、攫鸟，皆能伤人之物。至于赤子，则毒虫虽毒而不螫，猛兽虽恶而亦不据，攫鸟虽枭而亦不搏。何也？以其赤子不知不识，神全而机忘也。所谓忘于物者，物亦忘之，入兽不乱群，入鸟不乱行。彼虽恶而不伤，以其无可伤之地。此言圣人神之王也。且如赤子之骨最弱，筋极柔，手无执，而屈握极固，不可擘；且又不知阴阳之合，而朘亦作者，乃精满之至。圣人筋骨亦柔弱，而所握亦坚固者，以其精纯之至也。故草木之有精液者则柔弱而连固，精竭者则枯槁而萎散。是知圣人如婴儿者，以精得其养故也。然赤子终日号啼而咽嗌不嗄哑者，以其心本不动，而无哀伤怨慕之情，乃气和之至。圣人之心和亦然。斯三者，皆得其所养之厚，故所以比赤子之德也。且此三者以神为主，以精为卫，以气为守。故老子教人养之之方，当先养其气，故曰“知和曰常”。何也？盖精随气转，气逐心生。故心妄动则气散，气散则精溢。所谓心著行淫，男女二根自然流液。故善养者，当先持其心，勿使妄动。心不妄动则平定，心平则气和，气和则精自固而神自安，真常之性自复矣，故曰“知和曰常”。如所云不认缘气之心为心，则真常之性自见，故曰“知常曰明”。意谓知真常之性者，可称明智矣。苟不知真常之性，徒知形之可养，而以嗜欲口腹以益其生，殊不知生反为其戕，性反为其伤，故曰“益生曰祥”。祥，妖也，言益生反为生之害也。心不平，则妄动而使气，气散则精竭，精竭则形枯，故曰“心使气曰强”。强，木之枯槁也。过强曰壮，故曰“物壮则老”。草木之物过壮，则将见其枯槁而老。人之精神元气不知所养，而斫丧太过，可谓不道之甚矣。不道之甚，乃速其死也，故曰“不道早已”。已者，绝也。

此老氏修养功夫，源头盖出于此。而后之学者，不知其本，妄构多方傍门异术，失老氏之指多矣。

知者不言，言者不知。塞其兑，闭其门，挫其锐，解其纷，和其光，同其尘，是谓玄同。故不可得而亲，不可得而疏；不可得而利，不可得而害；不可得而贵，不可得而贱，故为天下贵。

此言圣人所以为天下贵者，以其善得所养，妙契忘言，而能与道玄同也。谓圣人自知之明，故善能含养于心，而不形于言，以自知之真，言有所不及也。若夫常人哓哓资于口谈者，皆非真知者也。故曰“知者不言，言者不知”。下言养之之方。兑为口，为说。谓圣人缄默自守，不事口舌，故曰“塞其兑”；不事耳目之玩，故曰“闭其门”；遇物浑圆，不露锋芒，故曰“挫其锐”；心体湛寂，释然无虑，故曰“解其纷”。纷，谓纷纭杂想也。含光敛耀，顺物忘怀，故曰“和其光，同其尘”。此非妙契玄微者不能也，故曰“是谓玄同”。圣人造道之妙，大而化之至于此。其心超然尘表，故不可得而亲；精诚动物，使人见而不能舍，故不可得而疏。淡然无欲，故不可得而利；妙出死生，故不可得而害。视王侯之如隙尘，故不可得而贵；披褐怀玉，故不可得而贱。以其圣人迹寄寰中，心超物表，不在亲疏、利害、贵贱之间，此其所以为天下贵也。

以正治国，以奇用兵，以无事取天下。吾何以知其然哉？以此。天下多忌讳，而民弥贫；民多利器，国家滋昏；人多技巧，奇物滋起；法令滋彰，盗贼多有。故圣人云，我无为而民自化，我好静而民自正，我无事而民自富，我无欲而民自朴。

此言治天下国家者，当以清净无欲为正，而不可用奇巧以诱民也。且奇巧诈术，是为诡道，但可用之于兵，不可以治国，故曰“以正治国，以奇用兵”。然兵者不祥之器，不得已而用之，乃好事者为之耳，非取天下之具也，故以无事取天下。吾何以知无事可以取天下之然哉？以此。“此”，指下文有事而言。盖忌讳、利器、技巧、法令，皆有事也。此何以不足取天下？且“天下多忌讳，而民弥贫”。忌，谓禁不敢作；讳，谓不敢言。只如文王之囿七十里，与民共之，刍荛雉兔取之者无禁，即有不便于民者，言之不讳，所以民得安其生。故在上者无事，而民日富。今则杀其麋鹿者如杀人之罪，取之者死，民有不便，言之者戮，故民不聊生，且又无所措手足。此多忌讳之事，而民弥贫也。贤者，国之利器也。今国无道，贤者在野，是利器在民不在朝，所以国家滋昏。由上多欲好奇，故人心雕琢，技巧日生。技巧生而奇物滋起，奇物起则贪愈甚，贪愈甚而盗贼生，故法令滋彰而盗贼多有也。以此天下扰扰而不安，是皆有为忘动，有事多欲之过也。故古之圣人有言曰，我无为而民自化，我好静而民自正，我无事而民自富，我无欲而民自朴。宜矣！

其政闷闷，其民醇醇；其政察察，其民缺缺。祸兮福所倚，福兮祸所伏。孰知其极？其无正耶？正复为奇，善复为妖。人之迷，其日固久。是以圣人方而不割，廉而不刿，直而不肆，光而不耀。

此详言上章有为之害，而示之以无为之方也。“闷闷”，无知貌。所谓民可使由之，不可使知之之意。由百姓皆注其耳目，若示有知，即上云法令滋彰，盗贼多有矣。故圣人潜行密用，令其闷闷然若无所知，则民情不凿，奸伪自然不生，故“其政闷闷，其民醇醇”。若其政令察察然分星擘两，则民多不自安，缺缺然忧有余矣。故云“其政察察，其民缺缺”。缺缺，多忧不足之意。

盖祸福之机，端在人心之所萌。若其机善，则祸转为福；若其机不善，则福转而为祸，此祸福相倚伏也。由人机心不息，则祸福旋转如循环之无端，人孰能知其止极耶？故孔子曰“知机其神乎”，谓是故也。然祸福循环之如此，岂无真人而以理正之耶？但世衰道微，人心不古，邪正不分，善恶颠倒。本示之以正，则彼反以为奇诡。本教之以善，而彼反以为妖怪。正所谓未信而劳谏，则以为厉谤。此人心之迷固已久矣，纵有圣人之教，亦不能正之矣。庄子曰，三人行，一人迷方，犹有解者；二人惑，则不能易。今天下皆迷，其谁能解之耶？是以圣人游浊世以化民，贵在同尘和光，浑然无迹，故虽方而不伤其割。“割”，谓割截，乃锋棱太露也。虽廉而不伤于刿。“刿”，谓刻削太甚也。虽直而不伤于肆。“肆”，谓任意无忌也。虽光而不伤于耀。“耀”，谓炫耀已见也。此圣人有所长，而能养其所长，故为天下贵。此所以无为而治，好静而自安，无为而民自化矣。

治人事天莫若啬。夫惟啬，是谓早复。早复谓之重积德，重积德则无不克，无不克则莫知其极，莫知其极，可以有国。有国之母，可以长久。是谓深根固蒂，长生久视之道。

此言圣人离欲复性，以为外王内圣之道也。“啬”，有而不用之意。老子所言人天，《庄子》解之甚明，如曰“不以人害天，不以物伤性”。盖人，指物欲；天，指性德也。言“治人事天莫若啬”者。然啬，即复性工夫也。谓圣人在位，贵为天子，富有四海。其子女玉帛，声色货利，充盈于前。而圣人以道自守，视之若无，澹然无欲，虽有而不用，所谓尧舜有天下而不与，此以啬治人也。圣人并包四海，智周万物，不以私智劳虑而伤其性真。所谓毋摇尔精，毋劳尔形，毋使汝思虑营营。盖有智而不用其智，此以啬事天也。复性工夫，莫速于此，故曰“是谓之早复”。此“复”字，是《复卦》“不远复”之意，言其速也，又如“一日克己复礼，天下归仁”之意。庄子曰：“贼莫大于德有心。”然有心之德施于外，故轻而不厚。复性之功，天德日全，不期复而自复，所谓复见天地之心，故曰“早复谓之重积德”。能重积德，则无不克矣。此“克”字，乃克敌之克，即颜子克己之克。以性德日厚，则物欲消融，而所过者化，无物与敌，则其德高明广大，民无得而称焉，故曰“无不克则莫知其极”。极，至极，犹涯量也。此内圣之德既全，虽无心于天下，乃可以托于天下，故曰“莫知其极，可以有国”。此内圣之道，真以治身，其绪余以为天下国家，故曰“可以有国”。此道先天地不为老，后天地不为终，故曰“可以长久”。古人所言深根固蒂、长生久视之道者，如此而已。结句盖古语，老子引证，以结其意耳。

治大国若烹小鲜。以道莅天下，其鬼不神。非其鬼不神，其神不伤人。非其神不伤人，圣人亦不伤人。夫两不相伤，故其德交归焉。

此言无为之益，福利于民，反显有为之害也。凡治大国，以安静无扰为主，行其所无事，则民自安居乐业而蒙其福利矣，故曰“若烹小鲜”。烹小鲜，则不可挠，挠则靡烂而不全矣。治民亦然。夫虐政害民，灾害并至，民受其殃。不知为政之道，乃以鬼神为厉而伤人，反以祭祀以要其福，其实君人者不道所致也。若以道德君临天下，则和气致祥，虽有鬼而亦不神矣。“不神”，谓不能为祸福也。且鬼神非无，然洋洋乎如在其上，如在其左右，岂不昭格于上下耶？第虽灵爽赫然，但只为民之福，不为民害，故曰非其鬼不神，但其神不伤人耳。然非其神不伤人，实由圣人含哺百姓，如保赤子，与天地合其德，鬼神合其吉凶，而绝无伤民之意，故鬼神协和而致福也。故曰非其神不伤人，圣人亦不伤之。如汤之时，七年大旱。汤以身代牺牲，藉茅以祷，致雨三尺，故民皆以汤王克诚感格所致。斯盖由夫两不相伤，故其德交归焉。此无为之德，福民如此。

大国者下流，天下之交，天下之牝。牝常以静胜牡，以静为下。故大国以下小国，则取小国；小国以下大国，则取大国。故或下以取，或下而取。大国不过欲兼畜人，小国不过欲入事人，夫两者各得其欲，故大者宜为下。

此言君天下者，当以静胜为主，不可以力相尚也。夫流之在下者，如江海，众水归之。故大国之在天下，众望归之，故如流之在下，以为天下之交，纳污含垢，无所不容；又虚而能受，如天下之牝也。凡物之雌曰牝，雄曰牡，牡动而牝静。动则不育，静能有生，是牝以静胜牡也。以此譬喻圣人之德。然圣人为天下牝者，以天下之人，衣食皆赖之以生，爵禄皆赖之以荣，万几并集于一人。故君道无为而皆任其所欲，各遂其所生，所谓万物皆往资焉而不匮，此似牝以静胜牡也。是则静为群动之归趋，故“以静为下”。

大字小，小事大，皆有以下之也。“取”者，得之易也。大字小，如母育子；小事大，如子奉母，精神相孚，相得最易，故如掇之也。然大字小，必有所容，故曰“或下以取”。以，犹左右之也。小事大，必有所忍，故曰“或下而取”。而，因而取之也。皆无妄动之过，故交归焉。且大国之欲，不过兼畜人，非容无以成其大。小国之欲，不过入事人，非忍无以济其事。两者既各得其所欲，而大者更宜下。何也？以大国素尊，难于下耳，故特勉之。此老子见当时诸侯专于征伐，以力不以德，知动不知静，徒见相服之难，而不知“下”之一字，为至简之术。盖伤时之论也。

道者，万物之奥，善人之宝，不善人之所保。美言可以市，尊行可以加人。人之不善，何弃之有！故立天子，置三公，虽有拱璧以先驷马，不如坐进此道。古之所以贵此道者何？不曰求以得，有罪以免耶？故为天下贵。

此言道之为贵，诫人当勉力求之也。道者，万物之奥。奥者，室之西南隅。有室必有奥。但人虽居其室，而不知奥之深邃。以譬道在万物，施之日用寻常之间，人日用而不知，故如奥也。然道既在万物，足知人性皆同。虽有善恶之差，而性未尝异。以其俗习之偏耳，故善人得之以为宝；恶人虽失，亦赖此道保之以有生，故曰所保。苟非其道以保之，则同无情瓦石矣。足见理本同也，所谓尧舜与人同耳。由此观之，天下岂有可弃之人耶？且一言之美，则可以市。市，利也。一行之尊，则可以加于人之上。况大道之贵，岂止一言之美，一行之尊，且人之全具而不欠缺一毫者，斯则不善之人，又何弃之有耶？“故立天子，置三公，虽有拱璧以先驷马，不如坐进此道。”此古语也。老子解之曰，然天子、三公不足为尊贵，拱璧、驷马不足为荣观，总不如坐进此道。所以贵此道者何耶？岂不曰求道以得之，纵有罪亦可以免之耶？是知桀纣，天子也，不免其诛；四凶，三公也，不免其戮。非无拱璧驷马，而竟不能免其罪。故夷齐谏武王而不兵，巢许傲天子而不谴，岂非求以得，有罪以免耶？况夫一念复真，诸罪顿灭。苟求而得，立地超凡，故为天下贵也。

为无为，事无事，味无味。大小多少，报怨以德。图难于其易，为大于其细。天下难事，必作于易。天下大事，必作于细。是以圣人终不为大，故能成其大。夫轻诺必寡信，多易必多难。是以圣人犹难之，故终无难。

此言圣人入道之要妙，示人以真切工夫也。凡有为，谓智巧。有事，谓功业。有味，谓功名利欲。此三者，皆世人之所尚。然道本至虚而无为，至静而无事，至淡而无味。独圣人以道为怀，去彼取此，故所为者无为，所事者无事，所味者无味。故世人皆以名位为大，以利禄为多而取之。然道至虚微，淡泊无物，皆以为小少，故弃而不取。圣人去功与名，释智遗形，而独与道游，是去其大多，而取其小少。故以至小为至大，至少为至多，故大其小而多其少也。试观世人报怨以德，则可知矣。何也？且世之人，无论贵贱，事最大而难解者，怨也。然怨之始也，偶因一言之失，一事之差，遂相构结，以至杀身灭名、亡国败家之祸。甚至有积怨深愤，父子子孙累世相报而未已者。此举世古今之恒情也，岂非其事极大且多哉！惟圣人则不然，察其怨之未结也，本不有；始结也，事甚小；既结也，以为无与于己，故无固执不化之心，亦无有我以与物为匹敌；其既往也，事已消之，求其朕而不可得。以此观之，则任彼之怨，在我了无报之之心矣。然彼且以为有怨，在我全无报复之心，彼必以我为德矣。是所谓“报怨以德”，非谓曲意将德以报怨也。孔子以直报怨，正谓此耳。斯则怨乃事之至大而多，人人必有难释者，殊不知有至易者存焉。是所谓为无为，事无事，大其小，而多其少也。天下之事，何独于怨，而事事皆然。故天下之事至难者，有至易存焉；至大者，有至细存焉。人不见其易与细，而于难处图之，大处为之，必终无成。苟能图之于易而为之于细，鲜不济者，以天下难事必作于易、天下大事必作于细故也。作者，始起也。是以圣人虚心体道，退藏于密，迹愈隐而道愈光，泽流终古而与天地参，此所谓终不为大，故能成其大也。

老子言及至此，抑恐世人把“易”字当作“容易”、“轻易”字看，故诫之曰，夫轻诺必寡信，多易必多难。谓世人不可将事作容易看也。且容易许人，谓之轻诺。凡轻许者，必食言而寡信。见事之容易而轻为者，必有始而无终。是故“易”字，非“容易”也。世人之所难，而圣人之所易；世人之所易，而圣人之所难。故曰“圣人犹难之，故终无难”。犹，应作尤，古字通用，更也。谓世人之所甚易者，而圣人更难之，故终不难耳。观夫文王兢兢，周公业业，戒慎恐惧乎不睹不闻，皆圣人之所难也。余少诵“图难于易”、“为大于细”二语，只把作事看。及余入山学道，初为极难，苦心不可言；及得用心之诀，则见其甚易。然初之难，即今之易；今之易，即初之难。然治心如此，推之以及天下之事皆然。此圣人示人入道之真切工夫也。志道者勉之。

其安易持，其未兆易谋；其脆易破，其微易散。为之于未有，治之于未乱。合抱之木，生于毫末；九层之台，起于累土；千里之行，始于足下。为者败之，执者失之。圣人无为，故无败；无执，故无失。民之从事，常于几成而败之。慎终如始，则无败事。是以圣人欲不欲，不贵难得之货；学不学，复众人之所过，以辅万物之自然，而不敢为。

此释上章图难于易、为大于细之意，以示圣人之要妙，只在为人之所不为，以为学道之捷径也。治人事天工夫，全在于此。“安”与“未兆”，盖一念不生，喜怒未形，寂然不动之时，吉凶未见之地，乃祸福之先，所谓几先也。“持”字，全是用心力量。谓圣人寻常心心念念，朗然照于一念未生之前，持之不失。此中但有一念动作，当下就见就知，是善则容，是恶则止，所谓“早复”，孔子所谓“知几其神乎”。此中下手甚易，用力少而收功多，故曰“其安易持”。兆，是念之初起。未兆，即未起。此中喜怒未形，而言“谋”者，此谋非机谋之谋，乃戒慎恐惧之意。于此著力，图其早复，盖第一念为之于未有也。若“脆”与“微”，乃是一念始萌，乃第二念耳。然一念虽动，善恶未著，甚脆且微。于此著力，所谓治之于未乱也。

“合抱之木”以下，三句皆譬喻。“毫末”，喻最初一念。“累土”、“足下”，喻最初一步工夫也。上言用心于内，下言作事于外。“为”、“执”二句，言常人不知著力于未然之前，却在既发之后用心，为之则反败，执之则反失矣。圣人见在几先，安然于无事之时，故无所为而亦无所败；虚心鉴照，故无所执而亦无所失，以其圣人因理以达事耳。常民不知在心上做，却从事上做，费尽许多力气，且每至于几成而败之。此特机巧智谋，有心做来，不但不成，纵成亦不能久，以不知听其自然耳。“慎终如始”。

始，乃事之初；终，乃事之成。天下之事，纵然盈乎天地之间，圣人之见，察其始也本来不有。以本不有，故将有也，任其自然，而无作为之心；及其终也，事虽已成，观之亦似未成之始，亦无固执不化之念，此所谓慎终如始，故无败事也。

“是以”以下，总结圣人返常合道也。若夫众人之所欲者，功名利禄，玉帛珍奇；所学者，权谋智巧。火驰于此，往而不返，皆其过也。至于道德无为，皆以为贱而所不欲，以为无用而不学。故恃智好为，以伤自然之朴。圣人离欲释智，以复众人之过耳；以恃万物之自然，故终不敢为也。

庄子内圣外王学问，全出于此。吾人日用明此，可以坐进此道。以此用世，则功大名显。伊周事业，特绪余耳，岂不至易哉！

古之善为道者，非以明民，将以愚之。民之难治，以其智多。以智治国，国之贼；不以智治国，国之福。知此两者，亦楷式。能知楷式，是谓玄德。玄德深矣，远矣，与物反矣，乃至于大顺。

此言圣人治国之要，当以朴实为本，不可以智夸民也。“明”者，昭然揭示之意。“愚”者，民可使由之不可使知之之意。夫民之所趋，皆观望于上也，所谓百姓皆注其耳目。凡民之欲蔽，皆上有以启之。故上有好者，下必有甚焉者也。故圣人在上，善能以斯道觉斯民，当先身以教之。上先不用智巧，离欲清净，一无所好，若无所知者，则民自各安其日用之常，绝无一念好尚之心，而黠滑之智自消，奸盗之行自绝矣。所谓我好静而民自正，我无为而民自化。故曰“非以明民，将以愚之”。此重在“以”字。前云“众人皆有以”。以，如《春秋》“以某师”之“以”，谓左右之也。此其上不用智，故民易治耳。然民之难治者，皆用智之过也。足知以智治国者，反为害也，乃国之贼。不用智而民自安，则为国之福矣。人能知此两者，可为治国之楷式也。楷式，好规模也。苟能知此楷式，是谓之玄德矣。玄德，谓德之玄妙，而人不测识也。故叹之曰，玄德深矣，远矣，非浅识者所可知也。民之欲，火驰而不返。唯以此化民，则民自然日与物相反，而大顺于妙道之域矣。语曰“齐一变至于鲁，鲁一变至于道”，犹有智也，况玄德乎？

江海所以能为百谷王者，以其善下之，故能为百谷王。是以圣人欲上民，必以言下之；欲先民，必以身后之。是以圣人处上而民不重，处前而民不害，是以天下乐推而不厌。以其不争，故天下莫能与之争。

此教君天下者以无我之德，故天下归之如水之就下也。百川之水，不拘净秽，总归于江海。江海而能容纳之，以其善下也。此喻圣人在上，天下归之，以其无我也。“欲上民，必以言下之”者。言者，心之声也。故君天下者，尊为天子。圣人虚心应物，而不见其尊，故凡出言必谦下，如曰孤寡不谷，不以尊陵天下也。“欲先人，必以身后之”者。身者，心之表也。君天下者贵为天子，天下推之以为先。圣人忘己与人，而不自见有其贵。故凡于物欲，澹然无所嗜好，不以一己之养害天下也。“重”者，犹不堪也。是则圣人之心，有天下而不与，故虽处上，而民自堪命，不以为重；虽处前，而民自遂生，不以为害。此所以天下乐推而不厌，盖无我之至，乃不争之德也。此争非争斗之谓，盖言心不驰竞于物也。以其不争，故天下莫能与之争。庄子所谓“兼忘天下易，使天下忘己难”。此则能使天下忘己，故莫能与之争耳。

天下皆谓我道大，似不肖。夫惟大，故似不肖。若肖，久矣其细。我有三宝，持而宝之：一曰慈，二曰俭，三曰不敢为天下先。慈故能勇，俭故能广，不敢为天下先故能成器长。今舍慈且勇，舍俭且广，舍后且先，死矣！夫慈，以战则胜，以守则固。天将救之，以慈卫之。

此章老子自言所得之道至大，世人不知，其实所守者至约也。“道大”，如巍巍乎惟天为大，荡荡乎民无称焉，言其广大难以名状也。“不肖”，如孔子云不器，大史公谓孟子迂远而不切于事情之意，即庄子所谓大有径庭，不近人情也。此盖当时人见老子其道广大，皆如下文所云，以勇、广、器长称之，且不得而名，故又为不肖，即若孔子称之犹龙也。故老子因时人之言，乃自解之曰，天下人皆谓我之道大，似乎不肖，无所可用。惟其大，所以似不肖耳。肖者，与物相似，如俗云一样也。“若肖”作一句，“久矣其细”作一句，倒文法耳，谓我若是与世人一样，则成细人久矣，又安得以道大称之哉！

下文释其大之所以。谓世人皆见其物莫能胜我，遂以我为勇；见我宽裕有余，遂以我为广；见其人皆推我为第一等人，遂以我为器长。器者，人物之通称也。以此故，皆谓我道大，其实似无所肖。殊不知我所守者至约，乃慈、俭、不敢为天下先，三法而已。慈者，并包万物，覆育不遗，如慈母之育婴儿。俭者，啬也，有而不敢尽用。不敢为天下先者，虚怀游世，无我而不与物对。然以慈育物，物物皆己，且无己与物敌，物自莫能胜矣，故曰“慈故能勇”。心常自足，虽有余而不用，所处无不裕然宽大矣，故曰“俭故能广”。物我两忘，超然独立，而不见有己以处人前，故人皆以我为畸人，推为人中之最上者矣，故曰“不敢为天下先，故能成器长”。以此故，皆以我为道大似不肖耳。以我所守者如此，即前所云“我独异于人，而贵求食于母”也。以此三者，乃大道之要妙耳。且今世人，舍慈而言勇，舍俭而言广，舍后而言先，死矣！此死字，非生死之死，如禅家所云死在句下，盖死活之死，言其无生意也。以世人不知大道之妙，但以血气夸侈争胜做工夫，故一毫没用头，皆死法，非活法也。且此三者之中，又以慈为主。不但学道，即治天下国家莫不皆然。若以战则胜，以守则固，故王师无敌，民效死而勿去，皆仁慈素有所孚，故为战胜守固之道。此所谓道之真以治身，其绪余以为天下国家。以天地之大德曰生，故天将救斯民，而纯以慈卫之。故圣人法天利用，而以慈为第一也。世俗恶足以知之！故知治世能用老氏之术，坐观三代之化。所以汉之文、景，得糟粕之余，施于治道，炯超百代耳。此老子言言皆真实工夫，切于人事，故云甚易知易行。学人之视太高，类以虚玄谈之，不能身体而力行，故不得其受用耳。惜哉！

善为士者不武，善战者不怒，善胜敌者不争，善用人者为之下。是谓不争之德，是谓用人之力，是谓配天，古之极。

此言圣人善于下人，以明不争之德，释上三宝之意也。一章主意，只在“善用人者为之下”一句，乃假兵家战胜之事，以形容其慈，乃不争之至耳。士者，介胄之士。武者，武勇。然士以武为主，战以怒为主，胜敌以争为主，三者又以气为主。况善于为士者不用武，善于战者不在怒，善于胜敌者不必争，即前所云以慈用兵也。意谓武、怒、争三者，独兵事所必用，若用之而必死，故善者皆不用。何况常人，岂可恃之以为用耶？乃骄矜恃气，不肯下人，故人不乐其用，乃不善用人耳。故古之善用人者，必为之下，即此是谓不争之德也。若以力驱人，能驱几何？若以下驱人，则天下归之。是以下用人，最有力也。所谓上善若水，水善利万物而不争，以其有力也。“是谓配天，古之极”者。乾天，坤地。若天地正位，则为否，而万物不生。若乾下坤上，则为泰。是知天在上而用在下也。圣人处民上而心在下，可谓配天之德。此古皇维极之道，置百姓于熙皞至乐之中。斯岂不争之德以治天下，而为力之大者欤？

此章主意，全在不用气上做工夫，即前云“专气致柔，能如婴儿”。纯和之至，则形化而心忘，不见物为对，则不期下而自下矣。殆非有心要下，而为用人之术也。然学人有志于谦德，则必尊而光，况圣人无我之至乎！

用兵有言：吾不敢为主而为客，不敢进寸而退尺。是谓行无行（音杭，户刚反）**，攘无臂，仍无敌，执无兵**（兵者，五兵器械，谓戈、矛、殳、戟、干也）**。祸莫大于轻敌，轻敌几丧吾宝。故抗兵相加，哀者胜矣。**

此重明前章不争之德，以释上三宝以慈为本之意也。然慈，乃至仁之全德也。所谓大仁不仁，以其物我兼忘，内不见有施仁之心，外不见有受施之地。故凡应物而动，皆非出于有心好为，盖迫不得已而后应。故借用兵以明慈德之至也。何以知之？且如古之用兵者有言曰：吾不敢为主而为客，不敢进寸而退尺。以此观之，足可知也。古之用兵，如涿鹿、孟津之师是也。“兵主”，如《春秋》征伐之盟主，盖专征伐，主于兵者，言以必争必杀为主也。“客”，如诸侯应援之师，本意绝无好杀之心，今虽迫不得已而应之，然亦听之待之，若可已则已。以无心于功利，故绝无争心，所以进之难而退之易，故曰“不敢进寸而退尺”。言身进而心不进，是以退心进也。以无争心，故虽行而如不在行阵，虽攘而若无臂之人。“仍”，相仍，犹就也。言彼以我为敌，而我以彼为敌也。虽就，亦似无敌可对。虽执，犹若无兵可挥。戒惧之至，而不敢轻于敌。由不敢轻敌，所以能保全民命，不伤好生之仁。然祸之大者莫大于轻敌，以轻敌则多杀，多杀则伤慈，故几丧吾宝矣。“抗兵”，乃两敌相当，不相上下，难于决胜，但有慈心哀之者，则自胜矣。何则？以天道好生，助胜于慈者也。由是观之，兵者对敌，必争必杀以取胜，今乃以不争不杀而胜之，盖以慈为本故也。足见慈乃不争之德，施于必争地，而以不争胜之，岂非大有力乎？用之于敌尚如此，况乎圣人无物为敌，而以平等大慈，并包万物，又何物而可胜之耶？故前云不争之德，是谓用人之力，是谓配天古之极。

此章旧解多在用兵上说，全不得老子主意。今观初一句，乃借用兵之言。至轻敌丧宝，则了然明白，是释上慈字，以明不争之德耳。

吾言甚易知，甚易行。天下莫能知，莫能行。言有宗，事有君。夫惟无知，是以不我知。知我者希，则我者贵，是以圣人披褐怀玉。

此章示人立言之指，使知而行之，欲其深造而自得也。老子自谓我所言者，皆人人日用中最省力一著工夫，明明白白，甚容易知，容易行，只是人不能知，不能行耳。以我言言事事，皆以大道为主，非是漫衍荒唐之说，故曰“言有宗，事有君”。宗、君，皆主也。且如一往所说，绝圣弃智，虚心无我，谦下不争，忘形释智，件件都是最省力工夫，放下便是，全不用你多知多解，只在休心二字，岂不最易知最易行耶？然人之所以不能知者，因从来人人都在知见上用心，除却知字，便无下落。以我无知无识一著，极难凑泊，所以人不知我耳，故曰“夫惟无知，是以不我知”。然无知一著，不独老子法门宗旨，即孔子亦同，如曰“吾有知乎哉？无知也，有鄙夫问于我，空空如也”，此岂不是孔圣亦以无知为心宗耶？此夫子见老子后，方得妙悟如此，故称犹龙，正谓此耳。然以无知契无知，如以空合空。若以有知求无知，如以水投石。所以孔老心法，千古罕明，故曰“知我者希”。若能当下顿悟此心，则立地便是圣人，故曰“则我者贵”。则，谓法则，言取法也。圣人怀此虚心妙道以游世，则终日与人周旋，对面不识，故如披褐怀玉。永嘉云，贫则身常披缕褐，道则心藏无价珍。

此一章书，当在末后结束。盖老子向上一往所言天人之蕴，至此已发露大尽，故著此语。后章只是要人在日用著力做工夫，以至妙悟而后已。

知不知，上。不知知，病。夫惟病病，是以不病。圣人不病，以其病病，是以不病。

此承上言惟无知，是以不我知。恐人错认无知，故重指出无知之地也。然世人之知，乃敌物分别之知，有所知也。圣人之知，乃离物绝待，照体独立之知，无所知也。故圣人之无知，非断灭无知，乃无世人之所知耳。无所知，乃世人所不知也。世人所不知，乃圣人之独知。人能知其所不知之地，则为上矣，故曰“知不知上”。若夫臆度妄见，本所不知，而强自以为知；或错认无知为断灭，同于木石之无知。此二者皆非真知，适足为知之病耳，故曰“不知知病”。若苟知此二者为知之病，则知见顿亡，可造无知之地，而无强知妄知之病矣，故曰“夫惟病病，是以不病”。圣人但无强妄之知，故称无知，非是绝然断灭无知也，故曰“圣人不病”。此段工夫，更无别样玄妙，唯病其妄知强知是病而不用，是以不堕知病之中，而名无知。此无知，乃真知。若如此真知，则终日知而无所知。斯实圣人自知之明，常人岂易知哉！此所以易知易行，而世人不能知不能行也。古云："知之一字，众妙之门。知之一字，众祸之门。”然圣人无知之地，必假知以入。若悟无知，则妄知自泯。此乃知之一字，众妙之门也。若执有知以求无知，则反增知障，此乃众祸之门，正是此中知之病也。“知不知上”，最初“知”字，正是入道之要。永嘉云“所谓知者，但知而已”，此句最易而难明。学者日用工夫，当从此入。

民不畏威，大威至矣。无狭其所居，无厌（平声）**其所生。夫惟不厌，是以不厌**（去声）**。是以圣人自知不自见，自爱不自贵，故去彼取此。**

此章教人遗形去欲，为入道之工夫，以造圣人无知之地也。凛然赫然而可畏者，谓之威，如云寒威、炎威是也。是则凡可畏者皆谓之威，唯国之大罚与天地之肃杀，乃大威也。此借以为戕生伤性者之喻。世人以为小恶不足戒而不知畏，必致杀身而后已。此民不畏威，大威至矣。喻世人只知嗜欲养生，而不知养生者皆足以害生而可畏也。且若嗜酒色，必死于酒色；嗜利欲，必死于利欲；嗜饮食，必死于饮食。是则但有所嗜而不知畏，必至于戕生伤性而后已。此不畏威，故大威至矣。然人但知嗜而不知畏者，以其止知有身之可爱、有生之可贵，以此为足，而不知大有过于此者，性也。且吾性之广大，与太虚同体，乃吾之真宅也。苟以性视身，则若大海之一涵，太虚之一尘耳，至微小而不足贵者。人不知此，而但以藐尔之身以为所居之地，将为至足而贵爱之，则狭陋甚矣。故戒之曰“无狭其所居”。狭其居者，将以此身此生为至足也。故又戒之曰“无厌其所生”。厌，足也。若知此身此生之不足贵，则彼物欲固能伤生，亦不足以害我矣，以其无死地也。故曰“夫惟不厌，是以不厌”。厌，弃也。故圣人自知尊性而不见生之可养，自爱遗形而不见身之可贵。此圣人之所独知，世人之所不知也，故去彼众人之所知，取彼所不知，以为道之要妙耳。以此足见世人之所知者，皆病也。圣人病之而不取，故不病也。

后三章互相发明此章之旨。

勇于敢则杀，勇于不敢则活。此两者，或利或害。天之所恶，孰知其故？是以圣人犹难之。天之道，不争善胜，不言而善应，不召而自来，繟（音阐，舒缓也）**然而善谋。天网恢恢，疏而不失。**

此言天命可畏，报应昭然，教人不可轻忽也。“勇”者，决定之志也。“敢”者，不计利害而决于为也。“杀活”，死生也。谓凡世人作事，不顾利害，不怕死生，而敢为之。然敢乃必死之地，故曰“勇于敢则杀”。若用志于不敢为，是足以保身全生，故曰“勇于不敢则活”。此天道必然之理也。且此二者，亦有敢而生，不敢而死者。至若颜子夭而盗跖寿，此乃当害而利、当利而反害者，何耶？况天道好谦而恶盈，与善而恶恶。是则为恶者，当恶而不恶，斯岂报应差舛耶？世皆疑之，故解之曰，天之所恶，孰能知其故。故，所以然也。孔子曰：“无求生以害仁，有杀身以成仁。”由此观之，生存而仁害，虽生亦死；身灭而仁成，虽死亦生。斯则跖非寿、颜非夭矣。此乃天道所以然之妙，而非世人所易知。是以圣人于此犹难之，不敢轻忽，而敬畏之。所谓畏天之威，于时保之也。故下文历示天道之所以。逆天者亡，故不争而善胜。感应冥符，故不言而善应。吉凶祸福如影响，故不召而自来。然报愈迟，而恶愈深，祸愈惨，故繟然而善谋。以报速者有所警，报缓则不及悔，必至尽绝而后已。此所谓善谋也。是则天道昭昭在上，如网之四张，虽恢恢广大，似乎疏阔，其实善恶感应，毫发不遗，此所谓疏而不失也。世人不知天命之如此，乃以敢以强以争竞于名利之场，将谓一身之谋，不顾利害死生而为之，自谓智力以致之，盖不知命之过，皆取死之道也。可不畏哉！

民不畏死，奈何以死惧之？若使民常畏死而为奇者，吾将执而杀之，孰敢？常有司杀者杀，夫代司杀者杀，是谓代大匠斫。夫代大匠斫者，希有不伤手矣。

此承上章天道无言，而赏罚不遗，以明治天下者当敬天保民，不可有心尚杀以伤慈也。治天下者不知天道，动尚刑威，是以死惧民也。老子因而叹之曰：民不畏死，奈何以死惧之耶？以愚民无知，但为养生口体之故，或因利而行劫夺，或贪欲而嗜酒色。明知日蹈死亡，而安心为之，是不畏死也。如此者众，岂得人人而尽杀之耶？若民果有畏死之心，但凡有为奇诡之行者，吾执一人而杀之，则足以禁天下之暴矣。如此，谁又敢为不法耶？民既不畏死，杀之无益，适足以伤慈耳。夫天之生民，必有以养之。而人不知天，不安命，横肆贪欲以养生，甚至不顾利害而无忌惮以作恶，是乃不畏天威，天道昭昭，必将有以杀之矣。是居常自有司杀者杀，无庸有心以杀之也。所谓天生天杀，道之理也。今夫人主，操生杀之权，乃代天之威以保民者。若民恶贯盈，天必杀之。人主代天以行杀，故云代司杀者杀，如代大匠斫也。且天鉴昭明，毫发不爽，其于杀也，运无心以合度，挥神斤以巧裁，不疾不徐，故如大匠之斫，运斤成风而不伤锋犯手。至若代大匠斫者，希有不伤手矣。何也？夫有心之杀，乃嗜杀也，嗜杀伤慈。且天之司杀，实为好生。然天好生，而人好杀，是不畏天而悖之，反取其殃。此所以为自伤其手也。孟子曰“不嗜杀人者能一之”，此语深得老子之余意。故轲力排杨墨，而不及老庄，良有以焉。至哉！仁人之言也。

民之饥，以其上食税之多，是以饥。民之难治，以其上之有为，是以难治。民之轻死，以其求生之厚，是以轻死。夫惟无以生为者，是贤于贵生。

此释上章民不畏死之所以，教治天下者当以淡泊无欲为本也。凡厥有生，以食为命。故无君子莫治野人，无野人莫养君子，是则上下同一命根也。然在上之食，必取税下民。一夫之耕，不足以养父母妻子。若取之有制，犹可免于饥寒。若取之太多，则夺民之食以自奉，使民不免于死亡。凡贼盗起于饥寒也，民既饥矣，求生不得，而必至于奸盗诈伪，无不敢为之者，虽有大威，亦不畏之矣。是则民之为盗，由上有以驱之也。既驱民以致盗，然后用智术法以治之。故法令兹彰，盗贼多有，此民所以愈难治。虽有斧钺之诛，民将轻死而犯之矣。由是推之，民之轻死，良由在上求生之厚以致之，非别故也。“厚”，重也。此句影前，当有一“上”字，方尽其妙。然重于求生，以但知生之可贵，而以养生为事，不知有生之主。苟知养生之主，则自不见有身之可爱，有生之可贵，欲自消而心自静，天下治矣。所谓我无为而民自化，我好静而民自正，我无事而民自富，我无欲而民自朴。

故曰“夫惟无以生为者，是贤于贵生”。贤，犹胜也。此中妙处，难尽形容，当熟读《庄子·养生主·马蹄·胠箧》诸篇，便是注解。又当通前四章，反复参玩，方见老子吃紧处。

人之生也柔弱，其死也坚强。万物草木之生也柔脆，其死也枯槁。故坚强者死之徒，柔弱者生之徒。是以兵强则不胜，木强则共（音拱，两手合围也）**。强大处下，柔弱处上。**

此章伤世人之难化，欲在上者当先自化，而后可以化民也。结句乃本意，上文皆借喻以明之耳。经曰，此土众生，其性刚强，难调难化。故老子专以虚心、无为、不敢，为立教之本。全篇上下，专尚柔弱而斥刚强。故此云“坚强者死之徒，柔弱者生之徒”，乃借人物草木为喻。是以兵喻戒惧，木喻心虚。言兵若临事而惧，不敢轻敌，故能全师以自胜，是以全生为上，而多死为下也。木之枝条，以冲气为和，故欣欣向荣，而生意自见，是以虚心柔弱在上；若成拱把，则粗干坚强者在下矣。以此足知戒惧虚心，柔弱翕受者，方可处于民上也。若夫坚强自用，敢于好为，则终无有生意矣。此语大可畏哉！

天之道，其犹张弓乎？高者抑之，下者举之，有余者损之，不足者补之。天之道，损有余而补不足。人之道则不然，损不足以奉有余。孰能有余以奉天下？唯有道者。是以圣人为而不恃，功成而不处，其不欲见贤耶？

此言天道之妙，以明圣人法天以制用也。弓之为物，本弣高而有余，弰下而不足，乃弛而不用也。及张而用之，则抑高举下，损弣有余之力，以补弰之不足。上下均停，然后巧于中的。否则由基、逢蒙，无所施其巧矣。天之道亦犹是也。以其但施而不受，皆损一气之有余，以补万物之不足，均调适可，故各遂其生。人道但受而不施，故人主以天下奉一己，皆损百姓之不足，以补一人之有余，裒寡益多，故民不堪其命。谁能损有余以奉天下哉！唯有道者，达性分之至足，一身之外皆余物也。故尧舜有天下而不与，即以所养而养民，乃能以有余奉不足也。是以圣人与道为一，与天为徒，故法天制用，虽为而不恃其能，虽成而不居其功，此损之至也。损之至，故天下乐推而不厌，虽不欲见贤，不可得也。“其不欲见贤耶”一句，谓我心本不欲见贤，而人自以我为贤矣。此益也，由损而至，故“唯天为大，唯尧则之”，此之谓也。

天下莫柔弱于水，而攻坚强者莫之能先，以其无以易之也。故柔之胜刚，弱之胜强，天下莫不知，莫能行。是以圣人云：受国之垢，是谓社稷主；受国之不祥，是谓天下王。正言若反。

此结通篇柔弱之意，欲人知而能行也。“无以易之”，易，轻易也，即《左传》训师无易敌之易，谓师之柔弱，则敌人有以料而易之以取胜。至若水之柔弱，则人莫能料。莫能料，故无以易之，而卒莫能以取胜。此所以攻坚强者莫之能先。莫能先，谓无有过于此也。世人皆以柔弱为不足取，率轻易之。故天下皆知之而莫能行，以柔弱为垢辱不美之称故也。“祥”，犹嘉美也。是以凡称人君，则曰乾刚、能断、有为，遂以为明君。若夫无为，则国人皆以柔弱为耻辱而不美矣。故圣人云，果能以柔弱处上，恬澹无为，能受一国之耻垢者，则为社稷真主；能受一国不美之名者，则为天下明王矣。如尧之垂拱无为，则野老讴曰：“帝力何有于我哉！”此受国之垢也。然柔弱无为，乃合道之正言，但世俗以为反耳。

和大怨，必有余怨，安可以为善？是以圣人执左契而不责于人。有德司契，无德司彻。天道无亲，常与善人。

此言圣人无心之恩，但施而不责报，此为当时计利者发也。然恩生于怨，怨生于恩。当时诸侯两相构怨，霸者主盟而为和之。大怨既和，而必责报。报之不至，而怨亦随之，是有余怨也。庄子云，贼莫大于德有心。故曰“安可以为善”？是以圣人无心之德，但施而不责报，故如贷之执左契，虽有而若无也。“契”，贷物之符券也。合同剖之，而有左右，贷者执右，物主执左，所以责其报也。“有德司契”，但与而不取，徒存虚契。“无德司彻”，不计彼之有无，必征其余，如赋彻耳。彻，周之赋法，谓时至必取于民，而无一毫假借之意。然上责报而下计利，将谓与而不取为失利也。殊不知失于人，而得于天，故曰“天道无亲，常与善人”。且施而不取，我既善矣，人不与而天必与之，所谓自天佑之，吉无不利。岂常人所易知哉！

小国寡民，使有什伯人之器而不用，使民重死而不远徙。虽有舟舆，无所乘之；虽有甲兵，无所陈之；使民复结绳而用之。甘其食，美其服，安其居，乐其俗。邻国相望，鸡狗之声相闻，民至老死不相往来。

此结通篇无为之益，施于治道，可复太古之化也。“什伯之器”，并十曰什，兼百曰伯。器，材也。老子自谓以我无为之治，试于小国，纵使有兼十夫百夫之材者，亦无所用之，以民淳而无事故也。若国多事，烦扰于民，或穷兵致乱，重赋致饥，民不安其居，则轻死而去之。今一切无之，故使民重死，而不远徙。舟舆，水陆之具。不远徙，故虽有舟车无所用。不尚争，故虽有甲兵无所陈。陈，列也。不用智，故可使结绳而用之，如太古矣。民各自足其足，绝无外慕之心，不事口体，故以寻常衣食为甘美，以平居里俗为安乐，日与邻国鸡狗相闻，至近之地民至老死而不相往来。如此，则淳朴之至，乃太古之化也。

老子所言，疾当时之弊，皆有为用智刚强，好争尚利，自私奉己，而不恤于民，故国乱民贫，而愈难治。所以治推上古，道合无为，全篇所论，不出乎此，盖立言之本旨也。故终篇以此，请试而行之，可以顿见太古鸿荒之化，言取效之速如此也。所谓“一日克己复礼，天下归仁”，深有味乎此言也。老氏之学，岂矫世绝俗之谓哉！

信言不美，美言不信。善者不辩，辩者不善。知者不博，博者不知。圣人不积，既已为人己愈有，既已与人己愈多。天之道，利而不害。圣人之道，为而不争。

此结通篇立言之旨，以明老氏立教之宗也。“信言不美”者，斯乃释疑之辞，以明道本无言，因言显道之意也。首章云“道可道，非常道”，以可道之道乃言说也，老子自谓道若可言，即非真道矣。今上下五千余字，岂非言耶？既已有言，则道非真矣。因于终篇以自解之，以释后世之疑耳。然“信”，旧注“实”也，谓真实之言，即由衷之言也。“美言”，华美之言，乃巧言也。老子意谓道本无言，因言以显，但我所言者，字字皆从真实理中流出，第藉之以彰道妙，故信实而不美，非若世人夸诞浮辞，虽美而不信也。且世衰道微，人心不古，当时学者不达无言之旨，乃哓哓好辩尚博，各擅专门。如杨朱、墨翟、御寇、公孙之徒，祖述相传，以辩博为宗，自以为善。殊不知以多歧亡羊，多方丧真，去道转远。老子因而斥之曰，孰知不言之教，不辩之辩哉！以彼辩者则不善于道，果善于道则自不辩矣。且道本无言，乃至约也。但了悟于心，可目击而喻，妙契无言，自不容声矣，何事于博哉！故曰“知者不博”。时人不知出此，徒事多闻，增益知见，以博为知，其实不知多言数穷，故曰“博者不知”。以彼不知大道体虚，运而不积，而彼以积为务，故愈增障碍。殊不知有积则有散，有散则有穷。无积则无散，无散则无穷。由圣人体虚合道，忘言任真，了无所积，由其不积则不穷，所谓虚而不屈，动而愈出。如枢得环中，以应无穷，故既已为人己愈有，既已与人己愈多也。且天乃无言之圣，圣乃有言之天。以天道不积，其体至虚，故四时运而不竭，利尽万物而不伤其体，故曰“天之道利而不害”。害，非害物之害，乃不伤己之意。圣人法天利用，故终日运用，为物作则，而了然无物可当于情，故曰“为而不争”。争，谓与物竞也。斯盖虚心游世，超然独立于万物之上矣。

老子学问工夫，真实直捷处，尽在于此。故结全书立言之旨，妙尽于是矣。学者勉哉！

老子道德经解下篇终

《庄子内篇》注[1]

庄子内篇注卷之一

明匡庐逸叟憨山释德清注

《庄子》一书，乃《老子》之注疏。予尝谓老子之有庄，如孔之有孟。若悟彻老子之道，后观此书，全从彼中变化出来。以其人宏才博辩，其言洸洋自恣，故观者如捕风捉影耳。直是见彻他立言主意，便不被他瞒矣。一部全书三十三篇，只内七篇已尽其意，其外篇皆漫衍之说耳。学者但精透内篇，得无穷快活，便非世上俗人矣。其学问源头，《影响论》发明已透，请细参之。

逍遥游

此为书之首篇，庄子自云"言有宗，事有君"，即此便是立言之宗本也。逍遥者，广大自在之意，即如佛经无碍解脱。佛以断尽烦恼为解脱。庄子以超脱形骸，泯绝知巧，不以生人一身功名为累为解脱，盖指虚无自然为大道之乡，为逍遥之境，如下云"无何有之乡"、"广漠之野"等语是也。意谓唯有真人能游于此广大自在之场者，即下所谓大宗师，即其人也。世人不得如此逍遥者，只被一个我字拘碍，故凡有所作，只为自己一身上求功、求名。自古及今，举世之人无不被此三件事苦了一生，何曾有一息之快活哉！

---

[1] 据《嘉兴藏》本（"又续藏"第 4 函，明天启元年（1621）管觉仙刻本），参校清《乾隆藏》本（第 153 册，经号 1636）和清光绪十四年（1888）金陵刻经处刻本。

独有大圣人忘了此三件事，故得无穷广大自在，逍遥快活。可悲世人迷执，拘拘只在我一身上做事，以所见者小，不但不知大道之妙，即言之而亦不信，如文中“小知不及大知”等语，皆其意也。故此篇立意，以“至人无己、圣人无功、神人无名”为骨子，立定主意，只说到后方才指出，此是他文章变化鼓舞处。学者若识得立言本意，则一书之旨了然矣。

北冥（*北海，乃玄冥处也*）**有鱼，其名为鲲。鲲之大，不知其几千里也。化而为鸟，其名为鹏。鹏之背，不知其几千里也。怒而飞，其翼若垂天之云。是鸟也，海运则将徙于南冥。南冥者，天池也。**

庄子立言，自云“寓言十九，重言十七，卮言日出，和以天倪”，一书之言不出三种。若此鲲鹏，皆寓言也，以托物寓意以明道，如所云譬喻是也。此逍遥主意，只是形容大而化之之谓圣，惟圣人乃得逍遥，故撰出鲲鹏以喻大而化之之意耳。北冥，即北海，以旷远非世人所见之地，以喻玄冥大道。海中之鲲，以喻大道体中养成大圣之胚胎，喻如大鲲，非北海之大不能养也。鲲化鹏，正喻大而化之之谓圣也。然鲲虽大，乃块然一物耳，谁知其大？必若化而为鹏，乃见其大耳。鹏翼若垂天之云，则比鲲在海中之大可知矣。怒而飞者，言鹏之大不易举也，必奋全体之力乃可飞腾。以喻圣人虽具全体，向沉于渊深静密之中，难发其用，必须奋全体道力，乃可舍静而趋动，故若鹏之必怒而后可飞也。圣人一出则覆翼群生，故喻鸟翼若垂天之云，此则非鲲可比也。海运，谓海气运动，以喻圣人乘大气运以出世间，非等闲也。将徙，徙者迁也。南冥，犹南明，谓阳明之方，乃人君南面之喻。谓圣人应运出世，则为圣帝明王，即可南面以临莅天下也。后之大宗师，即此之圣人。应帝王，即徙南冥之意也。所谓“言有宗，事有君”者，正此意也。

《齐谐》者，志怪者也。《谐》之言曰：鹏之徙于南冥也，水击三千里，抟扶摇而上者九万里，去以六月息者也。

庄子意谓鲲鹏变化之说大似不经，恐人不信，故引此以作证据，谓我此说非是漫谈，乃我得之于《齐谐》中也。问曰：《齐谐》是何等书？曰：乃志怪之书，所记怪异之事者也。故《谐》之有言曰：鹏之徙于南冥也，水击三千里。言翼击海水振荡三千里，则其大可知。扶摇，大风也。以翼搏大风以飞而上者一举而九万里之远，则其大益可知已。六月，周六月即夏之四月，谓盛阳开发，风始大而有力，乃能鼓其翼。息即风也，意谓天地之风若人身中之气息。此笔端鼓舞处。以此证之，则言可信也。

野马也，尘埃也，生物之以息相吹也。天之苍苍，其正色耶？其远而无所至极耶？其视下也，亦若是则已矣。

此言大而又大之意也。野马，泽中阳焰不实之物。尘埃，日光射隙以照空中之游尘。生物以息相吹，言世之禽鸟虫物以息相吹，谓气息之微也。苍苍者，非天之正色，乃太虚寥远，目力不及之地也。意谓鹏鸟之大可谓大矣，然在太虚寥廓之上而下视之，一似野马尘埃而已，眇乎小哉！即扶摇之大风以鼓之，亦若生物之以息相吹相嘘而已，何有于大哉！故曰“其视下也亦若此已矣”。意谓圣人之大虽大，亦落有形，尚有体段，而虚无大道无形，不可以名状，又何有于此哉！此即以圣人之所以逍遥者，以道不以形也。

且夫水之积也不厚，则负大舟也无力。覆杯水于坳堂（凹处也）**之上，则芥为之舟**（谓芥子大舟也），**置杯焉则胶**（胶，粘著也。谓坳堂之上不过杯水，止可以芥子大舟则浮，若以杯为舟则胶粘不动矣），**水浅而舟大也。风之积也不厚，则其负大翼也无力。故九万里，则风斯在下矣**（谓鹏能一飞九万里者则是风在下而鹏在上，鼓之负之乃可远举，若风小则无力不能举矣），**而后乃今培风，背负青天**（大风在下，大鹏培在风上，使得背负青天乃不堕落）**而莫之夭阏者**（夭，中道而折也。阏，壅滞而不行也。言得此大风培送，大鹏一举九万里远，直至南溟而不中路夭折壅滞也），**而后乃今将图南**（言必有此大风然后方敢远谋图南之举，风小则不敢轻举也）。

此一节总结上鲲鹏变化图南之意，以暗喻大圣必深畜厚养而可致用也。

意谓北海之水不厚则不能养大鲲，及鲲化为鹏，虽欲远举，非大风培负鼓送必不能远至南冥。以喻非大道之渊深广大，不能涵养大圣之胚胎。纵养成大体，若不变化，亦不能致大用。纵有大圣之作用，若不乘世道交兴之大运，亦不能应运出兴，以成广大光明之事业。是必深畜厚养，待时而动，方尽大圣之体用，故就在水上风上以形容其厚积。然水积本意说在鲲上，今不说养鱼，则变其文曰负舟，乃是文之变化处，使人捉摸不住。若说在鲲上，则板拙不堪矣。意笑世人轻薄浅陋，口耳之学，又无积德深厚，何敢言其功名事业也。

蜩（小寒蝉也）**与鸴鸠**（学飞之小鸠也）**笑之曰："我决起**（尽力而飞也）**而飞，抢**（撞也）**榆枋，时则不至而控**（投也）**于地而已矣，奚**（何也）**以九万里而南为？"适**（往也）**莽苍**（一望之地也）**者三餐而反，腹犹果**（实也，谓尚饱也）**然。适百里者宿舂粮，适千里者三月聚粮，之二虫又何知？**

此喻小知不及大知，谓世俗小见之人不知圣人之大。犹二虫之飞，抢榆枋则已极矣，故笑大鹏要九万里何为哉！此喻世人小知，取足一身口体而已，又何用圣人之大道为哉！庄子因言世人小见不知圣人者，以其志不远大，故所畜不深厚，各随其量而已。故如往一望之地则不必畜粮，一饭而往返尚饱，此喻小人以目前而自足也。适百里者其志少远，故隔宿舂粮。若往千里，则三月聚粮。以其志渐远，所养渐厚。比二虫者生长榆枋，本无所知，亦无远举之志，宜乎其笑大鹏之飞也。举世小知之人盖若此。

小知不及大知（以上二虫以喻小知之人），**小年不及大年**（此以小年大年又比小知大知也）。**奚以知其然耶？朝菌**（粪壤之菌朝生夕枯）**不知晦朔**（一月也），**蟪蛄**（夏虫也）**不知春秋，此小年也。楚之南有冥灵**（神龟也）**者，以五百岁为春，五百岁为秋。上古有大椿者，以八千岁为春，八千岁为秋**（此大年也）。**而彭祖**（有寿之人）**乃今以久**（寿也）**特**（独也）**闻。众人匹之，不亦悲乎？**

此因二虫之不知大鹏，以喻小知之人不知圣人之广大，以各尽其量，无怪其然也。如朝菌蟪蛄，岂知有冥灵大椿之寿哉！且世人只说彭祖八百岁，古今独有一人，而众人希比其寿。以彭祖较大椿，则又可悲矣。世人小知，如是而已。

汤之问棘（汤之贤相也）**也是已**（言小知不及大知即汤之问棘便是此事也）。**穷发**（不毛之地也）**之北有冥海者，天池也**（要显北冥、南冥都是海，故此著天池字）。**有鱼焉，其广数千里，未有知其修**（长也）**者，其名为鲲。有鸟焉，其名为鹏，背若泰山，翼若垂天之云，抟扶摇羊角**（旋风也）**而上者九万里，绝云气**（云在半空而鹏飞负天，故云绝云气），**负青天，然后图南，且适南冥也。斥鷃**（斥，泽名。鷃，泽中之小鸟也）**笑之曰："彼且奚适也。我腾跃而上，不过数仞**（七尺曰仞）**而下，翱翔蓬蒿之间，此亦飞之至也，而彼且奚适也？"此小大之辨也。**

前引《齐谐》以证鲲鹏之事，此复引汤之问棘以证小知大知之事。言上说小知不及大知之说，即汤之曾问于棘者便是此事。然且即举鲲鹏，不但证其鱼鸟之大，抑且证明小大之辨，故一引而两证之，其事同而意别也，故下文即明小大之不同。

故夫（故夫者，承上义而言也）**知效一官、行比**（用也）**一乡、德**（才也）**合一君而徵**（所信也）**一国者，其自视亦若此矣**（亦若斥鷃之自足也）。**而宋荣子犹然笑之**（宋荣子，宋之贤人也。笑，谓彼四等人汲汲然以才智以求一己之浮名者）。**且举世而誉之而不加劝，举世而非之而不加沮**（沮，丧气失色也），**定乎内外之分，辨乎荣辱之境，斯已矣**（言宋荣子所以笑彼汲汲于浮名者，其自处以能忘名，故举世誉之而不加劝，举世非之而不加沮，此但定其内之实德，在己外之毁誉由人，故不以毁誉少动其心，以知荣辱与己无预，如此而已矣），**彼其于世未数数然也**（言宋荣子所以能忘毁誉者但不汲汲以求世上之虚名耳）。**虽然，犹有未树也**（言未有树立也，以但能忘名，未忘我）。**夫列子御风而行，泠然**（轻举貌）**善也，旬有五日而后返，彼于致福者未数数然也。此虽免乎行，犹有所待者也**（列子虽能忘祸福，未能忘死生，以形骸未脱，故不能与造物游于无穷，故待风而举，亦不过旬五日而即返，非长往也）。**若夫乘天地之正**（正，天地之本也，如各正性命之正），**而御六气之辨**（乘天地，则宇宙在手。六气者，阴阳、风雨、晦明，乃造化之气也。御六气则造化生乎身，是乘大道而游者也），**以游无穷者，彼且恶乎待哉**（彼圣人乘大道而游，与造化混而为一，又何有待于外哉）！**故曰：至人无己，神人无功，圣人无名。**（至人、神人、圣人，只是一个圣人，不必作三样看，此说能逍遥之圣人也。以圣人忘形绝待，超然生死而出于万化之上，广大自在，以道自乐，不为物累，故独得逍遥，非世之小知之人可知也。）

庄子立言本意，谓古今世人无一得逍遥者，但被一个血肉之躯为我所累，故汲汲求功求名，苦了一生，曾无一息之快活。且只执著形骸，此外更无别事，何曾知有大道哉！唯大而化之之圣人，忘我、忘功、忘名，超脱生死而游大道之乡，故得广大逍遥自在，快乐无穷，此岂世之拘拘小知可能知哉！正若蜩鸠斥鷃之笑鲲鹏也，主意只是说圣人境界不同，非小知能知，故撰出鲲鹏变化之事，惊骇世人之耳目，其实皆寓言，以惊俗耳。初起且说别事，直到此方拈出本意，以“故曰”一句结了。此乃文章机轴之妙，非大胸襟，无此气概。学者必有所养，方乃知其妙耳。

此上乃寓言。下乃指出忘己、忘功、忘名之圣人以为证据。

尧让天下于许由（尧以治天下为己功，今让与许由，乃见忘己、忘功之实）**曰：“日月出矣，而爝火**（尧自喻爝火，以许由比日月）**不息，其于光也不亦难乎**（爝火之光难比日月）？**时雨降矣**（以比许由），**而犹浸灌**（浸灌劳力而功小，以自比也），**其于泽**（润也）**也不亦劳乎**（此自见其功不足居也）？**夫子立而天下治**（言许由立地之间，天下自治），**而我犹尸**（主也）**之，吾自视缺然**（言有许由如此之圣人返隐而不出，而我自愧如此犹居人君之位，今乃自知缺然也），**请致天下**（然尧虽能让天下，则能忘己、忘功，尚未忘让之之名，如宋荣子之笑世也）。**”许由曰：“子**

治天下（今子治天下），**天下既已治也**（天下既治则已又何求人哉）。**而我犹代子，吾将为名乎**（言天下已治，乃尧之功也。今让与我，是我无功而虚受人君之名也。我岂为名之人乎）？**名者，实之宾也。吾将为宾乎**（名自实有，今我无实而有名，是我全无实德而专尚名而处宾，吾岂处宾不务实之人乎）？**鹪鹩**（小鸟也）**巢于深林，不过一枝。偃鼠饮河，不过满腹**（此许由虽能忘名而未能忘己，如鹪鹩之一枝、偃鼠之满腹，皆取足一己之意，正似列子御风而未能忘形。若姑射神人，则无不忘矣）。**归**（句。此斥尧速归也），**休乎**（句。此止尧再不必来也）！**君**（句。此一字冷语，意谓你只见得人君尊大也），**予无所用天下为**（言我要天下作何用也）。**庖人虽不治庖，尸祝**（巫祝之人不离尊俎）**不越尊俎而代之矣。**（此二句乃许由掉臂语，谓尧不治天下，如庖人不治庖，只该寻要天下的人，不可寻尸祝。我非其人，岂弃我之所守而往代之耶？）”

因前文以宋荣子一节有三等人，以名忘己、忘功、忘名之人，此一节即以尧让天下，虽能忘功而未忘让之之名；许由不受天下，虽能忘名而取自足于己，是未能忘己。必若向下姑射之神人，乃大而化之之神人、兼忘之大圣，以发明逍遥之实证也。

肩吾问于连叔曰：“吾闻言于接舆，大而无当（言大无实），**往而不返**（言只任语去而不反求果否也）。**吾惊怖其言，犹河汉而无极也，大有迳庭**（二字皆去声谓过当也），**不近人情焉**（肩吾信不及处，信是小知小见也）。**”连叔曰：“其言谓何哉**（问所说何事也）？**”曰：“藐**（极远也）**姑射**（山名）**之山，有神人居焉，肌肤若冰雪**（言肢体清荣也），**淖约**（美好也）**若处子**（谓颜色美好如室中女也），**不食五谷，吸风饮露**（言以风露为食也），**乘云气，御飞龙，而游乎四海之外**（言已超脱人世，乘云御龙而遨游于六合之间也）。**其神凝**（定也），**使物不疵疠**（言所至则能福民也）**而年谷熟**（言所经则和气风雨及时也）。**吾以是狂**（诳也）**而不信也**（我谓绝无此等人，定是诳语，故不信也）。**”连叔曰：“然**（然其不信处）。**瞽者无以与乎文章之观，聋**

者无以与乎钟鼓之音。岂惟（不但也）**形骸有聋盲哉！夫知亦有之**（言肩吾之智若聋瞽，无所知见，故不信此说耳）。**是其言也**（此聋瞽之言），**犹时**（是也）**女也**（聋盲之言即是汝也）。**之人也，之德也**（此神人之妙用），**将磅礴万物**（与万物混而为一也）**以为一。世蕲乎乱**（治也。言此等人与造物同游，无心于出世，则为一世之福而求乎以治），**孰弊弊**（汲汲，劳悴心之貌）**焉以天下为事**（言此人岂肯汲汲劳心以治天下为事哉）？**之人也**（言此人），**物莫之伤**（言已脱形骸，无我与物对故，物莫能伤，即老子云以其无死地焉）。**大浸**（大水也）**稽天**（稽，至也，言滔天之水）**而不溺，大旱金石流**（流金烁石，言热之极也）、**土山焦而不热**（不溺不热，乃不能伤处）。**是**（言此人）**其尘垢**（犹土苴也）**秕糠**（乃谷之粗皮，非精实也），**将犹陶铸尧舜者也**（言此人之德，即土苴秕糠最粗者尚能做出尧舜之事业，况其精神乎）。**孰肯以物为事**（言此神人之德如此，谁肯弊弊以物为事）！”

此一节释上乘天地御六气之至人、神人、圣人之德如此，即下所称大宗师者。若此等人迫而应世，必为圣帝明王，无心御世，无为而化，其土苴绪余以为天下国家，决不肯似尧舜弊弊焉以治天下为事。极言其无为而化世者，必是此等人物也。

宋人资（货卖也）**章甫而适诸越**（宋人以章甫为贵重故往资之），**越人断发文身，无所用之**（宋人自以章甫为贵而不知越人为无用也。此喻尧以天下为贵，特让许由，而不知由无用天下为，大似越人断发文身以章甫为无用也）。**尧治天下之民，平海内之政，往见四子**（即啮缺、披衣、王倪之类），**藐姑射之山，汾水**（尧之都也）**之阳，窅然**（茫然自失之貌）**丧其天下焉。**

此一节释上尧让天下与许由，许由不受意。谓由虽不受尧之天下，却不能使尧忘其天下，且不能忘让之之名，以由未忘一己故也。今一见神人，则使尧顿丧天下。此足见神人御世无为之大用，一书立言之意尽在此一语，不但为逍遥之结文而已也。庄子文章，观者似乎纵横洸洋自恣，而其中属意精密严整之不可当，即逍遥一篇，精意入神之如此。逍遥之意已结，所谓寓言、重言，而后文乃卮言也，大似诙谐戏剧之意，以发自己心事，谓人以庄子所言大而无用，但人不善用，不知无用之用为大用，故假惠子以发之。

惠子谓庄子曰："魏王遗（馈也）**我大瓠之种**（惠子魏人，故言魏王），**我树之成而实五石**（瓠之子有五石之多，言其大如此），**以盛水浆，其坚**（重也）**不能自举**（言一人举不动）**也。剖之以为瓢，则瓠落**（言廓落之大，没处安顿）**无所容。非不呺然**（大貌）**大也，吾为其无用而掊之**（言击碎之也）**。"庄子曰："夫子固拙于用大矣**（言惠子不能善用其大也）**。宋人有善为不龟**（音均，言寒冻手背皮皴裂如龟背之故也）**手之药者**（言能治使手不皴裂之药者），**世世以洴澼**（漂洗也）**絖**（旧绵絮也）**为事**（言因有不裂手之药故世世以此为业）**。客闻之，请买其方百金**（客闻其方妙故重价买之）**。聚族而谋之曰：'我世世为洴澼絖，不过数金**（所获之利薄）**。今一朝而鬻技百金**（言虽一旦而得厚利且不损己），**请与之**（不知客所用大也）**。'客得之，以说**（去声）**吴王。越有难，吴王使之将**（使得方之人以为将），**冬与越水战，大败越人**（言吴有此药故士卒能兵，越无之故败也），**裂地**（剖土以封）**而封之**（言以此药致封侯也）**。能不龟手，一也，或以封，或不免为洴澼絖，则所用之异也**（庄子以此喻惠子不善用其无用也）**。今子有五石之瓠，何不虑**（思其可用处）**以为大樽**（以瓠为度水之樽，如今之渔舟小儿背瓠可知也）**而浮于江湖**（此以所用之大也），**而忧其瓠落无所容，则夫子犹有蓬之心**（蓬有心而不通，此嘲惠子一窍不通，正卮言也）**也夫。"**

此一节庄子以自创逍遥神人之说，以明无用之大用，盖亦有自寓己意，言世无所知也。惠子乃庄子生平相契之友，故托嘲调以见己意，盖亦言其虽有圣人，必须举世有见知者而后乃得见用于当世也。言虽戏剧，而心良苦矣。此等文要得其趣，则不可以正解，别是一种风味，所谓诗有别趣也。后诸篇中似此寓意者多，学者不可不知也。前虽说不善用其大，尚未说无用之用，故下文以大树发之。

惠子谓庄子曰："吾有大树，人谓之樗（樗散无用之木），**其大本**（树大身也）**拥肿而不中绳墨**（言不材之甚），**其小枝卷曲而不中规矩**（言不可裁取也），**立之涂**（喻当要路），**匠石**（喻当世执政之人）**不顾**（喻不为世所采录也）。**今子之言，大而无用**（言虽大而无实用），**众所同去**（言为众人所共弃也）**也。"庄子曰："子独不见狸狌乎**（庄子因惠子说大而无用，遂将狐狸野猫之小巧以比惠子并世用小知者，皆不得其死）？**卑身而伏，以候敖者**（以比小知之人卑身謟求以取功利，俟其机会如狸狌之伏身以候遨者），**东西跳梁，不避高下**（以逾世人无知，但知求利，恣肆妄行，不避利害），**中于机辟**（此机辟以取狸狌者），**死于罔罟**（以罔罟罗取狸狌，因不避高下故堕死于机罔之中，以喻世人之恃知求利名者亦若此而已）。**今夫斄牛**（南方山中有此大牛），**其大若垂天之云**（斄牛虽大，未必如此，乃卮言也）。**此能为大矣，不能执鼠**（言斄牛之大纵若垂天之云，能如此大亦不能执鼠，言其至大不能就其屑小也）。**今子有大树，患其无用**（言既有此大树，不必患其无用，任他无用），**何不树之于无何有之乡**（此庄子自喻也，然虽大而无用，但你世人亦不必用，但任放之于无用之地，有何不可），**广莫之野**（此句与无何有皆喻大道之乡也），**彷徨**（游衍自得也）**乎无为其侧，逍遥乎寝卧其下**（言至人无用而任与道游，则行住坐卧乐有余地，又何患焉），**不夭斤斧**（大树本已不材而又树之无人之境，斧斤不伤，以喻圣人无求于世故不为世所伤害也），**物无害者**（以无用且不置人前，何害之有哉）。**无所可用，安所困苦哉！**

此篇托惠子以嘲庄子之无用，庄子因嘲惠子以小知求名求利之为害，似狸狌之不免死于罔罟。若至人无求于世，固虽无用，足以道自乐，得以终其天年，岂不为全生养道之大用？是则无用又何困苦哉！此虽卮言，足见庄子心事自得之如此，岂世之小知之人能知耶？

庄子内篇注卷之一终

庄子内篇注卷之二

明匡庐逸叟憨山释德清注

齐物论

物论者，乃古今人物众口之辩论也。盖言世无真知大觉之大圣，而诸子各以小知小见为自是，都是自执一己之我见，故各以己得为必是。既一人以己为是，则天下人人皆非，竟无一人之真是者。大者则从儒墨两家相是非，下则诸子众口各以己是而互相非，则终竟无一人可正齐之者。故物论之难齐也久矣，皆不自明之过也。今庄子意，若齐物之论，须是大觉真人出世，忘我忘人，以真知真悟，了无人我之分，相忘于大道，如此则物论不必要齐而是非自泯，了无人我是非之相，此齐物之大旨也。篇中立言，以忘我为第一。若不执我见我是，必须了悟自己本有之真宰，脱却肉质之假我，则自然浑融于大道之乡。此乃齐物之功夫，必至大而化之，则物我两忘，如梦蝶之喻，乃齐物之实证也。篇中以三籁发端者，盖籁者，犹言机也。地籁，万籁齐鸣，乃一气之机，殊音众响而了无是非。人籁比竹，虽是人为曲屈，而无机心，故不必说。若天籁，乃人人说话本出于天机之妙，但人多了一我见而以机心为主宰，故不比地籁之风吹，以此故有是非之相排。若是忘机之言，则无可不可，何有彼此之是非哉！此立言之本旨也。《老子》云："天地之间，其犹橐籥乎？虚而不屈，动而愈出。多言数穷，不如守中。"此《齐物》分明是其注疏，以此观之，则思过半矣。

南郭子綦（子綦乃有道之士，隐居南郭）**隐几而坐**（端居而坐，忽然忘身，如颜子之心斋，此便是齐物论之第一工夫），**仰天而嘘**（因忘身而自笑也），**嗒焉**（解体貌，言不见有身也）**似丧其耦**（此言色身乃真君之耦耳，今忽焉忘身，故言似丧其耦）。**颜成子游**（子綦之弟子）**立侍乎前，曰：“何居乎**（言先生何所安心乃如此乎）？**形固可使如槁木**（子綦既已忘形则身同槁木）**而心固可使如死灰乎**（形忘而机自息，故心若死灰。子游言形与心固可如槁木死灰乎）？**今之隐几者，非昔之隐几也**（言昔见隐几尚有生机，今则如槁木死灰，比昔大不相侔矣）。**”子綦曰：“偃**（子游名），**不亦善乎而问之也**（言问之甚不善也）。**今者吾丧我**（吾自指真我，丧我谓丧忘其血肉之躯也）。**女知之乎**（言汝岂知吾丧我之意乎）？

此齐物以丧我发端，要显世人是非都是我见，要齐物论必以亡我为第一义也。故逍遥之圣人，必先忘己，而次忘功、忘名，此其立言之旨也。

女闻人籁（乃箫管之吹而有声者）**而未闻地籁**（即下文长风一鼓，万窍怒号），**女闻地籁而未闻天籁夫**（即众人之言论，乃天机之自发）。**”**

将要齐物论，而以三籁发端者，要人悟自己言之所出乃天机所发，果能忘机无心之言如风吹窍号，又何是非之有哉！明此三籁之设，则大意可知。

子游曰：“敢问其方（问三籁之所以）。**”子綦曰：“**（先说地籁）**夫大块**（天地也）**噫**（爱去声）**气，其名为风**（言大风乃天地之噫气，如《逍遥》六月之风为息，此抟弄造化之意）。**是**（指风）**惟无作**（起也），**作则万窍怒号**（言大风一起则万窍怒号），**而**（汝也）**独不闻之翏翏乎**（翏翏，长风初起之声也）？**山林之畏佳**（摇动也），**大木百围之窍穴**（言深山大木有百围者则全身是窍穴），**似鼻**（此下言穴之状有似人鼻之两孔者）、**似口**（似人之口横生者）、**似耳**（似人之耳斜垂者），**似枅**（有方孔之似枅者）、**似圈**（有圆孔之似圈者）、**似臼**（有孔内小外大似舂臼者），**似洼者**（有长孔似有水之洼者）、**似污者**（似浅孔，似水之污者。上言窍之形，下言声）；**激者**（故有声如水之激石者），**謞**（音孝）**者**（有似响箭之声而謞者），**叱者**（如人叱牛之声者），**吸者**（如人吸气而声细若收者），**叫者**（有声似人高叫者），**号**（音豪）**者**（有低声若号者），**宎者**（如犬之细声而留者），

咬者（若犬吠之声者。已上窍之声也），**前者**（前阵风也）**唱于**（声轻而缓）**而随者唱喁**（后阵而声重），**泠风**（零风）**则小和**（风一吹而众窍有声如和），**飘风**（大风）**则大和，厉**（猛也）**风济**（止也）**则众窍为虚**（谓众窍之声因风鼓发，大风一止则众窍寂然，言声本无也），**而**（汝也）**独不见之调调、之刁刁乎**（调调、刁刁，乃草木摇动之余也，意谓风虽止而草木尚摇动而不止。此暗喻世人是非之言论，而唱者已亡而人人以绪论各执为是非者）？"

此长风众窍只是个譬喻，谓从大道顺造物而散于众人，如长风之鼓万窍，人各禀形器之不同，故知见之不一，而各发论之不齐，如众窍受风之大小浅深，故声有高低大小长短之不一，此众论之所一定之不齐也。故古之人唱于前者小而和于后者必盛大，各随所唱而和之，犹人各禀师承之不一也。前已唱者已死而后之和者犹追论之不已，若风止而草木犹然摇动之不已也。然天风一气，本乎自然，元无机心存于其间，则为无心之言，圣人之所说者是也。争柰人人各执己见，言出于机心，不是无心，故有是非，故下文云"夫言非吹也"，以明物论之不齐，全出于机心我见而不自明白之过。此立言之枢纽也，知此可观《齐物》矣。

子游曰："地籁则众窍是已，人籁则比竹是已（言已知地籁则是比竹无疑，故不必更说）。**敢问天籁？"子綦曰："夫吹万不同，而使其自己也。**（言天籁者乃人人发言之天机也。吹万不同者，意谓大道本无形声，托造物一气，散而为万灵，人各得之而为真宰者，如长风一气而吹万窍也。以人各以所禀形器之不一，故各各知见之不同，亦如众窍之声不一，故曰"吹万不同"。"使其自己"者，谓人人迷其真宰之一体，但认血肉之躯为己身，以一偏之见为己是，故曰使其自己，谓从自己而发也。此物论不齐之病根也。）**咸其自取，怒者其谁耶？**（此一言直指齐物之功夫，直造忘言之境也。咸者，皆也。取，犹言看取，乃返观内照之意也。怒者，鼓其发言之气，乘气而后方有言也。谁者，要看此言毕竟从谁而发也。但知言从己发，而不知有真宰主之。若不悟真宰，则其言皆是我见，非载道之言，由此是非之生，终竟而不悟也。要人识取真宰也。)

齐物之意，最先以忘我为本指，今方说天籁，即要人返观言语音声之所自发，毕竟是谁为主宰？若悟此真宰，则外离人我，言本无言，又何是非坚执之有哉！此《齐物论》之下手工夫，直捷示人处，只在“自取，怒者其谁”一语，此便是禅门参究之功夫，必如此看破，方得此老之真实学问处，殆不可以文字解之，则全不得其指归矣。下文大知闲闲，将此众窍音声作譬喻，文虽不伦而意实然也。

大知闲闲，小知间间。大言炎炎，小言詹詹。(大知，谓仁义纲常为知者。闲乃阑槛，所以防物不逾越者也。小知间间，谓法度准绳斤斤一毫不假借者，与夫工商计利之人，皆此类也。大言炎炎，谓纲常之说气焰熏人，使不敢犯也。詹詹，谓分别利害，精密不漏也。此天地间人所有之知，唯此两等而已，此皆小知，乃世俗之知耳，故所言者非是天然，特出于机耳，故次明之。)**其寐也魂交，其觉也形开**(此寐觉开合盖言其机也，谓寐时其块交合，其机闭而不发。觉时形开，其机发于见闻知觉，故与境相接)。**与接为构，日以心斗**(接谓心与境接，心境内外交构，发生种种好恶取舍，不能暂止，则境与心交相斗构无一念之停也)。**缦者**(此下形容心境交构之心机也。缦谓软缓，乃柔奸之人也)，**窖者**(窖谓如掘地为阱以陷人，乃阴险之人也)，**密者**(密谓心机绵密不易露也)，**小恐惴惴**(惴惴，恐惧貌，谓假作小心状有所畏，乃小人也)，**大恐缦缦**(缦缦谓宽松之状，乃大奸之人纵有大恐而佯为不采，示不惧也)。**其发若机括，其司是非之谓也**(机乃弩之发，括乃箭之括，谓拿定伤人之机括，其司是非乃主刁讼之人也)；**其留如诅盟，其守胜之谓也**(诅盟，心藏其事不肯吐露如有咒誓者，乃执己是不肯输与人也，故曰守胜)；**其杀如秋冬，以言其日消也**(此小知之人日与心斗而机心如此之不同，总之自伐真性，天理日消，如秋冬之杀气，绝无生机可望也)；**其溺之所为之，不可使复之也**(言此等机心之人沉溺于所为以为是，不可使复其真性也)；**其厌也如缄，以言其老洫也**(厌即厌足饱满之意，言此等人机心厌满于中，至老愈深，所谓老奸之人也）。**近死之心，莫使复阳也**（言一生用心如此，至死不能复使其本明也）。

此一节形容举世古今之人未明大道，未得无心，故矜其小知以为是，故其所言若仁义、若是非，凡所出言，皆机心所发，人人执之，至死而不悟。言其人之形器虽似众窍之不一，其音声亦似众响之不同，但彼地籁无心而人言有心，故后文云“言非吹也”，因此各封已见，故有是非物论之不齐者此也，所谓“天地之间，其犹橐籥乎”。中峰云：“三界尘劳如海阔，无古无今闹聒聒”，谓是故也。此下形容其情状。

喜怒哀乐，虑（思虑也）**叹**（嗟叹也）**变**（变态不常也）**慹**（忧疑不动也），**姚**（灾祥也）**佚**（纵散也）**启**（开心也）**态**（装模样作态度也），**乐出虚**（言其人虽不同，其情状虽不一，其实自亦不知其所发，如乐之出于虚，即老子云“虚而不屈，动而愈出”之意也），**蒸成菌**（言此等情状皆非清净心中所出，乃发于秽浊之气，如菌之生于粪壤，故其言之不足采也），**日夜相代乎前而莫知其所萌**（言其此等之人秽浊心机寐形诸梦，觉接其境，日夜与心为斗，相代而不已，其实不自知其萌动处，不知谁为之主也）。**已乎！已乎**（犹言且住且住，我知之矣）！**旦暮得此，其所由以生乎？**（前云怒者其谁耶，今言人之机心所发不知所萌，今要人人识取自己主人公，故云“旦暮得此，所由以生”，将一“此”字暗点出个真宰，乃有生之主，旦暮者即死生昼夜之道也，得此以生，要人悟此耳。）**非彼无我，非我无所**（彼即上此字，指真宰也，谓非彼真宰则不能有我之形，若非我之假形而彼真宰亦无所托），**取是亦近矣**（前云“咸其自取，怒者其谁”，今云“取是”，“是”即上“此”“彼”二字，意指真宰也，谓人能识取此真宰亦近道矣），**而不知其所为使**（谓真宰乃天机之主，其体自然，而不知其所为使之者）。**若有真宰**（到此方拈出真宰二字，要人悟此则为真知矣）**而特**（但也）**不得其朕**（朕，兆也。言真宰在人身中本来无形，故求之而不得其朕兆也），**可行**（言日用云为无非真宰为之用）**已信**（言信有真实之体可信）**而不见**

其形（但求之而不见其形容耳，此即老子云“杳杳冥冥，其中有精，其精甚真，其中有信”之意），**有情**（实也）**而无形**（谓有真实之体但无形状耳）。

前云知之不同，此一节言各人情状之不一，而人但任私情之所发，而不知有天真之性为之主宰。因迷此真宰，故任情逐物而不知返本，故人之可哀者此耳。前云“咸其自取，怒者其谁”，到此却发露出真宰，要人悟此，则有真知，乃不堕是非窠臼耳。

上言真宰虽是无形，今为有形之主，若要悟得，须将此形骸件件看破，超脱有形，乃见无形之妙，故下文发之。

百骸（骸骨也，人有三百六十骨节，总而言之曰百骸），**九窍**（耳目口鼻有七，通前后有九），**六藏**（藏者，心藏神，肝藏魂，脾藏意，肺藏魄，肾藏志，通命门为六。举一身之形，尽此数件而已），**赅而存焉，吾谁与为亲？**（赅，犹该也，言该尽一身，若俱存之而为我，不知此中那一件是我最亲者。若以一件为亲，则余者皆不属我矣。若件件都亲，则有多我，毕竟其中谁为我者。此即佛说小乘析色明空观法，又即《圆觉经》云“四大各离，今者妄身当在何处”，此破我执之第一观也。）**汝皆悦之乎？其有私焉**（言汝身中件件皆悦则有私焉者，则有多我矣）。**如是皆有为臣妾乎**（言如是件件皆我，若无真君主之者，此时臣妾但供使令耳，非其主也）？**其臣妾不足以相治也**（若件件但供使令若臣妾者，然臣妾不能相治，谁为管摄耶），**其递相为君臣乎**（若递相为君臣则无一定之主矣）？**其有真君存焉**（若件件无主乃假我耳，其必有真君存焉。既有真君在我，而人何不自求之耶）。**如求得其情与不得，无益损乎其真。**（言此真君本来不属形骸，天然具足。人若求之而得其实体，在真君亦无有增益；即求之而不得，而真君亦无所损，即所谓不增不减，迷之不减，悟之不增，乃本然之性真者。此语甚正，有似内教之说，但彼认有个真宰，即佛所说识神是也。）

庄子心胸广大，故其为文真似长风鼓窍，不知所自，立言之间，举意构思，即包括始终，但言不顿彰，且又笔端鼓舞，故观者茫然不知其脉络耳。

如此篇初说天籁，即云“吹万不同而使其自己也”，“咸其自取，怒者其谁耶”，则已立定脚跟，要人自看，识取真宰。只是一言难尽，故前面“大知闲闲”已来，皆是发挥吹万不同，只到“旦暮得此”已下，方解说“咸其自取，怒者其谁”，方拈出个真宰示人。今此一节乃说破形骸是假我，要人撇脱形骸，方见真宰，即是篇首丧我之实也。

向下只说世人迷真逐妄，乃可哀之大者，盖悲愍之意也。

一受其成形（言真君本来无形，自一受躯壳以成形），**不亡以待尽**（则不暂亡，只待此形随化而尽），**与物相刃相靡，其行尽如驰而莫知能止，不亦悲乎**（言真君为我有形之主而不知所养，使之与接为构，日与心斗，以为血肉之躯，故被外物相伤，如刃之披靡，往而不返，可不悲乎）！**终身役役而不见其成功**（言驰于物欲，终身役役劳苦而竟不见其成功，不知竟为何事），**苶然**（疲貌）**疲役而不知其所归，可不哀耶**（言为名利劳形，终身役役，以至苶然疲弊而竟莫知所归宿。人生之迷如此，可不哀耶）？**人谓之不死，奚益**（世人如此昏迷之至，其形虽存，人谓不死，有何益哉）？**其形化，其心与之然，可不谓之大哀乎**（言其妄情驰逐而不休，而形骸与之俱化，而心亦与之俱溺而不悟，如此可不谓之大哀乎）？**人之生也，固若是芒**（无知貌）**乎**（言人生固如此之无知乎）？**其我独芒而人亦有不芒者乎**（言唯我独芒然无知耶，而世人亦有不芒者乎？此庄子鼓舞激切之语也）？

此一节言真君一迷于形骸之中而为物欲之所伤，火驰不返，劳役而不知止，终身不悟，可不谓之大哀者耶？由其迷之也深，颠倒于是非而不觉也，故下文方露出是非二字。

夫随其成心（现成本有之真心也）**而师之，谁独且无师乎**（言人人具有此心，人皆可自求而师之也）？**奚必知代而心自取者有之**（此句谓何必圣人有之，盖知代者乃圣人知形骸为假借故忘形而自取于心者也），**愚者与有焉**（虽愚者亦与有焉）。**未成乎心而有是非**（言人未悟本有之真心而便自立是非之说），**是以今日适越而昔至也**（言其实未至以为至，以此是非者是自欺也），**是以无有为有**（所谓未得为得，强不知以为知也）。**无有为有**（言此自欺之人），**虽有神禹且不能知**（言神禹虽圣，其知虽广，亦直知其所至之处。若此等人以无为有，又何能知之），**吾独且柰何哉**（神禹且不能知，吾独且柰何哉！甚言此辈难与言大道也）！

此一节言是非之端起于自欺之人，强不知以为知，且执己见为必是，故一切皆非，盖未悟本有之真知而执妄知为是。此等之人，虽圣人亦无柰之何哉！可惜现成真心昧之而不悟，惜之甚矣！由不悟真心，故执己见为是，则以人为非，此是非之病根也。

下文方发明齐物论之主意。

夫言非吹也（前但敷演世人不悟真宰，但执我见，以未随其本有之真心，但执妄见，所以各各知见不同。到此方入物论，谓世人之言乃机心所发，非若风之吹窍也），**言者有言**（故所言者非任真宰，乃有机心之言），**其所言者特未定也**（以任一己偏见之言，故其所言者特未定其果是果非也）。**其有言耶？其未尝有言耶**（此要人返观本来有此言耶？未尝有此言耶？即此一语便令人自知，而齐物论之功夫略示于此矣）？**其以为异于鷇音**（鷇音者，乃鸟在壳将出啐啐之声。谓是天机之音全出无心，而人之有心之言与鷇音不同，要人自看取），**亦有辩乎？亦无辩乎**（辩谓彼此诤辩也，谓人返看语言如鷇音时，此则有辩论乎？无辩论乎？要人发言当下自返观也）？

此一节将明物论之不齐，先指出言语音声本无是非，若任天机所发则了无是非之辩。然绝言处乃齐物之旨，已揭示于此，欲人就此做工夫，看破天机，则是非自泯矣。从“夫言非吹也”起，直至后文成亏章末“此之谓以明”止，为一大章，计七百四十余言，节节生意，最难一贯，必细心深观，乃悟其妙。

向下方的指出是非之人，乃迷真执妄之流也。

道恶乎隐（隐谓晦而不明也）**而有真伪**（谓大道本无真伪，先设问：道为何不明而有真伪耶）？**言恶乎隐而有是非**（谓真人之言本无是非，设问为何真言隐而有是非耶）？**道恶乎往而不存**（言道若无真伪则了无取舍，何往而不存耶）？**言恶乎存而不可**（若言出于自然，一任天机，则有何所说而不可，但为道隐而言亦伪，言伪而是非因之而生也）？**道隐于小成**（言道本不隐，但隐于小知之人，所成者小，故大道不彰耳），**言隐于荣华**（荣华谓虚华不实之言也，以言不载道，故但涉浮华，故至言隐矣）。**故有儒墨之是非**（到此方指出是非之人，盖端为儒墨而发，以儒厚葬，墨子薄亲，故互相是非。当时庄子与孟子同时，以孟子辟杨墨曰“予岂好辩哉”，故有是非之辩，故以儒墨并之），**以是其所非而非其所是**（言儒以厚葬为是，乃墨子之所非者，故曰是其所非。墨以薄亲为是而儒非之，故曰非其所是）。**欲是其所非而非其所是，则莫若以明**（言儒墨二家互相是非，皆未明大道，但各执我见耳，未必为真是也。苟欲是其所非而非其所是，莫若明乎大道，则了无是非之辩矣）。

此一节方指出是非之端起自儒墨。当时虽有处士横议，而儒墨为先唱。意谓杨墨固失仁义矣，而儒亦未明大道也，故两家皆无一定之真，是故以此为发论之张本。盖言辩是非滥觞于儒墨，傍及诸子，后单结指于惠子，皆不明之人，乃丧道者也。

下先明本无是非而人不自知，故妄执己见，起是非耳。

物无非彼（言若天地间一人执我，则尽天下之人皆彼也，故曰物无非彼），**物无非是**（言若一人执己为是，则人人皆执己为是，则天下无不是矣，故曰物无非是）。**自彼则不见**（言若但见彼之非则不见自己之非矣），**自知则知之**（言若自知其非则知天下无不是矣，故曰自知则知之）。**故曰彼出于是**（言彼之非盖出于我之是），**是亦因彼**（言我之是亦因彼之非，由人不自知，故但执己是，所以不能泯是非也）。

此一节言人苦于不自知，故以己是为必当。若彼此互相易地而观，则物我两忘，是非自泯，乃见本来无是非也。

下文发明是非本无，特因对待而有。

彼（彼非）**是**（我是），**方生之说也**（方谓比方对待之意也，言是非本无，盖因人我对待而有也）。**虽然**（下一转以明对待无有了期），**方生方死，方死方生**（言对待是非比之生死一般，生而死，死而生，生死循环无有了期。若将死字作灭字看亦妙）。**方可方不可，方不可方可**（是者为可，不是为不可，以此终无两可之时）。**因是因非，因非因是**（言此是因彼非，彼是因此非，皆不自知自明之过也）。**是以圣人不由而照之于天，亦因是也。**（言圣人不由世人之是非而独照明于天然之大道，故是为真，是故曰亦因是也。此言圣人之因是乃照破之真是，不似世人以固执我见为是而妄以人为非也。此即老子之人法天。）

此一节言世人之是非乃迷执之妄见，故彼此是非而不休。唯圣人不随众人之见，乃真知独照于天然大道，了然明见其真是，故曰“亦因是也”。此“是”则与众天渊，故以“亦”字拣之。前云与其儒墨互相是非，莫若以明，明即照破之义，故此以圣人照之于天以实以明之明。此为齐物之工夫，谓照破即无对待，故下文发挥绝待之意，而结归于莫若以明。

是亦彼也，彼亦是也（此承上圣人照破工夫，则悟我之是即彼之非，彼之非亦即我之是，如此互观则何是非之有）。**彼亦一是非，此亦一是非**（如此互观则是非两忘）。**果且有彼**（彼非）**是**（我是）**乎哉？果且无彼是乎哉**（若是非两合于大道，果然有是非哉、果然无是非乎哉）？**彼是莫得其耦，谓之道枢**（言是非两忘则坦然一际，绝诸对待，如此彼是莫得其耦，耦，对待也。绝待即道妙之枢纽也）。**枢始得其环中，以应无穷**（环则不方，中虚则活而能应，以譬道之虚无。若得此虚无道枢则应变无穷）。**是亦一无穷，非亦一无穷也**（言是非泯同于大道，则是亦是道，非亦是道，如庄子诽薄尧舜，此一于大道也），**故曰莫若以明**（前云“与其儒墨之是非，莫若以明”，说到圣人照破则泯绝是非而与道游，则无往而非大道之所在，故此结之故曰“莫若以明”）。

此一节言圣人照破则了无是非，自然合乎大道，应变无穷，而其妙处皆由一“以明”耳。此欲人悟明乃为真是也，则物论不待齐而自齐矣！此即老子之天法道。

下以指、马，喻本无是非之意。

以指喻指之非指（以我之触指，喻彼之中指为非我之触指），**不若以非指喻指之非指也**（不若以彼中指，倒喻我之触指又非彼之中指矣）。**以马喻马之非马**（马，双陆之戏马也。马有黑白之分，虽有黑白，皆马也。若以彼黑马喻我之白马非彼之黑马），**不若以非马喻马之非马也**（不若以彼黑马倒喻我之白马又非彼之黑马矣）。**天地一指也，万物一马也。**（若以此易地而观，指、马无二，则是非自无。由圣人照破，大而观之，不但人我一己之是非自绝，则天地与我并生，万物与我为一，斯则天地一指，万物一马耳，又何有彼此是非之辩哉！此盖从莫以明一语发出圣人不由而照于天，释以明之意，故此结归照破工夫，真能泯是非，万物齐一，欲人于此着眼也。）

此一节发挥圣人照破，则泯绝是非，天地万物化而为一。

下文释为一之所以。

可乎？可（谓人以为可则我亦因而可之）。**不可乎？不可**（人不可则我亦因而不可之）。**道行之而成**（谓任道而行，无有不合于道者，成现现成成，不必分别也），**物谓之而然**（然者自是也，谓人谓之而然者）。**恶乎然**（谓所以然者何耶）？**然于然**（谓然于自己心中之为然耳）。**恶乎不然**（言人因何而不然耶）？**不然于不然**（谓人所以不然者，但彼心中自以为不然耳）。**物固有所然**（言物物实有一定之然，譬如药之参喙，用参则喙不然，且用喙时用参则不然矣，此则物物皆有一定之实然也），**物固有所可**（物有在此不可而在彼亦有可用者）。**物无不然，物无不可**（由此观之则天下物无有不然亦无有不可者）。**故为是举莛**（屋梁也）**与楹**（屋柱也），**厉**（音赖，癞病之恶人也）**与西施**（美妇人也），**恢**（大也）**恑**（诈也）**谲**（诡也）**怪**（怪异也），**道通为一**（言莛楹之长短，厉施之美恶，恢恑谲怪之变状，以人情视之，其实不得其一样，难其无是非；若以道眼观之，则了无长短美恶之相，一际平等。此言非悟大道，决不能齐天下之物论也）。**其分也，成也**（如截大木以为器，在木则为分，在器则为成，故其分即成也）；**其成也，毁也**（然器虽成，于木则毁，如此岂可执一定为成毁哉）。**凡物无成与毁，复通为一**（若就一边而观，似有成毁。若通而观之，则无成无毁，故复通为一。以此而观万物，又何是非之有）。

此释上天地一指、万物一马之意，必以道眼观之，自然绝无是非之相。是非绝，则道通为一矣。

下文方指归于道。

惟达者（达道之人）**知通为一，为是不用而寓诸庸**（惟达道之人知万物本通为一，故不执己是，故曰不用。既不用己，是但寓诸众人之情。庸，众也，谓随众人之见也）。**庸也者用也**（解庸者用也，谓用众人之好恶为好恶也），**用也者通也**（由其能用故能通众人之志也），**通也者得也**（言能通达于道者，无往而不自得。苟自得，则无是非之执矣）。**适得而几矣**（言达道之人能适于得则几近于道矣）。**因是已**（言达者通达于一，虽万变而不失其道，此则无往而不是，如此因是乃真是也），**已而不知其然，谓之道**（谓至无往而不达，则了无是非，顺物忘怀，则不知其所以然，谓之道，此老子道法自然）。

此一节要忘是非，必须达道之圣人，知万物一体，故无是无非，无适而不可，顺乎自然，此谓之道。上面说了许多，展演铺舒，直到此方指归一“道”字。“因是已”之“已”字，乃极尽之处，言圣人极尽，只是合乎自然之道，如此而已，合乎道则自然归一。后文言愚人强勉要一，故卒莫能一也。

劳神明为一而不知其同也（谓未达大道，强勉以己见要为一，而不知其本来大同也），**谓之朝三。何谓朝三**（谓执己见为必是，要一众人之见，即如狙之喻也）？**曰：狙公**（养猿之人）**赋芧**（输芧粒以食猿也），**曰："朝三而暮四"，众狙皆怒**（言众狙执定朝应多而夕应少）。**曰："然则朝四而暮三"，众狙皆悦**（狙公以本数颠倒之）。**名实未亏而喜怒为用，亦因是也**（三四之名同而实数亦同，但狙之所执己见以朝四为必是，故不核其实而但喜其名耳，此皆不能忘是非者，如夷齐之类是也）。**是以圣人和之以是非而休乎天钧**（天钧，谓天然均等，绝无是非之地也。前云照之以天，故此结云休止乎天均），**是之谓两行**（两行者，谓是者可行而非者亦可行，但以道均调，则是非无不可者）。

此一节言工夫未到自然之地，强勉要一其是非，而不悟玄同之妙者。似此之人，但能因是，不能忘非。正如夷齐、介子之流，其行虽高，不无愤世疾俗之心。又如儒墨各执一端为是，乃但能可其可，不能可其不可。虽然离是非，卒不能一是非。即其所操未尝不是，元非道外，只以各执己见为是，乃成颠倒，故如狙公之七数，名实一般，而喜怒为用各别。此特劳神明为一者，而不知其大同者也。须是圣人和同是非，休乎天均，两忘而俱行之，故能和光同尘，混融而不辩，则无可不可矣。

下文意谓古之人知到本来无物玄同之境，故本无是非，自后渐渐不济矣。

古之人其知有所至矣（上言不知道者劳神明，强一而竟莫能一，故此言古之真人有真知之至处。至者，本来无物之地也。故下徵释）。**恶乎至**（问何以为至）？**有以为未始有物者，至矣尽矣，不可以复加矣**（本来无物已前，乃道之极处，无以知也）！**其次以为有物矣而未始有封也**（其次虽适有形，犹知识未凿，似浑沌初分，人心纯朴，然尚未有人我之封。之封，犹彼此界限也）。**其次以为有封焉而未始有是非也**（其次虽有彼此界限，其风尚朴素而未有是非之心，去道不远）。**是非之彰也，道之所以亏也**（自是非一彰而大道丧矣）。**道之所以亏，爱之所以成**（爱，私爱于一己也。成，前云一受其成形，自迷真性，成此形骸，固执为我，故大道亏损多矣）。**果且有成与亏乎哉？果且无成与亏乎哉**（苟以大道而观，果且有成亏乎？无成亏乎？若真见得本无成亏，则是非自泯矣）？

此一节言由迷大道则成我形，我成而道亏矣！前云“一受其成形，不亡以待尽”，直说到此处，方透出一个“爱”字，为我执之本，以成其一己之我，则所成者小而大道隐矣，申明前云“道隐于小成”之意也。

后文意由所成者小，故举世之人终身役役而不见其成功，故以三子发之。

有成与亏，故（“故”字《副墨》作“昔”字）**昭氏之鼓琴也**（由上云爱成而道亏，又要显本无成亏，故引三子发之。昭文善鼓琴，是成一家之业。后其子不能鼓琴，是亏损了家声也）。**无成与亏，昭氏之不鼓琴也**（意谓当初不勇成鼓琴之名，则其子亦未有亏损家声之说）。**昭文之鼓琴，师旷之枝策也**（又引师旷作证，言师旷最聪明之人，却使眼盲不见，枝策而行，此便是有成亏处），**惠子之据梧也**（惠子与庄子同时，为友，而惠子有口才，善辩论，庄子意谓惠子辩论虽成而大道已亏，故以二子成亏比之以善辩而不明道。即如师旷聪明而眼盲，即其子亦不能世其辩论之业，故如昭文之鼓琴），**三子之知几乎！皆其盛者也，故载之末年**（言从事以终其身也）。**惟其好之也，以异于彼**（言三子之笃好将以异乎人也）。**其好之也，欲以明之彼**（言他人又有好三子之知者，而三子自以为至，又欲以己之能将明示之于彼，谓教他人也）。**非所明而明之，故以坚白之昧终**（此句意独指惠子本未明道，而强自以为明而又明之于他人，故无大成，竟以坚白昧之以终其身）。**而其子又以文之纶终**（上句惠子之成亏，此言昭文之成亏），**终身无成**（言惠子以坚白之昧终，此终身无成也。昭文之子学父之琴，亦终身无成。若惠子之不辩，昭文之不鼓琴，又何成亏之有哉！言其道之所以亏者，正以成者小耳）。**若是而可谓成乎，虽我亦成也**（言若惠子之可谓成者，庄子言如此则我之不成可谓之成也）。**若是而不可谓成乎，物与我无成也**（若是而不可谓成，则人与我皆未是成者也）。**是故滑疑之耀，**

圣人之所图也（滑疑之耀者，乃韬晦和光，即老子昏昏闷闷之意，谓和光同尘，不炫己见之意。言光而不耀，乃圣人所图也），**为是不用而寓诸庸，此之谓以明**（言圣人不以知见夸示于人，亦不以己见为必是，故不用其是而但寓于庸众之中，前所谓以明者乃是大成者，此也）。

此一节结文来意甚远，从“夫言非吹也”起，而下及“道恶乎隐而有真伪”，以“道隐于小成，言隐于荣华”，乃至“欲是其所非而非其所是，莫若以明”论起一层，以至“枢始得其环中”，则结之曰“莫若以明”，为第二层。次从指马喻论起，以明道通为一，引出“惟达者知通为一，为是不用而寓诸庸”，乃点出一“道”字，以作活眼。次借狙公名实未亏，从一“亏”上发挥“道之所以亏，由爱之所以成”，以此爱之所以成一句又远结前立义中“一受其成形”及“随其成心而师之”两“成”字之意。谓若受其成形，即爱之所以成，故道有所亏，此有成有亏也。若随其成心而师之，则本无成亏。因有成形，故有辩论是非之彰，盖由此耳。是以成形、成心二意作骨子也。此“道隐小成，言隐荣华”，有自来矣，皆未悟明大道之过也。故先揭示之曰“莫若以明”；次又论道枢，则又云“故曰莫若以明”；今论到底，结归成亏，指出惠子是第一不明之人，故持坚白之辩昧了一生，故末后指出滑疑之耀之圣人，乃不自是之人，故缴归“为是不用而寓诸庸”之达者，乃结之曰“此之谓莫若以明”。其文发自“夫言非吹也”起，至此约七百余言，方一大结。其文与意，若草里蛇，但见其动荡游衍，莫睹其形迹，非具正眼者未易窥也。至若三子之成亏，其昭文乃业之有成亏者，师旷乃形之有成亏者，惠子则道之有成亏者。总结道隐于小成，言隐于荣华，而末结归于圣人，此圣人即结前云“惟达者知通为一，为是不用而寓诸庸”之义。如此深观，乃见此老之文章波澜血脉之不可捉摸处。

“此之谓以明”，已结了前“夫言非吹也”以来一章之意。到此又从滑疑之圣人上生起立意，发论圣人无是无非，至下文“无适焉，因是已”二百三十余言为一章。

今且有言（谓世之立言以辩论者）**于此，不知其与是类乎**（是，指上滑疑之圣人，乃无是无非者。谓今且有人立言为辩者，不知与此圣人是相类乎）？**其与是不类乎**（谓与此圣人为不类乎）？**类与不类相与为类，则与彼无以异矣**（谓今言辩之人不必说与圣人类与不类，但以己见参合圣人之心，妙契玄同，则本无圣凡之别，故与彼圣人无以异，了无是非矣。“彼”字即上“是”字，指圣人也）。

此一节结上圣人欲人自悟而忘其己是也，下虽然一转，乃庄子特论本无是非之大同，乃发明大道之原也，便是他真知谛见处。

虽然，请尝言之（言本无是非，虽然如此，尚未透彻，故请尝试一论之）。**有始也者**（即老子“无名，天地之始”），**有未始有始也者**（此言有始亦无，谓无始也，即老子云“同谓之玄”），**有未始有夫未始有也者**（此未始有亦无，即老子云“玄之又玄，众妙之门”，此乃单言无形大道之原也）。**有有也者**（有即天地人物，老子“有名，万物之母”也），**有无也者**（因天地之有乃推无名天地之始，此盖就有形以推道本无形也），**有未始有无也者**（此言天地万物有形出于无形，而大道体中有无不立，故云未始有），**有未始有夫未始有无也者**（上言有无俱无，此言俱无亦无，迥绝称谓，方是大道之玄同之域，故以此称为虚无妙道）。**俄而有无矣**（言大道体中了无名相，一法不立，故强称虚无大道，忽然生起有无而不知谁使之也。前云若有真宰而不知有所为使，直论到此方回头照顾，暗点于此），**而未知有无之果孰有孰无也**（言大道体中有无不立，即今之有无谁使之为有无耶？所谓若有真宰而求不得其朕，今果返观至此，有无尚无，安有是非之辩哉）。**今我则已有谓矣**（言有无既无，了绝名相，何有言论之辩耶？然我既已于无言之中而有言说矣，但我言本无言），**而未知吾所谓之其果有谓乎？其果无谓乎**（言我今既已有言，但言其无言耳，如前所谓鷇音是也，原出于天机，了无是非之相。世人但观我无言之言，其果有言说乎？果无言说乎？但悟此无言之言，则是非自泯矣）？

已前释“言非吹也”，盖有机心之言也。今庄子既说到忘言玄同之处，意谓我今虽已有言，乃从真宰而发，是无言之言。若会我无言之言，则忘言而归一致矣。

下文重释忘言归一，大小玄同，了无是非，如此乃真是也。

天下莫大于秋豪之末，而泰山为小。莫寿乎殇子（襁褓中子），**而彭祖为夭。**（此二句极难理会，以上文已论归大道之原，今将以大道而一是非。意谓若以有形而观有形，则大小寿夭一定而不可易者。今若以大道而观有形，则秋毫虽小而体合太虚，而太山有形，只太虚中拳石耳，故秋毫莫大而太山为小也。殇子虽夭而与无始同原，而彭祖乃无始中一物耳，故莫寿于殇子而彭祖为夭也。若如此以道而观，则小者不小而大者不大，夭者不夭而寿者非寿矣。如此则天地同根，万物一体，何是非之有哉！）**天地与我并生，而万物与我为一**（以道观之，万物一体，则天地与我并生，万物与我为一）。**既已为一矣，且得有言乎**（既以为一，物我两忘，更复何言）？**既已谓之一矣，且得无言乎**（既已称谓为一，则言恶乎存而不可哉）？**一与言为二**（谓无形之一，今称谓之为一，则是两一成二矣），**二与一为三**（今又以言说彼两一，则观待而为三矣），**自此已往，巧历不能得，而况其凡乎**（自以言相待而为三，则相待无穷，纵有巧于历数者不得终穷矣，况其凡乎）！**故自无适有，以至于三，而况自有适有乎**（言自无才适有则已成三，而况自有适有，则无极矣）！**无适焉，因是已。**（无适者谓安心于未始有已前，则湛然常一而不迁矣。前云“众人因是而有是非，圣人不由而照之于天亦因是也”，故一往论到未始有物已前，天地万物混而为一，故不离于道，如此为真是。所言圣人因是者，乃无适为是，此正照之于天也，此文之照应处。）

此一节明妙契玄同，天地同根，万物一体，安心于大道，不起分别，则了无是非。此乃真是，故结之曰“无适焉，因是已”。

下文又重提起一“是”字，乃是非之根原。

夫道未始有封（本无形相人我界限），**言未始有常**（常者执定不化之意，乃是非之言也。任道而言则无可不可，了无一定是非之相），**为是而有畛也**（只因执了一个是字，故有是非分别之辩）。**请言其畛：有左、有右，有伦、有义，有分、有辩，有竞、有争，此之谓八德。**（意谓从无适有，则有无二字已成对待矣。既有之后则有左右之序，有左右则有伦义，有伦义则有分辩，则有争竞，此相因而有，乃执定而不可化者，盖从一“是”字为病根。只如以左为是而右则决不可易，世俗之情以此分辩为能，故谓之八德，此德乃能义。）

前一往从迷至悟，说到大道根底，“因是已”一句已结绝了。至此又提起大道本无是非，不知这些分辩执着从何而有。只要提出一个“是”字为病根，要使人识得破。

六合之外，圣人存而不论（道包天地，与太虚同体，本无封畛，只为众人迷大道而执己见为是，故是非之辩由之而起。圣人心与道合，即六合之外未尝不知，但存之而不论，以非耳目之所及，恐生是非，故不论耳）。**六合之内，圣人论而不议**（六合之内，圣人未尝不周知万物，但只论其大纲，如天经地义，以立君臣父子之序，而不议其所以之详）。**《春秋》经世先王之志，圣人议而不辩**（《春秋》乃为经世君臣父子之大经大法，圣人但议其名分品节之详，而不辩其是非之曲折）。**故分也者，有不分也**（夫道一而已，本来不分，但在天地有形之内而人伦之序不得不分，人物虽分而道未尝分，所谓性一而已矣）；**辩也者，有不辩也**（虽天地间有众口之辩，其实有不可辩者，乃忘言之大道存焉）。**曰：何也**（谓何以有不辩不分之义耶）？**圣人怀之**（圣人与道为一，明知万化之多而未尝分明，知众口之辩而道非言之可及，故葆光敛耀，怀之于心而不示于人），**众人辩之以相示也**（众人其实未达大道之原，而强不知以为知，且执以己见为必是，而以哓哓之辩夸示于人，故大道隐矣）。**故曰：辩也者，有不见也**（故曰者，引古语也。老子云“善者不辩，辩者不善”）。

此一节释滑疑之圣人与道为一，以至“无适焉，因是已”，意谓圣人心同太虚，即六合内外之事未尝不知，但怀之而不辩，以显好辩者其实未明大道也。

下文重释不言不辩之义。

夫大道不称（道本无名故不可以称），**大辩不言**（不言之辩，是非了然），**大仁不仁**（不是有心要仁），**大廉不嗛**（嗛，满也，不以廉自满），**大勇不忮**（忮，害也，大勇乃自全道力，非害于人也）。**道昭而不道**（谓大道昭昭，言则非道），**言辩而不及**（道本绝言，纵有言辩亦不能及），**仁常而不成**（仁若常持，有心则有私爱，故不能大成万物），**廉清而不信**（信，实也，谓矫矫以自清立名，则无实德矣），**勇忮而不成**（勇若有害人之意则为血气而不成道义之勇矣）。**五者园而几向方矣**（五者名虽可行于世，以皆出有心，卒莫能行，故几向方矣）。**故知止其所不知，至矣**（以上五者几方而不能行者，以恃小知自私之过，其实未知大道之原也。由是而知圣人止其所不知之地，乃以为至也。此结前"古之人其知有所至"以来一章之义）。**孰知不言之辩，不道之道？若有能知，此之谓天府**（言所不知之地，乃大道之原也，此中本无辩论言说。若有人知此不言之辩、不道之道，正若枢之环中，以应无穷，故能知此者谓之天府）。**注焉而不满**（大道体虚，大海不足以比其量，故大地之水注之而不满），**酌之而不竭**（即大地酌取而亦不竭），**而不知其所由来**（所谓虚而不屈，动而愈出，而不知其所从来），**此之谓葆光**（葆犹包藏而不露也。前云"滑疑之耀，圣人之所图"以来，只说到此，乃结指其义曰此之谓葆光）。

前云滑疑之耀，圣人所图，故举六合内外之事圣人无所不知，但知而不言，以其大道本来无知无辩故也。圣人安住广大虚无之中，以游人世，故和光同尘，光而不耀，是之谓葆光。圣人工夫必做到此，方为究竟，故云圣人所图。

故昔者尧问于舜曰："我欲伐宗（国名）、**脍**（国名）、**胥敖**（国名），**南面而不释然，其故何也**（不释然者，谓心中必欲伐之，欲罢而不能释然，不知何故也）？**"舜曰："夫三子者，犹存乎蓬艾之间。若不释然，何哉**（言尧之心不广，不能容物也。且三子所处甚微细如蓬艾之间，诚不足以芥蒂于胸中者。若不释然，何不自广也）？**昔者十日并出，万物皆照，而况德之进乎日者乎**（言尧之德未至也。昔者十日并出则光明广大，万物毕照，况德之胜过于日者乎？苟自德已至，则广大光明，无物不容，况三子之微细乎）？”

此因上葆光之圣人其心广大如天府，所谓圣人所图者，盖由工夫做到至处乃如此耳。此言工夫未到，则其心不广，不能容物，故虽尧之大圣亦有所缺。故十日并出为进德之喻，以总结前意，以终“夫言非吹”已来之意也。

下文重申明至人止其所不知，以显圣人之成功，以结死生无变于己，而况利害之端乎！

啮缺问乎王倪曰：“子知物之所同是乎？”曰：“吾恶乎知之（要明不知之真知，故托王倪以发挥）。**”“子知子之所不知耶？”曰：“吾恶乎知之**（若有知则有所不知，则非真不知之地矣）。**”“然则物无知耶？”曰：“吾恶乎知之。虽然，尝试言之。庸讵知吾所谓知**（此知乃世人之知）**之非不知耶**（谓世人之知不是我之不知耶）？**庸讵吾所谓不知之**（我之不知）**非知耶**（言我之不知不是世人之知耶？谓圣凡之知本来无二，但世人习于妄知，故偏执为是，总非真知耳）？**且吾尝试问乎汝**（发明不是正知之意）：**民湿寝则腰疾偏死，鳅然乎哉**（言人但知安寝干燥屋宇，若近湿则腰疾偏废，而鳅卧泥中，岂若人哉）？**木处则惴栗恂惧，猿猴然乎哉**（人处木枝则恐惧，而猿猴以为安便，岂若人哉）？**三者孰知正处**（三者谓人、鳅、猿猴，各知安其所，习以为常，于己未尝不是，但各随一己俗习之知耳，何者为正知哉）？**民食刍豢**（乃民之所习知），**麋鹿食荐**（荐草也，乃麋鹿所习知），**蝍且**（蜈蚣也）**甘带**（带，蛇也），**鸱鸦嗜鼠**（此四者各以为知常味），**四者孰知正味**（以各知之味如此，岂知正味哉）？**猿，猵狙为雌**（猵狙亦猿同形而类别）；**麋与鹿交**（麋小而鹿大），**鳅与鱼游**（鳅无合，与鱼游而孕子）。**毛嫱、丽姬**（二人皆美女），**人之所美也，鱼见之深入，**

鸟见之高飞，麋鹿见之决骤，四者孰知天下之正色哉（美女人人所爱，彼四物见之而惊走远去，是果色之可美耶？“试问”以下历举安居、食、色，皆世人之所知也，人则以为必是而不可易者，然彼诸物各又不然，是则谁为正知哉？若执各人之知为然，而彼又有不然者。斯则世人之小知小见，岂可执为真是耶）？**自今观之，仁义之端，是非之涂，樊然肴乱，吾恶能知其辩**（将上人物各非真知，则观今之以仁义为必是者岂真是哉！且如仁义，圣人以治天下，而盗跖即以之为大盗。若以圣人为是，而盗跖亦是；若以盗跖为非，则圣亦非也。如此是非不定，吾何能尽知其辩哉）？**”啮缺曰：“子不知利害，则至人固不知利害乎**（设此一问，要显至人之德不同）？**”王倪曰：“至人神矣**（不可以利害名目），**大泽焚而不能热**（言至人岂但不知利害，即大泽焚而不能热），**河汉冱**（冰冻也）**而不能寒，疾雷破山、风振海而不能惊**（言至人神超物表，不与物对，故物不能伤）。**若然者**（若如此者），**乘云气，骑日月**（即磅礴日月），**而游乎四海之外，死生无变于己，而况利害之端乎**（此结圣人之德，谓至人与道混融，神超物外，卓出于死生，而况世之小利害乎）**！”**

此一节申明前文至人止其所不知，以言世人各非正知而执为必是，其所知者如此而已，以此是非，吾恶能知其辩哉，以结至人不知之至，乃超出生死之人，岂常情可测耶？

下文说齐死生，以梦觉观世人，则举世无觉者，以显是非之辩者皆梦中说梦耳，文极奇而义极正。

瞿鹊子问乎长梧子曰：“吾闻诸夫子，圣人不从事于务（言不以世故为事务），**不就利**（不知所利也），**不违害**（不知有害可避也），**不喜求**（言无求于世也），**不缘道**（言无心合道而无缘道之迹也），**无谓有谓**（以不言之教），**有谓无谓**（言发于天机，无心之言如鷇音也），**而游乎尘垢之外**（超然游于物外也）。**夫子**（孔子也）**以为孟浪之言**（孟浪谓不着实，犹无稽之言也），**而我以为妙道之行也。吾子以为奚若**（何如也）？**”长梧子曰：“是黄帝之听荧也**（谓汝之此言即黄帝听之亦荧惑而不悟也），

而丘也何足以知之（意谓孔夫子亦世俗之人耳，何足以知此哉）？**且女亦太早计**（言瞿鹊子才闻此言即以为妙道之行，亦计之太早也），**见卵而求时夜**（才见卵而便求报晓之鸡），**见弹而求鸮炙**（才见弹而便求鸮炙，此太早计之譬也）。**予尝为女妄言之**（予以至人之德为汝妄言之），**女以妄听之奚**（奚，何如也）。**旁日月**（言至人之德如此），**挟宇宙**（宇宙在手乎），**为其吻合**（至人与万化吻然混合而为一体），**置其滑涽，以隶相尊**（隶，犹言隶役也。言自天子诸侯卿大夫士皆是以隶役相役而相尊者，此皆世之滑涽之人所为者。至人不与物伍，故一切置之而无心也）。**众人役役**（役役于物欲而不自觉，此皆以隶相役役者），**圣人愚芚**（芚，草之未萌也。言圣人无心于世，不识不知，泊兮于未兆已前），**参万岁而一成纯**（圣人入于不死不生，故参万岁而成纯，言不有于世，故圣人了无是非之心也）。**万物尽然，而以是相蕴**（言万物本来道通为一，本无是非，如圣人浑化，故曰尽然。但众人只以一是字蕴成我见，故有生死是非之辩耳）。**予恶乎知悦生之非惑耶**（言本无生可欣，而众人悦而贪之，岂非惑耶）？**予恶乎知恶死之非弱丧而不知归者耶**（言圣人视生如远逝，视死如归家，而众人恶死，岂非弱丧而不知归者耶？弱丧，乃自幼丧失家乡者）？**丽之姬**（丽姬，美女也），**艾**（地名）**封人**（掌艾之官）**之子也，晋国之始得之也**（丽姬纳于晋君），**涕泣沾襟**（言丽姬始至晋时，以为不乐，故涕沾襟），**及其至于王所，与王同筐床**（与王同卧起），**食刍豢**（食美味，遂以为乐），**而后悔其泣也**（既知其乐乃悔昔之不知为苦也。此喻死者，人之所归，乃最乐者，人不知耳）。**予恶乎知夫死者不悔其始之蕲生乎**（若知死之乐，安知不悔昔之不当求生耶？此以为乐，盖言得免形骸生人之苦累，故以死为乐，亦非佛之寂灭之乐。以佛证之，正是人中修离欲行，得离欲界生死之苦而生初禅禅天之乐，亦非世间人以死为乐也。观者须善知其义）？**梦饮酒者，旦而哭泣；梦哭泣者，旦而田猎**（此言观人世如梦，观死生如夜旦，以此而游世间，乃至人之行也。梦觉相返者，以未觉乎大梦，故以死生为忧喜。苟知梦觉一如，则死生一条矣）。**方其梦也，不知其梦也，梦之中又占其梦焉**（言世都在迷中而自不知其迷，如梦中不知其梦也，而世人且自以为有知，为是而辩于人，此如梦中占梦，其实不自知其在迷也）。**且有大觉，而后知此其大梦也**（必有大觉之圣人乃能正众人之梦语也）。**而愚者自以为觉，窃窃然知之**（而世之愚人好执是非之辩者，而不自知在迷中而自以为觉故，窃窃然私自以为知者，故夸示于人，此举世古今昏迷之通病也）。**君乎，牧乎，固哉丘也**（君乎者，暗指尧舜已下之为君者。牧乎，暗指伊吕已下之卿相者。固哉丘也，明指孔子，此通说尧、舜、禹、汤、文、武、周公、孔子，凡以仁义治天下而必要归于己是而为道者，皆梦中说梦之人也），**与女**（指长梧子也）**皆梦也，予谓女梦亦梦也**（即我说汝梦，我亦是梦中说汝之梦耳）。**是其言也**（如此梦言），**其名为吊诡**（吊，至也。诡，怪也。谓此梦说乃至怪之谈，而汝梦中之人亦信不及）。**万世之后而一遇大圣，知其解者，是旦暮遇之也**（言必待万世之后遇一大觉之圣人，知我此说，即我与之为旦暮之遇也。意此老胸中早知有佛后来必定印证其言，不然，而言大觉者其谁也耶）。

此一节明至人所以超乎生死而游人世者，以观世间如大梦，死生如夜旦，忧乐如梦事，迷中说是非如梦占梦，迷中正是非如白日说梦事，总而言之，皆在大梦之中耳。似此若不是至人看破，谁知此是大梦耶？愚者窃自以为觉，岂不陋哉！即自古尧舜已下之君相以及孔子，皆梦中说梦之人耳。庄子自谓我此说亦在梦中，无人证者，必待后世有大觉之大圣，方知我今日之梦说不妄也。此论极正大痛切，而入圣工夫亦即于此可见矣。此结前执是非之论也。

后文翻覆发明此意，以结前文，总归于大道之原。

既使我与若辩矣，若胜我，我不若胜，若果是也？我果非也耶（此释上皆在梦中之辩，无能正者）？**我胜若，若不我胜，我果是也？而果非也耶？其或是也？其或非也耶？其俱是**（两家俱是）**也？其俱非也耶？我与若不能相知也**（以俱在梦中说梦，尔我谁能知其是非耶），**则人固受其黮闇**（暗昧不明白也），**吾谁使正之**（言彼闻尔我之辩者都被瞒了在暗昧之中，将使谁人正之耶）？**使同乎若者正之，既与若同矣，恶能正之**（使与汝一样人正之，既与汝一般见识，又何能正我之心耶）！**使同乎我者正之，既**

同乎我矣，恶能正之（使与我一样人正之，既与我一般见识，又何能正汝之心耶）！**使异乎我与若者正之，既异乎我与若矣，恶能正之**（使不同尔我两家之人正之，既绝与尔我不同，识见各别，又何能正尔我之是非哉）！**使同乎我与若者正之，既同乎我与若矣，恶能正之**（既与我两家一样，决不能正之矣）！**然则我与若与人俱不能相知也**（言大家都在梦中辩梦占梦，说梦事之是非，毕竟何能相知哉），**而待彼也耶？**（"彼"字近指前文所待大觉之圣人，远则指前"非彼无我"之"彼"字，意指真宰，谓既举世之人都在迷中，横生是非之辩，如梦中诤论，谁能解而正之？除非是大觉之圣人出世，方能了然明白。若不待圣人，直须各人悟了本有真宰，则不由是非，而照之于天然大道，则是非亦泯绝矣。故下句即云和之以天倪，天倪即前"之休乎天均"，皆释前照之于天，谓真宰乃天然大道之体，非世人迷执之我见也。庄子文章脉络，首尾相贯，如地中之泉。今此文横说竖说三千余言，到此只以一"彼"字结之，看是何等力量。但看发论之端，暗点出真宰，但云"非彼无我"，以一"彼"字为主，到底猛然突出一句曰"待彼也耶"，若看破此机轴，则文章变化神矣！）

何谓和之以天倪？（倪，端倪也，谓天然大道之实际也。"何谓"二字，乃重释之辞也，前文并无和天倪之说，但云"圣人和之以是非而休乎天均"。始云圣人不由而照之于天，盖此天倪即前之天均，而结归照之于天。以初从是非方生方死之间就要照之于天，及说到劳神明而不能一，则曰圣人和之以是非而休乎天均。到此议论已完了，故总前意乃曰"何谓和之以天倪"，盖即结归和是非之天均也。但以均字变为倪字，故不识其意耳。）**曰：是不是，然不然**（是、然，乃两家各执之偏见也）。**是若果是也，则是之异乎不是也亦无辩**（言是既异于彼不是矣，又何庸辩）；**然若果然也，则然之异乎不然也亦无辩**（谓然既异于不然矣，又何庸辩哉）。**化声之相待**（无而忽有曰化，言空谷之响乃化声也，谓观音声如空谷传响，了无情识，又何是非之有哉！此一句又总结前地籁，长风窍响，音声唱和，皆化声也。若观言语音声如风吹窍响，何有是非之执？所以有是非者，盖是有机心之言，故竟执为彼此之是非耳。故发论之初乃曰“夫言非吹也”，为是非发端。今齐物论已了，必指归于地籁，故曰化声相待，乃究竟齐物之工夫。若言语音声如地籁，则言出天真，了无机心，乃真天籁也。观前发端之地籁，则振荡乾坤一段说话，归结到了，但轻轻以“化声相待”四字结之，看是何等之胸襟致思、笔力变化。文章到此，不可思议矣），**若其不相待，和之以天倪**（此一句结齐物论之工夫也。谓若果观举世言论之音声如风吹窍鸣，则是化声相待，则言出天机，了无是非之执矣。若其不能如化声相待，则当和之以天倪而休乎天均，则不由是非之情而当照之于天，如此则物论不齐而自齐也，不然则终无可齐之日矣），**因之以蔓衍**（蔓衍者，谓散漫流衍，即横说竖说，如枢得环中以应无穷，是一亦无穷，非一亦无穷，所谓恶乎存不可也，以言出天真，无往而非道，故能和之以天倪，则可矢口而谈，故曰因之以蔓衍也），**所以穷年也。忘年忘义**（前云于道有亏则辩者终身无成，以自以为成故非成耳。今载道之言出乎天真之自然，随其成心而师之，则无往而非道。如此则优游卒岁，了无成名之心，身住世间，心超生死，则足以忘年，了无人我彼此之分，故能忘义而无一定之辩。真人应世，与物无竞，如此而已），**振于无竟，故寓诸无竟。”**（无竟者，乃绝疆界之境，即大道之实际，所言广莫之乡、旷埌之野，皆无竟之义也。言真人处世，凡所振作举动皆与道冥一，施为动作于大道之乡，故曰振于无竟，故栖神于寂寞冲虚，故曰寓诸无竟，此《齐物论》之究竟指归实际处也。如此一篇大文章，开端如许惊天动地，若不指归实际，则为荒唐之说矣。）

此一节总结《齐物论》之究竟处也。首以丧我为发启，则意在物论之不齐，皆执我见之过也。今要齐物，必先忘我，此主意也。次将显世人之言语音声乃天机之所发，但在有机忘机之别，故分凡圣之不同，故以三籁发端，意在要将地籁以比天籁。但人有小知大知之不同，故各执己见为必是，故说了地籁即说大知小知之机心情状之不一，故不能合乎天机，如地籁之风吹窍响耳。如此者何也？盖由人迷却天真之主宰，但认血肉之躯以为我，故执我见而生是非之强辩者，盖迷之之过也，故次点出真宰，要人先悟本真。

要悟本真，须先抛却形骸，故有百骸九窍之说，要人看破形骸而识取真宰。若悟真宰，则自然言言合道，皆发于天真，是所谓天籁也。今之辩论之不齐者，盖是机心之言，故执有是非。故立论是非之端，首云“夫言非吹也”一句提起，以生后面许多是非之情状，皆从“非吹”二字发挥。但凡人迷之而不悟，在圣人已悟则不由众人之是非，故凡所言者皆照于天也。从此“照之于天”一语，以立悟之公案，故向下说到是非不必强一，但只休乎天均，则不劳而自齐一矣。如是重重议论，到末后是非卒无人正之者，如举世古今皆是梦中说梦，必待大觉之圣人方能正之。即不能待大觉之圣人，亦只须了悟各人之真宰，则物论是非自明矣。到此了悟之后，是非自明，则凡所言者皆出于天真，如地籁无异矣，故末后以“化声相待”一语以结之。若未大悟，则凡所语言，皆当照之于天而休乎天均为工夫，故以“和之以天倪”为结语。此通篇之血脉，立言之本意也。但文章波澜浩瀚，难窥涯际，若能看破主意，则始终一贯，森然严整，无一字之剩语，此所谓文章变化之神鬼者也。

下文总以形影梦幻为结，以见真实之工夫也。

罔两（影外之影也）**问景曰：“曩子行，今子止；曩子坐，今子起，何其无特操与**（言行止起坐不常，何以无一定之特操也）**？”曰：“吾有待而然者耶**（影谓盖不由我，以有待者形也）**？吾所待又有待而然者耶？吾待蛇蚹、蜩翼耶**（言我所待者形若蛇蚹、蜩翼之做物耳，彼何知哉）**？恶识其所以然，恶识其所以不然**（言彼假形，块若无知之物，若蛇之蚹、蜩之翼，与真宰无相干者，但任其天机之动作耳，又何以知其然与不然耶？意谓世人学道做忘我工夫，必先观此身如影，如蛇蚹蜩翼，则我执自破矣）。”

昔者庄周梦为蝴蝶，栩栩然蝴蝶也（栩栩然，喜意）**，自喻适志与！不知周也**（言梦中为蝴蝶，自喜自适，竟不知其为周也）**。俄然觉，则蘧蘧然**（蘧蘧然，僵卧之貌）**周也**（觉来依然一周耳）**。不知周之梦为蝴蝶欤？蝴蝶之梦为周欤？周与蝴蝶，则必有分矣**（言梦觉之不同，但一周耳，不知蝴蝶为周、周为蝴蝶？此处定有分晓，要人看破，则视死生如梦觉，万物一观，自无是非之辩矣）。**此之谓物化。**（物化者，万物化而为一也，所谓大而化之谓圣。言齐物之极必是大而化之之圣人，万物混化而为一，则了无人我是非之辩，则物论不齐而自齐也。齐物以一梦结，则破尽举世古今之大梦也。由是观之，庄子之学不易致也，非特文而已矣。）

此结齐物之究竟化处，故托梦觉不分，以物化为极，则大概此论立意，若要齐物，必先破我执为第一，故首以吾丧我发端。然吾指真宰，我即形骸，初且说忘我，未说工夫，次则忘我工夫须要观形骸是假，将百骸九窍六藏一一看破散了，于中毕竟谁为我者，方才披剥出一个真君面目。意谓若悟真君则形骸可外，形骸外则我自忘，我忘则是非泯矣。此其中大主意也。重重立论，返覆发扬者，此耳。谓若未悟真君，则举世古今皆迷，如在大梦之中，纵有是非之辩，谁当正之耶？纵有正之者，亦若梦中占梦耳。若明正是非，必待大觉之圣人。即不能待大圣，亦直须各人了悟当人本来面目，方自信自决矣。要悟本来真宰，须是忘我。然忘我工夫，先观人世如梦，是非之辩如梦中事，正是非者如梦中占梦之人。若以梦观人世，则人我之见亦自解矣。虽解人我而未能忘言，若观音声如响，则言语相空，如此则言自忘矣。言虽忘而未能忘我，则观自己如影外之影，观血肉之躯如蛇蚹蜩翼，此则顿忘我相，不必似前分析也。盖前百骸九窍一一而观，乃初心观法，如内教小乘之析色明空观。今即观身如影之不实，如蛇蚹之假借，乃即色明空，更不假费工夫也。虽观假我，而未能忘物，故如蝶梦之喻，则物我两忘。物我忘则是非泯，此圣人大而化之成功也，故以物化结之。如此识其主意，摄归观心，则不被他文字眩惑，乃知究竟归趣。此《齐物》之总持也，观者应知。

庄子内篇注卷之二终

庄子内篇注卷之三

明匡庐逸叟憨山释德清注

养生主

此篇教人养性全生，以性乃生之主也。意谓世人为一身口体之谋，逐逐于功名利禄，以为养生之策，残生伤性，终身役役而不知止，即所谓迷失真宰，与物相刃相靡，其形尽如驰而不知归者，可不谓之大哀耶？故教人安时处顺，不必贪求以养形，但以清净离欲以养性。此示入道之功夫也。

吾生也有涯（人生如隙驹耳，有限光阴），**而知也无涯**（知者妄想思虑，日夜相代而无涯）。**以有涯随无涯，殆已**（以有限之身命，随无穷之妄想，劳心悴形，危之甚也）！**已而为知者，殆而已矣**（既已危殆，且迷而不觉，犹自以为知者，终于殆而已矣，不可救也）！**为善无近名**（为善无近名之心），**为恶无近刑**（为恶无近刑之事，盖善恶兼忘，虚怀游世，不以物为事），**缘督以为经**（缘，顺也。督，理也。经，常也。言但安心顺天理之自然以为常，而无过求驰逐之心也），**可以保身，可以全生，可以养亲，可以尽年**（苟顺天理，则不贪欲以残生，故可以保身全生；不辱身以伤命，故可以养亲尽年，此所谓能养生之主也）。

逍遥之圣人则忘己、忘功、忘名，故得超然于物外；齐物之愚夫竞名好辩，迷真宰而不悟，此圣凡之辩也。故今示之以入圣之功夫，以养生主为首务也。然养生之主，只在“缘督为经”一语而已。苟安命适时，顺乎天理之自然，则遇物忘怀，绝无意于人世，则若己、若功、若名，不待忘而自忘矣。此所以为养生主之妙术也，故下以庖丁解牛喻之。

庖丁为文惠君（梁惠王也）**解牛**（不言解牛之妙术），**手之所触**（随手所至也），**肩之所倚**（案牛之度也），**足之所履**（踏牛于地也），**膝之所踦**（跪而下刀之状也），**砉**（音吸）**然响然**（用刀之声也），**奏刀騞**（音画）**然**（进刀之声也），**莫不中音**（言有节数也），**合于桑林**（舞名）**之舞，乃中经首**（乐名）**之会**（众乐齐奏。言技之妙而闲之度如此，初无用力仓皇之意也）。**文惠君曰："嘻**（叹其妙也），**善哉！技盖至此乎**（言解牛之技妙极于此也）**！"庖丁释刀对曰："臣之所好者道也，进**（用也）**乎技矣**（言臣始非专于技，盖先学乎道，以悟物有自然天理之妙，故施用之于技耳）。**始臣之解牛之时，所见无非牛者**（言未得入道则目前物物有碍，故始解牛之时则满目只见有一牛）。**三年之后，未尝见全牛也**（言初未见理，则见浑沦一牛。既而细细观之，则牛外之头角蹄膊，内之五脏百骸筋骨，一一分之，各各不一，件件有理，自然而不可乱者，由是而知无全牛也。久之，则果然见其无全牛也）。**方今之时，臣以神遇而不以目视**（由臣细观其牛，件件分析有一定天然之腠理，了然于心目之间，故方今解牛，不须目视，任手所之，无不中理者），**官官知止而神欲行**（官谓耳目等五官也，但以心目知其所止而神即随其所行，故信手所之，迎刃而解），**依乎天理**（但依骨肉之间天理之自然），**批**（音撇）**大却**（音隙），**导大窾，因其固然**（言任刀所批者则有大却，随手所引者则有大窾空处，但只因固然一定之理而游刃其间），**技经肯綮**（骨肉连结处也）**之未尝，而况大軱**（骨也）**乎**（言任理用刀，从骨肉小小连络处亦不见有龃龉，而况有大骨为碍乎）？**良庖岁更刀，割也**（言良能之庖则一岁一换其刀者，但割切而已）。**族**（众也）**庖月更刀，折**（犹斫也）**也**（言庸众之庖月换一刀，则砍斫之故，易伤缺也）。**今臣之刀十九年矣**（臣之刀十年为率，今已用九年矣），**所解数千牛矣，而刀刃若新发于硎**（硎，磨刀石也。言臣之刀已解数千牛矣，而其锋铦利如初磨一般，全未伤缺也）。**彼节者有间**（言彼骨节自有间隙）**而刀刃无厚，**

以无厚入有间，恢恢（宽大也）**乎其于游刃必有余地矣。是以十九年而刀刃若新发于硎**（言刀之所以不伤缺者，以彼牛之骨节之间自有天然之空处。且刀刃薄而不厚，以至薄之刀刃入有空之骨节，则恢恢宽大，任其游刃尚有余地，又何伤锋犯手之有？所以十九年而刀若发硎也）。**虽然，每至于族**（筋骨盘结处也），**吾见其难为**（言虽然游刃如此，任理而行，其间亦有筋骨盘结没理处，吾亦见其难，此则不可任意而行也），**怵**（警惕也）**然为戒**（言不敢妄动也），**视为止**（视其所止也），**行为迟**（行刀少缓也），**动刀甚微。謋**（划也）**然已解，如土委地**（言至难处则为惕然小心，不可乱动，端详其所止，缓缓下手，如此则用力不多，故动刀甚微，而难解处则划然已解，如土之崩委于地也），**提刀而立，为之四顾**（言已解其难解，故提刀四顾，以畅其怀也），**为之踌躇**（四顾也，言仍四顾其难解之状也）**满志**（快于心也），**善刀而藏之**（善拂拭其刀而藏之也）。**"文惠君曰："善哉！吾闻庖丁之言，得养生焉。"**

此《养生主》一篇立义，只一庖丁解牛之事则尽养生主之妙，以此乃一大譬喻耳，若一一合之，乃见其妙。庖丁喻圣人，牛喻世间之事，大而天下国家，小而日用常行，皆目前之事也。解牛之技，乃治天下国家用世之术智也。刀喻本性，即生之主，率性而行，如以刀解牛也。言圣人学道，妙悟性真，推其绪余以治天下国家，如庖丁先学道而后用于解牛之技也。初未悟时则见与世龃龉难行，如庖丁初则满眼只见一牛耳。既而入道已深，性智日明，则看破世间之事，件件自有一定天然之理，如此则不见一事当前，如此则目无全牛矣。既看破世事，则一味顺乎天理而行，则不见有一毫难处之事，所谓技经骨綮之未尝也。以顺理而行，则无奔竞驰逐以伤性真，故如刀刃之十九年若新发于硎，全无一毫伤缺也。以圣人明利之智，以应有理之事务，则事小而智钜，故如游刃其间，恢恢有余地矣。若遇难处没理之事如筋骨之盘错者，不妨小心戒惕，缓缓斟酌于其间，则亦易可解，亦不见其难者。至人如此应世，又何役役疲劳以取残生伤性之患哉！故结之曰"闻庖丁之言得养生焉"，而意在至人率性顺理而无过中之行，则性自全而形不伤耳。善体会其意，妙超言外。此等譬喻唯佛经有之，世典绝无而仅有者，最宜详玩，有深旨哉。

下文言其不善养生之人。

公文轩（人姓名）**见右师**（官名，介者也）**而惊曰：此何人也？恶乎介也**（言此是何等人，因何而刖足也）？**天与？其人与**（言去一足，是天使与欤？抑人为之欤）？**曰：天也，非人也**（复自应之曰：此天使之也，非人也）。**天之生是使独也**（言右师生而贪欲，自丧天真，故罪以取刖，即是天刑其人，使之独也），**人之貌有与也，以是知其天也，非人也**（言人生皆天与之形也，今右师之介其足，即是天使之不全也）。**泽雉十步一啄，百步一饮，不蕲畜乎樊中，神虽王，不善也。**（言泽雉饮啄虽如此之艰难，亦甘心适性，不肯求人畜于樊笼之中。谓樊中之养，其神虽王，且知困苦不自安，故以为不善而不求之也。右师贪而忘形，不如泽雉多矣，故其刖也，实天刑之，而不自知耳。）

此一节言不善养生者，见得忘真，见利忘形，自取残生伤性之患，不若泽雉之自适也。

下言虽圣人苟不能忘情，亦是丧失天真者，故借《老子》发之。

老聃死，秦失吊之（秦失，老聃之友也），**三号而出**（言无哀切之情也）。**弟子**（秦失之弟子）**曰："非夫子之友耶？"曰："然**（言是吾之友也）。**"**"**然则吊焉若此，可乎**（弟子谓既为夫子之友而不尽其哀，其可乎）？**"曰："然**（谓实无哀痛也）。**始也吾以为其人也**（言我始与友时，将谓是有道者也），**而今非也**（今日死后乃知其非有道者也。何以知之）。**向吾入而吊焉，有老者哭之如哭其子，少者哭之如哭其母，彼其所以会之，必有不蕲言而言、不蕲哭而哭者**（言老少哭之如此其哀，必生时与彼两情相合而中心有不能自已者，故不蕲哭而哭之，哀如此也），**是遁天倍**（与悖同）**情，忘其所受，古者谓之遁天之刑**（刑，犹理也。言聃之为人不能忘情而处世，故有心亲爱于人，故人不能忘，此实自遁天真，忘其本有。古人谓此乃遁丧天真而伤其性者，非圣人也）。**适来，夫子时也**（适来而有生，亦顺时而生也）；**适去，夫子顺也**（言适死而去，乃造化之所迁，而天真泰然，未尝有去来死生者也）。**安时而处顺，哀乐不能入也**（言生则安其时，死则顺其化，又何死有哀而生可乐耶？达其本无生死故也）。**古者谓是帝之县解**（帝者，生之主也。性系于形，如人之倒悬，今超然顺化，则解性之悬矣），**指穷于为薪火传也，不知其尽也**（言形虽化而性常存，如薪尽而火存。有形相禅，如薪火相传，是则生生而不已，化化而无穷，故如薪火之传，不知其尽也）。”

此言性得所养而天真自全，则去来生死了无拘碍。故至人游世，形虽同人而性超物外，不为生死变迁者，实由得其所养耳。能养性复真，所以为真人。故后《人间世》即言真人无心而游世，以实庖丁解牛之譬，以见养生主之效也。篇虽各别，而意实贯之。

庄子内篇注卷之三终

庄子内篇注卷之四

明匡庐逸叟憨山释德清注

人间世

此篇盖言圣人处世之道也。然养生主乃不以世务伤生者，而其所以养生之功夫，又从经涉世故以体验之。谓果能自有所养，即处世自无伐才求名、无事强行之过，其于辅君奉命自无夸功溢美之嫌，而其功夫又从心斋坐忘，虚己涉世，可无患矣，极言世故人情之难处。苟非虚而待物，少有才情求名之心，则不免于患矣，故篇终以不才为究竟。苟涉世无患，方见善能养生之主，实与前篇互相发明也。以孔子乃用世之圣人，颜子乃圣门之高弟，故借以为重，使其信然也。

颜回见仲尼，请行。曰："奚之（仲尼问何往）**？"曰："将之卫？"曰："奚为焉**（意谓虽颜子之仁人，亦不勉无事强行之过）**？"曰："回闻卫君**（蒯聩也）**其年壮**（壮年盛气之时）**，其行独**（言狠戾自用，拒谏妄为也）**，轻用其国而不自见其过**（言不恤民，轻视其国，不自知其过）**。轻用民死**（言不恤民故民死亡者众）**，死者以国量乎泽若蕉**（言以国比乎泽，而民之死者相枕籍若泽中之蕉也）**，民其无如**（往也）**矣**（言民受困，无所往告矣）**。回尝闻之夫子曰：治国去之**（言国已治，不以无功而干禄）**，乱国就之**（言勘乱扶危以安民也）**，医门多疾**（谓善救时者如良医之门多疾人也）**。愿以所闻思其则**（盖回素闻夫子之言如此，故愿以所闻思其法则，将以匡正卫君也）**，庶几其国有瘳乎**（言庶几使民免其疾苦也）**！"仲尼曰：**

“嘻（惊叹也）**！若殆往而刑耳**（言汝甚欲往，必遭其刑耳）**。夫道不欲杂**（谓学道当专心壹志，不可杂乱其心）**，杂则多，多则扰，扰则忧，忧而不救**（言心杂则以多事自扰，扰则忧患而不可救）**。古之至人，先存诸己，而后存诸人**（言古之至人涉世，先以道德存乎己，然后以己所存施诸人。即此二语乃涉世之大经，非夫子不能到此）**。所存于己者未定，何暇至于暴人之所行**（谓颜回道德未充，自修不暇，又何暇至暴人之所乎）**？且若**（汝也）**亦知夫德之所荡而知之所为出乎哉**（荡，散也。出，露也）**？德荡乎名，知出乎争**（德之不能保全者，为名之荡也，名荡而实少矣。知之发露于外者，以启争之之端也）**。名也者，相轧也**（轧，轧机声也。言名者乃彼此相挤轧，不得独擅也）**。知也者，争之器也**（才、知一露，人人忌之，则由此而致争，不相安也）**。二者凶器，非所以尽行也**（言才德、知术二者，乃招患之端，为凶器也，岂可以尽行乎）**。且德厚信矼**（矼，确实貌）**，未达人气**（谓我以厚德确信加人，必先要达彼之气味与我投与不投）**；名闻不争，未达人心**（言我虽不争名闻于彼，且未达彼之人之心信否何如）**，而强以仁义绳墨之言术**（当是炫字）**暴人之前，是以人恶有其美也，命之曰灾人。灾人者，人必返灾之，若殆为人灾**（言己虽确信虚己致彼，且未审彼之气味，不达心志，即以仁义绳墨之言规谏于彼，恐一旦致疑而不信，则将以汝为因扬彼之恶而显己之美，所谓未信则为谤己也，此谓之灾害于人。凡灾人者，人必反灾之。汝不审彼己而强行，殆为彼人灾之也）**。且苟为悦贤而恶不肖，恶用而**（汝也）**求有以异**（且彼卫君诚有悦贤而恶不肖之心，则彼国自有贤者，何用汝特往而求以显异耶）**？若**（汝也）**惟无诏**（言汝必不待诏而往）**，王公必将乘人而斗其捷**（言汝非诏命而往，则彼王公必将乘人君之势，与汝斗其捷胜，而不纳其言）**。而**（汝也）**目将荧之**（言汝见人君之势以加凌之，则必自失其守，眼目眩惑之矣）**，而色将平之**（眼目一眩，必将自救，而容色平和以求解矣）**，口将营之**（容貌既已失措而口必营营以自救也）**，容将形之**（容貌言辞一失则全身不觉放倒迁就也）**，心且成之**（外貌一失则内心无主，必将舍己而就彼，返成其恶也）**。是以火救火，以水**

救水，名之曰益多（言汝初心欲彼改恶而竟返成其恶，是以水火而救水火，但增益其多耳），**顺始无穷**（言始则将顺，而彼之恶竟无穷）。**若**（汝也）**殆以不信厚言，必死于暴人之前矣**（若彼不见信而遽加之以忠厚之言，是谓交浅言深，彼将致疑而返以为谤，如此则必死无疑矣）。

此一节言涉世之大者，以谏君为第一。若人主素不见信而骤以忠言强诉，不唯不听，且致杀身之祸。此非夫子之大圣深达世故明哲保身者，其他孰能知此哉！颜子有所未至也。此为人间世之第一件事，故首言之。

“且昔者桀杀关龙逄、纣杀王子比干，是皆修其身以下伛拊人之民，以下拂其上者也（言龙逄、比干以忠立名而竟见杀者，盖为居臣下之位而伛拊人君之民者。伛拊，言曲身拊恤于民，以示怜爱之状也。谓人君不爱民而臣下返为之爱恤，是自要名以拂逆人主之心，此所以见怒而取杀也，岂非好名取死之道耶）。**故人君因其修以挤之，是好名者也**（言二子好名而修身以拂人君，故人君因其修而挤害之，是好名之过也）。**昔者尧攻丛枝、胥敖**（二国名），**禹攻有扈**（国名），**国为虚厉**（使其国为空虚，死其君为厉鬼），**身为刑戮**（亲身操其杀戮），**其用兵不止，其求实无已**（谓二圣自以为仁将，除暴救民，是皆求为仁之实无已故用兵不止，以此好名以滋杀戮），**是皆求名实者也**（求仁之名而行杀伐，名成而实丧矣）。**而**（汝也）**独不闻之乎，名实者圣人之所不能胜**（平声）**也**（言名实虽二圣人且不能胜而全有之），**而况若**（汝也）**乎？**

此谓颜子无事强行，求名之实，必不能全，以明往必刑之之必然也。且名实圣人犹不能全，而况凡乎？

上文夫子以教其必不可往，下又问其往之之道。

“虽然，若（汝也）**必有以也，尝以语我来**（来，语辞。夫子谓虽然我如此说，其势必不可往，不知汝将何术以往耶？当以语我，试看何如）。**”颜回曰：“端而虚，勉而一，则可乎**（回谓我无他术，但端谨其身以虚其心，不以功名得失为怀，更勉一其志，不计其利害，如此则可乎）？”**曰：“恶，恶可**（言其甚不可也）！**夫以阳为充孔扬，采色不定**（阳者盛气，言卫君壮年负骄胜之气，汝以小心端谨事之，则益充满彼之盛气而志更大飞扬，将发现于颜面矣。采色不定，喜怒不常也），**常人之所不违**（言彼喜怒不常之气性，即寻常执待之人亦不敢违，况汝未同与言之人乎）。**因案人之所感，以求容与**（自快之意也）**其心，名之曰日渐之德不成，而况大德乎**（言彼拒谏之人，即汝以言感发之，彼即定将所感之言返案于汝，以求容与以快其心，不但不听而已。如此饰非之人，即日渐小德亦不成，况大德乎）？**将执而不化，外合而内不訾**（毁也），**其庸讵可乎**（言彼将固执己志而不化，纵汝能端虚而外谨，勉一而内不毁，竟有何用乎？言其必无功效，徒费精神耳）？”

此一节言强梁拒谏之人纵以忠谨事之，只增益其盛气，亦无补于德，终无益也。

“然则我内直而外曲，成而上比（此颜回闻夫子之言，以端虚勉一必不能行，又思其则以内直、外曲、上比古人，挟此三术以往，其事必济矣）。**内直者，与天为徒**（此颜回自解三术之意。言内直与天为徒者，言人之生也直，此性本天成，则彼我同此性也，故曰与天为徒。谓彼亦人耳，既同此性，苟言之相符，宁无动于中乎）。**与天为徒者，知天子之与己皆天之所子，而独以己言蕲乎而人善之，蕲乎而人不善之耶？若然者，人谓之童子，是之谓与天为徒**（言既天性本同，则人君与我皆天之子也，我但直性而言之，亦不必求其彼之以我言为善为不善，我唯尽此真纯无伪之心，如此则彼以我如赤子之心矣，此又有何患焉）。**外曲者，与人为徒也。擎、跽、曲拳，人臣之礼也，人皆为之，吾敢不为耶？为人之所为者，人亦无疵焉，是之谓与人为徒**（外曲者，谓曲尽人臣之礼也，不失其仪，又何疵焉）。**成而上比者，与古为徒。其言虽教，谪**（谪谓指谪是非也）**之实也。古之有也，非吾有也。若然者，虽直而不为病，是之谓与古为徒**（成者，引其成言也。

上比者，上比古人也。故其言虽谪之，而明言是非，而所言皆实，乃古人之言，非我之虚谈也。如此则言虽直，以非我出，则不以为病矣）。**若是则可乎**（以此三术则庶几可乎）？”**仲尼曰：“恶，恶可**（叹其必不可也）！**太多政法而不谍**（政法，犹法则也。谍，犹安妥，谓稳当也。言挟上三术而法则太多，犹不稳当也），**虽固亦无罪，虽然，止是耳矣，恶可以及化！犹师心者也**（言以此三术固亦不得罪，然止是如此而已耳，亦不能使彼心化也。何也？以三术皆出有心，未能忘我，且己未成，焉能化彼哉）。”

此一节言三术，从孔子“君子有三畏”中变化来。与天为徒，畏天也；与人为徒，畏大人也；与古为徒，畏圣人之言也。但议论浑然无迹。言此三事亦非圣人大化之境界，止于世俗之常耳，意在言外。

颜回曰：“吾无以进矣（言回之学问止此而已，更无以进矣），**敢问其方**（请问夫子之教以何法也）。”**仲尼曰：“斋，吾将语若**（言须斋心，待听我之教也）。**若**（汝也）**有而为之，其易耶**（言汝有心而为之事，自己未化，便欲化人，岂容易耶）？**易之者，暤天不宜**（以有心之事为容易者，其心不真，故上天所不宜）。”**颜回曰：“回之家贫，惟不饮酒不茹荤者数月矣，若此可为斋乎**（此颜子未知心斋也）？”**曰：“是祭祀之斋，非心斋也。”回曰：“敢问心斋。”仲尼曰：“一若志**（专一汝之心志），**无听之以耳而听之以心**（言返闻于心性），**无听之以心而听之以气**（心尚未忘形，气则虚而形与化之矣）。**心止于符**（谓心冥于理也）。**气也者，虚而待物者也**（言心虚于极，以虚而待物）。**惟道集虚**（虚乃道之体也）。**虚者，心斋也**（教颜子之心斋，以主于虚也）。”

颜子多方皆未离有心，凡有心之言未忘机也，机不忘则己不化。故教之以心斋，以虚为极，虚则物我两忘，己化而物自化耳。

颜回曰：“回之未始得使，实自回也（言未受教待，自以为有己）。**得使之也，未始有回也，可谓虚乎**（一闻心斋之教，顿忘其己，此忘己可谓虚乎？回于一言顿悟如此）？”**夫子曰：“尽矣**（谓心斋之理尽于此矣）！**吾将语若**（言汝有受教之地矣，故将语之）。**若**（汝也）**能入游其樊**（樊谓籓篱，谓世网中也）**而无感其名**（言能游人世，虚己忘怀，无以智巧以感动人而要其名），**入则鸣，不入则止**（言不可执一定成心而往，但观其人精神气味相入则言，不入则止，不可强行），**无门无毒**（门者，言立定一个门庭。毒，即瞑眩之药，谓必瘳之药。此二者有患，皆不可用也），**一宅而寓于不得已，则几矣**（一宅者，谓安心于一，了无二念，即其所言当寓意于不得已而应之，切不可有心强为，如此则庶几乎可耳）。**绝迹易，无行地难**（言逃人绝世尚易，独有涉世无心不着形迹为难，即《老子》“善行无辙迹”）。**为人使，易以伪；为天使，难以伪**（圣人应世，乃天之使也。若是为人之使，容可以伪。圣人乘真心而御物，又安可以伪乎）。**闻以有翼飞者也，未闻以无翼飞者也**（此有心无心之喻也。言世人有心为事，而成者有之。若无心应物而使人感化，若无翼而飞者，此未之闻也）。**闻以有知知者矣，未闻以无知知者也**（言世人皆以有知而知之者。圣人以无知而知者，盖言忘形绝智，以无心而应物者，此其难者，未之闻也）。**瞻彼阕者，虚室生白**（此心虚之喻也，谓室中空虚，但有缺处则容光必照，而虚室中即生白矣。以喻心虚则天光自发也），**吉祥止止**（言有心而动则祸福随之，所谓吉凶悔吝生乎动也。今若心虚无物，则一念不生，虚明自照，悔吝全消，惟吉祥止止，而言此虚心乃吉祥所止之处也）。**夫且不止，是之谓坐驰**（言人心皆本虚明，第人不安心止此，私欲萌发，则身坐于此而心驰于彼，是之谓坐驰）。**夫狥耳目内通而外于心知，鬼神将来舍，而况人乎**（狥作殉，犹丧失也。言丧耳目之见闻，返见返闻，故云内通。若内通融于心体，真光发露，则不用其妄心妄知，如此则虚明寂照，与鬼神合其德，故鬼神将来舍矣，而况于人而不感化乎？此无翼而飞者也。此教回之极处也）？**是万物之化也**（谓丧耳目则形自忘，外心知则智自泯，则物我两忘。我忘物化，则万物尽化为道矣），**禹、舜之所纽**（枢纽）**也，伏羲、几蘧**（古圣君也）**之所行终，而况散焉者乎**（言物我兼忘，万物尽化，此混归大道之原，即禹之神圣亦执为枢纽，而伏羲、几蘧之大圣御世终身所行，而况散民乎？颜回能以此用世，又何强行之有哉）！”

此言涉世，先于事君。此言辅君之难也。苟非物我两忘，虚心御物，不得已而应之，决不能感君而离患。若固执我见，持必然之志而强谏之，不但无补于君，且致杀身之祸。此龙逄、比干之死，皆是之过也。

下言使命之难。

叶公子高（叶公名梁，字子高，楚大夫也）**将使于齐，问于仲尼曰：“王使诸梁也甚重**（意将有兵革之事）。**齐之待使者，盖将甚敬而不急**（言齐君待使者貌虽恭而心甚慢，不能应使者之急事）。**匹夫犹未可动也，而况诸侯乎**（言楚之事甚急而齐若慢之，则不敢轻意催促。且匹夫尚不可轻动，况诸侯乎）？**吾甚栗之**（恐误国事而取罪，故甚恐惧也）。**子尝语诸梁也曰：‘凡事若小若大，寡不道以欢成**（尝忆夫子教我，谓事无大小，必以欢成。傥齐之不欢，则事难济矣，此所以恐也）。**’事若不成，则必有人道之患**（言事若不成，君能无罪我乎？是必有人道之患也）。**事若成，则必有阴阳之患**（言齐傥不急，必多方劳虑，委曲求成，则焦劳之病，乃阴阳之内患也）。**若成若不成而后无患者，惟有德者能之**（有德者，谓全德之圣人也。意谓事之成与不成俱无患者，惟圣人虚心应世，不以物为事者能之也）。**吾食也执粗而不臧**（善也，谓不甘美之厚味也），**爨无欲清之人**（言我之饮食淡薄，无多烹庖，故执爨之人无有怕热而求清凉者）。**今吾朝受命而夕饮冰，我其内热欤**（言素无厚味，故无内热之症。今朝受命而夕饮冰，则火症内发，乃忧愁焦思以动其火耳，其内热之病欤）？**吾未至乎事之情**（实也），**而既有阴阳之患矣**（言未就事，早有阴阳失错内热之病矣）；**事若不成，必有人道之患**（事若不成，国君能无罪我乎？此人道之患所不免者）。**是两也，为人臣者不足以任之**（言此两患在身，事不由己，故为人臣者所不能任之也）。**子其有以语我来**（愿夫子有以教我也）！”

此言人臣以使命为难也。以为人臣者但以一己功名为心，故事必求可，功必求成，以此横虑交错于胸中，劳神焦思之若此，乃举世人臣使命之难，绝不知有所处之道，故不免其患耳。故夫子教以处之之方，意有一定之命，一定之理，安顺处之，自无患耳。若持必可之心，固所不免也。

下夫子教其莫若致命，此其难者，将此起语为结。

仲尼曰："天下有大戒二（大戒者，谓世之大经大法也，乃君亲之命不可易者）**：其一命也，其一义也。子之爱亲，命也，不可解于心。臣之事君，义也，无适而非君也**（庄子诽仁义，独于人之事君以义为主，又以死忠为不善。今言人臣之事君，无往而非君，乃忠之盛也，此老何曾越世故耶）。**无所逃于天地之间，是之谓大戒**（言世之君亲之命无所逃，此乃世之大经大法之不易者）。**是以夫事其亲者，不择地而安之，孝之至也**（言子之事亲，无往而非亲命，则不敢择地而安之，此乃孝之至也）。**夫事其君者，不择事而安之，忠之盛也**（言事君者唯命是听，不敢以难易二其心，乃忠之盛也，故古人耻贰心以事主者）。**自事其心者，哀乐不易施乎前**（言孝则当竭其力，忠则尽乎命，以尽心尽命为主，不以难易推移之志。此事心之大者，不以哀乐入于心也），**知其不可柰何而安之若命，德之至也**（言人臣之分，知其事之难，无可柰何，亦不敢贰心相视，但安之若命。安命则忘其难易，此乃德之至也）。**为人臣子者固有所不得已，行事之情而忘其身**（言人之臣子固有不得已之事，但当尽命以忘其身以从事），**何暇至于悦生而恶死**（言臣子尽命而已，岂敢以生死为去就哉）？**夫子其行可矣**（教叶公但当如此而行可矣）！

《庄子》全书，皆以忠孝为要名誉、丧失天真之不可尚者，独《人间世》一篇，则极尽其忠孝之实，一字不可易者，谁言其人不达世故而恣肆其志耶？且借重孔子之言者，曷尝侮圣人哉！盖学有方内方外之分。在方外，必以放旷为高，特要归大道也。若方内，则于君臣父子之分一毫不敢假借者，以世之大经大法不可犯也。此所谓世出世间之道，无不包罗，无不尽理，岂可以一概目之哉！

丘请复以所闻（前概言君臣父子之分义，此下方复言使命之理）**：凡交近则必相靡以信**（靡，顺也。信，符也。凡交近国，必须符验，则不假辞令），**远则必忠之以言**（若交远国，则必忠之辞令，以合二国之欢），**言必或传之**（谓言必要使者口传）。**夫传两喜两怒之言，天下之难者也**（言之所系，安危以之，而祸福随至）。**夫两喜必多溢美之言，两怒必多溢恶之言**（病在于溢）。**凡溢之类妄**（溢美溢恶出于过用智巧，故失其本真，故曰妄），**妄则其信之也莫**（以言不至诚，故听之者亦莫然不信），**莫则传言者殃**（既不相信，则罪在传言者，殃矣）。**故法言曰：'传其常情，无传其溢言**（常情乃真实无妄之言）**'，则几乎全**（庶几免祸）。

此一节言使命之难，以两家之利害皆在一己担当，若溢而过实，则令听者生疑不信，是为生祸之本，而传者必受其殃。所以贵乎真实无妄，庶几可保全耳。

下文申明虽苟全目前之事，而终必为害甚矣。言之不易，不可不谨慎其始也。

且以巧斗力者，始乎阳，常卒乎阴，太至则多奇巧（此言慎始慎终之道也。且始以巧斗力者，乃以戏剧相格斗也，始则两情相嬉，及其过甚则有求胜之心，必各用其奇巧，奇巧一出则必有一伤，伤即认真，至不可解，则终之以怒矣！阳，犹喜；阴，犹怒也）；**以礼饮酒者，始乎治，常卒乎乱，太至则多奇乐。凡事亦然**（且如饮酒者，初则宾主秩然有礼，及至酒酣乐剧，乐剧则乱必随之。不独巧斗、饮酒，凡事皆然），**始乎谅，常卒乎鄙**（谅者，不择是非而必于信。鄙，诈也。且如人之交情，始则肝胆相照，必信不疑，久则鄙诈之心生焉）。**其作始也简，其将毕也必巨**（不独人情，即作事始作必以简省为主，其将毕也必巨，自有不可收拾者，盖势之必至也）。**言者风波也，行者实丧也**（凡事不能保其始终，而言行尤甚。盖言者风波也，乃是非所由生；行者实之所自发，行成而实丧矣。故曰：言行，君子之枢机，荣辱之主也。故当所必谨者，岂可妄乎）。**夫风波易以动，实丧易以危**（风波则易以倾覆，实丧则易取殆辱，知此则知所慎矣）。**故忿设无由，巧言偏辞**（故凡人忿怒之设，实由巧言偏辞以激发之）。**兽死不择音，气息茀然，于是并生心厉**（茀，勃然也。厉，鬼病也。谓巧言偏辞以激怒其人，以致怒气勃然而发，则不择可否而横出之，如兽死之不择音，则使听者以为实然，则并皆心生鬼病而不可治矣）。**克核太至，则必有不肖之心应之而不知其然也**（谓听言激怒之人，乘其怒气，则于所怒之人必以横口非理加之，毫发推求，不少宽假而克核之。若克核太至，则彼被怒之人亦必以不肖之心应之，是则两家之祸成矣！祸虽成，而竟不知其所以然也。所以然者，盖由巧言偏辞也）。**苟为不知其然也，孰知其所终**（若苟知其巧言之过，则尚可解。若不知其所由言，然则两家之祸将不知其所终矣）？**故法言曰：'无迁令，无劝成**（由其巧言偏辞，为祸之端，害事之甚，故奉使者必不可溢言，无迁改其令，无劝其成，免后祸也）。**'过度，益也**（凡增益者，乃过其度也。迁令、劝成终必坏事，必不可也）。**美成在久，恶成不及改，可不慎欤**（凡事不宜速成，故美成在久。若强勉恶成，则不及改矣，不可不慎也）？**且夫乘物以游心，托不得已以养中，至矣**（此方教以使命之正道也。惟有至人，物我兼忘，顺物之自然以游心于其间，事不可有心以强成，当托于不得已而应之，以养中正之道而不失其守，如此应世可谓至矣）！**何作可报耶？莫若为致命。此其难者**（此结，乃起语也。言使命者，何所作为乃可报也。莫若致命，谓在事之成否，自有一定之天命，即今奉使，又有一定之君命。知天命之不可违，则当安命，顺其自然，不可用心以溢言，侥幸以成功。知君命之不可违，则不可迁令以劝成，以免后祸。此所谓致命之意。此必至人方能，寻常人则不易，故曰此其难者）。"

此一节言应世之难者，无愈使命。如叶公之所忧者固然，而夫子之言皆使命之至情，祸福之枢机，切中人情之极致，所谓士见危致命者。非夫子大圣深于世故者，又何以致此哉！

颜盍将傅卫灵公太子（蒯聩也），**而问于蘧伯玉**（名瑗，卫之贤人，孔子之友也）：**“有人于此，其德天杀**（去声，降也，谓天生低品之人也），**与之为无方**（谓不以法度规之也）**则危吾国，与之为有方则危吾身**（若以法度绳墨之、言谏之，则必不信而见尤，则危吾身）。**其知**（去声）**适足以知人之过，而不知其所以过**（谓其人聪明足以摭拾人之过，而不知己之过）。**若然者，吾柰之何**（谓其人如此，吾将柰何）？”**蘧伯玉曰：“善哉问乎**（善其问于我也）！**戒之，慎之**（言此人不可轻意犯之者），**正汝身哉**（当先正己而后事之）！**形莫若就**（言其人狠戾，不可逆之，宜将顺其美而后救其恶），**心莫若和**（言中心不可以不善而逆之，故莫若和）。**虽然，之二者有患**（虽然形就心和，亦未免患。形就将与己同，心和则将为悦己，以此纵之，则不敢以规谏，故有患）。**就不欲入**（言形虽就，不可全身放倒也），**和不欲出**（出者，谓显己之长，形彼之短，故不欲出）。**形就而入，且为颠为灭，为崩为蹶**（若放身阿谀，承顺其恶，则返成其恶，将取颠灭崩蹶之祸）。**心和而出，且为声为名，为妖为孽**（若少露圭角，则彼将以己之恶而收为声名，其心必忌之而为妖孽矣。故此二者皆有患也）。**彼且为婴儿，亦与之为婴儿**（婴儿，言彼无知识也）。**彼且为无町畦，亦与之为无町畦**（町畦，言无墙堑，谓全无检束也）。**彼且为无崖，亦与之无崖**（崖，谓无崖岸，言放荡无拘也）。**达之入于无疵**（言先且于一切举动不可一毫有逆其意，待彼久久相信而不疑，则渐渐因事引达以入无过之地。此正所谓将顺其美，匡救其恶，可无患也）。**汝不知夫螳螂乎？怒其臂以当车辙，不知其不胜任也**（此喻不量力而逆之也。螳螂怒臂以当车辙，其志则似矣，而不知其力不胜任也），**是其才之美者也**（言螳螂恃其才之美者，但不量己力耳。谓盍才虽美，至若尽力以事暴君，恐不免其患也）。**戒之，慎之，积伐而美者以犯之，几矣**（言汝积伐己之美才而挺身以犯暴君之难，若螳螂之怒臂，其不免于死者，几矣！可不戒慎之哉）！**汝不知夫养虎者乎？不敢以生物与之，为其杀之之怒也**（若以生物则长其杀心）。**不敢以全物与之，为其决之之怒也**（全物与之则令虎决裂而生其怒也。虎怒则发威，猛而不可制矣）。**时其饥饱，达其怒心。虎之与人异类，而媚养己者，顺也；故其杀者，逆**

也（养虎而不知顺其性，则被其杀无疑矣）。**夫爱马者以筐盛矢**（矢即粪也），**以蜄盛溺**（尿也），**适有蚊虻仆缘而拊之不时，则缺衔**（则怒而断其衔勒也）、**毁首、碎胸**（言马之怒则毁碎胸首之络辔也）。**意有所至而爱有所亡**（言虽爱马之至，若拊之不时，一触其怒，则将断勒毁辔矣，又何顾其爱哉），**可不慎耶**（爱马之喻，尤切事情。三喻乃事暴君之大戒也）？"

此言辅君之难也。已上三者皆人间世之难者，意谓夫游人间世者，必虚心安命，适时自慎，无可不可，乃可免患。若不能虚心，恃知妄作，无事而强行者，颜回是也。若不能安命，多忧自苦，当行而不行者，叶公是也。二者皆非圣人。所以涉世之道，而当以孔子之言为准也。若其必不得已而应世以事人主，必将顺其美，匡救其恶，以竭其忠，尤当以戒慎恐惧，达变知机，不可轻忽，不可恃才轻触，以取杀身之祸。此又当以蘧伯玉之言为得也。涉世人情之曲折，极尽于此矣！是必取重仲尼、伯玉，乃可免患耳。

上言材能之累，下以不才以全生。

匠石之齐，至乎曲辕（地名），**见栎社树，其大蔽牛，絜之**（以两手挈之）**百围，其高临山十仞而后有枝**（言树身分之长大也），**其可以为舟者旁十数**（言正身之外旁枝可为舟者有十数也）。**观者如市**（人以为大且美，故观之者众），**匠伯不顾，遂行不辍**（止也，谓不顾其树而行不止也）。**弟子厌**（饱足也）**观之，走及匠石，曰："自吾执斧斤以随夫子，未尝见材如此其美也。先生不肯视，行不辍，何耶？"曰："已矣，勿言之矣！散木也，以为舟则沉，以为棺椁则速腐，以为器则速毁，以为门户则液樠**（谓门枢引水则液樠然而泚），**以为柱则蠹。是不材之木也，无所可用，故能若是之寿。"匠石归，栎社见梦曰："汝将恶乎比予哉！若将比予于文木耶？夫柤梨橘柚果蓏之属，实熟则剥，剥则辱，大枝折，小枝泄。此以其能苦其生者也，故不终其天年而中道夭，自掊击**（言掊取而击折之也）**于世俗者也。物莫不若是。且予求无所可用久矣，几死，乃今得之**（几死者，谓寻常人不知我不材，几乎被伐者数矣，今幸而得全），**为予大用**（以不材全生，为我大用）。**使予也而有用，且得有大也耶**（若使我有用，必不能此之大也）？**且也若与予也皆物也，柰何哉其相物也**（言汝与我同为天地间之一物耳，柰何汝恃有用而以我为无用耶）？**而几死之散人，又恶知散木**（言汝乃几死之散人而不自知，且又鄙我为散木，是自不知量也）？”**匠石觉而诊其梦**（觉而为弟子说其梦），**弟子曰：“趣取无用**（趣乃意趣，犹言意思也。谓意思取无用而为社者，何也）**则为社，何耶？”曰：“密！若无言**（谓汝不必声说也）。**彼亦直寄焉**（然直是以社寄于此木，非是此木有心要作社也），**以为不知己者诟厉也**（谓常人不知寄托之意，遂以此木真真是社，以此名而诬害之也）。**不为社者，且几有剪乎**（言此木即不为社，又岂有剪伐者乎）？**且也彼其所保与众异，而以义誉之**（谓彼木所以保其天年者，以不材而全生，故与众异。而人不知，乃以利人长物、禁暴除非之义誉之），**不亦远乎？”**

此言栎社之树以不材而保其天年，全生远害，乃无用之大用，返显前之恃才妄作，要君求誉以自害者，实天壤矣！此庄生轻世肆志之意，正在此耳。

下历言无自全之意，以喻己志。此立言之指也。

南伯子綦游乎商之丘，见大木焉有异（谓有异于众木），**结驷千乘，隐将芘其所藾**（言千驷之车马隐息于树下，而树之枝叶皆能芘荫之也）。**子綦曰：“此何木也哉！此必有异材**（不知其不材，故异之也）**夫！”仰而视其细枝，则拳曲而不可以为栋梁；俯而视其大根，则轴解**（言木身之解散也）**而不可以为棺椁；咶其叶，则口烂而为伤；嗅之，则使人狂酲三日而不已**（言叶之恶气薰人，令人狂酲如醉而不醒也）。**子綦曰：“此果不材之木也，以至于此其大也。嗟夫！神人以此不材**（言子綦因试知其木不材，乃知神人以不材无用而致圣也）。”

宋有荆氏者，宜楸、柏、桑。其拱把而上者，求猿狙之杙（取猿狙之具也）**者斩之；三围四围，求高名之丽**（屋栋也）**者斩之；七围八围，贵人富商**

之家求椫傍（乃棺木之全傍边也）**者斩之，故未终其天年而中道之夭于斧斤。此材之患也**（此甚言材之为害，以见不材之得全也）。**故解之**（解者，祭祀解赛也。古者天子有解祠，谓解罪求福也。出《汉书·郊祀记》）**以牛之白颡**（言色不纯也）**者，与豚之亢鼻**（言形不美）**者，与人之有痔病者，不可以适河**（以人祭河，谓人为巫祝也。又《汉书》有为河伯娶妇，选童男女之美者投之河中，谓之适河。此事或古亦有之）。**此皆巫祝以知之矣，所以为不祥也**（言此三者小有不材，足以全生，况神人以无用而自全者乎），**此乃神人之所以为大祥也。**

此极言不材之自全，甚明材美之自害也。惟神人知其材之为患，故绝圣弃智，昏昏闷闷而无意于人间者，此其所以无用得以全身养生以尽其天年也。此警世之意深矣。

支离疏者（此假设人之名也。支离者，谓隳其形；疏者，谓泯其智也，乃忘形去智之喻），**颐**（口傍两颐也）**隐于脐，肩高于顶**（两颐隐于脐，则其背偻可知），**会撮**（发髻也）**指天**（言背偻而项仰也），**五管在上**（谓五脏之腧随背而在上也），**两髀为胁**（髀，大腿也。言大腿为两胁，则形曲可知）。**挫针**（缝衣也）**治繲**（浣衣也），**足以糊口；鼓策播精**（言簸米出糠稗也。此就其形之曲戾而可为之事也），**足以食十人**（言形曲簸米则有力，故取值多，可以食十人也）。**上徵武士，则支离攘臂于其间**（言形既支离，故不畏其选，故攘臂于其间）。**上有大役，则支离以有常疾不受功**（言大役难免，而支离又以疾免）。**上与病者粟，则受三钟与十束薪**（言以疾则多得其赐）。**夫支离其形者，犹足以养其身，终其天年，又况支离其德者乎！**

此言支离其形足以全生而远害，况释智遗形者乎！此发挥《老子》"处众人之所恶故几于道"之意。前以木之材不材以况，此以人喻，亦更切矣。

孔子适楚，楚狂接舆游其门曰："凤兮凤兮，何如德之衰也！来世不

可待，往世不可追也。天下有道，圣人成焉（言天下有道则成圣人之事业也）；**天下无道，圣人生焉**（言天下无道则圣人全生而已）。**方今之时，仅免刑焉**（言方今之时，仅能免害足矣，何敢言功）。**福轻乎羽，莫之知载**（言福之自取甚易而又不肯受）；**祸重乎地，莫之知避**（言世人之迷，冒祸以求利也）。**已乎已乎**（言自叹其当止也），**临人以德！殆乎殆乎**（殆者，危而不安也。言方今之时，若以德临人，以才自用，其危之甚也），**画地而趋！迷阳迷阳，无伤吾行**（言方今之人画地而趋者，迷昧之甚也，岂能效之而行哉！行则有伤吾之固有也）！**吾行却曲**（言行不进貌），**无伤吾足**（言世道难行，若行之适以伤吾之足耳）！”

山木自寇也（山以生木自取寇斫也），**膏火自煎也**（膏以明故自煎耳）。**桂可食故伐之**（桂以可食故早伐也），**漆可用故割之**（漆以泽故自取割之）。**人皆知有用之用，而莫知无用之用也。**

此《人间世》立意，初则以孔子为善于涉世之圣，故托言以发其端。意谓虽颜子之仁智，亦非用世之具，不免无事强行之过也。次则叶公，乃处世之人，亦不能自全，况其他乎！次则颜盍，乃一隐士耳，尔乃妄意干时，乃不知量之人也，故以伯玉以折之。斯皆恃才之过也，故不免于害，故以栎社、山木之不材以喻之，又以支离疏晓之，是涉世之难也如此。故终篇以楚狂讥孔子，意谓虽圣而不知止，以发己意，乃此老披肝露胆，真情发现，真见处世之难如此，故超然物外，以道自全，以贫贱自处，故遁世无闷，著书以见志。此立言之本意也，故于《人间世》之末以此结款，实自叙也。

庄子内篇注卷之四终

庄子内篇注卷之五

明匡庐逸叟憨山释德清注

德充符

此篇立意，谓德充实于内者，必能游于形骸之外而不寝处躯壳之间。盖以知身为大患之本，故不事于物欲而心与天游，故见之者自能神符心会，忘形释智而不知其所以然也。故学道者唯务实德充乎内，不必计其虚名见乎外。虽不求知于世，而世未有不知者也。故引数子以发之。盖释《老子》“处众人之所恶故几于道”之意也。

鲁有兀（即介字，乃刖足之人也）**者王骀，从之游者与仲尼相若。常季问于仲尼曰：“王骀，兀者也。从之游者与夫子中分鲁**（言鲁国从王骀游者与夫子相半也）**。立不教，坐不议，虚而往，实而归。固有不言之教、无形而心成者耶**（谓教人不见于形容言语而但以心相印成者耶）**？是何人也？”仲尼曰：“夫子，圣人也，丘也直后而未往耳**（谓直居其后，未能往向于前耳）**。丘将以为师**（此重言孔子未能忘形师心之意）**，而况不若丘者乎？奚假鲁国，丘将引天下而与从之**（此形容孔子无我之意）**。”常季曰：“彼兀者也，而王**（音旺，言胜也）**先生，其与庸亦远矣！若然者，其用心也独**（句。言不同于人也）**，若之何？”仲尼曰：“死生亦大矣，而不得与之变**（不为死生之所迁变）**。虽天地覆坠，亦将不与之遗**（言虽天地覆坠之变，亦不为之所遗累也）**。审乎无假而不与物迁**（审，处也。无假，谓形骸之外至真之道，超然出于万物之表，故不为物迁）**，命**（犹名也）**物之化而守其宗也**（谓其人超然物外，不随物迁，唯任物自化，而彼但守其至道之宗也）。**”常季曰：“何谓也**（常季不解其不迁之说）**？”仲尼曰**（夫子示之以忘形守真之旨）**：“自其异者视之，肝胆楚越也**（言不能忘形见道者，虽一身之肝胆犹楚越之相远也）**；自其同者视之，万物皆一也**（自大道观之，万物与我皆一体也）**。夫若然者，且不知耳目之所宜**（形骸既忘，六根无用，故泯其见闻，故不知耳目之所宜）**，而游心乎德之和**（谓超乎形骸之外，而游心于大化之乡、太和元气之境）**。物视其所一，而不见其所丧**（物，人也。以彼处乎大化之中，故人但见其道真之所存，故不见其形之有所丧）**。视丧其足，犹遗土也**（言视丧其足若与己无干，犹遗土也）**。”常季曰：“彼为已**（止也。言止于如此而已也）**，以其知得其心**（谓彼不过以其所知得其自己之心耳）**，以其心得其常心**（言即彼所得之心亦寻常人之心耳）**，物何为最之哉**（言彼所得之心亦人人皆有，又何有越过人之心哉）**？”仲尼曰：“人莫鉴于流水，而鉴于止水。惟止，能止众止**（夫子言人人虽皆有此心，但众人之心忘动如流水，而圣人之心至静如止水，故众人之心动而不止，唯圣人能为与止之耳）**。受命于地，惟松柏独也在**（句）**，冬夏青青**（言独者，乃天地真一之气，虽万物之多，而此真一之气独在松柏）**。受命于天，惟舜独也正**（句）**，幸能正生，以正众生**（言受命于天，惟舜得天之正，乃各正性命之正，故为正人。以其自正，故能正众人之不正者）**。夫保始之徵，不惧之实**（始者，受命之元，即所谓大道之宗也。言保始，即上文守宗，乃守道之人也。其守道之徵验，惟不惧是其实效耳）**。勇士一人，雄入于九军。将求名而能自要者，而犹若是**（以勇士不惧，以比有道者之不惧）**，而况官天地**（圣人为天地之宰）**，府万物**（会万物归一己）**，直寓六骸**（假借六根）**，象耳目**（耳目如偶人，所谓如幻也）**，一知之所知**（知万化为一致）**，而心未尝死者乎**（死，犹丧失也。谓众人丧失本真之心，唯圣人未丧本有，故能视万物为一己也）**！彼且择日而登假**（假，犹遐也。谓彼人且将择日而登遐，远升仙界而超出尘凡也）**，人则从事也**（言人之相从者，盖从于形骸之外也）**。彼且何肯以物为事乎！”**

此篇以"德充符"为名首，以介者王骀发挥，只在末后数语，便是实德内充故符于外，而人多从之，非有心要人从之也。盖忘形骸，一心知，即佛说破分别我障也。能破分别我障，则成阿罗汉果，即得神通变化。今庄子但就人中，说《老子》忘形释智之功夫，即能到此境界耳，即所谓至人忘已也。此寓六骸、象耳目、一知之所知，即佛说假观，乃即世间出生死之妙诀，正予所谓修离欲禅也。

申屠嘉，兀者也，而与郑子产同师于伯昏无人（此亦撰出其人名，盖从《老子》"众人昭昭，我独若昏"，故以昏为圣人之名）。**子产谓申屠嘉曰："我先出则子止，子先出则我止**（此重言子产不能忘我，以功名自矜，故耻与介者为伍，故止其不与同出入也）。**"其明日，又与合堂同席而坐**（言申屠嘉自忘其介而亦不知子产之厌已也）。**子产谓申屠嘉曰："我先出则子止，子先出则我止。今我将出，子可以止乎？其未耶？且子见执政而不违**（回避也），**子齐执政乎**（子产见申屠嘉之不避已，故明言之。然以执政矜人，则形容子产之陋也）？**"申屠嘉曰："先生之门，固有执政焉如此哉**（申屠嘉鄙子产之陋，乃曰：先生之门固有此不能相忘之人哉）？**子而说子之执政而后人者也**（言子但知有已之执政，故以人不若已者，此陋之甚也）。**闻之曰：鉴明则尘垢不止，止则不明也。久与贤人处则无过。今子之所取大者，先生也，而犹出言若是，亦不过乎**（此讥子产之不明也。盖闻《老子》自知者明之意，笑子产不自知也。意谓子产既游圣人之门，而犹发言如此，足见无真学问也）？**"子产曰："子既若是矣**（子产言申屠之废人而不能自反，而与人争善），**犹与尧争善。计子之德，不足以自反耶**（德犹见识也，谓申屠嘉既废如此而不自反求诸已而犹且以圣自居，将与尧争善，我计料子之知见诚愚而不自反也。子产毕竟露出本来面目）？**"申屠嘉曰："自状其过以不当亡者众**（状者，言自知已过之分明也。谓若人能自知已过，则人之过更有甚于我者，如此见恕，则以我之足不当忘者众矣），**不状其过以不当存者寡**（此句义似不顺，当去一"不"字，意谓若人不自状其己过，则责我太过，则以我足当者寡矣）。**知不可奈何而安之若命，惟有德者能之**（若知我无可奈何而命之使然，如此知命相忘，乃有德能之耳）。**游于羿之彀中，中央者，中地也，然而不中者，命也**（羿之善射，而人游于必中之地，不被射而死者，亦幸而免耳。以喻世人履危机，当祸而免者，亦幸耳。谓我以不幸而不免者，岂非命之有在耶）。**人以其全足笑吾不全足者众矣，我怫然而怒**（言始也人笑我以足不全，我则怫然如怒）。**而适先生之所，则废然而反**（言初未闻道，故未忘人我。今自入先生之门，一闻大道，则人我之见尽废亡矣）。**不知先生之洗我以善耶**（言不自知其先生洗我以善也）！**吾与夫子游十九年矣，而未尝知吾兀者也**（我与先生游十九年，向未知我之亡足也）。**今子与我游于形骸之内，而子索我于形骸之外，不亦过乎**（言我与子相知以心，即当相忘以道，不当取于形骸之间。今子乃以形骸外貌索我，不亦过乎）！**”子产蹴然改容更貌，曰："子无乃称**（子产闻说，则中心愧服而谢之曰：子无乃称，谓再不必言也）！**”**

此章形容圣人忘功，故以子产发之。盖实德内充，形骸可外，而安命自得，以道相忘，则了无人我之相。此学道之成效也。

鲁有兀者叔山无趾，踵见仲尼。仲尼曰："子不谨，前既犯患若是矣，虽今来，无及矣！"无趾曰："吾惟不知务（务谓务学道也）**而轻用吾身，吾是以亡足。今吾来也，犹有尊足者存**（尊足盖指性而言也）**，吾是以务全之也。夫天无不覆，地无不载，吾以夫子为天地，安知夫子之犹若是也**（无趾自以所全者性真，而夫子犹以形骸取之。初以夫子为圣人之大，不无不容，不知其犹若此之区区也）！**"孔子曰："丘则陋矣。夫子胡不入乎？请讲以所闻**（夫子闻无趾之言，知其为有道者，故请入，愿讲其所闻）。**"无趾出。孔子曰："弟子勉之夫！无趾，兀者也，犹务学**（谓务学道也）**，以补前行之恶，而况全德**（犹全体也）**之人乎！"**

无趾语老聃曰："孔丘之于至人，其未耶？彼何宾宾以学子为（言初以孔丘为至人，今见其未至也。如此之见识，何以宾宾恭谨以学子为）？

彼且蕲以諔诡幻怪之名闻，不知至人之以是为己桎梏耶（桎梏，乃拘手足之刑。言孔子专求务外之名闻而不务实，彼殊不知虚名乃諔诡幻怪之具，非本有也，如桎梏之于手足，拘之而不得自在者也）？”**老聃曰：“胡不使彼以死生为一条、以可不可为一贯者，解其桎梏，其可乎**（可不可，谓善恶是非也。一条，即一贯也。《老子》谓无趾何不以无死生、忘善恶之道以告之，以解其好名之桎梏乎）？”**无趾曰：“天刑之，安可解**（刑，旧注作型，乃上模也。此讥孔子乃天生成此等务名之人，安可解乎）？”

此章发挥圣人忘名，故以孔子为务虚名而不尚实德之人，故取人于规规是非善恶之间，殊不知至人超乎生死之外而视世之浮名为桎梏。盖未能忘死生、一是非，故未免落于世之常情耳。圣人则不以此为得也。

鲁哀公问于仲尼曰：“卫有恶人焉（谓丑貌之人也），**曰哀骀它。丈夫与之处者，思而不能去也**（言男子与之相处则不忍舍去）。**妇人见之，请于父母曰‘与为人妻，宁为夫子妾’者，十数而未止也**（言妇人见之而皆愿为之妾者，不止一人也）。**未尝有闻其唱者也**（谓未有所长而先见闻于人者也），**常和而已矣**（亦只见随于庸众人而已）。**无人君之位以济乎人之死**（言无势位以济人之死），**无聚禄以望人之腹**（望，犹月望之望，谓饱满也。言无位聚禄以周给于人，以饱人之腹），**又以恶骇天下**（既无利济于人，且又丑貌以骇天下之人），**和而不唱**（言一向随人，自无专能），**知不出乎四域**（言无超出世间常人之见识），**且而雌雄合乎前**（雌雄，犹言争胜负也。谓凡人之是非胜负不决者，皆取决其人，言此事常合在前），**是必有异乎人者也**（言貌丑而人从之者众，必有异乎人之所为者也）。**寡人召而观之，果以恶骇天下**（及召而观之，果然丑貌，不见其所长）。**与寡人处，不至以月数，而寡人有意乎其为人也**（及相处月数，则见其有可爱处，但未尽知耳）。**不至乎期年，寡人信之**（不期年则信之深矣）。**国无宰**（宰即宰相，掌一国之政事），**寡人传国焉**（言以国事授之也）。**闷然而后应**（闷然若不悦其事也），**氾而若辞**（氾谓泛然，不经心而若辞也）。

寡人丑乎（言见彼之不在意，故自愧丑也），**卒授之国。无几何，去寡人而行。寡人邮焉，若有亡也**（言邮其去，若已有所亡失也），**若无与乐是国也**（察其人之意，盖不以国为乐也）。**是何人者耶**（谓不知是何等之人也，使我爱之如此）？"**仲尼曰："丘也尝使于楚矣，适见㹠子食于其死母者，少焉眴若**（见死母之目不瞬也），**皆弃之而走。不见己焉尔**（谓母之目不见己也），**不得类焉尔**（言形僵，不同前者之食于母，故皆弃之而走也）。**所爱其母者，非爱其形也，爱使其形者也**（形者，假物也。使其形者，真宰也。言㹠之子母，乃天性之爱也。往日食于母，何尝不爱，及今才死，始则就之而食，及见目之不瞬，则知精神不在，故弃之而走。是则死生不远即弃之而走，是知所爱者非形骸，乃爱使其形骸之真宰也。虽物之至愚，尚知爱其天真，而况于人乎）。**战而死者，其人之葬也，不以翣资**（翣，古训纛，乃大将之旗也。战而死者，以此为送葬之仪。言已失其勇，又无其尸，似以此虚仪为葬资，则无其本矣）；**刖者之屦，无为爱之**（言刖者无足跌，而履亦无可用），**皆无其本也**（以翣资、刖屦为无本之喻，意谓真可爱者在本也）。**为天子之诸御，不剪爪，不穿耳**（言选天子之侍御者，不剪爪，不穿耳，不欲毁其全体，将以要宠也）；**娶妻者止于外，不得复使**（言新婚之妇必先戒不作事务，恐胼胝其手足也）。**形全犹足以为尔，而况全德之人乎**（言天子之御、新婚之人，不如此不足以要宠结欢。但全其形尚如此，况全德之人乎？言鲁君之爱骀它，盖忘形爱其形之本也，有难以言语形容者，故夫子连以三事喻其可爱之在本）！**今哀骀它未言而信，无功而亲，使人授己国，惟恐其不受也**（言哀骀它未与鲁君一语而见信若此，且无功即授之以国，惟恐其不受，岂无谓哉），**是必才全而德不形者也。"**

哀公曰："何谓才全（言才者，谓天赋良能，即所谓性真，庄子指为真宰是也。言才全者，谓不以外物伤戕其性，乃天性全然未坏，故曰全）？"

仲尼曰："死生存亡，穷达贫富，贤与不肖，毁誉、饥渴、寒暑者，是事之变，命之行也（仲尼言才全而先言此十六事者，盖此诸事皆戕生伤性之事变，而世人未有不被其伤损其性真者，故先言之），**日夜相代乎前**（此十六事，人生于世日夜相代于前，未尝暂免者，是皆戕生伤性之具也），**而知不能规乎其始者也**（言上十六事，日夜相代，而以知规规求之，不知所由来。盖达其性真，本不涉其变）。**故不足以滑和**（滑，音汩，谓汩溺也。和，谓本元中和之体也。言以上诸事虽常情之变，但了其本无，故不足以汩和），**不可入于灵府**（灵府，所谓灵台。言诸变不可以摇动其性也）。**使之和豫通而不失于兑**（和者，即中和之和，谓性真达于事变，浑然而不失其体也。豫者，安然自得而悦豫也。通者，谓达于事变而不滞也。兑者，即《老子》玄牝之门，谓虚通应物而无迹者也。言真人所以才全者，盖保其性真而不失也），**使日夜无却而与物为春**（却，亦作隙，谓缝呼也。言真人之一性绵绵，日夜无隙，未尝间断，但于应物之际，春然和气发现，令人煦然而化也），**是接而生时于心者也**（时者，谓接物应机，时行时止，与物俱化，未尝逆也。若夫愚人，则与接为构矣）。**是谓之才全**（此言真人应物，一味性德流行，无一息之间，故谓之才全）。”**“何谓德不形**（此哀公问也）？”**曰：“平者，水停之盛也，其可以为法也，内保之而外不荡也**（德者，谓性之德用也。以性德之用难以言语形容，故以水平为喻，盖言水之平者乃停之盛，谓湛渊澄静之至，故可以取法为准。言性体湛渊澄渟，寂然不动，则虚明朗鉴，乃内保之而外境不荡，为守宗保始之喻，谓性静虚明则可以鉴物为用也）。**德之成，和之修也**（言虚明朗鉴乃德之成，盖从中和用功，修而后得者，非漫然也）。**德不形者，物不能离也**（不能离者，谓与物混一而不分，故人但见其物之变而不知性之真，故其德不易形著于外，所以人但见其貌恶，而不识其才德之全耳。观孔子对哀公之言，发明《中庸》“和也者，天下之达道”之意，何等正大精确）。”**哀公异日以告闵子曰：“始也吾以南面而君天下，执民之纪而忧其死，吾自以为至通矣**（言自以为至通于道也）。**今吾闻至人之言，恐吾无其实，轻用吾身而亡吾国。吾与孔丘非君臣也，德友而已矣。”**

此章形容圣人之德必须忘形全性，体用不二，内外一如，平等湛一，方为全功。故才全、德不形，为圣人之极致。盖才全则内外不二，德不形则物我一如，此圣人之成功，所以德充之符也。故鲁君闻之，亦能忘分感化而友于圣人也。

闉跂（曲跂也）**支离**（形不全也）**无脤**（无臀也）**说卫灵公，灵公说之，而视全人，其脰**（颈也）**肩肩**（细小貌）。**瓮㼜大瘿**（言瘿如瓮㼜也）**说齐桓公，桓公说之，而视全人，其脰肩肩。故德有所长，而形有所忘**（言二子丑恶之状而使二君悦之，反视为全人之不如者，盖爱其德故自忘其形也）。**人不忘其所忘**（所忘者，性也。言世人迷性真而爱形骸，故忘其性，今欲不忘）**而忘其所不忘**（所不忘者，形也。世人忘性而爱形，故今欲忘之），**此谓诚忘**（忘其所爱而不忘其所不爱，此之谓诚忘）。**故圣人有所游**（圣人游于大道之乡而忘其物欲），**而知为孽**（知者，以智巧揣摩人心谓之知。孽，妖孽也），**约为胶**（以仁义结束人心谓之约。胶，固结而不解也），**德为接**（以小惠要买人心谓之德。接，应接于人也），**工为商**（以机关罔取人之利，谓之工。工，犹技巧也。商，行货之人也）。**圣人不谋，恶用智？不断，恶用胶？无丧，恶用德？不货，恶用商**（四者皆伪，以丧真淳，故圣人去之，以全天德）？**四者，天鬻也**（谓四者淳德乃天德也。鬻，犹售也。四德乃天售，即所谓天爵是也）。**天鬻也者，天食也**（谓天既售我以天德，则天之所以食我也，又何取于人伪哉）。**既受食于天，又乌用人**（言天生我性德，自有天然之受用，又何以人伪求之）？**有人之形，无人之情**（言圣人虽居人世，其形虽似人，而绝无人之情）。**有人之形，故群于人**（其形为人，故群于众人之中）；**无人之情，故是非不得于身**（以形寄人中，心超物外，不以物为事，故无人世之是非）。**眇乎小哉！所以属于人也**（人在太虚中，乃万物之一数耳，其最眇小者，又何足以爱之）。**謷乎大哉！独成其天**（謷者，謷然超于物表也。言性德广大，全此天德，故由人而入于天）。

前虽以知忘形，而知尚存，未尽道妙。故此一章以忘忘知，知忘则德自化，方能合乎自然，以全天德，其德乃充。故如二君之见二子，能不见其形，此所以为德之符也。圣人造道之极致，至此方为究竟耳，故以此结一篇之义。

惠子谓庄子曰："人故无情乎（借惠子之问以结者，因上文发挥天德之全者，乃绝情欲，去人伪，心与天游，乃能充实其天德，故恐世人将谓绝情则非人类矣，故假惠子以发之。故，乃故有之故，谓本来无情耶）？"**庄子曰："然**（庄子直然其问者，盖约人性本来离情绝欲，故直然之）。"**惠子曰："人而无情，何以谓之人**（惠子意谓世人若无其情，则非人也。此俗人之常见也）？"**庄子曰："道与之貌，天与之形，恶得不谓之人**（道者，性之固有，人之所当行也。人禀此性而为人，乃道与之貌，即天与之形也。既有此性，岂非人乎）？"**惠子曰："既谓之人，恶得无情**（此惠子全不知道理，与常人所见一般，谓既是个人，岂得无情者乎）？"**庄子曰："是非吾所谓情也。吾所谓无情者，言人之不以好恶内伤其身，常因其自然而不益生也**（惠子意谓必有情欲乃可为人，故以无情不得为人为问。庄子以正义答之曰：我所谓无情者，非绝无君亲父子夫妇之情也。盖因世人纵情肆欲以求益生而返伤其生，故我要绝其贪欲之情耳，非是绝无人伦也）。"**惠子曰："不益生，何以有其身**（惠子又以为人生必欲养其口体，乃可以有其身。此全是常人之识见耳）？"**庄子曰："道与之貌，天与之形，无以好恶内伤其身**（庄子意谓人既道与之貌、天与之形矣，苟无以好恶内伤其身，如此则全生养身之至道，又何庸益生为哉）。**今子外乎子之神，劳乎子之精，倚树而吟，据槁梧而瞑**（槁梧，琴也，乃惠子倚树据琴而瞑以辩论也。庄子意谓惠子不能乐其天德，而返外其精神，而倚树据梧以逞辩论是非也）。**天选子之形，子以坚白鸣**（谓天选子之形，赋以全德，今乃舍之，而返恣坚白之论以自鸣，失之甚矣）。"

此篇以忘情绝欲以全天德，故其德乃充。前已发挥全德之妙，故结以无情非人，以尽绝情全德之意，所以警俗励世之意深矣。

庄子内篇注卷之五终

庄子内篇注卷之六

明匡庐逸叟憨山释德清注

大宗师

庄子著书，自谓“言有宗，事有君”，盖言有所主，非漫谈也。其篇分内外者，以其所学乃内圣外王之道，谓得此大道于心，则内为圣人，迫不得已而应世，则外为帝为王，乃有体有用之学，非空言也。且内七篇，乃相因之次第。其《逍遥游》，乃明全体之圣人，所谓大而化之之谓圣，乃一书之宗本，立言之主意也。次《齐物论》，盖言举世古今之人未明大道之原，各以己见为是，故互相是非。首以儒墨相排，皆未悟大道，特以所师一偏之曲学以为必是，固执而不化，皆迷其真宰而妄执我见为是，故古今举世未有大觉之人，卒莫能正之。此悲世之迷而不解，皆执我见之过也。次《养生主》，谓世人迷却真宰，妄执血肉之躯为我，人人只知为一己之谋，所求功名利禄以养其形，戕贼其真宰而不悟。此举世古今之迷，皆不知所养耳。若能养其生之主，则超然脱其物欲之害，乃可不虚生矣！果能知养生之主，则天真可复，道体可全，此得圣人之体也。次《人间世》，乃涉世之学问，谓世事不可以有心要为，不是轻易可涉。若有心要名干誉，恃才妄作，未有不伤生戕性者。若颜子、叶公，皆不安命，不自知而强行者也。必若圣人，忘己虚心以游世，迫不得已而应，乃免患耳。其涉世之难，委曲毕见。能涉世无患，乃圣人之大用也。次《德充符》，以明圣人忘形释智，体用两全，无心于世而与道游，乃德充之符也。其《大宗师》，总上六义，道全德备，浑然大化，忘己忘功忘名。其所以称至人神人圣人者，必若此乃可，为万世之所宗而师之者，故称之曰大宗师。是为全体之大圣，意谓内圣之学必至此为极则，所谓得其体也。若迫不得已而应世，则可为圣帝明王矣，故次以《应帝王》以终内篇之意。至若外篇，皆蔓衍发挥内篇之意耳。

知天之所为，知人之所为者，至矣！（知天知人之知，乃指真知，谓妙悟也。天，乃天然大道，即万物之所宗者。所为，谓天地万物乃大道全体之变，故曰天之所为，盖天然无为而曲成万物，非有心也。人之所为，谓人禀大道，乃万物之一数，特最灵者，以赋大道之全体而为人之性以主其形，即所谓真宰者。故人之见闻知觉皆真宰以主之，日用头头无非大道之妙用。是知人即天也。苟知天人合德，乃知之至也。）**知天之所为者，天而生也**（知大道在人，禀而有生者也）。**知人之所为者，以其知之所知，养其知之所不知，终其天年而不中道夭者，是知之盛也。**（所知者，在人日用见闻觉知之知也。所不知，谓妙性本有，人迷不觉，故日用而不知。由其不知，虽有，故但知贪欲以养形，而不知释智遗形以养性。故举世昏迷于物欲，戕生伤性，不能尽性全生以终其天年。人者苟能于日用之间去贪离欲，即境明心，回光返照以复其性，是以其知之所知养其知之所不知。如此妙悟，乃知之盛也。）**虽然，有患。夫知有所待而后当，其所待者特未定也。**（虽然有患者，意谓我说以所知养所不知，此还有病在。何也？以世人一向妄知，皆恃其妄知，强不知以为知，未悟以为悟，妄为肆志，则返伤其性。必待真悟真知，然后为恰当。第恐所待而悟者未必真悟，则恃为已悟，则未可定也。必若真真悟透天人合德，本来无二，乃可为真知。）**庸讵知吾所谓天之非人乎？所谓人之非天乎？且有真人而后有真知。**（意谓我说以人养天，不是离人日用之外别有妙道。盖天即人也，人即天也，直在悟得本来无二，原无欠缺。苟真知天人一体，方称为真人矣。）

此一节乃一篇立言之主意，以一“知”字为眼目。古人所云：“知之一字，众妙之门；知之一字，众祸之门。”盖妙悟后方是真知，有真知者乃称真人，即可宗而师之也。然知天知人，即众妙之门也。虽然，有患，即知之一字众祸之门也，谓强不知以为知，恃强知而妄作，则返以知为害矣！此举世聪明之通病也。

何谓真人（此下唤起真人以示真人之所养者深，迥与常人不同也）？**古之真人，不逆寡**（寡谓薄德无智之愚人。不逆者不拒也），**不雄成**（雄，自恃也。成谓己为全德也。不恃己德以傲世也），**不谟士**（谟即谋，士即事，谓无心于事，虚己以游，全不以事干怀也）。**若然者**（真人如此处世），**过而弗悔，当而不自得也。若然者，登高不栗，入水不濡，入火不热，是知能登假于道也**（言真人无心以游世，此全无得失利害之心，以情不附物，故水火不能伤。此则遗物全性，是知则能登遐于道也）**若此**（真人即世忘世之如此）。

古之真人，其寝不梦（梦发于妄想，以真人情不附物，则妄想不生，故寝无梦），**其觉无忧**（真人虚怀游世，了无得失之心，故觉无忧），**其食不甘**（以道自娱，故不甘于味），**其息深深**（深者，绵绵之意。息粗而浅，则心浮动。真人心泰定而不为物动，故其息深深）。**真人之息以踵**（此释上深深之意。踵者，脚跟也，以喻息之所自发处深不可测，故心定而不乱），**众人之息以喉**（众人之息在喉，则粗浅之至，故心浮而妄动，所以日用心驰于物而不知返）。**屈服者，其嗌言若哇**（心浮则言躁，言不由中则易屈服。嗌者，咽喉也。哇，吐也。以浅粗之言，自咽而吐，无根之言也）。**其嗜欲深者，其天机浅**（言世人粗浅如此者，乃嗜欲之深，汩昏真性，全不知有天然妙性，皆堕妄知，无真知也）。

此一节言真人妙悟自性，是为真知者，故所养迥与世不同，而以众人观之，则自别矣。前云有患，正恐未悟而恃妄知为得者，害之甚也，故此双明之。

古之真人，不知悦生，不知恶死（前略言真人处世忘利害，此则言真人不但忘利害而且超死生，以与大道冥一，悟其生本不生，故生而不悦；

悟其死本不死，故不恶其死）；**其出不欣，其入不距**（出入，即生死二字。《老子》云：出生入死。由不悦生，故不贪生。欣，犹贪也。不恶死，故不距，距谓爪而不肯入也）；**翛然而往，翛然而来而已矣**（翛然，乃鹤冲举刷羽之声也。言真人无心游世，翛然冲举，出入死生如游太虚，了无挂碍，故云如此而已矣）。**不忘其所始，不求其所终**（以悟其生本不生，故不忘其所始。以生与道游，不见有世可出，混万物而为一，故不求所终）。**受而喜之，忘而复之**（众人以生为累，故患而不喜。真人载道而生，故受形而喜，虽处人世，心不违道，相忘于世，故念念而复）。**是之谓不以心捐道，不以人助天。是之谓真人**（心与道游，故不捐道。捐，弃也。人即是天，不假造作修为，故不以人助天。如此乃谓之真人）。

此一节言真人游世，不但忘利害，而且忘死生，故虽身寄人间，心超物表。意非真知妙悟，未易至此，欲人知其所养也。

若然者，其心志，其容寂，其颡頯。（若然者，言真人如此游世，其容貌与众不同。其心志，"志"，《笔乘》作忘，言无心于世也。其容寂，言容貌寂然，乃内湛而外定也。其颡**頯**，**頯**，宽裕也，谓其貌广大宽容，不拘拘之状也。此《老子》云"孔德之容，唯道是从"也。）**凄然似秋**（言其面严冷，若秋气之肃也），**暖然似春**（言近之则其中温然暖然，令人可亲可爱也）。**喜怒通乎四时，与物有宜，而莫知其极**（言无心于喜怒，但随物所感，或喜或怒，了无一定于中，故曰通乎四时，与物有宜。而人不知无喜怒也，故曰莫知其极）。**圣人之用兵也，亡国而不失人心。利泽施乎万世，不为爱人**（言圣人无心御世，与天施合德，假而用兵，即亡人之国而不失人心，本无杀伐之心也。纵恩施万世，原非有意爱人也，所谓天生天杀之意也）。**故乐通物，非圣人也**（有心要通于物，非自然矣）；**有亲，非仁也**（大仁不仁。亲者，有心私爱，非大仁也，故曰：贼莫大，德有心）；**天时，非贤也**（揣度时势，非任命也）；**利害不通，非君子也**（明哲保身，乃称君子。不通利害，率意狂为，非君子也）；**行名失己，非士也**（伪行虚名而无实，则非士矣）；**亡身不真，非役人也**（亡己为人则人皆听役。若执己殉名，则见役于物，非役人者也）。**若狐不偕、务光、伯夷、叔齐、箕子、胥余、纪他、申徒狄，是役人之役，适人之适，而不自适其适者也**（此数子者皆知之不真，狥名丧实，去圣远矣）。

此一节概言所知不真，不能忘己忘名，有心要誉，狥名丧实，皆非真知之圣也。下又言真人真知之不同。

古之真人（此下一节明真人游世之状），**其状义**（无可不可）**而不朋**（中心和而不流），**若不足**（虚之至也）**而不承**（若一物无所受），**与乎**（与世容与）**其觚而不坚也**（觚者，方也。虽介然不群而非坚执不化者），**张乎**（施为也）**其虚而不华也**（虽见施为而中心空空，不以华美为尚），**邴邴乎**（邴，喜貌）**其似喜乎**（虽喜而无心于喜也）！**崔乎**（言折节谦下也）**其不得已乎**（虽谦下以接人，其实以不得已而泛应也）！**滀乎**（滀，渟滀，如水之湛滀也）**进我色也**（谓中心湛滀而和气，日见于颜面之间），**与乎**（与之相处）**止我德也**（人与相处而不忍去），**厉乎其似世乎**（厉，谓严整而不可犯，亦似世之庄重也）！**謷乎其未可制也**（謷，谓謷然。礼法之外似不可以礼法拘制也），**连乎其似好闭也**（连者，收摄捡束之意。虽收摄捡束，但似好闭，其实无所闭藏也），**悗乎忘其言也**（悗，俯下之意，谓对人谦下，若忘其言者）。**以刑为体**（刑者，不留其私，谓中心一私不留以为其体），**以礼为翼**（虽忘礼法，犹假礼以辅翼，可行于世），**以知为时**（真知时之可否以行止也），**以德为循**（言以德，但为循顺机宜也）。**以刑为体者，绰乎其杀也**（绰者，有余之义，谓杀尽私欲，一私不留而尤损之也）。**以礼为翼者，所以行世也**（言既游世，不可出于礼法之外也）。**以知为时者，不得已于事也**（言迫不得已而后应也）。**以德为循者，言其与有足者至于丘也**（丘，高处也。言循顺机宜，接引愚蒙，令有识者皆可上进于道，故喻如有足者皆可引进于高处也。此四句释上刑、礼、知、德四句），**而人真以为勤行者也**（《老子》云“用之不勤”，勤，劳也，言真人游行于世，无心而游，虽行而不劳也）。

此一节形容真人虚心游世之状貌如此之妙，言虽超世而未尝越世，虽同人而不群于人，此真知之实也。

故其好之也一，其弗好之也一（故者，由上游世之工夫纯一，故得天人合德也。好之者天也，弗好者人也，今皆一矣，是谓之天人合德）。**其一也一，其不一也一**（其一，谓天人合一，谓天与人合一而归于道，则万物杂然而不一者尽皆浑然会归于道也）。**其一，与天为徒**（既人合其天，则人天一，则人可与天为徒也）；**其不一，与人为徒**（谓天人原不一也，今人既合天，而未免游于人世，则以天而游，故与人为徒）。**天与人不相胜也，此之谓真人**（若超然绝俗，则是以天胜人。若逐物亡性，则是以人胜天。今天人合德，两不相伤，故不相胜。必如此，方是真人）。

此一节总结前知天知人工夫，做到浑然一体，天人一际，然后任其天真，则在天而天，在人而人，天地同根，万物一体，故天与人两不相胜。必如此真知妙悟，浑化之极，乃可名为真人。此岂可强知妄见而可比拟哉！此真人真学之全功。故下章从“死生命也”起，至《藏舟章》末，皆极口勉人学道，要做真实工夫。

死生，命也（此下教人做了死生之工夫。命，谓自然而不可免者），**其有夜旦之常，天也**（人有死生，如时之夜旦，不可免者。且阴阳有夜旦，太虚恒一而无昏晓。喻人形虽有生死，而真性常然不变，如太虚之无变，故曰天也）。**人之有所不得与**（去声），**皆物之情也**（谓真性在人天然自具，一毫人力不能与其间。此人人同有之真体，所谓真宰、天君是也。此须养而后知）。**彼特以天为父**（言人人皆禀真性而有形，天然自足，故曰以天为父）**而身犹爱之，而况其卓乎**（言此血肉之假身赖世之父而有生，且养身全孝以尊父，况天君载我之形，卓然不属形骸者，岂不知所养而尊之乎）！**人特以有君为愈乎已而身犹死之，而况其真乎**（且以世人知有君欲尽忠者而以身死之，况真君宰我之形，而不能忘形以事之忠之，可谓不智之甚矣！

此言激切之至，人读此而不悟，非夫也）！

此言真性在我而不属生死者，乃真常之性也。而人迷之而不悟，嗜欲伤之而不知所养，岂非至愚也哉！

泉涸，鱼相与处于陆，相呴以湿，相濡以沫，不如相忘于江湖。（《老子》云：失道而后德，失德而后仁，失仁而后义。此取鱼失水，如失道德而后仁义。且以仁义相尚，正似相濡以湿沫，不若相忘于江湖，以喻必忘仁义而可游于大道之乡也。）**与其誉尧而非桀也，不若两忘而化其道**（无誉无非，则善恶两忘，而与道为一，乃真知之盛也）。**夫大块**（天地也）**载我以形，劳我以生，佚我以老，息我以死。故善吾生者，乃所以善吾死也。**（言人生天地，劳佚死生皆自然而不可却者，命也，此所谓人也。苟知命之所系，即道之在，是知由人而即天也。若知天与人本无二致，则浑然合道，而不以人害天。虚心游世，以终其天年。生不忘道，故云善吾生者，乃所以善吾死。此其天人合德，死生无变，任造物之自然。此知之至也。）

此言世人不知大道而以仁义为至，故以仁爱亲，以死事君。此虽善不善，故如泉涸而鱼以湿沫相呴濡也。若能浑然悟其大道，则万物一体，善恶两忘，故如鱼之相忘于江湖，如此乃可谓知天知人，天人合德，而能超乎生死之外，故在生在死，无不善之者也。

夫藏舟于壑，藏山于泽，谓之固矣，然而夜半有力者负之而走，昧者不知也（藏天真于有形，如藏舟于壑。藏有形于天地，如藏山于泽。谓之固矣，此常人以此为定见也。然造化密移，虽天地亦为之变，而常人不觉，如有力者负之而趋，昧者不知也）。**藏小大有宜，犹有所遁**（形与天地虽小大有宜，宜皆不免于变）。**若夫藏天下于天下而不得所遁，是恒物之大情也**（若知此身与天地万物皆与道为一，浑然大化而不分，是藏无形于无形，如此则无遁，则如藏天下于天下而不得所遁矣！此天地万物之实际也，故曰恒物之大情）。**特犯人之形而犹喜之，若人之形者，万化而未始有极也，其为乐可胜计耶**（言大化造物千变万化，而人特万物之一数耳。而人不知，特以得人身为喜。如此则万物皆有可喜者，其乐可胜计耶）！**故圣人将游于物之所不得遁而皆存，善夭善老，善始善终，人犹效之**（言圣人心与道游，则超然生死，乃物所不得遁。如此则物物无非道之所在，故夭寿始终无所不善者，而人犹效之），**又况万物之所系而一化之所待乎**（言大道之原，乃万物之根宗，故云所系。万物非此而不能融贯而为一，故云一化之所待。此实天地万物之大宗，圣人之所宗而师之者，此也。可不悟乎）！

此发明大道无形而为天地万物之根本，人人禀此无形之大道而有生，是为真宰。若悟此大道，则看破天地万物，身心世界消融混合而为一体。若悟彻此理，则称之曰大宗师，是所谓大而化之谓圣者也。至此则无己无功无名，逍遥于万物之上，超脱于生死之途。以世人概不知此大道之妙，而以小知小见之自是，不得逍遥，各执己是，互相是非，故丧其有生之主，而要求名利于世间，故德不充符。是则前五篇所发挥者未曾说破，故此篇首乃立知天知人，有真知方为真人，直说到此方，指出一个大宗师，正是老庄立教之所宗者，如此而已。故此后重新单提起一道字来发挥，足见立言前后一贯。言虽蔓衍而意有所宗，于此可见矣。

夫道（上文说了大宗师状貌，结了前义。言大宗师宗所宗者大道。上云万物所系、一化所待者何？乃大道也。故此下发挥大道之妙，以明万物所系、一化所待之义，立意皆从《老子》“天得一以清”等来），**有情有信**（此言大道之体用也。《齐物》云“可形已信，有情无形”，正指此也。此从《老子》“窈窈冥冥，其中有精，其精甚真，其中有信”，此言有情，谓虽虚而有实体，不失其用曰信），**无为无形**（湛然常寂故无为，超乎名相故无形），**可传而不可受，可得而不可见**（以心印心故可传可受，妙契忘言故无受无得）。**自本自根**（本自天然，原非假借），**未有天地，自古以固存**（天地以之建立，故先有固存）。**神鬼神帝，生天生地**（变化不测，为天地万物之主）。**在太极之先而不为高**（伏羲画卦，始于太极，推之向上，更有事在，故不以为高），**在六极之下而不为深**（包天地，容六合，故不为深），**先天地生而不为久**（以固存，故不为久），**长于上古而不为老**（万化密移，而此道湛然，故不老）。**豨韦**（古帝王名）**得之，以挈天地**（参赞化育，整理世界）；**伏羲**（轩黄也）**得之，以袭气母**（袭，取也。气母，生物之本也。袭气母，即《老子》“求食于母”）；**维斗**（北斗，天之枢也）**得之，终古不忒**（忒，差也。北斗天枢，居所不动，故不差忒）；**日月得之，终古不息**（运行而不已，周行而不殆）；**堪坏**（昆仑之神，人面兽形）**得之，以袭昆仑**（此袭犹承袭，言主持昆仑）；**冯夷**（河伯也）**得之，以游大川；肩吾**（山神也）**得之，以处太山；黄帝**（轩辕也）**得之，以游云天**（乘龙飞升上仙也）；**颛顼**（五帝之一）**得之，以处玄宫；禺强**（北海之神。《山海经》云：玄渚有神，人面鸟形，珥两青蛇，践两蛇，名曰禺强）**得之，立乎北极**（北海之极）；**西王母**（瑶池仙长也）**得之，坐乎少广**（王母所居之宫也），**莫知其始，莫知其终**（此二句总结上文列圣神人主持天地日月星辰，皆恃大道，故莫知其始终。此直从《老子》“天得一以清”一章中变化如许说话）；**彭祖**（姓篯，古长寿之人）**得之，上及有虞，下及五伯**（世传彭祖寿八百岁，故上自有虞，下及五伯）；**傅说**（商之贤相）**得之，以相武丁，乘东维，骑箕尾，而比于列星**（傅说一星在尾上，言其乘东维，骑箕尾之间也）。

此明大宗师者，所宗者大道也，以大道乃天地万物神人之主。今人人禀此大道而有生，处此形骸之中为生之主者，所谓天然之性，以形假而性真，故称之曰真宰。而人悟此大道，彻见性真，则能外形骸，直于天地造化同流混融而为一体，而为世间人物之同宗者，故曰大宗师者，此也。此大宗师，即《逍遥》所称神人圣人至人；所言“有情”、“有信”，即《齐物》之真宰及《养生篇》生之主。若不悟此而涉人世，必有形骸之大患。颜子心斋，教其悟之之方。既悟性真，则形骸可外，故德充符。前一往皆敷演其古今迷悟之状，到此方分明说破，一路说来，方才吐露。所以云“言有宗，事有君”，正此意也。

此上已发挥大道明白了然，但未说进道工夫，故此下乃说入道真实工夫。

南伯子葵问于女偊（此人名，皆重言也，撰出个人来设为问答，不必求其实也）**曰：“子之年长矣，而色若孺子，何也**（问其年老大而色若婴儿，借以发起，必有所养，将以发启工夫也）？”**曰：“吾闻道矣**（此即要引人学道也）！”**南伯子葵曰：“可得学耶**（此因闻说闻道，则惊诧其言，谓道岂可学之耶）？”**曰：“恶！恶可**（二字皆平声，惊叹之意。上“恶”字叹其道难言，下“恶”字叹其道不是容易可学，要是其人乃可）！**子非其人也**（言道非容易可学，况子非学道之人。何以见得）。**夫卜梁倚有圣人之才**（才谓天赋之根器，犹俗云天资也）**而无圣人之道**（言有美质而无进道志向），**我有圣人之道而无圣人之才**（言我有圣人之道而无美质，故多费苦工夫），**吾欲以教之，庶几其果为圣人乎**（言我欲教卜梁倚以大道，其亦可教，但无志向，论才亦庶几可成，第不知可能造就而为圣人乎）？**不然，以圣人之道告圣人之才，亦易矣**（言学道之人才德双美者固是难得，有此全质则学之亦易矣）！**吾犹守而告之，三日而后能外天下**（天下疏而远，故三日而可外。此言教之一次也）。**已外天下矣，吾又守之，七日而后能外物**（物渐近于身，故七日而忘）。**已外物矣，吾又守之，九日而后能外生**（生则切于己者，故九日之功乃外）。**已外生矣，而后能朝彻**（朝，平旦也。彻，朗彻也。谓已外生，则忽然朗悟，如睡梦觉，故曰朝彻）。**朝彻而后能见独**（独，谓悟一真之性不属形骸，故曰见独），**见独而后能无古今**（谓悟一真之性超乎天地，故不属古今），**无古今而后能入于不死不生**（谓了悟性真，超乎天地，量绝古今，则见本来不死不生）。**杀生者不死**（生者，有形之累也。既悟性真，则形骸已外，物累全消，故曰杀生，则一性独存，故曰不死），**生生者不生**（形化性全，则与道冥一，而能造化群生，而一真湛然，故曰生生者不生）。**其为物也**（物，指不死不生之道体也），**无不将也**（谓此道体千变万化，化化无穷，故无不将也。将者，以也），**无不迎也**（在乎人者日用头头，左右逢元，故曰无不迎也）；**无不毁也**（谓此道体陶镕万化，挫锐解纷，故曰无不毁），**无不成也**（触处现成，不假安排），**其名为撄宁**（撄者，尘劳杂乱，困横拂郁，挠动其心，曰撄。言学道之人全从逆顺境界中做出，只到一切境界不动其心，宁定湛然，故曰撄宁）。**撄宁也者，撄而后成者也**（此释撄宁之意，谓从刻苦境界中做出，故曰撄而后成者也）。”

此前论大道，虽是可宗可师，犹漫言无要，此一节方指出学道之方。意谓此道虽是人人本有，既无生知之圣，必要学而后成。今要学者，须要根器全美，方堪授受。授受之际，又非草率，须要耳提面命，守而教之。其教之之方，又不可速成，须有渐次而入，故使渐渐开悟。其三日外天下，七日外物，九日外生死，而后见独、朝彻，此悟之之效也。既悟此道，则一切处日用头头，触处现成，纵横无碍，虽在尘劳之中，其心泰定常宁，天君泰然，湛然不动。工夫到此，名曰撄宁。何谓撄宁？盖从杂乱境缘中做出，故曰撄而后成者也。观此老言虽蔓衍，其所造道工夫，皆从刻苦中做来，非苟然也。今人读其言者，岂可概以文字视之哉！

上言入道工夫，下言闻道，盖亦从文字中悟来，故以重言发之。

南伯子葵曰：“子独恶乎闻之（此问闻道之原）？**”曰**（女偊答）：**“闻诸副墨之子**（副墨，文字也，言始从文中来），**副墨之子闻之洛诵之孙**（洛诵，言包洛而诵习也，意谓诵习文字，久而自得也），**洛诵之孙闻之瞻明**（瞻明，言见有明处，乃因文字有悟处也），**瞻明闻之聂许**（聂许，谓从耳闻，声入心通，而心自许也），**聂许闻之需役**（需，待也。役，使也。言心虽有悟，必待验之行事之间，一切处现前不昧，与道相应，然后造妙也），**需役闻之于讴**（于讴，涵泳吟咏之意），**于讴闻之玄冥**（由涵泳讴吟而有冥会于心，乃造道之极也），**玄冥闻之参寥**（参寥者，空廓广大虚无之境，谓道之实际也），**参寥闻之疑始**（言入于无始，乃归极于此，学道之成也）。**”**

此一节言圣人得此大道不无所闻，盖从文字语言中有所发明，以至动用周旋、讴吟咳唾之间以合于玄冥，参于寥廓，以极于无始，至不可知之地，必如此深造实证而后已。如此殆非口耳而可得也，是乃可称大宗师。前来发明大道可宗，悟此大道者可称宗师，但未见其果有其人否耶？恐世人不信，将谓虚谈，故向下撰出子祀等，乃实是得道之人，以作证据。

子祀、子舆、子犁、子来四人相语曰：“孰能以无为首，以生为脊，以死为尻（尾也），**孰知死生存亡为一体者，吾与之友矣**（意谓从无形而遍有形，而人之此身皆道之所化，故以无为首者，从无有生也。脊者，身也。尻者，尾也，谓生之终也。言谁能知此无生之生者，则可相与为友矣）**！”四人相视而笑，莫逆于心，遂相与为友**（言心同道合，遂为友也）。**子舆有病，子祀往问之。曰：“伟哉！夫造物者以予为此拘拘也**（此子舆自叹造物有力，壮哉，能使我于大化之中，将以予为此拘拘之形也），**曲偻发背**（此下子舆言其病状，谓形已伛偻残废，且又痈疮），**上有五管**（言形伛偻则五脏之管向上也），**颐隐于脐**（言形曲则两颐限隐于脐下也），**肩高于顶**（颐限则两肩耸高于顶），**句赘指天**（句赘，顶髻也。言颐隐而项缩，故髻指天也），**阴阳之气有沴**（沴，凌乱，言不和也。言虽从大化受形，以阴阳之气凌乱不和，故使我形骸如此之残废不堪也），**其心闲而无事**（言以形废而心转无事，此足见其能以道自适，不以形为累也）。**跰䠣而鉴于井**（跰䠣，扶曳也。谓恐自知不明，又鉴于井，则视身如影矣），**曰：嗟乎！夫造物者又将以予为此拘拘也**（因鉴于井，自见其状，乃叹曰：夫造物者既拘拘为我此形矣，而又复使我如此残废之恶状耶）。**”子祀曰：“汝恶之乎**（子祀因见子舆之叹，乃问之曰：子恶此形耶）**？”曰：“亡，予何恶**（亡，绝也。子舆意谓我心不但绝然无恶，而方与之俱化也）**？浸假而化予之左臂以为鸡，予因以求时夜**（浸假，造化也，言从无形造化之中渐渐而适于有形，即化予之左臂以为鸡，予因之而求时夜。时夜，言鸡报晓也）。**浸假而化予之右臂以为弹，予因以求鸮炙**（若化予之右臂为弹子，即因之而求鸮炙，言以弹击鸮以充炙也）。**浸假而化予之尻以为轮，以神为马，予因而乘之，岂更驾哉！**（此言有道之士，既视此身如痈疮而不足观，且又视之如影而不可执，是则不但无累，而且与之俱化，故又能借假修真，因此而求有实用。是则此身虽为异物，若果能化之，则形神俱妙。真人乘此以游人世，岂更驾哉！）**且夫得者时也，失者顺也。安时而处顺，哀乐**

不能入也。此古之所谓悬解也（言真人忘形适真，形神俱妙，不以得失干心，安时处顺，无往而不自得，故哀乐不能入。如此是古之所谓悬解者也。言生累如倒悬，超乎死生则倒悬解矣，故云悬解）。**而不能自解者，物有以结之**（人人本皆如此无累，超然悬解，而人不能解之者，乃自我以结之也）。**且夫物不胜天久矣，吾又何恶焉**（言人任造化而迁，故人不能胜天。既不能胜，则任之而已，又何恶焉）。”

此一节言真人真知形本无形，今既适有形，则为生累，故真人视之如痈疮而不可爱，如影而不可执。如此则但任造化之所适，了无得失之心，故死生无变于已，所以安时处顺，哀乐不入。此所谓悬解者也。如此看来，人人本来天然解脱，但人自苦于形累而卒莫能自解者，非天之过，乃人自结之耳。且夫天人之际，本来人不胜天，吾于此看破久矣！虽有此假形，吾有真用，又何恶焉！此其所以为真人，是可宗而师之者也。

俄而子来有疾，喘喘焉将死（上言四人为友，而子舆之妙已知之矣，今又发子来二人之妙。喘，气喘急而将绝也），**其妻子环而泣之。犁往而问之曰：“叱！避！无怛化**（叱、避，言呵斥其妻子使避之也。怛，犹惊也。此言真人与造化游，非妇人小子所知，故叱使无惊之也）！”**倚其尸而与之语曰：“伟哉造化！又将奚以汝为？将奚以汝适**（言不知造化又将汝作何物也）？**以汝为鼠肝乎**（鼠肝极细）？**以汝为虫臂乎**（虫臂不坚）？”**子来曰：“父母于子，东西南北，唯命之从。阴阳于人，不翅**（止也）**于父母。彼近吾死而我不听，我则悍**（违戾也）**矣，彼**（指造物）**何罪焉**（言造物亦非有心要死我也，故曰何罪）！**夫大块**（天地也）**载我以形，劳我以生，佚我以老，息我以死，故善吾生者乃所以善吾死也**（言造化既全我一生，我任造化而游，是为善生。既任化而生，则不贪生，故谓善生。然死亦从化，是为善死，吾又何择焉）。**夫大冶铸金，金踊跃曰我且必为镆鎁**（神剑名），**大冶必以为不祥之金。今一犯**（偶然触之曰一犯）**人之形**（言在万化之中偶然触犯而为人之形），**而曰人耳人耳，夫造物者必以为不祥之人**（言万物不可胜数，而自独以人为善，是不知造化者，乃不祥之人也）。**今一以**

天地为大炉，以造化为大冶，恶乎往而不可哉（言天地万物俱在造化钧陶之中，何物而非载道成形？何往而非道之所在？如此，又何往而不可哉）！**成然寐，蘧然觉**（言死生梦觉，故死但如寐、生如觉，夜旦梦觉而已，又何必取舍欣厌哉）。”

此一节言真人所得，殊非妇人小子之所知，故子犁叱避，以形容其必有真知然后为真人。必若子来之顺化而游，死生无变，无生可恋，无死可拒。要学人必造到如此超然独得之妙，纯一无疵，方为学问能事之究竟处，是可称为大宗师矣。

上言真人能顺死生，不知从何致，此故下以子桑户三人发明，乃方外了道之人所能。此段学问，非方内曲士所知。

子桑户、孟子反、子琴张，三人相与友，曰：“孰能相与于无相与（无相与，言大道无形之乡），**相为于无相为**（言大道寂莫无为之境）？**孰能登天游雾，挠挑无极**（言超然世外，游于万物之表），**相忘以生**（虽生而不见其有生），**无所终穷**（言心与道游于无始无终。即此便见真人游世之若此）？”**三人相视而笑，莫逆于心**（言道合心同，忘形相与），**遂相与友**（唯真人乃知真人，故三人为友）。**莫然有间**（居顷之间），**而子桑户死，未葬。孔子闻之，使子贡往侍事焉**（夫子使子贡往吊，以侍葬事，将尽礼也）。**或编曲，或鼓琴，相和而歌曰：“嗟来桑户乎！嗟来桑户乎！而**（汝也）**已返其真，而我犹为人猗**（猗者，叹辞也，言汝幸已返其真，而我尚且为人，可叹也）！”**子贡趋而进曰：“敢问临尸而歌，礼乎**（子贡执礼，言临尸当哭，不当歌也）？”**二人相视而笑曰：“是**（指子贡）**恶知礼意**（言礼之意重在返本，谓子贡不知此也）！”**子贡返，以告孔子曰：“彼何人者耶？修行无有**（言不检于礼，不能饰行，故曰修行无有）**而外其形骸**（不以死生为事），**临尸而歌，颜色不变**（全无哀戚之容）。**无以命之**（命，名也，不知唤他作何等人物），**彼何人者耶**（言毕竟是何等人耶）？”**孔子曰：“彼游方之外者也**（言彼超脱凡情，游于世外者也），**而丘游方之内者也**（言未能超脱世网，故云游方内）。**外内不相及**（言彼方外之人以世俗之礼加之，则非所宜。言不当吊也），**而丘使女往吊之，丘则陋矣**（言我本不当使女往吊，此诚我之鄙陋见也）！**彼方且与造物者为人**（相者，犹助也。言造物本无形，彼以为人之形，乃助造物之生意耳）**而游乎天地之一气**（言彼虽处人世，其实心游乎未有天地已前，与大道混茫而为一也）。**彼以生为附赘悬疣**（赘疣，乃山中之人项上之瘿瘤，以喻形乃道之赘疣余物也），**以死为决疣溃痈**（彼视身如赘疣、为痈疽，以为生之大患，今幸而死，则如疣痈之决溃，方为大快活事，又何以死为哀耶）。**夫若然者，又恶知死生先后之所在**（言彼以生为大患，以脱形骸为轻举返乎本来不生不死之乡，又何知有死生先后之所在耶）？**假于异物**（以性真而借四大以成形，如假托异物，元非己有也），**托于同体**（言心与道游，故云托于同体），**忘其肝胆**（言以生为寄，故不见有形骸，故曰忘其肝胆），**遗其耳目**（言虽游人世，如不闻见，故云遗其耳目），**返复终始，不知端倪**（言真人游于大化之中，返复往来，无所穷极，又安知以生为始、以死为终乎），**芒然彷徨乎尘垢之外，逍遥乎无为之业，又乌能愦愦然为世俗之礼，以观**（示也）**众人之耳目哉**（言真人处世如寄，以形骸为大患，故忘形释智，超然物表，遨游于尘垢之外，逍遥于无为寂寞之乡，又何能愦愦以世俗之礼，以示众之耳目哉！借重孔子此言，乃明方内夫子，亦未尝不知有方外之学也）！”

此一节言方外真人之学，逍遥物外，自得之妙，非世俗耳目之所及。故托孔子、子贡发挥，将以破迂儒执礼法之曲见，以解愦愦之执情，亦将使其自得超然之境。斯正此老著书之本意也。

子贡曰：“然则夫子何方之依（子贡因闻夫子说方外真人之道如此，故问夫子自处何方之依）？”**孔子曰：“丘，天之戮民也**（此夫子自谦，言己未免生累，盖悬之未解，乃天之戮民，言未能忘桎梏也）。**虽然，吾与女共之**（夫子言虽然我未超脱，与汝均之，今且与女共游于方外）。”**子贡曰：“敢问其方**（问远举超脱之方）。”**孔子曰：“鱼相造乎水，人相造乎道**（人之以道为命，如鱼之以水为命）。**相造乎水者，穿池而养给**（言养鱼尚劳功用）；**相造乎道者，无事而生定**（言人造乎道甚易，放下便是，故云无事而生定）。**故曰：鱼相忘于江湖，人相忘于道术**（穿池而养鱼尚难忘，不若放之江湖，则自然忘矣。如人能造乎大道，浩然大均，则无不忘矣）。”**子贡曰：“敢问畸人**（子贡意谓方外之人乃独行之君子，故问畸人。畸，独也。谓不知独行之人比方外何如）。”**“畸人者，畸于人而侔于天。故曰：天之小人，人之君子；人之君子，天之小人也**（孔子言彼方外者亦畸人也，但彼畸于人而侔合乎天。若世之独行君子，矜矜自持，不能逍遥自在者，是乃天之小人，则为人中之君子；人中之君子，则为天之小人，第未能与天为一耳）。”

此一节言孔子方内之圣人，亦能引进于方外之学，意谓世之拘拘者亦可与造乎大道，故以子贡之才智，尚去道远，甚况其他乎！

下明方外之道，方内亦有能行者，第俗人不识耳。故借颜子发明，孔子以开其迷意，若颜子之好学，诚可以深造而自得也。

颜回问仲尼曰：“孟孙才，其母死，哭泣无涕（无心于哭），**中心不戚**（全无哀意），**居丧不哀，无是三者，以善丧盖鲁国**（以善居丧之名以盖鲁国），**固有无其实而得其名者乎**（名不副实）？**回壹怪之**（壹，谓一常怪之）。”**仲尼曰：“夫孟孙氏尽之**（言能极尽丧礼也），**进于知矣**（言世人但知世俗之礼而不知天，今孟孙氏乃尽于知天，故人之返本，乃礼之实也）！**唯简之而不得，夫已有所简矣**（言孟孙知其本无生死，又何假以哀为礼哉！但世人常情，必以哀为礼，故欲简之而不得，故人哭亦哭，乃不得已而从俗之情耳。今哀而不戚，则已有所简矣）。**孟孙氏不知所以生，不知所以死**（言孟孙子悟不生不死之道），**不知就先，不知就后**（言以了悟不生不死，故虽生而如不有生，故云不就先；虽死而知本不死，故不就后，坦然大化之中），**若化为物**（言孟孙自视其形在大化之中，若忽焉化为一物耳），**以待其所不知之化已乎**（言不知其所以生，故今虽处形骸，但待其所不知之大化，听其尽之而已乎，岂有情识哉）！**且方将化，恶知不化哉**（言方将化，恶知有不化者存焉）？**方将不化，恶知已化哉**（言世人但知固守其形，将谓不化，彼恶知造化密移而念念已化哉）？**吾特与汝，其梦未始觉者耶**（言化而不化，乃死生一贯，唯大觉方知。且吾与汝，皆在梦中而未觉者也）？**且彼有骇形而无损心**（到此方言孟孙之母虽死而不死者存，但形死耳，故曰有骇形，如豚子之视死母而走也。若其天真之性，湛然不迁，所谓死而不亡，故曰无损心），**有旦宅而无情死**（言其生如旦，其形如宅，谓假形虽化而真宰长存，故曰有旦宅而无情死。情，实也）。**孟孙氏特觉**（死而不死之理，孟孙特悟于此），**人哭亦哭，是自其所以乃**（孟孙已知其母不死，但以世情不得不哭，故其所以乃如此哭而不哀切也）。**且也相与吾之耳矣**（言既知死而不死，则视已死之孟母即未死之孟孙，故相较之，乃吾之耳。相与，谓一体而观也），**庸讵知吾所谓吾之乎**（言死生一条之理，若吾之之言，此岂常人所能知之乎？下以梦喻吾之之意）？**且汝梦为鸟而厉乎天**（厉犹戾也），**梦为鱼而没于渊**（言吾之之意，汝未及信，我且问汝，且汝梦为鸟则飞戾于天，梦为鱼则没于渊，然梦中之鱼鸟即不梦之颜回，是乃吾之之意也）。**不识今之言者，其觉者乎？其梦者乎**（言汝方今对我言者，乃不梦之颜回耶？乃梦中之鱼鸟耶？若言是颜回，则汝已化为鱼鸟矣。若言是鱼鸟，不妨现是不化之颜回。汝试自看，死生一条之理，固如是耳。此数语极奇，最难理会）？**造适不及笑**（适者，称意之极，则笑亦不及），**献笑不及排**（如人诙谐献笑，至发笑处，则安排不及。言死生一贯之理，必须顿悟，乃自知之，非言可及也），**安排而化去，乃入于寥天一**（寥天一，乃大道寥廓冥一之天，此由初心造道功夫，故如安排，及夫纯一到大化之境，自然顿悟，不假作为而自证入也）。”

此一节言方外之学，方内亦有能之者，第在世俗之中常情所不识，必有真人乃能知之，故借重颜子与圣人开觉之。此段最是惺悟世人真切处。

上言了无生死，乃造道之极，要在顿悟。下言世人必欲学道，须将仁义、恭矜、智能，夙习之事一切屏绝，乃可入道。

意而子见许由，许由曰：“尧何以资汝（何以教汝）？**”意而子曰：“尧谓我：汝必躬服**（行也）**仁义而明言是非。”许由曰：“而奚来为轵**（奚，何；轵，助语辞。言又何为来耶？意谓女已被尧教坏了也）？**夫尧既黥**（拔其须则毁其面貌）**汝以仁义**（言以仁义伪行坏了本来面目），**而劓**（割其鼻也）**汝以是非矣，汝将何以游夫遥荡**（逍遥之境）**恣睢**（纵横也）**转徙**（变化也）**之途乎**（言汝已被尧以仁是非坏了汝本来面目，而拘于仁义是非之场，又何能游于逍遥大道之乡乎）！”**意而子曰：“虽然，吾愿游其藩**（言虽不能入大道之奥，亦愿游其藩篱）。”**许由曰：“不然。夫盲者无以与夫眉目颜色之好，瞽者无以与夫青黄黼黻之观**（言汝心既盲瞽，难以与大道也）。”**意而子曰：“夫无庄**（古之美貌者）**之失其美，据梁**（古之有力者）**之失其力，黄帝之忘其知**（言至人之善教，能使人人失其平昔之所自有），**皆在炉锤之间耳**（言上三人顿失其固有，是在夫子之陶铸之中耳）。**庸讵知夫造物者之不息我黥而补我劓，使我乘成以随先生耶**（言我今日幸得见先生，岂非造物者补我之缺失，乘其浑全之大道以随先生耶）？”**许由曰：“噫！未可知也**（言汝虽有志，未知何如也）。**我为汝言其大略**（不敢尽其底蕴，试为汝言其大略）。**吾师乎！吾师乎**（吾师，乃大宗师也，非尧可比）！**齑万物而不为义，泽及万世而不为仁**（言尧谆谆以仁义为仁义，以爱养万物以为功，吾大宗师则齑粉万物而不以为义，纵泽及万世而不以为仁，以大仁不仁，大义不义，即《老子》“生而不有，为而不恃，长而不宰”之意），**长于上古而不为老**（言未有天地，先有此道），**覆载天地、刻雕众形而不为巧**（言大道生天生地、化育万物而无心，故不有其巧），**此所游已**（言齑物已下，乃吾师之所游者，如此而已）。”

此一节言欲学大道，必须屏绝有心要为仁义、恭矜、智能之事，方可超玄入妙而逍遥乎大道之乡。盖仁义智能乃功名之资，世俗之所尚，实为大道之障碍故耳。

颜回曰：“回益矣。”仲尼曰：“何谓也？”曰：“回忘仁义矣。”曰：“可矣，犹未也（言虽忘仁义，则可许有入道之分，然犹未也）。”**他日复见，曰**（颜回他日又见夫子）：**“回益矣。”曰：“何谓也？”曰：“回忘礼乐矣**（言忘礼乐，则不拘拘于世俗也）。”**曰：“可矣，犹未也**（言虽忘人而同未忘己）。”

他日复见，曰："回益矣。"曰："何谓也？"曰："回坐忘矣。"仲尼蹴然（改容也）**曰："何谓坐忘？"颜回曰："隳**（坏也）**支体**（言忘形也），**黜聪明**（泯知见也），**离形去知，同于大通**（言身知俱泯，物我两忘，浩然空洞，内外一如，曰大通），**此谓坐忘。"仲尼曰："同则无好也**（言身世两忘，物我俱空，则取舍情尽，故无所好也），**化则无常也**（言物我两忘则形神俱化，化则无己则物无非己，故不常执我为我也）。**而**（汝也）**果**（实也）**其贤乎**（言汝功夫到此，实过于我多矣）！**丘也请从而后也**（夫子自以为不若，亦愿为此也）。**"**

此一节言方内曲学之士，果能自损兼忘而与道大通，虽圣智亦尝让之。意谓此等功夫非智巧可入也，故前以子贡之不知，今以颜子乃可入也。

子舆与子桑友。而淋雨十日，子舆曰："子桑殆病矣（知其绝食也）。**"裹饭而往食之。至子桑之门，则若歌若哭**（言歌之哀也），**鼓琴曰："父耶母耶？天乎人乎**（此鼓琴之曲也）？**"有不任其声**（言饿而无力，故不任其声）**而趋举其诗焉**（趋举其诗，言气短促，举诗而气不相接也）。**子舆入，曰："子之歌诗，何故若是**（言何故不成音韵也）？**"曰："吾思夫使我至此极者而弗得也**（言且歌且思，使我如此之贫至极者不可得，不知其谁使也）。**父母岂欲吾贫哉！天无私覆，地无私载，天地岂私贫我哉！求其为之者而弗可得也。然而至此极者，命也夫！"**

此一节总结一篇之意。然此篇所论乃大宗师而结归于命者，何也？乃此老之生平心事，有难于言语形容者。意谓己乃是有大道之人，可为万世之大宗师，然生斯世也而不见知于人，且以至贫极困以自处者，岂天有意使我至此耶？然而不见知于时者，盖命也夫！即此一语，涵滀无穷意思。然此大宗师即《逍遥游》中之至人神人圣人，其不知为知即《齐物》之因是，真知乃真宰，即养生之主。其篇中诸人，皆德充符者。总上诸意而结归于大宗师，以全内圣之学也。下应帝王，即外王之意也。

庄子内篇注卷之六终

庄子内篇注卷之七

明匡庐逸叟憨山释德清注

应帝王

庄子之学，以内圣外王为体用，如前《逍遥》之至人神人圣人，即此所谓大宗师也。且云以尘垢秕糠犹能陶铸尧舜，故云道之真以治身，其绪余土苴以为天下国家，所谓治天下者圣人之余事也。以前六篇发挥大道之妙，而大宗师乃得道之人，是圣人之全体已得乎己也。有体必有用，故此应帝王，以显大道之用。若圣人时运将出，迫不得已而应命，则为圣帝明王，推其绪余则无为而化，绝无有意而作为也。此显无为之大用，故以名篇。

啮缺问于王倪，四问而四不知（此篇以无知二字作眼目，此无知乃无心于世，漠然而已）。**啮缺因跃而大喜，行以告蒲衣子。蒲衣子曰："而**（汝也）**乃今知之乎**（言汝今日乃知不知之妙乎）？**有虞氏不及泰氏**（向来世人只知有虞氏之为圣人，而不知不及泰氏也）。**有虞氏其犹藏**（善美也）**仁以要人**（此言有虞之不济处，盖以仁为善，故有心以仁要结人心），**亦得人矣而未始出于非人**（言有虞氏以仁要人，虽亦得人，且不能忘其功名，但是世俗之行，而未能超出人世而悟真人之道妙，以造非人之境也）。**泰氏其卧徐徐**（徐，纡徐，闲闲之意），**其觉于于**（自得之妙），**一以己为马，一以己为牛，其知情信，其德甚真，而未始入于非人。**（此言泰氏超越有虞，虚怀以游世，心闲而自得，且物我兼忘，人欺以为牛则以牛应之，人呼以为马则以马应之，未尝坚执我见，与物俱化。其知则非妄知而悟其性真。然"情信"，指道体而言，前云"有情有信"是也。此其体也。至其德用甚真，不以人伪，即已超凡情，安于大道非人之境而不堕于虚无，且能和光同尘，而未始拘拘自隘。此泰氏之妙也。盖已得大宗师之体而应用世间，特推绪余以度世，故云未始入于非人。）”

肩吾见狂接舆。狂接舆曰：“日中始何以语汝（日中始，乃接舆所见之人）？”**曰：“告我：君人者，以己出经**（常法也）**式**（程准也）**义度人**（言人君治天下，当以所出之常法为程准，以义制而度人，以此乃治天下之常法），**孰敢不听而化诸**（诸，犹之也。言人君以此治人，则人孰敢不听而从其化耶）？”**接舆曰：“是欺德也**（言若日中之说，乃非真实之德，盖欺德耳。谓人君恃己之能治而欺其人，将以不敢不听从也）。**其于治天下也，犹涉海凿河而使蚊负山也**（言大圣治天下，以不治治之，但以道在宥群生，使各安其性，各遂其生而已。若以有心强治以为功，则舍道而任伪，而犹越海之外凿河，则失其大而枉劳，且如蚊负山，必无此理也）。**夫圣人之治也，治外乎**（言圣人之治天下，岂治外乎）？**正而后行**（正，即前云“正生以正众生”，谓使各正性命之意。谓圣人但自正性命而施之百姓，使各自正之。《老子》云：“清净为天下正”），**确乎能其事者而已矣**（确者，真确。能事，即孟子之良能。言人各禀大道以为性命之正，天然自足，一毫人力不能与其间。今但使人人各悟性真，则恬淡无为自化矣，又何假有心为之哉）！**且鸟高飞以避矰弋之害，鼷鼠深穴乎神丘**（社坛也）**之下以避熏凿之患，而曾二虫之无知**（言鸟鼠二虫天性自得，但人心以机械而欲取之，故高飞深藏而避之，而人曾谓二虫之无知乎？百姓天性犹鸟鼠也，人君有心欲治之，能不惊而避之乎？外篇《马蹄》，痛发明此意）！”

此上二节，言治天下，不可以有心恃知好为以自居其功。若任无为而百姓自化。《老子》曰“我无为而民自化”，“清净为天下正”。若设法以制其民，不但不从，而且若鸟鼠而惊且避之也。

天根游于殷阳（地名），**至蓼水**（水名）**之上，适遭**（遇也）**无名人而问焉，曰：“请问为天下。”无名人曰：“去！女鄙人也，何问之不**

豫也（豫者，从容安详之意，而问之太仓卒也）。**予方将与造物者为人**（言任造化而为人，非有心于世也），**厌**（厌不欲也）**则又乘夫莽眇之鸟**（乃道之取譬也），**以出六极之外，而游无何有之乡**（大道之乡）、**旷垠**（旷垠谓无际也）**之野，又何帠**（为音）**以治天下感**（触也）**予之心为**（无名责天根问之仓卒而无礼也。言我虽处世，但顺造化而为人，乘化而游，若厌而不欲为人，则乘大道而游于广大逍遥无为之境，又何以天下触我之心而若此耶）？"**又复问**（天根又问，必愿闻其说也）。**无名人曰**（无名因求教之切，故告之以正）：**"汝游心于淡**（谓恬淡寂寞之境），**合气于漠**（漠冲，虚也，言合气于虚），**顺物自然**（不可有心恃知妄为）**而无容私焉**（会万物以为己，大公均调而无庸私焉），**而天下治矣**（必如此而天下自治）。"

此一节直示无为而化治天下之妙，欲君人者取法，返乎上古无为之化也。

阳子居见老聃，曰："有人（假若有人）**于此，向**（向也）**疾**（捷也，谓向道敏捷也）**强梁**（勇为也），**物彻**（事物透彻也）**疏明**（疏通明达也），**学道不倦。如是者，可比**（及也）**明王乎？"老聃曰："是于圣人也**（言如此之人比于圣人者），**胥**（胥靡之罪役也）**易**（更番也）**技**（工技之人）**系**（羁系于市肆也），**劳形怵心者也**（言向疾强梁之人，亦似胥役之罪夫更番不暇，工役之系肆劳苦形骸、惊惕其心者也。将此以比王，自苦不暇，安能治民乎）。**且也虎豹之文来田**（言虎豹因皮有文，故招来田猎之灾），**猿狙之便**（捷也）、**执斄**（音狸）**之狗**（言狗能执狸）**来藉**（藉，以绳系之也。言猿狙因便捷，故人得而系之以教衣冠；狗能执狸，人得而系之以充田猎）。**如是者，可比明王乎**（言若向疾之人可比明王，则猿狙与执狸之狗亦可比明王矣）？"**阳子居蹴然**（改容也）**曰："敢问明王之治**（言如是之人不可比明王，敢问如何是明王之治）。"**老聃曰："明王之治，功盖天下而似不自己**（纵有功盖天下而不自居其功），**化贷**（贷者，与人之意）**万物**（万物皆往资焉而不匮）**而民弗恃**（而民不知恃赖），**有莫举名**（名不可得而举称），**使物自喜**（但使物物自遂自喜，犹言帝力何有于我），**立乎不测**（不可测识）**而游于无有者也**（不测无有，通指大道之乡也。此全是《老子》为而不长不宰之意）。”

此一节发挥明王之治，皆申明《老子》之意，以示所宗立言之本极，称大宗师，应世而为圣帝明王，以行无为之化也。

上言明王立乎不测而游于无有，如此乃可应世以治天下，但不知不测是如何境界，人亦有能可学而至者乎？故下撰出壶子，乃不测之人，所示于神巫者，乃不测之境界，列子见之而愿学，即其人也。

郑有神巫曰季咸（神巫乃善相者，名季咸也），**知人之死生存亡、祸福寿夭，期以岁月旬日**（言相人最验，刻期不爽），**若神。郑人见之，皆弃之而走**（言畏其灵验，恐说出不好之事，故皆走不敢近也）。**列子见之而心醉**（列子将以为神，故心醉服也），**归以告壶子**（此乃列子之师也）**曰：“始吾以夫子之道为至矣，则又有至焉者矣**（意谓神巫超过壶丘子远矣）**！”壶子曰：“吾与汝既其文**（言我之教汝者，但外面皮毛耳。既，尽也），**未既其实**（其道之真实处全未示汝），**而**（汝也）**固**（将谓也）**得道欤**（汝将谓已得道欤）？**众雌而无雄，而又奚卵焉**（言物有雌雄乃能生，以比人有心对待，而相者乃见其祸福。若心能绝待，又何从而相之。如雌而无雄，又何卵焉）！**而**（汝也）**以道与世亢**（与人相比亢也）**必信夫**（以要人必信，故相亢以示己之长），**故使人得而相汝**（以不能忘己，要人知之，故人亦因得而相之也）。**尝试与来，以予示之**（若来以我示之，看彼能测我乎）。**”明日列子与之见壶子，出而谓列子曰：“嘻**（惊叹也）**！子之先生死矣，弗活矣，不以旬数矣**（言不十数日即死矣）**！吾见怪焉**（吾见怪之），**见湿灰焉**（言面如湿灰，绝无生机也）。**”列子入，泣涕沾襟**（以闻先生必死）**以告壶子。壶子曰：“向吾示之以地文**（此下三见，壶子示之安心不测之境，此即佛门之止观，乃安心之法也。地文，乃安心于至静之地，此止也），**萌**（草之未出芽曰萌）**乎不震**（动也）**不正**（犹显示也，谓我安心于至静，一念不生、不动不显之地，即心念俱灰泯绝，故面如湿灰，无生机也）。**是殆见吾杜**（止也）**德机**（犹生机也）**也**（言彼殆见我止绝生机，故将谓我必死也）。**尝又与来**（命明日再来看）。**”明日又与之见壶子，出而谓列子曰：“幸矣！子之先生遇我也，有瘳矣**（言汝之先生幸遇我，可以不死而疾有瘳矣），**全然有生矣，吾见其杜**（绝也）**权**（活动也）**矣**（言我见其死而复活，乃有生机也）**！”列子入以告壶子。壶子曰：“向吾之以天壤**（天壤，谓高明昭旷之地。此即观也），**名实不入**（言性地光明，一切不存也），**而机发于踵**（踵，最深深处也。言自从至深静之地而发起照用，如所云即止之观也）。**是殆见吾善者机也**（言彼见吾善而不死者，以我示之以天机也）。**尝又与来**（再命明日更来）。**”明日又与之见壶子，出而谓列子曰：“子之先生不齐**（言精神恍惚，颜色不一。齐，一也），**吾无得而相焉。试齐，且复相之**（言待精神一定而复相之也）。**”列子入以告壶子。壶子曰：“吾向示之以太冲**（至虚之地）**莫胜**（言动静不二也。初偏于静，次偏于动，今则安心于极虚，动静不二，犹言止观双运，不二之境也）。**是殆见吾衡**（平也）**气机也**（言平等持心，动静不二，故气机亦和融而不测也。下壶子又讲明前所示者乃三种观法，故彼莫测耳）。**鲵**（鳅鱼也）**桓**（盘桓，言鳅鱼盘于深泥也）**之审**（处也）**为渊**（渊，湛渊，乃止观之名。然鲵桓之所处于深泥，以喻至静，即初之止也），**止水之审为渊**（此喻观也。止水澄清，万象斯鉴，即次之天壤之观也），**流水之审为渊**（流水虽动而水性湛然不动，此喻即动而静，即静而动，动静不二，平等安心，即末后太冲莫胜，止观不二也）。**渊有九种**（言定有九种），**此处三焉**（言我示之者乃三种定法也）。**尝又与来。”明日又与之见壶子，立未定，自失而走。壶子曰：“追！”列子追之不及，返以报壶子曰：“已灭矣**（言去之已无踪影矣），**已失矣**（言即寻之已不得见矣），**吾弗及矣**（言我追之已不及已）**！”壶子曰：“向吾示之以未始出吾宗**（宗者，谓虚无大道之根宗，安心于无有了无动静之相，即佛氏之摄三观于一心也）。**吾与之虚而委蛇**（言我安心于至虚无有之地，但以虚体而示状貌，委蛇随顺彼耳），**不知其谁何**（故彼不知其谁何也），**因以为弟靡**（言物之颓靡，难于收拾也），**因以为波流**（言精神浩荡，捉摸不定也），**故逃也**（因此难测故逃走耳）。”**然后列子自以为未始学**（初则列子未得壶子之真实，故以神巫为至。今见壶子所以示神巫者，虽善相卒莫能测识其端倪，到此方信壶子之道大难测，而始知自己从来未有学也）**而归**（辞壶子而归，立志造修也），**三年不出**（专一做工夫），**为其妻爨**（言列子初恃自己有道以骄其妻，今能忘身而为妻爨），**食豕如食人**（初未入道而有人物分别之心，今则分别情忘），**于事无与亲**（言无心于事也），**雕琢复朴**（先以雕琢丧朴，今则还纯返朴矣），**块然**（不识不知之貌）**独以其形立纷而封哉**（封，即《齐物》之有封之封，谓受形骸，是于大化之中乃立人我，横生是非，固执而不化者，犹有封之疆界也。而今乃知此形为纷援而封畛之也），**一以是终**（言列子竟此学以终其身也）。

此一节因上言明王立乎不测，以无为而化，庄子恐世人不知不测是何等境界，为何等人物，故特撰出个壶子，乃其人也。即所示于神巫者，乃不测之境界也。如此等人，安心如此，乃可应世，可称明王，方能无为而化也。其他岂可仿佛哉！言此段学问亦可学而至，只贵信得及，做得出。若列子，即有志信道之人也。此励世之心，难以名言矣。

上言壶子但示其不测之境，下文重发挥应世之用。

无为名尸（尸，主也。言真人先要忘名，故戒其不可为名尸），**无为谋府**（智谋之所聚曰谋府。言一任无心，不可以智谋为事也），**无为事任**（言不可强行任事，谓有担当则为累为患，但顺事而应，若非己出者也），**无为知主**（知主，以知巧为主也。言顺物忘怀，不可主于智巧也）。**体尽无穷**（体，言体会于大道，应化无有穷尽也）**而游无朕**（朕，兆也。谓游于无物之初，安心于一念不生之地也），**尽其所受乎天而无见得**（言但自尽其所受乎天者，全体不失，而亦未见有得之心也），**亦虚而已**（如此亦归于虚而已，言一毫不可有加于其间也）。**至人之用心若镜，不将不迎，应而不藏，故能胜物而不伤。**（至人用心如明镜当台，物来顺照，并不将心要应；事之未至，亦不以心先迎；即物一至，妍丑分明而不留藏妍丑之迹，了无是非之心。如此虚心应世，故能胜物而物卒莫能伤之者，虚之至也。）

已前说了真人许多情状，许多工夫，末后直结归“至人”已下二十二字，乃尽庄子之学问功夫，效验作用，尽在此而已，其余种种撰出，皆蔓衍之辞也。内篇之意已尽此矣。学者体认亦不必多，只在此数语下手，则应物忘怀，一生受用不尽。此所谓逍遥游也。

南海之帝为倏，北海之帝为忽，中央之帝为浑沌。倏与忽时相与遇于浑沌之地，浑沌待之甚善。倏与忽谋报浑沌之德，曰：“人皆有七窍以视听食息，此独无有。尝试凿之。”日凿一窍，七日而浑沌死。（倏忽者，无而忽有，言人于大化最初受形之始也。浑沌，言虽俄尔有形，尚无情识，浑然沌然，无知无识之时也。及情窦日凿，知识一开，则天真尽丧，所谓日凿一窍，七日而浑沌死也。《副墨》以倏为火，以忽为水，浑沌为土，似有理，太犯穿凿，只如此解则已。）

此倏忽一章，不独结《应帝王》一篇，其实总结内七篇之大意。前言逍遥，则总归大宗师。前频言小知伤生，养形而忘生之主，以物伤生，种种不得逍遥，皆知巧之过，盖都为凿破浑沌，丧失天真者。即古今宇宙两间之人，自尧舜以来，未有一人而不是凿破浑沌之人也。此特寓言，大地皆凡夫愚迷之人，概若此耳。以俗眼观之，似乎不经，其实所言无一字不是救世愍迷之心也，岂可以文字视之哉！读者当见其心可也。即予此解，亦非牵强附合，盖就其所宗，以得其立言之旨，但以佛法中人天止观而参证之，所谓天乘止观。即《宗镜》亦云，老庄所宗自然清净无为之道，即初禅天通明禅也。吾徒观者，幸无以佛法妄拟为过也。

庄子内篇注卷之七终

《中庸》直指[1]

明 方外史德清述

“中”者，人人本性之全体也。此性天地以之建立，万物以之化理，圣凡同禀，广大精微，独一无二，所谓惟精惟一，大中至正，无一物出此性外者，故云中也。“庸”者，平常也，乃性德之用也。谓此广大之性，全体化作万物之灵，即在人道日用平常之间，无一事一法不从性中流出者。故吾人日用行事之间，皆是性之全体大用显明昭著处。以全中在庸，即庸全中，非离庸外别有中也。子思得孔子之心传，故述其所传者如此，命其名曰“中庸”。

天命之谓性，

“天命之谓性”者，言吾人之性，天然属我，不假外求，而我得之而为命。所谓天然之性，而为天然之命者也。盖天然之性，赋在形壳之中，是故人之有生，与形为主者命，与命为主者性。性、命不二，故但言天命，即是天性也，故曰“天命之谓性”。

率性之谓道，

“率性之谓道”者，谓吾人既禀天然之性而为命，故有生于天地之间而为人。既以此性为形命之主，是则自有厥生以来，凡有食息起居、折旋俯仰、动作云为，乃至拈匙举箸、咳唾掉臂，无一事不是性之作用，何况君臣、父子、夫妇、朋友，乃人伦之大事，岂又离此性外耶？盖此性本来光光明明，故谓之明；干干净净无有丝毫杂染，故谓之精；不与万物为侣，故谓之一；

[1] 据清光绪十年（1884）金陵刻经处刻本。

本来无第二妄念，故谓之至诚。“率”，顺也，谓顺此光明精一至诚之性，以之事君，则性忠；以之事亲，则性孝；以之处夫妇，则性和；以之待朋友，则性信；以之爱物，则同体，谓之性仁；以之处事，则一毫不差，各得其宜，谓之性义；以之处上下之分，截然不乱，谓之性礼；以之明鉴事物，一毫不谬，谓之性智。是则人生天地，处于君臣、父子、夫妇、朋友之间，以至忠孝和信、仁义礼智，皆从性中流出，发现于日用当行之间，故谓之道。非离此性外别有道，故曰“率性之谓道”。只这率性处便是大道。

修道之谓教。

“修道之谓教”者，乃圣人之言教，即礼乐刑政、忠孝廉节、仁义礼智，以至致知格物、诚意正心等，一切规模法范，通谓之教。然而吾人各禀此全性而为人，自有性德，不待教而能者，又何用教？盖上古之人，性醇德全，无有一毫外慕，且不知有身之为爱，岂有贪爱外面声色货利之事？是故不为一身爱外物，则不被外物染习杂乱其性故。所以上古之君如此，而上古之民亦如此，故无为之风，乃天德之渲，熙熙皞皞，俱在大道化育之中，所以不用教也。及至中古，人心渐凿，知身可爱，故爱物以养身。既以一己为我，则我与物对；物我既二，则性不一；性被物染则不精，不精则不一。故凡所作为，不率性而率情矣。情则有所偏，故大中至正之道隐。其于日用当行君臣父子之间，所有忠孝和信，皆不尽出于性真，而多出于情伪矣。情伪出则百弊生，弊生而情愈伪，情愈伪而去性愈远，是以世人渐趋渐下，物欲固蔽，愈远愈深。愚不肖者，则只知有物欲之伪情，而不复知有本然之真性矣。其间即有知者，而或又索隐求深，知之太过。而贤者或又高飞远举，矫世戾俗，而行之近怪。是皆不能于日用寻常当行之道、君臣父子之间，而各尽性正命以适中也。是故圣人悯之，不得已而裁成以辅相之，务各使之以合中道，故立言以垂教。所谓“修道”者，修即如世之修理物件一般，使其不足者补之，有余者去之。只就在人人不率性处，或太过者折之，不足者诱引之，以之至于中道，将以复其性真耳。故曰“修道之谓教”，非是离率性之道，分外别有教也。

道也者，不可须臾离也，可离非道也。

“道不可须臾离”者。“须臾”乃时之极速，犹言“一息”也。道既是率性之道，然而吾人从生至老，赖性为命，若性有一息间断，则命根亦断，命断则不复为人矣。古人云：“暂时不在，如同死人。”是则此性何尝一息间断耶？性未间断，而日用当行之道，岂可一息离于性耶？故云道也者，不可须臾离于性也。若离性而为道，则为诡异之行矣，故曰不可须臾离也。若言道可离于性而别有道，则非正道也，故曰可离非道也。然离性而求道，则为叛道，故非正。

是故君子戒慎乎其所不睹，恐惧乎其所不闻。

君子，乃造道之人。此一节乃教造道做工夫之方法，即此便是教也。此语乃子思亲得孔子家传入道之秘诀。学人若不知此诀法，纵能做尽工夫，使尽伎俩，皆非正道。何也？以出门脚跟下一步错落，则错到底，此所以古之圣学难明也。从来说者，皆言不睹不闻乃人所不知、己所独知之地。若如此谓之道，岂不睹不闻处是道，而正睹正闻便不是道耶？且既有恐惧，便不是性矣。

“是故”者，承上之辞，此乃释上“不可离”之意。原夫性真处于吾人形壳之中，而所以发用昭彰者，不出见闻知觉四者而已。所以不可离者，叫人做功夫不可离此见闻知觉别求也。然知觉必待物之亲触而后现，故其用近而窄。至若发于见者，在眼则能容天地；发于闻者，在耳则能闻十方，是吾性德广大高明之用，而发见闻之际者，最为昭著，而得失之机，圣凡之辨，正在于此，故特揭而示之，欲令吾人不离见色闻声处做工夫最亲切耳。且戒慎恐惧乎不睹不闻者，然可睹可闻者，色与声也；不可睹不可闻者，精一之性也。惟其性之映色而色不能杂，映声而声不能杂，以不能杂，故谓之精。且彼声色抑乃吾性之化育，故谓之一。惟精惟一，寓于寻常声色，而不流于声色。是则虽见虽闻，而有不见不闻者存焉，是乃本吾性德全体大用之中庸也。

今夫人者，日用寻常，至于见色闻声之际，只知有可闻可睹之声色，而不知有不可睹不可闻之性真，此所以大道昭昭于见闻之间，吾人日用而不知。由不知故，流于声色而不返；流而不返，则日习近于情；情近而性真日离，故曰“性相近，习相远”也。然而此性岂可长离而不复耶？是故圣人教人复性之功夫，不可离此别求，就在日用见色闻声处着力。切要正当见色闻声时，先向不睹不闻处立定脚跟，决不可随他声色流转。不流转处，其性不期复而自复矣，此《易》所谓“不远复”也。所言不睹不闻，而云戒慎恐惧者，由吾人于声色门头，一向情习太熟，而耳目相接流转。流转将去，正是熟处难忘，至此须用回天之力，故教之以强勉工夫，曰戒慎恐惧耳。惟正当见闻时，切切戒慎恐惧，唯恐随见随闻而流于声色队里，被他埋没，正古人所谓“切莫随他去，迢迢与我疏”之意。殆非一向在不睹不闻处戒慎恐惧耳。如此做工夫，即古人所谓“即此见闻非见闻”，此正下文所言“和而不流，中立而不倚”者也。顾此力量，苟非发强刚毅大力量人，断断不能。何急流中有执如此，斯岂是浅浅之乎者也章句之士可能入耶？如此做功夫，最为切要，立地便是圣人，只是不能知不能行耳。故终篇只说“知”、“行”二字，便是发挥此个道理，谓知此行此而已，更无别法。

莫见乎隐，莫显乎微，故君子慎其独也。

释承上文戒慎恐惧、不睹不闻之意也。然性无形而不可见谓之隐，即上云“不睹”；性无声而不可闻谓之微，即上云“不闻”。是则可见闻者，性之象也；不可见闻者，物之本也。而今正当见闻时，全体隐微之性德，浑然显见于声色之中。是则见色即见心，闻声即闻性，所谓“见色非干色，闻声不是声”。此孔子所谓耳顺从心，物我无间，体用不二之极致也。是最显见者，乃极隐微也，故曰“莫见乎隐，莫显乎微”。古人云：“道在目前，不是目前法，亦不离目前。”以体用不二，惟一精真，故谓之独，所谓独立而不改者。但凡有声色可对，心境角立，物我相待，便是不独。故诫其切不可落于见闻、堕于声色，故云君子慎其独。此乃不与物对为独，殆非独居隐微之中也。既以绝待为独，而上云“不睹不闻”即是此独字，岂是独居隐微之间耶？智者请深思之。

喜怒哀乐之未发谓之中，发而皆中节谓之和。中也者，天下之大本也；和也者，天下之达道也。

上二节乃复性之工夫纯熟，以得乎中，所谓体也。此乃又从体以发用，即所谓庸也。

问曰：题称中庸，既以性德体用言之矣。今云中和，而亦以体用言之，且不云“庸”而云“和”者，何也？

答曰：前“中庸”，乃言天然性德之中体，而用发于民生日用之间者，故谓之庸，此乃专以性德而言，不假作为，乃天道也。今言“中和”者，乃圣人尊性德，而由学问功夫，做到复性之极处，已得其体；今从体起用，应运出世，所谓继天之命，立人之极，而为君为师，故为生民立天下之大本，行天下之大道，所谓融贯天人之际，故谓之和，乃人道也。故终篇所释者，盖发挥天人合德之义，唯此而已。

然喜怒哀乐者，凡民之恒情，圣人亦有之，所谓庸也。且情出于性，而凡民但知有喜怒哀乐之情，而不知有不属喜怒哀乐之性。以不知性，故日用率情，各随所偏而不中。至于因物所感，其情发于外者，皆与物竞，相刃相靡而不和。故于事亲事君，皆出于情而不尊性。情者，末也，岂能立天下之大本乎？与物竞者，意、必、固、我而不化，则舟中之人皆敌国，硅步难移，岂能行天下之达道乎？是以圣人之情出于不情，故情之所发而性愈彰。以性寓情，故心无系著。心无系著，故无往而非中，故曰“喜怒哀乐之未发谓之中”。以性遇物，故物我忘而好恶绝，好恶绝故是非公，是非公则人心乐，故曰“发而中节谓之和”。如此，则以之事君事亲则忠孝真，故能立天下之大本；以之治国治民，则教化敷而天下服，故能行天下之达道。此圣人之能事，尽性之全功。苟能至此，则可以赞天地之化育，而与天地参。故下文曰：

致中和，天地位焉，万物育焉。

言能至中和，则天地位，万物育，而况天下国家乎！且天地万物，皆吾性之化育。以吾性有喜怒哀乐，故天地有四时风雨之序。有情之不节，故阴阳错而四时谬；由性之流行，故天地位而万物育。此则“宇宙在乎手，万化生乎身”，尽性之全功也。

问曰：所言中庸，随平常而处中者然矣。至若中和，而言中又言和者，何也？

答曰：庸处说中，尚易领会。至若中上说和，而不觉极难体会。若省得“和”字，则知圣人致曲之妙。所言和者，如胶和采、盐和水，即所谓参而不杂，离而不分，以可辨而不可辨，而亦不可见也。又如阳春发育万物，虽纤芥芶芒毫末无不充足；若毫末不充，则彼枯槁而不遂其生矣，故曰冲气以为和。又如人周身血气，乃至毫毛之颠末，无不充足；若不充，则发焦毛脱而不蒙其泽矣。此乃圣人于日用见闻处做工夫，以致尽性之极，已得处中莫二之性，即以己之所得，推而为人，必推全体之中以致于人。虽日用现前，语默动静，折旋俯仰，乃至扬眉瞬目，莫不举全体之性，以精诚而充满之。即在喜怒哀乐处，就举全体充于喜怒哀乐之间，所谓以性和情，如水中盐味，色里胶清，委曲周匝，无一毫之不极致。即孔子所云“吾无隐乎尔”，“吾无不与二三子者”，所谓能致曲也。由能致曲，方能见其有诚。由诚蕴藉于中，而和气郁然发于颜面四肢之间，昭著彰明而不可掩。是由诚而形，形而著，著而明，无往而非性德显见。此所谓德之流行，速于置邮而传命，乃圣人自致中和气象如此，得之于己者已充足无遗，而其遇物应机之际，使人观之，不觉感动其心。人心既一感动，则彼向之所固结者，自不知其日变而月化。正如天地生物，由一阳动而三阳变，六阳足而万物化矣。故曰“唯天下至诚，唯能化”。此所以能致中和，则天地位焉，万物育焉。此一“和”字，乃天地之全功，圣人之全德，岂可轻易放过？

仲尼曰：“君子中庸，小人反中庸。君子之中庸也，君子而时中；小人之中庸也，小人而无忌惮也。”子曰：“中庸其至矣乎！民鲜能久矣。”

此君子即圣人，小人即凡民。言中庸之性德，本无君子小人之分，但能率性而反情者谓之君子，率情而反性者谓之小人。由率性故，君子之于中庸也，以能戒慎恐惧，无往而非性德流行，故无时而不中；由率情故，小人之于中庸也，肆欲横行，无往而非情欲固结，略无一毫忌惮耳，然中庸未尝离之也。故子思因感而叹之曰：中庸之德，其至极矣乎！但能得之即为圣人，失之即为凡民。苟人人能之，人人皆可为尧舜，只是民鲜能之久矣。故向下结云唯圣者能之。止此通为一章。

子曰："道之不行也，我知之矣，知者过之，愚者不及也。道之不明也，我知之矣，贤者过之，不肖者不及也。人莫不饮食也，鲜能知味也。"子曰："道其不行矣夫！"

此释上文"鲜能"之意也。谓中庸之道昭然，如日月之照明于天地，最为显见，发于民生日用见闻知觉、食息起居之间，至近而易知易行，因何此道之不行耶？故孔子因而叹之曰，道之不行也，我知之矣。只是知者知之过，以离日用寻常见闻知觉之外，将谓别有奇特处，故索隐而深求；而愚者盲然无识，日用而不知，此其所以道之不得昭明于天下也。然既性道之不昭明，故虽有贤者志欲行之，惜乎不得时中之道，而行或过之，此所以夷、齐、下惠、许由、务光之俦，虽愿中庸而行，不得圣之时；桀、纣、幽、厉、盗跖之徒，反性率情，肆欲狂为，无所忌惮，故虽具中庸而行不及性之善，此所以道之不明也。且夫知、愚、贤、不肖，人虽不同，而中庸之性一也，而于日用平常之间，未尝一息之间断，但不能深体而精察之。如人谁不饮食，但知味者鲜，故有太过、不及之差。是以虽知而不得为知，虽贤而亦不得为贤，此所以道其不行矣夫！

子曰："舜其大知也欤！舜好问而好察迩言，隐恶而扬善，执其两端，用其中于民，其斯以为舜乎！"子曰："人皆曰予知，驱而纳诸罟擭陷阱之中，而莫之知辟也。人皆曰予知，择乎中庸而不能期月守也。"子曰："回之为人也，择乎中庸，得一善，则拳拳服膺而弗失之矣。"子曰："天下国家可均也，爵禄可辞也，白刃可蹈也，中庸不可能也。"

此言中庸难能，虽贤知不无知行之过，意谓必若大舜之知、颜子之仁，方无知行之过也。然大舜生知者也，故云大知，而行则安行矣，尚好问，好察迩言，隐恶而扬善，执其两端，用其中于民，况其他乎？此深见其中庸难能也。何则？舜既生知，则宜无所不知矣，然犹“好问而好察迩言”。迩言，谓世俗浅近之言，即所谓刍荛之言是也。已知而又好问，则无不及知之蔽，且刍荛之言犹有所取，则不自恃其知，而无知之过矣。“隐恶而扬善”者，即所谓象忧亦忧、象喜亦喜之类是也。“执其两端”，如不告而娶之类是也。所以隐恶而扬善，以知人性本善，而恶乃所习之偏，非性之本有者。舜以率性善，故但见善而不见恶，故隐恶而扬善，即以待象之心，以待天下之人，所谓亲亲而仁民，是率性之行，则中庸之道无难行者。如此，则无不及行也，又何有暴戾恣睢之行哉！彼桀纣者，由不知性善，故行不及善耳。天下之事，唯君、亲、夫妇为大伦，此乃率性德之行，仁、义、礼之所在也。其所处之势，盖亦固有进退可否是非之难处者，如尧之所以妻舜，而舜之所当告于亲者是也。然尧，君也，以女妻舜，乃率性之仁也；亲贤以女，乃率性之义也。舜必当告而娶，亦率性当然之礼也。舜若告而瞽叟必不容，不容，则瞽叟违君而薄子矣。违君不仁，薄子不义，是则舜执一礼，而彰瞽叟不仁不义之大过。名虽尽孝，实所以扬亲之大恶，此舜之所以不敢言，而亦不可告者也。然瞽叟不容，舜若但告，不从，而径自娶之，则返堕于不孝之罪，此又不如不告也。若从亲而不娶，则是自陷于违君之不仁，而亦自负人君亲贤之大义，抑又自失臣子敬君之大礼。是则舜若执一礼而告之，则若亲若己俱蹈于大过，是君亲人子之性分两失之矣，此所以当告而不告也。然尧若不以女妻舜，则不足以启天下后世重舜之心；舜若不娶尧之女，必不得禅尧之位，以行其志，以建终古维皇之大业，是则舜执一礼而失终古之大利，是不智也。此舜之所以当其难处之际，而权宜于进退可否轻重之间而折中之，意谓与其宁失之礼，而不失万世之常利；宁忍自负不孝之罪，而不忍扬亲之大恶，此舜之心所以不告而娶也。此乃舜于难行处，执其两端而行之，务要合中而不失其性情之正。维此不但自处其中，实所以用其中于民也，故曰“执其两端，用其中于民”。孔子曰：“汝安则为之。”然舜之安于不告而娶之者，此所谓生知安行者也，非大知何足以与此。

然舜之难行而能行如此，则天下之人、天下之事，未必一一皆如舜之所处也。若天下之人皆以舜之心处天下之事，则所行又何有大过之蔽？此所以夷、齐、下惠不得圣之时者也。然在夷、齐、下惠之知，犹不免倚于一偏，何况天下无知之人，而自矜以为知，率意狂为，无所忌惮，凡所作为举措靡不陷于大奸大恶，而自堕于不忠不孝，纳于法网罪陷之中，而莫知其避忌，如此岂得为智乎？故曰：“人皆曰予知，驱而纳诸罟擭陷阱之中，而莫之知辟也。”其中间有一二生质之美者，能知趋向此道，而又为习染所胜，物欲夺志，即能择乎中庸，而亦不能期月执而守之，如此又岂得为知乎？此其所以中庸难能也。

孔子曰：“善人吾不得而见之矣，得见有恒者斯可矣。”故必若回之为人，是乃好学之有恒心者，故择乎中庸，则拳拳奉持而不失，服膺铭心而不忘，此所谓好学近乎智。盖不得生知安行之大圣，而必若颜子学知利行之大贤，则亦可能于中庸之道也。甚矣！中庸之难能也，非天下之大知大仁大勇，不足以能此。且天下国家之难均也，而有才智者亦可均；爵禄，人所难辞也，而有务洁廉之仁者亦可辞；白刃难蹈也，而有赋血气之勇不惧死亡者亦可蹈。斯皆一曲之知、一己之仁、匹夫之勇，皆去中庸相太远。惟其中庸，非大知大仁大勇者，决不能。故曰彼三皆易可能，唯中庸不可能也。

子路问强。子曰：“南方之强欤？北方之强欤？抑而强欤？宽柔以教，不报无道，南方之强也，君子居之。衽金革，死而不厌，北方之强也，而强者居之。故君子和而不流，强哉矫！中立而不倚，强哉矫！国有道，不变塞焉，强哉矫！国无道，至死不变，强哉矫！”

此因上生知、学知既不可得，此教之以困知强行之事，故引子路问强之意以发之，意在济之以勇而后可入也。然南方之强，非是君子偏居南方，盖言宽柔以教，不报无道，乃南方风气柔弱，而有似于君子，以柔弱胜刚强之意。故言此强之气象，乃君子所宜处，正将阴折子路之刚强耳。至若北方之强，正子路之强，乃血气之强也，殆不足与不当强者也。故下教子路之当强者，曰："故君子和而不流，强哉矫！中立而不倚，强哉矫！国有道，不变塞焉，强哉矫！国无道，至死不变，强哉矫！"此四者乃汝之所当强者也。

"和而不流"、"中立而不倚"者，谓君子真有见于性真，乃和光同尘，混世同波，而不流于俗。至于日用见闻知觉，所遇声色货利交错于前，而澹然无欲，而无一念循于情，心如太虚无所倚者，此所谓允执厥中者是也，故曰"和而不流"，"中立而不倚"，此乃大丈夫之真强也，故云"强哉矫"。"塞"者，困穷而不通也。若夫怀才抱道，隐约于高岩嵁石之下，困厄而不通。即天下有道，乃圣贤行道济世之时，谁不愿进而欣慕之。当此之际，绝无一念求通望达之心，执守而不变其耿介之操，此非真有虚怀高世之量者不能如此。至若一旦迫不得已而应世，或遭时不利，值国无道，虽至死而不变其忠义之节，此非精熟仁义之途者亦不能如此。斯皆赖所持中庸之性德而然也，故教子路当强者如此。苟能此道矣，所谓困而知之，由勉强而行之者也。

子曰："索隐行怪，后世有述焉，吾不为之矣！君子遵道而行，半途而废，吾弗能已矣。君子依乎中庸，遁世不见知而不悔，唯圣者能之。"

此引孔子自述其所能强者如此也。"索隐"者，谓知之过，即老子、关尹之俦所谈，如绝圣弃智、剖斗折衡，至言圣人不死、大盗不止之类，虽见理幽微，而非日用易知之道。"行怪"，谓行之过，如许由、务光、介子推之辈，虽亢世励俗，高飞远举，独荷决绝之行，而非圣贤所以经世易行之法。至其立言行事，而后世不无称述者，但非中庸至正之道。故孔子言曰，彼者于彼能强为，而我能强所不为也。若夫君子，已能尊道而行。"遵"，如"遵海而南"之遵，言依傍也。谓无真知卓立，而或软暖因循，故不能勉强以求造乎其极，半途而废止者多矣。此所谓知行不及也。孔子言曰，彼者不能强其所当进，而我能强所不止耳。孔子意谓我不敢求知行之过，亦不肯自弃而甘为不及知、不及行。我于中庸之道，但知之真、行之力，如此而已矣。若夫君子依乎中庸，遁世不见知而不悔，此独圣者能之，非我所能也。然我自揆其怀，若世不见知，似亦不能无悔也。

问曰：孔子既教子路，谓“国有道不变塞焉，强哉矫”，而何以自言世不见知而似不免有悔者何也？

答曰：彼言“不变塞焉”者，是为救不能择善固执，而徇情适变、随行上下者言之耳，所以进愚不肖者之不及，不使趋于流俗也。此言世不见知而犹悔者，是为不达时中、固执不化者言之耳，所以退其贤者知行之太过，不使陷于索隐行怪也。

问曰：愿闻孔子之悔。

答曰：如曰：“凤鸟不至，河不出图，吾已矣夫！”又曰：“如有用我者，期月而已可也，三年有成。”又曰：“久矣！吾不复梦见周公。”周公何人，所作何事，然于梦想愿见之？此岂遁世不见知而不悔？观其作《春秋》意曰，托之空言，不若见诸行事之深切著明者，可知已。然无此悔，则亦不足为孔子。以有此悔，故曰：用之则行，舍之则藏，是为圣之时者也。学人不知孔子悔处，定不达中庸之道。

从“民鲜能久矣”至此，通明所以能与不能之义。后至“不可掩如此夫”，通言中庸之道极为显见，易知易行，不必索隐行怪之意。

君子之道费而隐，夫妇之愚可以与知焉，及其至也，虽圣人亦有所不知焉；夫妇之不肖可以能行焉，及其至也，虽圣人亦有所不能焉。天地之大也，人犹有所憾。故君子语大，天下莫能载焉；语小，天下莫能破焉。《诗》云：“鸢飞戾天，鱼跃于渊”，言其上下察也。君子之道，造端乎夫妇，及其至也，察乎天地。

从此一段以下，至“父母其顺矣乎”止，通释首章“莫见乎隐”一句，通言道最显明，只在寻常，不必索隐之意也。所言隐者，非是绝然不见不闻谓之隐。盖以至广至大而在至近之间，惟其日用而不见，故谓之隐耳，故曰“君子之道费而隐”。费者，谓极其广大昭明之意。言其最极广大高明之性德，而寓于寻常日用见闻知觉至近之间，无物不有，无时不然，虽蠢动蜎飞，莫不均赋同秉，何况愚夫愚妇而为物之最灵者，岂不可与知与行耶？故曰可以与知与行也。“与”，与“预”同。且愚夫愚妇可以预其知预其行，此其广大包容，费而未尝隐，至近而易见，此其莫见乎隐。孔子所谓“吾无隐乎尔”者，以其细入无间故也。如此，何必索隐而过求之耶？若夫推而求之，极尽广大之体，虽圣人亦有不能知不能行者。何也？以其大而无外，虽神圣之智亦不能尽知，所谓智有所困，神有所不及也。愚谓不独大道之妙，即世之小技，如逢蒙善射，力能中微，至若所以中处，则自不能知，亦不及知，况大道乎！且夫天地之大，至于万物无不包容，犹不能尽慊人心，而人犹有所憾。何况一曲之见，欲以钩索之智而穷大道之量哉！此言不但不必索隐，即索之而亦不能尽知也。此所谓道如天地，无不覆育，而其受气秉命者，亦各尽其质；道如江海，无不容纳，饮者亦各尽其量而已。而大道之量，岂能尽知其极耶？以其费，故语大，天下莫能载焉；以其隐，故语小，天下莫能破焉。故引《诗》而释之曰“鸢飞戾天，鱼跃于渊”，言其上下昭察之如此也。不独鸢、鱼，乃至雷烈风行，云腾雨施，山峙水流，鸦鸣鹊噪，品物流行，万象昭著，何莫而非斯道耶？是故君子之道，造端乎夫妇，及其至也，察乎天地。既云此道造端乎夫妇，是则道之未尝远乎人也。既未尝远人，何必离此日用而远求之？是则远求而近于行怪，乃人自为之耳。故下文示之以知行之方，以明不必远求之意。唯求之在己，尽其在我而已，故后以反求诸其身结之。

子曰：“道不远人。人之为道而远，人不可以为道。《诗》云：‘伐柯伐柯，其则不远。’执柯以伐柯，睨而视之，犹以为远。故君子以人治人，改而止。忠恕违道不远。施诸己而不愿，亦勿施于人。君子之道四，丘未能一焉：所求乎子以事父，未能也；所求乎臣以事君，未能也；所求乎弟以事兄，未能也；所求乎朋友先施之，未能也。庸德之行，庸言之谨，有所不足，不敢不勉，有余不敢尽。言顾行，行顾言，君子胡不慥慥尔。”

此承上文造端乎夫妇，以明道在当人日用，不必远求，因示之以教之之术，与求之之方也。所言道不远人者，谓道本不远于人，但人不肯自信自心，现前日用便是，将谓别有，以为道远而难求，只说此道乃是圣人行的，吾人绝分，故自弃而不为。此不是道远人，乃是人不可以为道耳。“人”字连下句读。譬犹人问：“如何是尧舜？”答：“即汝便是。”其人惊惧疑虑而应曰：“我不敢当。”只这惊疑不敢承当处，便是为道而远，便是人不可以为道。其实不远，故引《诗》而释之曰：“伐柯伐柯，其则不远。”执柯以伐柯，就在手中拿定用的便是。而人不信直下便是，又要别求个样子来做。殊不知才有别求之心，便疑似而不自决，必睥睨侧目而视之，似以为远，其实未尝远也。是故凡人有不率性处，圣人教之之法，只就在当人本分上不率性处，调而治之，但直令其改悔而已。不论过之大小，即此一念悔心之萌，便是真心发现，便是自信自肯处。若人诚能自信自肯，不愁不日近于道。决不可望之太过，亦大可责之太深，故曰“以人治人，改而止”。若望之太过，则彼乘其一念悔过勇猛之心，必发凌率高举之志，而又引其过高迂怪之行；若责之太深，则又激其深求隐僻之知，又致其畏难而不及进，皆不得其中。此皆不善教人之过也。然而所以致彼心不合中者，实由我心不如也。斯则彼此两尽失之矣！此则非徒无益，而又害之。故示之曰：“忠恕违道不远”。盖中心为忠，如心为恕，谓即此忠恕，便去道不远。何也？以彼人虽有习染之过，今已一念知非，而其痛悔之心，必由中正至诚发现，而无自欺之蔽。即此一念不自欺处，便是去道不远。若从此优之柔之，使深求之，日就月将，不怕不到圣贤地位。彼人即有未尽善处，而教之者，就当推以如己之心恕之，切不可一旦以全体圣人责望之。若责之以太难，则彼反不愿进而自画矣。何耶？且如人若责我以太难，我必不愿。岂可以己不愿之事，而又施之于人耶？若以己不愿之事而施之于人，是我之尽己之心不恕，则彼岂肯尽自心之忠耶？故曰：施诸己而不愿，亦勿施于人。故孔子示之以恕之之方，曰“君子之道四，丘未能一焉”。且子事父，臣事君，弟事兄，朋友先施之，此皆日用当行之事。若求其尽善尽美处，所谓及其至也，圣人有所不能。岂可一旦以全体圣人之事，而顿责于恒民乎？此所谓自尽当忠，教人当恕，故示之以优柔之方，曰："庸德之行，庸言之谨。"庸，平常也。庸德者，谓平常之小德也。庸言者，即寻常口头世俗俚语，犹所谓迩言也。德者，性之符也。庸德虽细，是必发于性真。苟能自肯行之，日积月累，则必至于大德。言者，心之候也。迩言虽小，是必出于情伪，苟不能自察谨之，日浸月盛，则必至于大害，所谓水滴虽微，渐盈大器者也。今夫人者，能矜细行，则性真日笃；能谨迩言，则情伪日远。性真日笃，则德有所不足者，自不敢不勉；情伪日远，则言虽有余，自亦不敢漫尽。真笃则大全可至，伪远则至诚可极。此所谓行远自迩，升高自卑。斯实言行相顾，则自强不息者矣。君子进德之如此，又何不慥慥而笃实辉光者乎？即此功夫，便是超凡入圣之真履实践处，又何必远求索隐而行怪乎？由是观之，君子之学，只可素位而行。故教之者不可过责，而求之者亦不可愿乎其外也。故下文发其素位之事，而以反求诸其身结之。

君子素其位而行，不愿乎其外。素富贵，行乎富贵；素贫贱，行乎贫贱；素夷狄，行乎夷狄；素患难，行乎患难。君子无入而不自得焉。在上位，不陵下；在下位，不援上。正己而不求于人，则无怨。上不怨天，下不尤人。故君子居易以俟命，小人行险以侥幸。子曰："射有似乎君子，失诸正鹄，反求诸其身。"

此一节申上文道不远人之意，而诫学者不可矫强外求也。以其道在心而备在我，就当在我平素所处之地位率性而行，不可妄有一念外慕别求之心。才有别求之心，便不是中庸道理矣。且如何素位而行耶？且如我处在富贵之地，即此富贵上就好做工夫。然常人若处富贵，便欣然得意，骄倨自尊，恣欲纵情，放逸无度，以极口体耳目之欲。若在我有道者处之，澹然无欲，不以一毫动其心，即孔子视之如浮云。此则不以欲伤性，便是处富贵不失中和的道理。而云"行乎富贵"者，谓我之中和性德，就全体行于富贵之中，不是任富贵而行也。此所谓尧舜有天下而不与，又何外慕之有？若夫许由、务光之流，虽有眇富贵、轻天下之志，而以高亢骇俗，是将以富贵之外，别有妙道可求，故舍此而别求，便是愿乎其外也。此但可行之于一己，不可以通天下之志，不可以适众人之情，然非天下之达道，故去中庸之道远矣。此所谓人之为道而远耳。然而有道之人，处富贵既如此，至若处贫贱亦如此，不以贫贱累其心，所谓贫而乐，即颜子箪瓢陋巷不改其乐。然所处正是性德中和之乐，自足于己，此所以行乎贫贱之中也。不独富贵贫贱，至于涉身于夷狄，就以我之性德行于夷狄之中，使彼夷狄侵侵然不觉而自化。以彼夷狄形俗虽异，而性德均也。性德既均，忘形观性，适然自得，又何舍此而别求耶？不独处夷狄，即处患难亦然。且患难，有形之招也。若忘形适志，任道怡神，虽苦其形，而心地泰然自乐，了无忧患之相，殊非舍此患难之外而别有乐地，亦非离此患难之后而别有可求也。孔子厄于陈蔡，围于匡人，弦歌自乐，便是圣人处患难行乎患难的气象。如此，则无入而不自得矣！小而患难，大而生死，莫不皆然，所谓逆顺之境，即生死关也。然在此逆顺关头行得去，至到生死关头自然打得破，孔子所谓朝闻道夕死可矣。且此不言生死者，正是子思引而不发处。学者当要如此着眼，学问方得力，始可言无入而不自得焉。

苟素富贵而行，则不以名位为尊荣，了无骄倨之心，则自然不傲慢陵虐在下之人矣。苟素贫贱而行，则必以适志为乐，了无忧戚之态，则自然不援觊觎在上之人矣。此所谓正己而不外求于人也，又何怨之有，故无怨。孔子曰“贫而无怨难”，则此“怨”字，特为处贫贱者而言。然贫贱而安命，故不怨天；不求于人，故不尤人。是故君子虽处贫贱，但居其平易坦荡以俟乎天命。若夫小人者，则不能居易安命，必行险妄作，而起徼幸之心矣。唯君子隐居求志，倘时命不至，但力致其道。故如孔子之言曰：“射有似乎君子，失诸正鹄，反求诸其身。”此所谓不愿乎其外也。

君子之道，譬如行远必自迩，譬如登高必自卑。《诗》曰：“妻子好合，如鼓瑟琴。兄弟既翕，和乐且耽。宜尔室家，乐尔妻孥。”子曰：“父母其顺矣乎！”

此言求己之效，以明道不远人，以结前造端乎夫妇之意也。以中庸之道至大，虽察天地、育万物，然其至细，则不离人伦日用之间。而夫妇又人伦中之最亲密而难感化者，故君子之学，必自反求诸身，苟反求既诚，则必感于夫妇之间。然夫妇难感难化者既能感能化，则无往而不化矣，所谓“刑于寡妻，至于兄弟，以御于家邦”，此所谓行远自迩，登高自卑也。故引《诗》而释之曰：“妻子好合，如鼓瑟琴。兄弟既翕，和乐且耽。宜尔室家，乐尔妻孥。”此自然之势耳。如此，父母其顺矣乎！苟能和于妻子兄弟而顺于父母，则家齐可知。自此而推，则治国平天下又何难之有？极而尽之，则参天地、赞化育，亦皆自此反求至诚中发挥。此实行远自迩、登高自卑之实效也。

自君子之道费而隐至此，通明知之之方、行之之效，以释莫见乎隐一句，通为一章。

子曰：“鬼神之为德，其盛矣乎！视之而弗见，听之而弗闻，体物而不可遗。使天下之人斋明盛服，以承祭祀。洋洋乎！如在其上，如在其左右。《诗》曰：‘神之格思，不可度思！矧可射思！’夫微之显、诚之不可掩如此夫！”

此言圣学之成功，以至微妙而不可测，以释首章“莫显乎微”一句之义也。以性德至微而最显明昭著，难以言语形容者，故以鬼神之德譬之耳。谓鬼神之德至盛至大，其实至微至密，而幽潜于不可睹不可闻之间。及其有求而以诚心体之会之，且又不是绝然无物，而感应之交，至神至速，毫无差爽。此即所谓“寂然不动，感而遂通天下之故”者也。故能使天下之人，斋明盛服，以承祭祀。及临祭之时，在我求之者至诚既极，则彼之精灵英发之气，洋洋乎充满心目之间，即如在其上，如在其左右而应之，显见昭著之如此也。故引《诗》而释之曰：“神之格思，不可度思！矧可射思！”谓鬼神之昭格灵通，不可测度之如此，又岂可厌怠而有一毫之不敬耶？苟知鬼神之德如此，则知性德至微至显，唯在至诚而不可掩者如此也。故以“夫微之显、诚之不可掩如此夫”结之。此一句，以起为结之文势也。噫！吾人苟能反求自己本然之性德，极尽至诚以求之，而感应之徵，又不啻鬼神之速也，故后文云“故至诚如神”。孔子曰，“一日克己复礼，天下归仁”，正谓此耳。

从“舜其大知也欤”起，至此，通言入道之要，必以知、仁、勇三者为先，而又不可索隐行怪，亦不必远求，但当于日用寻常身体而力行之，以求至乎其极。至此，则知行尽性工夫极矣！此前言圣人诚己之功已尽，所谓天爵也。孟子曰：“修天爵则人爵至”，此自然之理也。故后文举舜其大孝，以释首章“立天下之大本”一句；举文武周公，以释“行天下之达道”一句。通明致中和，则自然齐家、治国、平天下之极致，位天地、育万物之全功，以明由天爵以致人爵之意也。

子曰：“舜其大孝也欤！德为圣人，尊为天子，富有四海之内，宗庙飨之，子孙保之。故大德必得其位，必得其禄，必得其名，必得其寿。故天之生物，必因其材而笃焉，故栽者培之，倾者覆之。《诗》曰：‘嘉乐君子，宪宪令德，宜民宜人，受禄于天。保佑命之，自天申之。’故大德者必受命。”

此释首章“中也者天下之大本”一句意，故举舜为立天下大本之人也。然中者性德之全体也，故散之而为万物，施之而为百行。以天地乃万物之大本，孝乃百行之大本，以舜乃尽性之圣人，故所行乃尽性之大孝，故曰“舜其大孝也欤”。以性德既全，则为全体之圣人，故曰“德为圣人”。内德既圣，则天下归之，故“尊为天子，富有四海”宜矣。四海既化，则泽流无穷，故宗庙飨之，子孙保之，此皆大德所致也。故有大德者，必得其位，必得其禄，必得其名，必得其寿。即今称舜如在目前，此所谓死而不亡者，寿非止百二十岁而已，然皆从大本大德中建立将来，自然之理也。若夫桀纣，暴戾恣睢，背性失德，身败名灭，国破祀绝，又何有于此哉！此亦自然之理也。故天之生物，必因其材而笃焉。且为善者报之以福，为不善者报之以祸。故其自栽者，天因而培植之，舜之谓也。自倾者，天因而覆败之，桀纣之谓也。子思言及至此，乃引《诗》而感叹之曰，嘉哉乐哉之君子，有此显显之美德，宜当有其民人而为天子，受禄于天也。斯实自能保佑性命之全德已彰，但自天申之重之而已。此乃自致多福，盖非天有私于其人也，所谓天道无亲，常与善人。斯正修天爵则人爵自至。故有大德者，天必命之而为天子，故结之曰，有大德者必受命。是则不独舜而已矣，其禹、汤、文、武，无不皆从大德中来。至若汉之高祖，唐之太宗，宋之太祖，及我圣祖，受命创业之君，岂偶然哉！若夫三代失国之君，及汉之桓、灵，唐之僖、昭，宋之恭、端，皆倾覆之君，于此大可鉴矣。故君人者，天下之大本可不立欤？

此上一节为一章。

子曰："无忧者其为文王乎？以王季为父，以武王为子。父作之，子述之。武王缵太王、王季、文王之绪，壹戎衣而有天下，身不失天下之显名，尊为天子，富有四海之内，宗庙飨之，子孙保之。武王末受命，周公成文武之德，追王太王、王季，上祀先公以天子之礼。斯礼也，达乎诸侯大夫及士庶人。父为大夫，子为士，葬以大夫，祭以士；父为士，子为大夫，葬以士，祭以大夫。期之丧达乎大夫，三年之丧达乎天子，父母之丧无贵贱，一也。"子曰："武王、周公，其达孝矣乎！"

此释首章"和也者天下之达道"一句之意，故历举武王、周公为行天下达道之人也。然孝为天下之大本，能行其孝，则为天下之达道。意谓大舜虽为尽性之大孝，但能立大本而已，亦未能达天下之孝道，以其上则父顽母嚚，其下则子孙不能继志述事，故其建立皆从多少忧患中来。然忧与和相反，故但能立大本而已。若夫文王，可谓无忧矣。以其文王，上以王季为父，则父亦圣也；下以武王为子，则子亦圣也。其父作之于前，而子述之于后，又何忧之有？此其福德之纯全有过于舜者远矣！至于武王，则又继志述事之大圣，故能上缵继太王、王季、文王之统绪，克振家声，壹着戎衣而便有天下，又可谓福德之全者也。且伐纣之事，乃臣弑其君，似蹈篡逆之罪，宜失天下之显名也。以其先世积德之厚，而文王三分天下已有其二，故天下人心归周久矣。且伐纣又非武王偶然一己之心，乃顺天顺民以承文王之先志，故事非己为，功非己有，是故虽有放弑之迹，而无篡逆之罪，故身不失天下之显名，而得尊为天子，富有四海之内，宗庙飨之，子孙保之。是则文王虽为大圣，有志未伸，非武王不足以继其志也。惜乎武王受命之晚，但能继父之志，而犹未及光扬祖考，以成祭祀之礼，于德尚有所阙。然至于周公，则大成全文武之德。以能制礼作乐，追尊太王、王季以王者之号，而又上祀先公后稷以天子之礼。此则不但继志述事而已，实所以达其文武孝道之心也。然其葬祭之礼，又不独以达文武孝道之心，实所以达天下后世。上至天子王侯，下及士庶，于其父母，无论贵贱，而孝道之心皆同一体而行之。此岂非天下之达孝乎？故引孔子之言以结之曰："武王、周公其达孝矣乎！"此赞之至而叹之深也。

夫孝者，善继人之志，善述人之事者也。春秋修其祖庙，陈其宗器，设其裳衣，荐其时食。宗庙之礼，所以序昭穆也；序爵，所以辨贵贱也；序事，所以辨贤也；旅酬下为上，所以逮贱也；燕毛，所以序齿也。践其位，行其礼，奏其乐，敬其所尊，爱其所亲，事死如事生，事亡如事存，孝之至也。郊社之礼，所以事上帝也；宗庙之礼，所以祀乎其先也。明乎郊社之礼、禘尝之义，治国其如示诸掌乎！

此释上武王周公所以为达孝之意也。夫言孝者无他，只在善继先人之志，善述先人之事者也。盖祭天祀祖之礼，乃所表扬至诚孝道之心。以文王有志，而未及制作礼乐以彰显之，所谓有德无位，亦不敢作礼乐焉。至于武王身为天子，是有德有位矣，若无周公赞佐之，虽作亦不能万全。况武王受命之晚，刚七年而崩，纵作而时亦不逮，所赖周公以大成之，所谓周公能成文武之德者此也。故其二圣，可谓善于继志述事者也。然其所制之礼，于春秋之时，必欲修饰以新其祖宗之庙貌，必陈列先世所传之宗器，必施设先人所著之裳衣，必荐进时新之果食。此所谓事死如生，事亡如存，乃万世通行之定制，不易之规也。若夫太庙之礼，其在祖宗之次，必以昭穆序其先后，而子孙之生者，亦如所列而不失其伦。此通礼也。至若有公侯卿大夫之爵者，又以朝廷之礼为次，所以辨别贵贱而不失其等。其宗祝职掌各有所司，而不失其事。若夫众人献酬导饮之礼，凡在下之事上而尽敬者，又各举觯于其尊长之前。虽至贱者居常不能致其敬，今于宗庙之礼，亦各得以伸其孝敬之心。设此旅酬之礼，所以逮及贱者，不遗一人也。其于祭毕而燕，则无论贵贱，又以毛发以别长幼为坐次，所以序其年齿之数，而不失少长之序。如此条然不紊，雍容揖逊，各践其当立之位，行其当行之礼，奏其合节之乐，使各敬其所尊，各爱其所亲。此则事死者如事生，事亡者如事存，以各达其孝敬之心，岂非孝之至耶？斯皆发而中节，非天下之至和，又何以与此哉！

然其孝道诚敬之心尽发于此，无有丝毫忽慢怠惰之容，所以为天下之达道而继志述事之大者，无过于此也。能行此达道，即所以立天下之大本矣。然事先事天，其诚一也。但郊社之礼虽异于祀先，然所以事上帝之诚，即祀先之诚也。宗庙之礼虽别于郊社，然所以祀先之诚，即事帝之诚也。其礼虽不同，其至诚无二。故治天下者，苟能明乎郊社之礼，即禘尝之义。推此不二之心，以治天下国家，又何难之有！故治国其如示诸掌乎！视诸掌，言其易见而明白易行之极也。此正所谓意诚而身修，则家齐国治而天下平。故下章举文武之政以修身为本，而末后以诚身明善以结之。

哀公问政。子曰："文武之政，布在方策。其人存则其政举，其人亡则其政息。人道敏政，地道敏树。夫政也者，蒲卢也。故为政在人，取人以身，修身以道，修道以仁。仁者人也，亲亲为大；义者宜也，尊贤为大。亲亲之杀，尊贤之等，礼所生也。故君子不可以不修身；思修身，不可以不事亲；思事亲，不可以不知人；思知人，不可以不知天。天下之达道五，所以行之者三，曰君臣也，父子也，夫妇也，昆弟也，朋友之交也，五者天下之达道也；知、仁、勇三者，天下之达德也，所以行之者一也。"

此承上治国其如示诸掌之言，以明治天下国家极为不难，只在君人者尽己之诚而已。故引哀公问政，孔子对哀公之意以发之曰，为政之道固不难也。且夫文武周公之政，所以能行达道之方，修己治人之术，布在方策之间，班班可考，唯在后世君臣能举而行之耳。苟有其人则自有其政，无其人则无其政矣。故曰“人存政举，人亡政息”，此自然之势也。且民心之灵，易于感化之速，如地之速于生树也。然地虽能生树，而树尚有难生者，如松柏是已，至若蒲苇则极易生者。故人心之良，感于善政，而政之易立，犹地之易生于蒲卢也，只在行之者能竭尽其诚耳，故曰“为政在人”。且夫君为元首，固为万善之长，然亦不能独化，须得贤良股肱以辅佐之。若夫取贤之道，又在人君能自修其身。若自修惟真，则知人自明，所谓以身观身，故曰“取人以身”。是则治国平天下，端在修身为本也。然身者性之表也，性者身之质也。性为一身之主，而发于见闻知觉之际，行于君臣父子夫妇昆弟朋友之间，日用当行之事，各尽其诚，则为仁义礼智之实，此所谓率性之道也。若徒知修身，而不知率性，则身亦不能修矣，故曰“修身以道”，谓修身必以率性之道为本也。然虽修身，若不达同体之仁，则于君臣父子夫妇昆弟朋友之间，必有彼此之分；才有彼此，则物我对待；才有对待，则厚薄遂生；厚薄生而情伪出，情伪既出，则纵有孝弟忠信，而皆不出于至诚矣。一有不诚，则性德不纯，非真修也，故曰“修道以仁”。仁者，性德之全体也。由具此同然之体，方名为人，故曰“仁者人也”。然有生之物，皆同此性，而父母昆弟不但性同，而体亦同，又为同体之同体者也。夫欲推同体之仁，必以孝弟为本，所谓孝弟为仁之本也，故曰“亲亲为大”。苟能亲亲，则是率性之仁矣。

然事之宜当为者谓之义，且天下之事当为者众，而以尊贤为第一。何则？夫君者人之主也，贤者国之本也。苟得其贤，则国自治，事自理，而民自安。况贤者乃复性之人也，尊贤实所以尊性德也，故曰“义者宜也，尊贤为大”。苟能尊贤，则是率性之义矣。然仁义固吾性德之流行也，苟不中节则散漫而无统。所谓礼者，非性外别有，即节斯仁义，使无太过不及之差耳。故仁虽以亲亲为大，而不无其杀，杀乃降杀，谓丧服哭泣之辨也。义虽以尊贤为大，而不无其等，等即差等，谓爵禄赏罚之分也。亲亲有杀，则养生送死不失其正，所谓发于哀乐而中节者也。尊贤有等，则进退黜陟而不昧其功，所谓发于喜怒而中节者也。然喜怒哀乐，性之符也，苟发而中节，则谓之和。和者性之德，而礼之本也，特于亲亲尊贤而见之，故曰："亲亲之杀，尊贤之等，礼所生也。"于斯二者苟中其节，可谓率性之礼矣。

且仁、义、礼三者，本具一性，而修之一身。身修则性自复，故君子不可以不修身也。且修身之效，又于事亲之实见之，故思修身，不可以不事亲。性者身之主也，故思事亲，不可以不知人。然知人非知他人，盖知我所以得为人者，以其禀赋性德全体之仁，赖吾父母遗体以托之，方名为人。苟知吾人之重，则知亲恩之重。苟知亲恩之重，则事亲之道，不容不尽其诚矣，故曰"思事亲，不可以不知人"。且吾人之性，虽托于遗体，而假于形骸，其实有出于形骸之外者存焉，所谓天然之妙性也。苟不知天然之性，而莽荡求之，虽贤智愚不肖，皆不免太过不及之差。故贤智虽知保身重命，或养之太过，至于高飞远举而流于索隐行怪；愚不肖者徒知养身活命，多不及养重，而耽湎物欲，至于戕生伤性而陷于肆无忌惮。此皆不达中庸之道，是徒知人而不知天，不知天亦不知人矣，故曰"思知人，不可以不知天"。是则能知天然之性，而不失性德之中者，可谓率性之智矣。故天下有达道五，而所以行之者三，谓仁义礼智。自吾一性而推之，行于君臣、父子、夫妇、昆弟、朋友之间，发为孝弟忠信中和之节。故此五者，乃通天地，彻古今，人所共行，故为天下之达道。然此达道虽吾性分之固有，然非真知明见之智，深体力行之仁，决定果敢之勇，又不足以达之。故智、仁、勇，又为达此五者之德也，故云"达德"。此"达"字乃下学而上达之达，非通达之达也。然能此三者，不论贵贱智愚，皆可以致之，故为天下之达德。然行达德，非至诚之极，又不足以行之，故所以行此三者，又在于一也。一者性之体也，性真无妄，故谓之诚。此所谓"吾道一以贯之"者，此耳。

此诚即率性之信也，率性之信名为至诚。诚能动物，故感天地，动鬼神，而通乎上下贵贱之间，非独信于朋友，乃所以信自性之真也。苟信自性之真，则无不可为之事，无不可化之人矣！故孔子曰："自古皆有死，民无信不立。"此所以诚信为治国平天下成己成物之大本也。故下文痛释此一诚字，反复申明前二章之意。意谓必欲行天下之达道，要先立天下之大本。大本既立，达道自行，则参天地，赞化育，故不难矣。其于治天下国家，又何难之有？故成己成物之工夫，皆从此一诚字做将去。故下文知行之次，乃成己也；为天下国家有九经，乃成物也；极而言之，以至可以与天地参，皆发明此一诚字而已。盖从“舜其大孝”以来至此，以明首章中和为天下大本达道之意已竟。此一“诚”字，乃发明首章致中和之“致”字也。然所以行之者，即致之之意。故下言知行，即致之之次也。

或生而知之，或学而知之，或困而知之，及其知之一也。或安而行之，或利而行之，或勉强而行之，及其成功一也。子曰：“好学近乎知，力行近乎仁，知耻近乎勇。知斯三者，则知所以修身；知所以修身，则知所以治人；知所以治人，则知所以治天下国家矣。”

首言大本、达道，通释首章“中”、“和”二字已竟。此言“知”、“行”二字，乃至“虽柔必强”止，通释“致”字之意也。盖中者性之体也，和者性之用也。德者体用两全，表里无二，故谓之德。真实无妄，故谓之一。一者，精一无二也。然致者，导达之意，如以我之情而导达于彼，使相合无间，故谓之致意。今以有作之功，而达无为中和实际之境，吻合无二，故云致中和也。然此性真中和之德，圣凡同禀，智愚不二，第愚不肖者日用而不知，由不知故不能行耳。故前言立天下之大本，行天下之达道，皆从知此性德中和中来。今此“知”字，即致之之意，所谓知之一字，众妙之门也。且此天然性德，本自灵明，真知独立，不假修为，此生知也。人有禀此生知者，则无思无虑，自然而致，故安然而行之矣，尧舜是也，故曰尧舜性之也。既迷此真知，而必藉师友开导，加以工夫问学之力，以复其性，此学知也，故曰汤武反之也。周、孔亦然，故孔子曰：“我非生而知之者，好古敏以求之者也。”学之在己，至若行之，则择其可否而行，是则用力而致之，利行是也。利者，力也，故下云力行。若夫求通而未达，欲罢而不能，加之内以疾病忧患婴其心，外以困横穷厄摇其虑，尔乃造次而弗离，颠沛而勿失，必欲大通而后已，此困知也。困知则由迁善改过而致之，勉强而行之，故下言知耻。“或”者不定之辞，盖言性德虽一，而人根器不同，故有上、中、下三等之别，因有生知、学、困之差，而行亦有安、利、勉强之异。其实所以究竟归于一致。“及”者，至也，谓至其极处，归性而已，故曰及其知之一，而及其成功亦一也。故引孔子之言以实之曰：“好学近乎知，力行近乎仁，知耻近乎勇。”以生知安行者，固不可得而见矣，故于知中，但举学知，而困在其中矣；于行则举利与勉强。故学知者，必须用力造修，日有迁善改过之功，故力乃利行，知耻则勉行耳。“近”者，亲近随顺导达之意。且知、仁、勇三者性之德也，以知无不彻，故谓之知；物无不容，故谓之仁；一私不留，故谓之勇。吾人既非生知，必待学而后成，故好学足以达乎智，力行足以达乎仁，知耻足以达乎勇。此三者乃致性德之方也，故吾人即不能知性德之全，苟能知此三者，则知所以修身矣。修身成己也。且以身观身，既自知所以修身，即以自修之方而治人，则知所以治人矣。此成物也。治一人如此，人人皆然，即此而推，则可以治天下国家矣。要之，皆出于至诚也。故前之明乎郊社禘尝之义，则治国如示诸掌，岂虚言哉！

予尝读《僧鉴》，见元世祖有言：“朕以广大不二真心以治天下”。苟能以广大不二真心治天下，则彝狄足可以王中国，况中国之圣人乎！故知诚者万善之本也，故云：“凡为天下国家有九经，所以行之者一也”，以结之。

凡为天下国家有九经，曰：修身也，尊贤也，亲亲也，敬大臣也，体群臣也，子庶民也，来百工也，柔远人也，怀诸侯也。修身则道立，尊贤则不惑，亲亲则诸父昆弟不怨，敬大臣则不眩，体群臣则士之报礼重，子庶民则百姓劝，来百工则财用足，柔远人则四方归之，怀诸侯则天下畏之。斋明盛服，非礼不动，所以修身也；去谗远色，贱货而贵德，所以劝贤也；尊其位，重其禄，同其好恶，所以劝亲亲也；官盛任使，所以劝大臣也；忠信重禄，所以劝士也；时使薄敛，所以劝百姓也；日省月试，饩廪称事，

所以劝百工也；送往迎来，嘉善而矜不能，所以柔远人也；继绝世，举废国，治乱持危，朝聘以时，厚往而薄来，所以怀诸侯也。凡为天下国家有九经，所以行之者一也。

此言治天下国家，皆以至诚为本，所以反复申明前章治国如示诸掌之意也。“经”者，常也，谓此九事，乃终古不易之常法。先列九经之目，而以修身为本者，盖身者天下国家之本也。故前云“为政在人，取人以身”，故以修身为九经之首。夫欲修身，必假严师良友切磋砥砺之功，而有修之之实，故次之以尊贤。身修而后家齐，家齐而后国治，故次之以敬大臣、体群臣、子庶民、来百工。国治而后天下平，故次之以柔远人、怀诸侯。此九经之目，由亲及疏，自近及远，故为之次第如此也。人君于此九者，信能身体而力行之，则自致其效。故修身则道成于己，尊贤则理明不惑，亲亲则六亲不怨；敬大臣则耳目专而事不眩，眩，乱也；体群臣则士各输忠，子庶民则民皆感化；来百工则农末相资，财用自足；柔远人则天下之旅，皆愿出其途，故四方来归；怀诸侯，则德博威重，故天下畏服。此自然之效也。

然取九经之效，必有九经之实事，未有无实而致效者。故“斋明盛服，非礼不动”已下，乃九经之实也。斋，犹齐也，谓诸恶齐断，众善齐行；明，洁也，谓斋洁以净其心，盛服以肃其容，非礼而不敢妄动，此则德明而道自立，乃修身之实也。谗，邪佞之臣；色，嬖倖之人也。邪佞去，则忠良自进；嬖倖远，则赏罚自公；贱货贵德，则好恶自正，不为群邪所惑，此乃尊贤之实，而贤自劝矣。尊位重禄，使无贫贱之戚；同其好恶，得夫性情之和，自无怨尤，此乃亲亲之实，而亲自劝矣。此三者乃修身齐家之实事也。大臣不当亲细事，必欲盛其官属，足任使令，以优养其尊严之体，此敬大臣之实，而大臣自劝矣。士以诚而感，故忠信以感其心，厚禄以养其节。苟以身体之，彼必竭忠以报之，此乃体群臣之实，而士自劝矣。然百姓食力以求安饱自足者也，苟时使而不过劳其形，薄敛而足养生之计，令家足而人安，此子庶民之实，而百姓自劝也。百工以事易食者也，苟日省其劳，而月试其技，使食以称事，而不枉其力，此来百工之实，而工自劝矣。此四者乃治国之实事也。远人所以向德也，其来也必委积以迎之，其往也必授节而送之，其善者嘉之，其不能者矜之，此柔远人之实，而远自柔矣。诸侯所以归仁也，苟能使世绝者继之，国废者举之，乱者治之，危者持之，朝聘以时而不数烦其劳，厚往薄来而不虚费其财，此乃怀诸侯之实，而天下自畏之矣。此二者乃平天下之实事也。故凡为天下国家有九经，而所以行之者一诚而已矣。故诚者为修身、齐家、治国、平天下之本也。故下言至诚之实，以申明上文之意。

凡事豫则立，不豫则废。言前定则不跲，事前定则不困，行前定则不疚，道前定则不穷。在下位不获乎上，民不可得而治矣。获乎上有道，不信乎朋友，不获乎上矣。信乎朋友有道，不顺乎亲，不信乎朋友矣。顺乎亲有道，反诸身不诚，不顺乎亲矣。诚身有道，不明乎善，不诚乎身矣。

此言至诚之实，以明上文治天下国家以诚为本之意也。且至诚者，盖操存有素，非临事而苟然者也。且凡事豫有所主则立，不豫则废，况至诚乎？“跲”，蹶不能行也。“定”，犹主宰也。故言者心之声也，若中心素有所主，则言平顺易践，而不跲蹶难行矣；其事若豫有所主，则调达易行，而不困屈矣；行若素有所主，则用舍随时，虽困而心无疚矣；道若素有所主，则夷险一致，出处不易，贫贱自适，而不终穷矣。由是观之，故凡治天下国家者，苟不素敦其诚于己，又何取效于物耶？故在下位者，所以事上而治下也，苟事上不尽其诚以获其心，而在下者又何观感乎？以事上之诚感民，则民易治，故曰“不获乎上，民不可得而治矣”，此治民以事上为主也。友者诚信所主，而彼此相孚不疑也。苟事上不以处友之诚事之，则上亦不见信于我矣。且于友不信，又何以获在上之心乎？故曰“不信乎朋友，不获乎上矣”，此事上以信友为主也。且朋友疏于亲也，以顺亲之心信友，则友无不信之矣。未有不顺其亲而信朋友者，万万无此理也，故曰“不顺乎亲，不信乎朋友矣”，此信友以顺亲为主也。亲者与我同体也，苟以我身之饥渴疾痛之诚，以体父母之心，则顺亲之诚无不尽矣。未有反身不诚而能顺亲者也，故曰“反诸身不诚，不顺乎亲矣”，此顺亲以诚身为主也。性者身之本也，人性本善，但因习染之差，而有智愚贤不肖之别。苟欲诚身，必以明乎性善为主，不明性善，不知所以诚身矣，故曰“不明乎善，不诚乎身矣”，此诚身以明善为主也。由是观之，远而事君治民，近而事亲交友，要之皆以诚身为主。此所谓凡为天下有九经，而以修身为本，而修身又以明善为本。明乎性善，则诚无不尽，事无不理，此所以行之者一也。

嗟乎！人性之迷久矣，苟不操存克复，素有以养之，则于修己治人之术，难乎其尽善矣。故曰凡事豫则立，所以敦其诚也。故下明诚之之说，正发挥“致”字工夫。

诚者天之道也，诚之者人之道也。诚者不勉而中，不思而得，从容中道，圣人也。诚之者，择善而固执之者也。博学之，审问之，慎思之，明辨之，笃行之。有弗学，学之弗能，弗措也；有弗问，问之弗知，弗措也；有弗思，思之弗得，弗措也；有弗辨，辨之弗明，弗措也；有弗行，行之弗笃，弗措也。人一能之，己百之。人十能之，己千之。果能此道矣，虽愚必明，虽柔必强。

此承上明善之意，以明诚之之方，致之之实也。盖人性本来至诚无妄，精一无二，所谓天然之性德，故曰天之道也。奈何昏迷日久，习染日深，苟无克治之功，又何以复其初？故本诚而今不诚，必欲诚之，乃人为之工夫耳，故曰诚之者人之道也。且此天然性德，本自精明，不待勉强而自然中度，不待思虑而自然合宜，所谓生知安行，故从容中道。此生知之圣人也，岂易见耶？故云“圣人吾不得而见之矣，得见有恒者斯可矣”。是则择善乃学知之方，固执乃利勉而行之，所谓有恒者，乃诚之者也。故次学之之方，乃诚之之工夫也。故学知者，学非博无以极其知，故首章以博学。非审问无以穷其理，故次以审问。非慎思无以得其精，故次之慎思。慎，密也。非明辨无以决其疑，故次之以明辨。非笃行无以造其实，故终之以笃行。此学知之功，利行之实也。若夫困知，必由勉强而后致。故学必能而后止，问必知而后止，思必得而后止，辨必明而后止，行必笃而后止。人一能之，则己百倍其功。人十能之，则己千倍其力。果能此道，用力不已，虽愚者可必明，虽至柔者可必强。此其所谓困而知之，勉强而行之者也。此所谓好学近知，力行近仁，知耻近勇，皆下学上达之方，乃致之之实，以至诚为主也。

自“或生而知之”以来，齐此，通释致中和之“致”字，为一章已竟。下文“自诚明”起，至“与天地参”，释“天地位”、“万物育”二句之意，为一章。

自诚明，谓之性；自明诚，谓之教。诚则明矣，明则诚矣。唯天下至诚，为能尽其性；能尽其性，则能尽人之性；能尽人之性，则能尽物之性；能尽物之性，则可以赞天地之化育；可以赞天地之化育，则可以与天地三矣！

此言尽性工夫，由至诚以极于赞化育、参天地之效，以释由致中和以至位天地、育万物之意也。“自诚明谓之性”者，诚谓真实无妄，性之体也；明谓真知朗照，性之用也。即体之用，故曰诚明。自真实无妄之体，而发灵明之照用，体用双彰，浑然无二，故云自诚明谓之性。此天然之性，不假修为，所谓诚者天之道，生知者此也。“自明诚谓之教”者，此明字乃了悟之意。以性体本明，今既迷之而不明，复假师友教导之力，使一旦了悟，豁然贯通而大彻之，以至本然无妄之地，故曰自明诚谓之教，所谓诚之者人之道，学知者此也。然诚明本一，体用无二。苟至于诚，则无不明矣。苟能悟明此体，则无不诚矣。此其所以生知、学知，而及其知之一也。必欲如此，其诚方至，其性方为能尽矣，故曰“唯天下至诚，为能尽其性”。且此性德，人物以之共禀，天地以之共立，有情无情本共一体。既能尽吾之性，则能尽人之性。既能尽人之性，则亦能尽物之性矣。苟能物我无间，则宇宙在乎手，万化生乎身，则自然可以赞天地之化育，可以与天地参。此尽性之全功，圣人之极致，皆至诚而至。此其由能致中和，则天地自然位，万物自然育，可不言而信矣。

上言由至诚而尽性，下明由致曲而至诚。“其次致曲”以下，至“时措之宜”三节为一章。

其次致曲，曲能有诚，诚则形，形则著，著则明，明则动，动则变，变则化。唯天下至诚为能化。

前言尽性由至诚而尽，此言至诚由致曲而至，以总结前“致中和，天地位、万物育”之意也。“曲”，乃曲成万物而不遗之曲，谓委曲周匝之意。譬如阳春发育万物，虽草芥纤悉无不克足。但有一草一叶而不克足者，则不能遂其生，则是于物有所遗弃，而我之诚则有不至矣。由能致曲，方能有诚。由诚积于中，故泛应曲当，现乎四体，故曰诚则形。形，谓形容于外也。始也形容显见，而久则昭著，著久则光明，明极则足以感动于人。然既能感动于人，而人自然随其所感而变化之矣。非天下之至诚，不能以化人，故曰“唯天下至诚为能化”。物无不化，方见至诚之妙。此所以曲能有诚，而参天地、赞化育，皆从致曲中来。故前之能致中和，则天地自然位，万物自然育者，此也。

至诚之道，可以前知。国家将兴，必有祯祥；国家将亡，必有妖孽。见乎蓍龟，动乎四体。祸福将至，善必先知之，不善必先知之。故至诚如神。

此承上言至诚所以能参赞化育者，以其真有灵妙而不可测之实也。《易》曰：“寂然不动，感而遂通天下之故。”所以国家将兴、将亡，必有祯祥、妖孽之兆，先见于蓍龟卜筮之间，动乎四体威仪之表。故祸福善恶将至，而必先知之者，此所以至诚如神而不可测也。

诚者自成也，而道自道也。诚者物之终始，不诚无物。是故君子诚之为贵。诚者非自成己而已也，所以成物也。成己，仁也；成物，知也。性之德也，合外内之道也，故时措之宜也。

此言诚乃性德之全体，故为天地万物之大本，圣人率之可以能行天下之达道，以总结前文一往之意也。所言诚者何也？乃吾人性德之全体也。惟此性德，乃天然具足，本自圆成，真实无妄，备在于我而不假外求者也，故曰“诚者自成也”。此乃天命之性，即所谓天之道也。由圣人能尽此性，率性而行以达天下之情。即其所行，皆扩充性德之大用耳，故曰“而道自道也”。此乃率性之谓道也。以其此性，天地以之建立，万物以之化育，而为天地万物之大本，故曰“诚者物之终始”。且此性德既为天地万物之本，而人又为万物之灵，圣人所以能参天地赞化育者，以其能尽此性，而造至诚之极也。故吾人一有不诚，则不能尽吾之性。吾性既不能尽，而亦不能尽物之性矣。不能尽物之性，则化育绝而生机息，则是无物也，故曰“不诚无物”。物既无物，而人亦不得名为人矣，是与禽兽等也。是故君子既禀此性德，而必欲诚之为贵如此，方能得尽为人之道，此所谓“诚之者人之道也”。且此性德，吾人与物均赋而同禀者也。吾人苟能诚之者，不独能尽人之性，而亦尽物之性矣，故曰“诚者非所以自成己而已也，所以成物也”。且成己则尽吾性之全体，故曰“成己，仁也”；成物则尽吾性之大用，故曰“成物，知也”。总而言之，皆吾性之德，但有体用之分耳，故曰“性之德也，合外内之道也”。是故圣人尽性之德，体用两全，物我兼善，已立天下之本。若扩而充之，以行天下之达道，是所以凡为天下国家有九经，而所以行之者一也。由一以贯之，则无往而不达，泛应而曲当，故为“时措之宜也”。由圣人能尽性德，故化育而不息，泽流而无穷。故下文极言配天地之德，以结指文王以终其意为一章。

故至诚无息，不息则久，久则征，征则悠远，悠远则博厚，博厚则高明。博厚所以载物也，高明所以覆物也，悠久所以成物也。博厚配地，高明配天，悠久无疆。如此者不见而章，不动而变，无为而成。天地之道，可壹言而尽也，其为物不贰，则其生物不测。天地之道，博也，厚也，高也，明也，悠也，久也。今夫天，斯昭昭之多，及其无穷也，日月星辰系焉，万物覆焉。今夫地，一撮土之多，及其广厚，载华岳而不重，振河海而不泄，万物载焉。今夫山，一卷石之多，及其广大，草木生之，禽兽居之，宝藏兴焉。今夫水，一勺之多，及其不测，鼋鼍蛟龙鱼鳖生焉，货财殖焉。《诗》曰：“惟天之命，于穆不已”，盖曰天之所以为天也；“于乎不显，文王之德之纯”，

盖曰文王之所以为文也，纯亦不已。

此承上文而言圣人之德，所以能为天地万物之本，尚足以配天地之意也。由上云不诚则无物而化机息，以是而知至诚则无息也。谓圣人所存之德，既极于至诚，则道体流行，自无一息之间断，所谓纯一不已也。《易》曰，天地之道，恒久而不已也。由不已，故能恒久，故曰“不息则久”。久，恒也。然所积于内者既久而恒，则形于外者自能取信于人矣，故曰“久则徵”。徵，犹信验也。《易》曰：“圣人久于其道，而天下化成”，此之谓也。由徵信者既众，而化之者亦无穷，故曰“徵则悠远”。由悠远则所积之德愈见其广博而深厚，由所积者博厚而所施者愈见其高大而光明。《易》曰：“日月得天而能久照，四时变化而能久成。”观其所恒，而天地万物之情可见矣，故曰：“博厚所以载物也，高明所以覆物也，悠久所以成物也”。是以圣人之德，既博厚则能载物，故足以配地；高明则能覆物，故足以配天；悠久则与造化同流，而自无疆矣。此圣人之全功，由至诚而极，可以配天地之德也。如此者，则自然与日月同其明，故不见而章；与四时合其节，故不动而变；与天地合其德，故无为而成。此圣人之全德，皆由至诚而至也。《易》曰：“易简之善配至德。”故观天地之德，适足以知圣人之德矣。然天地之德至简至易，故曰：“天地之道，可一言而尽也，其为物不二”。以其体至简至易，故其用至广至大，故曰“其生物也不测”。由简易而不妄动，故所积者愈见其博厚；由其用广大，故所施者愈见其高明，故成物之功，愈见悠久而无疆，故曰：“天地之道，博也，厚也，高也，明也，悠也，久也。”观此足以知圣人之德矣。

且圣人之德广大无穷，即其见于日用之常、施于行事之间者，不过一德而已，又岂恒情所能尽知尽见耶？即如天地山川之广大，而人之所见者，不过昭昭之多，但尽极其目力耳。昭昭，犹言苍苍也。庄子曰：“天之苍苍，岂正色耶？其远而无所至极也。”故曰：“及其无穷也，日月星辰系焉，万物覆焉。”此天之量也，岂人之所能尽知尽见耶？今夫地之广厚，而人之见者，不过一撮土之多，但穷其足迹耳。及其广厚也，载华岳而不重，振河海而不泄，万物载焉。此地之量也，又岂人之所能尽见耶？且如今夫天下之山无穷，而人之所见者不过一拳石之多，但尽其历览耳。及其广大，草木生之，禽兽居之，宝藏兴焉，又岂人之所能尽知耶？今夫四海之水无涯，而人之所见者，不过一勺之多，但尽其经涉耳。及其不测，鼋鼍蛟龙鱼鳖生焉，货财殖焉，又岂人之所能尽知也。如此天地山川，皆有形色而可知见者，世人尚不能尽穷其量，何况上天之载，无声无臭，又何可以穷之耶？故引《诗》而释之曰："维天之命，于穆不已。"此言天之所以为天者，如此深远而难测。天地之德既如此，而圣人之德，足以配天地者，又岂可以常情而测量耶？故引《诗》而释之曰："于乎不显，文王之德之纯。"此结文王之所以为文者，其德之纯，亦如天地之德于穆不已也。此是以见圣人之德，而能参天地赞化育者，盖由至诚纯一而至也，故以文王总结上文以实之。

下文"大哉圣人之道"起，至"蚤有誉于天下"止，皆暗说孔子之德，可以继往圣、配天地之意，通为一章。

大哉圣人之道！洋洋乎！发育万物，峻极于天。优优大哉！礼仪三百，威仪三千。待其人然后行，故曰苟不至德，至道不凝焉。故君子尊德性而道问学，致广大而尽精微，极高明而道中庸。温故而知新，敦厚以崇礼。是故居上不骄，为下不倍。国有道其言足以兴，国无道其默足以容。《诗》曰："既明且哲，以保其身"，其此之谓欤！子曰："愚而好自用，贱而好自专，生乎今之世，反古之道。如此者，灾及其身者也。"

上言圣人之德可以配天者，则文王其人也。今"大哉"以下，至"蚤有誉于天下"，盖极言圣人之道广大精微，暗指孔子则其人也。意谓孔子虽有此大德，但不若文王当君人之位以行其道耳。就中涵蓄无穷意思，殊非笔舌可能发挥，唯在观者善得其意可也。且云大哉者，乃惊叹之辞也。以真有见于圣人之道，广大如天地之不可涯量，故曰"洋洋乎发育万物，峻极于天"。然虽于穆而不可测，其实充裕而发现于威仪动静之间、日用寻常之内者，则优优大哉！大无不包，细无不入，故圣人制之于人伦之所当行之事，而大者则有《经礼》之三百，细者则有《曲礼》之三千焉。此皆圣人之能事，吾人所当行，所谓文武之政布在方策者也，第人不能体认而行之耳，故曰“待其人而后行”。《易》曰：“苟非其人，道不虚行。”故曰“苟不至德，至道不凝焉”。谓其道备在于我，但其德不至，工夫未纯，而此道亦涣散而无统。是必以精进工夫，涵养之纯，方能表里如一也。

是故圣人所以为圣人者，必由率性之道而至，故曰“君子尊德性而道问学”。君子，即圣人也。谓圣人之问学，凡有举措，必从率性中来，方是真切工夫，故曰尊德性而道问学。道，言也。若离此性外别求，则为索隐行怪矣。虽曰率性，而性体至大，察乎天地，但能见大而不能入细，则于精微之体有所未尽。然细处不细，而所见其大者亦荒唐而无实矣，故又曰，欲致广大之用，而必欲尽精微之体也。精微之体不尽，则其用皆迂远而不切于事情，则不能曲成万物，而有所遗矣。由精微而广大，故譬如积纤尘而为大地，聚细流而为沧海。此其所积者厚而所载者博，故曰“致广大而尽精微”，此其所以配地也。然其德性高明，所谓远而无所致极也。即其高明之德，而不离于日用之常。此其大中之性德，而寓于庸常之间，所谓中庸是也。然性德之高明，而发于庸常之细事，譬如日月不以毫末而不照，雨露不以草草而不滋也。若离日用而言高明，则高明亦不得为高明矣，故曰极高明而可以言中庸，此其所以配天也。且此性德，乃吾人天命之性，故有者也。但吾人日用而不知，则失其故而不知其新。以圣人能温之绎之，则自知其日新之德无穷矣，故曰’温故而知新”。由日新而不已，则其性益尽，而所养者益厚。敦笃其厚于中，故其于所遇君臣父子兄弟夫妇朋友之间，而其率性之礼，自然优优揖让之容，而有不可知者，即其《经礼》三百、《曲礼》三千而犹有所未达其诚者，岂又有所虚饰哉！故曰“敦厚以崇礼”，此其所以悠久无疆也。

圣人之德如此，故尧舜有天下而不与，厄穷而不悔，自然物我同体，一视同仁，又岂有居上而骄其下，在下而慢其上，以致于君不君、臣不臣、父不父、子不子，而为悖逆乱常之事哉！“倍”与悖同，言其无礼之甚也。圣人其德如此，道备于己，用舍随时，若国有道，其言足以兴；国无道，其默足以容。所谓时行则行，时止则止，是乃得时中之道，而与造化同流，德厚而身全矣。故引《诗》而释之曰：“既明且哲，以保其身”，此圣人全德之谓也。若夫不达时中之道，且无才而好自用，无权而好自专，生乎今之世而不能随时以处顺，必欲反古之道，矫强自行而取杀身之祸者，斯皆愚者贱者之所为。是皆不从率性问学工夫中来，故致颠仆之患，故曰“如此者灾及其身者也”。故下文历叙圣人时中之事以发之。

非天子不议礼，不制度，不考文。今天下车同轨，书同文，行同伦。虽有其位，苟无其德，不敢作礼乐焉；虽有其德，苟无其位，亦不敢作礼乐焉。子曰：“吾说夏礼，杞不足徵也；吾学殷礼，有宋存焉；吾学周礼，今用之，吾从周。”王天下有三重焉，其寡过矣乎！

此承上言圣人所以明哲保身者，以其不自用自专，以明所以得时中之道之意也。意谓圣人德既充，而所以发现于外者，则优优大哉！又具有经礼三百、曲礼三千焉，如此表里洞彻，其德之盛，已能昭著徵验于外。如此，则可以议礼、制度、考文，而为天下万世成法矣。而吾夫子但只素位而行，安命而不敢轻作自用自专者，此正是明哲保身之实也。何也？以议礼、制度、考文，乃天子之事耳，非匹夫之所敢僭为也。况今明明堂堂周之天子在上，而天下一统，其车同轨，而书同文、行同伦也。且纵居天子之位，苟无圣人之德，而亦不敢作礼乐焉，以本身不诚，不能见徵于民，而取信于天下后世故也。若夫子纵有圣人之德，争奈不得其行，虽圣亦不敢作礼乐焉，以其出位妄为，以取僭窃之罪。此乃愚贱之徒自用自专之蔽，乃所以灾及其身者也，又何以称明哲哉！是故孔子于三代之礼，取其适时之用者，但曰吾从周而已。且曰从之者，殆非敢议而制之也。至于《诗》《书》，则删之而已，又非所以考成也。此其所以为明哲保身，而不蹈悖逆之过，所以为时中之圣德也。然圣人有此圣德，而必以无位自安，兢兢慎重之如此，所以不至有悖逆之过。子思言及至此，而叹之曰：今夫王天下者，有能以此三事为重，则虽身临天下，而自不蹈于骄泰之过，虽不足以称时中之德，亦可以为寡过矣乎！惜乎时王未有以此三事为重者，所以难取信于天下后世也。意谓孔子之德，不但取信天下后世，实足以合乎天地鬼神，惜乎不得其位，无行道之具耳。故下文发之。

上焉者虽善无徵，无徵不信，不信民弗从；下焉者虽善不尊，不尊不信，不信民弗从。故君子之道，本诸身，徵诸庶民，考诸三王而不缪，建诸天地而不悖，质诸鬼神而无疑，百世以俟圣人而不惑。质诸鬼神而无疑，知天也；百世以俟圣人而不惑，知人也。是故君子动而世为天下道，行而世为天下法，言而世为天下则。远之则有望，近之则不厌。《诗》云："在彼无恶，在此无射，庶几夙夜，以永终誉。"君子未有不如此而蚤有誉于天下者也。

此承上有位无德、有德无位之意，以极称孔子盛德之至也。谓方今时王在上，虽有其位而不敢作礼乐者，以其本身不诚，身不诚则不能徵信于民，民不信则虽作而亦不从，此其所以不敢作礼乐也。圣人在下，虽有其德而亦不敢作礼乐者，以其分位不尊。未有不尊其人而能信其言者，故曰"不尊不信，不信民弗从"。既不信其言，纵作之而亦不从，此其所以不敢作礼乐也。然圣人虽无其位以行道，而其道备于已，充实于外，而足以徵信于民。民虽不信其言，而圣人之心，足以取信于民矣，故曰"君子之道，本诸身，徵诸庶民"。且圣人之心，不但徵诸庶民而已，即以此心上考正于三王，而与三王合其道，而无一毫之差谬；即以此心建立于天地，而与天地合其德，而无一毫之悖戾；即以此心质证于鬼神，而与鬼神合其吉凶，而无一事之可疑；即以此心推之百世以下，以俟圣人之复起，必信以我为先得此心之同然而不惑者。不惑，必信之词也。此皆圣人实德既充，故自信之真，所以质诸鬼神而无疑者，乃知自性之明，故知天也；百世以俟圣人而不惑者，乃知人同此性，故知人也。且知天人合德，则万化定基，此圣人之全德也。由德之全，是故圣人不动则已，凡有举动而世必为天下之达道，凡有一行而世必为天下之常法，凡有一言则世必为天下之轨则。由圣人之德如此之纯，徵信之真，是远人而未亲炙者，则私淑其德而有望；近人日蒙其化者，则乐从而不厌。所以声名洋溢乎中国，而道德施及于蛮陌。故引《诗》而释之曰："在彼无恶，在此无射，庶几夙夜，以永终誉。"子思言及至此，而叹之曰："君子之学未有不如此而蚤有誉于天下者也"。是则圣人之道，除尧舜文武之外，则吾夫子其人也。故自"大哉圣人之道"以下，皆暗指孔子，以发挥圣人之德，为一章。则下文则明言孔子之德以实之，极赞其德可以配天，然其工夫皆由至诚而至。

向下从"仲尼"起，至"孰能知之"为一章。

仲尼祖述尧舜，宪章文武，上律天时，下袭水土。辟如天地之无不持载，无不覆帱，辟如四时之错行，如日月之代明。万物并育而不相害，道并行而不相悖。小德川流，大德敦化。此天地之所以为大也，唯天下至圣为能。

此乃明言孔子之德大如此，所以实上文之意也。言我仲尼道全而德备者，以远则祖述尧舜之道，近则宪章文武之法；上则法乎天时生物之运，下则承乎水土成物之宜。"袭"，承也。而高厚之德，如地之无不持载，如天之无不覆帱，而赏罚之权，如四时之信。喜怒通乎四时，故曰"错行"。"错"如错综以成其变化之错。如子温而厉，威而不猛，凄然似秋，暖然似春，而其德容之盛，不可以一定窥测者，故曰错行。而鉴物之智无所不照，故"如日月之代明"。代谓相代，言日但能照昼而不照夜，月但能照夜而不能照昼，若夫代明，则无不照矣。且天地之德，不以虎狼不仁而不生，不以蛇虺之毒而不长，故曰"万物并育而不相害"。不相害，言其君子小人、智愚、贤不肖，即鳏寡孤独、颠连无告，皆使各遂其生也。至若九流百氏各行其志，百工技艺各尽其能，故曰"道并行而不相悖"。以曲成万物而不遗，细无不入，故曰"小德川流"。范围天地而不过，大无不容，故曰"大德敦化"。此其德也，集诸圣之大成，合天地之大量，非天下之至圣，又何以能至于此哉！故曰：此天地之所以为大也。唯吾夫子天下之至圣，为能如天地之大也，故下极赞之如此。前云“唯圣者能之”，故以此句为结文。

聪明睿知，足以有临也；宽裕温柔，足以有容也；发强刚毅，足以有执也；斋庄中正，足以有敬也；文理密察，足以有别也。溥博渊泉，而时出之。溥博如天，渊泉如渊。见而民莫不敬，言而民莫不信，行而民莫不悦。是以声名洋溢乎中国，施及蛮貊。舟车所至，人力所通，天之所覆，地之所载，日月所照，霜露所队，凡有血气者，莫不尊亲，故曰配天，唯天下至诚为能。

此极言孔子之德，足以临莅天下，虽不得其位，而亦不失配天之德者，皆由至诚而至也。谓吾夫子聪明睿智，智也，其知周万物如此，足以有临于天下也。宽裕温柔，仁也，其仁育群生如此，足以有容于天下也。发强刚毅，勇也，其勇中立不倚如此，足以有执于天下也。斋庄中正，礼也，其礼望之俨然如此，足以有敬于天下也。文理密察，才也，所以行天下之达道也。其才精义入神，故其于事也，焕乎有文，条然有理，详密而慎，精察而辨。其才如此，足以开物成务，有别于详情也。之斯数者，此夫子才全而德备者也。然而中也扣之空空，而其用之也不竭，故曰“溥博渊泉，而时出之”。溥博，广大空洞而如天；渊泉，渊源有本而如渊，故深远而难思。其德如此，故民见之者而莫不敬，凡有言之者而民莫不信，凡有行之者而民莫不悦。如此，所以声名洋溢乎中国，其德施及于蛮貊。凡吾四海之内，宇宙之间，即舟车所至之地，人力所通之方，上天之所覆，下地之所载，日月之所照，霜露之所坠，凡在血气有知之属，莫不尊之亲之。此其德之至大而无穷，故曰所以配天也。非天下之至诚，又何以致此哉！故曰唯天下至诚，为能如此也。

前之文王之德足以配天者，盖纯亦不已。此言孔子之德所以配天，亦由至诚而至。而此中文法，亦如前云“唯天下至诚为能化”，故以此句为结。

经纶天下之大经，立天下之大本，知天地之化育，夫焉有所倚？肫肫其仁！渊渊其渊！浩浩其天！苟不固聪明圣知达天德者，其孰能知之？

此承上言圣人之德如此广大深远，殊非常情所可知也。谓如上所言圣人所以能经纶天下之大经，立天下之大本，知天地之化育者，皆依至诚而至也。除至诚之外，更有何法而可倚耶？大经，即天下国家有九经。经纶者，条理之谓，如各有其次，各有其实之事也。大本，即性德也。唯天下至诚为能化，故曰知天地之化育。如此皆一诚而已。至诚尽性，合乎中和之全体，无有一物出于此性之外者，夫何又有所倚耶？如此则与天地同根，万物一体。由与万物为一体，故生物之心，其仁则肫肫而不已。由与天地同根，故其体静深，渊渊而无极；其用高明广大，浩浩而无穷。此其至诚如神，真有不可测识之妙。此非常情之所易知，故曰："苟不固聪明圣知达天德者，又孰能知之耶？"所谓唯圣人能知圣人也。

此一往从前"哀公问政"以来，齐此，以明尽性工夫，必若文王方为至，必至孔子而后已。此言孔子所以继往圣，开来学，继天立极，而集诸圣之大成，所以为万世师表者，盖其德之盛，真有不可以言语形容者，皆由至诚工夫而至。且通结前文，以指归孔子也。下文一章，乃总结三十一章，以归首章之意，以申明圣人之德，虽云广大高明之用，其实不离性德隐微之体也。

《诗》曰"衣锦尚絅"，恶其文之著也。故君子之道，暗然而日章；小人之道，的然而日亡。君子之道淡而不厌，简而文，温而理。知远之近，知风之自，知微之显，可与入德矣。《诗》云："潜虽伏矣，亦孔之昭。"故君子内省不疚，无恶于志。君子之所不可及者，其唯人之所不见乎？《诗》云"相在尔室"，尚不愧于屋漏，故君子不动而敬，不言而信。《诗》曰："奏假无言，时靡有争。"是故君子不赏而民劝，不怒而民威于𫓧钺。《诗》曰："不显惟德，百辟其刑之。"是故君子笃恭而天下平。《诗》云："予怀明德，不大声以色。"子曰："声色之于以化民，末也。"《诗》曰"德𬨎如毛"，毛犹有伦；"上天之载，无声无臭"，至矣！

此言圣人之德，虽是高明广大，其实皆从隐微静密工夫中来，以总结前文，以深明首章戒慎恐惧不睹不闻之意也。故引《诗》而释之曰："衣锦尚絅”，谓衣之以锦矣，而复加尚其絅于外者，此言恶其文之昭著也。所以圣人之道，纯以潜密静定工夫成之于已，初未求知于人也。积累既厚，性德贞纯，内德既充，而自然光辉发越于外，所谓由暗然而后日章；以根本博厚，故所施者高明，所以悠久而无疆也。若夫小人背性失真，务饰于外，的然以夸人之耳目，所以良心日丧，天理绝灭，而日沦于亡矣。是故圣人之学，务内不务外，为己不为人。所以于世利纷华，则澹然而无欲，而性德之乐有无穷，自足而不厌者，此尧舜有天下而不与，颜子箪瓢陋巷而乐有余也。故曰“澹而不厌”。以圣人不务饰于外，故若简质，其实性德焕然而发于威仪动静之间，其文郁郁可观，故曰“简而文”。以和气积中，与物无间，浑然无隙，而其所以精详密察，群情毕照，曲成不遗，如阳春一气而物各遂其生成，故曰“温而理”。由其圣人自致工夫潜密隐微敦笃之如此，所以声名洋溢乎中国，施及蛮貊，而有识者莫不尊，闻其道德之风者莫不服。盛德昭著，如日月之丽天，故见者莫不仰。如此者果何修而得耶？是皆近本诸身既诚，则自性真之所流，从隐微之所发也。

后之学者，苟能知圣人播于远者近诸身，风其物者自于性，徵于体而显于用，如此则可许其入德矣！是故吾人修身工夫，全从克已上做将去，切不可自欺其心。故如《诗》之有言曰：“潜虽伏矣，亦孔之昭。”此其性德之精微，喜怒之情未发之先，本无一私之蔽也。及乎喜怒之情初萌，然虽幽潜隐伏而不可见，其实性体已昏，而恶已甚昭著矣。是故一念之私，即为吾性之病，如人目之有眚也，以其所见者不明，于心则有愧怍矣。是故孔子切已之学，须向喜怒哀乐未发之前，念念省察，而不容其妄有所萌。如此戒慎恐惧之切，此所谓内省不疚，而自无愧心之事矣，故曰“无恶于志”。若夫中人之学，每思觉于已然之后。而圣人之学，必戒慎恐惧防之于未发之前。唯圣人独知，而非常人所易及，故曰：“君子之所不可及者，其唯人之所不见乎？”见，犹知也。工夫如此慎密，则积于中者既诚，自能徵信于外矣。故引《诗》而释之曰“相在尔室”，尚不愧于屋漏。屋漏尚不愧，又岂有愧于心乎？此其实德内凝，而感应昭著，所谓尸居而龙见，寂默而雷声，故不动而敬，不言而信。此其修身既诚，而家齐之效应之矣。若于此工夫再加增进，进进不已，至于忘言，故如《诗》之有云：“奏假无言，时靡有争”。争，敌对也。若工夫至此，则感应之徵又亦大矣，故不赏而民劝,不怒而民威于鈇钺,所谓如此则治国其如视诸掌乎！若夫无言，则已至无声矣。如此工夫深密，出于视听之表，则所谓不闻不睹，可谓极矣。如《诗》之有云：“不显惟德，百辟其刑之。”然百辟既已刑之，则于平天下也，又何难之有！此所以君子笃恭而天下平。笃恭，犹言垂拱而天下治也。此圣人之全功，问学之极致，由尊性德而然也。

然吾人性德精真，本来超乎见闻之表，而出乎声色之外。故如《诗》之有云：“予怀明德，不大声以色。”言其不以声色为大者，以其落于见闻之迹也。凡有迹者心未忘，心未忘者诚未至，诚未至则信不孚，信不孚则民不易感，故孔子曰“声色之于以化民末也”，末则非尽性之本矣。然性本不尽则尚有所恃，有所恃则己德不忘。古语所谓兼忘天下易，天下忘己难。己不忘，非德之至也。故如《诗》之有云“德輶如毛”，毛犹有伦，意谓纵使视己之德轻如一毛，且毛非无物，然且有所比也，有比则有己，岂至德哉！所谓下德不失德也。必若泯乎见闻之迹，超乎声色之外，以至于无声无臭，而后方为盛德之至矣。此尽性之全功，圣人之能事，究竟极至于此而后已。吾人有志于尽性者，必如是而后已焉，方为尽己之诚，修身之实也。有志君子，当从事于斯，是亦不负故有矣。学者宜尽心焉。

《大学》纲目决疑[1]

大学纲目决疑题辞

余十九弃笔研，三十入山绝文字，五十被谴，蒙恩放岭外，于今十四年矣。往来持钵五羊，诸子谬推为知言，时时过从问道，余卒无以应，若虚来实往，愧矣！愧矣！间有以禅视者，余则若哑人吃黄檗耳。己酉秋日，偶乞食来，诸子具香，斋于法社，余得捧腹，是诸子果我也。食讫，请益，余但吐粥饭气耳，含羞而别。舟还曹溪，思诸子饱我非一日矣，竟莫酬尝。有以《颜子问仁章》请者，余咿呜而已。即有言不能遍，遍亦不能尽，而求悦可众心者，谈不易也。以诸子之食难消，腹犹果然，舟中睡足，闻侍者读《大学》，聒我疑焉。因取经一章，按纲目，设问答以自决，且引《颜子问仁章》以参会之，如鼓刀然，两半饷而卒业，读之不成句，非文也。谛思自幼读孔子书，求直指心法，独授颜子以真传的诀，余则引而不发，向不知圣人心印，尽揭露于二百五言之间，微矣！微矣！岂无目耶？嗟嗟。余年六十四矣，而今乃知，可谓晚矣。恐其死也，终于泯泯，故急以告诸子。诸子年或过余半、未半者，幸而闻此，可谓蚤矣。如良马见鞭影，一息千里。有若鹅王择乳，岂不以此为粥饭气耶？是特有感于一饭而发，愿诸子持此以饷天下之饿者，非敢言博施也。

己酉中秋前二日，方外德清书于须阳峡之舟中。

---

[1] 收于《憨山老人梦游集》卷二十九（明《嘉兴藏》版）。

大学之道，在明明德，在亲民，在止于至善。

“大学”者，谓此乃没量大人之学也。“道”字，犹方法也。以天下人见的小,都是小人,不得称为大人者,以所学的都是小方法。即如诸子百家，奇谋异数，不过一曲之见，纵学得成，只成得个小人。若肯反求自己本有心性，一旦悟了，当下便是大人。以所学者大，故曰大学。大学方法不多些子，不用多知多见，只是三件事便了。第一要悟得自己心体，故曰“在明明德”。其次要使天下人，个个都悟得与我一般，大家都不是旧时知见，斩新作一番事业，无人无我，共享太平，故曰“在亲民”。其次为己为民，不可草草半途而止，大家都要做到彻底处，方才罢手，故曰“在止于至善”。果能学得这三件事，便是大人。

两个“明”字，要理会得有分晓。且第二个明字，乃光明之明，是指自己心体。第一个明字有两意。若就明德上说自己工夫，便是悟明之明，谓明德是我本有之性，但一向迷而不知，恰是一个迷人，只说自家没了头，驰求不得。一日忽然省了，当下知得本头自在，原不曾失，人人自性本来光明广大自在，不少丝毫，但自己迷了，都向外面他家屋里讨分晓，件件去学他说话，将谓学得的有用。若一旦悟了自己本性光光明明，一些不欠缺。此便是悟明了自己本有之明德，故曰明明德。悟得明德，立地便是圣人。此就工夫为己分上说。若就亲民分上说，第一个明字，乃是昭明之明，乃晓谕之意，又是揭示之义，如揭日月于中天，即是大明之明。二意都要透彻。

问：如何是至善？

答：自古以来，人人知见，只晓得在善恶两条路上走，只管教人改恶迁善。此是旧来知见，有何奇特？殊不知善恶两头，乃是外来的对待之法，与我自性本体了不干涉。所以世人作恶的可改为善，则善人可变而为恶，足见善不足恃也。以善不到至处，虽善不善，故学人站立不住，以不是到家去处，非可止之地。以此看来，皆是旧日知见习气耳。今言至善，乃是悟明自性本来无善无恶之真体。只是一段光明，无内无外，无古无今，无人无我，无是无非，所谓独立而不改。此中一点著不得，荡无纤尘。若以善破恶，恶去善存，此犹隔一层。即此一善字，原是客尘，不是本主，故不是至极可止之地。只须善恶两忘，物我迹绝，无依倚，无明昧，无去来，不动不摇，方为到家时节。到此，在己不见有可明之德，在民不见有可新之民，浑然一体，乃是大人境界，无善可名，乃名至善。知此始谓知止。

知止而后有定，定而后能静，静而后能安，安而后能虑，虑而后能得。

“定”字，乃指自性本体，寂然不动，湛然常定，不待习而后定者。但学人不达本体本来常定，乃去修习强要去定，只管将生平所习知见，在善恶两头，生灭心上求定。如猢孙入布袋，水上按葫芦。似此求定，穷年也不得定。何以故？病在用生灭心，存善恶见，不达本体，专与妄想打交滚，所谓认贼为子，大不知止耳。苟能了达本体，当下寂然，此是自性定，不是强求得的定。只如六祖大师开示学人用心云：“不思善，不思恶，如何是上座本来面目？”学人当下一刀两段，立地便见自性，狂心顿歇，此后再不别求，始悟自家一向原不曾动，此便是知止而后有定的样子。又云：“汝但善恶都莫思量，自然得见心体。”此便是知止的样子。所以学人贵要知止，知止自然定。

“静”字与“定”字不同，定是自性定体，此静乃是对外面扰扰不静说，与定体远甚。何也？以学人一向妄想纷飞，心中不得暂息，只管在知见上强勉遏捺，将心主静，不知求静愈切而乱想益炽，必不能静。何以故？盖为将心觅心，转觅转远，如何得一念休息耶？以从外求入，如人叫门不开，翻与守门人作闹。闹到卒底，若真主人不见面，毕竟打闹不得休息。若得主人从中洞开重门，则守门者亦疾走无影，而求入者真见主人，则求见之心，亦歇灭无有矣。此谓狂心歇处为静耳。若不真见本体，到底决不能静，故曰“定而后能静”。

“安”字，乃是安稳平贴之义，又如安命之安，谓自足而不求余也。因一向求静不得，杂念纷纷，驰求不息，此心再无一念之安。而今既悟本体，驰求心歇，自性具足，无欠无余，安安贴贴，快活自在。此等安闲快活，乃是狂心歇处而得，故曰“静而后能安”。

“虑”字，不是妄想思虑之虑，亦不是忧虑之虑，乃是不虑之虑。故曰：“易无思也，无虑也，寂然不动，感而遂通天下之故。”又曰百虑而一致，又曰不虑而遍，正是这个虑字。谓未悟时，专在妄想思虑上求，即一件事千思万虑，到底没用，也虑不到，多思多虑，于心转见不安。今既悟明此心安然自在，举心动念，圆满洞达，天下事物了然目前。此等境界不是聪明知见算计得的，乃是自心本体光明照耀，自然具足的，故曰“安而后能虑”。

“得”字，不是得失之得，乃是不渗漏之义。圣人泛应曲当，群情毕照，一毫不谬，彻见底原，一一中节，故谓之得，非是有所得也。初未明明德时，专用妄想思虑，计较筹度，纵是也不得。何以故？非真实故。今以自性光明，齐观并照，群情异态通归一理，故能曲成而不遗。此非有所得，盖以不虑之虑，无得之得，故曰“虑而后能得”，言非偶尔合节，特由虑而合故。

古之欲明明德于天下者，先治其国；欲治其国者，先齐其家；欲齐其家者，先修其身；欲修其身者，先正其心；欲正其心者，先诚其意；欲诚其意者，先致其知；致知在格物。物格而后知至，知至而后意诚，意诚而后心正，心正而后身修，身修而后家齐，家齐而后国治，国治而后天下平。

此释上本末先后之序，以验明明德亲民之实效也。就成己工夫上说，则以明明德为本，新民为末，盖从根本说到枝末上去。今就成物上说，故从枝末倒说到根本处来。以前从一心知止上，做到虑而能得，到此则天下事物皆归我方寸矣。今欲要以我既悟之明德，以揭示天下之人，愿使人人共悟。盖“欲”字即是愿力，谓我今既悟此明德之性，此性乃天下人均赋共禀者，岂忍自知而弃人哉！故我愿揭示与天下之人，使其同悟同证。但恐负此愿者近于迂阔，难取速效，且天下至广，岂可一蹴而遍？故姑且先从一国做将去，所谓知远之近。若一国见效，则天下易化矣。昔尧都平阳，舜宅百揆，汤七十里，文王百里，皆古之欲明明德于天下之君也，孰不从愿力来？余故曰，“欲”，愿力也。

身为天下国家之本，经文向后，总归结在修身上，可见修身是要紧的事。而此一件事，最难理会，岂是将这血肉之躯，束敛得谨慎端庄，如童子见先生时，即此就可治国乎？岂是身上件件做得模样好看，如戏场上子弟相似，即此可以平天下乎？故修身全在心上工夫说。只如颜子问仁，孔子告以“克己复礼为仁”，此正是真正修身的样子。随告之曰：“一日克己复礼，天下归仁”，此便是真正治国平天下的实事。若不信此段克己是修身实事，如何颜子请问其目，孔子便告之以“四勿”乎？且四勿皆修身之事也，克己乃心地为仁之工夫也。克己为仁，即明明德也。天下归仁，即新民也。为仁由己，此己乃真己，即至善之地。故颜子隳聪明，黜肢体，心斋坐忘，皆由己之实效，至善之地也。夫人之一身作障碍者，见闻知觉而已，所谓视听言动，皆古今天下，人人旧有之知见。为仁须是把旧日的知见一切尽要划去，重新别做一番生涯始得，不是夹带着旧日宿习之见可得而入。以旧日的见闻知觉，都是非礼，杂乱颠倒，一毫用不着，故剜心摘胆，拈出个“勿”字。勿是禁令驱逐之词，谓只将旧日的视听言动尽行屏绝，全不许再犯，再犯即为贼矣。此最严禁之令也。颜子一闻，当下便领会，遂将聪明隳了，将肢体黜了，一切屏去，单单坐，坐而忘，忘到无可忘处，翻身跳将起来，一切见闻知觉全不似旧时的人，乃是从新自己别修造出一个人身来一般，如此岂不是新人耶？自己既新，就推此新以化民，而民无不感化而新之者。此所谓“一日克己复礼，天下归仁”，正修身之效也。不如此，何以修身为治国平天下之本耶？

心乃本体，为主；意乃妄想思虑，属客，此心意之辨也。今要心正，须先将意根下一切思虑妄想一齐斩断，如斩乱丝，一念不生，则心体纯一无妄，故谓之诚。盖心邪由意不诚，今意地无妄，则心自正矣，故曰“欲正其心，先诚其意”。

知与意，又真妄之辨也。意乃妄想，知属真知。真知即本体之明德，一向被妄想障蔽，不得透露，故真知暗昧受屈，而妄想专权，譬如权奸挟天子以令诸侯。如今要斩奸邪，必请上方之剑，非真命不足以破僭窃，故曰“欲诚其意，先致其知”。知乃真主，一向昏迷不觉。今言“致”者，犹达也。譬如忠臣志欲除奸，不敢自用，必先致奸邪之状，达于其主，使其醒悟，故谓之致。若真主一悟，则奸邪自不容其作祟矣。故曰“欲诚其意，先致其知”。

“物”即外物，一向与我作对者，乃见闻知觉视听言动所取之境。知即真知，乃自体本明之智光。此一“知”字，是迷悟之原。以迷则内变真知为妄想，故意不诚，不诚故不明；外取真境为可欲，故物不化，不化故为碍。是则此一知字，为内外心境、真妄迷悟之根宗，古人云：“知之一字，众妙之门，众祸之门”是也。今拨乱反正，必内仗真知之力以破妄想，外用真知之照以融妄境。“格”即禹格三苗之格，谓我以至诚感通，彼即化而归我，所谓至诚贯金石、感豚鱼，格也。且知有真妄不同，故用亦异，而格亦有二。以妄知用妄想，故物与我相捍格，此格为斗格之格，如云与接为构，日与心斗是也。以真知用至诚，故物与我相感通，此格乃感格之格，如云格其非心是也。且如驴鸣蛙噪窗前草，皆声色之境，与我作对为捍格，而宋儒有闻驴鸣蛙噪、见窗前草而悟者。声色一也，向之与我捍格者，今则化为我心之妙境矣。物化为知，与我为一，其为感格之格，复何疑！

问：真知无物可对，如何感格于物？

答：真知其实内外洞然，无物可对，而感物之理，最难措口。《易》曰：“寂然不动，感而遂通天下之故。”寂然不动，知体也。天下之故，外物也。感而遂通，格物也。感通云者，不是真知钻到物里去，以真知荡然，无物当前故也。真妄心境，不容两立。外物如黑暗，真知如白日，若白日一升，群暗顿灭，殆约消化处说感通耳。以暗感明，则明成暗，今以明感暗，则暗自谢而明独立，故虽感而本不相到，而重在明也。物体本虚，以妄取着，故作障碍。今以真知独照，则解处洞然，无物可当情矣。以寂然不动之真知，达本来无物之幻物，斯则知不待感而自照，物不待通而自融，两不相角，微矣！微矣！故学人独贵在真知，真知一立，则明德自明，元无一毫造作。大学工夫所以言明、言知，而修齐治平皆是物也。

问：始纲领，说明德、亲民、止至善，分明是三件事；今条目上，只说明明德于天下，终归到致知格物上，若一件事，是何意？

答：圣人此意最妙，千古无人会得。此中八件事，单单只重在一个“知”字。此知字即明德，乃本体也。前云第一个“明”字有二意，吾向所解致知格物，乃用前悟明一意，工夫已在知止中，止字即寂然不动之知体，知止“知”字即第一个明字，乃工夫。此一段已知致至极处，知体既极，则诚意正心修身之能事毕矣。如此则明德与新民，分明两事。今欲明明德于天下，乃用第二揭示昭明之意，则致知格物亦可就新民上说。且知止而后有定，是己立，谓知所止，则自己脚跟已立定矣。虑而后能得，是已达，谓已于一切事物通达而不遗，目前无一毫障碍，则法法皆真，岂非已达耶？其所以立、所以达，皆仗真知之力也。故今做新民的工夫，就将我已悟之真知，致达于万物之中。万物既蒙我真知一照，则如红炉点雪，烈日消霜，不期化而自化矣。故云“致知在格物”。物自化，故谓之格。彼物既格，则我之明德，自然照明于天下，民不期新而自新矣，所谓立人达人也。如此则明德、新民，只是一事。三纲领者，一而三，三而一也。故此八事，只了“明明德于天下”一句。且从家国而后及天下者，知远之近也，明甚。

问：如何格物就能平得天下？

答：且道所格之物是何物？即天地万物尽在里许，岂除了天地万物外，别寻个物来格耶？若格物平不得天下，如何孔子说“一日克己复礼，天下归仁”？且道天下又是何物？归仁毕竟归向何处去？参！参！

问：致知格物，与克己复礼天下归仁，如何消会？

答：克己即致知，复礼即格物，天下归仁即物格。

问：学人不会。

答：己是物，克是致知，复礼则己化，化己岂非格物耶？天下归仁，何等太平气象，是谓物格。

问：正心、致知，何辨？

答：正心乃四勿，先将视听言动，绝其非礼，但可修身正己，不能化物。

若致知，专在格物，则达人，其功最大，所以大学重在致知。

问：格物、物格，先后之旨。

答：前八事著“先”字，总归重在末后致知上，此是说工夫。今从物格说至平天下，著“后”字，亦是提起知字，要显向后七事，都是知字的效验耳。学人要在此知字上着眼。前云致知格物者，是感物以达其知。此格字，乃感格之格。今言物格而后知至者，是藉物以验知体。意谓彼物但有一毫不消化处，便是知不到至极处。必欲物消化尽了，才极得此真知。如此则物格之格，乃来格之格，所谓神之格思的格字，正是天下归仁之意。物都来格，方是知之效验。所以格物、物格，学人须要讨分晓。若物都来格了，则一路格去，直到天下平方才罢手。圣人意旨了然明白，只是要真实工夫做出，乃见下落。

问：自天子以至于庶人，壹是皆以修身为本。既云只一“知”字，如何归到修身上？

答：不从修身上做起，不道向虚空里做？所以圣人分明示汝，“克己复礼，天下归仁”。以己即己身，乃是我最亲之一物，比外物不同。克己，乃是我致知先致在己身一物上。若将自己此物格了，然后格天地万物，何难之有！故通以修身为本。

问：格有三义，谓捍格、感格、来格。

答：三义通由一人而发也。请以喻明。昔杞梁之妻善哭，夫死哭之，初哭则里人恶其声，厌其人，故闻其哭则掩耳，见其人则闭目，以其哭异乎人之哭也。其妻亦不以里人厌恶而不哭，哭之既久，里人不觉而哀痛之，亦哭，哭则忘其厌恶也，厌恶忘则心转而怜之矣。其妻亦不以其人怜己而不哭，终哭之不休，久则通里人人皆善哭矣。人人皆善哭，则忘其哀痛，而不见若人之为哭者。人人善哭，哭久则通里以成俗，俗成则人人皆谓自能哭矣。人人自能哭，则视杞梁之妻，犹夫人也，不异己而与之周旋密迩，则无不忘也。且杞梁之妻之哭，非哭其夫也，哭其天也。天乃终身所依赖者，失则不容不哭也，恸则终天之恨也。以知天不容已，故哭亦不已，奚以人厌恶而可已耶？藉使通里之人日日而询之，哭更哀也，殆非有意欲人怜己也，岂询而能止之？即白刃在前，鼎镬在后，威而止之不能也。何耶？以此天外无可哭者矣。初哭而人恶之者，以哭之痛，特异于人也，捍格也。哭久而人人皆痛者，以哭之痛，切于人心，故人人皆自痛，非痛杞也，感格也。盖久而通里善哭以成俗，则不知哭痛自杞出，抑视梁妻直类己焉耳，斯则来格也。此言虽小，可以喻大。

此憨山大师所著《大学纲领决疑》也。大师居曹溪，章逢之士多负笔问道，大师现举子身而为说法。今年过吴门，举似谦益曰："老人游戏笔墨，犹有童心，要非衲衣下事也。子其谓何？"益闻张子韶少学于龟山，窥见未发之中，及造径山，以格物物格宗旨言下扣击，顿领微旨。晚宋称气节者，皆首子韶。繇今观之，子韶抗辨经筵，晚谪横浦，执书倚立，双趺隐然，视少年气节，殆如雪泥鸿爪，非有得于径山之深而能然乎？今之为子韶者，愿力不同，其以世谛而宣正法则一也。扁鹊闻秦人爱小儿，即为小儿医。今世尚举子，故大师现举子身而为说法，何谓非衲衣下事乎！子韶尝云："每闻径山老人所举因缘，如千门万户一踏而开。"今之举子能作如是观，大师金刚眼睛一一从笔头点出矣。

万历丁巳四月，虞山幅巾弟子钱谦益焚香敬题。

《春秋左氏心法》序[1]

《春秋》者，圣人赏罚之书也。何名乎春秋？古者赏以春夏，罚以秋冬，盖象天地之生杀而顺布之。故春秋者，赏罚之名也。赏罚明而人心觉，觉则知惧，故曰“孔子成《春秋》而乱臣贼子惧。”周道衰，诸侯僭，礼义亡而纲纪绝，人之不沦于禽兽者鲜矣。天生德于仲尼，蹶然欲起而赏罚之，故曰“必也正名乎！”然而世卒莫之用也，乃因《鲁史》以见志，故曰：“吾志在《春秋》。”春秋云者，亦曰赏善罚恶云尔。善恶之机隐而彰，赏罚之权志而晦，虑后世之难明也，故《经》成，假手于丘明以为之《传》，冀来者因《传》以明《经》，因《经》以见志，而善恶之机凛焉，则反诸心而知惧，一惧而《春秋》之能事毕矣。由是观之，丘明之心即仲尼之志也。不求其心而求之事与词之间，无当也。先儒有言：“左氏艳而富，其失也异。”讥其好言鬼神卜筮之事。斯言过矣。孔子曰：“君子有三畏，畏天命，畏大人，畏圣人之言。”畏之为言惧也。卜筮，鬼神吉凶之先见，善恶之昭明，天命也。君父，大人也。《经》，圣人之言也。《易》尊卜筮，《春秋》尊君父，皆圣人之言也。《易》治之于未萌，《春秋》治之于既乱。《易》言神道之吉凶，以惧之于幽。《春秋》言人道之赏罚，以惧之于显。二者相须，如衣之有表里，如木之有根株，岂有异哉！故韩宣子聘鲁，见《易象》与鲁《春秋》，曰：“周礼尽在鲁矣。吾今而后，知周公之德与周之所以王。”诚知言也。左氏以《春秋》之事词，阐《易》之旨，其所深讥者，违卜蔑祀与僭君叛父同归于败，善恶必稽其所终，祸福必本其所始，所谓俟诸圣人而不惑，质诸鬼神而无疑者。知者畏之以为天命，而不知侮之以

[1] 憨山《春秋左氏心法》已佚，唯存此篇序文，收于《憨山老人梦游集》卷十。

为异。悲夫！左氏之心不明而圣人之志隐，乱臣贼子复何惧乎？

某以丁年弃诗书，从竺乾氏业，将移忠孝于法王慈父也。既因弘法罹难，几死诏狱，蒙恩宥遣雷阳，置身行伍间，不复敢以方外自居。每自循念某之为孤臣孽子也，天命之矣。因内讼愆尤，究心于忠臣孝子之实。偶读《春秋》，忽于左氏之心有当，始知异之为言，未探其本也。观其所载列国及诸大夫之事，委必有源，本必有末，吉凶赏罚不谋而符。俯而读，仰而叹，不啻设身处地。每于微言密旨，欣然会心，辄援笔识之，勒为一书，命曰左氏心法。非左氏之心法也，仲尼之心法也。非仲尼之心法也，千古出世经世诸圣人之心法也。何以明之？心者万法之宗也，万法者心之相也。死生者心之变，善恶者心之迹。报应轮回者，心之影响，其始为因，其卒为果，如花实耳，不出君臣、父子、兄弟、夫妇、朋友人伦日用之际，而因果森然，固不待三世而后见也。《楞严》殚研七趣，披剥群有，而总之所以澄心。《春秋》扶植三纲，申明九法，而总之所以传心。《易》之吉凶利害，忧虞悔吝；《楞严》之四生十二类，生天堕狱；左氏之兴亡善败，与夺功罪，总皆一心之自为感应而已。乃独以左氏为异，岂不冤哉！

某用是深慨，悯末学之无闻，特摅愚见，著为是编。昔我高皇帝以《春秋》本《鲁史》而列国之事错见，难究始终，乃命东宫文学傅藻等纂分列国而类聚之，附以《左传》，名曰《春秋本末》。某服膺圣训，惜未见其书，窃师其意，妄以王、霸二途，通纂为七传。周，王道之大统也。鲁，王国之宗臣也。五霸虽假，其意在于宗周也。晋乃宗藩，故列五伯之首，以亲非以功也。天王命二文专征不庭，命鲁公夹辅周室，故晋主盟而鲁主会，凡讨罪，必书公如晋，以鲁先之。如伐郑之事，仲尼之本意也，背于桓而服于襄。百七十年，左氏因而终始之。此其凡也。暨于一国兴亡之所系，一人善败之所由，得失之难易，功罪之重轻，有一世二世而斩者，有三世五世而斩者，有百世祀而不绝者，皆令皎然，如视黑白。其中报应影响之征，鬼神幽明死生之故，随事标旨，据案明断。使亡者有知，爽然知圣人赏罚之微意，以服其心。后世观者凛然知惧，又不待辞之毕也。其或事涉数国，所重在一条，但以当国为主。或事在彼而始于此，或始于彼而终于此者，不避混淆，并载以见其因果。若他国之事无与者，则略而不录，恐其枝也。以意在心法，不在史，故不必具也。旧例附《传》以通《经》。今则分《经》以证《传》，以重在《传》，非敢乱《经》以取戾也。注则因之，断则不敢让，知我罪我无辞焉。始于晋而终于周，犹冀枝之归本也，亦如变风之终于豳，言变之可正也。或曰：禅本忘言，何子之哓哓乎？某曰：不然。禅者，心之异名也。佛言万法惟心，即经以明心，即法以明心，心正而修齐治平举是矣，于禅奚尤焉。夫言之为物也，在悟则为障，在迷则为药。病者众，惟恐药之不瞑眩也。迷者众，惟恐言之不深切也。某将持一得之见，以俟天下后世之知言者，虽多言，庸何伤？

万历乙巳孟夏日，书于琼海之明昌塔院。

《憨山老人夢游集》

（节录）

《憨山老人梦游集》[1]（节录）

法语

答郑昆岩中丞

若论此段大事因缘，虽是人人本具，各各现成，不欠毫发，争柰无始劫来爱根种子、妄想情虑，习染深厚，障蔽妙明，不得真实受用，一向只在身心世界妄想影子里作活计，所以流浪生死。佛祖出世，千言万语，种种方便，说禅说教，无非随顺机宜，破执之具，元无实法与人。所言修者，只是随顺自心，净除妄想习气影子，于此用力，故谓之修。若一念妄想顿歇，彻见自心，本来圆满，光明广大，清净本然，了无一物，名之曰悟。非除此心之外，别有可修可悟者。以心体如镜，妄想攀缘影子乃真心之尘垢耳，故曰想相为尘，识情为垢。若妄念消融，本体自现，譬如磨镜，垢净明现，法尔如此。但吾人积劫习染坚固，我爱根深难拔，今生幸托本具般若内熏为因，外藉善知识引发为缘，自知本有，发心趣向，志愿了脱生死，要把无量劫来生死根株一时顿拔，岂是细事！若非大力量人赤身担荷、单刀直入者，诚难之难。古人道如一人与万人敌，非虚语也。大约末法修行人多，得真实受用者少，费力者多，得力者少。此何以故？盖因不得直捷下手处，只在从前闻见知解言语上以识情抟量，遏捺妄想，光影门头做工夫，先将古人玄言妙语蕴在胸中，当作实法，把作自己知见，殊不知此中一点用不着，

[1] 据明《嘉兴藏》本（续藏第 53–54 函），参校清《乾隆藏》本（第 152–153 册，经号 1634），及《新纂卍续藏》本（第 73 册，经号 1456）。

此正谓依他作解，塞自悟门。如今做工夫，先要划去知解，的的只在一念上做，谛信自心本来干干净净，寸丝不挂，圆圆明明，充满法界，本无身心世界，亦无妄想情虑，即此一念本自无生，现前种种境界都是幻妄不实，唯是真心中所现影子。如此勘破，就于妄念起灭处，一觑觑定，看他起向何处起，灭向何处灭，如此着力一拶，任他何等妄念，一拶粉碎，当下冰消瓦解，切不可随他流转，亦不可相续，永嘉谓要断相续心者此也。盖虚妄浮心本无根绪，切不可当作实事，横在胸中，起时便咄，一咄便消，切不可遏捺，则随他使作，如水上葫芦。只要把身心世界撇向一边，单单的的提此一念，如横空宝剑，任他是佛是魔，一齐斩绝，如斩乱丝，赤力力挨拶将去，所谓直心正念真如，正念者，无念也，能观无念，可谓向佛智矣！

修行最初发心，要谛信唯心法门。佛说三界唯心，万法唯识，多少佛法，只是解说得此八个字分明，使人人信得及。大段圣凡二途，只是唯自心中迷悟两路，一切善恶因果，除此心外，无片事可得。盖吾人妙性天然，本不属悟，又何可迷？如今说迷，只是不了自心本无一物，不达身心世界本空，被他障碍，故说为迷，一向专以妄想生灭心当以为真，故于六尘境缘种种幻化认以为实。如今发心趣向，乃返流向上一着，全要将从前知解尽情脱去，一点知见巧法用不着，只是将自己现前身心世界一眼看透，全是自心中所现浮光幻影，如镜中像，如水中月，观一切音声如风过树，观一切境界似云浮空，都是变幻不实的事。不独从外如此，即自心妄想情虑，一切爱根种子、习气烦恼，都是虚浮幻化不实的。如此深观，凡一念起，决定就要勘他个下落，切不可轻易放过，亦不可被他瞒昧。如此做工夫，稍近真切，除此之外，别扯玄妙知见巧法来逗凑，全没交涉。就是说做工夫，也是不得已。譬如用兵，兵者不祥之器，不得已而用之。古人说参禅提话头，都是不得已。公案虽多，唯独念佛审实的话头，尘劳中极易得力。虽是易得力，不过如敲门瓦子一般，终是要抛却，只是少不得用一番。如今用此做工夫，须要信得及，靠得定，咬得住，决不可犹豫。不得今日如此，明日又如彼，又恐不得悟，又嫌不玄妙。这些思算都是障碍，先要说破，临时不生疑虑。

至若工夫做得力处，外境不入，唯有心内烦恼无状横起，或欲念横发，或心生烦闷，或起种种障碍，以致心疲力倦，无可奈何。此乃八识中含藏无量劫来习气种子，今日被工夫逼急，都现出来。此处最要分晓，先要识得破，透得过，决不可被他笼罩，决不可随他调弄，决不可当作实事，但只抖擞精神，奋发勇猛，提起本参话头，就在此等念头起处一直挃追将去，我这里元无此事，问渠向何处来，毕竟是甚么，决定要见个下落。如此一拶将去，只教神鬼皆泣，灭迹潜踪，务要赶尽杀绝，不留寸丝。如此着力，自然得见好消息。若一念拶得破，则一切妄念一时脱谢，如空花影落，阳焰波澄。过此一番，便得无量轻安，无量自在。此乃初心得力处，不为玄妙。及乎轻安自在，又不可生欢喜心，若生欢喜心，则欢喜魔附心，又多一种障矣！至若藏识中习气爱根种子，坚固深潜，话头用力不得处，观心照不及处，自己下手不得，须礼佛、诵经、忏悔，又要密持咒心，仗佛密印以消除之，以诸密咒皆佛之金刚心印，吾人用之，如执金刚宝杵，摧碎一切物，物遇如微尘。从上佛祖心印秘诀皆不出此，故曰："十方如来持此咒心，得成无上正等正觉。"然佛则明言，祖师门下恐落常情故秘而不言，非不用也。此须日有定课，久久纯熟，得力甚多，但不可希求神应耳。

凡修行人，有先悟后修者，有先修后悟者，然悟有解、证之不同。若依佛祖言教明心者，解悟也，多落知见，于一切境缘多不得力，以心境角立，不得混融，触途成滞，多作障碍。此名相似般若，非真参也。若证悟者，从自己心中朴实做将去，逼拶到水穷山尽处，忽然一念顿歇，彻了自心，如十字街头见亲爷一般，更无可疑，如人饮水，冷暖自知，亦不能吐露向人。此乃真参实悟。然后即以悟处融会心境，净除现业流识、妄想情虑，皆镕成一味真心，此证悟也。此之证悟，亦有深浅不同。若从根本上做工夫，打破八识窠臼，顿翻无明窟穴，一超直入，更无剩法。此乃上上利根，所证者深。其余渐修，所证者浅。最怕得少为足，切忌堕在光影门头。何者？以八识根本未破，纵有作为，皆是识神边事，若以此为真，大似认贼为子。古人云："学道之人不识真，只为从前认识神，无量劫来生死本，痴人认作本来人。”于此一关最要透过。所言顿悟渐修者，乃先悟已彻，但有习气未能顿净，就于一切境缘上，以所悟之理，起观照之力，历境验心，融得一分境界，证得一分法身，消得一分妄想，显得一分本智，是又全在绵密工夫，于境界上做出，更为得力。

凡利根信心勇猛的人修行，肯做工夫，事障易除，理障难遣。此中病痛，略举一二：

第一不得贪求玄妙，以此事本来平平贴贴，实实落落，一味平常，更无玄妙。所以古人道：悟了还同未悟时，依然只是旧时人，不是旧时行履处，更无玄妙。工夫若到，自然平实。盖由吾人知解习气未净，内熏般若，般若为习气所熏，起诸幻化，多生巧见，绵着其心，将谓玄妙，深入不舍。此正识神影明，分别妄见之根，亦名见刺，比前粗浮妄想不同，斯乃微细流注生灭，亦名智障，正是碍正知见者，若人认以为真，则起种种狂见，最在所忌。

其次不得将心待悟。以吾人妙圆真心本来绝待，向因妄想凝结，心境根尘对待角立，故起惑造业。今修行人但只一念放下身心世界，单单提此一念向前，切莫管他悟与不悟，只管念念步步做将去，若工夫到处，自然得见本来面目，何须早计。若将心待悟，即此待心，便是生死根株，待至穷劫亦不能悟，以不了绝待真心，将谓别有故耳。若待心不除，易生疲厌，多成退堕，譬如寻物不见，便起休歇想耳。

其次不得希求妙果。盖众生生死妄心，元是如来果体，今在迷中，将诸佛神通妙用变作妄想情虑分别知见，将真净法身变作生死业质，将清净妙土变作六尘境界。如今做工夫，若一念顿悟自心，则如大冶红鑪，陶镕万象，即此身心世界元是如来果体，即此妄想情虑元是神通妙用，换名不换体也。永嘉云：“无明实性即佛性，幻化空身即法身。”若能悟此法门，则取舍情忘，欣厌心歇，步步华藏净土，心心弥勒下生。若安心先求妙果，即希求之心便是生死根本，碍正知见，转求转远，求之力疲则生厌倦矣！

其次不可自生疑虑。凡做工夫，一向放下身心，屏绝见闻知觉，脱去故步，望前眇冥，无安身立命处，进无新证，退失故居，若前后筹虑，则生疑心，起无量思算，较计得失，或别生臆见，动发邪思，碍正知见。此须勘破，则决定直入，无复顾虑。大概工夫做到做不得，正是得力处，更加精采，则不退屈，不然则堕忧愁魔矣！

其次不得生恐怖心。谓工夫念力急切，逼拶妄想一念顿歇，忽然身心脱空，便见大地无寸土，深至无极，则生大恐怖。于此若不勘破，则不敢向前，或以此豁达空，当作胜妙。若认此空，则起大邪见，拨无因果，此中最险。

其次决定信自心是佛。然佛无别佛，唯心即是，以佛真法身犹若虚空，若达妄元虚，则本有法身自现，光明寂照，圆满周遍，无欠无余，更莫将心向外驰求。若舍此心别求，则心中变起种种无量梦想境界，此正识神变现，切不可作奇特想也。然吾清净心中本无一物，更无一念，凡起心动念，即乖法体。今之做工夫人，总不知自心妄想元是虚妄，将此妄想误为真实，专只与作对头，如小儿戏灯影相似，转戏转没交涉，弄久则自生怕怖。又有一等怕妄想的，恨不得一把捉了，抛向一边。此如捕风捉影，终日与之打交滚，费尽力气，再无一念休歇时，缠绵日久，信心日疲，只说参禅无灵验，便生毁谤之心，或生怕怖之心，或生退堕之心，此乃初心之通病也。此无他，盖由不达常住真心不生灭性，只将妄想认作实法耳。这里切须透过。若要透得此关，自有向上一路，只须离心意识参，离妄想境界求。但有一念起处，不管是善是恶，当下撇过，切莫与之作对，谛信自心中本无此事，但将本参话头着力提起，如金刚宝剑，魔佛皆挥。此处最要大勇猛力，大精进力，大忍力，决不得思前算后，决不得怯弱，但得直心正念，挺身向前，自然巍巍堂堂，不被此等妄想缠绕，如脱鞲之鹰，二六时中，于一切境缘自然不干绊，自然得大轻安，得大自在。此乃初心第一步工夫得力处也。

已上数则，大似画蛇添足，乃一期方便语耳，本非究竟，亦非实法。盖在路途边，出门一步，恐落差别岐径，枉费心力，虚丧光阴，必须要真正一门超出妙庄严路，所谓行步平正，其疾如风，其所行履，可以日劫相倍矣！要之佛祖向上一路，不涉程途，其在初心方便，也须从这里透过始得。

示无生禄禅人（乙未夏日在圜中说）

古人最初发心，真正为生死大事，决志出离，故割爱辞亲，参师访友，历尽艰辛，心心念念，只为己躬下事未明，忧悲痛切，如丧考妣，若一见知识，如婴儿得母，傥得一言半句，开导心地，如病得药，若一念相当，胸中了悟，如贫得宝，拌身舍命，陆沉贱役，未尝惮劳。若二祖之安心断臂，六祖之坠腰负石，百丈之执劳，杨岐之供众，凡名载《传灯》，光照千古者，无不从刻苦中来。乃至过去诸佛，求无上菩提，舍身命如微尘数，无一类而不受身，无一身而不苦行，百劫修因，故感天上人间无量供养，乃至末法儿孙，犹受用白毫光中一分功德不尽，岂有天生弥勒、自然释迦者哉！痛念末法，去圣时遥，法门典刑，已至扫地。吾辈出家儿，不知竟为何事，生来只知惧饥寒，图饱暖，一入空门，因循俗习，游谈终日，捧腹纵情，徒骋六根，备造众恶，不耕而美食，不蚕而好衣，虚消信施，唐丧光阴。竟不知生从何来，死从何去，岂复知因果难逃，罪福无爽？一朝大限临头，如石投水，三途剧苦，一报五千，再得出头，知更何日？兴言及此，痛可悲酸！目击时流，滔滔皆是，望吾人之修者，如披沙拣金，非曰绝无，盖亦鲜矣！嗟乎！三界牢狱，四生桎梏，大火所烧，生死险宅，何由能湿猛焰，离众苦，至无畏处耶？非丈夫儿具灵根含夙骨者，不能奋发猛勇，一超直入。汝等幸尔生逢佛法，形寓袈裟，早值明师，六根完具，若不痛念无常，深思大事，思地狱苦，发菩提心，改往修来，昼夜精勤，早求出离，因循度日，纵放身心，大限到头，悔之何及。嗟乎！行矣！其无忘我临岐叮咛之言，以负吾自负也。

将之雷阳舟中示奇侍者

佛祖教人于生死中顿证无生法忍，且每怪其于无生中妄见生灭。此语如对市人说梦事，闻者非不明目张胆，但未证真耳，要之所说非所闻，所闻非所见也。古人贵实证者，直欲于生死法中亲切勘破而已，非别有奇特处也。尝见小儿怕鬼者，每于夜中行，恍然一物随之，大生惊怖，虽慈母善谕本无，亦未之信，必待其自信不疑而后止。苟自至不疑之地，纵假鬼怖之，将一笑而释矣！余昔游塞上，同健儿乘马夜行，道傍一石，马忽见而大惊，几堕地。尔乃顿辔奋力鞭策，绕石周行数十匝，仍引熟视良久，方纵逸而去，马自是遇物皆不惊。余因是知道人游生死险道，历境验心，必如是而后已。是故《华严》以善财表证，其所历百城，参多知识，至于刀山火聚，亦迟回待劝而后入，及入之，果得清凉大解脱门。此其策马绕石，令其熟视之谓耶？由是观之，佛祖殊无他长，盖能熟视世间相者耳。世人所惊怖者，非生死祸患乎？佛祖乃欲令人于中证无生忍，且又明言于无生中妄见生灭。噫！此果何谓哉！苟非熟视自到不疑之地，吾意虽慈尊善谕，殆亦难免惊怖也。

余比以弘法罹难，上干圣怒，如白日雷霆，闻者掩耳。自被逮以至出离，二百余日，备历苦事不可言，从始至终，自视一念欢喜心竟未减于平昔，观者莫不惊异为非常。然而生死祸患，他人故为余惊矣！及视余不减欢喜心，乃又惊余不惊其所惊，而人惊其所不惊，是或有道焉。奇侍者不远三千里赴难，问余于幽狱。已而荷蒙圣恩，贬窜岭南，奇乃伴行舟中，遂书此为别。嗟乎！生死险道正在所惊，其无闻我欢喜心如梦事耶？异时验子于寂灭场中，无以今日之言为梦语。

促小师大义归家山侍养

余少读史，窃慕程婴、公孙杵臼之为人，念曰：持此心为人臣子者，可谓不忝所生矣！及长出家，乃曰：吾佛为三界法王、四生慈父，苟能持二子之心为弟子者，可谓不负己灵矣！及读《传灯》诸祖机缘，见神光之断臂，船子之覆舟，百丈之于马祖，杨岐之于慈明，叹曰：苟忘身为法若诸老之为心者，何患祖道之不昌、法门之不振乎？嗟夫！丈夫处世，既不能尽命竭力以事人主，荣名显亲，即当为法王忠臣、慈父孝子，易地皆然，又何屑屑以事龌龊乎？故予自知有向上事以来，此心翩翩负超世之思，即处樊笼、游廛市，未尝不置身冰雪千岩万壑中也。

隆庆初，予居龙河讲肆，识妙峰师于稠人中，睹其貌悴骨刚，知为法器，虽未语而心许之矣！万历癸亥，余北游上都，适遇于长安市，共坐龙华树下，一语而决生死，乃结伴同参，共游方外，过河中，山阴檀越延之道院数月。是时宗尚童年，为沙弥。明年余同妙师入清凉，置身万年冰雪中，严寒彻骨，几死者数矣！时予幸有自信之地。越丁丑，山阴檀越以书抵清凉，属宗从事法门，因着入槽厂。宗跃然负米采薪，履水踏雪，百务惟先，日夜无隙，众皆推其精勤，然殊无短长。越辛巳冬，奉慈旨，求皇储，荐先帝，建大会于台山，日集万指，宗独任点茶汤，昼则周旋不失一人，夜则以余力课诵，余始心知其力能荷负，第未察其信根耳。

明年壬午春，台山会罢，余与妙师诀，师曰："某即不能荷锡相从，柰何吊影长途乎？"乃目宗，谓此子可代执役。因命宗曰："古人从师为法，誓死为期。尔其尽形竭力，傥中道志沮，当此生不面尔，其志之。"明发，即理策东西。余同龙华老人养痾于大行之障石岩，宗只身以从，百务惟勤，凡操食时，必侍立，辍餐而后已，察意之可否以为忧喜，予饱亦饱，予偶不欲食，则涕泗交颐，亦终日不餐也。余每每私察，久之如一日，因谓龙华老人：此子天性纯孝人也。子夏问孝，孔子曰色难，其是之谓乎？

明年癸未，余即东蹈海上，藏修于牢山深处，人迹所不能至，神鬼之乡也。余因入那罗窟而居之，披荆榛，卧草莽，犯风涛，涉险阻，艰难辛苦不可殚述，人不堪其忧，而宗实甘心焉。余亦将谓老死丘壑，无复人世矣！居三年丙戌，蒙圣天子诏，为慈圣圣母颁大藏经，布天下名山，及二牢焉。余乃喟然叹曰："因缘障道，往哲痛心，福始祸先，前修明诫。"意欲避之。宗与同伴安、桂二侍者进曰："师即无意人世，岂不上念圣心，所以隆重法门，为斯民之福利乎？"余乃翻然念曰："惟我圣天子仁孝，圣母慈恩，以法为社稷苍生福，某敢不竭躬尽瘁以敷扬法化，上报圣恩？法王忠臣，慈父孝子，实予所图。第此海峤遐陬，故称蔑戾，苟不等心死誓，何以转魔界而成佛土？尔辈试揣其衷，果能以法为心，毕命从事，则止之，否则去之，无使异日作世谛流布，昧人天眼目也。"安等唯唯，进曰："师唯何人，此惟何事，愿师安意，以道自任，为法忘情，我辈敢不视师为行止？"余于是拜受慈命，克意建立，经营事务，无论巨细，一切委宗，而以安、桂二人为知事，予但总其纲要耳。上赖圣慈宠灵，不三年，丛林告成，法道聿兴，四方衲子日益至，时则东海洋洋佛国之风焉，天人冥会，转化之机盖亦神且速矣！山门供众，法物毕备，秋毫皆出宗心，建立规模，居然不减在昔，观者以为天降地涌，将为东鄙法幢盛世永永福田也。竖立未几，狂魔竞作，己丑岁即遭侵挠。余所经涉，无论污辱，即祁寒溽暑，奔走于风尘道路，冒生死之际者，不可指陈，而此心一念孤光，未尝少易。宗辈之志愈益坚，三年如一日也。或谓余曰："古人言到处家山。以师高致道眼视此，不啻轻尘聚沫，柰何惓惓于此？"余曰："尝闻世之君子，以身殉国则死国，以身殉法则死法。今蒙慈恩，以法见托，而且表扬圣孝，其事虽异，其命实均。避难不义，弃命不忠，不义不忠，何以为法？假而以此即有封疆尺寸之寄，苟临难而去之，又何以自处？宁效死而弗去，不为苟生以失经。"或者唯唯，顷亦魔风顿息矣！

又四年乙未，春二月，衅从中起，以魔事为借资，致圣天子震怒，诏下金吾，逮及者众。是时安已先去，宗与桂共婴此难，余则以一死肩之。荷蒙圣恩，诏遣雷阳，于是冬十月出长安，与宗别。余观往事如梦游，亦未尝一语及世谛常情也。宗送余河梁，余乃谓之曰："丈夫处世，固不恋恋为儿女态，况吾释子学出情法者乎？第尔从老人几二十年矣！老人固未尝以一语佛法累汝，不知汝于何处见老人乎？"宗稽首曰："宗自事师以来，自知愚钝，不敢外求，上不见有佛祖，下不见有禅道，唯知作务供众生，于动静闲忙疾病祸患死生之际，止此一念，直观师心而已。是故师生则生，师死则死。"余曰："我心无相，汝作么观？"宗曰："师心若有相，弟子则无今日也。"余乃大笑而别，独携善侍者而南。

明春三月，抵雷阳，频岁饥荒，瘴疠大作，余坐尸陀林中，毒气炎蒸，交攻而至，殆者亦数矣！秋八月，奉檄来五羊，昔之在门者亦接踵而至，余见则诟骂曰："尔等各有出生死路，脚跟谁无一尺土，见我何为？"皆痛斥而去。顷之宗亦自蒲中万里相寻，躬事爨煮，无间在昔。粤省会亦遭疫疠，骸骼蔽野，余命宗率人亲捡埋葬，不下万余，作津济道场以拔之。会罢，促宗归曰："尔何恋恋于此耶？余生平志在忘生以学出情法者，今虽荷戈行伍，何莫非佛事？万里比邻，太虚咫尺，以法界海慧观之，了无去来生死之迹，又何嗟嗟作梦中颠倒耶？但冀尔识心达本，以金刚焰烁破历劫情尘，务使爱根习气缘影荡尽，毫无自欺，如此可谓不负佛恩，不辜本有，方是老人不负汝处也。否则抱佛而眠，犹不免为魔伴，况复守此幻身而增空花障翳，究竟何为。且尔父母师长今皆老矣！若弃彼取此，亦为法中之愚也，岂正信哉！尔其行矣！幸为谢诸故人。生当重相逢，死则长别离。异日常寂光中，回视今日，犹作梦中事也。尔其识之，无忘所嘱。"（丁酉仲春二十五日，书于垒壁之旅泊齋。）

示优婆塞结念佛社

惟吾佛住世，说法利生，四众人等各皆得度，随机教化，各有方便，普令获益。譬若时雨，三草二木无不蒙润，随分充足，各得生长。是故法有千差，源无二致。然以佛性而观众生则无一生而不可度，以自心而观佛性则无一人而不可修。但众生自迷而不知，又无真正善知识开导，故甘堕沉沦，枉受辛苦耳。所以卢祖初至，黄梅问："何处人？"答曰："岭南人。"黄梅道："獦獠亦有佛性耶？"祖曰："人有南北，佛性岂有二耶？"自此一语，如雷惊群蛰，流布人间，知之者希，悟之者鲜。是则岭南为禅道佛法之源头，爰自卢祖演化，道被中原，而门庭之前竟埋荒草，寥寥几千载矣！谈者皆谓非善根地，是不达佛性之旨耳。

余蒙恩遣雷阳，以丙申春至秋来五羊垒壁间，注《楞伽经》完，戊戌夏即为诸来弟子演说。每一座中见诸善男子辈亹亹而来，余深嘉之。未几有善士十余人作礼，愿乞教授优婆塞五戒法，余欣然应请，即为羯磨，自是归心日诚，听法弥笃。余哀其未悟，愍其不达进修自度工夫，因授以念佛三昧，教以专心净业，痛厌苦缘，归向极乐。月会以期，立有规制，以三时称名礼诵忏悔为行，欲令信心日诚，罪障日消，必以往生为愿。果能此道，虽在尘劳，可谓生不虚生，死不浪死，岂非真实功行哉！然佛者觉也，即众生之佛性，以迷之而为众生，悟之即名为佛。今所念之佛即自性弥陀，所求净土即唯心极乐。诸人苟能念念不忘，心心弥陀出现，步步极乐家乡，又何必远企于十万亿国之外，别有净土可归耶？所以道：心净则土亦净，心秽则土亦秽。是则一念恶心起，刀林剑树枞然，一念善心生，宝地花池宛尔。天堂地狱又岂外于此心哉！诸善男子各谛思惟，应当痛念生死事大，无常迅速，一失人身，万劫难复，日月如流，时不可待，傥负此缘，当面错过，大限临头，悔之何及。各宜努力，珍重！珍重！

示宗远禅人住山

余窜海外之五年，庚子春，宗远绍禅人同庆堂福自南岳来，时悟心融、佛岭乾二子皆在伴，老人以食息相与结夏垒壁，将半，复移居东华，解制后各辞去。宗远稽首，乞一语为住山法要。老人挥汗以示之曰：夫入深山，住兰若，此从上佛祖第一入道因缘也。惟我本师释迦老子，弃舍金轮，辞亲割爱，走入雪山，万丈寒岩，埋身千尺，以至鹊巢其顶，芦穿其膝，犹不知六年冻饿，皮骨支持，苦空寂寞之状又何如也。一旦睹明星而悟道，朗长夜而独明，便见天龙拱卫，神鬼钦崇，为天人师，作世间眼，至今光照四天，道流百亿，闻名者喜，见相者归，王臣敬仰，有识倾心，梵宇琳宫庄严殊丽，无分遐迩，百代如生。如此泽流而无穷，功垂而不朽者，皆从雪山六年冻饿中博来，只今后辈儿孙四事受用不尽，此乃开天辟地一个住山样子也。自斯已降，法道东垂，若远公之莲社，僧远之胡床，五祖之破头，老卢之猎队，西江之隐山，石霜之枯木，凡载传灯列名僧史者，未有一人不向深山穷谷苦空寂寞中出。呜呼！世衰道微，人心不古，凡托迹空门寄形袈裟者，靡不假我偷安，罔然不知出家竟为何事，将谓四事供养应当受用，更不思生死大事为出家儿第一要务也。古人出家专为生死一着，参师访友，发明己事，然后向深山穷谷，草衣木食，支折脚铛，煮脱粟饭，尽将从前业识影子埽除荡净，不留一丝，单单的的提持向上一路，身如枯木，心似寒灰，直至大彻而后已。如此方称佛之真子，方能报佛深恩。禅人今发大勇猛心，以住山为志，只须放下诸缘，心如墙壁，单提一念，直欲上齐古人，必以发明生死大事为期，不明不已，切不可效时辈作偷安计，为养懒资也。行矣！为我前驱，诛茅岳麓，待老人酬偿债毕，以送余年也。其念之哉！

示容玉居士（甲辰）

予居雷阳之三一庵，化州王居士容玉请曰：“弟子归心于道久矣，第志未专一。念生为名教，以忠孝为先，愧未能挂功名以忠人主，博儋石以孝慈亲，心有未安，故难定志。”余曰：“然哉。夫忠孝之实，大道之本，人心之良也。安有舍忠孝而言道、背心性而言行哉！世儒概以吾佛氏之教去人伦、舍忠孝，以为背驰，殊不知所背者迹，所向者心也。《传》曰：‘思事亲不可以不知人，思知人不可以不知天。人者，仁也，性之德也。’由是观之，论事亲而不知人，不名为孝。论知人而不知天，不名知人。言知天而不见性，则天亦茫然无据矣。是则心性在我，则为本然之天真也。能知天性之真，则为真人，以天真之孝，则为真孝子。能以见性之功自修则为真修，以性真之乐娱亲则为妙行。以是为孝，孝之至矣。猥云以敬为重而口体为轻者，抑又末矣。”

玉曰：“弟子服膺明诲，见性之功诚大矣，以此娱亲，固所愿也。第望洋若海，渺无指归，捷径之功，乞师指示。”余曰：“古德有言：‘唯有径路修行，但念阿弥陀佛。’梵语阿弥陀，此云无量寿，佛者觉也，乃吾人本然天真之觉性，尤见性之第一妙门也。原夫此性先天地不为老，后天地不为终，生死之所不变，代谢之所不迁，直超万物，无所终穷，故称无量寿。此寿非属于形骸修短、岁月延促也。吾人能见此性，即名为佛。且佛非西方圣人之称，即吾人自性之真，而尧舜禹汤，盖天民之先觉者。斯则天民有待而能觉，圣人生之而先觉，此觉岂非佛性之觉耶？孟子所谓‘尧舜与人同耳’，所同者此也。能觉此性，则人皆可以为尧舜。人既皆可以为尧舜，则人人皆可以作佛，明矣！嗟嗟！世人拘拘一曲之见，未遇真人之教，而束于俗学，以耳食为至当，无怪乎茫然而不知归宿矣。”

玉曰："弟子蒙开示，信知自心是佛，自心作佛，不假外求，但不知作佛之旨，下手工夫，愿求示诲。"余曰："吾人苟知自心是佛，当审因何而作众生？盖众生与佛，如水与冰。心迷则佛作众生，心悟则众生是佛，如水成冰，冰融成水，换名不换体也。迷则不觉，不觉即众生。不迷则觉，觉即众生是佛。子欲求佛，但求自心。心若有迷，但须念佛，佛起即觉，觉则自性光明挺然独露，从前妄想贪瞋痴等当下冰消。业垢既消，则自心清净，脱然无累，无则苦去乐存，祸去而福存矣。真乐既存，则无性而不乐。天福斯现，则所遇无不安。惟此真安至乐，岂口体之能致、富贵之可及哉！此所谓心净则佛土净。事心之功，无外乎此。净土之资，亦不外于是。"

玉曰："弟子闻教，心目开朗，如见归家道路，了无疑滞。第以念佛为孝，何以致此孝耶？是所未安，愿师指示。"余曰："昔有孝子远出，其母有客至，望子不归，口啮其指，子即心痛，知母忆念，遂即旋归。且母啮指而子心痛，以体同而心一也。子能了见自心，恍然觉悟，自心即母心也，以己之觉，以觉其母，以己之念，愿母念之。母既爱子之形，岂不爱子之心耶？母若爱子之形，则形累而心苦。母若爱子之心，则形忘而心乐矣。且母子之心体一也。昔母念子，啮指而子心痛。今子念母忘形，而母心岂不安且乐耶？第恐子事心之功不笃，忘形之学不至，不能如母念子之切，感悦其母之心耳。故古之孝子，不以五鼎三牲之养，而易斑衣戏彩之乐。孝之大者，在乐亲之心，非养亲之形也。世孝乃尔。傥能令母之余年，从此归心于净土，致享一日之乐，犹胜百年富贵。使母时怀戚戚之忧也，是则彼虽富贵而亲不乐，即乐而有所以不乐者存。今子以念佛而能令母心安且乐，乐且久，岂非无量寿耶？母寿无量，子寿亦无量。是净土在我而不在人，佛在心而不在迹矣。子其志之。"

示庆云禅人

出家儿要明大事，第一要真实为生死心切。第二要发决定出生死志。第三要拌一生至死不变之节。第四要真知世间是苦，极生厌离。第五要亲近绝胜知识，具正知见，时时参请，承顺教诲，如教而行，精勤弗懈，不为五欲烦恼遮障，不为恶习所使，不为恶友所移，不为恶缘所夺，不以根钝自生退屈。如是发心，如是趋造，久久纯熟，自然与本所愿求函盖相合。纵今生不能了悟明见自心，即百劫千生，亦以今日为最初因地也。若不如是，但以狭劣知见，软暖习气，因循宴安，而欲以口头禅、狂妄心、秽浊气、邪见根，将为出家正业，以此望出苦海，是犹适越而之燕，却步而求前也。嗟嗟！末法正信者稀，禅人既知所向，当审知本心，以真实决定为第一义也。勉之！勉之！

示寂觉禅人礼普陀

寂觉禅人将东礼普陀，乞一语为行脚重。老人示之曰：古人出家，特为生死大事，故操方行脚，参访善知识，登山涉水，必至发明彻悟而后已。今出家者，空负行脚之名，今年五台、峨嵋，明年普陀、伏牛，口口为朝名山，随喜道场，其实不知名山为何物，道场为何事。且不知何人为善知识，只记山水之高深，丛林粥饭之精粗而已。走遍天下，更无一语归家山，可不悲哉！南海无涯，乃生死苦海之波流也；普陀山色，乃大士法身常住也；海振潮音，乃大士普门说法也。禅人果能度生死海，睹大士于普门，听法音于海崖，返闻自性，不须出门一步，何必待至普陀而后见？其或未然，悠悠道路，虚往虚来，即大士现在顶门，亦不能为汝拔生死业根也。禅人自定当看。若大士有何言句，归来当为举似老人，慎勿虚费草鞋钱也。

示观智云禅人

学道人第一要看破世间一切境界，不随妄缘所转。第二要办一片为生死大事决定铁石心肠，不被妄想攀缘以夺其志。第三要将从前夙习恶觉知见一切洗尽，不存一毫。第四要真真放舍身命，不为死生病患恶缘所障。第五要发正信正见，不可听邪师谬误。第六要识得古人用心真切处，把作参究话头。第七要日用一切处正念现前，不被幻化所惑，心心无间，动静如一。第八要直念向前，不可将心待悟。第九要久远志，不到古人田地，决不甘休，不可得少为足。第十做工夫中念念要舍要休，舍之又舍，休之又休，舍到无可舍，休到无可休处，自然得见好消息。学人如此用心，庶与本分事少分相应。有志向上，当以此自勉。

示湘潭诸优婆塞

佛住世说法，有常随四众。出家二众，曰比丘、比丘尼。在家二众，曰优婆塞，此云近事男；优婆夷，云近事女，以其在家能持五戒，可以近事三宝，堪受法利故，及佛法东来，随时受化，代不乏人，至有明心见性，入祖师之室者。近来法道久湮，师承无眼，妄礼三拜，例得一名，即自称为弟子，其实腥荤未吐，素行未改，致生讥谤，全无利益，大为坏法之端，故老人生平未敢轻许。今观湘潭诸弟子信心笃厚，非泛泛波流，故强允其请。但念汝等素未闻法，虽云善人，不知如何是善。今按《唯识论》，说心所五十一，而善法唯有十一，余皆恶心所也。十一法者，谓信、精进、惭、愧、不贪、不瞋、不痴、轻安、不放逸、行舍、不害。此十一法全具为纯善人，但少一法即为缺德。汝等但能依教持此善法，各各究明，时时观察提撕，于何法上有未纯熟，更加切磋之功，务要全美而后已。如此用心，是为真实善人。所言善心者，即清净真心也。以一切众生各各本具如来清净真心，但为恶念染污，故随情造业而不自知。今能观察善心，则一切恶法自不现前，心自清净矣！苟能有志渐渐深观，只参六祖大师开示慧明“不思善不思恶，正与么时，那个是明上座本来面目”公案，时时参究，是谓向上一路。汝等脚跟下谁无一尺土，努力前行，必不相赚。若肯归心净土，即依此法一心念佛，则现生可断生死，永绝沉沦，但恐偷心自欺，不能作真实行耳。老人强为汝等作如是说，为怜三岁子，不惜两茎眉，切不可作世谛流布话会也。

示半偈闻禅人

禅人少习举子业，有出世志。四十弃妻子，礼紫柏老人之弟子果清湛公，祝发于归宗。归宗乃昔诸尊宿建法幢之禅窟，有如来舍利在焉。是知禅人出家之缘胜，所居之地胜，第未发胜心耳。归宗久废，紫柏大师过其地，惨然悲酸，见枯松半折斤斧，大师愍而咒土壅之，冀其重荣，以卜道场之再建，不数年皮骨皆完。于是湛公毅然重兴，遐迩闻之，莫不仰异景从，居士邢来慈矢心唱导。又数年，感今上赐御藏以光名山，由是殿阁遂成，而坚音长老募造毗卢大像以奠安之。自此三宝已具其二，独僧宝未集，不足以扬法道耳。禅人出家之八年，老人自南岳来游，礼舍利于金轮峰顶，睹其山川秀拔，询恢复之艰难，殿阁虽成，禅居未就，犹然荒寂中也。来慈固苦心护法，其力行乃吾徒事，若僧徒不勇往为之，则负建立之意，恐紫柏寂光有灵，定不瞑目也。因是致恳劝发大众，而坚音与禅人为之纲领。禅人闻说，顿发胜心，普化大檀，庄严佛土，即荷锡出山，滨行请益。老人欲坚其愿力，乃欢喜而示之曰：

汝虽出家，然犹未闻出世之行。昔吾释迦本师舍金轮王位，匿影雪山，六年苦行，以成正觉，为人天师，其实久远劫来广修福慧，故曰三千大千世界无有如芥子许不是菩萨舍身命为众生处，至若施头目脑髓如弃涕唾，非一劫二劫，乃至无量劫来，世世生生如此苦行，方才博得相好身土，微妙庄严。即今末法弟子一钵盂饭，皆是如来身命骨血换来，留与儿孙受用。由是观之，吾徒出家，衣食现成，安居受用，岂易消受哉！苟不思报佛恩，体佛心，行佛行，理佛家事，则名虽出家，实资三途之苦具耳。所谓体佛心者，大慈悲心是。行佛行者，忍辱心是。佛家事者，广行六度，成就二严，建立三宝，宏扬法化是。若不如此，非佛弟子，是为贼人，盗佛袈裟，自滋苦本，如此出家有何利益？所言福慧二严者，以志悟般若种子，了达自心，妙契佛心，此名为慧；广修檀度庄严，成就众生，此名为福。故曰福慧两足，称二足尊。故今劝禅人，第一要志求般若，了悟自心，以出生死之苦海。次要广行众行，普化十方，庄严佛土，以成净土之净业。除此二行，无可修者。然佛言教化众生即是庄严佛土。以大地众生没溺贪欲苦海，毕造生死苦业，长劫沉沦，无由自出，故感三界三途之苦具，所赖三宝为福田，以种般若之种子，以为他世自受用之因缘。然须必假僧宝以开导，故吾徒佛子能化一人发胜心，破悭贪，则一人净自心，严一人之佛土，化多人则严多人之佛土，苟能化大地使人人发心，则圆成人人之佛土。是则转秽土成净土，变苦具为乐具，岂不为最上殊胜之妙行哉！禅人行矣！执老人片言以往，便是豪杰之士，顿发广大之心，如广额屠儿，放下屠刀，便作佛事，亦如八岁龙女献珠之顷即证菩提，自有能破悭囊如挥粪土成汝愿力者。禅人勉旃，万无怠惰。

示参禅切要（径山禅堂小参）

禅门一宗，为传佛心印，本非细事，始自达磨西来，立单传之旨，以《楞伽》四卷印心，是则禅虽教外别传，其实以教应证，方见佛祖无二之道也。其参究工夫，亦从教出。《楞伽经》云："静坐山林，上中下修，能见自心妄想流注。"此实世尊的示做工夫之诀法也。又云："彼心意识自心所现，自性境界，虚妄之相，生死有海，业爱无知，如是等因，悉以超度。"此是如来的示悟心之妙旨也。又云："从上诸圣，转相传受，妄想无性。"

此又的示秘密心印也。此黄面老子教人参究之切要处。及达磨示二祖云:“汝但外息诸缘，内心无喘，心如墙壁，可以入道。”此达磨最初示人参究之要法也。传至黄梅，求法嗣时，六祖刚道得本来无一物，便得衣钵，此相传心印之的旨也。及六祖南还，示道明云：“不思善，不思恶，正恁么时，阿那个是明上座本来面目？”此是六祖第一示人参究之的诀也。是知从上佛祖只是教人了悟自心，识得自己而已，向未有公案话头之说。及南岳青原而下，诸祖随宜开示，多就疑处敲击，令人回头转脑便休，即有不会者，虽下钳锤，也只任他时节因缘。

至黄檗，始教人看话头。直到大慧禅师，方才极力主张，教学人参一则古人公案，以为巴鼻，谓之话头，要人切切提撕。此何以故？只为学人八识田中无量劫来恶习种子念念内熏，相续流注，妄想不断，无可柰何，故将一则无义味话与你咬定，先将一切内外心境妄想一齐放下，因放不下，故教提此话头，如斩乱丝，一断齐断，更不相续，把断意识，再不放行。此正是达磨外息诸缘，内心无喘，心如墙壁的规则也。不如此下手，决不见自己本来面目。不是教你在公案语句上寻思，当作疑情，望他讨分晓也。即如大慧专教看话头，下毒手，只是要你死偷心耳，如示众云：“参禅惟要虚却心，把生死二字贴在额头上，如欠人万贯钱债相似，昼三夜三，茶里饭里，行时住时，坐时卧时，与朋友相酬酢时，静时闹时，举个话头，‘狗子还有佛性也无？州云无’，只管向个里看来看去。没滋味时，如撞墙壁相似，到结交头，如老鼠入牛角，便见倒断也。要汝办一片长远身心，与之撕挨，蓦然心花发明，照十方刹，一悟便彻底去也。”此一上是大慧老人寻常惯用的钳锤，其意只是要你将话头堵截意根下妄想流注不行，就在不行处，看取本来面目，不是教你向公案上寻思，当疑情，讨分晓也。如云心花发明，岂从他得耶？如上佛祖一一指示，要你参究自己，不是向他玄妙言句取觅。

今人参禅做工夫，人人都说看话头，下疑情，不知向根底究，只管在话头上求，求来求去，忽然想出一段光景，就说悟了，便说偈呈颂，就当作奇货，便以为得了，正不知全堕在妄想知见网中。如此参禅，岂不瞎却天下后世人眼睛？今之少年，蒲团未稳，就称悟道，便逞口嘴，弄精魂，当作机锋迅捷，想着几句没下落胡言乱语，称作颂古，是你自己妄想中来的，几曾梦见古人在。若是如今人悟道这等容易，则古人操履，如长庆坐破七个蒲团，赵州三十年不杂用心，似这般比来，那古人是最钝根人，与你今人提草鞋也没用处。增上慢人，未得谓得，可不惧哉！其参禅看话头，下疑情决不可少，所谓小疑小悟，大疑大悟，不疑不悟。只是要善用疑情，若疑情破了，则佛祖鼻孔自然一串穿却。只如看念佛的公案，但审实念佛的是谁，不是疑佛是谁。若是疑佛是谁，只消听座主讲阿弥陀佛名无量光，如此便当悟了，作无量光的偈子几首来，如此唤作悟道，则悟心者如麻似粟矣！苦哉苦哉！

古人说话头如敲门瓦子，只是敲开门要见屋里人，不是在门外做活计，以此足见依话头起疑，其疑不在话头，要在根底也。只如夹山参船子，问云："垂丝千尺，意在深潭。离钩三寸，子何不道？"山拟开口，师便一桡打落水中。山才上船，师又云："道！道！"山拟开口，师又打。山大悟，乃点头三下。师曰："竿头丝线从君弄，不犯清波意自殊。"若是夹山在钩线上作活计，船子如何舍命为得他？此便是古人快便善出身路也。

在昔禅道盛时，处处有明眼知识，天下衲子参究者多，到处有开发，况云不是无禅，只是无师。今禅家寂寥久矣！何幸一时发心参究者多，虽有知识，或量机权进，随情印证，学人心浅，便以为得，又不信如来圣教，不求真正路头，只管懵董做，即便以冬瓜印子为的决，不但自误，又且误人，可不惧哉！且如古之宰官居士，载《传灯》者有数人而已。今之尘劳中人，粗戒不修，浊乱妄想，仗己聪明，看了几则古德机缘，个个都以上上根自负，见僧便斗机锋，亦以自己为悟道。此虽时弊，良由吾徒一盲引众盲耳。老人今遵佛祖真正工夫切要处，大家商量，高明达士自有以正之。

示念佛切要（在云栖为闻子、将子与母氏说）

念佛求生净土一门，元是要了生死大事，故云念佛了生死。今人发心，因要了生死，方才肯念佛。只说佛可以了生死，若不知生死根株，毕竟向何处念？若念佛的心断不得生死根株，如何了得生死？如何是生死根株？古人云：业不重不生娑婆，爱不断不生净土。是知爱根乃生死之根株，以一切众生受生死之苦，皆爱欲之过也。推此爱根，不是今生有的，也不是一二三四生有的，乃自从无始最初有生死以来，生生世世舍身受身，皆是爱欲流转，直至今日，翻思从前，何曾有一念暂离此爱根耶？如此爱根种子，积劫深厚，故生死无穷。今日方才发心念佛，只望空求生西方，连爱是生死之根的名字也不知，何曾有一念断着？既不知生死之根，则念佛一边念，生死根只听长。如此念佛，与生死两不相关。这等任你如何念，念到临命终时，只见生死爱根现前，那时方知佛全不得力，却怨念佛无灵验，悔之迟矣！故劝今念佛的人，先要知爱是生死根本，而今念佛，念念要断这爱根。即日用现前在家念佛，眼中见得儿女子孙，家缘财产，无一件不是爱的，则无一事无一念不是生死活计，如全身在火坑中一般，不知正念佛时，心中爱根未曾一念放得下。直如正念佛时，只说念不切，不知爱是主宰，念佛是皮面，如此佛只听念，爱只听长。且如儿女之情现前时，回光看看，这一声佛果能敌得这爱么？果然断得这爱么？若断不得这爱，毕竟如何了得生死？以爱缘多生习熟，念佛才发心甚生疏，又不切实，因此不得力。若目前爱境主张不得，则临命终时，毕竟主张不得。故劝念佛人，第一要知为生死心切，要断生死心切，要在生死根株上念念斩断，则念念是了生死之时也，何必待到腊月三十日，方才了得，晚之晚矣！所谓目前都是生死事，目前了得生死空，如此念念真切，刀刀见血，这般用心，若不出生死，则诸佛堕妄语矣！故在家出家，但知生死心，便是出生死的时节也，岂更有别妙法哉！

示云栖侍者

大师未入灭时，前十九年起居食息，侍者日夜周旋，凡一切密行无不睹，一切微言无不闻，一切应机无不达，一切心事无不知，是则大师之全身色相音声，无不昭昭于心目之间，即亲近数千万众，皆不如侍者之真知实见者也。即今大众，人人见大师灭度，只侍者独不作灭度想耳。末法修行净土，都要说想弥陀妙相，以未得亲见面目，即想亦不真；要闻弥陀说法，则思亦不真。我观大师则弥陀之化身，侍者执侍已久，岂可忘却大师，又向他家求佛法开示？我谓侍者更不必作别想，只想大师如生前一一规模法范、音声语言、作事威仪、修行观念、利生慈悲，细细从头至足，终日竟夜一一通想一过，如此则念念想时，就是弥陀出现时也，才有一念忘却，便是负恩德入生死之时。老人无法可说，但以大师全身安向汝心中，不可吐却，便是我老汉隐身三昧也。汝谛思之。

示玄津壑公

公受业净慈，乃永明禅师唱道地。初剃发，礼永明塔于荒榛，凡事一遵遗范，手自行录为师承，卜迁师塔于宗镜堂后，誓不募化，唯行法华忏仪，坚持其愿，而集者如云。塔工既成，修宗镜堂，筑三潭放生池，皆永明本愿也。余吊云栖大师，将往净慈，公料理宗镜堂为驻锡所。予入门，礼永明大师塔，观其精妙细密，经画如法，纤悉毫末咸中规矩。予留旬日，绕千百众，人人充足法喜，内外不遗，诸凡井井，颐指适可，如不经意，予以是见公才堪经世，慈足利生，不独有深心，实具无方妙行，非乘宿愿未易能也。

予既行，公送别请益。予因示之曰：为佛弟子，人有真伪，行有理事，才有体用，心有广狭，均名僧也，而就中不同如霄壤，故菩萨利生之门，有其多种。佛呵声闻为名字罗汉，斥非真也。佛所最重者，唯末世中护慧命者，为极难其人，以处刚强浊世，自救不暇，安能为法门乎？周身不给，安肯爱护众生乎？诸大乘教中，皆称能护法者为真佛弟子，以能克荷其家业耳。佛忧灭度之后，求持经者为难。然经即佛之法身慧命，非纸墨文字也。且法身流转五道而为众生，是知能护众生，即护佛慧命。故《般若》教菩萨法，以度众生为第一，以不住众生相为妙行，所谓灭度无量无数众生，实无一众生可度，是了众生相空也。然我即众生之众生也，众生既空，我亦何有？我人皆空，中间事业，谁作谁受？物我两忘，中间自寂，三轮若空，则实相如如，平等一照，菩提涅槃皆如幻梦，又何有佛法之可说、禅道之可修、万行之可作哉！所以法华会上赞持经者曰：举手低头，皆已成佛。是乃以已成之佛心，作现前之众行，故一一行皆是佛行，行之妙者无逾于此，如此是名真佛弟子矣！佛言：慈悲所缘，缘苦众生。若无众生，则无菩提。所以菩萨如大地心，荷负众生故；如桥梁心，济渡众生故。毗卢以普贤为身，普贤以众生为身。若以众生为心，是为荷担如来矣！公试观予言，以印证其心。若见自心果于法合，则法外无法，如空外无空。若有草芥尘毛而不举体全归法性者，则是心外有法，法外有心，人我枞然，是非未泯。舍此法门，更于何处求向上一路乎？佛元无法与人，祖师亦愿自度，若存一法之见，即是自心未度，自不能度，求甚佛祖作担粪奴郎耶？公自此以往，更须高着眼睛，自点检看，莫道老僧饶舌。

示 众

近来诸方少年有志参禅者多，及乎相见，都是颠倒汉，以固守妄想为誓愿，以养懒惰为苦功，以长我慢为孤高，以弄唇舌为机锋，以执愚痴为向上，以背佛祖为自是，以恃黠慧为妙悟，故每到丛林，身业不能入众，口意不能和众，纵情任意，三业不修，以礼诵为下劣，以行门为贱役，以佛法为冤家，以套语为己见。纵有能看话头做工夫者，先要将心觅悟，故蒲团未稳，瞌睡未醒，梦也未梦见在，即自负贡高，走见善知识，说玄说妙，呈悟呈解，便将几句没下落胡说求印正。若是有缘遇明眼善知识，即为打破窠臼，可谓大幸。若是不幸撞见拍盲禅，将冬瓜印子一印，便断送入外道邪坑，堕落百千万劫，无有出头之时，岂非可怜愍者哉！此等愚痴之辈，自失正因，又遭邪毒，纵见临济、德山，亦不能解其迷执，岂不为大可怜愍者哉！禅门之弊，一至于此。谛观从上古人，决不是这等。但看百丈侍马祖，每在田中作活，如插锹子、野鸭子公案，便是真实勘验工夫处，以此故有一日不作，一日不食之诫。杨岐之事慈明，二十余年行门，亲操执事，百千辛苦，未尝惮劳，故得光明硕大，照耀今古。若懒融之负米，黄梅之碓房，历观古人，无一不从辛苦中来。何其今之少年，才入丛林，便以参禅为向上，只图端坐，现成受用，袖手不展，一草不拈，如此薄福，绝无惭愧之心，纵有妙悟，只成孤调，绝无人天供养，况无真实修行，虚消信施，甘堕沉沦者乎？若是真实为生死汉子，当观本师释迦文佛，于三千大千世界无有如芥子许，不是为求菩提舍头目髓脑处。如此当发勇猛，拚舍一条穷性命，将这一具臭骨头布施十方，供养大众，一切行门苦心操持，难行能行，难忍能忍。若于日用六根门头，头头透过，便得法法解脱。古人云：从缘入者相应疾。如此用心，三十年不改，纵不悟道，再出头来，定是顶天立地汉子也。老人以此示之，遍告同参。

示自觉智禅人

佛言：汝等比丘，每于辰朝当自摩头。此语最为亲切，老人每每思之，吾佛慈悲，痛彻骨髓，常谓末法比丘多所受用，安居四事，种种供养，各各自谓所应得者，更不思我是何人，物从何来，为何而受，所以知恩者希而报恩者少，特未一摩其头耳。苟回光一摩其头，则不觉自惊曰：吾为何剃除须发，不与俗人为伍耶？苟知形与俗异，则居不敢近俗，身不敢入俗，心不敢念俗，如此则乐远离行，不待知识之教而自发勇猛，入山唯恐不深矣！

又安忍混从市俗，纵浪身心，为无惭人，作无益行耶？

自觉禅人向住人间，来匡山礼老人，愿枯心住山，修出世行。老人因示之以福慧双修之行。修慧在乎观心，修福在乎万行。观心以念佛为最，万行以供养为先，是二者乃为总持。吾人日用一切，起心动念，皆是妄想，为生死本，故招苦果。今以妄想之心转为念佛，则念念成净土因，是为乐果。若念佛心心不断，妄想消灭，心光发露，智慧现前，则成佛法身。然众生所以贫穷无福慧者，由生生世世未尝一念供养三宝以求福德，直为生死苦身念念贪求五欲之乐以资苦本。今以贪求一己之心，转而供养三宝，以有限之身命，随心量力，供养十方，乃至一香一花，粒米茎菜，则如滴水入沧溟，一尘落大地，纵海有枯而地有尽，其福无穷，故感佛果华藏庄严，为己将来自受用地，舍此则无成佛妙行矣！禅人如生疲厌，当自摩头，则自发无量勇猛也。

示西印净公专修净土

近世士大夫多尚口耳，恣谈柄，都尊参禅为向上事，薄净土而不修，以致吾徒好名之辈，多习古德现成语句，以资口舌便利，以此相尚，遂致法门日衰，不但实行全无，且谤大乘经典为文字，不许亲近。世无明眼知识，卒莫能回其狂澜，大可惧也。大都不深于教乘，不知吾佛度生方便多门、归源无二之旨耳。世人但知祖师门下以悟为上，悟心本意要出生死，念佛岂不是出生死法耶？参禅者多未必出，而念佛者出生死无疑。所以然者，参禅要离想，念佛专在想，以众生久沉妄想，离之实难，若即染想而变净想，是以毒攻毒，博换之法耳，故参究难悟，念佛易成。若果为生死心切，以参究心念佛，又何患一生不了生死乎？惟此净土法门，世人以权目之，殊不知最是真实法门。谛观普贤以法界为身，修十大愿，必指归净土。马鸣传心祖师，宗百部大乘，作《起信论》，究竟结归西方。东土传灯诸祖，虽不明言净土，但悟心既出生死，不归净土，岂成断灭耶？永明会一大藏，指归一心，亦摄归净土。禅至中峰，时在季世，而极力赞扬西方。况此法门乃本师无问自说，十方诸佛共赞，岂诸佛菩萨、诸大祖师反不如今之业垢众生而妄谈耶?

净公中年弃爱出家，初参紫柏大师，授参禅之指，今于净土一门，愿修而未决。老人因谓之曰：此事不必问人，只看自家为生死心何如。若为生死心如救头燃，志要一生取办，譬若人患必死之病，有人觅还丹可救，一人授以海上单方，足以起死回生，只在病者有决定心信此可服，更不必待觅还丹，只服此单方，顿令通身汗出，绝后方苏，是时始知其妙。但谛信此法，专心一志，至临命终时，方自知其效耳，又何必问取他人。勉矣行之，决不相赚。

答大洁六问

一问持律曰：初学不知持律，恐举动即错。受有次第，决无莽猎，然其间大小区乘，权实应用，虽根因利钝，机随浅深，不无弊端，幸提轨则，使利者仰遵而钝者拓武乎?

答：佛所设戒，律部载之详矣！本意为众生有八万四千烦恼，故设八万四千律仪，为对病之药，欲令烦恼病除，法身清净。因机有大小，故戒有三品，曰沙弥十戒，比丘二百五十戒，菩萨十重四十八轻戒。以沙弥、比丘二种戒，乃因事而设，名为遮戒，谓遮止过非，虽大小同遵，而多为小乘，但执身不行，有能执心不起者即为大乘，亦在事相戒。至若《梵网经》所说十重四十八轻戒，名为性戒，乃我本师卢舍那报佛所说，诸佛心地法门，名金刚宝戒，命释迦文佛展转传化。所言性戒者，谓了达自性清净，本来无染，顿悟本有清净法身，性自具足，故名为戒。经云：“若人受佛戒，即入诸佛位。”故释迦四十九年所说者，但传此戒法而已，末后拈花所示者，亦示此戒性而已。历代祖师所悟者，亦圆此戒光而已。故观一切众生佛性种子本来平等，以同具平等法身故。以佛性而观众生，则凡起一念杀盗淫妄，乃至说四众过、自赞毁他、谤三宝者，即断佛慧命，与杀佛无异矣！故列十重之科。若以平等法身而观众生，则无可杀盗淫妄乃至毁谤者，以乃圆满顿戒。然所重者独在佛性种子即佛之慧命，故不独上根利智能受，即黄门二根、淫男淫女乃至鬼神但解法师语者，皆堪受之，只要信一切众生佛性种子，即是平等法身，苟能作如是观，则于一切日用现前所遇境界，尽是戒光明地。如此不独执身不行，而于杀盗淫妄，触目念念佛性现前，则顿化为光明聚矣！又岂特执心不起而已耶？然持之之法，在遮戒固难，端在检束三业，制伏过非；唯此性戒实难，要以一片金刚心，持之勿失，但一念昧却，即全身堕落，岂细事哉！故《华严》十信初心持此戒者，说《净行品》一百二十大愿，则日用无渗漏处，尚堕事相；至若十住初心持此戒者，有《梵行品》审观离相，便是持此戒之方法也。初机常持此二品经，则久久自然相应矣！所云弊者，在遮戒有执相自是，多我慢自高，憎毁戒者之弊；持性戒者有未得谓得，纵放任情，认贼为子之弊。祛此二端，无问利钝，皆名真持戒者。

二问参禅曰：守律而不知自性，终属颟顸。欲求见性，无过参究，其间疑悟交关，子贼难判，幸垂永鉴，免堕迷坑。

答：佛说沙门所习，戒、定、慧三学，然律即戒学，其参究即定学也。惟教中所设定学，乃三观妙门，为悟心之捷径。后因禅道东来，重在直指单传见性为禅，而不言定，然禅即定也。初达磨示二祖，只是个觅心了不可得，名为顿悟。乃至六祖，只是教人不思善不思恶，那个是自己本来面目，即此返求自心，便是参究工夫，初无看话头下疑情之说。后至黄檗以下，乃教人看话头，以古人一则公案为本参，相传为实法。及至今时，师家教人，但参公案，不究自心，因此疑误多人，故今参禅者多，未有得正知见者，且又自以参禅毁教，盖为非真参禅也。殊不知古人为学人难入，特以一期方便权宜，只要人识自本心耳，佛祖岂有二心耶？殊不知提话头，堵截意根，不容一念生灭迁流，即是入定要门，而今别作奇特想，故多自误耳。唯今参究不可无话头，以初心散乱难制，要此作巴鼻。当未提时，须要先持身心，内外一齐放下，放到无可放处，从此缓缓极力提起话头，返看起处，从何处起，毕竟是个甚么，因未明见自心，故下疑情云：如何是我自己本命元辰？如此追求，是名参究，要念念不昧，心心不移，日夜靠定，废寝忘餐，忽然冷灰豆爆，本体一念现前，是谓悟自本心，到此依然只是旧时人，更无一毫奇特处，若得一念欢喜，便自为足，是名认贼为子矣！何况作种种知见，说偈说颂为奇货耶？切不可堕此魔网。

三问公案曰：话头破碎后，一千七百葛藤势如破竹，然一则稍讹，一齐云雾。从前破碎，方信鬼关。不识此弊而掉弄精魂，三途潜伏矣！

答：学人果能明见自心，到不疑之地，则与十方诸佛、历代祖师一个鼻孔出气，又说甚公案不公案。此事不是初机分上事，且姑置之，不必在念。

四问印教曰：不向教上印证者，不得正知见，此和尚旧训也。然义路是宿习，宿习难消，如油入面，万一印处有一丝意识，则悟者转落阴魔，资发邪见，为害匪细，幸揭关头。

答：老人寻常要修行人以教印心者，谓是为自己所知所见，一向无明眼人指示邪正，要以佛经印正，如《楞严》《楞伽》《圆觉经》中所说皆禅定工夫、悟心之要，将自心对照看，如佛所说，不如佛说，故云：以圣教为明镜，照见自心。不是将经中玄妙言句回为己解也。如子所问者，正不知话头落处也。至若吾人种种心病，唯佛披露殆尽，如《楞严》七趣升沉之状、五十种阴魔之形，《楞伽》外道、二乘之邪见，非佛细说，又何从而知惧耶？吾所谓印心者此耳。只要以教照心，不在义路不义路。至若宿习种种，又不止义路也。

五问阐教曰：法布施者大，法供养者最。因悟印教，即印阐教，似乎契佛知见，大转法轮，然悟非真悟，以印自信；印非真印，以阐自任。抹却诸注，独逞己明，是狮是狐，易于自愚，是阐是谤，难于自知，幸垂精判，永奉蓍龟。

答：为佛弟子，念佛恩难报，唯有替佛传法为真报恩者。故古之弘法诸师，有三种不同：一自悟本性，妙契佛心，于佛言教如从自己胸中流出，四辩无碍，且又深入教海，波澜浩瀚，如清凉、圭峰、天台诸大祖师是也。二虽未悟自心，依佛言教，印定自心，广探教海，如所解说，不谬佛意。此虽未超言象，而不敢妄以己见纵谈，依教敷演，如从前诸大法师是也。三有夙习般若种子，如有禅定工夫，自明己心，妙契佛意，但未广涉多闻，而正见不谬，虽有以浅为深之过，而无谤法之愆，其所宏扬，皆以法施为心，不求世间名利恭敬，如昔温陵、寂音诸老是也。此皆法施之大者。至有聪明利根，但恃己见为得，排斥古今，纵口横谈，唯以宏法为利者，此则不唯破坏佛法，抑且误堕后人，如是岂可以阐法称乎？此了然易见，不问可知。

六问颂古曰：古人悟后颂古，如描画虚空，不落色相。今人悟未能彻，辄易颂古，句出诗想，机同滑稽，以为悟语悟境，脍炙人口，一转堕狐，恬不知惧，此末法流弊乎？吾辈易失此坑，幸发针砭，普荷深慈。

答：颂古从上有之，不过发挥古人作略，聊示门庭施设，以彰大机大用，且出自己纵夺杀活之手，非徒矢口纵情构画为得也。此颂古、阐教二事，皆非初机所急，何须预设。古德云：但得了悟自心，不愁不会说法。如是初心唯以究心、求明己躬大事为急，切不可怀此见也。吾人苟能了悟自心，纵不阐教，不颂古，亦是真实出家，不负在袈裟下也。

示曹溪宝林昂堂主

岭南自汉方通中国，始知有文物，六百余年，至唐初六祖起新州，得黄梅衣钵，传西来直指之道，是时始知有佛法，开曹溪宝林道场，说法其中，自尔道荫寰宇，天下禅宗，皆以此为资始，何其盛哉！六祖灭后，肉身虽存，而道场渐衰，至宋，业三百余年，则丛林大坏极矣！时有子超禅师，蹶起而大振之，由是重兴其道。至若《传灯》所载者，自六祖后，不多见其人，故道法虽播于十方，而留心于根本地者寡矣！道场无开化主人，而僧徒习世俗之业，顿忘其本，固其所也。由宋迄我明万历中，又将五百年，道场之坏，尤甚于宋，僧徒不遑其居，而法窟皆栖狐兔矣！

丙申岁，老人至岭外，得礼祖庭，睹其不堪之状，大为痛心而去。又五年庚子，诸护法皆以法道为心，亟欲老人往救其弊。至则誓愿舍此身命，志为六祖忠臣孝子也，一时更新，百废具举。此仗佛祖护念之灵，非人力也。于时僧满千众，有惧僧徒之不安者，数人而已；求其忧祖道不振、后学无眼、法幢之不固者，独昂而已。至若知老人恢复之志、誓死之心，亦唯子而已。嗟乎！是知法门之得人为难也如此。于时老人初入曹溪，选诸僧徒可教者教之，众中物色，亦唯子而已。及老人住此八年之间，凡所经画为山门久计者，众皆罔然，其所经心关涉、钜细无遗者，亦唯子而已。及狮虫破法，魔党竞作，即前所称为道场者数人亦皆在网罗，求出之不暇，求其苦心保护丛林，忧祖道之崩裂，深知老人建立之恩者，亦唯子一人而已。当是时也，苟非子砥柱中流，委曲调护，曹溪卒无今日矣！及老人舍之而去，禅堂无主，几为狮虫所食，非子挺身撑拄其间，不唯道场破坏，后学无依，即老人中兴一片苦心，竟付流水矣！安望祖道之再振乎？是以老人别曹溪来，十年于兹，子日夜苦思老人之复至，望法道之更新，念念含悲，未尝一息忘之也。老人之南岳而子随至，既而老人逸老匡山，子寻即远来，见其感恩之心益笃，忧道日深，且冀老人之复至，或望至人之将来，其诚盖难以言语形容者，即古之忠臣孝子忧国忧家，烈女节妇誓死无二心者，不是过也。适来山中，老人留之已久，其哀哀之心，请益不一。老人因而示之曰：

子之志固嘉，而子之思亦过矣！子未闻大道之替，虽佛祖亦难逃于时节因缘，因缘聚会，盖不由人力也。且道与时运相为升降，殆不可强，即其人亦不易得也。谛观六祖入灭以来，今千年矣！其道遍天下，在在丛林开化一方不少，求其为祖庭而经理家法者，独宋子超一人而已。子超之后又五百年，志为祖道力整颓纲者，独老人而已。况在曹溪有众千人之中，求其忧祖道、知老人者，唯子而已。是则法门之人以此为怀者，岂易见哉！今老人示子最胜法门，所谓求人不如求己也。且当六祖未出世时，只一卖柴汉耳，因有夙植灵根，功夫酝藉已久，一旦闻经一语，顿悟自心，遂得黄梅衣钵。岂不是今日宝林道场，乃六祖肩头柴担、舂米腰石边来，故有如此广大光明，普天匝地，禅宗一派，一言一句，皆从柴担腰石边流出，至今供养香火，如生时无异，肉身坚固不坏，如现在说法无异，如是福泽，亦从柴担腰石边来，此岂有心要求人而后得也。子既有志上忧祖道，何必求人应之，彼既丈夫我亦尔。且六祖悟的一段般若光明，人人有分，不欠丝毫。如今只当忧自心之不悟，不必忧道场之不兴。若能了悟自心，则能搅长河为酥酪，变大地作黄金，拈一茎草作丈六金身，以丈六金身当一茎草，自然具大神通，随心转变，任意施为，无可不可。如是在我全具，又何苦思痴痴，望他人来作我家活计耶？古人要悟自心，在六祖已前，都是当下一言便悟，更无做工夫之说。六祖得黄梅衣钵，大庾岭头开示慧明道人一则公案，后来便是做工夫参禅的样子也。从今向去，教汝直将从前忧长忧短望人的心一齐抛却，但当自己放下身心，拌了一条性命，单单一念只求悟明自心，将慧明一则公案横在胸中，重下疑情，昼夜六时行住坐卧、迎宾待客、应事接物、茶里饭里、拈匙举箸，一切不教放过，疑来疑去，定要见自己本来面目。或提念佛话头，要见者念佛的毕竟是什么人。如此疑到似银山铁壁疑不得处，忽然命根断绝，疑团迸破，自己本来面目当下现前，是时方知念佛的人，如十字街头见亲爷一般，更不必问人。古人云：善造道者千日之功。亦有十年五年，或二三十年，或尽生不悟，发愿再出头来，又或有二生三生，乃至十生多生不昧本愿者。生死时长，常寂光中了无去来之相。且子年力尚强，果能决志从前日做起，即十年二十年能悟，今生尚遂我本愿。即今不悟，赖有此参究功夫般若种子，就是再出头来，犹是现成活计，纵远不过四五十年，打个筋斗，如在目前，那时整顿自家家事，有何难哉！舍此不忧，更忧别事，都是枉费心思，妄想无益。不唯无益，且增无边生死苦海，是岂不为大愚痴者哉！老人此说，如棒打石人头。如此做工夫，则是老人时时在汝眉目间放光动地也。

示曹溪旦过寮融堂主

天下丛林，为十方衲子行脚者之传舍，以万里云游，跋涉登山，冲风冒雨，蹑雪履冰，饥寒困苦，吊影长涂而莫知所止，故望一丛林，以求一夕之安，如穷子之望父母庐舍也。万一到处，主者不得其人，漠然而不加意，使饥者不得食，渴者不得饮，劳者不得息，病者不得安，则其凄楚苦恼之怀又将何以控告耶？从古接待十方丛林之设，深有见于此也。诸方四路各有退步，或有邻峰里市容可不得其所而更之他。至若岭南曹溪道场，六祖肉身现在，海内衲子所必往而礼觐者，所至必数千里外，单单度岭特为此事，况冒烟瘴之乡，出九死一生之地，茧足而至，此中可无接待之设乎？

老人未到曹溪之日，闻衲子至者无安居息肩之所，求其一饮一食而不可得，率皆旋行托钵僧房，皆闭门而不纳，即得米升合，又无炊爨，皆拾薪就涧，或得一食而行。老人忧之，乃逐屠沽之肆，辟为接待十方禅堂，别立斋厨，以便其食，所需皆取给于内堂，必使周足，听其饥者食，渴者饮，劳者息，病者调理，污者浣濯，任其久近，随其去来，是以业海而为乐土矣！但求一主者不易得，且有即此而造地狱者比比也，或有狮虫集此以作魔挠，力不能制者，多未安也。顷昂公来云：近得融公为旦过堂主，事事如宜，足副建立之心，居三年如一日也。老人闻而喜曰：此老人愿力所至也。常思菩萨修行以慰安众生为本，当思一切众生老者如父，少者为兄弟，一以孝顺心而敬事之。况在法门，有同体之谊，又非其他可比，苟能以孝顺心而敬事之，是则以佛心为心也。《梵网戒经》乃佛之心地法门也，首称孝名为戒，所谓孝顺三宝，孝顺师僧，孝顺至道之法，若能受此戒，即入诸佛位，是即以孝顺为戒之本，戒为成佛之本，能行此行，即是作佛之基，不用别求佛法矣！《华严经》云：菩萨布施众生头目身肉手足，有来乞者，随与而去，且自庆曰：彼来乞者皆我善知识，为我不请之友，能成就为无量功德，令我坚固菩提愿力。由是观之，则今十方来者皆我不请之友。融公若能以孝顺心恭敬供养，以满金刚戒品，为成佛种子，即此一行全摄众行，又何舍此而别有玄妙佛法哉！融公能谛信老人，从此深心以尽身命供养十方，坚志不退，即是菩萨以头目手足而施众生等无有异，求佛妙道又何加于此！其或未然，更将六祖本来无物一语横在胸中，久之，一旦识得自己本来面目，是时则将六祖鼻孔一串穿却，乃见拈一茎草即是已建梵刹，唯恐十方云水之不早至，又何疲厌之有哉！嗟余老矣！愧不能再为六祖作奴郎。公能体此，即是代老人常转如是法轮也。

示曹溪基庄主

六祖居曹溪宝林，不容广众，乃向居人陈亚仙乞一袈裟地，尽曹溪四境，而山背紫笋庄者乃袈裟一角也。向僧居寮舍当寺之半，久之，僧多忘本，外侮渐侵，豪右蚕食，其山场田地多入豪强，僧业废于八九，而祖龙一背尽失之矣！居民樵采，已及其内地，将见侵于肘腋。老人初入曹溪，乃悉其故，因谓众曰：土地者，丛林之本也，况吾祖袈裟犹故，亚仙之祖坟墓尚存，是以谓祖翁田地也，安可失乎？遂集众鸣于制府，准令本府清其故土，正其疆界。众皆瞢然，不知所止，即有知者亦畏缩不言。独基公以昔居此，历历指掌，以是豪强气沮。老人乃募资收赎其故有之田地山场，尽以供膳宝林禅堂，赡养寺后学僧徒肯办道业者，将以赎六祖如线之脉。因以基公为庄主。公佐助老人中兴曹溪，清理常住钱谷，及一切事务，井井有条，苟能守之，即千载犹一朝也。老人去曹溪将十载，诸规尽废，唯禅堂得昂公守之如故，而基庄主精白一心，未忘初念，视老人如在左右，保护常住秋毫皆如护眼目也。老人愧无缘，不能尽兴祖道，因思昔黄龙有不豫之色，首座问之，答曰："监收未得人。"是知古人用一监收，为深虑如此，而庄主之责，岂细事哉！自古国家皆以得人为难，而丛林亦然。曹溪千僧，老人居十年淘汰，只得一禅堂主、一庄主两人而已，更有二三人能为之辅翼者，则德不孤，事易行，而祖师道场亦可保其无虞矣！堂主来省老人于匡山，基公因以问讯，寄此卷请益。老人复何言哉！惟吾佛出世，并无别事，但为护念、付嘱二事而已。所以护念者，为欲得人以续慧命也；付嘱者，以佛家业有所付托，如长者以家业委付其子也。即历代诸祖皆如佛意，志在慧命不断耳。今佛祖之道寄在曹溪一脉，而曹溪务在得人，得人要在膳养，膳养赖其四事，四事赖其主者，苟主者得人，则众有归，道可办，而丛林可振，法道可兴。法道兴则佛祖慧命相续不断，永永未来，端有赖于今日也。但能保护慧命，即是深报佛恩，如此即名真是佛子矣！基公可谓能报祖师恩德矣！从今更能深念六祖于大庾岭头教慧明公案，怀在胸中，重下疑情，疑来疑去，疑到疑不得处，忽然迸破疑团，露出本来面目，是乃可称六祖的骨儿孙，较之保护祖翁田地者，可谓百尺竿头进一步也。此则公案是六祖命脉，苟有一人于此参透，则六祖常住世间未灭度也。今千载陈烂骨董，老人重新拈出，因公增价，则此后常放光明，照天照地。直当拌此身命，坚固其心，不可一息懈怠也，勉之。

书 问

答德王问

承大王谕使者，访问山僧修行直捷法门，云王已能持不杀戒，斋蔬三年，但念末后一着为急，有何法修持，至临终安乐，后世不迷？此乃大王宿习，般若根深，积生修习，故今处富贵尊位，不昧本来一念，真切参求法要。山僧愚劣，敢以实对。惟佛说法度人，如应病之药，方便多门，不是一种。自教流此土，古今依奉修行者，有禅与教两门，人人共由。禅则传灯诸祖，直贵了悟自心，其下手工夫，则以单提话头参求，直至明见自心而后已。此独被上上根人，一超直入，又须善知识时时调护提撕，方得正路。在昔王臣亦有能者，盖不多见，是乃出家人易为行耳。今大王尊居深密，不易接见善知识，故不敢以此劝进。其有依教修行，昔有天台智者大小止观，乃成佛要门。其大止观文繁，难于理会。其小止观虽简易，其实要说解明白而下手安心亦不易入，即能知能行，亦难得亲切，日用现前境界逆顺处多用不上，况末后大事乎？此法亦非大王所易行者，亦不敢进。今独有佛说西方净土一门，专以念佛一事为要，以观想净境为正行，以诵大乘经为引发，以发愿为趣向，以布施为福田庄严。此实古今共由，不论贵贱智愚，俱能真实下工夫，故万人修行，万人效验。此愿大王留意焉。谨将日用修行规则，条列如左：

我佛为救度娑婆世界诸苦众生，专说西方极乐净土法门，但专以念阿弥陀佛，发愿往生彼国，有《弥陀经》一卷，便是证明。其经中所说，都是彼国及国土境界实事，最是明白。其修行之方，亦有节次，如僧家功课之法，不必拘套，但以念佛为主。每日早起礼佛，即诵《弥陀经》一卷，或《金刚经》一卷。即持数珠，念阿弥陀佛名号，或三五千声，或一万声。完即对佛回向，发愿往生彼国。语在功课经中。此是早功课，晚亦如之。如此日日以为定课，定不可缺。此法教诸宫眷如法同修更妙。此乃我圣宗仁孝圣母所行，垂法宫闱，至今不废者，是为常行也。至若为末后一着大事，其做工夫，更要亲切。每日除二时功课之外，于二六时中单将一声阿弥陀佛横在胸中，念念不忘，心心不昧。把一切世事都不思想，但只将一句佛作自己命根，咬定牙关，决不放舍。乃至饭食起居，行住坐卧，此一声佛时时现前。若遇逆顺、喜怒、烦恼境界，心不安时，就将这一声佛提起一拶，即见烦恼当下消灭。以念念烦恼是生死苦根，今以念佛消灭烦恼，便是佛度生死苦处。若念佛消得烦恼，便可了得生死，更无别法。若念佛念到烦恼上作得主，即于睡梦中作得主。若于睡梦中作得主，则于病苦中作得主。若于病苦中作得主，则于临命终时，分明了了，便知去处矣。此事不难行，只是要一念为生死心切，单单靠定一声佛，再不别向寻思，久久纯熟，自然得大安乐自在，得大欢喜受用，殊非世间五欲之乐可比也。惟大王留意此法，便是真实修行，舍此更无过此直捷省事者也，切不可听邪见邪说而惑焉。

又大王若要末后知去向，更有一妙法，请为言之。其法就在念佛心中，时时默下观想，想目前生一大莲花，不拘青黄赤白，状如车轮之大。观想花状分明，仍想自身坐在花中须台之上，端然不动。想佛放光明来照其身。作此想时，不拘行住坐卧，亦不计岁月日时，只要观境分明，开眼合眼了了不昧，乃至梦中亦见阿弥陀佛与观音、势至同在花中，如白日明见。若此花想成就，便是了生死之时节也。直至临命终时，此花现前，自见己身坐莲花中，即有弥陀、观音、势至同来接引，一念之顷即得往生西方极乐世界，居不退地，永不复来受生死之苦。此实修行一生了办之实效也。惟此法门，非是僧谈，乃佛经中处处开导直捷法门，所谓惟有径路修行，但念阿弥陀佛，舍此别无妙法矣。闻大王心不求长生，但愿末后明白，除此再无可明白之法矣。若怕疾病，要学调息运气求却病，此非良法。若气不善运，返至大病，至不可疗，万万不可惑于此也。若是念佛一法得入亲切，其余总不必留心矣。愿大王着实谛信，切莫怀疑。

又

正月二十七日，僧蕴真奉大王令旨，持睿语，下问事件。山僧伏读再三，足见大王体究生死大事，要明性命根宗，了达佛祖禅教旨趣。山僧愚昧，不敢妄谭，谨按教典，一一条牒来问，对答分明，陈列如左，伏乞睿览。

一问三乘之道，性命之原，教禅之说，达磨之道，何曰无字？心地何处用工？人生到底怎么下落？又说有佛无佛，端的何为？又说一静之中无我无人，犹如太虚，到底如何？可将上中下乘言语，佛祖度众生之念，一一细剖解释，是所愿闻。

答：佛教宗旨，单以一心为宗。原其此心本来圆满，光明广大，了无纤尘，清净无物。此中本无迷悟生死，圣凡不立，生佛同体，无二无别。此正达磨西来，直指此本有真心，以为禅宗，故对武帝云廓然无圣。若能顿悟此心，则生死永绝。只在当人一念顿悟，即名如如之佛，不属修证阶差，不属三乘渐次。此禅宗目为向上一路。从前诸祖所传，即指此心，以为宗极。是名为禅。此宗不立文字，只贵明心见性。其修进工夫，当初达磨教二祖，问曰："汝作甚么？"二祖云："乞师安心。"达磨云："将心来，与汝安。"二祖云："觅心了不可得。"达磨即与印正云："与汝安心竟。"此"心不可得"一语，便是西来的指。二祖又问："岂无方便？"磨云："汝但外息诸缘，内心无喘，心如墙壁，可以入道。"此便是教参禅最初第一着工夫。达磨之道，如此而已，除此心外，更无别法。后来禅道既久，学人不能顿悟，故有参禅提话头之说。其话头不拘是谁，随将古人公案一则蕴在胸中，作话头，下疑情。即"无"之一字，就是公案。直这疑处，便是参究。参来参去，久久忽然心地迸开，如大梦觉，即名为悟。以参究便是用工夫。以正参时，心中一念不生，了无一物，故说无我无人，犹如太虚。悟处便是下落。既得了悟自心，则历劫生死情根一齐顿断。既悟此心，又说甚佛与众生！故从此已去，三界往来，任意度生，永绝诸苦，不被生死拘留，是称菩萨。此便是参禅到底下落，性命从此了却。若不悟此心，则被一生作下善恶业牵，轮转六道诸苦趣中，到底没下落。所谓生死苦海，无有彼岸，正谓此也。

一问三乘之道，乃是佛度众生，随机施设，权巧方便之法门也。一大藏经皆是此意。原夫一心之法，生佛同体，本无身心。盖因最初一念妄动，迷了此心，遂结成幻妄身心，即今人人血肉之躯，名为色身；即今知觉思虑者，乃妄想，《心经》说五蕴是也。五蕴者，色、受、想、行、识也。肉身即色蕴，心即受、想、行、识之四蕴。以身心知苦乐等为受，分别贪求念念不断为想，此想相续不断为行，此三即知觉思虑之心，其识即命根。初未迷时，但只云性；既迷真心，有此幻妄身心，其识连持此身，故名为命。此性命之原也。佛初出世，只是教人了悟此心而已。以迷之既久，不能了悟，故佛设方便，先教人知此身是苦本，其苦因贪瞋痴爱烦恼所集而生，故要人先断烦恼，其苦可出。有中下根人依之修行，断了烦恼，果然得出生死之苦，是称声闻、缘觉，为下中二乘，因他但能自度，不能度人，不知同体之意，只得一半，故名小乘。及有大心众生，既能自度，又能度人，自利利他，广修六度，谓能布施、持戒、忍辱、精进、禅定、智慧。有此六行，其心广大，是名菩萨，故名大乘，又云上乘。此二乘法，一大藏经都说此事，只是要人了悟此心，末后会归一心，即名最上一乘，是名为佛，此教中之极则也。

三乘修行之法甚多，说不能尽。但依一法修行，皆得出生死苦，非止一端，种种方便，直是悟了此心，方是末后下落处。未悟此心，俱在生死海中，随善恶转。若作善，即生天上人中。若作恶业，纵贪瞋痴爱，即堕三途，受苦无量。此三乘法，若学中下乘修，则一向爱恋此身，贪着受用，妄想之心不能断除，故不能也。若学上乘人修，虽能布施持戒，其后四行又不能全，亦不能即出生死。纵修善法，生在天上，福尽还坠，如汲井轮，终无下落。若求悟明此心，可了生死，无奈如今现前事法交错，又不能下苦心参究，纵参亦不得真善知识指教，恐错用心，返落邪道。如此，岂不虚过一生？虽要求个下落，到底无下落，以天上受福，未免轮回故也。故佛别设直捷方便，念佛求生净土一门，此乃一生成就，临命终时，定有下落也。今将念佛净土法门，为大王陈之。

一问净土法门，为何而设？因佛设三乘之法，要人修行，不是一生可以成就，恐落生死苦海，难顿出离。若要参禅，可一生了悟，得出生死，又因妄想纷纷，习气深厚，不能参究，若未悟明此心，不免轮回。故别设西方净土一门，此不论上中下根，及贫富贵贱，但肯依而修之，一生可以成就，所谓惟有径路修行，但念阿弥陀佛，更无巧妙。何以如此？以我今现住世界，名为娑婆，乃极苦之处，谓生苦、老苦、病苦、死苦，乃至求不得苦、冤家聚会，种种诸苦，说不能尽。虽是王侯将相，富贵受用，种种乐事，都是苦因。以此极苦难得出离，故说西方净土，名为极乐世界。以此国中但受诸乐，故名极乐。以彼佛国绝无秽污，故名净土。无有女人，莲花化生，故无生苦。寿命无极，故无老、死苦。衣食自然，故无求不得苦。诸上善人俱会一处，故无冤家聚会之苦。以彼国土七宝庄严，故无瓦砾荆棘、便利不净，种种清净，全不同此世界。《弥陀经》中所说，一一皆是实事。今一切人求生彼国者，更无别法，但一心念佛，以为正行，日日回向。又心想莲花，身坐其中，故临命终时，即见阿弥陀佛放光接引，见大莲花涌现在前，见自己身坐于花上，一念往生。既生彼国，从此永不复堕生死苦趣，名不退地菩萨。此便一生修行结果，后世下落，如此分明，除此之外，别说临终有甚境界，皆是邪说。若不念佛，及临命终时，随造恶业，恶境现前，悔之晚矣！此是最省要直捷修行法门，是佛别设接引方便也。

一修净土，不必求悟明心性，专以念佛、观想为正行，又以布施、斋僧，修诸福田功德，以为庄严佛土之助。其念佛心中，虽发愿往生，然必要知先断生死之根，方有速效。如何是生死之根？即今贪着世间种种受用，及美色淫声、滋味口体，一切皆是苦本，及一切瞋怒忿恨之心，及执着痴爱之心，与一切邪魔外道，邪师所说邪教之法，即如今一类邪人，妄称圆顿达磨等教，及妄立南阳净空无为等教、归家等偈，一一皆是近代邪人望空捏作，此等言语，惑乱世人之法，俱要尽情吐却。乃至全真，采取阴阳等术，内丹外丹之说，都是邪法，皆不可信。单单只是笃信念佛一门，每日诵《弥陀经》两卷，念佛若干，或不计数，只是心心不忘佛号，即此便是话头，就是性命根宗，更不必问如何是性命、当人本来面目，及三魂七魄元辰之说，这些全是在血肉躯上，妄认妄指之谈，俱无下落。

若问在生怎么样，没后怎么样。在生造恶的，没时恶境现前。在生念佛求净土的，没时净土佛境现前。以遂我所求，乃是好事。若不是所求善心中来，都是邪魔之事，决不可错信，误了百劫千生也。但看《楞严经》中，说的分明。

若说有相皆妄，此言是参禅门中的话，单单只求清净真心，不容一物，故说有相皆妄。以念佛净土，原是想心成就，经云“想澄成国土”。以参禅要断妄想心最难，故今以净想换去染想耳。其莲花现前，正是观想成就，又何以妄相推之。修行各有门路不同，不可一概论也。

已上所答，皆依佛祖经教中一一考正，不比妄谈。若参禅，则以明心见性为主。若念佛求生净土一门，不必明心见性，单单只是念佛。佛者，觉也。若念念不忘佛，即念念明觉。自心若忘了佛，便是不觉。若念至梦中能念，即是常觉不昧。现在若此心不昧，则临终时，此心不昧。即此心不昧处，便是下落。贤王如今国事万机，决不能参禅，惟有念佛最好，不拘闲忙动静，一切处都念得，只是一心不忘，更无别巧法。

其前知，乃神通之事，此不必求。当时佛不许学习此事。若成了佛，自然有神通，不待求也。其鬼神前知，非是人可学得的，切不可想此等事。

若念佛到临命终时，自然预知时至，亦是寻常念力成就，不可强也。

已上数条，伏乞贤王详察留意焉。

与达观禅师书

一

某钝根下劣，屈于尘习，适特地走人间，自以无谓，不期锡杖落此，岂知吾师精进力所摄持耶？昨礼座下，辱法爱，连宵彻夜，真言密语，如咒病龙，心心在云雨耳，即殑伽能领深恩矣！惟师一一辛苦中来，某一旦坐受其惠，竟何以报，想十方诸佛定为此会生欢喜、发赞叹耳。此缘殊非小小，某愚痴，向谓琬公亦灵山会上人耳，匪蒙携过云居，亲见肝胆，则某此生几不知此公矣！承命作《复琬公塔院记》，初不自量，将谓易易，遂莽卤承当，及至雷音，睹其真迹，不觉气缩，即以虚空为口，大地为舌，犹不能赞其功德，况方寸流注乎？因恳祈请法力加庇而为之，尤难措辞，马上至潭柘，思已过半，及睹师手书二经，庄严妙丽，读愿赞则泮然具足矣！十五日暮归慈寿，次日焚香礼祷而后操觚属草，刚完，使者持法音至，讽诵数过，欢喜绝倒，劳法身特现尘中，盖似慈悲太煞，使某何以当此，敬谢无量。《塔记》谨此报命。其文千二百余言，但某心血止此，有则尽吐之矣！其间但欲点染虚空，自觉少光焰耳。愿师印证，不吝郢削，无使琬公见屈，抑令观者增深佛种。惟慈摄受之。某和南言。

附达大师答书

一

真可和南。辱《塔记》，即率众焚香顶礼讫，疾读三四过，令人无地可以寄口舌赞叹也。苟非真得琬公之心骨之苦处，安能吐辞等刀锯，剖痛情哉！宁惟使琬老朽骨生春，即某足赖之不朽矣！如是扶植法道，将何以报海印主人？咄！一棒分死活时，决不敢作世谛流布。某再和南。

二

憨山大师侍者某。此回出山，诸人以为突出意外，那罗窟主此回来燕，圆成无量功德，岂惟诸人虑不及此，即窟主亦不意憨头憨脑，闯入是非闹蓝，做许多好事，发古德之幽光，解众人之纷纠，而道人亦得托不朽于寸管，是无上供养，惭何以消。怖惧！怖惧！怀静送经圆赞并小叙，谨奉命，即着如奇呈正。超如所持偈，不遑一为发挥，行恐触境逢缘，终被物使，奈何！奈何！道人行踪，主人既还东海，即亦往石经矣！然再必一晤而别，尚有数语，似不可少者。某再和南。

二

承慈远问，悲欣交集。病病之心，知在法眼望色决脉于十年前矣！惟神明之秘，久默斯要，今岂逃洞见肝胆耶？但今道人受病之原，初为客邪所干，中伤真气，以致君火太盛，销铄肺金，内外交攻，上下否塞，栀子、益母不用而用贝母，转使大小便利不通，固结日甚，庸医误入肉寇，热势益增，几闷致死，赖甘草解之，而拣去肉寇，得椒通和，周身汗出，道人幸佐以军姜得苏。其同病者竟误中狼毒，良医束手。幸元气未损，必不伤生，须徐徐调理，但真阴水生，心火渐降，客邪消伏，真君泰然，则可保复元气，全生性矣！感荷慈念，远问受病之原，其状如此，惟赖白毫远照。自受病以来，虽大火猛焰炙身，而五内清凉，略无一念疲厌之心，其视三界牢狱，四生桎梏，端若天光云影耳。向来所入海印三昧，俱成水月道场、空花佛事矣！幸得情关迸裂，识锁顿开，时将长策象王而逐金毛，回步旃檀之林，饥餐紫柏，渴饮曹溪，吾生之愿，遂毕于此。更不敢劳移步毗耶，再施甘露，但愿安隐那伽，深入无际，以待围绕三匝耳。使回，谨此奉慰慈注。

三

世相空花，翳目颠倒，已不足论，而成住坏空，往来代谢，有为如是，法性湛然，复何加损。第念法缘未溥，愿力未周，向为智碍，今则从空霹雳一声，种种幻化，云翳荡然，且幸而今而后方为无事道人。此正火聚刀山成就清凉如幻解脱，斯实圣恩于我不薄，其他一切是非泯然殆尽，又何足道。若能成就无上道力，一切佛土随愿往生，又何区区拳石勺水间耶？知师同体之爱，爱逾骨肉，同心之忧，忧入肺腑，故敢以此奉慰，非妄语也。不慧出期不远，傥幻缘有待，尚图荷策云山，优游末岁，其法喜之乐，又当如何？此又天龙所遣，成就第一希有功德也。

四

不慧障缘深重，辱师同体慈力而摄受之，所劳神用，种种甚微细智，固超情表，岂容言喻。旅泊话别，挂帆而西，以新正五日抵桐江，冒雪吊健斋。晤见台公，询休郎动定，云业已束装，明发，有九江之行。寻即遣书至吉水，邀过桐江，相聚舟中，欢然道故，宛若多生熟游菩提分法人也。尔瞻闻之，即迎过铁佛庵中相见，机语甚投。此君根器猛利，况得休郎为前茅，不一言之下，则向之坚壁旗鼓不觉自偃，顿然翻案，大非昔日邹君也。不慧过上元方行，休郎送至庐陵，会王性海，此君天然道骨，不意末法尘劳中有此上根利智，将来成就法缘不浅，因留连二日而别。休郎即放舟东下，想见知忍，则可委悉因缘矣！不慧于二月三日过庾岭，旅邸壁间，忽见师留题，恍对法身而临宝镜，欢喜踊悦，因书偈曰："君到曹溪我不来，我到曹溪君已去，来来去去本无心，谁知狭路相逢处。"饱餐而去。六日至曹溪，礼六祖真仪。顷即出山，至五羊，谒总镇王公，囚服见之。此公意气甚高，亲见降阶释缚，乃云："公物外高人，况为朝廷祈福致此奇祸，何罪之有？吾辈正中心感重，岂可以寻常世法相遇。"固让不可，竟留款叙移时，斋食而退。且又遣力护送往戍所，途涉千五百里，道殣相望，虽三尺童子亦操戈挟刃，殊不辨其盗非盗也。至电白，其程犹半，迤南山林蓊郁，咫尺迷踪，旷野高原，迥无烟火，穷日粒米不糁，终朝滴水不啜。雷地饥荒尤甚，业已四年，瘴疠大作，时疫横行，毒气熏天，炎蒸蔽日，枵腹罹灾，死伤过半，悲惨之状，大不可言。况复海岸腥风，岚烟烈日，触鼻透心，神昏意醉。此为罪乡，诚非虚设。私谓自非彻骨冰霜，何能消此酷毒也。仰庇诸所堪能调伏无生忍地，即荷戈行伍，不异道场，但泉涸草枯，无薇可采，资非禅悦，何虑不为西山饿夫。惟不慧道愧先德，遭时过之，此业力所胜，死生又何置念，直以本愿未酬、佛恩未报为惭愧耳。窃念诸佛以不思议神力调伏众生，非以一方便而折摄之，欲其情枯智竭，须知极境穷源，冥益钝根，真慈不浅。傥法缘有在，异日天假有缘，与师对谈梦幻法门，岂不以今日因缘为实证也。惟师智光圆照，天南万里不隔纤毫。仰愿无缘慈力，时以摄之。

五

江头一别，瞬息三年，无时不寄情霄汉间也。丁卯冬初，觉音来，得奉手书，并荷慈惠，法宝盈箧，种种功德，真洒甘露于焦枯、布慈云于火宅也。《康祖赞》，点开髑髅金刚正眼，读之令人遍身毛孔熙怡，喜不可知，此非无缘慈力，何能至此。觉音云，杖锡有远游之念，自尔不知所指。此心逐逐妄想，每与右武聚首，未尝不对妙音色相也。右武真奇男子，前冬别时，顶门一针，渠自云痛彻至踵，顿然翻案，不慧因赠之曰："觉非居士，今已大非昔人矣！"此公别去，时复寥寥，所幸诸缘屏绝，四大轻安，无所损恼，得以闭门穹庐，究竟未了公案，《楞伽》幸已脱草。去夏摄引初机数辈，演《法华》于武场，以酬师之大愿，有《击节》数纸。此皆支离糟粕，殊非真知见力，但念此余生置身于无事甲里，弥感圣恩难报，聊复以此消磨岁月，且仗诸佛神力，持以洗污教之愆，故不惜世谛流布也。适接法意，不觉欢喜绝倒，瞻金刚塔，如对法身，读诸祖赞，如听梵响，啜阳羡春茶，如灌醍醐。念此瘴乡，何缘得此，普令见闻随喜获益。大义重来，此亦僧中程婴也。此子信根原深，第习气不浅，今幸撇来，亦大损减，又荷师法力摄持，即此可望上进。觉音此来大为抖擞，胸中颇有乐地，惜乎志有余而力不足，亦不负此生，可作金刚种子，再出头来，必不负善知识因地也。渠闻师在匡庐，函欲一见，遂遣先归以报。计大义入夏可至，至时又当委悉。

六

前大义来，接法音，欢喜无量，知动定如宜，甚慰远怀。比来为曹溪因缘，想闻之必大抚掌。先心尚欲令义郎自燕而晋，及临行，念其二十年来跉跰他方，今其师物故已二载余，宁忍不拈瓣香撮培土乎？因是遂立促还家山，由楚而归，不及布体座下。今夏幻躯幸无大病，第为荔枝魔发，遍体疥瘍，又为假曹溪粥饭僧魔妄作鬼祟，是故养病蘧庐，此时正欲入山，且幸某公发大道心，愿作檀越，第其人清澹如水，志大力微。师能以无作妙力，遥伸右手，过百一十城，竖此金刚幢乎？不知上方佛土宝威德如来何日为众生说法，令我遥闻謦咳弹指之声也。新岁三得中甫问，慰安情至，深感道义同体，知应微车计秋中可抵蓟门侍座下耳。粤孝廉冯生昌历，乃此中弟子上首，近书来云已入丈室，何幸如之，第不知此子去就何如？傥在都门，愿时时拔济。知二护法大著勇猛力，必致感应，但听时节因缘耳。

七

堪忍土中事，种种幻化，正宜法眼视之耳，若入鹙子之目，亦未免作净秽见也。昨永顺持法音来，知杖锡有灵岳之行，回书径往报之矣！旃檀如来因缘，已悉前问，盖佛神力不假于他也。持去《楞伽笔记》，奉入慧目，以作法供养。某下劣，深知此一段大事因缘皆如来所遣，圣恩所赐，即此可为报恩地，但愿此法普遍微尘刹土，一切见闻同入自心现量，即不慧委填沟壑，则此生千足万足，夫复何憾！第不审就中有少分相应否？愿大施金篦，披刮翳膜，其幸不在区区耳。

八

春三月，促觉音负病归，是时尚想紫柏与五老争雄，遣八行往讯，忽顺禅人持秃笔字来，则知已拖泥带水，向万里无寸草处去也，笑老痴为底事，如此忙碌碌耶？昨有人说长安路上有个没料理汉，窃官家一坯土，捏作丈六金身，令无量人生颠倒想，复将丈六金身撇向十字路上，令往来驴马践蹋。若紫柏老痴过此，又作么生耶？尝忆老赵州将一茎草作丈六金身，老雷阳则将丈六金身作一茎草，此个公案，是同是别？知在万仞峰头，必发一笑。老红盔近来毒气熏得耳聋眼花，鼻塞咽闷，不知何时向白银界里翻身，一吐此恶习也。

九

红盔去紫柏万里，时闻说法音声，在鼓鼙刁斗间，如涂毒入耳，转令瘴烟毒雾化作甘露，日夜饱餐，故当死不死。更见钵沿蚊蚋，贪涎流溢大千，何时三灾火起，烧为煨烬，毗蓝飏去，光音霪雨，一洗劫灰，净尽无余也。曹溪旧称西天宝林，比为魔宫鬼窟，可笑紫柏老人神力不大，暂求一宿不能安。今天遣红盔，特来洒埽，八年之内，极尽神力，一洗殆尽，魔党尽驱，今将化秽邦而成净土，变业海以作莲池，老卢埋没千年，今日始得转身吐气将来，绝后再苏，顿见光明赫奕，但阁门坚闭，不能顿现无量庄严佛土，只待文殊遥伸右手，过一百一十余城，聊藉弹指之功，便见重重无尽境界，假使十方世界一一善财如佛刹微尘数众生参礼时，可使一一顿入毗卢法界也。此盖老红盔枪头上佛事，旗竿下工夫，较老紫柏端居净土，坐莲花中，吐广长舌，为诸化身大士说利生法门时，同别何如？某禅人远来相问，不减契顺走惠阳，老红盔且无觉范别胡强仲气习也。某舌端时时现出紫老法身，居然在目。敬持梵香一盂，用伸供养，唯慈照之。

与妙峰禅师书

一

某切自念钝根下劣，结习浓厚，乘夙善缘，天幸吾师辱以真慈拯拔，曲尽心力，善巧方便，面命耳提，日夕无间者数年，居常切睹我师默造之心，恨不能通身跃入我心，顿令眼目动定，若有灵圣者。但土木坯胎，终难变化，虽然，祷之既久，入之既深，不无感通冥应，某情虽卤莽，而于潜滋密化，未尝不由吾师幻网三昧加被之力也。云聚清凉，月明空界，自尔形分影散，隐显同时，虽于妙音謦欬，势阻关山，然其实相真身，俨含心水，别经五稔，犹同一日，道越三千，不隔寸丝，是则深居寂寞之滨，益入圆通之境，可谓迹逾疏而心逾密，声日销而实日彰，某之形神，未尝去吾师一念也。然某自知形器秽浊，谓斯朽骨恶气冲天，非寥廓大谷不足以藏之，尘劳塞汉，非汪洋巨浸不足以洗之，故甘心拌命，掷此山海穷乡，而置尽绝之地，且将无复人世矣！不意默承护法菩萨，运通宝藏，顿使一光东照，大破暗冥，可称万世希有功德，原其所自，与者受者，又皆尽从吾师圆妙清净真心流出也。客冬，某持法旨至，接读十数通，深见师心，不觉涕泣交颐，即所云喜心翻倒剧，呜咽泪沾襟耳。然所悲者，非属于情，而在出于常情者，举目寥寥，岂容多见，是不容不感悲且痛也。嗟乎！某此生已矣！竟同草木，枯槁无疑，至若报侍左右之心，有怀未即。惟愿我师真慈不弃，心心圆照而摄受之，令痴子不入颠倒狂途，而安步归圆觉路也。时幸托此一枝，颇称幽胜，傥识海波澄，意吾师心月能自忍留光，而不落影于此中乎？

二

不慧平生，每自克念，于此长夜，得值吾师，可谓再逢亲友矣！故自缘会三十年前，即知有向上事，二十年中，常勤除粪，此一念苦切之心，未尝去于眉睫，但恨积习深厚，不能顿净现业流识，有负师友法恩，大为惭愧。爰自离析以来忽十五年，实已卧薪尝胆，痛自策励，未敢少惰，第以幻翳未消，犹沉幻网，心知被缚，力不自由，良以慧剑不利，不能顿裂，此知痛处，敢欺吾师。及幸以法为缘，知报佛恩，即以幻网为佛事，其荷负之心，实持九鼎，而法执之病，益增七重，将谓不负所生，敢追先哲，此实狂愚，非谓慧也，幸亦心知非正，如梦渡河。念蒙圣主隆恩，惠以金刚焰，烁破重昏，使历劫情根一挥顿裂，回视昔游，皆同梦事，是故不慧以此庆快平生，心知吾师必为我贺。今虽远投瘴海，如坐道场，饱饮炎蒸，如餐甘露，荷戈之暇，惟对《楞伽》，究佛祖心印，始知从前皆堕光影门头，非真知见力。是知诸佛神力，调伏有缘众生，非止一种方便，若逆若顺，无非令入清凉大解脱门，火聚刀山，无非究竟寂灭道场地，而今而后，或可谓不负己灵，亦可谓不负师友矣！于会心处，随笔记之，今将卒业，此虽非正顺解脱，聊以法自娱，适足以见光阴不虚度耳。意吾师闻此，必发一笑也。

大义万里远来，以得法音为喜。第念此子持吾师一言付嘱于不慧者，已十五年，心如一日，辛苦万状，然于禅道佛法竟未启齿，此真出世丈夫，法门奇事，今复依依万里至此，岂不慧所堪？况彼师亲皆老，何独我为？是以促归，且以不慧行藏，奉慰知己慈念也。第缘有聚散，法无起灭，在正眼视之，了无朕迹，刹海不隔，劫念圆收，又何有去来彼此之相。吾师处此久如，谅不以天涯罪夫劳静虑也。傥天假以年，犹当白首同归，以酬初愿。惟禅悦滋神，以道自爱。

三

惟师以法界为心，以行愿为身，即弥纶华藏，庄严尘刹，当无疲厌。此遐荒虽远，正不出吾师毛孔也，其摄受之心，如珠网交罗，光光相照，更不容妄想于其间耳。钝根年来坐此瘴乡，所作佛事，亦不出师幻网三昧，第以情生智隔，不能餐师法性之乐，然亦赖此为消热恼，作清凉地，师其以为妄乎？古人为到处家山，随缘乐地，不慧即不能全体，适足以自娱，《楞伽》四卷诚以印心。吾师慧目肃清，必深照洞彻其原。即此生无对面之期，而世世常为法侣矣！

四

自入瘴乡六年，不知霜风作何状。今正月六日南征，宿新州客邸，寒风刮面，不减塞上，夜深拥衲，梦想正在万丈冰雪中，忽推门扣见者，大义也，乃惊喜绝倒。所负北来诸故人书，首开吾师函，恍若对面坐五台拄地庵中，枕膝夜话时也，欢喜可知。复询吾师种种功德，种种庄严，此家常事，不假称扬。尝读《楞严经》，见阿难望佛惠我三昧之语，将谓虚谈，以今观之，不但身坐瘴海，即入铁围，必蒙吾师足光先照矣！所谓因缘会遇，穷劫不磨，岂妄语哉！不慧今年五十有六，不觉老至，形容透俗，心地日开，常自私语，若此形不化，足以甘心苦海，为人天作桥梁卧具。此狭劣之见，始由吾师扩之，今更见其真耳。大义之走瘴乡，诚以为苦，今遣归家，可以休歇狂心，作己躬下事。望吾师恶辣钳锤，销镕习气，是以不负吾辈，亦不负其先心耳。

五

不慧以业力迁讹，掷此岭外，不减曼殊在铁围。师以慈善足光时时照拂，亦不减菩提场中初成正觉时也。大义来，具荷摄受，感不在言。惟师愿轮日广，三昧日深，顾此区区秽躯，亲近随顺如夙昔，岂能再得？不慧处此业乡，三年余矣！禅定解脱未知何如，但所喜者，学成真正俗人，其所消磨日月者，重增文言陋习，皆多生积障，今日尽发，不知何日得三匝座前求忏悔耳。先具数种，师其为我印正之。遥忆多宝妙塔涌现虚空，但昔日灵山会上释迦分身尽集，而塔户一开，多宝出现。吾师分身当何时而集耶？令遥闻者不禁瞻慕之思也，即有可散之花，亦无神足可遣耳。

寄莲池禅师书

一

往者某居金色界时，吾师因礼曼室来，承以无缘慈力，摄受我于冰雪中，使某得以坐瞻光相，深慰夙心，信宿而别，自尔倾注之怀，盖亦勤矣！某去台山，将南历百城，拟参座下，复为业力牵之东海，良以耽着枯寂，遂置身穷陬篾戾车地，因之矢心建立三宝，上报佛恩，亡躯尽命，郁郁十年于兹，向以道力孱弱，大为魔扰者日月居半，以致取辱法门，见呵智者。今且犹不自量，乃恋恋窟中，以臂当辙，心心不退，岂宿习然哉！切念道法垂秋，正宗澹薄，赖吾师乘大悲愿轮，高竖法幢，宗说兼畅，止观双运，毗尼独揭，净土专门，使狂子知归，淳风可挹。禅者自南中来，无不备询起居，知法体轻安，色身康健，乐说无碍，应机不倦，微细之制，不减迦维，何幸衰世末流，遇斯弘范，每一兴怀，五体勇悦，毛孔皆香，深愧业系不前，未遑瞻觐。兹门人胤𪓐，特致问讯，薄具名香三色，奉为说戒时供养，普熏四众，伏希慈纳。

二

惟吾师踞寂灭场，以佛性戒，而为末法众生种金刚种子。此等最上因缘，乃毗卢之所愿，释迦之所赞，宜为天龙八部之所钦也。若不慧者，以秽浊之质，点污法门，以业累之缘，罹斯罪垢，实受诸佛所呵，乃辱吾师摄受，岂非以平等大悲，普视有情者耶？不然，何慈音无遮，一至于此。瘴乡拜辱手书，不啻足轮光照铁围，令有缘谤法者先蒙益耳。不慧向沉幻网，今幸荷诸佛神力，以金刚烈焰而销铄之，今则罪性了然，且赖此作忏悔地。年来奔走之余，所作佛事，著述数种，乃藉佛祖心光，以为破障之具，以孤陋之见，处僻远之乡，不识果与此法少分相应否？敬持献座下，乞师法眼为我印决。傥不堕增益谤，或可聊弭夙愆，酬罔极耳。

与蒲州山阴王书

一

忆念往昔，乞食人间，持钵大檀之门，即辱法眼相看，忘形屈势，使野人区区，自不知其固陋，出入朱户，侧傍玉颜，若游蓬荜而狎鸥鹭，自非达人深证无生，两忘物我者，不能如此德香薰人，不觉点染心骨。别来十载，端若须臾。纵居冷地彻髓冰霜时，或隐隐妄想潜兴，妙音色相俨然现我心镜也。自入台山，深赖妙师砾磨之力。然虽上愧古人，要且不失初心，颇有自信之地，未敢有负知己。自尔云散清凉，妙师振迹芦芽，山野潜形东海，亦复数年，日坐海印光中，安居澄平世界，尘境幽然，身心日远，是于大檀音问，竟归寂灭矣！

适万固老衲随缘海上，入我窟中，询及大檀所证法门，且云日深如幻三昧，诸有并空，寸心无住，山野喜不自胜。尝闻轻拱璧驷马，而重坐进此道，至有善入尘劳而作佛事者，未见其人，是今见之大檀，足不负我辈知己者耳。然虽山川幽邈，且心光照明，纤毫不隔，第恐情生故自隔耳。嗟乎！此生已矣！言笑无期，惟愿大檀安心一境，平视死生，是则把臂寂场，至无尽际，岂直千里同风者比哉！未遂接足，故托此寂音，以扣玄默，冀神珠朗照，不在多言。

二

不觌光相，屈指十五秋矣！人生悠悠梦幻，顾如此耶？惟妙契忘言，真俗不二，若檀越之于贫道兄弟者，法亲骨肉，两间属目，难再其人。每妄想一兴，心光瞥尔，顿现法身，是知三千里外不隔寸丝，殆非虚语。

龙华谭上人来，得奉法言，手之三复，足见深入无量义处，但贫道黄杨木禅，进寸退尺，乃不自知量，偶落语人间，遂为好事揭露，不意遥尘天眼，实增惭愧，何敢更辱印证，过誉如此。傥不吝法爱，并流无穷，使千载之下，想见同风，岂直音声相和已耶？妙师赍藏往鸡足，此诚一椎两当，但万里云游，此心不无悬悬，向未有问。达师，当代狮子也，向云游目三秦，嘱过门下一会，未审至否？然此师风骨，真横空宝剑，使人一傍则爱根永断，岂但能轻万户耶？尝谓像代可无临济、德山，而末法不可无此老也。

三

数年不通音问，想檀越发无遗墨矣！人生梦幻如此，岂不重增悲慨耶？妙师造无缝塔，已呈其样，必收檀越秘密藏中，他日傥至借观，不识如何拈出？山野住那罗窟中，修行无力，被山鬼搬弄，直嚷动三十三天，致惊天王震怒，掷于大鞴炉中，通身锻炼一番，且使身心俱化，骨肉全销，以至家破人亡，迄今投之瘴海，孤征万里，且喜火枷脱卸，庆快行脚，将补三十年前未完公案。意檀越闻之，必心生痛痒耳。今已长发就道，恐檀越爱心不断，必作天南地北，梦想颠倒，挠乱禅悦，特此问讯，乃报喜非报忧也。惟檀越与妙师眉间光明照万八千土，然此万里犹在眉睫间，不知何以摄受我也。

四

一往梦事，前书具见，既皆颠倒，夫复何言。第在世相有成亏，于法性无加损，智眼明照，谅不以之挠泰定耳。山野以幻化空身，投之蛮烟毒雾中，如坐千尺寒岩，万年冰雪，即有骨未融，而亦为之销烁也。不审异日贤王，于何处索空生耶？山野近在五羊，得奉法旨，读之深委慈念眷注之切，细披诸作，皆精心中出，自当光耀千古。比于邸报，见《断发表诚疏》，此实贤王历劫菩提习气，于此感发，亦乃负荷众生愿力所持。山野以为贤王果能视生死如一发，则必能以一发引千钧，以此上为社稷，下为苍生，致君尧舜，夫复何难，是不待越三界而取菩提。傥或习发于忠，以忠资习，是不免于徉狂，虽博名高，难收实效，而世出世法两皆失之，意贤王必有所以自处矣！便当幸以教我，翘首德音，慰此悬切。

五

塞北天南，相悬万里，在智眼圆观，曾无间隔，而妄情自蔽，宁无去来之思乎？不审比来檀越以法自娱，能无衰恼耶？尝闻佛为波斯匿王指不迁之见，以观河印之，惟我贤王终日临流，睹逝者如斯而见未尝往者乎？昔者每聆谈者谓四大无常而佛性真常，则以为秘印，今则谓之不然。何也？以法性遍在无情，而法法皆真，是则五蕴元虚，四大又何加损。观佛骨金刚舍利之光，是以无生之念，薰有漏之躯而成佛性常住不坏者，比瞻六祖全身，信乎佛言不妄矣！贤王以此视幻躯，如水月镜像乎？果于是中觅之而不得，回视目前，皆曰幻化，而忧恼之情亦无地可寄矣！钝根未入此番炉鞴，未免堕半生半灭之见，今入《楞伽》法性海中，则洞达昔之知见，正若贵鱼目耳。由是知古人不肯轻易可人，必到穷原绝迹之地，殆非以知见凌物，殊非把住放行之说，此皆戏论，观永嘉之见六祖，则一切狐疑，顿然冰释矣！贤王智照，以此为何如耶？《楞伽笔记》皆钝根年来忏悔公案，寄上贤王，同妙师判之。若此中有容针地，则钝根又当贬入铁围矣！

六

计与老居士一别，几三十年，瞬息顷耳，信乎念劫同一时也，第恐人生浮世，幻影几何，良友胜缘不能再得，况复参商异路，宛如隔世，纵精神洞达，而形迹靡从，言之令人悲慨耳。前大义自河中持法旨来，今忽屈指又三年矣！日月欺人，亦至于此。读札语，知法体耐老，筋骨益强，此老居士多劫以般若薰蒸金刚种子以为胚胎，况为造物迁流者而作真宰，于何不健？深以为慰。山野幻躯入此炉冶，所赖天恩，陶镕渣滓，渐见消落，抚心感愧，无以报称，虽坐瘴乡，不敢一念忘君恩佛慈也。

七

人生天地间，忽如远行客，况以一息余生，持浮脆之躯而为客中之客，当此炎荒瘴海、毒气薰蒸者乎？知贤王以此念我，而不知我以此念贤王也。自入罪乡，三接法音，琅琅在耳，回想旧游，不隔纤毫，是知古人不迁之旨，即在当人日用中也。山野年来此中法味不浅，但不得与知己共之耳。昨某来，具悉贤王起居状，备审长殿下仁孝纯至，此自般若种性中来，况今得入圣胎，又得滋培长养之力，何虑不臻其妙，且又喜以贫养志，以恬养知，此又从愿力而得，焰焰火宅中，求此清凉人物，岂易见哉！惟贤王幻游浮世，百无可心，可心者惟此淡薄滋味耳。妙师无缝塔，一手托出其样子，又在贤王幞头角边，即今如从地涌，而分身之众未知集否？又不知谁为弹指，开宝塔户，普集人天，尽见多宝全身也？又不知幽暗众生，可能尽睹此段光明否？

与周海门观察书

一

头陀蒙以甘露见洒，清凉心骨，顿启沉疴，此段因缘，实非浅浅。别后之怀，大似空生晏坐石室时，见法身不离心目间也。尝谓个中事，须是个中人，岭南法道久湮，幸得大悲手眼一发扬之，使阐提之辈顿发无上善根，比虽入室者希，而知有者众，归依者日益渐佳，如菩提树下与曹溪诸僧最难调伏，近来回心信向者盖已十之二三矣！惟此一段真风，皆从大光明藏中流出，足证居士此番宦游，实是龙天推出，乘大愿轮而行也。《曹溪志》今始刻完，幸垂一语，置之篇首，发挥六祖光明，点开人天眼目，庶不负此嘉会也。

二

柯孝廉于五月省中相见，如再生人。此君根性猛利，能于忧愁疾病关头，顿然打破生死窠窟，真豪杰士。忆居士云：人人皆上根，第无大炉鞴耳。此君非座下，何能一开发如此，非上根又何能猛勇如此？将来海表正法命脉实赖此君，愿佛力加持以色力康强，不患不如古人。山野年来说法，如与木人听，方外弟子中，近得一二人稍可钳锤，俗谛中一时信向而真履实践者，独顺德冯生昌历。此子少年，灵根颇深，乡党一时归重，无问老少，及门者咸师事之，其真诚动物，故孚教如此。观此子决志，则将来不退，可起江门之续，斯盖岭表法道机缘运转之会也。近闻与陶石篑太史游，此公冰雪心肠，非一世清净戒中来，与山僧相会时，惜机缘未深耳，若得周旋，更大快事。屠长卿近与德园同志，亦当时导引，入此向上一路也。郑昆崖中丞公盖真为生死人，近在林下，深知惬怀，第与山僧会时，此向上一窍尚未开发，居士能以此事委曲通问相慰，足荷慈悲不浅也。此中法缘渐开，弟子中受化之机，前书已具闻之，尚有二三未成熟者，傥天假之以三年，或稍有可成就者，足以不负此行，诸佛所护，如来所使，并法门知己所望耳。

与丁右武大参（字觉非）书

一

公与山野此段因缘，固自大奇，海内识者亦莫不称奇，良由我辈皆堕世出世间二种知见，我慢大障，习气种子，覆蔽本有智慧光明。公堕此故铩羽中途，不展搏风之翼。山野堕此故法幢中折，不克振佛祖家声。赖诸佛广大真慈不思议神力，同以迅疾法雷而击破之，彼此人事不同而所遭炉鞴同，既而所投苦趣同，且竟以性命相依同，岂不欲出生死同、证菩提同耶？故共将一篾束之，一齐抛掷东洋大海，直欲吾辈顿将历劫粗浮习气，人我是非，恩怨得失，种种垢浊，一洗殆尽耳。不然，何其同死同生，亦至于此耶？尝谓此则公案，古人难调伏者，都用此一机，如昌黎、东坡、吾门觉范诸老，皆是物也。若昌黎之固执非大颠不化，东坡之我慢非儋耳不消，觉范之见习非琼崖不泯。然此数公陶冶皆同而所遇不同，故不称千古奇事。惟公固非昌黎，而山野窃不敢望崖颠老。山野虽有愧觉范，而公不让东坡，即其今日因缘，大越前修，真千载一时，庆幸多矣！若公无禅喜见志，山僧无《楞伽》印心，仍循故道而归，岂不负此良缘，有孤天造耶？所以同处经年，不敢以此向上一着略露微芒者，以公之上根利器，自可一超直入，正如涅槃会上广额屠儿，放下屠刀，便作佛事，殊非区区者比。盖入道因缘，固自有时节耳。不意遽尔言别，真念百劫难逢，今幸相值，岂肯轻易放过，故山野不自知固陋，而于风波之末，若冀承欢喜，一决死生，无三水之猛省，回淇之坚誓，山野定不舍跬步，必追至曹溪原头，水穷山尽，大休大歇而后已也。所以然者，惟公以菩萨信山野之心，以骨肉待山野之身，海内知己皆以出世奇公与山野之遇，苟山野不以此段大事因缘剜心摘胆以呈公，又何以慰知己之望、报公非常之爱哉！公不以荷担如来为己躬真切事，亦非所以爱山野、酬知己也。此段工夫万万不难，惟公真心本体般若光明堂堂独露，所以胸包星象，气盖乾坤，直以粗浮瞋慢习气时时发现，自障妙明，故吐尽肝胆而人或不见信，费尽慈悲而人或不知感。公谛思此外更有何事愧于人哉！吾佛有言：“一念瞋心起，百万障门开。”此普贤菩萨利生之大忌，以瞋与慈悲不两立耳。唯今但愿消得一分习气，便露十分光明，除得一分瞋慢，便立百分功德。古人所谓“不用求真，惟须息见。”又云：“不必别求，放下便是。”又云：“看得破，佛也做。”永嘉云：“从他谤，任他非，把火烧天徒自疲，我闻恰似饮甘露，消融顿入不思议。”于此足见古人无他长，只是肯将胸中不可人意的事一齐放得下，只是人所不堪忍处自己忍得过。始也生忍，若忍至无生，则顿登佛地，又有何微妙伎俩以涂人之耳目哉！前曾有联云：“念头起处即看破，事未至时莫妄生。”此言虽小，可以喻大。此后愿公第一入忍辱法门，做省心工夫，作放下事业，回视从前半生行脚，都是梦事，一口吐尽，不留丝毫，赤力力踍跳，打起精神，踢翻窠窟，揭出斩新日月，别立生涯，如此方始是大丈夫，盖天盖地，不负生平之气象，自有天龙拱手，魍魉潜踪，此正修天爵则人爵自至。以此较之虚浮想相，与作真实不朽之功德者，盖霄壤矣！如是可名觉非居士。孟浪极此，高明以为何如？傥知己不以为欺，则芝兰不足比其契，金石不足方其盟。是乃金刚种子，历劫不磨。愿与公生生世世同为出世津梁，共作慈悲眷属，度尽众生而不相舍离也。山野今日之言，方毕露肝胆，痛绝常情，出世之盟订之于此。若果见信，乞将从前与公札子一火烧尽，不余一字，则百念成灰，请从今以去，凡与公书，非药石不发，字字愿效吾佛真语实语，不妄不绮之戒。公之所教，但愿以别后日用工夫，省力费力处，易过难过处，互相激扬，以成一代伟绩。愿公先向生死关头作一关吏耳。此关一透则可掉臂游戏，戈戟场中，是非堆里，处处头头放光动地，现宰官身，作大佛事，如是可称出世雄猛丈夫，殆非古今世谛豪杰可比万一也。别离不远，生死情长，怅望各天，葛藤遍地，愿慧剑一挥，不留毫发，惟高明努力图之。

二

别后日复一日，杳无音问，去人滋远，思人滋深，每见惟吾未尝不惊吒相问，以何因缘而消息顿断如此？忽得手书，云中冉冉而至，开函恍见颜色，且字字皆从真心实际流出，悲喜交集，及观“照心时现，行住坐卧不离者个”数语，不觉喜心倒剧，不谓于今忽然得闻希有之法也。尝谓此道在人本自具足，根不论利钝，悟不拘迟速，只在当人自信自肯耳，所谓一念回光，便同本有，岂向他觅，第开发自有时节因缘。向所得三吴诸故人书，企望居士顿入此道，以同体念切，故有许多担忧，似乎居士习气偏胜，于此为难。独山野观居士脱体莹彻，如骇鸡犀枕，即有所偏，皆属客邪所感，非本然也，以入道如一镞破三关耳，但肯心一发，则真有一夫当关，万夫莫当之势，又何敢较其迟速、分其利钝乎？是则为居士忧者，如为效邯郸之步者忧其不成武耳，从古自有出格没量汉，安可与寻常比耶？大概此事直是贵在勇猛，一踏到底，若习气忽发，但猛的一拶，如霸王之力，拔山举鼎，一齐用尽，又如一声叱吒，千人皆废，如此又何患习气不能消磨，才有一毫不能消磨之念，便堕怯弱，就觉不丈夫气矣！此事端在关心爱憎，最难打破处，着力一椎，若此处一破，则百千万种关棙子一时齐破。若难处不破，纵将百千万种佛法知见道理一口吸尽，都无半点实用，世出世间通无利益。何以故？以病根未拔，犹如鼠毒，遇雷便发。若病根发，任作多少功名事，种种伎俩，都是病行，大非雄猛丈夫行也。既行非丈夫，又何以称丈夫、负超世之量哉！窃叹居士人品才华，功名事业，天资学问，件件过人，若病根不拔，但能陵轹一世，不能陵轹千古。若肯将生平所负聪明力量一齐收束，聚精会神，攒簇于此一大事因缘上，一旦打破，则将从前万劫千生种种恩怨荣辱，是非得失，烦恼业障，一齐化成无上菩提光明种子矣！从此一番出头来，凡有所作所为，纤毫事业，皆从此段光明种子中发挥，事事法法皆成不朽。此吾释迦老子弃舍王宫、割断恩爱、雪山六年苦行博得底，在居士一旦席卷而囊裹之，岂非一大雄猛丈夫哉！常笑勾践以会稽之耻，乃二十余年卧薪尝胆，其志止于吞吴而已，何其陋哉！山野每谓烦恼之贼，历劫侵吾正信，不止一吴，以之隳法净土，破涅槃城，置身苦海，漂流无涯，不止会稽之耻，吾人苟能切齿，立勾践之志，以复历劫生死之仇，正不必二十年之功也，以彼为之在人而此为之在我，既为之在我，又何惮而不为耶？

三

承示当此逆境，大得受用，极为欢喜。大段于逆境中得大受用，皆大丈夫之能事，特家常过活耳，无甚奇特处，只是日用现前，顺境熟习惯便处，不觉发现，被他瞒过，此处为难耳。且如目前，无论大小不如意事，此逆境也，触着便怒，即被他触动，动则有苦，便不受用，此正是熟处难忘耳。生死机关，只在此一转处。此处转得过，立地便是圣人。若转不过，依然堕在烦恼窠窟里。

此急流处，一拨转关棙子，便是拨天关之力量，非居士大力量人，金刚心地，断难施展，古人所谓佛法无多子，正此谓也，大概烦恼处得受用快活，方为真受用耳。居士生平烦恼极大，而快活处亦大，即今若能将烦恼窠窟一椎打得粉碎，全身跳入快活场中，回视百劫千生习气影子，一口唾尽，此真是天上天下第一自在没量大快活人也。居士能以此为孟浪否乎？今日完满道场，目前无量快活事，恨不得与居士共之，聊以此报平安耳。

四

贫道此万里之行，仰仗诸佛慈力，圣主弘恩，坐此瘴乡，得了此一段大事，真百千万亿劫最上因缘也。惟念居士与贫道同此甘苦，岂不能同此法味乎？谚云：日出事还生。尘海茫茫，终无究竟，得偷闲处且偷闲，念此丈夫之躯，撑拄乾坤，除却世间事，更有出世间无穷乐地，岂可以目前幻化，世间妄想，便为究竟乎？居士别来二载，想于看破处，脚跟一步，必能渐入佳境矣！居士金刚心中一咳唾耳，何如？

与胡顺庵中丞书

一

法驾东归之计，知公肝胆，决无遗策，斯亦下愿耳。但人生福禄皆自前世预定，岂可以人胜天，万一不能如此，又岂可坐待解脱，方能进道？即今外居轩冕，内蕴佛心，至若遇物临机，兴慈运悲，所谓触目皆是成佛种子、无尽福田，但能稍加留神，即一日之间所作功德，尤较区区千万什倍。且公权如天地，生杀所在，善恶之机，谅能明察，而几微之间，所系极大，运筹安攘之略，在公大智之中，犹一頫耳，但以慈为根，以悲济物，广行方便，安然取乎大定之中，如此即是现宰官身而作佛事，岂可与为一身之荣者同年而语耶？藉斯梏桎，转为济胜之具矣！又何汲汲却迹逃形而坐驰日月也。

千里之思，无以为献，此腐言用发公一唾，何如？

二

山野生平以直了生死为念，二十余年苦志山林，即不能彻证，上齐古人，至若生死关头，良以自信，一切魔冤皆究竟菩提，庄严佛果，其他祸患得失，是非毁誉，付之自然，又何撄宁？故自罹难以来，一念清凉心地未尝暂移。从去冬十月，于济城马首南向，彻骨冰雪，于腊月至白下，迎老母于江上，欢然作别，八日即扬帆而西也。所赖情枯智竭，幻影全消，明镜止水，聊以自适。此段因缘，从大冶炉中煅炼将来，幸无为我萦抱，但愿静养天和，以胥至乐。傥天假生还，尚图了未尽因缘，相伴余年也。

三

贫道自涉难以来，实滨九死，直今正眼觑之，然未见纤毫动静相，即万里相悬，其实不离跬步也。念与居士忘形半生，谅能入此法门久矣！岂复效常情，驰去来想，栩栩然作梦中悲酸耶？贫道此段因缘，不独超三十年行脚，适足以超旷劫修行。雷阳炎蒸如火镬，瘴疠死者，泽若沃焦，贫道兀坐尸陀林中，饮瘴烟如灌甘露，忍饥虚若饱醍醐，苟非智竭情枯，何以消受？近得大将军为护法，已借一枝于会城垒壁间，荷戈之暇，闭门枯坐，诸缘顿断，唯披阅《楞伽》，究西来心印，了未了公案。福善金刚心，已化作光明幢，可不忝门墙。古人尝谓祖祢不了，殃及儿孙，贫道所幸，不堕此语矣！佛谓以七宝施满恒沙，不如持此经四句。知居士不忘贫子，敢此以慰，其他复何所云。

四

山野坐蛮烟瘴雾中，且喜生缘日薄，道缘日厚，形骸愈苦，心地愈乐，是则何地而非君恩，何莫而非佛力耶？此可与知己者道，难与俗人言也。不审法体何如？摩诘有言：欲知除老病，惟有学无生。况百岁光阴如捻指，能几何哉！居士春秋日高，前景日窄，从来浊世滋味备尝殆尽，谚云：“到底盐如此咸，醋如此酸，到了作何究竟？”古人云：“来时尽好，只恐去时不如来时。”此非虚语。居士谛思，从前功名事业，与夫儿女计，皆是他家活计，如何是自家活计耶？若一念猛省至此，不觉失声，自然着急，打整自己脚跟下生死大事。若不着急打整，还是不曾猛省，不猛省一下，又大非居士此等豪杰丈夫事。山野二十年前即为居士言此一着，故不惜身命，愿与之游。然虽半积阴功半养身，混到今日，就中一点赤心，大似张良始终为韩之意，与居士相与谈笑十余年，只是虚花境界，人情佛事而已，其实未曾打破肝胆，然与居士一寸心肠，炯然相照，亦未尝不知山野此段衷曲，将期白首同归，共了此事，岂其一旦分崩离析，亦至于此，即此可以观生死矣！况今同在乾坤之内，纵隔万里，天眼看来，犹比邻耳，不能一承颜接色，欢如昔日，何况生死长途，一别杳冥，相逢何日？傥山野不能生还，是与居士长别，再出头来，不知可能如今生今日也。兴言及此，大可悲酸。山野受居士知己之义，非此不足以报居士。信山野不至此地，又非所以答知己也。

答邹南皋给谏

一

山野向在绝缘，顷复幻病相仍，养疴深居，其缘益绝，此实天赐为闲人，回视尘寰，扰扰劳生，求无事人能得几？想知己必时时为一鼓掌也。赖此护法，得以安禅寂静于楞伽三昧，所入益深。顷王光禄同丁大参赴端州制府约，得书云大有流言于制府中，伤山野者甚众，二公为之力辨，几于发竖眦裂，此果何谓哉！以此知娑婆秽土土石诸山，难与净土地平如掌同日语也。向北来徒辈相从者，以无门托钵，今尽遣归，惟山野单丁寄此旅泊，尤为轻快，枯木寒岩，不减在昔，非此无以破炎蒸，消瘴毒也。时惟国事艰难，苍生引领，大慈悲者而津梁之，愿努力加餐，为国自重，为道自爱。

二

屡荷手书，辱慈念拳拳，周至委悉，自非同体大悲、等心爱物者，何能切切如此。山野处此患难，幸得以参尘中知识，兢兢自持，所入法门不浅。年来寂寞苦空，不减深山穷谷，屏绝诸缘，迹不入俗。城中知己，独王勋丞一人，经年不三过其门。所幸与右武时相往来，真天涯骨肉，一食不忘，非独道义相裨，即所资给，亦损口分卫，性命相依，此段因缘，大非浅浅。此公肝胆照人，犹如秦镜，遇物应机，洞彻五内，其为载道，最称上根利器，此番天德陶铸，所进益大非寻常，异日庄严佛土，成就众生，不可思议，面时，想当欢喜无量也。

三

粤中自庚子岁，世相一变，日见险诐，苦海波涛，望无涯际，贫道随风漂泊，略无宁止，始知古人以尘中作主，大非细事，随缘解脱，诚不易得。每忆别时叮咛之言，及接来教，切切以此再三致意。谚语有之，要知山下路，便问去来人。自非居士深入如幻三昧，何能彻法如此？尝闻烦恼烈焰，正是圣贤炉冶，种种执着之习非此不足以销铄之，苟非圣恩，何以臻此？久而愈见恩大难酬也。此中转尘劳为佛事，更为六祖曹溪作无量功德，此盖从真切苦心中来，较之昔日依无忧树，吃大家饭者，实霄壤矣！曹溪祖道源头，杂秽充塞，久为魔窟，今已洒扫洁净，尚有未了公案，奈此中力竭，正欲遣致尊慈，作金刚幢，适辱使者至，斯岂祖意摄受哉！敬以此中因缘，述其大概，持入慧照。傥念末法斯道寂寥，望震天鼓音声，普告有缘，一觉梦幻耳。何如？

四

忧患、人情，皆本体也，非握至真之符，又何能转烦恼作菩提，转生死作涅槃。惟居士年来所处如此，足知大有所转矣！非此又何以消遣哉！从来学道人，皆在生死关头掉臂而过，前辈不能尽知，近年若罗近溪，则其人也。贫道身在瘴乡，心存左右，无时不共周旋，是故居士种种三昧，洞然无隐耳。岭南自曹溪偃化，大颠绝响，江门不起，比得杨复老，大树性宗之帜，贫道幸坐其地，欢喜赞叹不穷也。诸生俗习，稍稍破执，此亦开化之基。昨复老为作《曹溪志序》，真赤心片片，可谓舌长拖地也。呈上幸览，为此群蒙欢喜耳。

与王醒东侍御书

壬子冬别后，次年大病，几绝更生，及冬，即度岭之南岳，初有休老意，因缘未果，且达师有未了公案，至丙辰夏，即有吴越之行，觅公音问，竟不可得。先至庐山结夏，见其幽胜，遂有终焉之志。了达师事，即于丁巳五月还归匡庐，卜得山南五乳峰下，一邱一壑，足了余生，其结构之缘，皆赖护法，今幸已得安居，二十年所慕，垂老始遂，足知人生山林之福，未易得也。去夏若公来，远辱书惠，始知公内艰家居，计释服在迩，入都可期。舟过落星，举首云山，一牛鸣地，佳会之缘，日夜望之。每念岭南法道，千年以来，老朽虽未大振，赖公入社，诸子一时之盛，得冯、龙二生表率，人人可观。嗟哉二子继逝，斯道寥寥，独恃公荷负之力，奈不能久与诸子周旋，散而无统，大为可悲，不意兴衰之速如此。惟公天纵有余，所恨法门未能深入，则护法有心，而于的当放舍一着，似未打破，故于世法佛法不无町畦，若得大开重门，内外洞然，若揭日月于中天，则曹溪衣钵，岂容陈腐。若公大力量人，不发无上菩提之心，则大重昏终无慧炬矣！老朽老矣！余日无多，恒思此段因缘，深为痛悼，公其念及此乎？修六闭死关于金轮峰顶，甚为有望。若惺今留山中，姑为打葛藤，且令入智慧门。二子异日得公为护法，大弘此道，则老朽死耳不朽，多劫之缘，亦不虚矣！他复何言。万里如面，惟公鉴之。

答陈无异祠部

山居与世益远，每闻时事惊心，痛彻五内，不意一变至此，惟冲主子立，政出多门，所谓医多脉乱，无怪其然，即卢扁亦当束手，为之奈何。比者前车已覆，惟今只当慎行谨守，以固藩篱，培养元气为上策。若拘拘破器而以必完，爽口快意为尚，所谓病不死人而医死之矣！此外更有何术。朝廷一时固多君子，纵能执经按脉，恐出奇多方，亦未必能取捷。公释服在迩，当即出补，不必以治乱为行止，所谓大火所烧时，我此土安隐，世事如奕棋，当局者迷，若有明眼傍观，即指点一着，率收全功，又何在于对奕耶？第不宜攘臂其间，令奕者厌。此吾佛所说，贵善巧方便行耳。如何？如何？承示孤明时复透现，第承当不勇。若言透现，乃自知之明，若云承当不勇，乃自信不及耳。然透现乃念念透现，岂但时复，第看破透现处本无一物，则念念现前者，即本来面目，如此念念着力，念念无生，全体出现，又何有承当不承当耶？以当人一念自信不及，故起将谓别有之心，所以当面错过，却道承当不勇，此病在别求之心，凡向道者，皆以此误。公直就一念现前处看破无生，无生则本来无物，是则远从无始，一念未移，从今而后，只此一念，更何别求，既唯此一念，更教谁承当耶？六祖云：若论此事，轮刀上阵，亦可做得。愿公谛信此心，看破念念现前处，则念念精进。如此，则一切处无非大解脱场，又何有治乱之分耶？因对晤时难，不觉漏逗。

答钱受之太史

一

山野深愧破器，有玷法门，况复久沉瘴海，甘填沟壑，不谓天赐余生，尚有今日。向以衰残多病，将匿影穷山，适以双径有未了因缘，义干生死，不得少此一行，故踉跄而来，虽不敢言善财南询，且幸得以遍参知识。久向居士为当代裴、杨，法门保障，且知慈念殷勤，准拟一诣丈室。昨云慈航曾待于锡山，当面错过，大为怅然。适辱慈音远及，法供种种，捧诵再三，弥感情至，益令妄想飞越，足不容缓，但雨雪连绵，少晴出山，尚有云栖一行，湖上无多留连，归次吴门，必入毗耶之室，先此致谢，不宣。

二

山野居常，恒忧法门寥落，即外护金汤，难得真实荷担之人。昨幸见居士，大慰夙心，现宰官身，竖正法幢，斯时大有望焉。若山野朽株，为法门弃物，承法爱之深，自信夙缘。虞山之会，匆匆未尽所怀，辱联舟远送，更感惓惓。别后，仲夏望后抵匡山，卜居山南七贤五乳之间，诛茅数椽，聊尔栖息。前寄八行时，尚未得定止也。一向老病相侵，幻躯故有湿疾作楚，冬来方觉小可。《护法编》时对披读，诸老塔铭，言言指归向上一路，得宗门正眼。我明法运大开，赖有此为衡鉴，若刻施流通，利法不浅。其稿，俟明春当专持上。

三

向致《楞伽笔记》，此经的为心宗正脉，未审曾留意否？近来东南衲子中，参究向上者多，苦无明眼宗匠指示，都落光影门头，掉弄识神，被冬瓜印子印坏，又不肯亲近教乘，求真正知见，实为难得。宰官中向三十年来，护法大心者不少，而求真真潜心本地功夫者亦不多得。大段士大夫太煞聪明，无论若禅若教，一状领过，从前目中播大名者，可概见矣！此时不但世谛，即法门中更难，言之为可流涕。方今世道浇漓，法门寥落之秋，非大力量人出，谁为匡持？尝谓匡世道在正人心，护法门在正知见。然正人心必以正知见为本，所谓不偏不党，王道荡荡，非至公无我之心，何由一群情而定众志哉！然无我之学，必从法中参究功夫，将身心世界大破一番，揭露本有大光明藏，方能观身世如空花泡影，视功名如梦幻水月，自然齐生死，一是非，超毁誉，如此，方敢言视天下为一家，视群生为一身，廓然大公。斯则人心自正，世道可淳，而致君泽民之效，无越于此矣！谛观宋濂溪之学，实出于此，故能羽翼圣祖，开万世太平之业。读《护法编》，未尝不抚卷而叹也。季世末习，大有不可挽者，必若人，然后可言太平之治。且天道运而不息，岂斯世而绝无斯人哉！山野自愧为法门弃物，生无补于世，而忧法之心，如出诸己，故所望于居士者重且大，切愿乘时深畜厚养，以胥天眷，其于社稷苍生，引领翘足极矣！安忍不发深心重愿乎？《护法编》文章不必重加批点，但就诸祖塔铭开正眼处，略发一二，则已为赘，幸蚤刻之为望。近拙述《楞严通议》，先已令致览。此经广博，包含一代圣教，迷悟因果，理无不彻，向来解者未尽发挥，山野此作，大非故辙，似更易入。其《法华通义》，亦尽翻旧案。不知《法华》，则不知如来救世之苦心。不知《楞严》，则不知修心迷悟之关键。不知《楞伽》，则不辨知见邪正之是非。此三经者，居士宜深心究之，他日更有请焉。

四

《护法录》，即禅宗之《传灯》也，其所重在具宗门法眼，观其人，则根器师资，悟门操行建立，至若末后一著，尤所取大。今于毫端通身写出，不独文章之妙，其于护法深心，无字不从实际流出，其于教法来源，显密授受，详尽无遗，此古今绝唱一书，非他掇拾之比。今但就宗门诸大老塔铭中者，以正见正行为主，如居士之见者大同，亦不敢更增染污，其于碑记序文，特文章耳，则不必也。今以后寄底本覆上，若早刻一日，则法门早受一日之惠也。山僧向读《高皇文集》，有关佛教及诸经序文，并南京天界、报恩、灵谷、能仁、鸡鸣五敕建寺中各有钦录，簿中所载要紧事迹，意要集成一书，以见圣祖护法之心。若同此录共成一部，足见昭代开国君臣一体，亦古今所未有也。惟居士乘此留意一寻，最为胜事，实山僧所至愿也。

五

辱手教，委悉近况，且述眉公札中末后句，此山野久所切心，不待今也。养老社，盖自慧诚首座愿力，山野赞叹，愿舍所居而已。此何时也，求安且不暇，又何以多事自扰乎？况年来衰病日至，足有湿疾，行履多艰，山居草草，聊尔栖息，且惧余日无多，生死心切，闭关绝缘，单提一念，待死而已。昨于中秋，业已从事。念二十余年苦海风波，青山白云时在梦想，今幸一旦遂之，又肯作等闲看耶？今关中一切禅道佛法束之高阁，一味守拙。每想古人有昼夜弥陀十万声，今愧衰老，色力不充，自试常能强半，特效远公六时莲漏，以香代花，数月以来，身心自臻极乐。知垂念之深，故敢以告。

六

侍者回，得法音，知近日心地脱洒，此非真实工夫不易得也。甚慰！甚慰！承示不二法门之要，无越高座一机，非特一法而已。《心法序》，诚孟浪之谈，辱大手改正，顿成佳语，真还丹点化之工，非敢言必传，但存一种法门耳。

承念国事艰难，无肯出死力者，此言固然，但观从古舍身为国之人，非临时偶尔而发，盖此等人品有多因缘，非容易可拟也。一则当众生大难之时，自有一类大悲菩萨发愿而来，至其作用皆神通发现，非妄想思虑计较中来，无论在昔，即如我圣祖同时英雄，皆其人也。二则天生应运匡扶世道之人，内禀般若灵根，外操应变之具，先有其本，及临时运用，如探囊中，百发百中，此留侯、诸葛与平原、忠定诸公，即其人也。三则亦自般若愿力中来，负多生忠义果敢习气，刚方中正，确乎不可拔者，勘定大事，坚持不易，如文信国、明之孝孺诸公，生性一定而不可夺者，即其人也。方今目中天下人物，有一于此者乎？观其发言议论，有能一定戡乱扶危之识见者乎？无其本而欲责其实，岂非过耶？故古之忠臣，有一定之材操，有必可为之具，不用则已，用必见效。即如当世才具两全者，谁其人哉！故古之建不拔之功者，皆预定于胸中，如范蠡、子房、武侯，进退裕如，岂以空谈为实事哉！即如东坡，亦文章气节耳。惟今居士乃一时所属望者，第自揣其具，孰与于诸公耶？其所存者，特一片赤心耳，苟材具不充，何敢言天下大事哉！此山野向者切切望居士深所养者此耳。以老朽观居士之心，审处诸公可为之事业，志能为之，至若戡乱扶危，操何术以为之？是岂旋旋从中煅炼而能者耶？即今之事，特细故耳，更有大于此者在。惟愿居士当早畜其具，幸无以躯命付之，为全策也。天下皆迷，岂一呼能觉？以知居士将有出山之意，故特遣讯，幸缓前绥，操具待时，天必有意，成就大业，万勿轻脱。若素养已就，相时而出，一见便为，如苍鹰拏兔，不留影迹，方是大手作略。岂为以颜面从人，而以躯命付之为得耶？高明以为何如？

七

自得居士去秋出山手书，云养身有待数语，极慰鄙怀，不意国运多故，外患内忧，朝野惶惶，冲圣孑立，钜肩为难，幸一时夔龙济济，上赖祖宗之灵，下慰苍生之望，如居士正宜坚秉愿力，以负荷为心，障回狂澜，切不可以慷慨意气为任，又难以随时上下，为善权方便也。此山林蔬笋心肠，在大光明藏中，必有以寝处也，所谓大道之妙，难以言传耳。山野年来衰病日作，意非久处人世者，此生无复再晤之时矣！言之悲酸。山野所悲，不独时事，即法道寥寥，目中所赖护法之心如居士者，指不再屈，岂特金刚幢耶？山野岭南之行，所得印心弟子一人为冯昌历者，即四先生逸书之一也，惜乎早逝。（书尾阙数行）

序

《首楞严经通议》序

《首楞严经》者，诸佛如来大总持门，秘密心印，统摄一大藏教，五时三乘，圣凡真妄，迷悟因果，摄法无遗，修证邪正之阶差，轮回颠倒之情状，了然目前，如观掌果，可谓彻一心之原，该万法之致，无尚此经之广大总备者！如来以一大事因缘出现世间，舍此别无开导矣！判教者局于一时一教，岂非管窥蠡测哉！自入中土，解者凡十余家，如《会解》之外，近世缁白各出手眼，而宏通者非一，披文释义，靡不参详精确，发无余蕴，又何俟蛇足哉！但历览诸说，有所未惬者，独理观未见会通，故言句虽明而大旨未畅，学者未免摸象之叹。

余昔居五台冰雪中，参究向上，以此经印证，坚凝正心以照烛之，豁然有得。及至东海，枯坐三年，偶阅此经，一夕于海湛空澄、雪月交光之际，恍然大悟，忽身心世界当下平沉，如空花影落。是夜秉烛述《悬镜》一卷，乃依一心三观融会一经，谓迷悟不出一心，究竟不离三观，以提大纲，但以理观为主，于文则略，如《华严法界》之设，意在得义而言可忘也。说者又以文字为障，不能融入观心，犹以为缺，故予久有《通议》酝籍胸中。及投炎荒，虽波流瘴海，而一念不忘者二十余年。万历甲寅，投老南岳，寓灵湖之万圣兰若结夏。粤门人超逸侍予最久，甘苦疾病患难靡不同之，入室请益《悬镜》，触发先心，遂直笔成帙，广发一心三观之旨，题曰“通议”，盖取《春秋》经世先王之法议而不辨之意，所谓议其条贯而通其大纲，是于向上一路实以为赘，其于初机之士可以饮海一滴而吞百川之味也。或曰：佛不思议法可得而议之耶？曰：不然，法本离言，而坚执邪见者非言不破。佛说优波提舍，名为论议，以折邪慢之幢。良以此经摧九界之邪锋，折圣凡之执垒，靡不毕见于广长舌端，种种坚壁一镞而破之，直使智竭情枯，降心归顺而后已。以经尽发其情，苟不议明正令，无由以净法界之妖氛，彰觉皇之大化，是可以文字目之哉！得意遗言，是在金刚正眼。

《妙法莲华经通义》后序

予十九剃发，即从无极先师听《华严玄谈》，于法界圆融宗旨谛信，至海印三昧常住用，恍然契悟，遂归心法界之宗。既而听《法华经》，因闻此经纯谈实相，乃不知实相为何物，且谓若了实相则文字可略矣！以此怀疑甚切，每叨副讲，终盲然也。及北游行脚，凡参耆宿，必以如何是实相请益，然竟无有启发者。向以志慕参禅，专心向上一路，遂弃文字，入五台习枯禅，力究己躬下事八年，少有自信之地。复之东海，一日众请说《法华经》，至《方便品》，感佛恩深，不觉痛哭流涕者再，于实相之旨恍然不疑，犹于经文言未大透彻，似有碍眼。无几何，乃因弘法，上触圣怒，遣戍雷阳。达观大师与予期礼曹溪，乃先迟予于匡庐，及闻予罹难报，初意其必死，乃对佛为许诵《莲经》百部祈庇。予南行过龙江，师候别予于江上，告以许经之故。予丙申三月至行间，越戊戌，乃结法社于五羊青门垒壁间，集弟子数十辈，讽诵《法华》，以了前愿。众请讲演，至《现宝塔品》，了然如睹家中故物，即信此为示佛知见。及至《神力》后八品，古判为流通，予深见其非也，遂以“开、示、悟、入”四字判其全经，后乃“入”佛知见也。时会听者各各踊跃欢喜，罢讲，请笔之。因为《击节》，遂以四字通一经始终之旨，法门间有许可者。予以文远义奥，恐初学难窥，越壬子岁，粤弟子众请益，仍为品节以会其义。明年冬，予赴南岳故人之请，遂去粤，至衡阳，止于灵湖之万圣寺。一二护法为营安居于寺右，落成，欲颜之，未就，夜梦一僧告予曰：“何不云昙花？”觉而知有宿因也。粤弟子通岸、超逸二人相从，先于甲寅请述《楞严通议》，庵成，众请就讲演一周。逸辈复请述《法华通义》，将会品节以通全经也。予自念老朽，无益法门，傥一言有当，嘉惠后学，于入佛知见未必无助。于乙卯六月朔属草，至八月朔搁笔，但宗《华严》，始终融之以理观，统一代时教而归之性海，以见吾佛出世以大事因缘之本怀。其后六品判为入佛知见，虽违古作，而理实有宗，非敢妄谈，以信佛心，则不必取准于人也。其文多率意矢口，殊为草略，弟子性融乃久踞法坛者，相与校核，三越月而成，然非敢为妙契佛心。至于文字般若，亦赞叹持经之一端也，智者苟不以人废言，请虚怀以观，予有望于知言者。

合刻《法华文句记》序

毗卢遮那证穷法界，踞菩提场，说普照法界修多罗，示佛境界，佛知见地，惟佛与佛乃能知之，故劣根在座，如盲如聋。以是独被上根，摄机未尽，因垂小化身，入娑婆界，现老比丘八相成道，与民同患，五性周旋，三根普被，故曰：“吾以一大事因缘出现于世，所谓欲令众生开示悟入佛之知见故。”然佛知见者，以彻尽法界草芥微尘，无非成佛真体，了无剩法。是为诸法实相。普令众生知此见此，同入平等法性，方称如来出世本怀。嗟乎！众生垢重，信之者希，况入之乎？是以灵山一会，英杰之士犹费敲击，四十余年，至法华会上，方信佛心，始有归家之分，一一授记，岂细事哉！

及化身既隐，此法独存，千年之下，大教东来，此经流传三百余年，无能识者。天台智者大师持此大经，一日亲见灵山一会俨然未散。求证南岳，岳曰：“此法华三昧也，非子莫证，非我莫识。”自是大师以三观释经，于是九旬谈妙，故有《玄义》《文句》，口授门人章安记之。唐有荆溪释签，以发其趣。意指百界千如，备彰诸法实相之旨，顿显十方佛土中，惟有一乘法，无二亦无三之说。观者了然自信，其于佛之知见，跃然而入，得此开示，无余蕴矣。即以观心而见佛心，岂假外耶？向以《经》《记》各刻，学者智劣，难于会通。前有会《玄》《签》而略《句》《记》，义有未尽。绍觉法师通会一律，草成未行。智河行公深悲末法理观之不明，以觉公原稿合刻于《经》，使后之览者理观分明，由观以达诸法实相，悟佛知见，其于入佛境界，是犹乘万派顺流而入于海，固无难矣！

但大师旧判经后八品为流通分，予少从讲习，即有疑焉。及住山多年，偶为学人演说，至《现宝塔品》，恍悟示佛境界即以此为示佛知见，因以“开、示、悟、入”各从品目，则以后六品为入佛知见。此似与流通相左，谛观所流通者佛知见也，惟佛知见非观不入，不入将何法以流通乎？意盖大师引而未发者也，然则言似左而义实符。学者苟不以人废言，了此则诚不敢是今非古，以启谤法之罪也。

居士颜广瞻发心力荷而刻之，是与智公与先会合者皆智者之功臣、如来之遣使，岂同灵山一会之人耶？其法施功德，当与实相等矣！

《梦游诗集》自序

集称梦游，何取哉？曰：三界梦宅，浮生如梦，逆顺苦乐，荣枯得失，乃梦中事,时其言也,乃纪梦中游历之境,而诗又境之亲切者,总之皆梦语也。或曰：佛戒绮语，若文言已甚，况诗又绮语之尤者，且诗本乎情，禅乃出情之法也，若然者，岂不堕于情想耶？予曰：不然，佛说生死涅槃犹如昨梦，故佛祖亦梦中人，一大藏经、千七百则，无非寱语，何独于是。僧之为诗者，始于晋之支远，至唐则有释子三十余人。我明国初，有楚石、见心、季潭、一初诸大老，后则无闻焉。嘉隆之际，予为童子时，知有钱塘玉芝一人，而诗无传。江南则予与雪浪创起。雪浪刻意酷嗜，遍历三吴诸名家，切磋讨论无停晷，故声动一时。予以耽枯禅，蚤谢笔砚，一钵云游，及守寂空山，尽唾旧习，胸中不留一字，自五台之东海，二十年中，时或习气猛发，而稿亦随弃。年五十矣，偶因弘法罹难，诏下狱，滨九死，既而蒙恩放岭海，予以是为梦堕险道也，故其说始存。因见古诗之佳者，多出于征戍羁旅，以其情真而境实也。且僧之从戍者古今不多见，在唐末则谷泉，而宋则大慧、觉范二人，在明则唯予一人而已。谷泉卒于军中，所传者唯临终一偈，曰："今朝六月六，谷泉受罪足，不是上天堂，便是入地狱。"言讫而化。大慧徙梅阳，则发于禅语，有《宗门武库》。觉范贬珠崖，则有《楞严顶论》，其诗集载亦不多。顾予道愧先德，所遭过之而时且久，所遇亦非昔比也。丙申春二月，初至戍所，疠饥三年，白骨蔽野，予即如坐尸陀林中，惧其死而无闻也，遂成《楞伽笔记》，执戟大将军辕门，居垒壁间，思效大慧冠巾说法，构丈室于穹庐，时与诸来弟子作梦幻佛事，乃以金鼓为钟磬，以旗帜为幡幢，以刁斗为钵盂，以长戈为锡杖，以三军为法侣，以行伍为清规，以呐喊为潮音，以参谒为礼诵，以诸魔为眷属，居然一大道场也。故其所说，若法语偈赞多出世法，而诗则专为随俗说也。虽未升法堂，踞华座，拈槌竖拂，而处尘劳，混俗谛，顿入不二法门，固不减毗耶，特少一散花天耳。其说不纯，以对机不一，乃应病之药，固无当于佛祖向上关，其实为上下千载法门一段奇特梦幻因缘。及蒙赐还初服，之南岳、匡庐，又若梦游天姥也。二十余年，侍者福善日积月累。门人通炯从居五乳，编次成帙。向有求者，未敢拈出，恐点清净界中。新安仰山门人海印，请先以诗次第梓之。予知醒眼观之，如寒空鸟迹，秋水鱼踪。若以文字语言求之，则翳目空花，终不免为梦中说梦也。

天启元年岁在辛酉春王正月上元日，匡山逸叟憨山老人释德清书于枯木庵中。

刻《方册藏经》序

万历丙戌秋，达观大师、密藏开公远蹈东海，访清于那罗延窟，具白重刻方册大藏因缘，方且订盟于窟中。尔时清以荷法情深，心重然诺，岂不荷担？以洞门未开，荆榛未辟，意将有待而然也。已而达师西游，开、本二公从赴清凉以卜居，质疑于曼室大士，即蒙印许以金色界，未几诸缘毕集。越庚寅秋，幻余本公同余来入海印，出所刻枣柏大论若干卷示清，乃焚香稽首，再拜受之，喜彻藏心，法香熏遍毛孔。及读诸大宰官长者居士缘起语，备殚始末，字字真心，信乎无不从此法界流也，且曰方册类俗谛，固以流通为大方便，第恐执梵筴而致疑者，烦频解之，至详且尽，夫复何言。

嗟夫！人情之惑久矣！迷方者众，顾玦数举而不能悟一愚羽，况大道乎？尝试论之。始吾佛圣人说法也，以法界无尽身云，称性而演普门法界修多罗，尘说、刹说、炽然说，斯岂纸墨文字而可涯量、见闻知觉而可流通者哉！今所传者，特大小化身四十九年三百余会，随机施设方便法门，集之龙宫，六通大士犹不能尽其名目，量出少分，釐为三藏二十部，广布西夏，流来东土者又贝多之一叶耳。付嘱流通，诸弘法者随方建立，曲就机宜，故曰或边地语说四谛，或随俗语说四谛，或现己身、或现他身，或示己事、或示他事，种种所行皆菩萨道。观夫《杂花》所出诸善知识，同具生身，各各法门，无非毗卢遮那海印三昧神威所现，故世谛语言、资生业等皆顺正法。法本无住，遇缘即宗，至若水流风动尽演圆音，鸟噪猿吟皆谈不二，翠竹真如，黄花般若，斯又岂区区华梵可分、纸氎长短可较哉！虽然，语固有之，人情安于常习，惑其希睹，复何怪哉！藉令始也契书华筴，而梵策又以彼此为是非，信乎是谓朝三也。是以世尊利物，妙在随顺机宜，应以何身何法而得度者，即随所应而度脱之。故顺之则依，逆之则违，此常情耳。今夫斯藏所诠，乃佛真法身，一切众生自性也。悲夫人者沉酣众苦稠林，昧之久矣！故世尊自矢之曰："我本立誓愿，欲令一切众，如我等无异。"非此又何以见佛身，了自性，出苦得乐，住佛所住，以适其愿耶？以此而度，非随顺方便，又何以令谛信，令人人由之而悟入耶？况众生有种种欲、种种好乐，苟弘法者顺其欲，投其所好，无不信乐欢喜者。今所化之机有四众，计缁白之分若牛缁角而白毛，能化之法若独擅，是则投缁而拒白，其犹取角而弃毛，何其一体异视而示吾法之不广也。如此欲令人人而得度，复何望哉！且真丹云多思维，思维多则惑重，惑重则智轻，智轻则根钝，举皆是也。何以知其然耶？尝试观夫世智辩聪，率多殉耳目，陆沉欲泥。间有灵根宿植、负英杰之气者，大都发于功名，去此取彼，即般若内熏，又道不胜习，奈之何踌躇生死，良亦可痛！况兹末法奉教，例多俑人，岂禀钝根？法门所系，九鼎一丝，外患内忧，犹楚入郢。悲夫！悲夫！当是时也，孰能力起而振救之？若大师者斯刻之举，不啻秦庭之哭，真有夺军拔帜之意，其恢复法界之图，远且大矣！睹其金汤外护高深坚利若诸宰官居士者，岂非地涌之众，亲受付嘱而来耶？不然何以勇健如此。故吾观真谛，真谛不有，吾观俗谛，俗谛不无。是役也，吾辈且息肩，其犹庖人不能治庖，尸祝将越尊俎而代之也，以彼易此，两其无幸哉！虽然，勿谓无人，自顾所积何如耳。闻之大块噫气，万窍怒号，由其声大而响齐，故一唱而万和，同声相应，岂成虚语。是知斯藏之役，将计日献捷，斯刻之功，将浩劫而不穷，直使人人因之而见佛，物物以之而明心，睹法界于毫端，觐毗卢于当下，斯可谓人天共仰，真俗交归，随顺方便之最上第一义谛广大威德法门也。

或曰：方册减敬，将无慢法之罪耶？予曰：法性湛然，般若圆明，诸流通者譬若分灯，即大地俱焚，曾未择薪，而本火固然不增不减。试将以此广大法炬，遍周沙界，穷未来际，烧尽阐提，即使众生界空而本法犹湛然常住也。二公勉矣前旌，嗟予小子惭愧形服，以禅弓不张，慧剑不利，怯弱不敢先登，敢辞执鞭之后。

《紫柏老人全集》序

太虚寥廓，长风鼓而万窍怒号，殊音众响，皆一气之所宣，又奚可以大小精粗谓灵根之有间哉！惟吾佛以不思议智，流出一切音声陀罗尼，故世谛语言皆悉显示第一义谛，若夫尘说、刹说、炽然说，即水流风动，皆演圆音，况寓泰定而照群情，触境而发，无思而应，如谷响者乎？是以从上诸祖证无师自然智者，即扬眉瞬目，怒骂讥诃，莫不直示西来大意，又可以识情语言而拟议其形容哉！达摩西来，不立文字，而曹溪则有《坛经》，及二派五宗虽直指向上，然皆曲为今时，或上堂入室，示众举扬，机如雷电，凡垂一语，必缉为录，大概聊尔门头，若大慧、中峰，至我明楚石，皆其类也，盖借语传心，因言见道，言其所绝言耳。

今去楚石二百余年，有达观禅师出，当禅宗已坠之时，蹶起而力振之，得无师智，秉金刚心，其荷负法门之志，如李陵之血战，纵张空拳，犹挥驻日，虽未犁庭埽穴，而一念孤忠，与啮雪吞氈者，未可以死生优劣议也，真末法一大雄猛丈夫哉！然师赋性不与世情和合，至老见客未效一额手，虽未踞华座，竖椎拂，然足迹所至半天下，无论宰官居士，望影归心、见形折节者不可亿计，以自性宗通，故随机之谈，如千钧弩发，应弦而倒，无非指示西来的意，称性冲口，曾无刻意为文也，一唾便休，弟子笔而藏之者佰什。师初往来于金沙、曲阿之间，与于、王二氏法缘最深，于润甫居士每得师片言只字，藏贮如拱璧。及游匡庐，主邢孝廉来慈长杉馆，师之法语留邢氏者亦多。师化后，润甫属王君仲囊结集为一部。

予久沉瘴海，为师了末后因缘，过金沙之东禅，润甫捧师集示余，稽首请为其序。余三读其言，喟然而叹曰：嗟乎！末法降心，力拔生死之根，如一人与万人敌者，予独见师其人也。睹其发强刚毅勇猛之气，往往独露于毫端，如巨灵挥斤，真所谓与烦恼魔、欲魔、死魔共战，竟能超越死生，如脱敝屣，可谓战胜有功者也。故其所吐，岂可以文字语言、声音色相求之者耶？佛说欲为生死根，师凡所举，必三致意，痛处劄锥，直欲剿绝命根，即此可当金鎞矣，又何庸夫门庭施设哉！昔觉范禅宗妙悟超绝，语言典则，所著自目之曰“文字禅”。故予题曰“紫柏老人集”，盖非堕于俗数也。观者当具金刚正眼，视之于言外，则思过半矣！

《云栖老人全集》序

言以载道，文以达理，其治世语言虽圣经咸称曰文，独佛语不然，以世出世间，情与出情之异耳。盖佛所说以实相印印定诸法，凡所语言皆归实相，所谓言语道断，心行处灭，不可得而思议者焉，以文求之，譬夫执冰而求火也。岂特佛经，即从上诸祖，粗言及细语，皆归第一义，况本于文而超于情者乎？予读《云栖大师集》，三复而兴叹焉。师以儒发家，中年离俗，单究佛未出世、祖未西来一着，遍参诸方，有所发明，遂挂瓢笠，匿迹云栖以恬养，知非有意于人世也，况为文乎？久之声光独耀，缁白问道而来者，初则屦满，次则林立，久则云屯雾集，皆有请焉。以师所造者隐密，所居者平常，故于应机接物，无门庭，绝城府，无崖异，如鉴照物，妍媸顺应，故无臧否，无指谪，一任其本怀，故来者如蚊饮海，应量而足。诸弟子记其语者，谓之文。嗟乎！岂以是尽大师哉！

予少依讲肆，闻说者谈佛应机之妙，不知其谓何。及老年读《金刚般若》，诸弟子从佛持钵乞食归来，饭食洗足，敷座而坐，空生忽叹："希有世尊"，予忽然如大梦觉。是知世尊处世，与人周旋，前二十年无人知为何事者，空生今日始乃窥之。固知孔子之叹莫我知也，即颜子高弟但曰钻之仰之，而竟莫能入。然则诸子所记之语，岂尽孔子哉！於戏！圣人影响于世，岂常人所能尽知耶？信乎文者糟粕耳。然禅门载道之言，除佛经，诸祖传灯直指向上，特其言者大有径庭，不近人情，故望洋者众。即文字之师称述佛祖之道而溺于情，读者如絮沾泥。求其平实而易喻，直捷而尽理，如月照百川，清浊并映，能领之者如饮甘露，无病不瘳，如是而为佛祖之亚者，予于云栖之文见之矣！议者谓师为老师宿儒，予尝谓师为法门之周孔也，若以文视师，则赘矣！嘉禾严君某慕师而未亲炙，故梓其《全集》以照后世，其亦斯道之功臣欤？

《净土指归》序

《净土指归》，盖指修者归于净土也。吾佛世尊摄化群生，所说法门方便非一，而始终法要，有性相二宗。以其机有大小，故教有顿渐之设。末后分为禅教二门，教则引摄三根，禅则顿悟一心，如一大藏经，千七百公案，其来尚矣。若净土一门，普被三根，顿渐齐入，无机不摄，所谓横超三界，是为最胜法门。从上诸祖，悟心之士，未有一人不以此为归宿者。如龙树、马鸣，极力而称扬之。说者以为俯提中下，非知净土之旨者。何耶？良以十方世界一切众生，依正二报，虽有胜劣净秽之殊，皆从一心之所感变，故云心净则土净，所谓唯心净土，是则土非心外，净由一心，苟非悟心之士，安可以净其土耶？斯则禅家上上根，未有不归净土者，此也。中下之士，修持净戒，专心注念，观念相续，临终必得往生，虽有去来之相，而弥陀相好，宝树花台，实由自心之所感现，譬若梦事，非从外来。至若愚夫愚妇，但修十善，精持五戒，专心念佛，临终必得往生者，此以佛力加持，行人念想增胜，此以胜想，彼以大愿，愿与念接，自心与佛默尔相应，虽净土之境未现，而往生之功已成，实由自心冥感之力，亦非外也。若十恶之辈，临终业胜，地狱苦事已现在前，但为苦逼极，脱苦心切，极苦之心而成念力，极尽悔心，悔心已极，即此极处，全体转变，一念与佛相应，故佛力加持，应念现前，化刀山为宝树，变火镬为莲池，故此恶辈亦得往生。然此净土之境，良因自心全体转变之功，实非外得。由是观之，三界万法，未有一法不从心生，净秽之境，未有一境不从心现。所以净土一门，无论悟与不悟，上智下愚之士，但修而必得者，皆由自心。斯则唯心净土之旨，皎然若视白黑矣。以佛体如空，自心空净与佛冥一，惟假一念愿力庄严，而净土之境顿现，不借功勋，是为上上，殊非浅智薄信者可到也。中下之士，依观念相续，不为爱缘业习之所倾夺，根虽少劣，而志实上上。且修之惟难，以断爱根为难耳。恶辈往生更难，虽云带业，亦由多生夙习善根内熏所发，根虽恶劣，即一念勇猛之心，超于上上，较彼放下屠刀便作佛事，又差胜矣。然此万万无一，世人若必待此而求生，谬矣！以愚所观，根无大小，究竟必由向上一念而得成就。故此法门，岂特权为中下而设耶？

贰师将军爱柏徐公，以文武发家，说礼乐而敦诗书，谈兵之暇，留心净土法门，所谓以慈用兵者也。纂辑《指归》一书，宗于《十六观经》，以至发明难问，以显念佛本源；次引《莲宗》及《龙舒》诸说，以示信愿正行；次列远公以下二十六人，以为实证；后开劝念，以至发挥念佛之义，因果毕备，较前修要门，尽萃于此，诚所谓净土之指南矣！予谓是集也，理事双修，因果并显。观者以此为指归，则妙乐之境，昭昭心目之间，不必求之十万亿土之外，而受胜妙乐，现诸日用行事之间，不待报谢神超而后为实证也。是书之利，真苦海之慈航，长夜之慧炬也，岂小小哉！

重兴青原山七祖道场序

佛法托之像教，禅道寄之祖庭，故瞻梵刹而三宝现前，指道场而慧灯发焰，盖由道假人弘，事因理显。是以诸祖法窟之不可泯者，若人身之血脉不可一息间也，任道君子可不为之留心哉！惟禅宗鼻祖西来，直指最上一乘，令人当下成佛。此道六传于曹溪，而青原、南岳为的骨子，两人执帜，大盛于江西、湖南，其下五灯分焰，皆以二老为燧人。此道昭昭如中天日月，千百年来闇然而愈章者，是知兹山为人心世道所关最重。予少年曾礼七祖，见其僧非拔俗，寺委荒榛，惟诸贤祠宇尊祀其中，时则慨然叹曰：诸天奉佛，诸贤事天，然各尊其道，理或宜然，恐神有所未妥也。徘徊而去。间尝与紫柏禅师言，谓禅宗寥落，必源头壅塞，当同疏导之，师大以为然。师先候予于匡山。及乙未，予年五十，以弘法致谴，放于岭外，因得重濬曹溪之原，以为禅道重兴之兆。辛苦八年，而祖庭始开，功虽未圆，中兴之机已见。辛亥秋日，安福邹匡明子尹氏发心重整青原，持邹给谏公书为先谈，且云子尹为七祖忠臣。予闻之跃然，乃先嘱其妥神祠为第一义。是时因缘未遇，遂寝。越癸丑，遂之南岳，践金简曾仪部约。公欲振之，力未能也。丙辰，予吊紫柏，有吴越之行。至双径，见禅道大振，参究者众，予叹曰：此曹溪一派重衍也。丁巳夏，归匡山，作休老计。见东林莲社重开，石门禅期已结，予大欢喜。不三日，而给谏公书亦至，云大修青原，冀得一指点，盖子尹夙心，述予之本愿，其祠已妥，而首为檀度，愿成主佛者，则刘晋卿、张寿长、郭陵舄也。予乃浩然叹曰：六祖有言：叶落归根。禅道自曹溪一脉，始于青原，而传灯诸祖至中峰之后渐微，我国初不多见矣！予自濬曹溪，不数年而此道复振於越之天目、双径之间，今且引归匡山、石门，适青原大兴，千年之后复见今日，岂非应叶落归根之谶哉！惟昔盛时莫盛于西江马祖，今也重振，再见于青原，是知道运旋转，与造化同流。信夫意者将来八十一人同出马驹之下者，是有望于今日。斯役也，檀度之功，任之者众，不俟予言。故特述禅道隆替之由，以告诸同志，不在庄严佛土，而在光辉佛灯，以助尧天舜日，期与斯民共享无为之化也，又岂可以寻常建一刹、创一宇为佛事者同日而语耶？

万历四十五年，仲夏十日。

记

观《楞伽宝经》阁笔记

《观楞伽宝经记》，盖为观经而作也。以此经直指众生识藏即如来藏，显发日用现前境界，令其随顺观察自心现量，顿证诸佛自觉圣智，故名佛语心，非文字也，又岂可以文字而解之哉！故今不曰注疏，而曰观经记，盖以观游心，所记观中之境耳。此经为发最上乘者说，所谓是法甚深奥，少有能信者，以文险义幽，老师宿学读之不能句，况遗言得义，以入自心现量乎？昔达磨授二祖，以此为心印。自五祖教人读《金刚》，则此经不独为文字，且又束之高阁，而知之者希，望崖者众矣。

惟我圣祖以广大不二真心御寰宇，修文之暇，乃以《楞伽》《金刚》佛祖三经，以试僧得度，如儒科，特命僧宗泐等注释之，颁布海内，浸久而奉行者亦希。清幼入空门，切志向上事，愧未多历讲肆。尝见古人谓文字之学不能洞当人之性源，贵在妙悟自心，心一悟，则回观文字，如推门落臼，固不难矣。因入山习枯禅，直至一字不识之地。一旦脱然自信，回视诸经，果了然如视归家故道，独于此经苦不能句。余居海上，时万历壬辰夏，偶患足痛不可忍，因请此经置案头，潜心力究，忽寂尔亡身，及开卷读百八义，了然如视白黑。因忆昔五台梵师言，遂落笔记之。至生灭章，其患即愈。及乙未春，因弘法罹难，幽囚困楚中，一念孤光未昧，实仗此法门威德力也。顷蒙恩遣雷阳，丙申春，过吉州，遇大行王公性海于净土中，请益是经。因出前草二章。公首肯，遂以正受《注》并三译本，稽首属余，请卒业焉。余携之，以是年三月十日抵戍所。于四月朔即命笔。时值其地饥且疠，死伤蔽野，余坐毒雾尸陀林中，日究此经，至忘寝食，了然如处清凉国。至七月朔，甫完卷半。比与柯孝廉复元，率诸父老掩胔骼，至四千头有奇。建盂兰会，说幽冥戒普济之。时天乃雨，而疠随止。遂令蔑戾车地，大生欢喜心，无乃借此性海一滴，润此焦枯乎？余亦奉镇檄来五羊，憩东郭垒壁间，又首事于十月朔。至明年佛成道日，乃阁笔焉。愚窃思多生以谤法因缘，今感斯报。荷蒙圣慈，以万里之行而调伏之，使入其难入。期年之内，奔走居半，而能了此积劫广大因缘，非荷诸佛神力加持，何能以思惟心测度如来自觉圣智境界！乃尔以是弥感圣恩，析骨难酬也。

稿成，观察海门周公欲梓之，以入贺未果。戊戌冬，适侍御樊公友轩，以建储议谪雷阳，与余同伍，道过仙城见访，问："雷阳风景何如？"余笑曰："在人不在境。"因出此草示之，曰："此余雷阳风景也。"公叹曰："信光明幢哉！愿广法施。"遂为疏募众。幸诸宰官、长者、居士各欢喜成之。愿将此胜因，回向楞伽法性海中，仰凭慧光圆照，破此夙愆，早登解脱。冀见闻随喜，同入自心现量，共转此法轮，直至未来际。以斯功德，上报圣恩，下拔苦趣，齐登涅槃彼岸耳。

第此经单破外道、二乘偏邪之见，令生正智，以一心为真宗，以摧邪显正为大用。其所破之执，各有所据，皆载彼宗，以瘴乡苦无经论参考，即所引证，咸以《起信》《唯识》提挈纲宗，务在融会三译，血脉贯通。若夫单提向上，直指一心，枝词异说刷洗殆尽，冥契祖印，何敢让焉！因为述其始末如此。

万历己亥季夏望日，海印沙门德清记。

西湖净慈寺宗镜堂记

武林西湖，有山曰南屏，有寺居其上，曰净慈，宋高宗南渡，崇五山十刹，而首兹焉。寺始于周显德，吴越钱忠懿王建，初为永明院，迎智觉寿禅师为开山第一代住持，改今额。大师得法于天台韶国师，为法眼的骨孙，妙契单传心印，博通三藏，达佛一大藏教，特显三界唯心、万法唯识之旨。以佛灭后，西域唱导诸师，以唯心、唯识，立性、相二宗，冰炭相攻，以至分河饮水，破坏正法。及大教东来，不三百年，而达摩西来，不立文字，直指人心，见性成佛，是为禅宗。于是遂有教外别传之道，六传至曹溪，而下南岳、青原，次为五宗，由唐至宋，其道大盛，于是禅教相非，如性相相抵。是皆不达唯心唯识之旨，而各立门户。自梁、唐而宋，四百年来，海内学者哓哓兢辩，卒不能起大觉以折中之。于是大师愍佛日之昏也，乃集贤首、慈恩、天台三宗义学精于法义者百余人，馆于两阁，博阅义海，更相质难，师则以心宗之衡准平之。又集大乘经论六十部，西天此土贤圣之言三百家，证成唯心，为书百卷，名曰《宗镜录》，因以颜堂。意以一心为宗，照万法为镜，撤三宗之藩篱，显一心之奥义，其犹悬义象于性天，摄殊流而归法海，不唯性相双融，即九流百氏，技艺资生，无不引归实际，又何教禅之不一、知见之不泯哉！良以众生之执迷久矣！虽性、相、教、禅皆显一心之妙，但佛开遮心病，末后拈花，自语而自异，卒无以一之，由是执筌之徒认指失月，孰能正之？世尊入灭二千年矣！自非大师蹶起而大通之，窃恐终古哓哓，究竟了无归宁之日也。是知大师厥功大矣！集吾法之大成，使释迦复起，功亦无越于此者，岂非夫子贤于尧舜远耶？

或曰：从前诸祖皆了悟自心者，乃云向上一着，三世诸佛不许觑着。又曰：一大藏经，是揩疮脓故纸。又见世尊初生，指天指地，即要一棒打杀。乃至上堂示众，未尝不痛斥文字，不许亲近教义。大师今以和会性相，强合一心，岂非有违达摩西来之指耶？抑诸古德，有违一心之义耶？

曰：此正以西来大意不明，互起偏见，故作今生之事耳。即古德机缘，皆显如来之大机大用，未尝非佛之作略。即如文殊起佛见法见，贬向铁围山中，又文殊亦曾持刀杀佛，其诸弟子入维摩丈室，种种受呵，是皆诸祖之机用，但为遮遣调伏众生之法药耳，非实法也。但今初心浅智不悟如来平等法界，故不能达离相之旨。惟如来说法，以海印三昧，印定诸法。谓虚空为帝青宝，虚明如镜，大地山林，草芥人畜，森罗万象，靡不现景于空镜之中，而大海波澄，虚明洞彻，则空镜之景现于海中，犹如印文。如来说法，以平等大慧，圆照法界，众生心念皆知头数，阎浮提雨皆知其滴，如此是名海印三昧。由是观之，则无一物不是佛心，无一法而非佛事，无一行而非佛行，一切诸法安有纤毫出于唯心之外者乎？是知宗镜之称，以一心照万法，泯万法归一心，则何法而非祖师心印，又何性、相、教、禅之别乎？是则毁相者不达法性，斥教者不达佛心，不知佛祖之妙用而执为实法，所以正法眼藏难明也，可不痛哉！

今也寺面西湖，湖水如镜，四山罗列，六桥花柳，楼船往来，人物妍媸，歌管远近，钟鼓相参，昼夜六时，古今不断于湖上，而殿中如来安然寂默，如入海印三昧时，未尝纤毫出于宗镜。即今松风泉响，蚓吹蛙声，犹是大师坐宗镜堂，挥麈会义说法时也，又何庸夫笔舌哉！是知兹山之地甲于中州，寺首于诸刹，法超于教禅，心境最胜。到宗镜之堂，当与湖山相为终始矣！

大师入灭四百余年，骨塔没于荒榛。万历某年，寺僧大壑求而得之，移置于堂后，斯实大师法身隐而复现，当与兹堂常住不朽矣！堂无记，壑乞予以志之。

塔 铭

径山达观可禅师塔铭

夫大地生死，颠瞑长夜，情关固闭，识锁难开。有能蹶起一击碎之，掉臂独往者，自非雄猛丈夫，具超世之量者，未易及也。历观传灯诸老，咸其人哉！余今于达观禅师见之矣。师讳真可，字达观，晚号紫柏，门人称尊者，重法故也。其先句曲人，父沈连，世居吴江太湖之滩缺，师其季子也。母梦异人授其附叶大鲜桃，寤而香满室，遂有娠。师生，五岁不语。有异僧过其门，摩顶，谓其父曰："此儿出家当为人天师。"言讫，忽不见，师遂能语。先时见巨人迹下于庭，自是不复见。髫年性雄猛，慷慨激烈，貌伟不群，弱不好弄。生不喜见妇人，浴不许先。一日，姊误前就浴，师大怒，自后至亲戚妇女无敢近者。长，志日益大，父母不能拘。尝有诗曰"屠狗雄心未易消"，盖实录也。

年十七，方仗剑远游塞上，行至苏州阊门，游市中，天大雨，值虎邱僧明觉，相顾盼，壮其貌，因以伞蔽之，遂同归寺，具晚餐，欢甚。闻僧夜诵八十八佛名，心大快悦。侵晨，入觉室曰："吾两人有大宝，何以污在此中耶？"解腰缠十余金授觉，令设斋，请剃发。遂礼觉为师，是夜即兀坐达旦。每私语，三叹曰："视之无肉，吃之有味。"觉欲化铁万斤造大钟，师曰："吾助之。"遂往平湖巨室门外趺坐。主人进食，师不食。主问何所须，师曰："化铁万斤造大钟，有即受食。"主人立出铁万斤于门外，师笑，食毕，径载回虎邱。归即闭户读书，年半不越阃。见僧有饮酒茹荤者，师曰："出家儿如此，可杀也。"僧咸畏惮之。年二十，从讲师受具戒。尝至常熟，遇相国严养斋翁，识为奇器，留月余。之嘉兴东塔寺，见僧书《华严经》，跪看良久，叹曰："吾辈能此足矣。"遂之武塘景德寺，掩关三年。复回吴门，辞觉曰："吾当去行脚诸方，历参知识，究明大事。"遂策杖去。一日，闻僧诵张拙《见道偈》，至"断除妄想重增病，趋向真如亦是邪"，师曰："错也，当云'方无病'，不是'邪'。"僧云："你错他不错。"师大疑之，到处书二语于壁间，疑至头面俱肿。一日斋次忽悟，头面立消，自是凌跞诸方。尝曰："使我在临济德山座下，一掌便醒，安用如何如何？"

过匡山，穷相宗奥义。一日行二十里，足痛，师以石砥脚底，至日行二百里乃止。游五台，至峭壁空岩，有老宿孤坐。师作礼，因问："一念未生时如何？"宿竖一指。又问："既生后如何？"宿展两手。师于言下领旨，寻迹之，失其处。至京师，参遍融大老。融问："从何来？"曰："江南来。"又问："来此作么？"曰："习讲。"又问："习讲作么？"曰："贯通经旨，代佛扬化。"融曰："你须清净说法。"师曰："只今不染一尘。"融命褫师直裰，施傍僧，顾谓师曰："脱了一层还一层。"师笑领之，遂留挂塔。知识啸岩、法主暹理诸大老师皆及门。去九年，复归虎邱省觉。乃之淞江，掩关百日。之吴县，聊城傅君光宅为县令，其子利根，命礼师，子不怿。子一日搦二花问师云："是一是二？"师曰："是一。"子开手曰："此花是二，师何言一？"师曰："我言其本，汝言其末。"子遂作礼。之天池，遇管公东溟，闻其语，深器之。师因拈蔷薇一蒂二花问公，公曰："此花同本生也。"师分为二，复问公，公无语，因罚斋一供，遂相与莫逆。时上御极之三年，大千润公开堂于少林，师结友巢林、介如辈往参叩。及至，见上堂讲公案，以口耳为心印，以帕子为真传。师耻之，叹曰："西来意固如是耶？"遂不入众。

寻即南还，至嘉禾，见太宰陆五台翁，心大相契。先是有密藏道开者，南昌人，弃青衿出家，披剃于南海，闻师风，往归之。师知为法器，留为侍者。郡城楞严寺为长水疏经处，久废，有力者侵为园亭。师有诗吊之曰："明月一轮帘外冷，夜深曾照坐禅人。"志欲恢复，乃嘱开公任恢复之事，而属太宰为护法。太宰公弟云台公施建禅堂五楹，既成，请师题其柱。师为联语曰："若不究心，坐禅徒增业苦。如能护念，骂佛犹益真修。"遂引锥刺臂，流血盈碗书之，自是接纳往来。后二十余年，太守槐亭蔡公始克修复，盖师愿力所持也。

师见象季法道陵迟，惟以弘法利生为家务。念大藏卷帙重多，遐方僻陬有终不闻佛法名字者，欲刻方册，易为流通，普使见闻作金刚种子，即有谤者，罪当自代。遂与太宰公，及司成冯公梦祯，廷尉曾公同亨，冏卿瞿公汝稷等定议，命开公董其事。万历己丑，创刻于五台。居四年，以冰雪苦寒，复移于径山寂照庵。工既行，开公以病隐去。续蒇其役者，弟子寒灰如奇、奇子幻予本及、最后弟子澹居铠也。初桐城吴公用先为仪曹郎，参师，入室从容，及刻藏事，师遽曰："君与此法有大因缘。"师化后，吴公出长浙藩，用冯司成初议，修复化城，为径山下院，藏贮经版，固吴公信力，亦师预谶云。

师于嘉禾刻藏有成议，乃返吴门，省得度师觉公。觉已还俗，以医名，闻师来，慑甚。师伪为贾人装，偃卧小舟中，请觉诊视。觉见师大惊。师涕泣曰："尔何迷至此耶？今且奈何？"觉曰："唯命是听。"师立命剃发载去。觉惭服，愿执弟子礼亲近之。师来之日，觉夕餐，饭盂忽堕地迸裂，其诚感如此。师初过吴江，沈、周二氏聚族而归之。至曲阿、金沙，贺、孙、于、王四氏合族归礼。师于于园书《法华经》以报二亲，颜书经处曰墨光亭，今在焉。闻妙峰师建铁塔于芦芽，乃送经安置塔中，且与计藏事。

复之都门，乃访予于东海，万历丙戌秋七月也。予以五台因缘有闻于内，避名于东海那罗延窟。慈圣皇太后为保圣躬、延国祚，印施《大藏》十五部，皇上颁降海内名山，首及东海，予以谢恩入长安。师携开公走海上，至胶西，秋水泛涨，众度必不能渡。师解衣先涉，疾呼众，水已及肩，师跃然而前，既渡，顾谓弟子曰："死生关头，须直过为得耳。"众心钦服。予在长安闻之，亟促装归，兼程至即墨，师已出山，在脚院，诘朝将长发。是夜一见，大欢笑。明发，请还山，留旬日，心相印契，师即以予为知言，许生平矣。

师返都门，访石经山，礼隋琬公塔。念琬公虑三灾劫坏，正法澌灭，创刻石藏经，藏于岩洞，感其护法深心，泪下如雨。琬公塔院地已归豪右，矢复之而未果。乃决策西游峨嵋，由三晋，历关中，跨栈道至蜀，礼普贤大士。顺流下瞿塘，过荆襄，登太和，至匡庐，寻归宗故址，唯古松一株，寺僧售米五斗，匠石将伐之，丐者怜而乞米赎之，以存寺迹，师闻而兴感。树根为樵斧剥斫，势将折。师砌石填土，咒愿复生，以卜寺重兴兆。后树日长，寺竟复，其愿力固如此。江州孝廉邢懋学延居长松馆，师为说法语，名《长松茹退》。邹给谏尔瞻、丁大参勺原留驻锡匡山未果，遂行。过安庆，阮君自华请游皖公山马祖庵。师喜其境超绝，嘱建梵刹。江阴居士赵我闻谒请出家，遂剃发于山中，师諱名曰法铠，所谓最后弟子也。

师复北游至潭柘。慈圣圣母闻师至，命近侍陈儒致斋供，特赐紫伽黎。师固让曰："自惭贫骨难披紫，施与高人福倍增。"儒随师过云居，礼石经于雷音寺，启石室，佛座下得金函，贮佛舍利三枚，光烛岩壑。因请舍利入内，供三日，出帑金，重藏于石窟。以圣母斋𫆬余金，赎琬公塔，遂拉予偕往瞻礼，属予作记。回寓慈寿，同居西郊园中，对谈四十昼夜，目不交睫，信为生平至快事。遍融老已入灭，为文吊之，有嗣德不嗣法之语。师在潭柘，居常礼佛后方食。一日客至，误先举一食，乃对知事曰："今日有犯戒者，命尔痛责三十棒，轻则陪之。"知事愕，不知为谁。顷师授杖，自伏地于佛前，受责如数，两股如墨，乃云："众生无始习气如油入面，牢不可破。苟折情不痛，未易调伏也。"

师与予计，修我朝《传灯录》。予以禅宗凋敝，与师约往濬曹溪，以开法脉。师先至匡山以待，癸巳秋七月也。越三年乙未，予供奉圣母赐《大藏经》，建海印寺成，以别缘触圣怒，诏逮下狱。鞫无他辞，蒙恩免死，遣戍雷阳，毁其寺。师在匡山闻报，许诵《法华经》百部，冀祐不死。即往探曹溪回，将赴都下救予。闻予南放，遂待于江浒。是年十一月，会师于下关旅泊庵。师执予手叹曰："公以死荷负大法。古人为法，有程婴、公孙杵臼之心。我何人哉，公不生还，吾不有生日。"予慰之再三。濒行，师嘱曰："吾他日即先公死，后事属公。"遂长别。

予度岭之五年庚子，上以三殿工，榷矿税，中使者驻湖口，南康太守吴宝秀劾奏被逮，其夫人哀愤以缳死。师在匡山闻之曰："时事至此，其如世道何！"遂策杖赴都门。吴入狱，师多方调护，授以毗舍浮佛半偈，嘱诵满十万，当出狱。吴持至八万，蒙上意解，得末减。师以予未归初服，每叹曰："法门无人矣。若坐视法幢之摧，则绍隆三宝者当于何处用心耶？老憨不归，则我出世一大负。矿税不止，则我救世一大负。《传灯》未续，则我慧命一大负。若释此三负，当不复走王舍城矣。"癸卯秋，予在曹溪飞书属门人计偕者招师入山中。报书，直云舍此一具贫骨。

居无何，忽妖书发，震动中外。忌者乘间劾师，师竟以是罹难。先是圣上以轮主乘愿力敬重大法，手书《金刚般若》，偶汗下渍纸，疑当更易，遣近侍曹公质于师。师以偈进曰："御汗一滴，万世津梁。无穷法藏，从此放光。"上览之大悦，由是注意。适见章奏，意甚怜之，在法不能免，因逮。及旨下，云着审而已。金吾讯鞫，但以三负事对，绝无他辞。送司寇，时执政欲死师。师闻之曰："世法如此，久住何为？"乃索浴罢，嘱侍者小道人性田曰："吾去矣。幸谢江南诸护法。"道人哭，师叱之曰："尔侍予二十年，仍作这般去就耶？"乃说偈讫，端坐安然而逝。御史曹公学程以建言逮系，问道于师，闻之急趋至，抚之曰："师去得好。"师复开目微笑而别，癸卯十二月十七日也。师生于癸卯六月十二日，世寿六十有一，法腊四十有奇。师生平行履，疑信相半，即此末后快便一着，上下闻之，无不叹服。於戏！师于死生，视四大如脱敝屣，何法所致哉？师常以《毗舍浮佛偈》示人。予问曰："师亦持否？"师曰："吾持二十余年，已熟句半。若熟两句，吾于死生无虑矣。”岂其验耶？

师化后，待命六日，颜色不改。及出，徙身浮葬于慈慧寺外。次年春夏霖雨，及秋，陆长公西源欲致师肉身南还，启之，安然不动。予弟子大义奉师龛至。经潞河，马侍御经纶以感师与李卓吾事，心最恸，因启龛拂面，痛哭之。至京口，金沙、曲阿诸弟子奉归径山，供寂照庵。师临终有偈云：“怪来双径为双树，贝叶如云日自屯”，以是故耳。时甲辰秋九月也。越十一年乙卯，弟子葬师全身于双径山后。司成朱公国祯礼师塔，知有水，嘱弟子法铠启之俗弟子缪希雍，相得五峰内大慧塔后，开山第二代之左，曰文殊台。卜于丙辰十一月十九日荼毗，廿三日归灵骨塔于此。予始在行间，闻师讣，欲亲往吊，因循一纪，未遂本怀。顷从南岳数千里来，无意与期会，而预定祭日，盖精神感孚，亦奇矣！师后事予幸目击，得以少尽心焉。

於戏！师生平行履岂易及哉！始自出家，即胁不至席，四十余年。性刚猛精进，律身至严，近者不寒而栗。常露坐不避风霜。幼奉母训不坐阈，则尽命立不近阈。秉金刚心，独以荷负大法为怀。每见古刹荒废，必至恢复，始从楞严，终至归宗、云居等，重兴梵刹一十五所。除刻《大藏》，凡古名尊宿《语录》，若寂音尊者所著诸经论文集，及苏长公《易解》，尽搜出刻行于世。性耽山水，生平云行鸟飞，一衲无余，无容足地。严重君亲忠孝之大节，入佛殿，见万岁牌必致敬。阅历书，必加额而后览。偶读《长沙志》，见忠臣李芾，城垂陷，不欲死于贼，授部将一剑，令斩其全家。部将恸哭奉命，既推刃，因复自杀。师至此，泪直迸洒。弟子有傍侍者不哭，师呵曰：“当推堕汝于崖下。”其忠义感激类如此。师气雄体丰，面目严冷。其立心最慈，每示弟子，必令自参，以发其悟，直至疑根尽拔而后已。接人不以常情为法，求人如苍鹰攫兔，一见即欲生擒。故凡入室不契者，心愈慈而恨愈深，一棒之下直欲顿断命根，故亲近者希。凄然暖然，师实有焉。於戏！师岂常人哉！即其见地直捷稳密，当上追古人。其悲愿利生，弘护三宝，是名应身大士。有人问：“师何如人？”予曰：“正法可无临济、德山，末法不可无此老也。”师每慨五家纲宗不振，常提此示人。予尝叹曰：纲宗之不振，其如慧命何！原其曹洞则专主少林。沩仰圆相久隐。云门自韩大伯后则难见其人。法眼大盛于永明，后则流入高丽。独临济一派，流布寰区，至宋大慧中兴其道，及国初楚石、无念诸大老，后传至弘正，末有济关主，其门人为先师云谷和尚，典则尚存。五十年来，狮弦绝响。近则蒲团未稳，正眼未明，遂妄自尊称临济几十几代。於戏！邪魔乱法，可不悲乎！予以师之见地，诚可远追临济，上接大慧，以前无师派，未敢妄推。若据尧舜之道，传至孔子、孟轲，轲死不得其传，至宋濂雒诸儒遥续其脉，以此证之，师固不忝为转轮真子矣！姑录大略，以俟后之明眼宗匠续《传灯》者采焉。以师未出世，故无上堂普说示众诸语，但就参请机缘开示，门人缉之，有内外集若干卷行于世。入室缁白弟子甚多，而宰官居士尤众。师生平行履不能具载，别有传。乃为之铭。铭曰：

佛未出世，祖未西来，击涂毒鼓，谁其人哉！
鹫岭拈花，少室面壁，只道快便，翻成狼籍。
黄梅夜半，老卢窃逃，谁料岭南，有此猲獠。
南岳青原，擦脓涕汉，多少痴人，被他诓赚。
五家手快，如抚舜琴，南熏倏至，辨者知音。
儿孙恶辣，触者先亡，但放一线，其家永昌。
门户孤单，命在一丝，有救之者，定是嫡儿。
如汉张良，为韩报仇，纵然国破，宗祧可求。
是生吾师，如石迸笋，出则凌霄，孰知其本。
为法力战，通身汗血，大似李陵，空拳不怯。
身虽陷虏，其心不亡，千秋之下，毕竟归王。
师金刚心，尽化为骨，逼塞虚空，岂在山麓。
师不知我，谁当知师，一死一生，春在花枝。

云栖莲池宏大师塔铭

师讳袾宏，字佛慧，别号莲池，志所归也。俗姓沈氏，古杭仁和人，世为名族。父德鉴，号明斋先生。母周氏。师生而颖异，世味澹如。年十七，补邑庠。试屡冠诸生，以学行重一时，于科第犹掇之也。顾志在出世，每书生死事大四字于案头，从游讲艺，必折归佛理，业已栖心净土矣。家戒杀生，祭必素。居常太息曰："人命过隙耳，浮生几何？吾三十不售，定超然长往，何终身事龌龊哉！"前妇张氏，生一子殇，妇亡，即不欲娶。母强之，议婚汤氏。汤贫女，斋蔬。有富者欲得师为佳婿，阴间之，师竟纳汤，然意不欲成夫妇礼。年二十七，父丧。三十一，母丧。因涕泣曰："亲恩罔极，正吾报答时也。"至是，长往之志决矣。嘉靖乙丑除日，师命汤点茶，捧至案，盏裂，师笑曰："因缘无不散之理。"明年丙寅，诀汤曰："恩爱不常，生死莫代，吾往矣，汝自为计。"汤亦洒然曰："君先往，吾徐行耳。"师乃作《一笔勾词》，竟投性天理和尚祝发。乞昭庆寺无尘玉律师，就坛受具。居顷，即单瓢只杖游诸方，遍参知识。

北游五台，感文殊放光。至伏牛，随众炼魔。入京师，参遍融、笑岩二大老，皆有开发。过东昌，忽有语，作偈曰："二十年前事可疑，三千里外遇何奇。焚香掷戟浑如梦，魔佛空争是与非。"师以母服未阕，乃怀木主以游，每食必供，居必奉，其哀慕如此。至金陵瓦官寺，病几绝，时即欲就荼毗。师微曰："吾一息尚存耳。"乃止。病间，归。越中多禅期，师与会者五，终不知邻单姓字。

隆庆辛未，师乞食梵村，见云栖山水幽寂，遂有终焉之志。山故伏虎禅师刹也，杨国柱、陈如玉等为结茅三楹以栖之。师吊影寒岩，曾绝粮七日，倚壁危坐而已。村多虎，环山四十里，岁伤不下数十人，居民最苦之。师发悲悲，为讽经施食，虎患遂宁。岁亢旱，村民乞师祷雨。师笑曰："吾但知念佛，无他术也。”众坚请。师不得已出，乃击木鱼循田念佛，时雨随注，如足所及。民异之，相与累累然挈材木、荷锄钁，竞发其地，得柱础而指之曰：“此云栖寺故物也。师福吾村，吾愿鼎新之，以永吾福。”不日成兰若，外无崇门，中无大殿，惟禅堂安僧，法堂奉经像，余取蔽风雨耳。自此法道大振，海内衲子归心，遂成丛林。

师悲末法教网灭裂，禅道不明，众生业深垢重，以醍醐而贮秽器，吾所惧也。且佛设三学以化群生，戒为基本，基不立，定慧何依？思行利导，必固本根。第国制南北戒坛久禁不行，予即愿振颓纲，亦何敢违宪令？因令众半月半月诵《梵网戒经》及比丘诸戒品，由是远近皆归。师以精严律制为第一行，著《沙弥要略》《具戒便蒙》《梵网经疏发隐》，以发明之。初师发足参方，从参究念佛得力，至是遂开净土一门，普摄三根，极力主张，乃著《弥陀疏钞》十万余言，融会事理，指归唯心。又忆昔见《高峰语录》，谓自来参究此事最极精锐，无逾此师之纯钢铸就者，向怀之行脚。惟时师意并匡山、永明而一之，更录古德机缘中吃紧语，编之曰《禅关策进》，并刻之，以示参究之诀，盖显禅净双修，不出一心，是知师之化权微矣。

万历戊子，岁大疫，日毙千人。太守余公良枢请公诣灵芝寺禳之，疫遂止。梵村旧有朱桥，潮汐冲塌，行者病涉，余公请师倡造。师云：“欲我为者，无论贫富贵贱，人施银八分而止。”独用八者，意取坤土以制水也。或言工大施微，恐难峻事。师云：“心力多，则功自不朽。”不日累千金，鸠工筑基。每下一桩，持咒百遍，潮汐不至者数日，桥竟成。昔钱王以万弩射潮，师以一心力当之，何术哉！

师道价日增，十方衲子如归，师一以慈接之。弟子日集，居日隘，师意不庄严屋宇，取安适支阁而已。其设清规益肃，众有通堂，若精进、若老病、若十方各别有堂，百执事各有寮。一一具锁钥，启闭以时，各有警策语，依期宣说。夜有巡警，击板念佛，声传山谷，即倦者眠不安、寝不梦。布萨羯磨，举功过，行赏罚，凛若冰霜。即佛住祇桓，尚有六群扰众，此中无一敢诤而故犯者。不尽局百丈规绳而适时救弊，古今丛林未有如今日者，具如僧规约及诸警语，赫如也。极意戒杀生，崇放生，著文久行于世，海内多奉尊之。曾讲《圆觉经》于净慈，听者日数万指，如屏四匝，因赎寺前万工池为放生池，师八十诞辰，又增拓之。今城中上方、长寿两池，岁费计百余金。山中设放生所，救赎飞走诸生物，充牣于中，众僧减口以养之，岁约费粟二百石。亦有警策，守者依期往宣白。即羽族善鸣噪者，闻木鱼声，悉寂然而听，宣罢，乃鼓翅暄鸣，非佛性哉！噫！佛说孝名为戒，儒呵有养无敬，师于物养而敬，且有礼者也，非达孝哉！

师道风日播，海内贤豪，无论朝野，靡不归心感化。若大司马宋公应昌、太宰陆公光祖、宫谕张公元忭、司成冯公梦祯、陶公望龄，次第及门问道者以百计，皆扣关击节，征究大事，靡不心折，尽入陶铸。监司守相下车伏谒，及贤豪候参者，无加礼，不设馔，皆甘粝饭，卧败席，任蜥缘蚊嘬无改容，皆忘形屈势，至则空其所有，非精诚感物，何能至是哉！侍郎王公宗沐问："夜来老鼠唧唧，说尽一部《华严经》。"师云："猫儿突出时如何？"王无语。师自代云："走却法师，留下讲案。"又书颂曰："老鼠唧唧，华严历历。奇哉王侍郎，却被畜生惑。猫儿突出画堂前，床头说法无消息。无消息，大方广佛华严经，世主妙严品第一。"侍御左公宗郢问："念佛得悟否？"师曰："返闻闻自性，性成无上道，又何疑返念念自性耶？"仁和令樊公良枢问："心杂乱，如何得静？"师曰："置之一处，无事不办。"坐中一士曰："专格一物，是置之一处，办得何事？"师曰："论格物，只当依朱子豁然贯通去，何事不办得。"或问师："何不贵前知？"师云："譬如两人观《琵琶记》，一人不曾经见，一人曾见而预道之，毕竟同观，终场能增减一出否？"今上慈圣皇太后崇重三宝，偶见师《放生文》，甚嘉叹，遣内侍赍紫袈裟斋资往供，问法要。师拜受，以偈答之。师极意悲幽冥苦趣，自习焰口，时亲设放。尝有见师座上现如来相者，盖观力然也。

师天性朴实简淡，无缘饰。虚怀应物，貌温粹，弱不胜衣，而声若洪钟。胸无崖岸，而守若严城，御若坚兵。善藏其用，文理密察。经济洪纤，不遗针芥。即画丛林日用，量施利，酌厚薄，核因果，明罪福，养老病，公众僧，不渗滴水。自有丛林以来五十年中，未尝妄用一钱。居常数千指，不设化主，听其自至。稍有盈余，辄散施诸山，库无储蓄。凡设斋外，别持金银作供者，随手散去。施衣药，救贫病，略无虚日。偶检私记，近七载中实用五千余金，不属常住，则前此岁岁可知已。师生平惜福，尝著三十二条自警。垂老自浣濯，出溺器，亦不劳侍者。终身衣布素，一麻布帏，乃丁母艰时物，今尚存，他可知已。总师之操履，以平等大悲摄化一切，非佛言不言，非佛行不行，非佛事不作。佛嘱末世护持正法者依四安乐行，师实以之。历观从上诸祖，单提正令，未必尽修万行。若夫即万行以彰一心，即尘劳而见佛性者，古今除永明，惟师一人而已。先儒称寂音为僧中班马。予则谓师为法门之周孔，以荷法即任道也。惟师之才足以经世，悟足以传心，教足以契机，戒足以护法，操足以励世，规足以救弊，至若慈能与乐，悲能拔苦，广运六度，何莫而非妙行耶？出世始终，无一可议者，可谓法门得佛之全体大用者也。非夫应身大士，朗末法之重昏者，何能至此哉！

临终时，预于半月前入城别诸弟子及故旧，但曰：“吾将他往矣。”还山，连下堂，具茶汤设供，与众话别云：“此处吾不住，将他往矣。”中元设盂兰盆，各荐先宗。师曰：“今岁我不与会矣。”有簿记，师密题曰云栖寺直院僧代为堂上莲池和尚追荐沈氏宗亲云，过后始知其恳祀也。七月朔晚，入堂坐，嘱大众曰：“我言众不听。我如风中烛，灯尽油干矣，只待一撞一跌，才信我也。明日要远行。”众留之，师作三可惜、十可叹以警众。淞江居士徐琳等五人在寺，令侍者送遗嘱五本。次夜入丈室，示微疾，瞑目无语。城中诸弟子至，围绕，师复开目云：“大众老实念佛，毋捏怪，毋坏我规矩。”众问：“谁可主丛林？”师曰：“戒行双全者。”又问：“目前？”师曰：“姑依戒次。”言讫，面西念佛，端然而逝，万历四十三年七月初四日午时也。师生于嘉靖乙未，世寿八十有一，僧腊五十。师自卜寺左岭下，遂全身塔于此。其先耦汤氏后师祝发，建孝义庵，为女丛林主，先一载而化，亦塔于寺外之右山。师得度弟子广孝等为最初上首，其及门授戒得度者不下数千计，在家无与焉。缙绅士君子及门者亦以千计，私淑者无与焉。其所著述，除经疏，余杂录如《竹窗三笔》等二十余种行于世，率皆警发语。师素诫弟子贵真修，勿显异，故多灵异不具载。

呜呼！我闻世尊深念末法众生难度，恐断慧命，灵山会上求护正法者，即亲蒙授记亦不敢入，惟地涌之众力任之，且曰："我等末世持经，当具大忍力，大精进力。"即有现身此中，亦不自言其本，泄佛密因，但临终阴有以示之耳。观师之行事，潜神密用，安忍精进之力，岂非地涌之一乎？抑自净土而来乎？不然，从凡夫地，求自利尚不足，安能广行利他，护持正法，始终无缺者乎！予有感而来，略拾师之行事，以昭来世。其他具诸别传。乃为之铭曰：

三毒焰炽，五热周章，孰能药石，顿使清凉。
欲海横流，波浪滔天，谁能济度，驾大法船。
惟我大师，实乘愿力，放身其中，随宜调适。
蚤断爱根，如狮脱索，才出尘劳，便露头角。
开净土门，张法界网，捞漉三根，其赴如响。
以金刚鎞，刮翳眼膜，根本不生，枝叶自落。
大冶红炉，慈悲忍力，入此陶镕，痴狂顿息。
毛孔光明，通身手眼，从无用中，法轮常转。
若非付嘱，定是地涌，岂属寻常，具大勇猛。
师从空来，亦从空去，虽善藏身，欲隐弥露。
钟鼓交参，云霞绮互，塔影高标，法身常住。

传

云谷先大师传

师讳法会，别号云谷，嘉善胥山怀氏子，生于弘治庚申。幼志出世，投邑大云寺某公为师。初习瑜伽，师每思曰：出家以生死大事为切，何以碌碌衣食计为？年十九，即决志操方，寻登坛受具。闻天台小止观法门，专精修习。法舟济禅师续径山之道，掩关于郡之天宁。师往参扣，呈其所修。舟曰：“止观之要，不依身心气息，内外脱然。子之所修，流于下乘，岂西来的意耶？学道必以悟心为主。”师悲仰请益，舟授以念佛审实话头，直令重下疑情。师依教日夜参究，寝食俱废。一日受食，食尽亦不自知，碗忽堕地，猛然有省，恍如梦觉。复请益舟，乃蒙印可。阅《宗镜录》，大悟唯心之旨。从此一切经教及诸祖公案了然，如睹家中故物。于是韬晦丛林，陆沉贱役。一日阅《镡津集》，见明教大师护法深心，初礼观音大士，日夜称名十万声。师愿效其行，遂顶戴观音大士像，通宵不寐。礼拜经行，终身不懈。

时江南佛法禅道绝然无闻，师初至金陵，寓天界毗卢阁下行道，见者称异。魏国先王闻之，乃请于西园丛桂庵供养。师住此，入定三日夜。居无何，予先太师祖西林翁掌僧录兼报恩住持，往谒师，即请住本寺之三藏殿。师危坐一龛，绝无将迎，足不越阃者三年，人无知者。偶有权贵人游至，见师端坐，以为无礼，谩辱之。师拽杖之摄山栖霞。栖霞乃梁朝开山，武帝凿千佛岭，累朝赐供赡田地。道场荒废，殿堂为虎狼巢。师爱其幽深，遂诛茅于千佛岭下，影不出山。时有盗侵师，窃去所有，夜行至天明，尚不离庵。人获之，送至师。师食以饮食，尽与所有持去，由是闻者感化。太宰五台陆公，初仕为祠部主政，访古道场，偶游栖霞，见师气宇不凡，雅重之，信宿山中，欲重兴其寺，请师为住持。师坚辞，举嵩山善公以应命。善公尽复寺故业，斥豪民占据第宅为方丈，建禅堂，开讲席，纳四来，江南丛林肇于此，师之力也。道场既开，往来者众，师乃移居于山之最深处，曰天开岩，吊影如初。一时宰官居士因陆公开导，多知有禅道，闻师之风，往往造谒。凡参请者一见，师即问曰日用事如何？不论贵贱僧俗，入室必掷蒲团于地，令其端坐，返观自己本来面目，甚至终日竟夜无一语。临别必叮咛曰无空过日，再见必问别后用心功夫，难易若何，故荒唐者茫无以应。以慈愈切而严益重，虽无门庭设施，见者望崖，不寒而栗。然师一以等心相摄，从来接人软语低声，一味平怀，未尝有辞色。士大夫归依者日益众，即不能入山，有请见者，师以化导为心，亦就见。岁一往来城中，必主于回光寺，每至，则在家二众归之如绕华座。师一视如幻化人，曾无一念分别心，故亲近者如婴儿之傍慈母也。出城多主于普德，臞鹤悦公实禀其教。先太师翁每延入丈室，动经旬月。

予童子时即亲近执侍，辱师器之，训诲不倦。予年十九，有不欲出家意。师知之，问曰："汝何背初心耶？"予曰："第厌其俗耳。"师曰："汝知厌俗，何不学高僧。古之高僧，天子不以臣礼待之，父母不以子礼畜之。天龙恭敬，不以为喜。当取《传灯录》《高僧传》读之，则知之矣。"予即简书笥，得《中峰广录》一部，持白师。师曰："熟味此，即知僧之为贵也。"予由是决志剃染，实蒙师之开发，乃嘉靖甲子岁也。丙寅冬，师愍禅道绝响，乃集五十三人，结坐禅期于天界。师力拔予入众同参，指示向上一路，教以念佛审实话头，是时始知有宗门事。比南都诸刹，从禅者四五人耳。师垂老，悲心益切，虽最小沙弥，一以慈眼视之，遇之以礼。凡动静威仪，无不耳提面命，循循善诱，见者人人以为亲己。然护法心深，不轻初学，不慢毁戒。诸山僧多不律，凡有干法纪者，师一闻之，不待求而往救，必恳恳当事，佛法付嘱王臣为外护，惟在仰体佛心，辱僧即辱佛也。闻者莫不改容释然，必至解脱而后已。然竟罔闻于人者，故听者亦未尝以多事为烦，久久皆知出于无缘慈也。了凡袁公未第时，参师于山中，相对默坐三日夜，师示之以唯心立命之旨。公奉教，事详《省身录》，由是师道日益重。隆庆辛未，予辞师北游。师诫之曰："古人行脚，单为求明己躬下事。尔当思他日将何以见父母师友，慎毋虚费草鞋钱也。"予涕泣礼别。壬申春，嘉禾吏部尚书默泉吴公，刑部尚书旦泉郑公，平湖太仆五台陆公与弟云台，同请师故山。诸公时时入室问道，每见必炷香请益，执弟子礼。达观可禅师常同尚书平泉陆公、中书思庵徐公谒师，扣《华严》宗旨。师为发挥四法界圆融之妙，皆叹未曾有。师寻常示人，特揭唯心净土法门。生平任缘，未常树立门庭。诸山但有禅讲道场，必请坐方丈，至则举扬百丈规矩，务明先德典刑，不少假借。居恒安重寡言，出语如空谷音。定力摄持，住山清修，四十余年如一日，胁不至席。终身礼诵，未尝辍一夕。当江南禅道草昧之时，出入多口之地，始终无议之者，其操行可知已。师居乡三载，所蒙化千万计。一夜四乡之人见师庵中大火发，及明趋视，师已寂然而逝矣，万历三年乙亥正月初五日也。

师生于弘治庚申，世寿七十有五，僧腊五十。弟子真印等荼毗葬于寺右。予自离师，遍历诸方，所参知识，未见操履平实、真慈安详之若师者。每一兴想，师之音声色相，昭然心目，以感法乳之深，故至老而不能忘也。师之发迹入道因缘，盖常亲蒙开示，第末后一着，未知所归。前丁巳岁东游，赴沉定凡居士斋，礼师塔于栖真，乃募建塔亭，置供赡田，少尽一念。见了凡先生铭未悉，乃概述见闻行履为之传，以示来者。师为中兴禅道之祖，惜机语失录，无以发扬秘妙耳。

释德清曰：达摩单传之道，五宗而下，至我明径山之后，狮弦将绝响矣。唯我大师，从法舟禅师续如线之脉，虽未大建法幢，然当大法草昧之时，挺然力振其道，使人知有向上事。其于见地稳密，操履平实，动静不忘规矩，犹存百丈之典刑。遍阅诸方，纵有作者，无以越之，岂非一代人天师表欤？清愧钝根下劣，不能克绍家声，有负明教，至若荷法之心，未敢忘于一息也。敬述师生平之概，后之观者，当有以见古人云。

敕建五台山大护国圣光寺妙峰登禅师传

师讳福登，别号妙峰，山西平阳人，姓续氏，春秋续鞠居之后也。师生方七岁，父母值凶岁，亡无殓具，荐席而已。师失怙恃，年十二投近寺僧出家，不得善视。年十八遂逃，携一瓢至蒲坂郡东山，有文昌阁，万固寺僧朗公居之。师至，日乞于市，暮宿于阁，朗公怜之。居无何，山阴王出游，见师奇之，谓朗公曰："当善视此子，他日必成大器。"公遂留为弟子。居顷之，值地夜大震，民居尽塌，师被压，将为必死。朗公亟搜之，幸无恙。王因谓师曰："子临大难不死，此非寻常，何不痛念生死大事乎？"师时年二十二，即奋志远游。王曰："未可。"姑就中条山之栖岩寺修兰若，令师闭关。师请益近之法师，示以《法界观》，于关中依习禅观，日夜鹄立者三年，心有开悟，乃作偈呈王。王见之曰："此子见处早如此，不折之，他日必狂。"因取敝履，割底封寄之，乃书一偈曰："者片臭鞋底，封将寄与尔，并不为别事，专打作诗嘴。"师见之，对佛作礼，以线系于项上，自此绝无一言矣。三年破关，往见王，则具大人相。王甚喜，乃曰："子虽知本分事，但未闻佛法，恐堕邪见。"介休山中有讲《楞严经》者，促师往听，授具戒。

师年二十七，王谓师曰："子为僧，未出山门，如井蛙耳。南方多知识，子当往参。他日归来，可当老夫行脚也。"乃亲为师缉理操方具，解自着绒衣袜，外裰以蓝缕，手授之曰："此防寒也。"师受教，即单瓢只杖南询，遍参知识。至南海礼普陀，回宁波，染时症，病几死。旅宿，求滴水不可得，乃探手就浴盆掬水，饮之甚甘。诘朝视之，极秽浊，遂大呕吐。忽自觉曰："饮之甚甘，视之甚浊，净秽由心耳。"即通身大汗，病乃痊，而遍体疥肿。至南都，时隆庆元年冬月也。适先大师讲《法华经》于天界，予居副讲，师执净头役。予每早起，见厕洁，即知行者为非常人。宵侦之，见师执灯洒扫，洗筹杖。近窥之，乃一黄病头陀耳，心异之。久之，师病卧于客寮。予往视，则疮肿遍身，手不能举。因问："师安否？"师曰："业障。身病已难当，馋病更难治。"予曰："何谓也？"师曰："但见行斋馒头，恨不都放下。"予心知为有道者，明日袖饼果往候，以手投师，欣然咽之，大快。予笑曰："此真道人也。"因坐谈，师曰："每闻师讲，心开意解，英年妙悟如此。"予曰："此非本分事，志将从师远游，参究向上一着耳。"不旬日，觅师不得，知潜行，恐以予为累也。师归，王见甚喜，且询所见法门人物。师述先德知识，在初学则以予为一人，王繇是亦念之。

师既归，无意人间世，乃于中条最深处，诛茅吊影以居。辟谷饮水三年，大有发悟，即以《宗镜》印心，深入唯心之旨。王日重三宝，于南山建梵宇成，延师居之，且欲求《北藏经》于大内，促师亲往。师居山日久，发长未剪，乃随宦游者至京师。时予已乞食长安，师于马上偶识予于燕市，舍馆定，乃物色于西山，一见曰："识得么？"予熟视之，见双瞳炯炯，忽忆为天界病行者也，曰："识得。"师曰："改头换面也。"予曰："本来面目自在。"师笑而作礼，斋罢别去。明日往候，连床夜谈，具述求藏因缘。予曰："自别师，无日不念，今特相寻。适来观光上国，以了他日妄想耳。"师曰："傥不弃，某当为师前驱打狗耳。"即别，隆庆壬申冬月也。明年春三月，予游五台，志居之，以不禁冰雪，复回都门行乞。左司马伯玉汪公语予曰："法门寥落，大自可悲。观公骨气，异日当为人天师，幸无浪游。小子视方今无可为公师者，舍妙峰公无友矣。"予曰："夙有盟。"公曰："果同行，小子当为津之。"是年秋，师造藏完，已束装。予适至，师即命登车，未一言，遂同行。及至蒲，王见甚欢。安藏毕，乃留结冬，万历元年癸酉也。

师居常以二亲魂未妥，欲改葬，山阴国主分守查公、平阳太守顺庵胡公各助葬。明年甲戌春正月，予同师结隐五台，东行便道过里，合葬二亲。予为卜城东高敞地葬之，作《墓志铭》。事毕，遂至台山，卜居北台之龙门，冰雪堆中，得老屋数椽，共栖之。越三年，予恒思无以报二亲，乃发愿刺血泥金书《华严经》，师亦刺舌血朱书各一部。经将完，师欲建无遮大会，遂下山募资具。期年缘毕集，欲演《大华严》，拟万历九年辛巳冬日开启。

先是慈圣圣母为荐先帝、保圣躬，修五台塔院寺舍利塔，时工将竣，求皇储，遣官于五台。时会方集于新寺，予与师议曰：“吾徒凡所作为，无非为国报本也，宜将一切尽归之，实方外臣子一念之忠耳。”师然之。以是年冬十一月启会，明年壬午春三月圆满，期百二十日，九边八省缁白赴会者道路不绝，每食不减数千人。会罢，将所余金谷封付常住，与师一钵飘然长别矣。予东蹈海上，师往芦芽结庵以居。

期年，圣母以求储因缘访予二人，独得师，就芦芽赐建华严寺，顷成一大道场。于山顶造万佛铁塔一座，高七级。初蒲坂万固寺为师故山，有唐圣僧舍利塔十三级，高三百尺，及大佛殿，皆倾圮。乡大司马见川王公议重修，延师居三年，塔殿鼎新。顷之三原大中丞廓庵李公请建渭河桥梁，师往二年，工既竣，回芦芽。过宁化，见石壁千仞，一平如掌，师喜之，乃凿为窟，深广高下各三丈五尺，雕华藏世界十方佛刹图、万佛菩萨像，精密细妙，遂成一大道场。居无何，宣府西院议建大河桥，师应命至，度之水阔沙深，乃建桥二十三孔，亦竟成。

师素愿范渗金三大士像，造铜殿三座，送三大名山。己亥春，杖锡潞安，谒沈王。王适造渗金普贤大士送峨嵋，师言铜殿事，王问费几何，师曰每座须万金，王欣然愿造峨嵋者，即具辎重，送师至荆州，听自监制，用取足于王。殿高广丈余，渗金雕镂诸佛菩萨像，精妙绝伦，世所未有。殿成，送至峨嵋。大中丞霁宇王公抚蜀，闻师至，请见，问心要有契，公即愿助南海者，乃采铜于蜀，就匠氏于荆门。工成，载至龙江时，普陀僧力拒之，不果往。遂卜地于南都之华山，奏圣母，赐建殿宇安置，遂成一大刹。师乃造五台者，所施皆出于民间，未几亦就。乙巳春，师躬送五台，议置台怀显通寺。上闻，遣御马太监王忠，圣母遣近侍太监陈儒，各赍帑金往视，卜地于寺，建殿安奉。以丙午夏五月兴工，鼎新创立，以砖垒七处九会，大殿前后六层，周匝楼阁，重重耸列，规模壮丽，赐额“敕建大护国圣光永明寺”。工竣，乃建华严七处九会道场，上下千二百众，请十法师演《华严经》，所费皆出内帑。道场之盛，盖从前所未有也。

师初入台山，以道路崎岖，于是溪设桥梁，石铺大路三百余里。修阜平县桥，赐额“普济”。建接待院，为往来息肩之所。又于龙泉关外忍草石建茶庵，敕赐“惠济院”，舍药施茶，岁常赐金若干。随蒙颁赐《龙藏》，建砖阁安供，后创七如来殿。又于阜平立长寿庄奉圣母，建殿阁前后七层，范接引弥陀像高三丈六尺，山门钟鼓，两廊寮舍，规模宏敞，又为一大道场，赐额“慈佑圆明寺”，置供赡田数顷。师居五台，当建立时，亦应他缘。山西抚台请修崞县要路滹沱河大桥。晋王请修省城大塔寺，殿宇完，修会城桥，长十里，工未成。

壬子秋九月，师以疾还山，乃料理所建道场，上下立为十方常住，各得其人。向来眷属各令归故山，不留一人。腊月十九日卯时，端然而逝。师生于嘉靖庚子，入灭于万历壬子，世寿七十有三，法腊四十有奇。师既化，上闻之赐葬，建塔于永明之西。问师功德未完者，悉令完之。圣母赐千金，布五百匹，为葬事。初侍御苏公云浦按山西，因入山访师，问心要相契，往返酬酢，多语句未录。师示恙，公遣医致药石，及迁化，公为制塔铭，常曰：“人以妙峰师为福田善知识，实不知其超悟处也。”

呜呼！师果何人哉！起于孤微，卒能于天人中作一代广大佛事。以予蚤岁物色师于陆沉贱役中，及年三十，同行脚，刻志修行，既而台山一别，三十余年。始以小王助道，终至圣天子、圣母、诸王为檀越。凡所营建，法施应念云涌，投足所至，遂成宝坊，果何缘而能致耶？苟非心游法界，圆融性海所流不思议力，而能若此也耶？师自发迹操方，住山行履，从来一衲之外无长物，恒随侍者无一人。如所建立，皆秉明一心，而金钱施利曾未染指，随立随去，略无介怀。所成大刹十余处，无一弟子为居守。住则随缘，一毫不私，去则若忘，寸丝不挂，飘然若浮云之聚散、孤鹤之往来，岂非深证唯心，遇缘即宗者耶？师貌古骨刚，具五陋，面严冷，绝情识，孤劲无缘饰，终身胁不至席。予深感切磋之力，名虽道友，其实心师之也。虽别三十余年，时时居然在目，如临师保，生平不忘所自，岂非宿缘哉！悲予老矣，不能致瓣香于龛室。以因缘障道，世多肉眼，概以福田视师，而不知其密造，故述师生平之概，使后世知我明二百余年，其在法门建立之功行，亦唯师一人而已，岂易见哉！

赞曰：古人一得金刚正眼，则能搅长河为酥酪，变大地作黄金，非分外事，然于法性空中，特野马尘埃。师之自视也，亦若是而已。予常窃谓：假能以似师之缘，摄归一际，作助道具，建刹如那兰陀，性相并树，禅净双修，则四十余年足不离影，而于法门之功当与清凉、东林比隆矣！触目华藏，净土庄严，又不止三山十刹而已也。嗟乎！往矣！其或俟师再来耶？

题跋

题瑞之麟禅人刺血书《华严经》后（在圜中作）

《杂花》，统法界之经也，直指毗卢果海，性德圆融无碍，广大自在，细微庄严，以示众生日用，现证平等心地法门，欲因之以廓尘习、昭真境，不离当处，顿得无量受用耳。观夫佛等，众生等，刹土尘毛染净等，劫念往来三际等，迷悟因果理事等，法尔如然，居然自在。其所以不等者，良由吾人自昧于一念之差，究竟有天渊之隔，所谓情生智隔，想变体殊。故曰："奇哉！奇哉！一切众生具有如来智慧德相，但以妄想颠倒执着而不证得。若离妄想执着，则自然业智当下现前。如一微尘具含大千经卷，智人明见，剖而出之，则利用无穷。"由是观之，无论众生心具不具，只在当下眼明不明耳，岂更有他哉！是以文殊举之以为智，普贤操之以为行，善财挟之以发心，弥勒带之而趣果。四十二位之各证，五十三人之全提，月满三观，星罗十门，行布圆融，事理无碍，以极尘毛涉入，依正互严，种种言诠，重重法象，火聚刀山之解脱，卧棘牛狗之坚持，乃至异类潜行，分身散影，无非游刃微尘之利具也。由具利，则尘易破，尘破则经卷出，经卷出则性德彰，性德彰则果海足，果海足则无不足矣。斯则六千道成于言下，犹是钝根；三唤普贤于目前，岂为智眼。信乎聋瞽封蔀识情，众生日用而不知也。知则根尘识界，草芥尘毛，通为法界真经；屈伸俯仰，咳唾掉臂，总是普贤妙行。以如是经，海墨积书而不尽；以如是行，日用现前而有余。只在当人一念回光返照之力耳。

今麟禅人用滴血书此经，是明见而后书之耶？抑因书而后明见耶？犹然书之欲见而未及见耶？若明见而后书，则不待操觚，全经已具，如临宝镜，又岂淋漓翰墨，区区于简牍文字之间耶？若因书而后明见，则现前日用，妙境全彰，似悬珠网，又岂昏沉业识，茫茫于水月空花之界耶？若书之欲见而未及见，则析骨为笔，剥肤为纸，刺血为墨，点染太虚，挥洒金屑，岂不重增迷闷，枉历辛勤。一叶落而天下秋回，管灰飞而大地春起。是则书与不书，全经自在；见与不见，明昧一如。悲夫！夜壑藏舟，力者负之而不觉。觉则透出毗卢，全彰法界，昭昭然毫端眉睫之间，物物头头而与普贤交臂也。休师有言："华藏性海与我同游者，舍子其谁欤？"否则暂闭阁门，试请回途，重参曼室大士。子行矣，无忘所嘱。

刺血书《金刚般若经》跋

般若出生诸佛，故为诸佛母，而为众生之佛性。是则般若所流，源源无尽，如海水潜流四天下地，诸佛、众生觌体无二。是知众生四大根本，身肉骨血，皆般若所流，溯其本源，一体无二。居士贺学仁氏刺血书写《金刚般若》，以报其亲，如引细流而归于海，可谓善于返本而报本者也。世之言大孝者，能有过于此者乎？

又

梵语般若，唐云智慧，此乃一切诸佛众生之大本也。迷之为生死，悟之为涅槃，诸佛证之为根本智，众生背之为无明流，其实体一而明昧异耳。故我世尊出世，特为开示此智，以法大机小，不能领荷，故二十年后方说此经，业已多方开示，必欲谛信此智而不疑，用为成佛根本。而此经以"金刚"名者，以智乃佛之所证金刚心耳，方将以果地觉为我因心，故以般若为入大乘初门。是知特以"金刚"名经，非假喻也。嗟乎！一切众生迷此本智，流浪生死，其来久矣。观者但以经义深奥，文字重复，为不易入，殊不知以空为宗，以顿断疑根、直心正念为本，原无文字可立，故黄梅以此印心。我六祖大师一闻"应无所住而生其心"，便能顿破历劫疑根，及见黄梅，即能道"本来无一物"，是乃从此经得入之第一榜样也。是则此经为禅宗的诀，学者概以文字目之，故知之者希。惜哉末法，正眼难逢，今愈见其难也。经云："若有读诵受持书写者，不于一佛二佛三四五佛而种善根，已于无量万亿佛所种诸善根。"由此观之，即信受书写亦非浅浅因缘也。

曹溪沙弥方觉刺血书此卷，冀终身受持，焚香作礼，请予题记。因感而言曰：六祖入灭千年，曹溪道场化为狐窟，即出家儿为樵儿牧竖矣。予来力救其弊，辛苦十年，修崇梵宇，渐次可观，而魔僧作孽，内自破坏，人且谓佛祖无灵，即予亦无以自解也。今见沙弥方觉乃能刺血书此经，则予心涣然冰释矣。何也？以经云：若人以七宝庄严恒沙佛土，不如受持此经一四句偈。以彼有为功德终成败坏，不若无为之胜益也，以此般若为成佛真种子故。佛言："若使一人发菩提心，宁可我身受地狱苦"，以其信心难发也。今觉沙弥一人能以般若为心，实予十年辛苦所致，又何以修崇有为功德为重而以成坏为念乎？因有感于此，故并记之。

血书《梵网经》跋

《梵网经》者，乃我法王应运，首创之露布也，即其所制皆性戒耳，故三藏之设，从凡至圣，所历诸位，皆依金刚心而建立之。此戒即所谓金刚心，实成佛之大本。缅惟吾人遭此末法，去圣时远，苟愿出生死、证真常，非此戒不足以证之。然此戒非金刚心又不足以持之。盖一切众生所以久沉生死而不能自出者，良由着我，以我见重故诸业交作，业作故苦即随之，如影响形声，理不可逭。故修行要门，无论大小三乘，皆以破我为本，我空而业无所系。然破我之具，非金刚心，断断乎难矣！谛审佛意，既曰戒乃自性清净心，又何持犯之有？第迷之而为幻妄蕴盖，情尘所蔽，不得不揭而祛之。此戒乃裂见网之利器，不得不施于最初之创。而初学菩萨即上根利智，不得不秉此为最初地也。

学人真照以夙习般若缘深，自愿出家，依吾法兄雪浪听习有年，谒余于那罗延窟。余正悲末法务本者希，乃为诸弟子诵《梵网戒》。照闻而有感，遂哀请授戒，且发深重大愿，刺舌根血，书此经，志毕命受持。余深慨焉。因谓吾本师卢舍那佛从初发心以至成佛，精进不退，以不可说不可说身命而为布施，剥皮为纸，析骨为笔，刺血为墨，书写经典，积如须弥，为重法故不惜身命。子苟知生死难出，爱根难断，佛果难期，依佛所行，如佛所愿，又何患不成佛。从此以往，生生世世以此身血书写此经，当布满大千，又不止如须弥之高广。即见闻随喜发心修学者当如菽粟，遍十方刹土，又何止此一会一人一众而已耶？子宜勉旃，特书此以证子之愿。仍愿此经至尽未来际，当处处现身如多宝也。子其志之。

《普贤行愿品》题辞

毗卢遮那如来居华藏界菩提场中，为地上菩萨说《华严经》，有三千大千世界微尘数偈，一四天下微尘数品。即龙胜大士尽出世间智，不能数其品目。而此品者，略本之略本也。惟我卢舍那如来旷劫所修广大因行，所感华藏世界殊胜庄严，其因地本行不出普贤十种大愿。而此愿者乃称法界心，极法界量，包摄无遗，故曰愿王。然修行之要，成佛之速，无越乎此，所谓一念消灭无量恶业，一念成就无量善根者。譬若金转轮王梦入阿鼻地狱受大剧苦，无可哀救，怕怖慞惶，奔驰狂呼，欲逃而不得，一旦叱咤，极力猛醒，向之苦事求之而不得，现成受用种种本自具足。此所谓梦幻法门，以智而入，唯在自心，不假外求，故曰心净则佛土净。门人郑扩发菩提心，归依净土。余教之以专诵此品，一旦生死梦破，何患不睹华藏现成受用乎？

《八大人觉经》跋

此《八大人觉经》，予昔居海上时时书示弟子辈持诵，今来忘矣。昨达观师偶以元雪庵大师擘窠大书刻本寄予，读之恍然，如睹故物，一向藏之箧笥，未尝拈出示人。兹小金山镜心上人偶持此册来，乞书法语。余乃跃然为书此经一过，因叹曰：此足以占感应道交，时节因缘所会耳。佛为众生说法，唯待机宜，故曰：久默斯要，不务速说。所以未曾说，说时未至故。予初入粤，未见有僧徒酷嗜佛法者。偶一日过金山上人，乃持所请诸名公共书《四十二章经》一册，请予跋语，自是缁白弟子书《四十二章经》者数人。予因为菩提树下新学沙弥讲说一周，得闻此经者不啻百什人矣，其机盖自上人发也。此经乃一切世间诸天及人所希闻者。予生平喜以此经施人，而独于此地其机不发，今又因上人而发之，其事盖亦奇矣。何也？以佛说法唯待机而动，迫不得已而后应，如洪钟虚受，随扣而响。是知此段因缘，非特尔也。良以一切众生寝此大光明藏而沉瞑于长夜之梦，从来不觉久矣，非大觉不足以破大梦，非破大梦不足以称大人。不唯能觉人者为大人，而能奋力勇猛自觉者亦大人也。是则能大觉而后为大人，唯大人而后能有大觉。以一念之觉而破永夜之梦，岂细事哉！

嗟乎！予观大地众生同禀此觉，无非大人，第无大人以开觉之耳。吾佛世尊独称大人，其灵山一会英杰之士，与夫拈花之破颜、少林之面壁，以至六传五派千七百人，皆所称自觉觉他而为有力大人者也，是皆与人同耳。嗟乎！一切众生皆证圆觉，所以迷闷而不入者，非觉违拒诸能入者，要之于此八法不能觉悟，故于生死关头不能掉臂，由此甘受沉沦，驱驰苦趣，伶俜辛苦，客作贱人不能得称为大人耳。上人能杰然触发此机，岂非千金之子流落穷途，一旦而发思归之念者耶？今吾所书此《八大人觉经》，实雁足家音，展之即得故乡消息。试时时展之，勿暂忘归计，致慈尊盼盼于常寂之乡而倚般若之门也。

《物不迁论》跋

予少读《肇论》，于不迁之旨茫无归宿，每以旋岚等四句致疑。后有省处，则信知肇公深悟实相者。及阅《华严大疏》，至《问明品》，“譬如河中水，湍流竞奔逝”，清凉大师引肇公《不迁偈》证之，盖推其所见妙契佛义也。

予尝与友人言之，其友殊不许可，反以肇公为一见外道，广引教义以驳之。即法门老宿如云栖、达大师诸老皆力争之，竟未回其说。予阅《正法眼藏》，佛鉴和尚示众，举僧问赵州："如何是不迁义？"州以两手作流水势，其僧有省。又僧问法眼："不取于相，如如不动。如何不取于相，见于不动去？"法眼云："日出东方夜落西。"其僧亦有省。若也于此见得，方知道旋岚偃岳，本来常静；江河竞注，原自不流。其或未然，不免更为饶舌。天左旋，地右转，古往今来经几遍。金乌飞，玉兔走，才方出海门，又落青山后。江河波渺渺，淮济浪悠悠，直入沧溟昼夜流。遂高声云：诸禅德，还见如如不动么？然赵州、法眼皆禅门老宿将，传佛心印之大老，佛鉴推之，示众发扬不迁之旨，如白日丽天，殊非守教义文字之师可望崖者，是可以肇公为外道见乎？书此以示学者，则于物不迁义，当自信于言外矣。

刻《百法论》《八识规矩》跋

《百法》《八识》，乃相宗指南，为入大乘之门也。以佛说惟心唯识道理，遍该一大藏经，而弥勒约为六百六十，而天亲约为百法；《识论》百卷，三藏法师约为颂四十八句，可谓至简至要，乃法界之纲维也。以一切众生迷一心而为识，无明障蔽，现前日用而不知自心之善恶枢机。若亲教者，展卷则见文字遮障，而不知所说皆自心本有之佛性；参禅者，抱持妄想，盲修瞎炼，而竟不达生灭根源。是皆不知此论之过也。然论约刚五百言，而颂止四十八句，统收一大时教，世出世法无不该尽，若教若禅，无不揭示正修行路。学者有志，不费期月之功，而通彻无遗。嗟无志者，不能潜心于此，而甘为愚蒙，可不悲哉！

此论古今解者多引《识论》本文，初心难入，且不便于俗谛。故予取其义而变其文，以便初机，使其易入，文似阙而义实具。是亦随顺说法，非敢妄损古德成言，以取谤法之愆也。

题《十六妙观》后

十六妙观，始因韦提希夫人为逆子阿阇世王所苦，求佛哀救。故佛亲诣幽宫，放眉间一光，遍照十方佛土，令夫人自择，随愿往生。夫人独爱西方极乐世界，是以世尊特为说此十六妙观，以为往生之资。但得一观成就，必得如愿。是故净土一门最为超脱生死之径路，古今造修而取证验者不可胜数，或者概以为中下根设，非也。佛以一光顿照十方佛土，了然目前，岂中下根人之境界？且一生顿脱无量劫之生死，岂中下根人所能哉！嗟乎！末法人多妄诞，但纵口耳，以资谈柄，虽上上根人何益耶？语曰：药不必扁鹊之方，愈病者良。况法王亲垂证验之法门，韦提已效之妙行，修行舍此而别求玄妙，非愚即狂，实是自作障碍耳。悲夫！吾徒沙门释子，身既离尘，而心源混浊，日夜驰想于五欲场中，曾无一念回光返照于自心，且又妄谈般若，轻欺法门，甘心泥犁而不省者，岂不悲耶？门人某请益，老人特书此颂，以为净业之资，将期实行实证，庶不负此生出家之行脚事耳。若舍此法门，别求向上，则佛岂误人，而永明大师又岂欺人耶？

题实性禅人书《华严经》后

我世尊毗卢遮那如来初成正觉，于菩提场演《大华严》，名曰普照法界修多罗，说一切诸佛所证众生自性法门，故曰："奇哉！奇哉！一切众生具有如来智慧德相，但以妄想颠倒执着而不证得。若离妄想颠倒，则一切智、无师智，自然现前。"又曰："吾今于一切众生身中成等正觉，转大法轮。"是以此经所诠，纯以一味平等大智，圆照法界为体。以一切圣凡依正，有情无情，悉皆同等。一切众生所作业行，不出诸佛自性法身。一切妄想无明，贪瞋痴爱，皆即诸佛所证真如实智。一切山河大地，鳞甲羽毛，蠢动蜎飞，皆即毗卢遮那普现色身。是知吾人日用折旋俯仰，欬唾掉臂，乃至饮食起居，皆即普贤妙行，不出毗卢遮那如来海印三昧也。何况修习正行而作白业者乎？第吾人日用而不知耳。

悲夫人者迷此本有智慧，无明业流，沉沦生死，往来六道，备受诸苦，不知其几百千亿恒河沙数世界微尘劫矣，曾不自知返省。故我大师以平等大悲，舍自性法乐，出现世间，挺身三界而开导之，深入火宅，如长者之救诸子也。然父之于子，其心不止苟免灾患而已，实望全付家业，此本怀也。故先最初即说此经，顿示平等法界，直指众生自性法身，令其顿得无量法乐。故曰："譬若一微尘中具含大千经卷，书写三千大千世界中事。有一智人明见于中，遂剖破微尘，出此经卷，拈示众生，转为利益。"且一微尘者，众生妄想之心也。大千经卷者，乃众生自性功德也。明眼智人，乃诸佛菩萨大悲主也。剖微尘者，乃破诸人妄想颠倒也。剖微尘之方，即诸佛所说一切经法也。然法有顿渐，其余诸经皆渐剖之，此《华严经》乃顿剖之方，示诸佛所证广大佛法宝藏，欲令众生一眼便见，一念顿得无量受用也。由是观之，则吾佛之恩德与众生者岂浅鲜哉！

嗟乎！自有佛法以来，此经流布寰区，见闻不少，求其能知诸佛恩德者，几何人哉！吾佛灭度之后，从上诸祖传佛心印，直指众生佛性者，皆我慈父克家之子也。唯我菩提达摩大师，特为此事航海而来此土，少林面壁，冷坐九年，被人毒害数四，唯得二祖一人，即便抽身西去。六传至我大鉴禅师，起于樵斧之中，一闻经语，便走黄梅，负舂腰石，竟得衣钵南来，然被恶人加害不一，避难于猎人队中，十有七年。后际因缘时至，聊借风幡一语震动人天，始得剃发披衣于法性菩提树下，说法于曹溪源头，千七百员知识从此一派流出。惟此广大功德，皆从我大师忍苦一念中来，岂非法王忠臣、如来慈父真子者乎？至今授戒之坛基尚在，埋发之道树犹存。凡在覆荫之下，靡不安然于盖载之间，食大师之食，衣大师之衣，求其知大师之恩、思大师之苦者，无一人矣。悲夫！是可谓日用而不知也。

余忝在大师末法弟子列，弘法罹难，放遣雷阳。丙申度岭过曹溪，瞻谒大师，道骨俨然如生。慨其法道寥落，风俗隳颓，泣数行下者久之，乃之戍所。是秋，归会城之青门垒壁间。明年春，饥疠之死，白骨蔽野，收而瘗之者万计，乃为津济道场，延诸僧众。越明年戊戌，荷戈之暇，乃引树下弟子数辈，为说无常苦空之法。既而注《楞伽宝经》成，为其开示。又往树下，为诸沙弥说《四十二章经》，则听者日益众矣。弟子超逸、实性执香作礼而白余，愿手书《华严经》一部，以作苦海津梁。予为欢喜赞叹。二弟子即闭户焚香，始于万历庚子执笔首事。越明年辛丑，实性奄忽而逝，所书经止二十七卷。其祖超珍，复命实性之师明沾究竟卒业，满此胜缘。呜呼！悲夫！众生流浪苦趣，往来六道者，如尘沙劫波，于中能遇佛法、能发信心者，正若大海一眼之龟值浮木孔，岂易得哉！今实性生此末法，仗此胜因，不动步而游华藏之天，一投笔即睹刹尘海会，觐毗卢于当下，圆行海于多劫，即已生非虚生、死非浪死矣！何况乘此津梁而游不死不生之乡者乎？壬寅孟冬，余将有雷阳之行。超珍持性所书经至，乞予一言以纪其事。余冀后之见闻者因之而发信心，但能一念回光，即出旷劫生死，是则实性又以一毛端头出生广长舌相而说众生自性法门，不减毗卢遮那坐菩提树，即此便是法身常住也。

赞

西方三圣赞

稽首寂光主， 无量寿大师，
能以寂灭心， 现形十方界，
遍入有情身， 而作生死宰。
辟如日月光， 无心而成照，
蒙光照烛者， 无不遂其生。
又如慈乳母， 能达婴儿心，
饥饱各适时， 不以乳为病。
我观世间人， 病痛必呼母，
以母为自心， 不呼不自解。
是故三有中， 凡在有情者，
苦乐不自释， 适然念我师。
以师慈力光， 先入众生心，
故能一照间， 必出生死苦。
况复有大势， 而复得大悲，
相比而化物， 物无不化者。
刀山并剑树， 忽变作宝林，
镬汤及炉炭， 偶成八德水，
皆以自心为， 转变一念中。
如酵入乳酪， 醍醐不外求，
何况荆棘林， 不为清净土。
是故念我师， 必若子忆母，

子母相忆时，　无不相见者。
念极诸想灭，　身心顿脱空，
寂光忽现前，　照用一时发。
即此苦秽躯，　便成极乐国。
始知日月中，　无不极乐者。

舍那如来法身赞（有引）

余寓旅泊庵中，为诸白衣谈《楞严》。适门人王安舜持舍那如来画像一幅，高三尺许，遍身衣纹，并顶上圆光，通书《华严经》一部，字如针锋芥孔，而点画分明，行如游丝，飘如散发。其身当胸阔一尺二寸，则计字二百二十行有奇。其圆光边约二寸围，则字几百行，其微密细致，又过于身，真有不可得而思议者焉。以色古而不可读，侍者谛视，于左臂辨出“一一尘中一切佛”，则知其经为《杂花》无疑矣。余见之，欢喜踊跃而叹曰：此非蒙如来甚微细智而加被者，决不能至此。然岂粗浮想像而可得耶？因焚香稽首，以偈赞曰：

我闻诸佛微细智，以此证得妙法身，
遍在众生心想中，而能造作难思业。
今见众生微细智，遍入如来法身内，
于一微细毛孔中，庄严难思法性海。
一毛一尘本性如，具含无尽功德藏。
犹如清净璃琉瓶，内盛微细多芥子，
炳然显现无障碍，无坏无杂各安立。
假离娄眼极最明，穷尽目力不能辨。
始观法身本无相，今见佛以法为身。
法身本不离众生，故从微细想中现。
是众生心与如来，无二无别互相入。

如是微妙净功德，久堕沉昏诸暗冥。
譬如微尘含大经，苟非智眼不能见。
善哉佛子智力雄，一见即生真实信。
剖破微尘出此经，令我顿入华藏海。
佛心既即众生心，我入即同众生入。
我身与佛及众生，互相摄入如珠网。
如此圆满大法界，全凭佛子信力持。
以此信力作佛事，展转摄化广无边。
见闻随喜礼念间，弹指即能成正觉。
是故我赞佛子德，广大如空不可量。
我愿法界诸众生，普入佛子信心住。

无量寿佛赞（有引）

余昔诵《十六观经》，以佛观为第一，故修净业者靡不从事。至若工绘家，各有所本，而于佛像尤难之，盖以垢浊心镜现妙相影，岂易致哉！越人蒋生太清，英年而独精此技，岂夙观行所致耶？余入粤之二年，戊戌春，蒋生亦至，所绘佛菩萨不满十幅，独遗莲阜居士陈元誉三圣像精妙绝伦，盖居士长斋绣佛有年，亦精神感通而致耶？呜呼！蒋生寻与物化，睹此遂成千古矣。居士焚香稽首请赞。余邈焉兴怀，赞曰：

稽首无量光，　彻照十方际，
湛然不思议，　永破痴暗冥。
我观寂灭境，　清净绝纤尘，
大地及山河，　竟从何处起？
刀山及剑林，　是谁之所造？
良以自心迷，　坚固妄想结。
譬如水成冰，　业风鼓扇力，

于受想梦中，　属此烧炙苦。
我师冷眼看，　自心不耐细，
现此比丘身，　急挝涂毒鼓，
令诸耳之者，　一触生死绝，
犹如妙莲花，　扶疏出秋水。
又以大悲势，　左提而右挈，
直使恐畏途，　翻成极乐土。
妄想歇灭处，　正觉即现前，
犹如汤消冰，　但由转变力。
奇哉善男子，　夙习般若深，
能以一毫端，　现此希有事。
俨若大愿时，　翘勤共悲仰。
皎如净满月，　游于毕竟空，
心水垢浊澄，　光影一时现。
热恼即清凉，　诸想顿寂灭。
真常妙乐地，　本不假外求，
即此幻化身，　便登安养国。
具此难思力，　是故我归依，
愿此尽未来，　永作大依怙。

又

稽首无量寿，　端居常寂光，
普照法界空，　摄受有情者。
众生迷本有，　逐诸生灭转，
轮回六趣中，　如亡子背母。
慈母忆其子，　未尝一念舍，
子若暂回光，　无有不见者。

以我出苦愿，　入佛摄受心，
犹如空合空，　似以水投水。
众生无明暗，　即是常寂光，
妄想一念歇，　常光当下现。
生灭无去来，　法性本不动。
见此法性身，　无量寿常乐。

释迦佛赞

稽首本师，面如满月，清净法身，湛然常寂。
是身若空，其心若水，空水连天，月光如洗。
月不离天，水不离地，以空合空，上下无际。
云起长空，风行水上，弥满波澜，广长舌相。
不信但听海潮音，翻出龙宫秘密藏。

文殊大士赞

金色界里月，　五台山上雪。
云端狮子儿，　空中霹雳舌。
谁识饮牛翁，　原是甘露灭。
宴坐金刚窟，　似踞猛虎穴。
玻璃一盏茶，　聊清烦恼热。
借问窟中多少人，　前后三三非浪说。

普贤大士赞

莲花半卷经，峨嵋一轮月。
世界灿如银，头颅白似雪。
万壑吼松风，尽是广长舌。
法界任掀翻，空花从起灭。
佛刹入毫端，十方置眉睫。
香象奔腾跨步行，蹴蹋盲驴与跛鳖。

自在观音赞

稽首大悲主，圆满自在身，
镜像水中月，而作难思事。
微细法界尘，一尘一切刹，
刹刹如尘众，无处不现形。
众生一念间，一时平等应，
如圆通所说，犹是分量数。
惟我心自知，大士全不觉。

千手大悲菩萨赞（有引）

古娄居士正法以夙习缘，一心顶礼千手大悲菩萨，心持神咒，精勤有年，冀仗威神，一生取办。因思诸佛菩萨救护众生，原无定法。如溺大海，随得何物依凭，必登彼岸。又如雪山众草，无不是药。是知众生有能愿出生死者，不论参禅、念佛、持咒、诵经，苟能的信自心，坚强不退，未有不出生死者。况恃大士同体大悲加持之力及神咒力，岂不一生取办乎？居士来参匡山，请益老人。无法可说，乃为作此赞贻之。若了明暗不二之旨，则圣凡路绝，生死情枯，则日用头头通身毛孔，皆大士手眼光明赫奕时也。居士应如是观，一心具足，不假外也。赞曰：

众生烦恼，八万四千，以黑暗故，六道周旋。
在大士身，变成手眼，毛孔光明，随黑暗转。
是故众生，有苦必呼，随呼而应，其暗顿无。
众生大士，原非两般，明来暗去，应念现前。
诸有智者，但求诸己，凡圣二途，本无彼此。
如灯破暗，两不相到，以无二故，乃见其妙。
能如是观，大士即己，礼拜持名，如水入水。
但从众苦，极处一提，光明照耀，日夜无亏。

永明大师赞（有序）

清幼读《心赋》《唯心诀》，即知师为光明幢也。既而从云谷先师闻说大师日行一百八件方便行，将谓寻常勤劳事耳，窃慕而行之，因是寓目无遗法，以为善用其心矣。及垂老，至西湖净慈，入宗镜堂，礼大师塔影，访其行事。弟子大壑出《自行录》，清展卷默然自失。叹曰：此广大无边微妙法行，诚非金刚心、普贤愿，不能持其万一也。况揭心宗而镕教海，示法性而摄群情。非称法界三轮，何能臻其阃阈哉！清感叹难思，稽首为之赞曰：

稽首大师光明幢，普照法界清净藏。
乘大愿轮示三业，特为群生开正眼。
亲传佛祖秘密印，融通教海归一心。
陶镕圣凡非比量，顿入实相三昧海。
百千妙行显唯心，万善同归一真谛。

思惟自有三宝来，此土唯师能护法。
是故华夷悉归仰，尽入慈悲心念中。
飞潜动植摄无遗，即以己身代受苦。
若非寂灭平等观，何能了无彼此相。
悲哉末法诸愚蒙，不知尽被愿力摄。
悬此宗镜照万法，目前何法非佛事。
即此放生一种德，便入毗卢法界门。
自心先入众生心，众生何能逃净土。
我以湖山为笔研，不能写师一毛孔。
普愿随喜见闻者，同证吾师大心力。

紫柏大师赞

法界网裂，　其维不张。
适生大师，　力振其纲。
踞狮子窟，　斫旃檀树，
奋迅未伸，　爪牙已露。
击涂毒鼓，　酾甘露浆，
饮之者醉，　耳之者狂。
寂灭性空，　轰霹雳舌，
奔雷卷电，　触者褫魄。
以大地心，　坚金刚骨，
眼里有筋，　胸中无物。
临济不死，　黄檗犹生，
谁知大师，　不受其名。
大方阔步，　不存轨则。
翻身掷过须弥峰，　一拳槌碎无生国。

云栖大师赞

乘愿力来，　居堪忍界。
开净土门，　了慈悲债。
建光明幢，　禀金刚戒。
八十年余半利生，　临行落得空无碍。
若识吾师住世心，　是则名为观自在。

自赞

看教不彻，　参禅未瞥。
一味痴憨，　十方蠢拙。
没量如空，　刚肠似铁。
且喜早入寒岩，　满拌放身休歇。
忽遇一阵黑风，　飘堕罗刹鬼国。
抛入大冶红炉，　掷向炎方火宅。
仰仗佛力加持，　这条性命拾得。
满面风尘，　一腔冰雪。
不为行脚操方，　多是酬尝夙业。
就中一片苦心，　开口向人难说。
只待龙华会中，　那时方才明白。
纵饶描写将来，　不是娘生骨血。

又

坐楞伽山，　踞磐陀石。

听海潮音，　入无生国。
早从金色界中来，　老年误作雷阳客。
马后驴前，　风餐露食。
历穷火聚刀山，　且喜干戈宁息。
感荷君恩复放还，　一条性命拾得。
翻身直上万峰头，　昼夜打眠无间歇。
众魔心空，　诸佛耳热。
时人若问个中机，　鼎湖山上云长白。

又

威威堂堂，　澄澄湛湛。
不设城府，　全无崖岸。
气盖乾坤，　目撑云汉。
流落今事门头，　不出威音那畔。
无论为俗为僧，　肩头不离扁担。
若非佛祖奴郎，　定是觉场小贩。
不入大冶红炉，　谁知他是铁汉。
只待弥勒下生，　方了者重公案。

箴

座右箴示黄生

欲不可纵，志不可荡。性不可僻，心不可放。身不可逸，学不可浪。理不可蔽，思不可妄。勿佚豫而外驰，勿嗜好而内丧。恬惔自居，百骸无恙。不为物诱，其神自王。

定志箴示江生

勿汩汩于物欲，勿郁郁于乱想。勿矫矫于浮云，勿逐逐于世网。宜定志以素居，冀凝神而静养。藜藿澹以自茹，山水清而独赏。披玄易以穷化，览春秋而鉴往。诵南华以销忧，叩西竺而破障。观世态若阳焰，听是非如谷响。视众物如虫臂，看此身如鼠壤。富贵于我何求，得失于人翻掌。明明在前，昭昭在上。不妄不虞，何惚何恍。形似木鸡，心如象罔。孔子曰："不忮不求，何用不臧？"此之谓善长。

铭

澄心铭示丁右武

真性湛渊，如澄止水，憎爱击之，烦恼浪起。起之不休，自性浑浊，烦恼无明，愈增不觉。以我取彼，如泥入水。以彼动我，如膏益火。彼乱我真，乱实我生。我若不生，劫烧成冰。是故至人，先空我相。我相若空，彼从何障？忘我之功，在乎坚忍。习气才发，忽然猛省。省处即觉，一念回光，扫踪绝迹，当下清凉。清凉寂静，挺然独立，恬澹怡神，物无与敌。

观心铭

观身非身，镜像水月。观心无相，光明皎洁。一念不生，虚灵寂照。圆同太虚，具含众妙。不出不入，无状无貌。百千方便，总归一窍。不依形气，形气窒碍。莫认妄想，妄想生怪。谛观此心，空洞无物。瞥尔情生，便觉恍惚。急处回光，着力一照。云散晴空，白日朗耀。内心不起，外境不生。但凡有相，不是本真。念起即觉，觉即照破。境来便扫，扫即放过。善恶之境，随心转变。凡圣之形，应念而现。持咒观心，如磨镜药。尘垢若除，此亦不着。广大神通，自心全具。净土天宫，逍遥任意。不用求真，心本是佛。熟处若生，生处自熟。二六时中，头头尽妙。触处不迷，是名心要。

师心铭

人性本大，超乎形器。直以有我，自生障蔽。习染浓厚，故为物累。问学不广，故多自是。见理不明，骄矜恃气。轻内重外，逐物丧志。嗜欲戕生，不知避忌。弃己忘真，孰称为智。达人虚怀，应缘无滞。与时逶迤，龙蛇玩世。得失靡惊，贵贱无预。恬憺怡神，省思寡虑。力其未能，谨其未至。学其无为，行其无事。听其无听，视其无视。返观内照，念念不住。诸妄消灭，精一无二。此乃至人，师心之秘。在我求之，恢有余地。不如是观，名为自弃。

觉非铭

万里之行，步步皆非，维人不觉，寸步不移。人生百岁，念念不住，昧者冒然，孰分新故。善恶迭迁，如环无端，莫知其极，谁使之然。使者不知，愈新愈迷，脚跟罔措，举足成疲。疲之既久，失其故有，变怪百出，不见其丑。以迷为觉，大地皆错，嫫母效颦，恬然自乐。霎时临镜，忽然猛省，但歇狂心，不劳施粉。天然秀媚，眉目清朗，本来面皮，毫发无爽。无论美恶，不须雕琢，只任现成，自然还朴。觉不觉是，不知知非，是非俱唾，万物齐归。

梦觉铭

善恶无端，一心返复。圣凡不隔，唯存梦觉。以觉入梦，颠倒滋重。以梦入觉，当下解脱。梦觉俱非，寂尔灵知，不生不灭，何虑何思。幻化百千，唯在一念。念起不觉，太虚闪电。烦恼不结，业即不生。爱憎坚固，实生死根。因果报应，捷如影响。根若不生，枝从何长？业有多种，以杀为先。好生恶死，彼此皆然。躯壳虽异，佛性是同，但平等观，杀念自空。心镜尘埋，习染既厚，以觉消磨，光明自透。渐磨渐落，念起即觉，觉至无生，心境空廓。妄想驰逐，究竟无益。谛审思维，死生迅疾。生死来往，大梦冥冥，但随业转，如不有生。有生不着，须从梦觉。醒眼看来，无绳自缚。念念回光，心心返照，但不随情，是名要妙。

忘缘铭

情有智愚，性无明昧，凡圣之分，实存向背。如臣事君，如子侍父，一念精真，不容顾伫。顾伫则移，移则造迷，迷之既久，其神日疲。不移即悟，悟则不顾，独立湛然，妙用常住。应缘若响，处世如空，逍遥物外，顿脱樊笼。不出不入，无去无来，空花世相，水月襟怀。

观世铭

四大幻身，本无一物，愚者执之，爱憎桎梏。妙圆觉心，弥满清净，妄想积迷，颠倒增病。渴鹿逐焰，愈逐愈渴，看破即休，始知是错。游戏神通，不离日用，贵贱好丑，任其搬弄。达人大观，洞然明白，离合悲欢，了不可得。六尘境界，如梦聚宝，无量贪求，一觉便了。音声色相，风月行空，于斯不着，岂是盲聋？以此处世，有何挂碍，身虽凡夫，名观自在。

六根铭

身为业媒，心为业种，从六情根，贪奔爱涌。眼流于色，失其真明。耳流于声，遗其本闻。舌非爽味，实多妄语。恣意纵情，识风内鼓。习发窍鸣，如簧有声，不知所自，听者震惊。出口入耳，爱憎斯起，声已消亡，祸方资始。如雷击粪，忽生毒菌，愚者食之，误伤其命。维鼻合身，同为一觉，总是浮尘，身多过恶。意乃枢机，波流毒海，为彼所漂，汩其真宰。是故世人，虽生不生，若能返观，各得精真。精真若复，六根无物，似云浮空，如响出谷。不被形拘，不为心碍，迥出情尘，超然自在。

念佛三昧铭

念佛念心，念心念佛。佛不外心，心不是物。自性光明，心心照烛。妄想潜踪，形骸空谷。净土不离目前，莲花常衬两足。何必待身后方生，即现前不出不入。此正是普光三昧，只在当人一瞭。

正心铭

心本光明，欲蔽故暗。天然之体，随情耗散。今欲正之，祛欲制情。一真既复，诸妄不生。

诚意铭

意乃妄根，乘虚日凿。密察其原，潜乎不觉。觉则不妄，妄息即真。至诚无息，其善乃敦。

修身铭

只体之欲，纵情之本。酒色之迷，陷身之阱。迷欲不返，身心不固。徒有此生，诚为虚度。

齐家铭

齐家之要，惟俭与勤。义礼若丰，澹薄自醇。勤俭传家，澹薄宁志。是乃圣贤，处世之秘。

偈

唯心偈

净妙不思议， 圆满真实心。
广大具威神， 变现无量事。
其体离诸垢， 不舍染净缘。
世与出世间， 成就众善业。
众业若空花， 本来无所有。
以无所有故， 故说即真常。
善达业性空， 不为幻技惑。
不着亦不厌， 如理谛实观。
起处即无生， 当念自空寂。
了无前后际， 一念若须弥。
动静平等如， 境界风不动。
寂灭妙常乐， 清净若莲花。
深入尘劳泥， 不染世间垢。
怀此如意珠， 随求无所乏。
神光照暗冥， 普觉诸含识。

居山偈

借问山中人， 居山有何趣？
日饱三顿粥， 长伸两脚睡。
磐石作禅床， 云霞为盖被。

微风吹幽松，　发明西来意。
拨落云里花，　刮除眼中翳。
一念绝中边，　了无前后际。
觉来双眼空，　回视梦中事。
捞漉水底月，　却翻成钝滞。
凡圣一齐抛，　方脱娘生累。
一物不将来，　犹是第二义。
透出无事关，　始遂居山计。

观缘偈

谛观此身无始来，皆从颠倒妄想生。
轮回六道苦趣中，往返人天无量劫。
妄念不止苦无涯，妄境不空业如海。
若能一念暂回光，当下即令登彼岸。
妄业积聚如须弥，人我是非苦坚固。
结成生死铁围关，百劫千生不能出。
镬汤炉炭本来无，只从一念瞋心起。
若于起处即消除，火里金莲真解脱。
现前境界若空花，镜像水月不可喻。
世人痴迷无慧目，错认为真颠倒见。
妄将四大以为身，六识三毒为主宰。
贪瞋我慢不自知，妄逐驱驰诸苦趣。
自性清净即弥陀，六尘不染莲花土。
一念不生生死空，日用现前真极乐。

示念佛

念佛本为超生死，先须要识生死心。
痴爱便是生死根，不拔其根难解脱。
痴爱即是念佛心，即将念佛断痴爱。
痴爱若能念念断，心心弥陀全身现。
即此便是真精进，不可一念暂忘却。
净土就在净心中，不得向外别寻觅。

圆明偈示毕一素失明

心光圆明本无量，苦彼浮尘眼遮障。
隔纸不能观外物，返视何曾见五脏。
譬如白日丽虚空，人处暗室如生盲。
暗中人亦有两眼，如何不与日光通。
我此四大如茅屋，心在身中鸟在笼。
谁能撤去茅屋封，光明照耀原无穷。
若能自见心光满，了了常明不用眼。
此是无生无灭光，不与四大同流转。
君今何幸天见怜，特拔遮障天光全。
不须白昼怨不见，只如有眼黑夜眠。
夜眠有眼亦如此，心光圆明宛自尔。
若离明暗见自心，圆明顿发超生死。
举世谁知无眼好，昔人曾恨盲不早。
顿抛四大光明全，此是吾家如意宝。

示福智字本明修净土

但观一句弥陀佛，念念心中常不断。
若能念念最分明，即与弥陀亲见面。
只想净土在目前，日用头头无缺欠。
佛土全收一念中，便是往生真方便。
只在了了分明时，不可更起差别见。

观 身

是身如水泡，　乍现亦不久。
痴儿以为珠，　取之不盈手。
况复于此中，　多贪为罪薮。
唯在智眼观，　毕竟何所有。

观 心

此心本无形，　视之不可见。
起灭了无端，　迅若空中电。
妄想逐尘劳，　渴鹿奔阳焰。
堪嗟今古人，　都压良为贱。

示 众

幻海无涯没尽头，尘劳妄想几时休。
应知世相空中电，须信人生水上沤。
唯摄一心归净土，全凭万行作真修。
目前总是菩提路，念念常登般若舟。

示众十首（六言）

死尽偷心活计，　做成没用生涯。
收拾无穷妄想，　换将一朵莲花。

四大支持骨立，　寸心寂寞寒空。
独有绵绵一息，　龟毛线系长风。

却说百年如梦，　谁曾两眼睁开。
纵是机关使尽，　到头总是痴騃。

可惜清凉心地，　无端迸出贪瞋。
霹雳心中火起，　烧残自性天真。

身是众缘假合，　四大围一虚空。
动作呼为真宰，　不知谁在其中。

陷阱机关自造，　刀林火镬谁当。
只道目前庆快，　安知身后苦长。

貌是超尘仪表，　衣为出水莲花。
试看胸中何物，　莫教妄想轻遮。

蚕茧自生缠缚，　灯蛾谁使焦然。
将谓投明用巧，　岂知业力相牵。

名是假名非实，　毁誉入耳如风。
试听呼为贼草，　犹人漫骂虚空。

荆棘林中掉臂，　是非场里抽身。
落得无穷冷澹，　这般全不饶人。

圜中读《圆觉经·四相章》

我相

钟鼓铃锣不断声，声声日夜说无生。
可怜醉梦伤生者，镜里相看涕泪倾。

人相

突兀巑岏耸铁城，刀林剑树冷如冰。
谁知火向冰山发，烧尽冰山火不生。

众生相

铁门紧闭杳难开，关锁重重亦苦哉！
可怪呻吟长夜客，不知因甚此中来。

寿者相

一条血棒太无情，触着须教断死生。
痛到彻心酸鼻处，方知王法甚分明。

勉曹溪诸弟子十首

千僧和合似灵山，大众依归岂等闲。
不是曾蒙亲嘱付，如何得入祖师关。

肉身现在即如生，朝暮茶汤出志诚。
钟鼓分明常说法，不须苦口再叮咛。

福田种子要深栽，因果如临明镜台。
亲到宝山千万次，这回不可又空回。

辛勤作务莫辞劳，可想当年石坠腰。
一息不来千万劫，善根不种苦难消。

莫教轻易过平生，如箭光阴实可惊。
只恐气销三寸后，几时再到宝山行。

功德园林不可轻，脚跟步步要分明。
莫教错落随他去，免使盲人又夜行。

寸椽片瓦众缘成，信施脂膏不可轻。
切莫贪他驴粪橛，等闲换却一双睛。

信心膏血重须弥，粒米茎薪不可欺。
但看披毛并戴角，酬偿夙债苦泥犁。

幸生中国蚤离尘，身着袈裟远六亲。
受用空门清净福，如何能报祖师恩。

少小能存向上心，毫芒终长到千寻。
只须历尽冰霜苦，始得成材出邓林。

示曹溪沙弥能新智融达一净洗通文方觉书《华严经》七首

剖破微尘出大经，无边刹海递相形。
松风鸟语分明说，只在当人着意听。

佛境重重不可量，毫端三昧岂寻常。
须知举手通身现，触处全彰海印光。

行行雁影落寒空，直竖横斜但信风。
莫问普贤求妙行，先须识取主人公。

毗卢楼阁几时开，弹指应须待善财。
顿见阁中无尽藏，重重佛境甚奇哉！

福城东畔礼文殊，知识遥参到海隅。
五十三人同一调，不劳远涉费程途。

海波为墨亦须干，笔若须弥举不难。
描写毗卢华藏界，最初一字许谁看。

纸墨文言总不真，真经全在剖微尘。
但能字字光明现，莫道文殊是智人。

寄五台妙峰师

玻璃世界水晶宫，金色银光处处同。
独跨金毛狮子步，游行八面不通风。

冰霜鹤骨发如银，谁识曼殊最后身。
一自窟中相别后，至今不隔一微尘。

拄杖横挑刹海游，无边刹土一尘收。
闲来擘破微尘看，落尽空花剩两眸。

千丈寒岩百尺冰，当年相对坐崚嶒。
即今火宅清凉界，一个维摩一个僧。

寄五台空印师

遥思游戏杂花林，独坐旃檀宝树阴。
不动舌根常说法，万人时听海潮音。

一自抛身瘴海澜，蛮烟毒雾尽加餐。
归来渴饮曹溪水，不减清凉彻骨寒。

将之南岳留别岭南法社诸子十首

一落风尘二十年，相逢须信是前缘。
自从衣钵南来后，今日重拈直指禅。

底事分明在己躬，不须向外问穷通。
但能触处回光照，莫被尘劳困主公。

大道从来绝本真，多因分别强疏亲。
直须看破娘生面，方是尘中特达人。

瘴烟饮尽齿犹寒，不记从前道路难。
此去万山深密处，云霞五色座中看。

廿载驱驰走瘴乡，年来不觉鬓如霜。
今乘一叶扁舟去，踪迹应从万壑藏。

尘劳混迹久和光，只为拈提此事忙。
千尺钓竿几斫尽，海天回首更茫茫。

一自归依绕法坛，时时为乞此心安。
莫言别去三千里，明月中天觌面看。

时把纶竿见素心，竹枝唱罢几知音。
扁舟归去霜天夜，明月芦花何处寻。

寒空历历雁声孤，踪迹从今落五湖。
无限烟波寄愁思，片帆天际是归途。

为法宁辞道路赊，岂云瘴海是天涯。
频将一滴曹溪水，灌溉西来五叶花。

示邹生子胤十首

此事明明绝覆藏，普天匝地露堂堂。
男儿不突金刚眼，觌体相看若面墙。

见闻知觉总空花，翳未除时见转差。
只待晴空清净眼，方知别有好生涯。

声色场中岂偶然，自将荆棘苦参天。
何人一掷翻身出，始信随缘自在禅。

妙性圆明自本真，从来皎洁绝纤尘。
不教妄染轻遮障，便是超凡大力人。

道心原不离寻常，待客迎宾底事忙。
试看个中关捩子，何曾移动一毫芒。

五蕴山中寂灭场，六窗虚敞夜生光。
只须唤醒庵中主，莫使昏沉自盖藏。

湛湛心光本不迷，只因情想自睽携。
但看起处无消息，一任猿声日夜啼。

性天云净月轮孤，身世何须问有无。
但得尘缘踪迹断，不劳名字挂江湖。

世缘逐逐几时休，弃却家山向外求。
衣底明珠任埋没，长途空自抱穷愁。

太虚闪电不留情，憎爱何容逐队行。
擘破娘生真面目，肯教埋没过平生。

南岳山居

七十年来梦里过，江湖踪迹总蹉跎。
而今喜得闲田地，莫问从前事若何。

脚跟踏遍水云乡，未离清凉古道场。
筋力渐衰心已倦，安眠饱食是行藏。

大休歇处不寻常，妄想消时世已忘。
都向别求真极乐，谁知当下是西方。

但见无生寂灭心，了无妄想敢来侵。
根尘总是空花影，佛祖何须向外寻。

观心生处了无生，闪电光中眼倍明。
为问西来成底事，今人都只解贪程。

示禅人八首

当人一念要精持，历历孤明不昧时。
独有未生前一着，从来不许老胡知。

死生大事最堪悲，急下功夫蚤是迟。
但向自心求解脱，不须此外更寻思。

往来生死久𥈤瀡，未悟无生不暂停。
誓向此身应度脱，莫教回首再沉冥。

圆明一性绝纤尘，只为从前错认真。
但使断除烦恼障，自然得见本来人。

欲海波腾无尽流，谁将彼岸一回头。
直须高挂轻帆去，不到穷源未肯休。

世缘无尽苦无涯，一念回头便到家。
识得本来真面目，方知不负此袈裟。

此心不必外边求，只在当人一念休。
身世但从空处看，恰如湛海一浮沤。

六根门首六尘多，举世人人没奈何。
但肯心心常照破，自然日用不随他。

示修净土六首

众缘消尽绝疏亲，老眼何容着点尘。
莫使六时莲漏断，花中已有未来身。

初因爱念感娑婆，净土应须出爱河。
要得莲花为父母，全凭念念见弥陀。

见闻知觉尽常光，心地莲花暗吐香。
若使六根无染着，自然触目是西方。

眉间一道白毫光，诸佛众生总覆藏。
但得现前常不昧，莲花心地暗生香。

五浊尘劳可厌离，西方净土是归期。
直须念念光明现，便见花开七宝池。

净土原来不外求，当人一念要知休。
回观妄想消融处，便是西方第一筹。

梦游诗集

咏怀（圜中作）

大块总微尘， 沧溟一滴水。
茫茫宇宙间， 代谢无停止。
达人纵大观， 上下千万纪。
历览在目前， 贤愚可屈指。
美恶不足称， 是非安可拟。
仲尼重知命， 老聃贵忘己。
惟我大雄尊， 超然出生死。
世界等浮沤， 身心类尘滓。
幻化只如斯， 荣辱何忧喜。
颠倒任空花， 吾视此而已。

怀净土诗四首

嗟哉堪忍土， 多虑而为人。
忧来百念结， 绸缪役其形。
众苦集微躯， 臭腐搏青蝇。
愦愦不自知， 营营竟朝昏。
明洁日以亏， 汩没疲精神。
安能涤情垢， 一旦返而真。
长揖大火宅， 从此谢嚣尘。
逍遥清净土， 其乐方无垠。

我闻至西极，　有国名极乐。
妙严饰宫殿，　宝网珠丝络。
天人普集会，　光明相映夺。
园林敷杂花，　空中散天乐。
莲开八德池，　香浮七宝阁。
微风吹檐端，　云间响金铎。
众鸟相和鸣，　法音恣宣说。
凡情一经耳，　众若当下脱。

极乐本非遥，　驾言十万亿。
但能一念净，　触目现前是。
莲花生欲泥，　清凉发焰炽。
瓦砾等琼瑶，　宝林出荆刺。
念结阻山河，　想销破幽滞。
险道登坦途，　情根证初地。
谁知微密中，　净秽苦乐具。
试观空中花，　起灭了无际。

苦因憎爱生，　乐从清净得。
譬若梦中人，　贵贱匪外觅。
情想本无端，　苦乐非预设。
瞻彼晴空云，　倏忽多变灭。
愚者执为真，　逐境劳欣戚。
达人贵朗照，　了罔净陈习。
一悟永不迷，　灵渊常湛寂。
愿乘白毫光，　端居极乐国。

归匡山（有引）

余少志远游，三十住山，倏二十年，忽被业风吹入幻海二十余年，而此一念，未离寒岩冰雪中也。顷幸晚归匡山，以遂投老，盖年七十二矣。嗟嗟浮世，人生几何？视此余生，如西山落日，浮光瞬息，乃为诗以纪之。

浮世无百年，梦游七十余。
幻海渺洪波，彼岸无方隅。
一苇随天风，飘飘任所如。
历览周八荒，险阻非一途。
神疲力已倦，削迹为远图。
烟霞结梦想，岩穴心久辜。
垂老方遂志，拂袖归匡庐。
一超浊世缘，众念悉已枯。
千峰抱幽壑，邈与人世殊。
七贤列云中，五老频招呼。
眉目时相对，啸傲多欢娱。
明月有时来，一镜悬空虚。
清光入蓬荜，照我颜色舒。
白发对青山，形影如冰壶。
颓然踞石床，日夜双跏趺。
返观未生前，本来一物无。
了知幻化缘，胡为有生拘。
从此脱纷纠，高登常乐都。

东林怀古

少耽远游志，　夙慕东林师。
青山开白社，　高贤毕在斯。
惜晷刻莲漏，　清修礼六时。
净念绝尘想，　极乐为归期。
高风振千载，　翘首结遐思。
光容如在眼，　梦寐相追随。
垂老始攀陟，　抚景增余悲。
荒林翳颓垣，　草莽重纷披。
徘徊三笑处，　莓苔露华滋。
影堂列群彦，　仿佛见芳规。
古砌锁寒烟，　白莲开污池。
香谷发清响，　地籁天风吹。
邱陵有迁变，　至道无改移。
师有未了愿，　重来亦何迟。
开林傥如初，　高踪尚可追。
山灵久呵护，　神运常在兹。
我已毕命待，　浊世从此辞。

有所思

与君一别数千里，思君不断如流水。流水东驰去不还，我心如环之无端。举首望长空，长空杳无涯。挥手邀明月，明月有来时。光影纵相顾，可望不可攀。安得君容如满月，使我一见开心颜。

担板汉歌（有引）

径山法窟，自大慧中兴临济之道，相续慧命，代不乏人。近来禅门寥落，绝响久矣。顷一时参究之士坐满山中，至有一念瞥地，当体现前，得大自在者，惜乎坐在洁白地上不肯放舍，以为奇特，不知返成法碍也，教中名为所知障。所以古云：直饶做到如寒潭皎月，静夜钟声，随叩击以无亏，触波澜而不散，犹是生死岸头事。所谓荆棘林中下脚易，夜明帘外转身难。名抱守竿头，静沉死水。尚不许坐住，况有未到瞥地，偶得电光三昧，便以为得，弄识神影子者乎？此参禅得少为足，古今之通病也。恐落世谛流布，疑误多人，因有请益者，乃笑为担板汉歌以示之。歌曰：

担板汉，担板汉，如何被他苦相赚。只图肩头轻，不顾脚跟绊。纵饶担到未生前，早已被他遮一半。这片板，项上枷，浑身骨肉都属他。若不快便早抛却，百千万劫真冤家。行也累，坐也累，明明障碍何不会。只为当初错认真，清门净户生妖魅。开眼见，闭眼见，白日太虚生闪电。乾闼婆城影现空，痴儿认作天宫殿。要得轻，须放下，臭死虾蟆争甚价。乌豆将来换眼睛，鱼目应须辨真假。有条路，最好行，坦坦荡荡如天平。但不留连傍花柳，管取他年入帝京。舍身命，如大地，牛马驼驴不须避。果能一掷过须弥，剑树刀山如儿戏。若爱他，被他害，累赘多因费管带。一朝打破琉璃瓶，大地山河都粉碎。我劝君，不要担，髑髅有汁当下干。分身散影百千亿，从今不入死生关。

自曹溪檄还戍所

委形随大化，　去住岂容心。
纵使驱炎海，　还同坐宝林。
偷生根蒂浅，　绝迹道源深。
极目寒空色，　浮云自古今。

病中示诸子

厌世心成癖，　那堪病作魔。
已知余日少，　更见此身多。
药石充香积，　呻吟当羯磨。
文殊如有问，　一默竟如何。

甲辰曹溪奉台檄还戍

烟霞元自邈风尘，渴爱林泉敢认真。
老去心如无火木，生残形似再阳春。
乾坤不许逃禅辈，礼法难忘出世人。
独有空山猿鹤侣，频随清梦伴闲身。

喜归匡山

历遍江湖久倦游，青山直到老方投。
形骸已谢空花影，世事都从逝水流。
寂寂闲身云作伴，萧萧白发雪蒙头。
余年不必论多少，一念无生旷劫休。

示　众

平生踪迹任前缘，惭愧形骸未脱然。
一片闲心随处见，无端白发暗中迁。
自知来日皆除日，谁信添年是减年。
回首家山归去后，万峰高枕石头眠。

山居十首

平生踪迹任东西，投老那能择木栖。
纵使脊梁刚似铁，奈何胫骨软如泥。
闲从绝壑看云起，坐倚千峰听鸟啼。
不必更拈言外句，现前声色是全提。

依岩结构草为庵，乍可容身止一龛。
但得心源归湛寂，任从世事付痴憨。
三竿日上还高卧，丈室云封不放参。
佛祖直教踪迹断，何须前后列三三。

回看五浊气氤氲，群闹啾啾器里蚊。
瞥念未兴迷悟绝，一微才立圣凡分。
青山自许容藏拙，火宅谁能为救焚。
翘首长空双碧眼，不堪大地总浮云。

堪嗟往事梦中游，翳眼空花不可求。
心路信如云散月，形骸任似水浮沤。
生存一息余三寸，老入千峰胜十筹。
从此人间踪迹断，更无忧喜上眉头。

藏修今已遂初心，自昔居山不厌深。
空外任从千嶂列，目中岂受一尘侵。
松风时说无生法，流水长鸣太古琴。
入室何劳重竖拂，当机荐取在知音。

幽岩兰蕙有余芳，习习松风送暗香。
暂借闻熏开性地，胜倾甘露灌枯肠。

心心直入莲花藏，念念常明般若光。
知足便登兜率界，何劳此外觅西方。

春深寒谷笋生芽，又见松梢渐发花。
一钵待来充午供，众僧专等试新茶。
空无神力诸天饭，富有庄严五色霞。
为问长安歌舞客，几曾飞梦到山家。

三冬拥衲坐枯禅，喜见春光最可怜。
瓦鼎野蔬将献供，地炉松火渐无烟。
青山覆雪重开面，白发防寒已及肩。
幸作太平云卧客，焚香朝暮祝尧年。

旧游恍忽是前生，每忆行藏暗着惊。
此日青山当日梦，今时白社旧时盟。
酬机但用无星秤，娱老唯留折脚铛。
若问西来端的意，曹溪一派水盈盈。

何事当年爱离家，难忘旧着破袈裟。
只因未了多生欠，不是从前一念差。
半世业缘同梦幻，百年妄想等空花。
归来剩有青山在，岂忍将金去博沙。

卧　病

蒲团香案日生尘，老病难容世外身。
入梦泉声清彻耳，到床月色冷侵人。
闲心不与诸缘合，白业唯存一念真。
究竟要知归宿处，莲花已结未来亲。

忆山居六首（有引）

余圜中宛居深山，因而有述。

榾柮千年火，支撑独木桥。
往来人境绝，庵主澹无聊。

白雪在檐前，飞来日如故。
不是尔无心，如何常共住。

明月挂寒空，光彻寒潭底。
上下本自同，看来无彼此。

流水不是声，明月元非色。
声色不相关，此境谁会得。

风从何处来，众响动岩穴。
静听本无声，如何有起灭。

身在千岩里，门前路不通。
寂寥谁是伴，唯有数株松。

舟中即事

空水连天一叶舟，即看身世等浮沤。
雁声叫破缘生梦，明月芦花古渡头。

曹溪谒六祖大师二首

曹溪滴水自灵渊，流入沧溟浪拍天。
多少鱼龙从变化，源头一脉尚泠然。

樵斧才抛石坠腰，黄梅夜半寂无聊。
自持一钵南归后，从此儿孙气日骄。

寄河东妙峰师三首

首阳山色枕河流，师住中条最上头。
麻谷床前章敬锡，至今风韵鬼神愁。

黄河一线自天来，流入中原洗劫灰。
把断要关看砥柱，慈航不数济川才。

天涯行尽路途难，毒雾炎风任饱餐。
忽忆龙门千丈雪，猛然提起彻心寒。

寄云栖大师

长眉鹤发久栖云，麈尾时挥绕鹿群。
遥寄旃檀香一瓣，想师拈对法王焚。

读达观大师《末后偈》

一念从来绝覆藏，通身不落是非场。
试看撒手轻拈出，始信阿师热肚肠。

蒙恩宥还山

少小为僧五十年，老来特地混尘缘。
从今走断天涯路，此去千峰白昼眠。

夜 坐

露洒幽兰扑鼻香，风吹毛骨夜生凉。
坐来已觉心如雪，月色还疑地上霜。

山居偶成四首

百年世事空花里，一片身心水月间。
独许万山深密处，昼长趺坐掩松关。

滚滚红尘世路长，不知何事走他乡。
回头日望家山远，满目空云带夕阳。

伽蓝谁肯急抽身，自古青山隔市尘。
莫谓桃源无路入，落花流水是知津。

日夜烟霞护翠微，相将猿鹤待忘机。
青山莫道闲无主，自是闲人不肯归。

别曹溪二首

为决曹溪万里流，归心常抚大刀头。
因思血浸齐腰雪，千古令人痛未休。

自为曹溪杖策来，坐看山色笑颜开。
从今一别千峰去，鸟语溪声不尽哀。

山中雪夜

雪拥千峰独闭关，寒灯深夜照衰颜。
心灰已绝红尘梦，谁信人间有此闲。

阅《华严经·十地品》梦中偶成

一叶轻舟一钓竿，钩头香饵未曾残。
直须入海深捞漉，莫滞芦花浅水滩。

思乡曲二首

余十二岁离乡，今六十年矣。适乡人远问于山中，因赋此。

门前高柳映清池，常记儿童戏浴时。
六十余年如梦事，几回犹动故园思。

青山一带绕河流，家住河边古渡头。
自小离乡今已老，此心不断水悠悠。

入 山

直入千峰不厌深，最幽绝处可安心。
松门任使青苔厚，从此时人没处寻。

偶 成

湛海波澄一物无，寒空深夜月轮孤。
但看万里纤云断，自觉冰心在玉壶。

文

刺血和金书《华严经》发愿文

稽首遍法界，十方及三际，莲花妙庄严，清净微尘刹，大觉无上尊，分身遍一切。演说清净海，圆满修多罗，性相了义诠，离诸文字相。七处九会中，文殊诸大士，刹尘数知识，清净贤僧众。我今布三业，敬礼毕竟空，惟以无缘慈，照我真实愿。念我无始来，流浪诸生死，展转处苦趣，犹大旋火轮，舍身与受身，不可思议数，所作诸恶业，唯佛自知见。今承三宝力，傥来人数中，六根赖完具，心识多闇冥，以宿微善根，早出恩爱海。犹入俗稠林，如避溺投火，内假善力熏，心心愿远离。外得法雨润，忽生清净芽，尘习炽盛故，时复见干枯。良哉大善友，与我如天授，以此大因缘，得出离热恼，同归清凉界，觐礼曼室尊，乐住阿练若，最深寂静处。心想如猿猴，转见攀缘相，般若力微弱，难敌生死军，以是因缘故，见行诸事行。稽首莲华藏，圆妙最上乘，誓发归敬心，尽形顶戴受。

曾闻普贤行，广大不思议，六种受持中，书写为第一，骨笔血为墨，经于微尘劫，积累如是经，量等大千界。我闻如是愿，难可与等伦，但取血为墨，与金共和合，书写大经卷，一字法门海，以此殊胜因，苦海为舟楫。愿我此身血，滴滴称法性，融入华藏海，普润众生界。我以手书持，点画心自在。愿此虚幻身，恒得金刚体，身似紫金山，端严最无比，闻名及见形，心生大喜悦。手如大宝聚，恒出世资财，七宝及四事，种种皆充满，十方法界中，所有诸众生，贫穷及病苦，所求皆如意。愿我成佛时，国中极清净，纯一上乘人，无诸恶道苦，恒演此法轮，极尽尘界劫。我生末法中，信心力微少，恒与痴盖俱，难逃生死业，善根未成熟，傥落轮回中，仗此殊胜因，不堕诸恶趣。常生净佛土，不离三宝前，早悟自性空，顿超诸有漏，凡所作所为，永离三毒障。我以愿力持，直至未来际，愿我此经卷，三灾不能坏。弥勒将下生，光从此经出，普照十方界，六种大震动。弥勒下生已，初坐龙华树，此经从地出，踊在虚空中，字字出妙音，说我本所愿。天人百万众，咸称希有事。我时在会中，为演真实义。佛佛出世间，最初三七日，咸演大华严，我当机第一。

我身虽幻妄，从父母所生，依此虚妄根，作成真实事。愿父如净梵，母如耶夫人，诸佛下生时，依我父母出。师长度脱我，法恩最上尊，愿诸佛会下，我师为导师。我友最诚谛，提挈行正道，愿友如文殊，作第一知识。檀那大信力，广施大资财，愿此诸智人，永离悭爱苦，诸佛出兴世，最初请说法，不惜身命财，广修众善业。我作如是行，仗诸执持者，愿此诸贤圣，生生常不离，随在何佛国，共兴扬佛法。凡诸见闻者，赞叹及称扬，纤悉善因缘，同归华藏海。我发如是愿，广大不可穷，极尽未来时，究竟心圆满。

放生文

生自生矣，何以放为？又何以放生为佛事耶？裴休有言曰："血气之属必有知，凡有知者必同体。"故曰：蠢动含灵，皆有佛性。以性即佛故，杀生者即为杀佛。非曰杀佛，然杀生者无慈悲心，即为断佛种性矣。然彼蠢蠢之生将谓可杀，殊不知自己本有明明佛性岂可断耶？以不杀之心，慈悲心也。慈即名仁，悲即不忍。不忍之心，仁之端也，故见生不忍见死，闻声不忍食肉，圣贤之首唱，奚独佛氏哉！儒以素位故，但远庖厨。佛以平等行慈故，普及一切。第放生者有执相、忘相之差，而效之者不无放生、杀生之弊。故法重忘相，妙在随缘，宗本无住，功嫌有漏。果能遇缘即宗，则触目生机，逢场佛事，物物头头皆喜舍之门，念念心心尽慈悲之境，又何必拘会约以执功勋，设限期以严规则哉！

明禅人久含此愿，愿以此行之，则慈悲日溥，化境日宽。持之十年，当有无量童子而作供养，复何疑哉！

祭大中丞顺庵胡公文

呜呼痛哉！公其生耶？死耶？反复求之而不得其故也。忽闻公讣，适言公死，及读公《易箦诗》，则公明以不死告人。而人不知，唯我明明知公不死，言之而恐人之莫我信也。

呜呼悲哉！顾我与公偶尔值于大化之中，三十余年如一日，盖亦奇矣。始而遇公于首阳之野，一见而心莫逆，骤尔语公以一祸福、齐生死，时则公已怡然有当于心。既而再索我于清凉之山，跏趺于千尺寒岩之下，谈笑于万年积雪之中，嚼坚冰而餐糍糒。浩劫一息，时公已有登天挠雾之思，超然遐举之想矣，第未知其秘也。未几，余因访公于雁门，坐辕门如处空谷，连床共被，三月不违，日夜发以绪言，时则公已了然默契于心。由是而知视轩冕如尘垢，身世如蜩翼也。遂相期我于东海之上，餐朝霞而结楼居。已而公果以我脱尘鞅，我则以公忘去就。当是时也，与公游戏于海印光中，万里长波，皎然一碧，俨若临宝镜而履琉璃，坐莲花而居净土，不知此身之在天地、外物之在此身，其乐殊未央也。俄尔天帝怒我以轻凿混沌，散朴浇淳，乃罚我于九死，放我于瘴乡。时与公永诀矣，公以我为必死，将托楚些以招之。忽尔十年如一息，时时知公思我结想于寒云，哭我积泪如长河，而殊不知我之与公遨游如宿昔，居然眉睫寤寐无间于毫发也。

呜呼悲哉！是岁五月，公走尺素，慰我于万里。我遣侍者，讯公于七月。我乐怀公诗则曰："酷似维摩病里身。"书至而公已示疾矣。公把我书，诵我诗，时公在口，期月而逝。是我慰公以生平，公永诀我如对面，斯亦奇矣。我昔诀公，不若公今诀我也。使我思公哭公，岂不若公之思我哭我耶？公之生也不偶然，负高明之见，抱不世之才，忠在社稷，心在苍生。公之世有尽而才未尽，形化而心不化也。如公之临终诗曰："灵根常傍月华明。"以此观之，视死生如夜旦、千古如一日也。惟公神游太漠，听钧天而居广府，侣飞仙而寿无极，其视昔也如粪壤，孰知公今之乐，殊绝胜于畴昔耶？公既乐矣，余复何悲？

呜呼哀哉！尚飨！

祭达观大师文

维万历四十四年，岁次丙辰，十一月庚子朔，越十有九日丙戌，前海印沙门辱教德清，谨陈香积之供，致祭于紫柏尊者达观大师之灵曰：

呜呼！惟师之生也不生，乘愿力而来；师之死也不死，顺解脱而去。去来不落常情，生死岂同世谛。以师之住世也，秉金刚心，踞坚固地。三十余年家常茶饭，脊骨纯钢；千七百则陈烂葛藤，鼻孔残涕。推倒弥勒释迦，不让德山临济。为人极尽慈悲，临机绝无忌讳。誓护法若惜眼睛，求大事如丧考妣。不与世情和合，便是真实行履。晏坐水月光中，独步空花影里。初访予于东海也，顿脱形骸；既再晤于西山也，搜穷骨髓。当予祸之未形也，备告以隐微；及予难之既发也，将为我以雪洗。且酬宿约于曹溪，将扣阍于帝里。冒炎蒸于道路兮，望影响而进止。乃设法以多方，冀出予于九死。呜呼！师之为法门也，实抱程婴、杵臼之心；师之为知己也，殆非管鲍、陈雷之比。予荷皇仁之薄罚兮，在师心犹未已。予被放于岭表兮，师伫候于江沚。一见悲欢而交集兮，如九原之复起。予与师作永诀兮，甘为炎方之厉鬼。师嘱予以宁志兮，冀幽扃之再启。予挥涕以临长路兮，师执手含悲而不语。维时关山一别兮，日月若矢。心知师之不我忘兮，每丁宁其无以。

师以愿力所持兮，誓不负其本始。乃敛太阿之光焰兮，不愿放于尘滓。冀和璧之必信兮，不惜隋珠之轻抵。将扣君门兮九重，倏飙风兮四起。陆海波腾，龙蛇披靡，玉石俱焚，法幢倾圮。师登八道之康衢兮，忽遇长蛇与封豕。皇天实鉴其衷肠兮，唯见逞于庸鄙。幸此心之一白兮，聊以发其蕴底。师实旷然，何忧何喜？逆顺随宜，死生游戏。何夙负之相寻兮，信前缘之固尔。悲五浊之不堪，直一行之可恃，乃盥漱以趺坐兮，遂寂然而长往矣！呜呼痛哉！师既不以祸患撄宁，又何以去来为事。撒手便行，全无议拟。惟师以金刚为心，故留不坏之体。有予弟子奉师以旋兮，就双径以归止。予闻讣以摧心兮，望长安而殒涕。欲亲礼于龛室兮，奈业系之羁縻。拟生还以慰师灵兮，忽星霜之逾纪。匪此心之暂安兮，第因缘之不我与。顷幸遂其本怀兮，始得陈辞而致诔。

呜呼痛哉！师何死兮我何生，我不来兮师不宁。形骸异兮共此心，幽冥隔兮终合并，誓同归兮践深盟。寂光朗兮师安住，我顶礼兮展哀慕。陈香积兮洒甘露，师临机兮愿来赴。光明兮照曜，翘勤兮延伫。

哀哉！尚飨！

为达师荼毗举火文

性火真空，性空真火，狭路相逢，定没处躲。

恭惟紫柏尊者达观大和尚，偶来人世，误落尘寰。赤力力脱尽娘生布衫，光烁烁露出本来面目。荷担正法，纯刚炼就肩头；彻底为人，生铁铸成肝胆。死生路上直往直来，今事门头半开半掩。六十余年松风水月襟怀，千七百则兔角龟毛拄杖。饶他末后风流，未免藏头露尾，撇下贼私，谁料落在憨山道人手中。今日特为人天众前，当阳拈出，大众还见么？（以火把画○相云：）

拄杖挑开双径云，通身涌出光明藏。珍重诸人着眼看，这回始信无遮障。

祭云栖大师文

呜呼！师本不生，亦无所去，以力持身，顺因缘故。欲海波腾，火宅焰炽，师展愿轮，特来救济。出示尘劳，早归慈父，一登觉路，如白牛步。视爱如唾，观亲若冤，彼蝇聚者，孰不瞿然。法界为家，含灵是宅，物我等观，无二无别。开甘露门，指归净土，鳞甲羽毛，一齐顿赴。悲正法眼，翳彼戒根，以金刚篦，刮垢剔昏。三千威仪，八万细行，于二六时，悉令清净。身为众目，心为大宅，十方来者，痴狂顿歇。四十余年，法幢高竖，一雨普滋，药草诸树，才沾一滴，枝叶并茂，但有得者，毕竟成就。我观吾师，如狮子王，高卧窟中，群走惶惶。我又观师，如药王树，凡有亲者，必瘳沉痼。嗟我末法，慧日久沉，师于长夜，持大智灯。佛本无心，心付在师。萨埵无行，行托师持。故师应世，一味无我，即住百劫，于何不可。

呜呼！师以缘现，缘灭即去。悲此群盲，失所依怙。我数千里，远持瓣香，展布五体，敬礼寂光。师悲同体，以我知音，愿鉴我诚，来格来歆。呜呼！尚飨！

结社念佛修四十八愿同生净土文

伏以惟心净土，处处道场；自性弥陀，人人具足。只为尘劳遮障，人我是非，故感土石诸山，秽恶充满。使本来清净之体，昧却当人；圆满智慧光明，一毫不现。终朝业识茫茫，逐日境风浩浩。但知受用目前，谁解修因身后。故我乐邦教主阿弥陀佛，因地发心，厌斯堪忍，立四十八愿，愿愿度生；修十六观心，心心作佛。令人人知心是佛，岂向外求；使个个了愿即真，尽归自性。推倒人我之高山，感宝地一平如掌；打破尘劳之幻梦，生莲花广大如轮。我心清净，彼土现成。休教过后追思，只在现前结果。不分男女，总证菩提，但是有缘，皆登宝地。但以天生弥勒，犹须授记灵山；自然释迦，也要庄严佛土。痛念生居五浊，命不保于须臾；罪业多端，苦难逃于长劫。虽父慈子孝，只顾各人；兄爱弟恭，岂能相代。纵有富贵荣华，到底总成一梦。深思至此，实可悲酸。是以发愿修因，必欲一生取办。既知诸行无常，岂可仍前贪恋。已悟自心是佛，只须直下承当。搅长河为酥酪，原在当人；变大地作黄金，实由自己。伏望愿心如佛，即是佛心，因果皆真，必成真果。发一愿而四生九有同出苦轮，施一滴而八难三途通归乐土。花开见佛，如母子之馨香；妄尽还源，似冰霜之皎洁。一心清净，万德交归，大地山河，总成极乐者矣！

杂 著

读《异梦记》

幻人东游吴越，西还匡庐，舟过芜关，关尹玉受刘君邀留信宿。适吴门管茂才席之从别道来，诘朝席之先至舟讯幻人，即谈玉受异梦事，幻人惊异之。及叩玉受，出《乾城游草》，读《记异梦》，甚悉。初玉受奉黔中聘，道中病卧下隽驿亭，夜梦一伟丈夫，长喙突入，似有所求，而意气尚陵厉不平，揖玉受，与之坐，问其族氏，其人抗声应曰："余宋将军曹翰也，以江州之役多杀不辜，自贻伊戚，今复何言。"玉受梦中未悉江州本末，但忆翰与曹彬同将，乃曰："公受曹枢密节制，仁厚不杀，安所贻戚？"其人曰："余愤江州久抗王命，先杀守将胡则，寻屠其城，取快一时，何知死受冥谴，一时同事诸人并落异道，余独为猪，盖余生时性多怒骂，舌锋猛毒，既得猪报，声多嘍嘍，或见擒捉，呼号四彻。冥中谴罚，尺寸不爽。乞公拯之。"玉受听之悚然，因云："余尚凡夫，何以脱公？"其人云："公性慈悲，每见予辈，雅相怜愍。可忆往年有所见梦，荷公再生者，即予也。"盖玉受曾于戊申春，家奴以其租负，数有猪偿者，夜梦一人乞命，即命奴畜之，逾年自毙。梦中明忆往事，即应曰："实有之，但不知是公耳。今则余安所觅公？"其人云："业报无定，昨偿一近县人债，不意有缘，于此得复遇公，今番又不知业运何所。"言下泣甚哀，徐收泪云："某幸在唐太宗朝为一小吏，听一法师说《四十二章经》，某为设供，感世世为宰官，及宋初而报尽，遽作恶业，转受此果。然幸有夙种善因，今得遇公。自今乞公凡遇我辈，或见执，或闻声，或见食余肉，为持《准提咒》，或称弥陀号，余暂堪忍其苦，定脱此报，生人中，誓不更造恶业负公也。"玉受曰："此余夙心也，矧奉教，敢负约？"其人喜，拜谢而去。

呜呼异哉！业报昭昭，不爽如此。观曹翰之始为小吏，以闻佛法，作一饭僧功德，遂世世受福，及至善报将尽，且为大将而恣杀业，岂恶习随福报而大耶？良可畏也。以杀业之惨，历受刀砧之苦。又六百余年，仍以夙种善根，两现梦于刘君，竟乞脱其苦趣。然而刘君，岂翰初身说经之法师耶？观曹翰之恶报不爽，而刘君之善根亦有自来矣！

幻人初闻其说，惊异之，及观刘君《乾游草》中《异梦记》，故为之说，普告人天，以崇放生戒杀之德彰明较著者也。且闻声见肉而持咒念佛，尚冀堪忍，脱其苦报，况出真慈戒杀放生者乎？予是于云栖之放生所深有感焉。敬书此以告本寺知事，当依规则，凡在所放，皆有缘者，时看养殷勤，说法开示，念诵送死，皆真实事，幸勿疲厌。若以佛性而观，则资粮亦彼当有分者，幸无匮乏，令彼饥虚也。

杂 说

滚滚红尘，漫漫世路，多少英雄，尽被耽误。赏心乐事，诗酒忘忧，琴书虽雅，犹让一筹。金谷兰亭，于今荒矣，纵有虚名，与人俱已。竹下逢僧，目中何有，岂但偷闲，徒为借口。是知出世，最上一着，可惜时人，昧而不觉。五欲场中种种恶缘，如沸汤烈火，能发一念为生死心，如火中生莲，甚难得也。苟不深生厌惧，求出离道，难免烧煮。

世之聪明之士，生来但知世间功名富贵、妻子爱恋之乐，以为人生在世止此而已，不知大有过于此者。古之豪杰之士直出生死者无他，特看破此耳。

佛言："我于燃灯佛所，实无授记。若有授记，即为着我。"作佛犹恐着我，况生死事业乎？

"但愿空诸所有，切勿实诸所无。"此语不独为老庞家传之秘，佛祖皆然。

"前圣所知，转相传授，妄想无性。"若妄有性，则佛祖无出头处。

刹那刹那，生灭之称也，悟无生者方见刹那。此语疑杀天下人。

如幻三摩提，金刚王宝觉，弹指超无学，此法神速若是。仰山梦升兜率天白槌，与文殊贬入铁围山公案，是同是别？世尊偏向魔王宫中说心地法门，可笑别无净土耶？

一切诸病从痴爱生。痴爱不生，颠倒想灭，名为涅槃。“一切法不生，我说刹那义。当生即有灭，不为愚者说。”是可与愚者说耶？

梦、幻、泡、影，露、电、阳焰，镜像、水月，乾城、芭蕉，此十种喻为入道基本，知之者希。

妄想兴而涅槃现，烦恼起而佛道成。此法唯五眼圆明，方许知见。

三寸气消谁是主，百年身后漫虚名。此语，如来二十年破执之谈，无以过之。

真歇了禅师卧病诗云：“病后始知身是苦，健时多为别人忙。”诚哉是言也。

“性本非水火，寒热自然生。”此予昔居海上时病中诗也。今寄居海外，故病忽作，宛若旧态。盖病不因地异，情不为境迁，而趣味自别，难以语人。

东坡云：“凡有所好，必有所蔽。”余读《居儋耳集》，觉范后至海外，就旧馆访其遗事，有老妪答曰：“苏相公无奈，好作诗。”何老妪尚知其好，岂非蔽耶？

东坡初被放至岭外，食荔枝美，因云：“日啖荔枝三百颗，不妨常作岭南人。”余始诵之，将谓其矫。余居此几六年矣，每遇时新一度，不觉诵此什佰过。

余平生爱书晋唐诸帖，或雅事之，宋之四家犹未经思。及被放海外，每想东坡居儋耳时桄榔庵中风味，不觉书法近之。献之云“外人那得知此语”，殊有味也。书法之妙，实未易言。古来临书者多，皆非究竟语。独余有云：“如雁度长空，影沉秋水。”此若禅家所说彻底掀翻一句也。学者于此透得，可参书法上乘。

昔人论诗，皆以禅比之，殊不知诗乃真禅也。陶靖节云：“采菊东篱下，悠然见南山。山气日夕佳，飞鸟相与还。”末云：“此中有真意，欲辨已忘言。”此等语句，把作诗看，犹乎蒙童读上大人、丘乙己也。唐人独李太白语，自造玄妙，在不知禅而能道耳。若王维多佛语，后人争夸善禅，要之岂非禅耶，特文字禅耳，非若陶、李，造乎文字之外。

余少时读陈思王《洛神赋》，“翩若惊鸿，婉若游龙”，只作形容洛神语，常私谓惊鸿可睹，游龙则未知也。昔居海上时，一日侵晨，朝霞在空，日未出红，万里无云，海空一色。忽见太虚片云乍兴，海水倒流上天，如银河挂九天之状，大以为奇。顷见一龙，婉蜒云中，头角鳞甲分明如掌中物，自空落海，其婉蜒之态，妙不可言，世间之物无可喻者。始知古人言非苟发。因回思非特龙也，佛之利生，威仪具足，故称大人行履如龙象云。

学 要

尝言为学有三要，所谓不知《春秋》，不能涉世；不精老庄，不能忘世；不参禅，不能出世。此三者经世出世之学备矣，缺则一偏，缺二则隘，三者无一而称人者，则肖之而已。虽然，不可以不知要。要者宗也，故曰言有宗，事有君。言而无宗则蔓衍无统，事而无君则支离日纷，学而无要则涣散寡成。是故学者断不可以不务要矣。然是三者之要在一心，务心之要在参禅，参禅之要在忘世，忘世之要在适时，适时之要在达变，达变之要在见理，见理之要在定志，定志之要在安分，安分之要在寡欲，寡欲之要在自知，自知之要在重生，重生之要在务内，务内之要在专一。一得而天下之理得矣。称理而涉世则无不忘也，无不有也。不忘不有则物无不忘，物无不有。物无不忘、物无不有则无入而不自得矣。故曰：“天地与我并生，万物与我为一。会万物而为己者，其唯圣人乎！”噫！至矣！尽矣！妙极于一心而无遗事矣！是故学者固不可以不知要。

憨山绪言（节录）

有物者不可以语道。夫万物纷纭，非有也，有之者人也。人不有，则万物何有？凡有物者必殉物，殉物者几亡人，人亡矣，孰与道哉！物于人也，甚矣夫！

被物动者，我之招也，不有我，孰能动哉！观夫长风鼓于天地，木折而窍号，于太虚何有焉？故至人无我，虚之至也，以其虚，故不动。

心体原真，习染成妄，故造道之要但治习，治习之要纯以智。尝试观夫融冰者焉，火胜则冰易消，智深则习易尽。

我信人不信，非人不信，信不及也。人信我不信，非我不信，不足信也。故我信信心，人信信言。言果会心，则无不信矣！

铢两移千钧之至重，一私夺本有之大公。私也者，圆明之眚，生死之蒂也。是以得不在小，失不在大，圣人戒慎恐惧不睹不闻之地。

劳于利，劳于名，劳于功，劳于道，其劳虽同，所以劳则异也。是以有利不有名，有名不有功，有功不有道，有道者道成无不备。

陆鱼不忘濡沫，笼鸟不忘理翰，以其失常思返也。人而失常不思返，是不如鱼鸟也。悲夫！

趣利者急，趣道者缓。利有情，道无味。味无味者，缓斯急也。无味，人孰味之？味之者谓之真人。

心本澄渊，由吸前境，浑浊其性，起诸昏扰，闷乱生恼。推原其根，其过在著。

一翳在眼，空花乱起。纤尘著体，杂念纷飞。了翳无花，销尘绝念。

至细者大，至微者著。细易轻，微易忽，众人不识，圣人兢兢。由乎兢兢，故道大功著，万世无过。

物无可欲，人欲之，故可欲。欲生于爱，爱必取，取必入，入则没，没则己小而物大，生轻而物重，人亡而物存。古之善生者，不事物，故无欲，虽万状陈前，犹西子售色于麋鹿也。

吾观夫狎虎狼者，虽狎而常畏，恐其食己也，故常畏。色欲之于人，何啻虎狼哉！人狎而且玩，食尽而心甘，恬不知畏。过矣乎！虎狼食身，色欲食性。

色欲之于人，无敌也，故曰："赖有一矣！若使二同，普天之人无能为道者。"吾意善敌欲者最以智，助智以厌，厌则惧，惧则远，远则淡，淡则忘，忘之者，望形若偶人，视味如嚼蜡，何欲哉！

难而易，易而难。众人畏难而忽易，圣人畏易而敬难，是以道无不大，德无不弘，功无不成，名无不立。

世之皆以功名为不朽，谓可以心致故劳心，谓可以形致故劳形。且夫尽劳而未必树，树而未必固。吁！去圣人，孰能固哉！不固则朽，何固哉！吾谓不朽者异夫是。知吾之不朽，不朽矣！

藏迹者非隐，迹隐而心未必忘。冯名者非显，名显而道未必著。故隐非正，显非大。吾所谓隐显者异乎是。吾所谓隐显者，隐于体而显于用也。体隐则廓尔太清，万境斯寂。用显则森然顿现，一道齐观。如斯则逆顺随宜，穷通一致矣！噫！处此者，博大真人哉！

君父之命不可逃，况大命乎？尝试观夫负小技而不达大命者，居常为失意，当分为弃时，故踔踶之心，愤激托言而要乎世。噫！过矣！夫达士观之，犹人酣酒夜行而射額于柱，抱布鼓而号救于天也。虽然，布鼓存焉，知命者不取。

以机为密，非密矣！以道为密，密也。夫吾尝观夫弄弩者，岌岌然百发而数获，此善者也，而况不善者乎？善为道者能宥物，不发而物无所逃，故密莫大焉，劲莫至焉。

天地循环，千变万化，死生有常，人莫之测。不测其常，狥物而忘。圣人返物，故乃昌。

人弃我取，故人之所有我不有，我之所有人不有。人非不有，以其不知有故不有，设知有，我何异哉！

尘垢污指，必濯而后快。贪嗔害德，而不知祛，是视德不若一指也。指污有生，德害失性。

负重者累，多知者劳。累久则形伤，劳极则心殆。殆已，所以殆者事外也。是以重生者事内不事外，循己不循人，志存不志亡。

密于事者心疏，密于心者事达。故事愈密，心愈疏。心愈密，事愈达。心不洗者无由密，是以圣人贵洗心，退藏于密。

一刺在肤，侧掉而不安。众刺在心，何可安耶？刺肤肤溃，刺心心亡。

大威可畏。观夫天地肃杀者，大威也，万物虽众，靡靡然孰能当之？故夫人有威者，承天也。天威至公，人威效公。天威爱物，人威主生。

化人无功，化己有功，己果化而人不化自化矣！征夫观德人之容使人之意也消，信夫！

治逆易，治顺难。逆有对，顺无知。故有知者遇逆如甘露，畏顺如鸩毒，慎之至也。以其慎，故守不失。慎也者，成德之人欤？

心体本明，情尘日厚，尘厚而心日昏矣！是以圣人用智不用情。故致道者以智去情，情忘则智泯矣！忘情者，近道哉！

智钜事微，善达事者莫若智，故智之器，挫锐解纷无不利。尝试观夫片雪点红炉，清霜消烈日，以其胜之也。故自胜者，孰能御之？

人以大巧，我用至拙。人巧以失，我拙以得。故善事道者弃巧取拙，无不获。

顺我者喜，逆我者怒，喜怒迭迁，好恶竞作，日益其过。推原其由，本乎不觉。不觉，即忘返也。

恣口体，极耳目，与物钁铄，人谓之乐，何乐哉！苦莫大焉。隳形骸，泯心智，不与物伍，人谓之苦，何苦哉！乐莫至焉。是以乐苦者苦日深，苦乐者乐日化。故效道之人，去彼取此。

天地不劳而成化，圣人以劳而成功，众人因劳而遂事。事遂者逸，功成者退，故曰：功成事遂身退，天之道。

多财者骄，高位者慢，多功者伐，大志者狂，胜才者傲，厚德者下，实道者随。

不了假缘，横生取舍，识风鼓扇，浩荡不停。如海波澄，因风起浪，风若不起，波浪何生？识若不生，万缘何有？故致道者不了即生，了即无生也。善哉！

源不远，流不长。道不大，功不固。是以圣人德被群生，功流万世，以其道大也。有大道者，孰能破之？

目容天地，纤尘能失其明。心包太虚，一念能塞其广。是知一念者生死之根，祸患之本也。故知几知微，圣人存戒。

自信者，人虽不信亦信之矣！不自信者，人虽信亦不信之矣！故自信敦诚，人信易欺。诚者日精，欺者曰沦。

智照识惑。惑起千差，照存独立。故致道者以照照惑，贵智不贵识。

观夫市人莽行，失足于洼，然必惕然挥臂以自誓者，为嫌其污屦也。今夫人者处下德而晏然，不惕不誓，是自短于市人而土苴其道德也。悲夫！

人皆知变之为变而为之变，而不知变有不变者存焉。苟知其不变，则变不能变之矣！苟不知其不变，虽无变何尝不变哉！请试观夫圣人身循万有，潜历四生，纭纭并作而无将无迎者，是处其不变而变之也，何变哉！若夫人者形若槁木而心若飏尘，物绝迹而犹呻吟，是无变也，何尝不变哉！

寝息坐卧，所以逸身也。止绝攀缘，所以逸心也。身逸者志堕，心逸者志精。故养道者忘形师心，道乃贞。

天地大，以能含成其大。江海深，以善纳成其深。圣人尊，以纳污含垢成其尊。是以圣人愈容愈大，愈下愈尊，故道通百劫，福隆终古而莫之争。

视民为吾民，善善恶恶或不均。视民为吾心，慈善悲恶无不真。故曰：天地同根，万物一体。此之谓同仁。

见色者盲，见见者明。闻声者聋，闻闻者聪。是以全色全见，尽声尽闻，无不融，声色俱非，见闻无住，此之谓大通。

众念纷纷不止，无以会真。若以众念止众念，则愈止愈不止矣！若以一念止众念，则不止而自止矣！吾所谓一念者，无念也。能观无念，不妨念念而竟何念哉！虽然，实无念者赘也，夫曾不知其为橛也。

心体元虚，妄想不有。若了妄不有，虽有而不有也。不了妄不有，虽不有犹有之也。故妄想如空花，其根在眼眚。了眚花不无，空体常寂灭。

夫平居内照似有，及涉事即无者，直以心境未融，前尘未了而为留碍也。故造道者不了前尘，纵心想俱停，犹为趣寂，故于至道不取。

体寂用照。用不失体，即照而寂。体不离用，即寂而照。是以体寂若太虚，用照如白日，故万变无亏，无幽不鉴。

前无始，后无终，万劫一念，六合一虚，人物齐轨，大小同状，昼夜不变，死生不迁，此之谓常。然体此者似人而天，谁为之愆？

事小理大。事有千差，理唯一味。善理者即事无外，隐显存亡莫之二。是以至人愈动愈静，无不寓。

不可以无心得，不可以有心求。有心执有，无心着无，是二俱非，则超然独立。所以大人无对者，以其无可当情也。

念有物有，心空法空。是以念若虚镕，逢缘自在，心如圆鉴，来去常闲。善此者，不出寻常，端居妙域矣！

大忘不忘无不忘。用意忘者愈忘愈著。执著者未喻道，果喻道，何不忘耶？故曰鱼相忘于水，人相忘于道。

游鱼不知海，飞鸟不知空，凡民不知道，藉若知道，岂为凡民哉！吾意善体道者，身若鱼鸟，心若海空，近之矣！

一动一静，一语一默，扬眉瞬目，或饮与啄，左之右之，无时不察。察久念裂，划然自得。自得者自知，人莫之识。

天地之功，不舍一草。沧海之润，不弃一滴。圆明之体，不离一念。是知一念之要，重矣夫！

真心至大，此身至微。是以明真心者，返观此身，犹若片云浮于太清，任往任来，翛然无寄。由无寄故，处世若寄焉。

为有为，无能为。为无为，能有为。是以圣人无为而无不为也。吾所谓圣人无为者，盖即为而不有其为，非若寒灰枯木而断然不为也。

太虚游于吾心，如一沤在海，况天地之在太虚乎！万物之在天地乎！此身之在万物乎！外物之在此身乎！嘻！渺小哉！以其小，故大。

天地寂，万物一。守寂知一，万事毕。处此道者常不忒，以其不忒，故作做云为俱不失。不失者，谓之真人。

超然绝待，大同也。夫不同则物我二，物我二则形敌生，有形敌者待莫甚焉，何绝哉！吾意善致道者贵两忘，两忘则物我一，物我一则形敌忘，形敌既忘，谁待哉！绝待故大，大故同。大同者谓之圣人。故曰：会万物而为己者，其唯圣人乎？

山河大地，一味纯真，心若圆明，天地虚寂。故达此者，外触目无可当情，中返观了无一物。如斯则空空绝迹，物物徒云，身寄寰中，心超象表矣！

静极则心通，言忘则体会。是以通会之人，心若悬鉴，口若结舌，形若槁木，气若霜雪。嘻！果何人斯，愿与之游也。

其形似拘拘，其中深而虚虚，眼若不见，耳若不闻，昏昏闷闷，人望之而似痴，若亡人而不知偶谁，吾请以为师。

世间所有，杳若梦存，梦中不无，觉后何有。故不觉何以超有，不超有何以离世？吾所谓离世者，非离世，离世在即世而离世也。即世而离世者，谓之至人。

知有为始，极尽为终。策知以智，运极以权。权也者，涉有也，涉有处变。古有万变而不失其正者，根本存焉。今夫不本而夸善变者，是由自缚而解人，人见而必唾，虽孺子大笑之。

直达谓之顿，密造谓之渐。直达诣真，密造除伪。真不诣，伪不除。伪不除，真不极。由是观夫伪也者，真之蔽欤？道之害欤？德之累欤？

圆融该摄，广大交彻，全事全理，隐显莫测，一多互含，多一互入，举一通收，不妨罗列，小大不殊，凡圣不隔，常泯常照，常起常寂，心不可思，言不可议，日用寻常，曾无欠阙，常在其中，不劳途涉，此之谓至极。

曹溪宝林禅堂十方常住清规

惟我六祖大师说法曹溪，天下衲子归之，祖设安居以容广众，此禅堂之设，最初之始也。至百丈大师，立律条以约多人，此清规创初所由立也。自此凡天下丛林，皆有禅堂，以行清规，名为十方常住，虽千万指，如一人之身，头目手足之相须耳。惟曹溪禅堂，自六祖之后，今千年矣，久而遂废。凡本寺僧徒，分烟散火，居止不一，而清规不行。即十方衲子礼祖而至者，茫然无归。虽有祖庭之设，无复清修之业，甚至不异编氓，岂禅源根本之地焉？老人蒙圣恩度岭，承当道护法盛心，不忍祖庭之零落，命寺僧延予以整理之。予至，则苦心一志，以中兴祖道为心，除修殿宇乃清宝林旧址，僧房填塞，遂捐资别买空地，移僧房七所，辟成一区，复立内禅堂一座，以安常住僧众，立外堂一座，接纳十方往来。除常住香灯外，别捐己资，赎紫笋庄田，山园地土，以为供赡，名为十方常住。安居既就，四事既周，恐居是堂者不能律身进道，及堂中主者不谙古德清规，事有差舛，言行乖违，有坏法门，不唯有辜创立之心，实负龙天护法之意。凡日用事宜，略设条例如左，宾主各宜遵守，以图永久光扬祖道，庶使法门不坠，道业可成，老人仰续六祖如线之脉，亦稍摅其本愿矣！凡我弟子，务宜守之，慎勿轻忽。

佛说常住有二种，一常住常住，即今之寺，立住持以主之，称曰长老，为一寺领袖。一十方常住，即今之禅堂，立堂主以主之，为十方领袖。故居是堂者，无论内外，皆称十方，以发心修行，志超方外，非世俗比也，其清规礼法，如住持例，但住持与众僧有上下之分，若主禅堂法食均等者，则有师资之分，称曰堂头，如今之少林，若但掌禅堂事务，称曰堂主，与众有宾主之分，即今之诸方。凡在堂之僧，日用助道，四事因缘，皆实赖之，丛林一切大小事务皆仗荷之，众皆拱手而已，非细事也，是须递相恭敬，内外和合，以道为怀，勿妄生议论，以求过端，所处礼法清规，自有定例，务安分守成，勿妄增减。

禅堂之设不轻，堂主之任甚重，以十方眼目指瞩一人，直须言行端洁，以副众望，故居是任者，务秉慈悲心，广大心，软和心，忍辱心，谦下心，以菩萨修行心如桥梁、如大地，方堪荷负众生，乃称妙行，故凡日用饮食，与众同甘苦，不得私自偏众，滴水茎菜以众为心，不得专任己意，以取讥谤。众僧有过，当白堂中板首，婉言方便处之，不得遽出暴言粗语，任情呵责。不得苛刻佃民，以招怨谤。凡一应执事，务要斟酌贤否，不得妄用匪人。常住钱谷，当撙节浮费，不得过用，若系当用，宜与板首预先商确可否，查书记簿，明开支销，不得专任己意。

堂中岁计，即常住租课，每年不足三分之一，所欠甚多，并无实法，但凭大众修行，以感龙天外护，俱在堂主一肩募化，万一不足，大众只宜同甘淡薄，不得过求丰美，妄贷债负，以累常住。

作务行人苦心劳力，终岁辛勤，冬夏二季必须量给单布，以助道心。但常住岁计不足，实难定规，是在堂主多方设处，否则不能以安行人。其堂中在单僧众，理宜均等，但力所不及，势难措办，贷则返累常住，难以持久。若就八月会中，缘难一定，抑恐预有借办，当即填还。今照所有施利，先除还所负，余则斟酌多寡，量散堂中，以助道缘，难为定例。若更有余者，存贮以实常住，不致空虚，庶可持久。傥有施主专意布施，随所发心，不属常例。

堂中岁计，全在八月会中，施主齐集，所有斋僧布施，米则入库，其有银两当立柜一具，簿一扇，书记请公正一人同掌。其有折米银两，即当据实眼同登簿，不得移作本色干没。其办斋银两亦登入簿储积，日逐当众支用，书记别登支销簿，以备稽查，堂主不得私自出入。其有念经拜忏银两，亦登入簿，以待会罢通融散众，堂中不得执为己有，以在道场内外一力，故不得专。若外有送茶果之资，系堂主者堂主自收入己，有送堂中者，及榜疏佛事等项，是在堂中专执，施主专心，则听公取。如越例而争者，准清规例，据其所争，照数倍罚，办斋一供，如不遵者不共住。堂中坐单僧众，俱系作养，本寺僧徒，离居不远，切近亲朋，但恐熟处难忘，不得时常托故回房，纵意妄为，饮酒博奕，游荡嬉戏，或酣醉到堂，触秽神明，轻欺礼法。犯者堂主白板首，重者不共住，轻者当众罚跪香一炷，忏悔改过，若不遵者亦不共住。

在堂僧众，皆老人作养以光祖道，唯以修行为心，各宜谨守戒法，调练三业，制伏过非，勿使造业，不得聚首妄生议论，蛊惑正人，以启事端，或勾引匪人，破坏常住，盗取什物，违者与犯者同坐。

堂中一切事务，及岁计周支，俱在堂主一力担荷，以一人而肩众事，诚难一一恰好，倘有差失，大众亦当体谅，念其劳苦，不得求全责备，妄指过端，以生别议。若果有过差，当会同板首，就方丈中茶话，款叙谏正，不得遽发粗言，以伤道体。

凡十方远到衲子，俱在外堂旦过寮安歇，必须入堂问讯，板首即当领众回礼叙谢，知宾款茶，不得坐慢，取罪十方。若是知识法师及高贤衲子，即白堂主，当延入内堂寝室安居，或经冬夏，务尽心恭敬供养，大众朝夕咨请法要，不得轻慢，以增罪过。若在旦过寮借歇三五日者，其斋食皆出内库，堂主务要时常经心检点，勿使缺乏。当立寮主，以司接纳。若内堂遇有办斋，次堂亦当普请。

禅堂事务至简，租课只就板首催取，或堂主亲征，故执事不必多立。但知客一人必不可少，以应答往来宾客，接待十方衲子，此职务在得人，如缺其人，即以堂中直日僧代管，客至必须款留待茶。若施主专至者，必白堂主礼待，勿退信心。若十方衲子，亦须辨白贤愚，勿轻去留。

丛林公务，有事不分内外，一例普请，此天下古今之通规也。今本山道粮则施主亲斋，庄租则佃民自送，打柴则行人入山，此外无多劳役，唯有溪边运柴，园中料理蔬菜而已。如遇普请，堂中止留直日一人看堂，其余齐赴，不得躲避，违者罚跪香一炷。

天下丛林，无论内外，法属同体，而在堂者赖行人以助道业，行人施力用以资修行，其实劳者居多，非道心坚固者不能久甘苦行，大段非世俗役使者比也。凡系常住公务，而禅堂板首领众指点作为，一一皆听，不许抗违。若各人私事，非系熟情，不得私自驱用。即有务下行人丛杂，或致喧争，及过费食物，或偏众饮食，犯种种过者，先有典座，听其约束，如不和合，听堂主处分，照清规例，去留任理。堂中傥见有过者，亦当白堂主治之，不许径自粗言辱詈，以致诤论，以行人可否，皆堂主通达其情，非一偏可据，故其庄民非公事不得擅用。

安务下行人，专在堂主检点，安留堂中。不得私情强留亲友，恐有不法，破坏常住，以累举者，事发有犯连坐。

在堂皆系作养本寺僧徒。今见丛林有绪，规模可观，或有本寺后进之徒，素无德行，不服受业师长教训，希图安闲快意，假以入堂为名者，决不许入。或已入堂，不守清规戒律，任情狂为，不随众礼诵，专一养懒，或不时在外，仍行饮酒茹荤，全无惭愧，只托虚名，不务实行，搅群乱众者，堂中板首悦众，请堂主同白住持，头首即遣出堂，不许久留，以伤众德。如不遵者，住持当以法治，慎勿狥情，养成后害。

天下丛林，自有百丈清规，永为成法。但本山禅堂名虽十方，非诸方比也，以老人入山之初，切念祖道衰微，僧失本业，老人志在中兴，以人材为本，故始捐束修以教习沙弥，及披剃则建禅堂以教修行，捐衣资以置供赡，种种苦心作养，无非上为六祖以续道脉，下接十方，以光丛林。今奈老人薄德，不能以满本愿，中道弃置而去，则立十方堂主，以代老人之劳。但一应所用，欠缺尚多。堂主纵体老人之心愿，亦无老人之道力，恐有缺漏，不能周至，本寺头首执事、耆旧大众，各宜体谅，当念祖庭无禅堂不足称道场，无堂主不能接十方、保多众，若属本寺，未免狥俗，则不久而废，是故本山与堂主有宾主之义，各当以道为怀，宾主各尽其礼，不得任意苛责，以伤和合，则有坏丛林，以负老人建立之意，获罪六祖，取谴龙天，是当谨戒。

右上条件甚多，不能备悉。即此所列事宜，虽非古规，乃切救时弊。就此宝林道场，苟能一一遵而行之，则祖道之兴，在此举矣！幸勿视为寻常，轻而忽之，有负建立之心也。凡在堂者，各宜勉之。

万历四十一年十一月十二日，中兴曹溪宝林禅堂憨山老人德清书于十方常住。

自序年谱[1]

憨山老人自序年谱实录上

世宗肃皇帝嘉靖二十五年丙午。

予姓蔡氏，父彦高。母洪氏，生平爱奉观音大士，初梦大士携童子入门，母接而抱之，遂有娠。及诞，白衣重胞。是年十月己亥，十二日丙申，己丑时生也。

二十六年丁未。

予周岁。风疾作，几死。母祷大士，遂许舍出家，寄名於邑之长寿寺，遂易乳名“和尚”。

二十七年戊申。

予三岁。常独坐，不喜与儿戏。祖父常谓曰，此儿如木桩。

二十八年己酉。

二十九年庚戌。

三十年辛亥。

三十一年壬子。

予年七岁。叔父钟爱之。父母送予入社学。一日，叔父死，停于床。予归，母给之曰：“汝叔睡，可呼起。”乃呼数声。婶母感痛，乃哭曰：“天

[1] 收于《憨山老人梦游集》卷三十九、四十（明《嘉兴藏》版）。

耶！那里去也？”予愕然疑之，问母曰：“叔身在此，又往何处耶？”母曰：“汝叔死矣！”予曰：“死向甚么处去？”遂切疑之。未几，次婶母举一子。母往视，予随之，见婴儿如许大，乃问母曰：“此儿从何得入婶母腹中耶？”母拍一掌云：“痴子！你从何入你娘腹中耶？”又切疑之。由是死去生来之疑，不能解于怀矣！

三十二年癸丑。

予八岁。读书，寄食于隔河之亲家，母诫不许回，但经月归一次。一日回，恋母不肯去，母怒鞭之，赶于河边，不肯登舟。母怒，提顶髻抛于河中，不顾而回。于时祖母见之，急呼救起，送至家。母曰：“此不才儿，不淹杀，留之何为？”又打逐，略无留念。予是时私谓母心狠，自是不思家。母常隔河流泪。祖母骂之，母曰：“固当绝其爱，乃能读书耳。”

三十三年甲寅。

予九岁。读书于寺中。闻僧念《观音经》，能救世间苦，心大喜，因问僧求其本，潜读之，即能诵。母奉观音大士，每烧香礼拜，予必随之。一日谓母曰：“观音菩萨有经一卷。”母曰：“不知也。”予即为母诵一过。母大喜曰：“汝何从得此耶？诵经声，亦似老和尚。”

三十四年乙卯。

予十岁。母督课甚严，苦之，因问母曰：“读书何为？”母曰：“做官。”予曰：“做何等官？”母曰：“从小做起，有能可至宰相。”予曰：“做了宰相却何如？”母曰：“罢。”予曰：“可惜一生辛苦，到头罢了，做他何用？我想只该做个不罢的。”母曰：“似你不才子，只可做个挂搭僧耳。”予曰：“何为挂搭僧？有甚好处？”母曰：“僧是佛弟子，行遍天下，自由自在，随处有供。”予曰：“做这个恰好。”母曰：“只恐汝无此福耳。”予曰：“何以要福？”母曰：“世上做状元常有，出家做佛祖，岂常有耶？”予曰：“我有此福，恐母不能舍耳。”母曰：“汝若有此福，我即能舍。”私识之。

三十五年丙辰。

予十一岁。偶见行脚僧数人，肩担瓢笠而来。予问母："此何人耶？"母曰："挂搭僧也。"予私喜，视之。僧至，放担倚树，乃问讯化斋。母曰："请坐。"急烹茶，具斋饭，甚恭敬。食罢，众僧起，即荷担，只手一举。母急避之，曰："勿谢。"僧径去。予曰："僧何无礼，饭斋不谢？"母曰："谢则无福矣！"予私曰："是僧之所以高也。"切念之，遂发出家之志，苦无方便路耳。

三十六年丁巳。

予年十二。读书通文义，乡族咸爱重之。居常不乐俗，父为定亲，立止之。一日，闻京僧言，报恩西林大和尚有大德，予心即欲往从之，白父，父不听。白母，母曰："养子从其志，第听其成就耳。"乃送之。是岁十月至寺。太师翁一见，喜曰："此儿骨气不凡，若为一俗僧，可惜也。我第延师教读书，看其成就何如。"时无极大师初开讲于寺之三藏殿，祖翁携往谒。适赵大洲在，一见喜曰："此儿当为人天师也。"乃抚之问曰："汝爱做官，要作佛？"予应声曰："要作佛。"赵公曰："此儿不可轻视，当善教之。"及听讲，虽不知言何事，然心愤愤，若有知而不能达者。时雪浪恩兄长予一岁，先一年依大师出家，见予相视而嘻，时人以为同胞云。江南开讲佛法，自无极大师始。少年入佛法者，自雪浪始。

三十七年戊午。

予十三岁。初，太师祖择诸孙有学行者俊公为予师，先授《法华经》，四月成诵。

三十八年己未。

予年十四，流通诸经皆能诵。太师翁曰："此儿可教，不可误之也。"遂延师能文者教之。

三十九年庚申。

予年十五。太师翁乃请先生教习举子业。初即试其可教，乃令《四书》一齐读。是年多病。

四十年辛酉。

予年十六。是岁《四书》完，背之，首尾不遗一字。

四十一年壬戌。

予年十七。是岁讲《四书》，读《易》，并时艺及古文辞诗赋，即能诗述文，一时童子推无过者。

四十二年癸亥。

予年十八。时督学使者专讲道学，以童生为歌童，动随数十，逐队而歌，亦有因之而幸进者。予大耻之，遂欲弃所业，是岁以病辞不入馆。

四十三年甲子。

予年十九。同会诸友皆取捷，有劝予往试者。时云谷大师，正法眼也，住栖霞山中。太师翁久供养，往来必款留旬月，予执侍甚勤。适云大师出山，闻有劝予之言，恐有去意，大师力开示出世参禅悟明心地之妙，历数传灯诸祖及《高僧传》，命予取看。予检书笥，得《中峰广录》，读之未终轴，乃大快，叹曰："此予心之所悦也。"遂决志做出世事，即请祖翁披剃，尽焚弃所习，专意参究一事。未得其要，乃专心念佛，日夜不断。未几，一夕梦中见阿弥陀佛现身立于空中，当日落处，睹其面目光相了了分明。予接足礼，哀恋无已。复愿见观音、势至二菩萨，即现半身。自此时时三圣炳然在目，自信修行可办也。是年冬，本寺禅堂建道场，请无极大师讲《华严玄谈》，予即从受具戒，随听讲。至十玄门海印森罗常住处，恍然了悟法界圆融无尽之旨。切慕清凉之为人，因自命其字曰"澄印"。请正，大师曰："汝志入此法门耶？"因见清凉山有"冬积坚冰，夏仍飞雪，曾无炎暑，故号清凉”之语，自此行住冰雪之境居然在目，矢志愿住其中。凡事无一可心者，离世之念，无刻忘之矣！

四十四年乙丑。

予年二十。是岁正月十六日，太师翁入寂。师翁于前年除日，毕集诸眷属曰：“吾年八十有三，旦暮行矣！我度弟子八十余人，无一持我业者。”乃抚予背曰：“此子我望其成人，今不能矣！是虽年幼，有老成之见。我死后，房门大小事，皆取决之，勿以小而易之也。”众唏嘘受命。新岁七日，师翁具衣遍巡寮，各辞别，众咸讶之。又三日，即属后事，示微疾，举药不肯进，乃曰：“吾行矣！药奚为？”乃集众念佛五昼夜，手提念珠，予拥于怀，端然而逝。以师翁生平持《金刚经》，临终亦不辍也。太师翁为报恩官住，三十年居方丈，及入灭，至三月十八日而方丈火，众皆叹异。是年冬十月，云谷大师建禅期于天界，集海内名德五十三人，开坐禅法门。大师极力扳予往从，少师翁听之，乃得预会。初不知用心之诀，甚苦之，乃拈香请益，大师开示审实念佛公案。从此参究，一念不移，三月之内，如在梦中，了不见有大众，亦不知有日用事，一众皆以予为有志。初不数日，以用心太急，忽发背疽，红肿甚巨，大师甚难之。予搭袈裟，哀切恳祷于韦陀前曰：“此必冤业索命债耳。愿诵《华严经》十部，告假三月，以完禅期，后当偿之。”至后夜，倦极，上禅床，则熟睡，开静亦不知，及起，则忘之矣！天明，大师问恙何如，予曰：“无恙也。”及视之，已平复矣！一众惊叹。是故得完一期。及出，亦如未离禅座时，即行市中，如不见一人，时皆以为异。江南从来不知禅，而开创禅道，自云谷大师始。少年僧之习禅者，独予一人。时寺僧服饰皆从俗，多艳色。予尽弃所习衣服，独觅一衲被之，见者以为怪。

四十五年丙寅。

予年二十一，自禅期出。是年二月十八日午时，大雨如倾盆，忽大雷自塔而下，火发于塔殿，不移时大殿焚。至申酉时，则各殿、画廊一百四十余间，悉为煨烬。时予少祖为住持，及奏闻，旨下法司，连逮同事者十八人。合寺僧恐株连，各各逃避，而寺执事僧无可与计事者。予挺身力救，躬负盐菜，送狱中以供之。寺至刑部相去二十里，往来不倦者三月。且多方调护，诸在事者竟免死。时与雪浪恩公，俱决兴复之志，且曰："此大事因缘，非具大福德智慧者未易也。你我当拌命修行，以待时可也。"是时即发远游志。顷之少祖寻入灭，太祖之房门无支持者。先是太师翁入灭，无储畜，丧事皆取贷不资，故多欠负。即析居，知必不能保。予思太师翁遗命，乃设法尽偿其负贷，余者分诸弟子各执业，房门竟以存。

是年冬，从无极大师听《法华经》于天界寺。因志远游，每察方僧，求可以为侣者。久之，竟未得。一日，见后架精洁，思净头必非常人，乃访之。及见，特一黄肿病僧，每早起，事已悉办，不知何时洒埽也。予故不寐，窃经行廊下侦之，当众方放参时，即已收拾毕矣！又数日，见不洁，乃不见其人。问之，执事曰："净头病于客房也。"予往视，其状不堪，问曰："师安否？"曰："业障身病已难支，馋病更难当。"予问何故。曰："每见行斋食，恨不俱放下。"予笑曰："此久病思食耳。"是知其人真，因料理果饼，袖往视之。问其号曰妙峰，为蒲州人。予即相期结伴同游。后数日，再视之，则不见。予心知其人恐以予累，故潜行耳。

隆庆改元丁卯。

予年二十二，特举虚谷忠公为寺住持，以救倾颓。比为回禄事，常住负贷将千金，皆经予手。众计无所处，予设法，定限三年，尽偿之。是年奉部檄，本寺设义学，教僧徒，请予为教师，授业行童一百五十余人。予因是复视《左》《史》、诸子、古文辞。

二年戊辰。

予年二十三。是年谢馆事。复馆于高座，以房门之累然也。

三年己巳。

予年二十四。是年金山聘馆，居一年。

四年庚午。

予年二十五。是年仍应金山聘。

五年辛未。

予年二十六。予以本寺回禄，决兴复之志，将修行以养道待时，是年遂欲远游。始同雪浪恩兄游庐山，至南康，闻山多虎乱，不敢登。遂乘风至吉安，游青原，见寺废，僧皆蓄发，慨然有兴复之志，乃言于当道，选年四十以下者尽剃之，得四十余人。夏自青原归，料理本师业，安顿得宜。冬十一月，即一钵远游。将北行，时雪浪止予，恐不能禁苦寒，姑从吴越，多佳山水，可游目耳。予曰："吾人习气恋恋软暖，必至不可施之地，乃易制也。若吴越，枕席间耳。"遂一钵长往。

六年壬申。

予年二十七。初至扬州，大雪阻之，且病作，久之，乞食于市，不能入门。自忖何故？急自省曰：以腰缠少有银二钱可恃耳。乃见雪中僧道行乞不得者，即尽邀于饮店，以银投之，一餐而毕。明日上街，入一二门，乃能呼，遂得食。因自喜曰：吾力足轻万钟矣！铭其钵曰"轻万钟之具"，铭其衲曰"轻天下之具"，乃为之铭曰："尔委我以形，我托尔以心。然一身固因之而足，万物实以之而轻。方将曳长风之袖，披白云之襟，其举也若鸿鹄之翼，其逸也若潜龙之鳞。逍遥宇宙，去住山林，又奚炫夫朱紫之丽，唯取尚乎霜雪之所不能侵。"

是年秋七月，至京师，无投足之地，行乞竟日，不能得。日暮，至西太平仓茶棚，仅一餐，投宿河漕遗教寺。明日，左司马汪公伯玉知予至，乃邀之，以与次公仲淹为社友故耳，因得寓所。旬日，即谒摩诃忠法师，随往西山，听《妙宗钞》，有《西山怀恩兄诗》。期罢，摩诃留过冬，听《法华》《唯识》，请安法师为说因明三支比量。十一月，妙峰师访予至。师长须发，衣褐衣，先报云：有盐客相访。及入门，师即问："还认得么？"予熟视之，见师两目，忽记为昔天界病净头也，乃曰："认得。"师曰："改头换面了也。"予曰："本来面目自在。"相与一笑，不暇言其他，第问所寓，曰龙华。明日过讯，夜坐，乃问其状，何以如此。师曰："以久住山，故发长未翦。适以檀越山阴殿下修一梵宇，命请内藏，故来耳。"问予状。乃曰："特来寻师，且以观光辇毂，一参知识，以绝他日妄想耳。"师曰："别来无时不思念，将谓无缘。今幸来，某愿伴行乞，为前驱打狗耳。"竟夕之谈，迟明一笑而别。即往参遍融大师，礼拜，乞和尚指示。师无语，唯直视之而已。参笑岩师，师问："何处来？"予曰："南方来。"师曰："记得来时路否？"曰："一过便休。"师曰："子却来处分明。"予作礼，侍立请益，师开示向上数语而别。

万历元年癸酉。

予年二十八。春正月，往游五台，先求《清凉传》，按迹游之。至北台，见有憨山，因问其山何在？僧指之，果奇秀，默取为号，诗以志之，有"遮莫从人去，聊将此息机"之句。以不禁冰雪苦寒，遂不能留。复入京东游，行乞至盘山，于千象峪石室见一僧，不语，予亦不问，即相与拾薪汲水行乞。汪司马以书访之，曰："恐公作东郊饿夫也。"及秋，复入京，以岭南欧桢伯先数年未面寄书，今为国博，急欲见予，故归耳。

二年甲戌。

予年二十九。春，游京西山。当代名士若二王、二汪，及南海欧桢伯，一时俱集都下。一日访王长公凤洲，相见，以予少年易之。予傲然宾主，公即谆谆教以作诗法。予瞠目视之，竟无一言而别。公不怿，乃对次公麟洲言之。明日次公来访，一见即曰："夜来家兄失却一只眼。"予曰："公具只眼否？"公拱曰："小子相见了也。"相与大笑归，谓其兄曰："阿哥输却维摩了也。”因以诗赠予，有“可知王逸少，名理让支公”之句。一日，汪次公与予同居，看《左传》，因谓予曰：“公天资特异，大有文章气概。家伯子当代文宗也，何不执业，以成一家之名乎？”予笑而唾曰：“留取老兄膝头，他日拜老僧，受西来意也。”次公大不悦，归告司马公。公曰：“信哉！予观印公道骨，他日当入大慧、中峰之室，是肯以区区文字为哉！第恐浮游为误耳。”见予与次公扇头诗，有“身世蜩双翼，乾坤马一毛”之句，乃示次公曰：“此岂文字僧耶？”他日特设斋请予，与妙师同坐。公谓予曰：“禅门寥落，大可忧，小子切念之。观公器度，将来成就不小，何以浪游为？”予曰：“贫道特为大事因缘，参访知识。今第游目当代人物，以了他日妄想耳，非浪游也。且将行矣！”公曰：“信然。予观方今无可为公之师者。若无妙峰，则无友矣！”予曰：“昔已物色于众中，曾结同参之盟，故北来相寻，不意偶遇于此。”公曰：“异哉！二公若果行，小子愿津之。”时妙师取《藏经》回，司马公因送勘合二道，又为文以送予。一日，公速予至，问曰：“妙峰行矣！公何不见别？”予曰：“姑徐行。”公曰：“予知公不欲随人脚跟转耳。殊大不然。古人不羞小节，而耻功名不显于天下。但愿公他日做出法门一段光明事业，又何以区区较去就哉！”予感而拜谢，遂决行，即往视妙师，已载乘矣！见予至，问曰：“师行乎？”曰：“行矣！”即登车，未别一人而去。

秋八月，渡孟津，见武王观兵处，有诗吊之曰“片石荒碑倚岸头，当年曾此会诸侯。王纲直使同天地，应共黄河不断流”。过夷齐扣马地，吊曰“弃国遗荣意已深，空余古庙柏森森。首阳山色清如许，犹是当年扣马心”。遂入少林谒初祖。时大千润宗师初入院，予访之，未遇。出山，观洛阳古城焚经台、白马寺，即追妙师。九月，至河东。会山阴至，遂留结冬。时太守陈公，延妙师及予，意甚勤，为刻《肇论中吴集解》。予校阅，向于《不迁论》旋岚偃岳之旨不明，窃怀疑久矣！今及之，犹罔然。至“梵志自幼出家，白首而归，邻人见之曰昔人犹在耶？志曰吾似昔人，非昔人也”，恍然了悟曰：“信乎诸法本无去来也。”即下禅床礼佛，则无起动相。揭廉立阶前，忽风吹庭树，飞叶满空，则了无动相。曰："此旋岚偃岳而长静也。"至后出遗，则了无流相。曰："此江河竞注而不流也。"于是去来生死之疑，从此冰释。乃有偈曰："死生昼夜，水流花谢。今日乃知，鼻孔向下。"明日，妙师相见，喜曰："师何所得耶？"予曰："夜来见河边两个铁牛相斗入水去也，至今绝消息。"师笑曰："且喜有住山本钱矣！"

未几，山阴请牛山法光禅师至。予久慕之，相见，喜得坐参也。与语机相契，请益，开示以离心意识参，出凡圣路学，深得其旨。每见师谈论出声，如天鼓音，是时予知悟明心地者，出词吐气果别也，深服膺其人。一日袋中搜得予诗，读之，叹曰："此等佳句，何自而得耶？"复笑曰："佳则佳矣！那一窍欠通在。"予曰："和尚那一窍通否？"师曰："三十年拿龙捉虎，今日草中走出兔子来，下一跳。"予曰："和尚不是拿龙捉虎手。"师拈拄杖才要打，予即把住，以手捋其须曰："说是兔子，恰是虾蟆。"师一笑休去。师一日曰："公不必他往，愿同老伏牛，是所望也。"予曰："观师佛法机辩，不减大慧。见居常似有风颠态，吟哦手口无停时，谓何？"师曰："此我禅病也。初发悟时，偈语如流，日夜不绝，自是不能止，遂成病耳。"予曰："此病初发时，何以治之？"师曰："此病一发，若自看不破，须得大手眼人痛打一顿，令其熟睡，觉时，则自然消灭矣！我初恨其无毒手耳。"岁暮，师知予新正即往五台，乃以诗送之，有"云中狮子骑来看，洞里潜龙放去休"之句，问曰："公知否？"予曰："不知。"师曰："要公不可捉死蛇耳。"予颔之。向来禅道久无师匠，及见光师，始知有宗门作略。山阴国主问予二亲在，乃赠二百金为终养资。予谢曰："贫道初行脚，自救不了，又安敢累二亲乎？"因让致光师。

三年乙亥。

予年三十。正月，自河东同妙师上五台。过平阳，师之故乡也。师以少贫，值岁饥，父母死，葬无殓具，至是山阴与一二当道助之，予为卜高敞地为合葬，作《墓志》。师俗姓续，居平阳东郭，盖春秋续鞠居之后也。太守胡公号顺庵，东莱人，闻予至，寓城外，欲一见不可得。及予行，公送邮符。予曰：“道人行脚有草履耳，焉用此？”公益重。及予行，公后追之，至灵石，乃见，同至会城，留语数日，差役送至台山。于二月望日，寓塔院寺。大方主人为卜居北台之龙门，最幽峻处也，以三月三日，于雪堆中拨出老屋数椽以居之。时见万山冰雪，俨然夙慕之境，身心洒然，如入极乐国。未几，妙峰往游夜台。予独住此，单提一念，人来不语，目之而已，久之，视人如杌，直至一字不识之地。初以大风时作，万窍怒号，冰消涧水，冲激奔腾如雷，静中闻有声，如千军万马出兵之状，甚以为喧扰。因问妙师，师曰：“境自心生，非从外来。闻古人云，三十年闻水声，不转意根，当证观音圆通。”溪上有独木桥，予日日坐立其上。初则水声宛然，久之动念即闻，不动即不闻。一日坐桥上，忽然忘身，则音声寂然，自此众响皆寂，不复为扰矣！予日食麦麸和野菜，以合米为饮汤送之。初人送米三斗，半载尚有余。一日粥罢经行，忽立定，不见身心，唯一大光明藏，圆满湛寂，如大圆镜，山河大地影现其中。及觉则朗然，自觅身心了不可得，即说偈曰：“瞥然一念狂心歇，内外根尘俱洞彻。翻身触破太虚空，万象森罗从起灭。”自此内外湛然，无复音声色相为障碍，从前疑会，当下顿消，及视釜已生尘矣！以独一无侣，故不知久近耳。是年夏，雪浪兄北来看予，至台山，不禁其凄楚，信宿而别。冬，结一板屋以居。

四年丙子。

予年三十一。春三月，莲池大师游五台，过访，留数日，夜对谈心甚契。是年予发悟后，无人请益，乃展《楞伽》印证。初未闻讲此经，全不解义，故今但以现量照之，少起心识，即不容思量，如是者八阅月，则全经旨趣了然无疑。秋七月，平阳太守胡公转雁平兵备，入山相访，静室中，唯餐燕麦馄馉野菜齑耳。时下方正酷热，驂从到涧中敲冰嚼之，公见曰：“别是一世界也。吾到此，世念如此冰耳。”是年冬十月，塔院主人大方被诬讼，本道拟配递还俗，丛林几废。庐山彻空禅师来，与予同居，适见其事，大苦之。予曰："无伤也。"遂躬谒胡公，冒大雪往。及见，胡公欣然曰："正思山中大雪难禁，已作书遣迎。师适来，诚所感也。"然竟解释主人，道场以全，固留过冬，朝夕问道，为说《绪言》。开府高公移镇代郡，闻予在署中，乃谓胡公云："家有园亭，多题咏，欲求高人一诗。"胡公诺之，对予言。予曰："我胸中无一字，焉能为诗乎？"力拒之。胡公乃取古今诗集，置几上，发予诗思。予偶揭之，方构思，忽机一动，则诗句迅速不可遏捺。胡公出堂回，则已落笔二三十首矣！予忽觉之曰：此文字习气魔也。即止之，取一首以塞白。然机不可止，不觉从前所习诗书辞赋，凡曾入目者，一时现前，逼塞虚空，即通身是口，亦不能尽吐，更不知何为我之身心也。默之自视，将欲飞举之状，无奈之何。明日胡公送高公去，予独坐思之曰：此正法光禅师所谓禅病也。今在此中谁能为我治之者？无已，独有熟睡可消。遂闭门强卧。初甚不能，久之坐忘如睡。童子敲门不开，椎之不应。胡公归，亟问之，乃令破窗入。见予拥衲端坐，呼之不应，撼之不动。先是书室中设佛供案，有击子，胡公拈之问曰："此物何用？"予曰："西域僧入定，不能觉，以此鸣之，即觉矣！"公忽忆之，曰："师入定耶？"疾取击子，耳边鸣数十声，予始微微醒觉，开眼视之，则不知身在何处也。公曰："我行，师即闭门坐，今五日矣！"予曰："不知也，第一息耳。"言毕，默坐谛观，竟不知此是何所，亦不知从何入来。及回观山中，及一往行脚，一一皆梦中事耳，求之而不得，则向之遍空扰扰者，如雨散云收，长空若洗，皆寂然了无影像矣！心空境寂，其乐无喻，乃曰："静极光通达，寂照含虚空。却来观世间，犹如梦中事"，佛语真不吾欺也。岁暮，拟新正还山，乃为胡公言台山林木苦被奸商砍伐，菩萨道场将童童不毛矣！公为具疏，题请大禁之。自后国家修建诸刹，皆仗所禁之林木，否则无所取材矣！

五年丁丑。

予三十二岁。春，自雁门归。因思父母罔极之恩，且念于法多障，因见南岳思大师《发愿文》，遂发心刺血泥金，写《大方广佛华严经》一部，上结般若胜缘，下酬罔极之恩。以是年春创意。先是　慈圣圣母以保国选僧诵经，予僭列名。至是上闻书经，即赐金纸以助。明年四月，书经起。彻空师游匡山，有诗十首送之。

六年戊寅。

予年三十三，刻意书经，无论点画大小，每落一笔，念佛一声。游山僧俗至者，必令行者通说，予虽手不辍书，然不失应对，凡问讯者，必与谈数语。其高人故旧，必延坐禅床，对谈不失，亦不妨书，对本临之，亦不错落。每日如常，略无一毫动静之相。邻近诸老宿窃以为异，率数众来验，故意搅扰，及书罢，读之良信，因问妙师曰："印师何能如此耶？"妙师曰："吾友入此三昧纯熟耳。"

予自住山至书经，屡有嘉梦。初一夕，宿入金刚窟，石门榜大般若寺。及入，则见广大如空，殿宇楼阁庄严无比，正殿中唯大床座，见清凉大师倚卧床上，妙师侍立于左。予急趋入，礼拜立右。闻大师开示初入法界圆融观境，谓佛刹互入，主伴交参，往来不动之相。随说其境，即现睹于目前，自知身心交参涉入。示毕，妙师问曰："此何境界？"大师笑曰："无境界境界。"及觉后，自见心境融彻，无复疑碍。又一夕，梦自身履空上升，高高无极，落下则见十方迥无所有，唯地平如镜，琉璃莹彻。远望唯一广大楼阁，阁量如空，阁中尽世间所有人物事业，乃至最小市井鄙事，皆包其中，往来无外。阁中设一高座，紫赤焰色，予心谓金刚宝座。其阁庄严，妙严不可思议。予欢喜欲近，心中思惟：如何清净界中，有此杂秽耶？才作此念，其阁即远。寻复自思曰：净秽自我心生耳。其阁即近。顷之，见座前侍列众僧，身量高大，端严无比。忽有一少年比丘从座后出，捧经一卷而下，授予曰："和尚即说此经，特命授汝。"予接之，展视，乃金书梵字，不识也，遂怀之，因问："和尚为谁？"曰："弥勒。"予喜，随比丘而上，至阁陛，瞑目敛念而立。忽闻磬声，开目视之，则见弥勒已登座矣！予即瞻礼，仰视其面，晃耀紫金色，世无可比者。礼毕，自念今者特为我说，则我为当机，遂长跪取卷展之。闻其说曰："分别是识，无分别是智。依识染，依智净。染有生死，净无诸佛。"至此则身心忽然如梦，但闻空中音声历历，开明心地，不存一字。及觉，恍然言犹在耳也。自此识智之分，了然心目矣！且知所至乃兜率天弥勒楼阁耳。又一夕，梦僧来报云，北台顶文殊菩萨设浴请赴。随至，则入一广大殿堂，香气充满。侍者皆梵僧，即引至浴室，解衣入浴。见有一人，先在池中，视之为女子也。予心恶，不欲入。其池中人故泛其形，则知为男也，乃入共浴。其人以手戽水浇予，从头而下，灌入五内，如洗肉桶，五脏一一荡涤无遗，止存一皮，如琉璃笼，洞然透彻。时则池中人呼茶，见一梵僧擎髑髅半边如剖瓜状，视之脑髓淋漓，心甚厌之。其僧乃以手指剜取示予曰："此不净耶？"即入口啖之。如是随取随啖，其甘如饴。脑已食尽，唯存血水。其池中人曰："可与之。"僧乃授予。予接而饮之，其味如甘露也。饮而下，透身毛孔一一横流。饮毕，梵僧搓背，大拍一掌，予即觉，时则通身汗流如水，五内洞然，自此身心如洗，轻快无喻矣！如是者吉兆居多，总之皆与诸圣酬酢，常闻佛言，常有是好梦。

七年己卯。

予年三十四。是年秋，京都建大慈寿寺完。初，圣母为荐先帝、保圣躬，欲于五台修塔院寺舍利宝塔，谕执政，以为台山去京穹远，遂卜附京吉地，建大慈寿寺，是年工完，覆奏。圣母以为未满台山之愿，谕皇上，仍遣内官带夫匠三千人来山修造。是时朝廷初作佛事，内官初遣于外，恐不能卒业，有伤法门，予力调护，始终无恙。

八年庚辰。

予年三十五。是年特旨，天下清丈田粮，寸土不遗。台山从来未入版额，该县奸人蒙蔽，欲飞额粮五百石于台山，屡行文查报地土，合山丛林静室无一人可安者，自此台山为狐窟矣！诸山耆旧集白予，予安之曰："诸师第无忧，缓图之。"予于是宛转设法，具白当道，竟免清丈，未加升合，台山道场遂以全。

九年辛巳。

予年三十六。是年建无遮会。初，妙师亦刺血书《华严经》，与予同愿，欲建一圆满道场，名无遮会。妙师募化，钱粮毕集，京中请大德僧五百众，其道场事宜俱备。适皇上有旨祈皇嗣，遣官于武当，圣母遣官于五台，即于本寺。予以为沙门所作一切佛事，无非为国祝厘，阴翊皇度，今祈皇储，乃为国之本也，莫大于此者，愿将所营道场事宜一切，尽归并于求储一事，不可为区区一己之名也。妙师意不解，上遣内使亦不解事，但以阿附为心。予大不然，乃力争忤之，竟从予议。顷之，江南妖人作难，忌者即欲借此中伤，以破道场，然以为国求储之题目，竟保全，始终无虞。是年修塔成，予即以金书《华严经》安置塔藏，有《愿文》一卷。予自募造华藏世界转轮藏成。为建道场，于内应用供具器物、斋粮果品，一切所需，妙师在京若罔知，皆予一力经营，九十昼夜目不交睫。及十月临期，妙师率所请五百余僧一日毕集，内外千人，其安居供具、茶饭斋食，条然不失不乱，亦不知所从出，观者莫不骇然。初开启水陆佛事七昼夜，予七日之内粒米不糁，但饮水而已，然应事不缺，供诸佛菩萨，每日换供五百桌，次第不失，不知所从来。观者以为神运，予亦自知佛力加被也。

十年壬午。

予三十七岁。是春三月，讲《华严玄谈》，百日之内，常住上牌一千众，十方云集僧俗每日不下万众，一食如坐一堂，不杂不乱，不闻传呼剥啄之声，皆予一人指挥，余无措目者，智者不知所以然也。生平精力，盖竭于此。三月会罢，尽库内所余一应钱粮，约可万计，尽行封付本寺主者，以为常住。予与妙师，一钵飘然长往矣！妙师往芦芽。予以疾往真定障石岩调养，作诗一首，有“削壁插天应隘日，断崖无路只飞梯”之句。是年八月，皇子生。予复之京西中峰寺，作《重刻中峰广录序》，结冬水斋于石室。

十一年癸未。

予年三十八。春正月，水斋毕。然以台山虚声，谓大名之下，难以久居，遂蹈东海之上，始易号憨山，时则不复知有澄印矣！始予为本寺回禄，志在兴复，故修行以约缘。然居台山八年，颇有机会，恐远失时，故隐居东海，此本心也。夏四月八日，至牢山。初妙师别时，以予不能独行，乃命法属德宗为侍者。予初因阅《华严经·菩萨住处品》云：“东海有处名那罗延窟，从昔以来诸菩萨众于中止住。”《清凉疏》云：“梵语那罗延，此云坚牢，即东海之牢山也，《禹贡》青州登莱之境，今有窟存焉。”予因慕之，遂特访至牢山，果得其处，盖不可居。乃探山南之最深处，背负众山，面吞大海，极为奇绝，信非人间世也。地名观音庵，盖古刹也，唯废基存焉。考之，乃元初七真，出于东方，假世祖威福，多占佛寺，改为道院。及世祖西征回，僧奏闻，多命恢复，唯牢山僻居海上，故未及之耳。予喜其地幽僻，真逃人绝世之所，志愿居之。初掩片席于树下，七阅月，后得土人张大心居士，为诛茅结庐以居。入山期年，人无往来，心甚乐也。时即墨灵山寺有桂峰法师，一方眼目也，喜得相与。

十二年甲申。

予年三十九。秋七月，圣母以五台祈嗣之劳，访求主事三人，乃大方、妙峰与予也。二师已至受赐，独访予不得，因力求之，乃命旧主人龙华寺住持瑞庵亲访之。公知予在海上，乃杖策而至，具宣慈旨。某恳谢曰：“倘蒙圣恩容老山海，受赐多矣！又何求其他。”公覆报，圣意不已，寻卜地建寺于西山，随遣内使至，期以必往。予竟谢不就。中使回报以居山坚卧之志，圣意怜之，问无房舍，即发三千金，仍遣前使送至，以修庵居。及至，予力止之曰：“我茅屋数椽，有余乐矣！何用多为？”使者强之，不敢覆命。予曰："古人有矫诏济饥之事。今山东岁凶，何不广圣慈于饥民乎？"乃令僧领来使，遍散各府之僧道孤老狱囚，各取所司印册缴报。圣情大悦，感叹不已。及后予罹难下镇抚，鞫予数用内帑金，予对以请查内库支籍。上查止此济饥一事，余无一毫，上意竟解。

十三年乙酉。

予年四十。东人从来不知僧。予居山中，则黄氏族最大，诸子渐渐亲近。方今所云外道罗清者，乃山下之城阳人，外道生长地，故其教遍行东方，绝不知有三宝。予居此，渐渐摄化，久之，凡为彼师长者，率众来归。自此始知有佛法，乃予开创之始也。

十四年丙戌。

予年四十一。是年颁《藏经》。先国初刻藏，有此方撰述诸经未入藏者，今上圣母命补入之。刻完，皇上敕颁十五藏，散施天下名山。首以四部施四边境——东海牢山，南海普陀，西蜀峨嵋，北边芦芽。时圣母以台山因缘，且数召予不至，赐亦不受，乃以《藏经》一部，首送东海。初未知也，及至，空山无可安顿，抚按行所在有司供奉。予见有敕命，乃诣京谢恩。比蒙圣慈，命合眷各出布施，修寺安供，请命名曰海印寺。予在京闻达观禅师访予于海上，即趋归，兼程追之，值师出山，寻即同回，盘桓两旬。赠予诗，有"闲来居海上，名误落山东"之句。是年冬十一月，予自辛巳以来，率多劳动，未得宁止，故多疲倦。至今禅室初就，始得安居，身心放下，其乐无喻。一夕静坐夜起，见海湛空澄，雪月交光，忽然身心世界当下平沉，如空花影落，洞然一大光明藏，了无一物。即说偈曰："海湛空澄雪月光，此中凡圣绝行藏。金刚眼突空花落，大地都归寂灭场。"即归室中，取《楞严》印正，开卷即见"汝身汝心，外及山河虚空大地，咸是妙明真心中物"，则全经观境，了然心目。随命笔述《楞严悬镜》一卷，烛才半枝，已就。时禅堂方开静，即唤维那入室，为予读之，自亦如闻梦语也。

十五年丁亥。

予年四十二。是年修造殿宇，始开堂为众说戒，自是四方衲子日益至。为居士作《心经直说》。是年秋，胡中丞公请告归田，携其亲之子，送出家为侍者，命名福善。

十六年戊子。

予年四十三。时学人读予《楞严悬镜》，请曰："此经心观具明，第未全消文字，恐后学不易入。愿字字消归观心，则莫大之法施也。"予始创意述《通议》，已立大旨，然犹未属稿。

十七年己丑。

予年四十四。是年阅藏，为众讲《法华经》《起信论》。予自别五台，时有省亲之心，且恐落世谛也，姑自验之。一夕静坐，忽开眼有偈曰："烟波日日浸寒空，鱼鸟同游一镜中。昨夜忽沉天外月，孤明应自混骊龙。"乃急呼侍者曰："吾今可归故乡见二老矣！"先是为报恩寺乞请《大藏经》一部，冬十月至京请藏，上即命送赍行。十一月至龙江本寺，宝塔放光连日。及迎经之日，塔光如桥，向北迎经，僧自光中行。及安经建道场，光相日日不绝，瞻礼者日万余人，以为希有之瑞。老母闻予至，先遣人候问何日到家。予曰："我为朝廷事，非为家也。若老母能相见，欢喜如未别时，止可信宿，否则我不归矣！"老母闻之曰："再生相见，欢喜不了，那更有悲？一面即可，况两宿耶？"及予归，老母相见，欣然绝倒，予大以为异。及夜坐，族中长者问："从船来、陆来？"老母应声曰："何问从船来陆来！"问者曰："从何处来？"老母曰："从空中来。"予惊曰："怪得当时老婆子能舍我也。"因问老母曰："别后想我否？"母曰："安得不想。"予曰："母何以自遣？"母曰："始而不知，既知尔在五台，因问师家，五台在何处？曰在北斗之下，即令郎住处也。我自此夜礼北斗，称菩萨名，则不复想矣！今谓你死，则不拜亦绝想矣！今见尔，乃化身来也。"

予明日祭祖茔，为二亲卜得葬穴。时老父已八十，予戏曰："今日活埋老子，省他日又来也。"予把镢斫地，老母夺之曰："老婆婆自埋，又何烦人。"连斫数十下。三日告别，老母欢然如故，未尝蹙眉，予始知老母非寻常也。

即墨有黄生纳善字子光者，乃今大司公之弟也。初予至海上时，年十九岁，即归依请益。授以《楞严》，二月成诵，从此斋素，虽父母责之，不异其心，切志参究，胁不至席。时予南归，光私念曰：吾生边地，长劫不闻三宝名。今幸遇大善知识，为不请友，倘不回，吾辈失依怙矣！乃对观音大士，破臂燃灯供养，求大士保予早归。自后火疮发痛，日夜危坐，持观音大士名号，三月乃愈。愈时见疮痕结一大士像，眉目身衣宛然如画，即其母妻亦未知也。恒求出家，予绝不听，乃曰："弟子打个筋斗来，师又何能止我乎？"是知篾戾车地，未尝断佛种也。初予以重修本寺，志居台山，事已有机，但以动至数十万计，未易言，故待时于海上。至是机将熟，乃借送《大藏》因缘回南都，具得本寺始末，回覆命具奏圣母，且云工大费钜，难轻举，愿乞圣母日减膳羞百两，积之三年事可举，十年工可成。圣情大悦，即命于是年十二月储积始。

十八年庚寅。

予年四十五。是年殿宇成。春，为圣母代书《法华经》。时有乡宦欲谋道场者，乃构方外黄冠，假称占彼道院，聚集多人，讼于抚院。开府李公先具悉其事，痛恨之，下送莱州府，穷治其状。予亲听理，力救之。无赖数百众作哄于府城，有匡人之围。时有随侍二人，予斥之他往，乃独徐行其中。为首一人持铜牌，有利刃出其鞘，鼓舞予前，欲杀予。予笑视之曰："尔杀人何以自处？"其人气索，即收牌刀，围行城外二里许。将分路，狂众疑彼为首者有利于予，即欲殴之。予默计彼众一鼓，则其人危矣！奈何？乃踌躇将别，即拉住首者，同至寓处，闭门解衣磅礴，谈笑自若，取瓜果共啖之。时满市喧云："方士杀僧矣！"太守闻之，即遣多役并捕之。彼众惶惧，皆叩首求解免。予曰："勿惧亦勿辩，第听予言何如耳。"及至，太守问曰："狂徒杀僧耶？"予曰："未也。来捕时，僧方与彼为首者同食瓜果耳。"守曰："何以作哄？"予曰："市喧耳。"太守欲枷彼，予曰："将欲散之，枷则固拘之也。"太守悟，乃令地方尽驱之。狂众不三日尽行解散，由是此事遂宁。是岁作《观老庄影响论》。

十九年辛卯。

予年四十六岁。是年圣母造檀香毗卢佛像，建大殿。是年秋，门人黄子光坐脱。

二十年壬辰。

予年四十七。是年秋七月，予至京访达观禅师于上方。晋时有琬公，虑三灾坏劫无佛法，乃刻石经藏石室。其塔院为僧所卖，师赎之，欲得予作记。予适至，师大喜，及见，即同过石经山，乃为作《琬公塔院记》，及《重藏舍利记》，并前所作有海印稿，时与达师相对盘桓四十昼夜，为生平之奇。

二十一年癸巳。

予年四十八。是年山东大饥，死者载道。山中所储斋粮尽分赈近山之民，不足，又乘便舟至辽东籴豆数百石以济之，由是边山四社之民无一饥死者。

二十二年甲午。

予年四十九。是年春三月，山东开府郑昆崖公入山见访问法，为说方便语。冬十月，入贺圣节，至京，留过岁，请说戒于慈寿寺。时予以修本寺因缘，知圣母储已厚，乃请举事。时上以倭犯朝鲜，方议往讨，姑徐徐，乃寝。

憨山老人自序年谱实录下

二十三年乙未。

予年五十。春正月，予从京师回海上，即罹难。初为钦颁《藏经》，遣内使四送之，其人先至东海。先是上惜财，素恶内使以佛事请用太烦，时内庭偶以他故触圣怒，将及圣母，左右大臣危之。适内权贵有忌送经使者，欲死之，因乘之以发难，遂假前方士流言，令东厂番役扮道士，击登闻鼓以进。上览之大怒，下逮，以有送经因缘，故并及之。予闻报，乃谓众曰："佛为一众生，不舍三途。今东海蕞戾车地，素不闻三宝名，今予教化十二年，三岁赤子皆知念佛。至若舍邪归正者，比乡比户也。予愿足矣！死复何憾。第以重修本寺志未酬，可痛心耳。"乃离即墨。城中士民老小倾城而出，涕泣追送，足见人心之感化也。及至京，奉旨下镇抚司打问。执事者先受风旨，欲尽招追向圣母所出诸名山施资，不下数十万计，苦刑拷讯。予曰："某愧为僧，无以报国恩，今安惜一死，以伤皇上之大孝乎？即曲意妄招网利，奉上意以损纲常，殊非臣子所以爱君之心也。其如青史何？"以死力抵之，止招前众布施七百余金。上查内支簿，及前山东代赈之册籍，上意遂解，由是母子如初。及拟上，蒙圣恩矜察，坐以私创寺院，遣戍雷州。予以是年三月下狱，京城诸刹皆为诵经礼忏保护，衲子中有燃香炼臂、水斋持咒以加护之者。安肃郑大司马范溪公子在金吾，素未相识，特设燕，会在朝缙绅请救，以至涕泣诉其无妄，一时人心之为法如此。在狱八阅月，供馈者唯侍者福善一人。冬十月，发遣南行，朝士大夫多亵服策蹇相送以津济者。出都日，福善同衲子二三人随行。十一月至南京，江上别老母，作《母子铭》，携孤侄可久往。初与达观师于石经山，因思禅门寥落，谓曹溪禅源也，必源头壅阏，乃志同往以濬之。达师先往俟于匡山。予被难时，师正居天池，闻报大惊曰："憨公已矣！则曹溪之愿未了也。"师遂先至曹溪，回至聊城，闻予将出，遂回金陵以待。予至，则相别于江中旅泊庵中。师意欲力为白其枉，予曰："君父之命，臣子之事无异也。况定业乎？师幸勿言。"临歧把臂曰："在天池闻师难，即对佛许诵《法华经》百部，以保无虞。我之心，师之舌也。"予唯唯谢别，师为作《逐客说》。

二十四年丙申。

予年五十一。春正月，过文江，访邹南皋给谏。庐陵大行王性海礼予江上，请注《楞伽》。二月度庾岭。至岭头，观惠明夺袈裟处，诗吊之，有"翻思昔日宵行者，何似今朝度岭心"。因见道路崎岖，行人汗血，乃属一行者立舍茶庵于岭头，一道者劝修路，不数年为坦途。至韶阳，入山礼祖，饮曹溪水，偈曰："曹溪滴水自灵源，流入沧溟浪拍天。多少鱼龙从变化，源头一脉尚泠然。"见祖庭凋弊不堪言，遂凄然而去。抵五羊，囚服见大将军。将军为释缚，款斋食。寓海珠寺，大参周海门公率门生数十人过访。坐间，周公举通乎昼夜之道而知发问。众中有一称老道长者答云："人人知觉，日间应事时是如此知，夜间做梦时亦是此知，故曰通乎昼夜之道而知。"周公云："大众也都是这等说，我心中未必然。"乃问予曰："老禅师请见教。"予曰："此语出何典？"公曰："《易》之系辞。"公连念几句，予曰："此圣人指示人，要悟不属生死的一著。"周公击节曰："直是老禅师指示亲切。"众皆罔然，再问，周公曰："死生者，昼夜之道也。通昼夜，则不属昼夜耳。"一座叹服。先是诸护法者以书通制府大司马陈公，遣邮符津济。三月十日抵雷州，着伍，寓城西之古寺。夏四月一日，即开手注《楞伽》。时岁大饥，疫疠横发，经年不雨，死伤不可言。予如坐尸陀林中，以法力加持，晏然也。时旱，井水枯凋。唯善侍者相从，每夜半，候得水一罐，以充一日。饥夫视之，得一滴，如天甘露也。城之内外，积骸暴露。秋七月，予与孝廉柯时复劝众收拾，埋掩骴骼以万计。乃作济度道场，天即大雨，平地水三尺，自此厉气解。八月，镇府檄还五羊，寓演武场。时往来作从军诗二十首。初过电白之苦藤岭，盗之门户也，乃作铭，建舍茶庵。豫章丁大参右武以诬谪广海至，素相慕，遂莫逆。

二十五年丁酉。

予年五十二。春正月，时会城死伤多，骸骨暴露。予令人收拾，埋掩亦数千计，乃建普济道场七昼夜，丁右武身为之佐。先是粤人不知佛，自此翕然知归。夏四月，《楞伽笔记》成。因诸士子有归依者未入佛理，故著《中庸直指》以发之。初上下见予为罪僧，甚易之。军门陈大司马如冈，法极严，无敢私谒者，予未往见，即遣人侯之甚勤。是年九月，同右武往谒。及门投报，止之，是晚亲往拜予于舟，携茶盒坐谈，漏三下，人皆惊异，后对诸当道极称之曰："僧中麟凤也。"即三司，亦谕往拜之，自是人皆知僧为重矣！

二十六年戊戌。

予年五十三。春正月，侍御樊公友轩以建储议，谪戍雷州，初访予于五羊，时予较《楞伽》稿，公问予："雷阳风景何如？"予拈经卷示之曰："此雷阳风景也。"公叹异，即为疏募刻。海门周公任粤臬时，问道往来，因摄南韶，属修《曹溪志》。粤士子向不知佛，适周公阐阳明之学，乃集诸子问道于予。有龙生璋者，闻予议论，心异之，归谓其友王生安舜、冯生昌历曰："闻北来禅师说法甚奇。"二子俱来请益，予开示以向上事，谛信不疑，切志参究。二生素有德业，相率归依，日益众，自是始知有佛法僧矣！此后法化大开，三生之力也。每忆达师许经之愿，其夏始构禅堂于垒壁间，将拟大慧冠巾说法，乃集远来法侣，并法性寺菩提树下诸弟子通岸、超逸、通炯等数十人，诵《法华经》，为众讲之。至《现宝塔品》，恍悟佛意，要指娑婆人人目前即华藏也。然须三变者，特为劣根渐示一班耳。古人以后六品率为流通，亦未见佛意耳。遂著《法华击节》。右武性急烈，负慷慨，知敬僧而不知佛法，将归，予送之舟中，重下钳锤，公翻然大悟，乃字之曰"觉非居士"，示之以铭，又作《澄心铭》以警之。

二十七年己亥。

予年五十四。春刻《楞伽笔记》成，为众讲一过，乃印百余部，遍致海内法门知识并护法宰官，且令知予处患难中，未忘佛事耳。粤俗固好杀，遇中元，皆以杀生祭先。至时，市积牲如积薪，甚惨也。予因作盂兰盆会，讲《孝衡钞》，劝是日斋僧放生，用蔬祭，从者甚众。自后凡丧祭大事，父母寿日，或祈禳，皆拜忏放生斋素。未几，则放生会在在有之，为佛法转化之一机也。是年夏五月，制府大司马陈公移镇会城，初下车，未拜一乡宦，乃先遣候予。顷之，命取食器一百余件，俱最精者，门下皆不知何用。及设斋请予，特出新器，人人皆知其所重如此。未几，请告归。是年秋，榷使四出，地方自此日多事。惠州杨少宰复所公，往与予有法门深契，久以忧归，今秋乃访之。至之日，公已卒于茔所。诘朝将入山，公灵已至城矣！予即往视殓，为求棺椁。值潮阳道观察任公陪直指于惠阳，请游西湖，登东坡白鹤峰而归，归即欲掩关却埽矣！

二十八年庚子。

予年五十五。时榷使初出，狠戾暴横，官民不堪，地方震荡，加以倭警，人心惶惶。予即散诸弟子，闭关绝迹。粤人素苦闽海之白艚运米，恐腾贵也，时以为乱。新军门，闽人也，公子舟次海上，适大将军请告将行，税使正畜意侵之，偶有白艚数只，即借口以大将军为公子资行者，嗾市民大哄。顷刻聚数千人，投砖石，打公子舟几破，围帅府，持戈相向甚急。时三司府县皆赴军门行节礼，会城无一正官，卒无解救者，势变在呼吸也。大将军危之，无已，乃命中军诣予关前求解。予甚不可曰："无神术也。"中军跪泣曰："师即不念宾主，岂不念地方生灵乎？"予闻之惕然，遂破关往谒税使者，从容劝化，开晓其意。使者闻予言，果悟。乃令自行招安，以散乱民。予先往，大言于众曰："诸君今所为，欲食贱米耳。今犯大法，当取死，即有贱米，谁食之耶？"众闻之愕然。顷令至，帅府围即解，会城遂以宁。父老感予，欲尸祝之。时三司正在军门饭，闻报民作乱，皆投箸而起，及回，业已安堵，然皆知予之力也。观察任公闻之，乃以书抵予曰："憨师不出，其如地方何！憨师既出，其如憨师何！"予亦自知此后无宁日矣！是年秋，南韶道祝公延予入曹溪。予乘兴遂入山，为六祖奴郎。新制府戴公知予安乱民，深德之，意欲一见，谕大将军将予往谒。及见，礼遇甚优，留款斋饭。因辞往曹溪，公遂愿为护法，予是得安心焉。

二十九年辛丑。

予年五十六。春正月，予见曹溪四方流棍集于山门，开张屠沽，秽污之甚，积弊百余年矣！坟墓率占祖山，僧产多侵之，且勾合外棍，挟骗寺僧，无敢正视者。予叹曰："此心腹之疾也。苟不去，则六祖道场，终将化为狐窟，卒莫可救矣！予纵居此何为哉！"熟虑之无已，乃往白制台戴公。公曰："无难也，予试为公力行之。"即下令本县坐守，限三日内尽行驱逐，不留一人，铺居尽拆，不存片瓦。自此曹溪山门积垢一旦如洗。公因留予，斋饭坐谈。公曰："六祖腥膻，予为公洗之矣！目前地方生灵涂炭，大菩萨有何慈悲以救之乎？"予曰："何为也？"公曰："珠船千艘，率皆海上巨盗，今以钦采，资之以势，罢采之日不归，横行海上，劫掠无已，法不能禁。此其一也。地方开矿，采役暴横，掘人之墓，破人之产，在在百姓受其毒害，甚于劫掠，由是民无安枕矣！为之柰何？"予曰："此未易言也，姑徐图之。"采使者李公颇有信心，是年秋至曹溪进香于六祖，留山中数日，闻法甚喜。予因劝为重兴祖庭布金檀越，慨然力荷之。徐密启之曰："开采为害于地方甚矣！非圣天子意也。采船急设约束期，往来过限以罪。矿罢开采，尽撤其差役，第令所司岁额助解进，秋毫无扰于民，可乎？"采使唯唯，力行之，由是山海地方一旦遂以宁。公深感之，以书谢予曰："而今乃知佛祖慈悲之广大也。"以此护法之心益切。予因是得以安心曹溪。是年秋，开辟祖庭，改风水道路，选僧受戒，立义学，作养沙弥，设库司清规，查租课，赎僧产，归侵占，一岁之间，百废具举。

三十年壬寅。

予年五十七。是年重修祖殿，培后龙，改路径，以屠肆为十方旦过寮，辟神道，移僧居，拓禅堂，创立规制。

三十一年癸卯。

予年五十八。冬十一月，达观禅师在京师，遭妖书之厄，逮下狱讯。

以为予之故，因此又及之。予心知不免，安心以待。荷圣恩宽之，京院有通行。是年侍者深光出家。

三十二年甲辰。

予年五十九。春正月，以达师之故，通行至按院，檄予还戍所。遂去曹溪，往雷州。因忆达师云："《楞严》说七趣因果，世书无对解者。"予曰："《春秋》乃明明因果之书也。"遂著《春秋左氏心法》。

三十三年乙巳。

予年六十。春三月，渡琼海，访东坡桄榔庵、白龙泉，求觉范禅师遗迹不可得。寓明昌塔院，作《春秋左氏心法序》。游名山，作《琼海探奇记》《金粟泉记》。夜望郡城，索然若无人烟，唯城西郭少有生气，予因谓诸士子曰："琼城将有灾。"急禳之，人以为妄。及予渡海方半月，地大震，城东壁连门陷，城中官舍尽倾塌，明昌塔倒压，予所居楼尽碎。予行时，士大夫苦留之，予不肯止，若不行，则亦为灰粉矣！月夜渡海，观琼之胜概，予以为仙都，乃十洲之一云。夏四月，制府檄予回五羊。秋七月，至曹溪。去时祖殿已拆，修造工未止，归则完者十之六七，所负工料将千金，毫无出。予化两内使者施，尽偿之。是年，修五羊长春庵，为曹溪廨院，为六祖办供之所。冬十月，侍者广益、广摄出家。

三十四年丙午。

予年六十一。春三月，度岭至南州，候丁右武，谢张相国洪阳公。以予在难时，公居亚相，知予之难始末最详，相与一时力救之。予心感焉，故往谢公。欣然道故，请予斋于江上之闲云楼，邀诸乡友陪坐。公曰："人皆知憨公为僧中一大善知识，不知大有社稷阴功也。"众闻之，悚然问公。公言其概，一座动色。回过文江，访邹给谏，留数日。至章贡，陈二师将军留署中。病期月，有卧病诗十二首。归曹溪。秋八月，皇长孙生，有恩赦，凡在戍老疾及诖误者，俱听辩明释放。予在例，乃往告军门，准行勘，复之雷州道，勘明应赦，按察司类造候题，遂开。

三十五年丁未。

予年六十二。春三月，予告回籍。军门檄韶州，安置曹溪。予住山中时，得为诸弟子说法。是年注《道德经》成。予幼读《老子》，以文古意幽，切究其旨，有所得，俗弟子请为之注。始于壬辰属意，每参究透彻，方落笔，苟一字有疑而不通者，决不轻放，因此用功十五年，携于行间，至今方完。

三十六年戊申。

予年六十三，议修曹溪大殿。春二月，冯元成公任岭西道，因访予，入山宿，夜梦大士现身，有感，诘朝殿礼佛，至大士前，见两栋摧朽，惊谓予曰："何不修此？"予曰："工大费多，力不及耳。"问费几何，予应以若干。公曰："无难也，吾试为之。"归白制府戴公。公曰："殆哉！见孺子将入井，必匍匐往救之。况佛菩萨处此危地，不动心，非人也。"乃诘所费，即以予言告。公曰："犹未也。"即属南韶道往勘估计，且令请予面议。予往见之，公慨然欲独为鼎建。予告曰："若劳公家之费，恐不便。苟依法门故事，请以募众为之。公属岭西道，为疏十二簿，三司道府各置一扇，随意施舍，总会于府，解归于一，无庸归僧，如此则不劳而易集。"公从之，不期月而集将千金。予躬往西粤采大木，至端州，制府留修宝月台，乃别委官采办。冬，宝月台成，予作记。材木俱积于端江之浒，次第运之。冬十一月初，安南贼破钦州，戴公请王师远讨，因核论罢。

三十七年己酉。

予年六十四。春二月，予自端江运木回，阻风于羚羊峡，游端溪，有《梦游端溪记》。木运至蒙江，予回寺，方集众经营。众中一二不肖者，遂作孽抵牾，因鼓众为乱如叛民。予见而叹曰："此予重违佛教，乃著相之过也。"众方鼓噪，予独坐堂上，焚香诵《金刚般若》。以前但诵文，实不解义，至是恍然有悟，乃注《金刚决疑》，稿成，众寂然。不肖者不信予，心益危惧，遂讼于按院，准行司理。予是时即飘然出山听理，船居于芙蓉江上者二年。资斧已竭，别驾项公楚东抱关于浛洸，邀予往。江行，遭风破舟。及至，复大病几死，公延医力救之。及回郡，乃卧病于旅邸，将期年。

三十八年庚戌。

予年六十五。是年卧病旅邸。秋七月，直指按部至郡，讯及予。司理闻之，方为理，反坐予罪。直指大不然，驳之，云某有大功于六祖，向所舍为常住计者，今奸僧得利，而反罪之，是谓平等法门乎？复行本道严究之。由是本府亲诣山中，按僧之所开状，逐款审之，尽妄言无当。所诬侵常住八千余金，予初立常住库司清规，置有号票，凡一应钱谷收支，有监寺书记，秋毫出入，皆执号票为据，不妄发也。至是当官研核查算，以号票为准，无分毫及予者，时上下内外方信予之不妄也，事乃白。当道重怒其僧，再三请予留住山中。予心已厌倦，力辞之，寓五羊之长春庵。

三十九年辛亥。

予年六十六。春三月，居端州鼎湖山养疴。初奉赦候题，向无按院覆命，故延至今。复奉重勘明，始注销，听自便。时诸士子相依请益，述《大学决疑》。

四十年壬子。

予年六十七。居长春庵，为弟子讲《起信论》《八识规矩》，乃述《百法直解》。以《法华击节》文义联络不分，学者难会，乃著《品节》。

四十一年癸丑。

予年六十八。居长春庵，夏为诸弟子讲《圆觉经》方半，即发背疽，医不能治，几危。大将军汉冲王公业为予治后事。粤人梁杏山者，酒人也，素以医疡名，偶至，视之曰："甚矣！少迟则莫救矣！幸安心，无伤也。"乃纯采草药以敷之，随手奏效，犹如弄丸，刻期取效。至冬乃痊，予为文以谢之。此疽盖自初坐禅时所发，知是冤债，以诵《华严经》告假者。每向于书写读诵《华严》则窃发，随祷而止。即至粤中，已两举不成，患在身四十八年矣！初起时偶忘之，且不知为疽，遂成大疾。其冤业酬偿，盖以身试之不爽也。十月疾愈。初与衡阳曾仪部金简有南岳休老之盟，书以十数，未能也，今以书来请，遂杖策而往，乃去粤。初予至粤时，法性弟子相从者数十，久之渐零落，唯通炯、超逸，风波患难疾病相从，未离左右，今将行，皆不舍，愿从之。炯尚有羁，少迟之，担簦以从。是年十一月至湖东。先是弟子福善携侍者深光北归探亲，至是不数日亦追至。

四十二年甲寅。

予年六十九。春正月，游德山礼祖，有诗四首。访冯元成公于武陵，会龙参知、朱陵，受荣王斋。大善寺众僧请受戒。冯公与诸同道各捐资，修昙花精舍。夏四月，还湖东。闻圣母宾天，随建报恩道场。有恩诏，乃对灵龛披剃谢恩，还僧服。因痛哭曰："悲哉！檀越往矣！本寺之愿已矣！岂待再来耶？"《楞严经》自东海立意著《通议》，久蕴于怀，未暇述，今夏五月方落笔，五十日稿遂成。十一月精舍成，有《山居诗》。度侍者慈力。

四十三年乙卯。

予年七十。春，为众讲《楞严通议》。夏四月，著《法华通义》，以虽有二《节》，全文尚未融贯，故重述之，五十日稿成。纂《起信略疏》。秋八月，游南岳，中秋日登祝融。秋九日，冯公自武陵移守湖南，陪游方广寺回。巡道吴公生白过访湖东，谈及《楞严》，吴公大喜，即与诸属捐资刻之。礼八十八祖道影，吴公大赞叹，乃命画士临小像册，请予各为传赞。冯公赴任未几，即请予游九疑。冬十月至零陵，留过冬于愚溪。

四十四年丙辰。

予年七十一。春正月，归自零陵。方遗民从宦游归，依于湖东，命名福心。更初，达观禅师入灭之次年，予弟子大义请灵龛回南，缁白弟子奉供于径山之寂照庵，今一纪矣！予难忘法门之义，向欲亲往一吊，故香亦未遣也，适闻葬，必欲一往。将行，华药寺众僧请斋，为续法系。游梅雪堂，吊逊庵宗师。夏四月离湖东，有《去南岳解嘲诗》。邝慕一、方遗民、何仲益诸子送至樟木市。五月至武昌，会段给谏幻然，礼大佛，游九峰。六月至浔阳，游东林，有《怀古诗》。登匡庐，吊彻空禅师。避暑于金竹坪，注《肇论》。因见其山幽胜，有归隐之意，遍览无可居者。七月游归宗，登金轮峰，礼舍利塔，有诗。有僧以五乳相送为静室。予登览，观其地不广而其境颇幽，遂受之。江州邢来慈居士，达师之弟子也，愿为布金檀越，故予有投老之意焉。浮梁陈大参赤石公至山相访，闻予有意匡山，亦愿为护法。秋八月，出山至黄梅，礼四、五祖。访汪司马公，入紫云山，留旬日，汪公愿作匡山建造檀越。别去相城，访吴太史观我，吴中丞本如欲建如意庵以留。游浮山，截江登九华。十月初抵金沙，于、王合族与东禅浪崖耀公迎之。居顷，即之双径。石门颜生之居士候迎于吴江，乃过其家，士备斋资以随行。长至月望至寂照。十九日，为达大师作茶毗佛事。先为文以祭之，预定是日无爽，识者异之。二十五日，手拾灵骨，藏于文殊台。弟子法铠随建塔，予为塔上之铭，以尽生平法门之义焉。遂留度岁。时为禅堂衲子小参，有《参禅切要》。铠公请益相宗，为述《性相通说》。诸请益者，各说有法语，作《担板歌》。粤弟子通岸先别，独超、益同诸子福善、法孙深光、广益、广摄、慈伴行。

四十五年丁巳。

予年七十二岁。春正月，下双径，吊云栖。时缁白弟子千余人，久候于山中，留二旬，每夜小参，闻法，各各欢喜。发挥莲池大师生平密行，弟子闻之，至有涕泣，谓予发人所不知者，乃请作塔铭。回时，玄津法师壑公，同通郡宰官居士金中丞、虞吏部、翁大参诸公，请留净慈之宗镜堂，日绕数千指，为说大戒，作《宗镜堂记》。诸山各路名德法师，俱集于湖上问法，各申诘难，时谓东南法会之最胜，昔所未见也。乃游灵隐、三竺、西山诸名胜，赞扬放生三池，乃行。城中宰官居士具舟放生，饯别于湖上，且具状请留云栖，乃有三年之约，遂行。凡一过所经诸作，玄津壑公、谭生孟炯汇为《东游集》四卷，刻之。回至吴门，巢松、一雨二法师请入华山，游天池、玄墓、铁山诸胜。寒山赵凡夫、严天池、徐仲容、姚孟长、文文起、徐清之诸居士设供于山中，冯元成、申玄渚二宰官斋于家。将行，弟子洞闻、汉月久候，钱太史受之亲迎至常熟，遂至虞山信宿。太史送至曲河，贺知忍父子侄候于奔牛之三里庵，请留园中结夏，力辞之，送至京口，受三山缁白斋罢，即返匡山。五月一日，过白下，江上一宿，见一二故人，即扬帆而西。五日至芜湖，刘缮部玉受款留，作《异梦记说》。崔吏部鹤楼，追晤江上。五月十六日，舟次星渚，抵归宗寓居。未几时，汪司马公业先具资为予修静室，六月十五日，弟子福善经营五乳开土，于十月终，始成一室，乃得安居，为众讲《楞严》起。弟子超逸闭死关于金轮峰。

四十六年戊午。

予年七十三。是年修佛殿、禅堂。三月，浮梁陈赤石公入山，结中素鲍公、我斋夏公为十友，助修造资。冬十二月，殿堂成。

四十七年己未。

予年七十四。春正月，粤弟子通炯至，遂开堂启讽《华严》长期。为众讲《法华》《楞严》《金刚》《起信》《唯识》诸经论，命炯首众。秋七月，以五乳为十方养老常住。八月望，予闭关谢事，效远公六时刻香代漏，专心净业。每念华严一宗将失传，清凉《疏钞》皆惧其繁广，心智不及，故世多置之，但宗《合论》。因思清凉乃此方撰述之祖，苟弃之，则失其宗矣！志欲但明疏文，提挈大旨，使观者易了，题曰纲要，于关中批阅笔削始。冬于关中，为众讲《楞伽》《起信》。

四十八年庚申（即泰昌元年）。

予年七十五。春课余，侍者广益请重述《起信》《圆觉》直解、《庄子内七篇注》。夏，病足痛。前任分巡衡阳吴公转粤臬，入曹溪礼祖，托山中弟子，寄乞诸祖传赞。予病中为纂传七十一首，各系以赞，亲为书之。初予去曹溪，之南岳，住匡山，业已八年，而曹溪众僧深思予归，堂主本昂等往来问讯十数，欲请之而未能也。吴公赴任，便道入山，见予重兴之功，嗟叹久之。众僧因具白所以思予归请不能之状，吴公欣然为作护法，即具书往请，合山大众及本省乡缙绅居士同具状，昂同二三耆旧至匡山哀乞，予时以病谢。

天启元年辛酉。

予年七十六。春，弟子侍御王安舜入山问讯。夏，为众请讲《楞伽》。时前任本道祝公亦转粤海道，同吴公具书再至，予又以病谢。是年冬，又为众讲《楞伽》《肇论》《起信》。

天启二年壬戌。

予年七十七。春正月，粤弟子孝廉刘起相、陈迪祥、陈迪纯、梁四相入山问讯，起相与四相相伴山中住半载，为讲《楞严》《起信》《金刚》。二月，东吴弟子方远随至，同作休老计。秋七月，王侍御复入山，亲请归曹溪，不诺。时力提《华严》，名《纲要》，草就。吴公朝觐回，又遣书，意更切。韶阳太守张公特书，专堂主昂至。予情不获已，意必一往，于是年冬至月十日，出匡山，过螺江，会太史萧拙修、刘韶也、刘转华、马季房、曾尧臣、贺可上、邹端侯诸居士。过虔城江上，会宁都苏孝□、魏□期诸君，斋于江上，有诗赠别。度岭，过集龙庵，会刘敬一诸故人。十二月望入曹溪，合山僧众罗列香花如获母。

天启三年癸亥。

师年七十八，居曹溪禅堂。春正月，郡守张公入山问讯。三月，省城法性诸弟子至，师时专以法施为心。四月，为众说戒，讲《楞严》《起信》等经论。秋七月，又为众说戒。十月初四，萧宗伯玄圃公应诏北上，入山见师，欣然留连，且为师卜寿穴，剧谈一日夜甚欢，出山，师即示疾。初六日，侍者广益省城回，云来得恰好。韶阳太守张公亲入山，延医调治。初八，门人超逸至，云再两日，不得见汝了。师知幻缘将尽，药剂不服。十一日巳时，别张公。申时，饮水沐浴，焚香示众曰："大众当念生死事大，无常迅速。”一心端坐而逝。于时百鸟悲鸣，四众哀号不已。星夜毫光烛天，隔山之人咸疑寺中火也。三日面色如生，发长唇红，鼻端微汗，手足如绵。萧公闻讣，悲恸久之，即移书南韶二郡公，为师建塔，及造影堂。先是师离匡山，留首座通炯于五乳调理大众。至是三遣书促归，中有云：“汝早来一日，便是一日来，老人余日无多力矣！”炯得书，遂忙忙南还，十月朔日抵曹溪。师见之，喜动颜色，且云：“来得好，迟时恐汝懊悔了。”炯初不会其意，连日侍立，所闻所叮宁者，皆佛法大意，惓惓以法门无人为叹。提撕者，又极紧切语。□去期，已先露于炯未归之前矣！

《大师年谱自序实录》，向有手笔草藁，为大师首座寄庵通炯所藏。炯师殁后，法孙今照、今光住海幢寺。华首和尚从二僧取得此藁，缮写封寄，今遵依元藁付梓。天启三年癸亥。

《实录》乃大师入灭后，上首弟子福善等，续记附刻于后。以大师为中兴龙象，一言一行关系人天眼目，文取足征，事贵传信，不敢扳缘葛藤，添附蛇足，以滋法门增益之谤。后有正眼，幸鉴别焉。戊戌孟夏佛成道日，海印弟子钱谦益槃谈谨书。

附 录

大明海印憨山大师庐山五乳峰塔铭[1]

我神宗显皇帝，握金轮以御世，推慈圣皇太后之志，崇奉三宝，以隆顾养。上春秋鼎盛，前星未耀。慈圣以为忧，建祈储道场于五台山，妙峰登公与憨山大师实主其事。光宗贞皇帝遂应期而生，于是二公名闻九重，如优昙钵花，应现天际。妙峰不出王舍城，大作佛事。而大师有雷阳之行，其机缘所至，横见侧出，固非凡情之可得而测也。大师之迁化于曹溪也，大宗伯宣化萧公亲见其异，为余道之。已而南海陈迪祥以行状来谒余表塔，余曰："有吾师宣化公在，他日请为第二碑。"又明年乙丑，其弟子居庐山者曰福善，奉全身归五乳，而留爪发于曹溪，走书来告曰："大师东游，得子而喜曰：刹竿不忧倒却矣。灯灺月落，晤言亹亹，所以付嘱者甚至。塔前之铭，非子谁宜为？"余何敢复辞。

谨按师讳德清，族蔡氏，全椒人也。父彦高。母洪氏，梦大士抱送而生。七岁，叔父死，尸于床，问母从何处去，即抱死生去来之疑。九岁，能诵《普门品》。年十二，辞亲入报恩寺，依西林和尚。内江赵文肃公摩其顶曰："儿他日人天师也。"十九祝发，受具戒于无极某公，听讲《华严玄谈》。至十玄门海印森罗常住处，悟法界圆融无尽之旨。慕清凉之为人，字曰澄印。从云谷会公缚禅于天界寺，发愤参究。疽发于背，祷护伽蓝神，愿诵《华严》十部，乞假三月以毕禅期。祷已熟寐，晨起而病良已。三月之内，恍在梦中，

[1] 收于《憨山老人梦游集》卷四十下附录（明《嘉兴藏》版）。

出行市中，俨如禅坐，不见市有一人也。雪浪恩公长于师一岁，相依如无著、天亲。嘉靖丙寅，寺毁于火，誓相与畜德俟时，以期兴复。师既岿然出世，而雪浪卒为大论师，修治故塔，稍酬誓愿焉。师尝听讲于天界，厕溷清除，了无人迹，意主东净者非常人也。访之，一黄面病僧，目光激射，遂与定参访之约，质明则已行矣，即妙峰登公也。

师以江南习气软暖，宜入冬冰夏雪苦寒不可耐之地，以痛自磨砺，遂飘然北迈。天大雪，乞食广陵市中，曰：吾一钵足以轻万钟矣。抵京师，妙峰衣褐来访，须发鬖髿，如河朔估客。师望其眸子识之，相视一笑。参遍融贞公，融无语，惟张目直视。又参笑岩，岩问："何方来？"曰："南方来。"岩曰："记得来时路否？"曰："一过便休。"岩曰："子却来处分明。"游盘山，至千像峰石室，见不语僧，遂相与樵汲度夏，时万历元年癸酉也。明年，偕妙峰结冬蒲坂。阅《物不迁论》，至梵志出家，顿了旋岚偃岳之旨。作偈曰："死生昼夜，水流花谢。今日方知，鼻孔向下。"峰一见，遽问："师何所得？"师曰："夜来见河中两铁牛，相斗入水去，至今绝消息。"峰曰："且喜有住山本钱矣。"遇牛山法光禅师，坐参请益。法光发音如天鼓，师深契之，送师游五台诗云："雪中狮子骑来看，洞里潜龙放去休。"且曰："知此意否？要公不可捉死蛇耳。"

师居北台之龙门，老屋数椽，在万山冰雪中，春夏之交，流澌冲击，静中如万马驰骤之声。以问妙峰，峰举古人"三十年闻水声不转意根，当证观音圆通"语，师然之。日寻缘溪横彴，危坐其上。初则水声宛然，久之忽然忘身，众籁阒寂，水声不复聒耳矣。一日粥罢经行，忽立定，光明如大圆镜，山河大地影现其中。既觉，身心湛然，了不可得，说偈以颂之。游雁门，兵使胡君请赋诗。甫构思，诗句逼塞喉吻，从前记诵见闻一瞬现前，浑身是口不能尽吐。师曰：此法光所谓禅病也，惟睡熟可以消之。拥衲跏趺，一坐五昼夜。胡君撼之不动，鸣击子数声，乃出定。默坐却观，如出入息，住山行脚皆梦中事，其乐无以喻也。还山，刺血书《华严经》，点笔念佛，不废应对，口诵手画，历然分明。邻僧异之，率徒众来相嬲已，皆赞叹而去。

尝梦与妙峰夹侍清凉，大师开示初入法界圆融观境，随所演说，其境即现。又梦登弥勒楼阁，闻说法曰：“分别是识，无分别是智。依识染，依智净。染有生死，净无诸佛。”自此识智之分，了然心目也。

师既建祈储道场，遂远遁东海之牢山。慈圣命龙华寺僧瑞庵行求得之，遣使再征不能致，赐内帑三千金，复固辞。使者不敢复命，师曰：“古有矫诏赈饥之事。山东岁凶，以此广圣慈于饥民，不亦可乎？”使者持赈籍还报，慈圣感叹，率阖宫布金造寺，赐额曰海印。师诣京谢恩，为报恩寺请藏。上命师赍送，因以便归省父母。寺塔放光累日，迎经之日，光如浮桥北度，经在塔光中行也。师还，以报恩本末具奏曰：“愿日减膳羞百金，十年工可举也。”慈圣许之。岁乙未，而黄冠之难作。师住山十三年，方便说法，东海弥离车地咸向三宝。而黄冠以侵占道院，飞章诬奏，有旨逮赴诏狱。先是慈圣崇信佛乘，敕使四出。中人谗构，动以烦费为言，上弗问也。而其语颇闻于外庭，所司遂以师为奇货，欲因以株连慈圣左右，并按前后檀施帑金以数十万计，拷掠备至。师一无所言，已乃从容仰对曰：“公欲某诬服易耳。狱成，将置圣母何地乎？公所按数十万，在县官锱铢耳。主上纯孝，度不以锱铢故伤圣母心。狱成之后，惧无以谢圣母。公穷竟此狱将安归乎？”主者舌吐不能收，乃具狱上，所列惟赈饥三千金，有内库籍可考，慈圣及上皆大喜。坐私造寺院，遣戍雷州，非上意也。达观可公急师之难，将走都门，遇于江上。师曰：“君命也，其可违乎？”为师作《逐客说》而别。

师度庾岭，入曹溪，抵五羊，赭衣见粤帅，就编伍于雷州。岁大疫，死者相枕籍。率众掩埋，作广荐法会，大雨平地三尺，疠气立解。参政周君率学子来扣击，举“通乎昼夜之道而知”发问。师曰：“此圣人指示人，要悟不属生死一着耳。”周君怃然击节。粤之孝秀冯昌历辈，闻风来归。师拟大慧冠巾说法，构禅室于壁垒间。说《法华》，至宝塔示现娑婆，华藏涌现目前，开悟者甚众。居粤五年，乃克住锡曹溪，归侵田，斥僦舍，屠门酒肆蔚为宝坊，缁白坌集，摄折互用，大鉴之道，勃焉中兴。

甲寅夏，师在湖东，慈圣宾天，诏至恸哭。披剃返僧服。又二年，念达观法门死生之谊，赴葬于双径，为作荼毗佛事。箴吴越禅人之病，作《担板歌》。吊莲池宏公于云栖，发挥其密行，以示学者。自吴门返庐山，结庵五乳峰下，效远公六时刻漏，专修净业。居四年，复往曹溪。

天启三年癸亥，宣化公赴召来访，剧谈信宿。公谓："师色力不难百岁，更坐二十余夏，如弹指耳。"师笑曰："老僧世缘将尽，幻身岂足把玩哉。"别五日，果示微疾。韶阳守张君来问，师力辞医药，坐语如平时。既别，沐浴焚香，集众告别，危坐而逝，十月之十一日也。曹溪水忽涸，百鸟哀鸣，夜有光烛天。三日入龛，面颜发红，须发皆长，鼻端微汗，手足如绵。僧徒惊告，谓师复生。萧公语余："衰老赴阙，跋涉二万里，何所为哉！天殆使为师作末后证明耳。"呜呼！知言哉！

师长身魁硕，气宇堂堂，所至及物利生，机用善巧，如日晅雨润，加被而人不知。山东再饥，师尽发其囷，亲泛舟至辽东籴豆，以赈旁山之民，咸免捐瘠。税使与粤帅有隙，嗾市民以白艚作难，群噪围帅府。师缓颊谕税使解围，不动声色，会城以宁。珠船千艘，罢采不归，剽掠海上，而开矿之役，绎骚尤甚。采使谒曹溪，师以佛法摄受，徐为言开采利害，由是珠船罢采不入海，而矿额令有司岁解。制府戴公诒书谢曰："吾乃今知佛祖慈悲之广大也。"师为余言居北台，大雪高于屋数丈，昏夜可鉴毛发，坚坐待尽，身心莹然。迟明，塔院僧穴雪以入，相携行雪洞中，里许乃出。当诏狱拷治时，忽入禅定，榜棰刺爇，若陷木石。逾年，在雷阳，闻侍者趣呼，逮系毒楚卒发，几无完肤，此《楞伽笔记》所由作也。师东游至嘉兴楞严寺，万众围绕，有隶人如狂易状，搏颡不已，曰："我寺西仲秀才也，身死尚在中阴，闻肉身菩萨出世，附隶人身求解脱耳。"师为说三归五戒，问："解脱否？"曰："解脱竟。"懵然而觉。师之树大法幢，为人天眼目，岂偶然哉！

师世寿七十八，僧腊五十九。前后得度弟子甚众。从师于狱，职纳橐饘者，福善也。终始相依于粤者，善与通炯、超逸、通岸也。贵介子弟，剜臂燃灯，以求师道，现大士像于疮痂中而坐脱以去者，即墨黄纳善也。粤士归依者冯昌历为上首，御史王安舜、孝廉刘起相、陈迪祥、欧文起、梁四相、龙璋，皆昌历之徒也。

师所著有《楞伽笔记》《华严纲要》《楞严悬镜》《法华击节》，《楞严》《法华》通议，《起信》《唯识》解，若干卷；《观老庄影响论》《道德经解》，《大学》《中庸》直指，《春秋左氏心法》《梦游集》，又若干卷。嗟乎！师于世间文字，岂必不逮古人？有不逮焉，亦糟粕耳。师于出世间义谛，岂必不合古人？有不合焉，亦皮毛耳。惟师夙乘愿轮，以大悲智，入烦恼海，以无畏力，处生死流，随缘现身，应机接物，末后一着，全体呈露。后五百年，使人知有一大事因缘，是岂可以语言情见拟议其短长者哉！是故读师之书，不若听师之言。听师之言，又不若周旋瓶锡，夷考其生平，而有以知其愿力之所存也。

谦益下劣钝根，荷师记莂，援据《年谱》《行状》以书兹石，其词宁繁而不杀者，欲以示末法之仪的，启众生之正信也。铭曰：

人生出没，五浊世间。生死之涂，屹立重关。重关峻复，谁不退堕。狮子奋迅，一掷而过。济河焚舟，悬车束马，一钵飞渡，谁我御者。冰山蛰伏，雪窖沉埋。冰解冻释，水流花开。光明四照，上彻帝阍。荣名利养，匪我思存。震霆赫怒，我性不迁。桁杨木索，说法炽然。觉范朱崖，妙喜梅州。雷阳万里，谓我何求。军持应器，横戈杖锡，毁形坏衣，古有遗则。大鉴重徽，灵照不昧。屈眴之衣，如施画缋。师之示现，如云出谷，触石肤寸，雨不待族，云归雨藏，山川自如。孰执景光，以窥太虚。福德巍峨，文句璀璨。视此肉身，等一真幻。匡山不来，曹溪不去。塔光炳然，长照觉路。

天启七年丁卯九月朔，常熟幅巾弟子钱谦益谨述。